प्राचीन भारत में सामाजिक परिवर्तन

प्राचीन भारत में सामाजिक परिवर्तन

प्रो. राघवेन्द्र पान्थरी

वाणी प्रकाशन

प्रकाशन के उत्कृष्टतम 61 वर्ष

vaniprakashan.com

सजिल्द पहला संस्करण : 1986
सजिल्द दूसरा संस्करण : 2012
सजिल्द तीसरा संस्करण : 2017
सजिल्द चौथा संस्करण : 2024

वाणी प्रकाशन

4695, 21-ए, दरियागंज, नयी दिल्ली-110 002

फ़ोन : +91 11 23273167, 23275710

शाखाएँ

अशोक राजपथ, पटना-800 004, बिहार

कॉफ़ी हाउस कैम्पस, महात्मा गांधी मार्ग, प्रयागराज-211 001, उत्तर प्रदेश

महात्मा गांधी अन्तरराष्ट्रीय हिन्दी विश्वविद्यालय, वर्धा-442 001, महाराष्ट्र

36/ए, शेक्सपियर सरणी, रानी बिरला गर्ल्स कॉलेज के पास, कोलकाता-700 017, प. बंगाल

sales@vaniprakashan.in
vaniprakashan@gmail.com

PRACHEEN BHARAT MEIN SAMAJIK PARIVARTAN
by Prof. Raghvendra Panthari

ISBN : 978-81-7055-127-0
History

मूल्य : ₹ 750

जी.एस. ऑफ़सेट द्वारा दिल्ली-110 095 में मुद्रित

वाणी प्रकाशन का लोगो मक़बूल फ़िदा हुसेन की कूची से

द्वितीय संस्करण की भूमिका

प्रस्तुत पुस्तक के द्वितीय संस्करण के प्रकाशन से मुझे अत्यन्त प्रसन्नता है। मैं अपने श्रद्धेय गुरुवर प्रो. जयशंकर मिश्र जी का कृतज्ञ हूँ, जिन्होंने 1974 में मुझे पूर्वमध्यकाल पर शोध करने के लिए उत्प्रेरित किया था। भारतीय इतिहास के इस कालखण्ड ने विद्वत्जनों का तीव्रता से ध्यानाकृष्ट किया, सम्भवतः इसका कारण यह था कि यह काल भारतीय इतिहास में सामाजिक-सांस्कृतिक संक्रमण का काल था, जिसने भारतीय सामाजिक-सांस्कृतिक संरचना को गहराई से प्रभावित किया। मैं अपने विद्वान मित्र प्रो. महेश विक्रम सिंह (इतिहास विभाग, म. गां. का. वि. पी., वाराणसी) का आभारी हूँ, जिनसे मेरा विषयगत् विचारविमर्श होता रहा है। अपने छात्रों, डॉ. त्रिभुवन गिरि, डॉ. लक्ष्मी श्रीवास्तव, डॉ. चेतना सिंह, से जो सहायता प्राप्त हुई है, उसके लिए मैं उन्हें धन्यवाद देता हूँ। आशा है यह संस्करण विद्वत्जनों और छात्रों के लिए थोड़ा बहुत उपयोगी सिद्ध होगा।

—राघवेन्द्र पान्थरी

संकेत चिह्न

आ. ध. सू.	आपस्तम्ब धर्म सूत्र
अ. पु.	अग्निपुराण
अपरार्क.	अपरार्क का याज्ञवल्क्य स्मृति पर भाष्य
अ. चौ. डा.	अर्ली चौहान डायनेस्टी
इलियट.	इलियट डाउसन, हिस्ट्री आफ इण्डिया
कृत्य. व्यव.	कृत्यकल्पतरु व्यवहारकाण्ड
कृत्य. गृ. का.	कृत्यकल्पतरु गृहस्थकाण्ड
कृत्य. शु. का.	कृत्यकल्पतरु शुद्धिकाण्ड
कुल्लूक.	कुल्लूक का मनुस्मृति पर भाष्य
गौ. ध. सू.	गौतम धर्मसूत्र
डा. हि. ना. इ.	डायनेस्टिक हिस्ट्री ऑफ नार्दन इण्डिया
प्र. चि.	प्रबन्धचिन्तामणि
प्रा. भा. सा. इ.	प्राचीन भारत का सामाजिक इतिहास
प. मा.	पराशरमाधवीय
मनु.	मनुस्मृति
मेधातिथि	मनुस्मृति पर मेधातिथि का भाष्य
मिताक्षरा.	विज्ञानेश्वर का याज्ञवल्क्य स्मृति पर भाष्य
बृ. पु.	बृहन्नारदीयपुराण
दे. भा. पु.	देवीभागवतपुराण
ध. सि.	धर्म सिन्धु
नि. सि.	निर्णय सिन्धु
याज्ञवल्क्य.	याज्ञवल्क्यस्मृति

राज.	राजतरंगिणी
स्मृ. च. आ. का.	स्मृतिचन्द्रिका, आह्निक काण्ड
स्मृ. च. अ. का.	स्मृतिचन्द्रिका, अशौचकाण्ड
स्मृ. च., व्यव. का.	स्मृतिचन्द्रिका, व्यवहारकाण्ड
सखाऊ	अलबीरूनीज इण्डिया
सो. रि क. आफ ना. इ.	सोसियो रिलिजस कण्डीशन आफ नार्थ इण्डिया
सो. क. ना. इ.	सोसल एण्ड कल्चरल हिस्ट्री आफ नार्दन इण्डिया
त्रि. श. पु.	त्रिशष्टिशलाका पुरुषचरित

अनुक्रमणिका

प्रथम संस्करण की भूमिका

गुप्तोत्तर काल से 1200 ई. सन के मध्य विकासोन्मुख नई भूमि-व्यवस्था अथवा सामन्तवाद की पृष्ठभूमि में विकेन्द्रीकरण, स्थानीयता, आर्थिक-गत्यवरोध, वंशानुगत व्यवसाय की प्रवृत्तियाँ बढ़ीं। कृषि प्रधान अर्थव्यवस्था और ग्रामों द्वारा नगरों के विस्थापन की प्रक्रिया को बल मिला। गुप्तकाल के उत्तरार्द्ध में विदेशी आक्रमण से भी आर्थिक अवनति हुई। व्यवहारतः प्रशासनिक और आर्थिक दृष्टि से पृथक स्वकेन्द्रित ईकाई के रुप में ग्राम समाज के मूलभूत अवयव बन गए। इन परिस्थितियों में सामाजिक संरचना में अनेक परिवर्तन हुए। दूसरी ओर यह काल वृहद पैमाने पर जन-जातियों के हिन्दू-व्यवस्था में आत्मसात्करण की दृष्टि से उल्लेखनीय है। वस्तुतः मौर्योत्तर शासकों ने शनैःशनैः सामाजिक-सामुदायिक नियन्त्रण का प्रत्यक्ष उत्तरदायित्व छोड़कर यह कार्य ब्राह्मणों को सौंपा, जो ब्राह्मणीकरण के नेतृत्वकर्ता और बृहद परम्परा के प्रमुख प्रवक्ता थे। ब्राह्मणों को भूमिदान और उनके प्रव्रजन की प्रक्रिया इसका प्रमाण है। ब्राह्मणीय-व्यवस्था में जनजातियों के आत्मसात्करण के साथ-साथ इस युग में वाममार्गी विचारधारा प्रबल हुई जो परम्परागत् सामाजिक आचार-विचार एवं जातिगत-विषमता के विरुद्ध एक चुनौती थी। तज्जनित् सांस्कृतिक-संत्रास के इस दौर में दो प्रकार के तथ्य प्रकाश में आते हैं—एक ओर बृहद परम्परा द्वारा प्रवर्तित सार्वभौमीकरण और सांस्कृतिक समायोजन की स्वाभाविक चेतना के कारण लधु-परम्परा के अनेक धार्मिक तत्वों को बृहद परम्परा में स्वीकार किया गया, परन्तु दूसरी ओर सामाजिक व्यवस्था के स्थायित्व की चिन्ता से उन संस्थाओं और नियमाचारों के प्रति परम्परावादियों की कट्टरता भी बढ़ती गई, जिन पर समाज की सोपानात्मक संरचना आधारित थी। प्रस्तुत ग्रन्थ प्रमुख रुप से इन्हीं परिप्रेक्ष्यों में प्रायः गुप्तोत्तर काल से 1200 ई. के मध्य उत्तर भारत के सामाजिक-धार्मिक इतिहास के विभिन्न आयामों के प्रस्तुतीकरण के साथ-साथ इस युग में होने वाले सामाजिक एवं सांस्कृतिक परिवर्तनों के विश्लेषणात्मक अध्ययन का एक प्रयास है।

स्रोतों की दृष्टि से यह युग अत्यन्त समृद्ध है। प्राथमिक स्रोतों के रुप में मेरे

अध्ययन का आधार परवर्ती स्मृतियाँ, पूर्ववर्ती स्मृतियों के भाष्य, निबन्ध ग्रन्थ, परवर्ती पुराण, तद्युगीन साहित्यकारों की अनेक कृतियाँ, कतिपय जैन पुराण, शब्दकोश, विदेशी यात्रियों के वृतान्त, और अभिलेख आदि रहे हैं। संक्षेप में मेरा प्रयास विविध स्रोतों के तुलनात्मक अध्ययन के आधार पर निष्कर्षों तक पहुँचने का रहा है। इस प्रयास में मैं कहाँ तक सफल हो सका हूँ, इसका निर्णय विद्वत् जन और सुविज्ञ पाठक ही कर सकते हैं।

यह ग्रन्थ बड़ों के आशीर्वाद और सहयोगियों के स्नेह का प्रतिफल है। मैं अपने पूज्य पिताजी प्रो. भगवतीप्रसाद पान्थरी (भूतपूर्व अध्यक्ष, इतिहास विभाग, काशी विद्यापीठ), गुरुवर प्रो. हीरालाल सिंह (भूतपूर्व अध्यक्ष, इतिहास विभाग, काशी हिन्दू विश्वविद्यालय) एवं डा. जयशंकर मिश्र (रीडर, इतिहास विभाग, काशी हिन्दू विश्वविद्यालय) का ऋणी हूँ, जिनके आशीष और प्रोत्साहन से यह कार्य सम्पन्न हो सका। इस कार्य में मुझे अध्ययन के दौरान समय-समय पर आदरणीय पं. श्याम बिहारी त्रिपाठी (प्राध्यापक, संस्कृत, आर्य महिला महाविद्यालय, वाराणसी), स्व. डॉ. उमाशंकर शर्मा (रीडर, अंग्रेजी विभाग, काशी विद्यापीठ), श्री रमेशचन्द्र तिवारी (रीडर, समाजशास्त्र विभाग, काशी विद्यापीठ), एवं श्री भास्करानन्द शर्मा से जो निःस्वार्थ सहायता प्राप्त हुई उसके लिए मैं आभारी हूँ। अन्त में मैं भारतीय अनुसन्धान परिषद के प्रति कृतज्ञता प्रकट करना अपना कर्तव्य समझता हूँ, जिसके द्वारा प्राप्त अनुदान से इस ग्रन्थ का प्रकाशन सम्भव हो सका

–राघवेन्द्र पान्थरी

1

सामाजिक परिवर्तन के परिप्रेक्ष्य

पूर्वमध्युगीन समाज राजनीतिक अस्थिरता, विघटन, विकेन्द्रीकरण, क्षेत्रीयता, आर्थिक गत्यवरोध और क्रमशः हूण और मुस्लिम आक्रमणों से संत्रस्त था। ये प्रवृत्तियाँ परवर्ती गुप्तकाल से ही प्रकट होने लगती हैं। इन तथ्यों को समझने के लिए परवर्ती गुप्तयुगीन साक्ष्यों का पुनर्विश्लेषण महत्त्वपूर्ण है। विष्णु पुराण में गुप्त युग से होने वाले राजनीतिक विकेन्द्रीकरण और क्षेत्रीय स्तर पर राजनीतिक शक्तियों के आविर्भाव के सन्दर्भ में कहा गया है कि 'ये सम्पूर्ण राजा लोग पृथ्वी पर एक ही समय में होंगे।' आगे कहा गया है कि 'इस प्रकार अतिलोलुप राजाओं के कर भार को सहन न कर सकने के कारण प्रजा पर्वत-कन्दराओं का आश्रय लेगी... ।'[1] एक अन्य स्थल पर कहा गया है कि 'प्रजाजन दुर्भिक्ष और कर की पीड़ा से अत्यन्त उपद्रवयुक्त और दुःखित होकर ऐसे देशों में चले जायेगें जहाँ गेहूँ और जौ की अधिकता होगी।'[2] हाजरा ने विष्णुपुराण की रचना तीसरी शदी ई. सन् के चतुर्थांश और चौथी शदी ई. सन् के प्रथम चतुर्थांश के मध्य मानने की सम्भावना प्रकट की है। पार्जिटर ने इसे पाँचवी शदी ई. सन् के पूर्व की रचना नहीं माना है, यद्यपि हाजरा इसका खण्डन करते हैं। फर्कुहर इसके प्रमुखांशों का रचनाकाल 400 ई. सन् के बाद का नहीं मानते। एक स्थल पर हाजरा यह भी कहते हैं कि 'भागवत पुराण विष्णुपुराण के बाद की रचना है, यदि भागवत पुराण विष्णु पुराण के बाद की रचना है तो विष्णु पुराण की तिथि उसके पूर्व की होनी चाहिए।[3] विष्णु पुराण के ही तथ्यों की सुविस्तृत पुनरावृत्ति अधिक स्पष्ट रुप से भागवत पुराण में मिलती है। उस पुराण में गुप्तों के राजनीतिक उत्कर्ष के साथ ही उत्तर भारत में राजनीतिक विकेन्द्रीकरण, शासकों की करवृद्धि, प्रजा का शोषण, क्षेत्रीय शक्तियों के अविर्भाव आदि की चर्चा है।[4] हाजरा ने भागवत पुराण का रचना-काल छठी शदी ई. सन माना है, साथ ही इस बात की सम्भावना बतायी है कि इस पुराण का संकलन इस शदी के उत्तरार्द्ध में हुआ होगा।[5]

विष्णु और भागवत दोनों पुराणों में इस राजनीतिक विघटन और विकेन्द्रीकरण के दौर में स्थानीय शक्तियों के आविर्भाव का संकेत है। विष्णु पुराण में कहा गया है कि 'कलियुग में जो बलवान होगा वही सबका स्वामी होगा चाहे किसी भी कुल में क्यों न उत्पन्न हुआ हो।' भागवत पुराण में कहा गया है कि–'तब राजा होने का कोई नियम न रहेगा, ब्राह्मण, क्षत्रिय, वैश्य अथवा शूद्र में जो बली होगा वही राजा बनबैठेगा।[6] इसी काल की संक्षिप्त पराशर स्मृति में भी इस प्रकार के संकेत मिलते हैं। इस स्मृति में सम्भवतः पहली बार 'वीर भोग्या वसुन्धरा' वाक्य परिलक्षित होता है, साथ ही यह कहा गया है कि श्री (राज्य) न तो कुल-क्रम से आती है न तो भूषणों के धारण करने से।'[7] इन्ही राजनीतिक परिस्थितियों में मेघातिथि, विश्वरुप, कुल्लुक आदि की टिप्पणियाँ महत्वपूर्ण है। इन भाष्यकारों ने यह व्यक्त किया कि 'राजा शब्द क्षत्रिय से नहीं' बल्कि अभिषेकादि राजोचित क्रियाओं से युक्त जनपद के प्रतिपालक के लिए है।' मेघातिथि का निष्कर्ष है कि 'राजन' शब्द जनपदेश्वर' के लिए है, भले ही वह क्षत्रिय जाति का न हो। मेघातिथि किसी अज्ञात स्मृति का हवाला देकर यह कहते हैं कि जो भी लोगों की रक्षा करे वह 'नृप' है।[8] आगे चलकर पूर्वमध्ययुगीन पराशर माधवीय में माधवाचार्य ने राजसूय यज्ञ के सन्दर्भ में विचार करते हुए यह प्रश्न उठाया है कि 'राजा शब्द राज्य के योग के कारण है या क्षत्रिय निमित्तक?' उसका कथन है कि 'राज्य के संयोग से तीनो वर्ण राजा हो सकते हैं और राजपद तो रुढ़ि के कारण जनपद की रक्षा में ही प्रयुक्त होता है।'[9] ये समस्त उद्धरण राजनीतिक-अस्थिरता, विघटन और विकेन्द्रीकरण के दौर में स्थानीय स्तर पर उर्ध्वोन्मुख राजनीतिक-सामाजिक गतिशीलता का संकेत देते हैं। इन तथ्यों के आलोक में कोसम्बी के नीचे से सामन्तवाद जिसमें भूमिपति वर्ग स्थानीय स्तर पर राज्य और कृषक वर्ग के बीच की कड़ी बनकर स्थानीय समूह पर सत्ता स्थापित कर लेता है[10] अथवा समाजशास्त्री श्री निवासन के इस विचार कि, 'उस युग की सामाजिक गतिशीलता का एक शक्तिशाली स्त्रोत राजनीतिक अस्थिरता था। राजनीतिक अधिकार की प्राप्ति के लिए यह आवश्यक था कि जाति अथवा उसकी स्थानीय प्रशाखा की सैनिक परम्परा हो, संख्यामूलक शक्ति हो और हो सके तो बहुत सी कृषि योग्य भूमि पर उसका स्वामित्व हो'[11] को परखा जा सकता है। इस पृष्ठभूमि में परवर्ती गुप्तकाल से परिवर्तित आर्थिक-प्रशासनिक संरचना अथवा 'सामन्तवाद' और राजपूत ढाँचे के आविर्भाव का भी विश्लेषण किया जा सकता है।

राजनीतिक विघटन, विकेन्द्रीकरण और अस्थिरता के साथ-साथ परवर्ती गुप्त काल से आर्थिक अवनति, नगरों की विघटनोन्मुख अवस्था और मध्य वर्ग की विपन्न दशा अभिव्यक्त होती है। विष्णु पुराण में राजाओं के अत्यधिक करारोपण तथा धर्म और अर्थ के शनैः शनैः ह्रास का उल्लेख है।[12] यह भी कहा गया कि

'वैश्य गण कृषि वाणिज्यादि अपने कर्मो को छोड़कर शिल्पकारी आदि से जीवन निर्वाह करते हुए शूद्र वृत्तियों में ही लग जायेंगे।[13] इसी काल की पराशर स्मृति ने कृषि सभी वर्णो के लिए विहित बताते हुए शूद्रों को वैश्यों के समकक्ष आर्थिक धरातल प्रदान किया।[14]

परवर्ती गुप्तकाल से ही आर्थिक अवनति का दौर प्रारम्भ हो चुका था। मैती ने स्कन्दगुप्त के समय से भारी मुद्राओं में मिलावट को स्वीकार किया है और इस आर्थिक अवमूल्यन का कारण हूण व अन्य आक्रमणों को माना है। हूणों का राजनीतिक हस्तक्षेप बाद तक बना रहा, शनैः शनैः वे भारतीयकृत हुये। गुप्तयुगीन स्वर्ण सिक्कों में सोने का मिश्रण और भार में वृद्धि परस्पर सम्बद्ध थे। इसका आरम्भ कुमारगुप्त प्रथम के समय में हुआ। अनुमान है कि कुमार गुप्त प्रथम के समय जो आर्थिक स्थिति खराब हुयी थी वह स्कन्दगुप्त के उत्तरवर्ती काल और बाद के दो-तीन शासकों के काल नें सुधरी हुयी थी, तदन्तर वैण्यगुप्त के काल में पुनः धातु में खोट मिलाना आरम्भ हुआ, तीसरी बार नरसिंह गुप्त के समय में धातु के रुप में गिरावट हुयी। अन्ततः विष्णुगुप्त के समय में वह एकदम गिर गया।[15]

चाँदी के सिक्के सर्वप्रथम चन्द्रगुप्त द्वितीय, कुमारगुप्त प्रथम, स्कन्दगुप्त और बुद्धगुप्त के प्राप्त हुए हैं। अन्य शासकों के चाँदी के सिक्के अज्ञात हैं।[16] ताम्र सिक्के अत्यल्प हैं, कुमारगुप्त के पश्चात केवल हरिगुप्त नामक गुप्त शासक के सिक्के प्राप्त हुए हैं।[17] छठवीं और आठवीं सदी के बीच क्रमशः आर्थिक अवनति नगरों की विघटनोन्मुख अवस्था और मध्यवर्ग की विपन्न दशा अभिव्यक्त होती है। हवेनसांग द्वारा नगरों और कस्बों की निर्जनता का उल्लेख श्रेणियों की मुद्राओं का अभाव छठी से आठवीं शदी के मध्य मुद्राओं का व्यापक अभाव और अपरिष्कृत स्वरुप अस्थिर नगरीय जीवन और पतनोन्मुख व्यापारिक दशा की ओर संकेत करते हैं।[18]

नगरों का विस्थापन इस काल का एक महत्वपूर्ण विचारणीय प्रश्न है। शर्मा ने तीसरी-चौथी शताब्दी में पुराणों के कलियुग प्रकरणों में प्रतिबिंबित सामाजिक संकट शहरों के पतन का महत्वपूर्ण कारक माना है। इस वर्ण-संघर्ष से कर उगाही कठिन हो गयी। नगर में रहने वाले पुरोहितों, सैनिकों पदाधिकारियों और नागरिकों की क्रय शक्ति घटी। अशान्ति के कारण माल दूर नहीं भेजे जा सकते थे। इस तथ्य की पुष्टि में वे पुरातात्विक साक्ष्य भी प्रस्तुत करते हैं। गुप्त साम्राज्य की अवनति के साथ छठी शदी के बाद नगरों के विस्थापन का दूसरा चरण प्रारम्भ होता है। छठी शदी के बाद चम्पा, पाटलिपुत्र, वैशाली, वाराणसी, भीटा इत्यादि शहर नहीं रहे। नगरों के विस्थापन के इस चरण की पुष्टि अन्याय साक्ष्यों से भी होती है। शर्मा लिखते हैं कि सातवीं शताब्दी के पुराणों में प्रतिबिंबित दूसरी सामाजिक अवस्था ने सामन्तवाद को बढ़ाया। पुरोहितों और पदाधिकारियों के

भरण-पोषण के निमित्त राजाओं के द्वारा शहरों और गाँवों का अनुदान दिन-प्रतिदिन आवश्यक हो गया। वे यह मानते हैं कि शहरों के पतन को कुल मिलाकर आर्थिक पतन का सूचक मानना गलत होगा। इस पतन के साथ कृषि प्रधान अर्थव्यवस्था का प्रादुर्भाव भी होता है, यद्यपि वाणिज्यिक गत्यवरोध और निश्चलता भी बढ़ती है।[19] नगरो के विस्थापन के बारे में बी. डी. चट्टोपाध्याय शर्मा से पूरी तरह सहमत नहीं हैं। उनके अनुसार इस काल में राजनीतिक व वाणिज्यिक केन्द्र के रुप में नये नगर उभरे। इस प्रकार के नगरों के अभिलेखीय साक्ष्य हैं जिनसे पता चलता है कि नवीं सदी से विशेषकर राजस्थान और गुजरात के क्षेत्र में ऐसे नगरों का प्रचुरोद्भव हुआ जो क्षेत्रीय और अन्तर्क्षेत्रीय स्तर पर व्यापारिक दृष्टि से सक्रिय थे। वे यह भी लिखते हैं कि इस गतिशीलता के समानान्तर कई वैश्य वंश भी घनी"त होते दिखायी पड़ते हैं।[20] इस प्रकार के वैश्य वंशों की जानकारी पश्चिमोत्तर भारत से प्राप्त अभिलेखों से मिलती है।[21] सभा-श्रृंगार में वेश्यों की चौरासी व्यावसायिक जातियों का उल्लेख मिलता है। पूर्वमध्यकाल के उत्तरार्द्ध में पश्चिमोत्तर भारत में आर्थिक गतिशीलता, वैश्यों की बेहतर राजनीतिक-सामाजिक प्रस्थिति और जैन धर्म के उत्थान पर प्रस्तुत पुस्तक के प्रथम संस्करण (1987) में भी टिप्पणी की जा चुकी है। बी. डी. चट्टोपाध्याय इस काल में मुद्रा और मौद्रिक अर्थव्यवस्था के अभाव से भी सहमत नहीं हैं। उनके अनुसार संकुचित—स्थानीयकृत ही नहीं क्षेत्रीय-अन्तर्क्षेत्रीय स्तर पर भी मुद्रा प्रणाली और विनिमय जारी था, अतः यह कहना असत्य है कि गुप्तोत्तर अर्थव्यवस्था मुद्राहीन बन्द-अर्थव्यवस्था थी।[22] इस सन्दर्भ में चट्टोपाध्याय एक अध्ययन की चर्चा करते हैं जिसमें आठवीं से तेरहवीं सदी के बीच उत्तर भारत में मौद्रिक प्रणाली की बात कही गयी है। इस सन्दर्भ में प्रतिहारों के ताँबा मिश्रित चाँदी के 'आदि वराह' शैली के सिक्के, मारवाड़ से उपलब्ध ताम्र सिक्के जो 11वीं 12वीं सदी तक प्रचलित रहे, आदि वराह द्रम, चाहमान नरेशों के चाँदी व ताँबे के सिक्के जिन्हें चाहमान अभिलेखों में द्रम्म, विशोंपक, रुपक, दीनार कहा गया है, मेवाड़ से प्राप्त सिक्के, आदि उल्लेखनीय हैं परन्तु इनकी व्यापकता, क्रय शक्ति और परिचक्रण क्षेत्र को भी समझना होगा। [गोपीनाथ शर्मा, पूर्वो., पृ. 24 और आगे]

इस काल में राजपूत शासकों द्वारा नगरों के निर्माण और जनजातीय क्षेत्रों में राजपूत सत्ता के विस्तरण के परिणामस्वरुप अनेक नये नगरों के राजनीतिक-आर्थिक केन्द्र के रुप में प्रादुर्भाव का उल्लेख अभिलेखों और साहित्यिक ग्रन्थों में यदा-कदा मिलता है। 646 के साम्भौली शिलालेख में गुहिल वंशी शासक शीलादित्य द्वारा स्थानीय भीलों पर प्रभाव स्थापित करने, देश-विदेश से आये व्यापारियों के बराने, मन्दिरों के निर्माण की सूचना है। घटियाला शिलालेख (861 ई.) में प्रतिहार कक्कुक द्वारा रोहिंसकूप (घटियाला) में उपद्रवी आभीरों को परास्त कर मारवाड़ में

शान्ति स्थापित करने और इस क्षेत्र को जनजीवन तथा व्यापार के लिए उपयोगी बनाने का उल्लेख है; जिसके परिणामस्वरुप दूर-दूर के व्यापारी आकर बस गये। कक्कुक को इस बात का श्रेय दिया गया है कि उसने तीनों वर्णों के लिए उद्योग-धन्धों की व्यवस्था की। गुहिल वंशी मेवाड़ के राजा अल्लट की सारणेश्वर प्रशस्ति (953 ई.)में आहड़ नगर का उल्लेख है; जहाँ कर्णार, मध्य प्रदेश, लाट और टक्क (पंजाब का एक भाग) से व्यापारी आकर यहाँ बस गये थे। इस नगर की स्थिति व्यापारिक मार्ग पर बतायी गयी है। भेराघाट (जबलपुर) के 1155 ई. के अभिलेख में मेवाड़ के राजा वैरी सिंह द्वारा भीलो को दबाने; उन्हें गुफाओं में भगाकर उनके नगर छीन लेने की चचा है।[23] प्रबन्ध चिन्तामणि में चापोत्कट वंश के संस्थापक जंगली जातियों के बीच रहने वाले वनराज द्वारा कान्यकुब्ज से आये पाँचकुल की हत्याकर सम्पत्ति हथिया कर अन्हिलपुरा नामक नगर बसाने और स्वयं राजा बनने का वृतान्त है।[24] कलचुरि शासक द्वितीय कोक्कल के राज्यकाल (990-1015 ई.) में कलिंगराज नामक कलचुरि राजपुत्र ने दक्षिण कोसल को जीतकर तुम्माण नगर में अपनी राजधानी स्थापित की।[25] दक्षिण कोसल के एक अन्य कलचुरि शासक जाज्जलदेव प्रथम ने जाज्जलपुर नामक नगर का निर्माण करवाया था।[26] कलचुरियों के अनेक अभिलेखों में जयपुर नामक एक व्यापारिक नगर का उल्लेख मिलता है।[27] जाज्जलदेव प्रथम के रत्नपुर पाषाण अभिलेख में रत्नेश्वर द्वारा स्थापित रत्नपुर नगर का उल्लेख है।[28] इसी प्रकार नये बसाये गये नगरों में जबलपुर के समीप गोसलपुर नगर था।[29] इन नगरों में अधिकांश नगर पूर्वमध्यकाल के उत्तरार्द्ध के हैं, जो मुख्यतः विभिन्न क्षेत्रों में जनजातीय पृष्ठभूमि से उद्भूत नवीन राजपूत राजवंशों के केन्द्र अथवा राजपूत सत्ता के जनजातीय क्षेत्रों में विस्तरण की परिणति और स्थानीय स्तर पर सामाजिक-आर्थिक-राजनीतिक व्यवस्थापन के निमित्त थे। यद्यपि उन्नत भौतिक संस्कृति के निर्माण में इनकी क्या भूमिका थी, यह विचारणीय है। चट्टोपाध्याय के अनुसार—'ये तथ्य पूर्वमध्यकाल में राजपूत-पालिटी' के प्रारम्भिक संरचनात्मक दौर को भी अभिव्यक्त करते हैं। पूर्वमध्यकाल के विश्लेषण में इन क्षेत्रीय आयामों को भी ध्यान में रखा जाना चाहिए।'[30]

परवर्ती गुप्त काल से नगरों के विस्थापन को समझने के लिए इस काल के नगर प्रशासन का जायजा लेना भी समीचीन होगा। परवर्ती गुप्तकाल में नगर प्रशासन का स्वरुप दिखायी पड़ता है, यद्यपि यह काल नगरों के विस्थापन का काल माना जाता है। इस सन्दर्भ में स्कन्दगुप्त का जूनागढ़ अभिलेख महत्वपूर्ण है जिसमें सौराष्ट्र के गोप्ता (प्रान्तपति) पर्णदत्त द्वारा पुत्र चक्रपालित को योग्यता एवं कार्यक्षमता के आधार पर नगर रक्षक नियुक्त किये जाने की सूचना है। गुप्त-संवत् 188 (508 ई.) के वैण्यगुप्त के गुणैधर ताम्रपत्र में 'पुरपालोपरिक' नगराध्यक्ष के

रुप में है। गुप्त संवत 159 (497 ई.) के पहाड़पुर ताम्रपत्र में नगर के मुख्य अधिकारी को 'नगर श्रेष्ठी' और नगरपालिका कार्यालय को 'अधिष्ठान अधिकरण' कहा गया है। अनुमान है कि अधिष्ठान अधिकरण में सम्भवतः चार सदस्य होते थे—आर्य नगर श्रेष्ठी, सार्थवाह, प्रथम कुलिक (शिल्पियों अथवा शिल्प श्रेणियों का मुखिया) तथा प्रथम कायस्थ (गुप्त संवत 124 का कुमारगुप्त का दामोदरपुर ताम्रपत्र लेख)। वैशाली से प्राप्त एक मुहर पर 'वैशाल्याधिष्ठानाधिकरणस्य' अंकित है। यह सम्भवतः वैशाली के नगर प्रमुख की मुहर थी। वैशाली से प्राप्त एक अन्य मुहर पर 'परिषद' उत्कीर्ण है। अनुमान है कि नगरपालिका को परिषद भी कहा जाता था।[31] वैशाली से प्राप्त 274 मुहरों में 'श्रेष्ठि-सार्थवाह-कुलिक निगम' का उल्लेख है।[32] हर्ष के काल में नगर प्रशासन के प्रत्यक्ष उल्लेख का प्रायः अभाव है। हर्ष चरित में आये 'महत्तर' शब्द से ग्राम के मुखिया की ध्वनि मिलती है। पाणिक्कर महत्तर से अभिप्राय नगर के श्रेष्ठ व्यक्ति मानते हैं। उनके अनुसार नगर के मुख्याधिकारी को द्रंगिक कहा जाता था।[33]

राजपूताना से प्राप्त अभिलेखों में ग्राम-प्रशासन की कार्यकारिणी समिति के रुप में 'पंचकुल' का उल्लेख मिलता है। इसके अध्यक्ष को 'महंत' कहा गया है।[34] अभिलेखों से स्पष्ट है कि ग्राम-राज्य सम्बन्धों के आधार पर ग्राम दो प्रकार के थे-एक वे जो प्रतिग्राहकों के अधीन थे, जिनमें राज्य का कोई प्रशासकीय हस्तक्षेप नहीं था और दूसरे राज्याधीन जिन्हें 'पंचकुली' कहा गया है।[35] इन ग्रामों की समितियों को 'पंचकुली' और इनके कार्यालय को ग्राम-श्रीकरण' कहा गया है।

चाहमान और परमार राज्य में 'पंचकुल' एक महत्वपूर्ण शासकीय संस्था प्रतीत होती है; जिसे दशरथ शर्मा और प्रतिपाल भाटिया ने नगर व ग्राम दोनों के सन्दर्भों में लिया है। चाहमान राज्य में ग्राम, ग्राम-समूह और नगरों या कस्बों के प्रशासन के लिए महाजन नामक समिति थी। पाँच सदस्यों की समिति 'पंचकुल' महाजन द्वारा लिये गये निर्णयों की क्रियान्वयनकर्ता थी। गुजरात में भी 'पंचकुल' अधिकार सम्पन्न थी। ग्रामीण क्षेत्रों, कस्बों या नगरों के अधिकारियों के रुप में बलाधिप, तलार (पुराध्यक्ष या नगर रक्षक-त्रिविक्रम, हेमचन्द्र) सेलहट या सैलिहस्त (विशेषकर बाहय ग्रामीण क्षेत्रों से सम्बद्ध राजस्व प्रशासनिक अधिकारी' जो प्रशासनिक केन्द्र 'महास्थान' से सम्बद्ध था) के अतिरिक्त दशरथ शर्मा ने वहीकाधिकृत, रक्षकार आदि का उल्लेख किया है।[36] इस विवरण में प्रशासनिक केन्द्र बिन्दू ग्राम या देहाती क्षेत्र ही प्रतीत होते हैं। नगर और ग्राम प्रशासन के बीच कोई विशिष्ट वैभिन्य नहीं दिखायी पड़ता। प्रतिपाल भाटिया ने नगर के प्रमुख अधिकारियों के रुप में महत्तमों या महत्तरों, बलाधिकृत व साधनिक का उल्लेख किया है। इनका सभास्थल 'महाजन' कहलाता था। महत्तरों की सहायता के लिए 'पंचकुल' होती थी जो भूमिदान और न्यायकार्य से भी सम्बद्ध थी।[37] दशरथ शर्मा और प्रतिपाल

भाटिया 'पंचकुल' की तुलना मेगस्थनीज द्वारा विवृत्त 5-5 सदस्यों की 6 उपसमितियों में विभक्त 30 सदस्यीय नगर समिति से करते हैं, परन्तु मौर्ययुगीन उक्त समिति संरचनात्मक और गुणात्मक रुप से काफी भिन्न थी।

गहड़वाल अभिलेखों में पंचकुल का उल्लेख नहीं मिलता। गहड़वाल कालीन नगर शासन व्यवस्था से सम्बन्धित कोई विशेष जानकारी उपलब्ध नहीं है।

'पत्तनाधिकार पुरुष', नामक एक अधिकारी का उल्लेख चन्द्रावती प्लेट में मिलता है, जो सम्भवतः नगर का प्रधान अधिकारी हो।[38] किसी नगर समिति का कोई प्रत्यक्ष उल्लेख गहड़वाल अभिलेखों में नहीं मिलता। गहड़वाल अभिलेखों में वाराणसी के कई उपभाग बताये गये हैं, जिनमें अधिकांश के साथ 'पत्तला' विशेषण संयुक्त है,[39] परन्तु इन उपभागों की कोई विशिष्ट; विकसित प्रशासनिक संरचना का उल्लेख नहीं मिलता। सम्भव है कि इनके प्रमुख 'पत्तनाधिकार पुरुष' रहे हों। मिराशी ने पत्तला शब्द जिले के लिए प्रयुक्त बताया है। पत्तला 10.12. 40.100 ग्रामों की इकाई में विभक्त थे। यह उल्लेखनीय है कि गोविन्दचन्द्र के समकालीन लक्ष्मीधर के विशाल निबन्ध ग्रन्थ कत्यल्पतरु के राजधर्म काण्ड में नगर प्रशासन का कोई उल्लेख नहीं मिलता। कलचुरि अभिलेखों में नगरों को नगर या पुर कहा गया है। द्रंगिक को कुछ विद्वान नगर का मेयर और कुछ चुंगी अधिकारी मानते हैं।[40] एक अभिलेख में पुरप्रधान का उल्लेख है। कहल अभिलेख (1077 ई.) इस दृष्टि से उल्लेखनीय है जिसमें महामन्तक, महाश्रेष्ठिन, महापंचकुलिक (इसे मिराशी ने अनुमानतः पंचायत-प्रमुख बताया है) का उल्लेख है।[41] नीतिवाक्यामृत के हवाले से मिराशी 'पंचकुल' में—कर वसूलने वाला, दर्ज करने वाला, सील करने वाला, कोष में जमा करने वाला और एक सामान्य निरीक्षक बतातें हैं।[42] प्रतीत होता है कि नगर प्रशासन प्रमुखतः सुरक्षा व कर संचय तक सीमित हो चुका था, उसका व्यापारिक-वाणिज्यिक स्वरुप, श्रेष्ठि वर्ग, शिल्पि वर्ग और श्रेणियों की इसमें सहभागिता लुप्त हो चुकी थी। यद्यपि इस विषय पर व्यापक अध्ययन अपेक्षित है।

परवर्ती गुप्त युग से पनपने वाली इन परिस्थितियों में समाज कृषि-प्रधान अर्थव्यवस्था की दिशा में उत्तरोत्तर प्रवृत्त होता गया। व्यवहारतः प्रशासनिक और आर्थिक दृष्टि से पृथक स्व-केन्द्रित इकाई के रुप में ग्राम समाज का मूलभूत अवयव बन गए। गुप्त काल से गाँवों द्वारा नगरों के विस्थापन की प्रक्रिया प्रारम्भ हो चुकी थी। उत्पादन का स्वरूप वह नहीं रह गया था जो समृद्ध संस्कृति के विकास के लिए अपेक्षित था।[43] शर्मा हरिवंश पुराण व अन्यान्च कतिपय ग्रन्थों के आधार पर कलियुगीन दुर्व्यवस्था के परिप्रेक्ष्य में सामाजिक संघर्ष या वर्ण-संघर्ष को सामन्तवाद के उद्भव और नगरों के विस्थापन दोनों की पृष्ठभूमि में देखने का प्रयास करते हैं। वे कहते हैं कि इन दोनों के कारण जो उत्पादन पद्धति उभरी उससे एक प्रकार की आत्मनिर्भर अर्थव्यवस्था का जन्म हुआ।[44] तीसरी-चौथी सदी

के आरम्भ के ग्रन्थों से प्रकट होने वाले इस सामाजिक संकट के लक्षणों के रुप में वे पुराणों के कलियुग प्रकरणों विशेषकर हरिवंश पुराण व आरण्यक पर्व आदि में उल्लिखित विवरणों को उद्धृत करते हैं, जिनमें-वर्णसंकर, शूद्रों तथा ब्राह्मणों के बीच बैर, वैश्यों द्वारा कर देने और यज्ञ करने से इन्कार, कर भार से पीड़ित प्रजा, परिवार और सम्पत्ति की असुरक्षा आदि का उल्लेख है। ऐसी स्थिति में जब करों की उगाही किसानों, व्यापारियों, शिल्पियों तथा श्रमिकों के विरोध के कारण कठिन हो गयी तब मनु ने सुझाव दिया कि राजस्विक तथा प्रशासनिक अधिकारियों को भूमिदान के जरिये वेतन देना चाहिए (7.118.19) वे लिखते हैं कि कुल मिलाकर देखें तो तीसरी सदी के उत्तरार्द्ध में तथा सम्पूर्ण चौथी सदी में हुए कलियुग के संकट ने भारतीय समाज को सामन्तीकरण के मार्ग पर चलने को बाध्य किया। पूर्ववर्त्ती शास्त्र सम्मत वर्ण-व्यवस्था से सामन्ती ढंग की संशोधित वर्ण-व्यवस्था की ओर यह संक्रमण था।[45] परन्तु मनुस्मृति का रचना काल सामान्यतः 200 ई. पू. से 100 ई. माना जाता है[46] और हाजरा ने कलि के सबसे आरम्भिक वर्णन को तीसरी सदी के अन्त और चौथी सदी के प्रारम्भ का माना है।[47]

हरिवंश पुराण के कलियुग वर्णन जैसी स्थितियों का हवाला बुद्ध प्रकाश ने महाभारत, अंगविज्जा और युग पुराण से दिया है, जैसे-ब्राह्मण क्षत्रिय सब शूद्र का कार्य करने लगे, सारा समाज एक वर्ण हो गया (महाभारत 8.45 6-7, 3, 190. 17-18 और 42) महाभारत में उल्लेख है कि नदियों के किनारे, चारागाह, तालाब की भूमि भी हलों तले आ गयी। युग पुराण में कहा गया है कि सब लोग एक तरह से रहने लगे, एक जैसे कपड़े पहनने लगे और एक प्रकार के आचार-विचार अपनाने लगे। बौद्ध ग्रन्थ अंगविज्जा में बम्भ-खत्त, खत्त-बम्भ, बम्भ,-वेस्स, वेस्स-बम्भ, बम्भ-सुद्द आदि का उल्लेख विपरीत कर्मों की सूचना देता है। ये उद्धरण आर्थिक उन्नति के दौर में सामाजिक गतिशीलता और वर्णगत् प्रतिबन्धों को तोड़कर व्यक्ति के गुण और कौशल के ऊपर आने का संकेत देते हैं। इसकी पृष्ठभूमि में शक-कुषाण कालीन आर्थिक विकास और उन्नत भौतिक संस्कृति की भूमिका थी।[48] महाभारत वनपर्व अध्याय 188 में म्लेच्छ, शक, यवन-काम्बोज, वाह्लिक आदि राजाओं का उल्लेख हैं, जिसे दूसरी शदी के उत्तरार्द्ध और तीसरी शदी के प्रारम्भ का माना गया है। महाभारत में इस सन्दर्भ में लम्बा वृत्तान्त है–'भारत में अनेक म्लेच्छ, पुलिन्द, यवन आदि राजा राज्य करेगे।...शूद्र ब्राह्मणों को 'भो' व 'अरे' 'रे' कहकर सम्बोधित करेंगे,...कर भार से दब कर जनता का चरित्र भ्रष्ट हो जायेगा, लोग इहलोकवादी हो जायेंगे।. ब्राह्मण, क्षत्रिय और वैश्य वर्ण का लोप हो जायेगा। सब एक ही जाति व वर्ण के हो जायेगे, वेद पितरों की पूजा व श्राद्ध आदि कर्म बन्द हो जायेंगे। उनकी जगह अस्थियों की पूजा होगी...सर्वत्र पृथ्वी पर समाधि भवन अंकित होंगे, लेकिन देवताओं के लिए मन्दिर अथवा देवगृह न

होंगे।'[49] यहाँ भी वर्णगत् शिथिलता, सामाजिक गतिशीलता, भौतिकतावाद व बौद्ध-धर्म के प्रसार का संकेत है। हरिवंश पुराण के कलियुग वर्णन में भी अनेक तथ्य हैं, जिनके समाजशास्त्रीय विश्लेषण से नगरीय सभ्यता का संकेत मिलता है, संक्षेप में वे तथ्य इस प्रकार हैं—जो क्षत्रिय नहीं है, ऐसे लोग भी राजा होंगे, मनुष्य शिल्प कर्म करने वाले होंगे, ब्राह्मण शूद्रो के आश्रित होकर जीविका चलायेंगे, राजकर्मचारियों का भ्रष्टाचार, धन से प्रस्थिति, जनपद के लोग चौराहों पर अन्न बेचेंगे, चौराहों पर वेदों का विक्रय करेंगे, वेश्या प्रथा, शूद्रों द्वारा बौद्धधर्मावलम्बन, अधिक बैलों की हल में खपत, गढ़ढों और तलैयों की भूमि में भी कृषि का विस्तार, सभी व्यापार करने वाले होंगे, पूँजी की गतिशीलता, रास्तों पर तस्कर रहेंगे, भाँति-भाँति से नारियों द्वारा केश-विन्यास, बढ़ता भौतिकतावाद, क्षत्रियों द्वारा भी व्यापार कर्म, सब लोग एक-दूसरे को 'भो' अर्थात 'ऐ' सम्बोधित करेंगे, एकाकी परिवार, वर्ण भेद समाप्त हो जायेगा यानि सामाजिक गतिशीलता, स्वकेन्द्रित लोग, युग की आवश्यकता के उपकरणों से सम्पन्न हो, पृथक-पृथक झुण्ड बनाकर (सार्थवाह?) देश-देश में घूमते फिरेंगे, लोग जीविका के लिए अंग, बंग, कलिंग, कश्मीर, मेकल, ऋषिक आदि देशों में चले जायेंगे (वाणिज्यिक गतिशीलता), पके-पकाये अन्न का व्यवसाय, ऋण का व्यवसाय, अतिशय भोगवादिता से रोगग्रस्त हो और व्यवसाय के क्षीण हो जाने पर धर्मोपदेश सुनने और साधुओं के दर्शन और सत्य की प्रवृत्ति पैदा होगी, हरिवंश पुराण के कलियुग वर्णन के ये उद्धरण नगरों व नगरीय सभ्यता के पतन नहीं बल्कि नगरीय सभ्यता का संकेत देते हैं।[50]

प्राचीन भारतीय राजनीतिक विचारों और संस्थाओं का विकास अनेक चरणों से गुजरा था। प्रारम्भिक जनजातीय आदर्शों के विघटन की तीन अनुक्रियायें दिखायी पड़ती हैं। इनमें से दो ने समन्वय के ऐसे प्रकारों पर जोर दिया जो सांस्कृतिक विषमता और प्रादेशिक राज्यों के अधिक अनुकूल थे। इनमें से प्रथम को 'सामाजिक' कहा जा सकता है जिसमें एकीकरण या समाकलन सामाजिक कर्तव्य पर आधारित था जो निर्धारित, जन्मना और श्रेणी-बद्ध होते हैं। इसे मैक्सवेबर ने पारम्परिक सत्ता (पुरोहित तन्त्र) कहा है, दूसरी अनुक्रिया को वह राजनीतिक कहता है, जो राज्य को समाज के नियन्त्रण में सक्रिय भाग लेने योग्य बनाती है।[51] ड्रेकमेयर एक स्थल पर यह लिखते हैं कि यह माना जा सकता है कि विशाल क्षेत्रों में प्रशासन के श्रेणीबद्ध प्रतिमान (पुरोहित तन्त्र) विवेकसम्मत नौकरशाही (रेशनल व्यूरोक्रेसी) में परिणत हो सकते हैं।[52] अभिप्राय यह है कि सांस्कृतिक विषमताओं से युक्त अपेक्षाकृत विशाल राज्यों के लिए विवेकसम्मत नौकरशाही तन्त्र, और छोटे राज्यों के लिए 'पुरोहित तन्त्र' अधिक अनुकूल थे।

मोर्योत्तर काल और गुप्तकाल से ब्राह्मणों को प्रदत्त भूमिदान राजस्व एवं प्रशासनिक-न्यायिक अधिकारों का हस्तान्तरण अथवा सामन्तवाद, तदजनित

विकेन्द्रीकरण के कारणों का विश्लेषण मौर्य एवं मौर्योत्तरकालीन राजनीतिक-सांस्कृतिक प्रक्रियान्तर्गत किया जा सकता है–जब मौर्योत्तर सत्ताओं ने सामाजिक, सामुदायिक नियन्त्रण और समायोजन का प्रत्यक्ष उत्तरदायित्व छोड़कर यह कार्य ब्राह्मणों को सौंपा जो ब्राह्मणीकरण के प्रमुख प्रवक्ता थे, जबकि मौर्य काल में एक ओर कौटिल्य ने क्षेत्रीय विस्तार के परिणामस्वरुप परिवर्तित परिस्थितियों में शासक को धर्मशास्त्रों के ऊपर विधायिका शक्ति प्रदान की और दूसरी ओर बौद्ध धर्म व अशोक के 'धम्म' ने साम्राज्य के लिए सैद्धान्तिक पीठिका निर्मित की, तथा सामाजिक, सांस्कृतिक समन्वय में महत्वपूर्ण भूमिका का निर्वाह किया। सत्ता में पुरोहित और शासक का द्विभाजन, पुरोहित वर्ग का सत्ता पर नियन्त्रण व शासक और शासित के बीच उसकी मध्यस्थता एवं परम्परागत संस्थाओं की सामुदायिक नियन्त्रण में भूमिका शिथिल पड़ रही थी। जबकि गुप्तकाल में स्थिति विपरीत हो गयी और राज्य की गतिविधियाँ प्रायः सैनिक और कूटनय तक सीमित रह गयीं।[53]

गुप्तोत्तर काल में उद्भूत नवीन राजपूत राजवंश विधिसामत्य, क्षत्रियत्व और एक भव्य परम्परा की प्राप्ति तथा जनजातीय क्षेत्रों पर स्थायित्व के निमित्त इन क्षेत्रों के ब्राह्मणीकरण के लिए ब्राह्मणों के मुखापेक्षी थे। इस पृष्ठभूमि में ब्राह्मणों और राजसत्ता के अवर-केन्द्रों के रुप में मठों (हिन्दू मठ परम्परा के प्रादुर्भाव का संकेत सम्भवतः पहली बार परवर्ती गुप्तकालीन पराशर स्मृति में मिलता है।) मन्दिरों को भूमिदान, आर्थिक-प्रशासनिक-न्यायिक अधिकारों का हस्तान्तरण, तद्जनित परिवतर्तित आर्थिक-प्रशासनिक ढाँचे अथवा सामन्तवाद के विकास को देखा जा सकता है। भक्ति सम्प्रदायों की भी इसमें महत्वपूर्ण भूमिका थी, मन्दिरों की व्यवस्था के लिए विभिन्न व्यापारिक वस्तुओं पर करारोपण का उल्लेख इस काल के अनके अभिलेखों में मिलता है। इसका दूसरा पक्ष यह भी है कि कई राजपूत राजवंश अज्ञात जनजातीय समूहों से उद्भूत थे जिन्होंने क्षत्रियत्व या विधिसामत्य और राजनीतिक स्थायित्व के लिए पुरोहित तन्त्र को प्रश्रय दिया। बृहद परम्परा में सम्मिलित होकर ही उनका राजनीतिक विस्तार भी सम्भव था।[54]

भूमि अनुदान की पृष्ठभूमि में वर्ण-संघर्ष, राजसत्ता के क्षरण और दुष्कर कर उगाही से बी. डी. चटोपाध्याय सहमत नहीं है। उनकी मान्यता है कि इस काल में वस्तुतः अनेक अज्ञात जनजातीय समूहों का राजपूतीकरण हुआ, राजसत्ता की विधि-समत्तता, विस्तार और स्थायित्व के लिए उन्होंने ब्राह्मणों को भूमि अनुदान और मन्दिरों, मठों व भक्ति सम्प्रदायों को प्रश्रय व संरक्षण प्रदान किया। उड़ीसा में ग्यारहवी सदी में चोड-गंग का प्रमुख राजसत्ता के रुप में विकास हुआ, इसकी जगन्नाथ भक्ति सम्प्रदाय से सम्बद्धता थी और इसने ब्राह्मण निवेशीकरण को प्रश्रय दिया। ब्राह्मणों और मन्दिरों को भूमि अनुदान के इस परिप्रेक्ष्य से दृष्टि

डालने पर यह कहा जा सकता है कि राज्य की संरचना ध्वस्त नहीं हुई बल्कि इसके विपरीत राज्य की संरचना को वैध स्थिति प्राप्त हुयी।[55] परन्तु इस उदाहरण को पूर्वमध्यकाल में सामान्यीकृत रुप से नहीं देखा जा सकता।

संक्षेप में चाहे अज्ञात जनजातीय स्तर से ऊपर उठे राजपूत राजवंश रहे हों अथवा नवीन राजपूत राजवंश दोनों ही राजसत्ता के विस्तार, स्थायित्व और सामुदायिक नियन्त्रण के लिए पुरोहित तन्त्र के मुखापेक्षी थे। जहाँ तक सैनिक-असैनिक अधिकारियों को भूमिदान का प्रश्न है, विद्वत् इतिहासकार यादव का निष्कर्ष तथ्यसंगत है। इस परिवर्तित प्रशासनिक-आर्थिक ढाँचे को भारतीय सामन्तवाद कहना अत्युक्ति नहीं होगी।

सातवीं शताब्दी से निश्चय ही सामन्तवाद का विकास और दृढ़ीकरण पूर्व-मध्यकालीन भारतीय इतिहास की महत्वपूर्ण घटना थी।[56] गुप्तकाल से भूमि अनुदानों मे गृहीता को प्रशासनिक और राजस्व के समस्त साधनों का हस्तान्तरण, मध्य और पश्चिमी भारत के कुछ शासकों द्वारा गाँव के आन्तरिक विवादों में न्यायाधिकार (अभ्यन्तर सिद्धि) और उत्तरभारत में प्राप्त अपराधिक पक्ष में न्यायाधिकार (सदण्ड-दशापराध) ने निजी शासन क्षेत्र का निर्माण किया जिससे विकेन्द्रीकरण की प्रक्रिया स्वाभाविक रूप से परिणति पर पहुँची। ब्रहमदेय' शब्द की पाँचवीं शताब्दी के टीकाकार बुद्धघोष ने टीका करते हुए इसमें न्यायिक और प्रशासनिक अधिकार भी निहित बताया है। इस प्रकार गुप्त काल में भूमिदान के प्रचलन ने ब्राह्मण सामन्तों के आविर्भाव का मार्ग प्रशस्त किया जो स्वतन्त्र रुप से अनुदत्त क्षेत्रों का प्रशासन चलाते थे।[57] हर्षोत्तर काल में सामन्तीकरण की प्रक्रिया के रुप में जागीरदारी के विकास के साथ वंश और परिवार के सदस्यों, सम्बन्धियो, प्रशासनाधिकारियों को भूमिदान के कारण सामन्तवाद सातवीं शताब्दी से प्रचलित होने लगा।[58] हर्षचरित में सामन्तों के प्रकार के उल्लेख मिलते हैं—सामन्त, महासामन्त, अनुरक्त-महासामन्त, आप्तसामन्त, प्रधान सामन्त, प्रतीस सामन्त और करादिकृत महासामन्त। ह्वेनसांग ने लिखा है कि मन्त्री और सामान्य अधिकारीगण सभी के अपने भूमि के अंश हैं।[59]

प्रारम्भिक काल में अनुदानभोगियों को केवल उपभोगाधिकार ही प्राप्त थे, किन्तु 8वीं शती से ही उन्हें स्वामित्वाधिकार भी प्राप्त होने लगे। 11वीं और 12वीं सदियों में अनुदानों का यह क्रम अपनी चरम सीमा पर पहुँच गया और उत्तरी भारत अनेक छोटी-छोटी राजनीतिक इकाइयों में विभक्त हो गया।[60] अपराजित पृच्छा में उल्लेख है कि चक्रवती से लेकर राजपुत्र अर्थात गाँव के सरदार सभी अपने क्षेत्र में स्वेच्छा से शासन करते थे।[61] प्रशासनिक और क्षेत्रीय अधिकार और उपाधि के वंशानुगत होने से सामन्तवादी प्रथा दृढ़ हुई जिसके कारण केन्द्रीय सत्ता असुरक्षित और कमजोर हो गई।[62] स्थानीयता की प्रवृत्ति दृढ़ होती गई, जिससे

विकेन्द्रीकरण की प्रक्रिया में तीव्रता आई और राजा के अधिकार भी सीमित हो गए।[63] इस प्रकार राजनीतिक प्रशासनिक क्षेत्र में भूमि व्यवस्था के कारण स्थानीयवाद, अस्थिरता और विघटन का प्रभाव बढ़ता गया।[64]

छठी शताब्दी के अनन्तर उड़ीसा और दक्कन तथा आगे चलकर उत्तर-भारत के अनेक दान पत्रों में धन-जन-सहित, जनतासमृद्ध, स-प्रतिवास-जन-समेत आदि शब्दों के आधार पर विद्वान इस निष्कर्ष पर पहुँचते हैं कि ग्रामदान के साथ कृषक भी हस्तान्तरित हो जाते थे, जिसके परिणामस्वरूप गाँव की अर्थव्यवस्था का स्वरूप यथावत् बना रह जाता था। आठवीं सदी से इस प्रथा के आम चलन की पुष्टि में शर्मा ने किसी चीनी यात्री का उद्धरण (632 ई.) प्रस्तुत किया है।[65] ग्यारहवीं एवं बारहवीं शती के असम, बंगाल, सेनवंशी दानपत्र, बिहार, बुन्देलखण्ड (चन्देल दान पत्र) राजस्थान, महाराष्ट्र एवं चम्बा के पहाड़ी राज्य के भी कतिपय अभिलेखों में राजाओं द्वारा धार्मिक संस्थाओं या ब्राह्मणों को प्रदत्त भूमिदान के साथ कृषकों और कुछ में शिल्पियों यहाँ तक कि व्यापारियों एवं ग्राम सेवकों के हस्तान्तरण का भी उल्लेख है।[66] कुछ विद्वान ग्रामदान या ग्रामवासियों सहित ग्रामदान एक ही मानते हैं। वे इससे यह आशय लगाते हैं कि प्रदत्त ग्राम की शासक को करदेने वाली प्रजा ग्रहीता को कर दे।[67] बृहन्नारदीय पुराण में दुभिक्षों एवं करों से आक्रान्त होकर लोगों के उन क्षेत्रों से प्रव्रजन का उल्लेख है जहाँ गेहूँ और जौ की बहुलता थी।[68] परन्तु साथ ही बृहन्नारदीय पुराण, देवी भागवतपुराण, स्कन्दपुराण तथा अन्य तद्‌युगीन धर्मशास्त्रों में देशधर्म, जातिधर्म, ग्रामाचार या ग्राम धर्म का धर्म के उपादान का प्रमुख अंग बनना स्थानीयता और क्षेत्रीयता की बढ़ती प्रवृत्ति का परिचायक है। सम्भवतः इसका एक कारण स्थानीय जनजातियों का आत्मसातकरण और उन्हें उनके अपने नियमाचारों द्वारा जीवनयापन की छूट भी थी। इस युग में विवाह और अन्य प्रमुख संस्कारों में ग्राम्य धर्म, जनपद धर्म या जाति धर्म का भी उल्लेख मिलता है। स्थानीयता की इस प्रवृत्ति को सामन्तीय कुलीन वर्ग तीव्रतर करने में सक्रियता से सम्बद्ध था।[69]

स्थानीयता की बढ़ती प्रवृत्ति तथा अरबों के पश्चिमोत्तर क्षेत्र में बढ़ाव के कारण विदेशी और आन्तरिक व्यापार को धक्का पहुँचा। कथासरित्सागर में चार वैश्य व्यापारियों के म्लेच्छों से भरी उत्तर दिशा में व्यापार के लिए जाने और उनके द्वारा बन्दी बनकर दूसरे ताज़िक के हाथों विक्रय और बाद में छूटने पर पुनः यह निर्णय लेने का उल्लेख सोमदेव ने किया है कि म्लेच्छों से भरी उत्तर दिशा को छोड़ो, दक्षिणापथ ही अच्छा है। (कथा. खण्ड 2, पृ. 49-51) छठीं शताब्दी ई. सन् के उत्तरार्द्ध से वैजन्तिया साम्राज्य के साथ भारत का रेशम व मसालों का व्यापार समाप्त हो गया।[70] अभिलेखों से आन्तरिक व्यापार पर स्फुट प्रकाश पड़ता है। प्रतिहार अभिलेखों में

घोड़े के व्यापारी व सार्थवाहों का संकेत मिलता है।[71] प्रतिहार शासक मिहिरभोज की पेहोवा प्रशस्ति में पृथुदक अश्व व्यापार का केन्द्र था, जहाँ विभिन्न क्षेत्रों से व्यापारी आते थे। राजस्थान का आहड़ नगर भी अश्व व्यापार का केन्द्र था।[72] हस्तिकुण्डी अभिलेख से ज्ञात होता हैं कि प्रमुख व्यापारिक वस्तुओं में सूती वस्त्र, ताँबा, केसर, गेहूँ, जौ, नमक, इत्यादि थे, अर्थूणा अभिलेख (1079 ई.) में गुड़ मंजिष्ठ, कपास, सूत, नारियल, सुपारी, बर्तन, तेल, जौ आदि का उल्लेख है।[73] अन्नागारों का उल्लेख भी अभिलेखों में मिलता है।[74] चन्देलो के काल में, पूर्वमध्यकाल के उत्तरार्द्ध में व्यापारिक गतिविधियों के संकेत मिलते हैं। यशोवर्मन के पाषाण अभि. (1011 ई.) में सौदागरों की पंक्तिबद्ध दुकानों व चौराहों, अजयगढ़ शिलालेख में वास्तु' नामक नगर, सड़क निर्माण, राजमार्ग से सम्पन्न पद्मावती नगर, उसमें चौराहों आदि का उल्लेख मिलता है।[75] पूर्वमध्यकाल के उतरार्द्ध के चन्देल अभिलेखों में व्यावसायिक फसलों के रुप में गन्ना, कपास और सण का उल्लेख मिलता है।[76] कलचुरि अभिलेखों में ग्रामों में बिक्री के लिए मण्डपिका, बाजार के लिए आपण, दूकानों के लिए 'विथि' और छोटी दूकानों के लिए 'आवार' शद्ब मिलता है। आयातित वस्तुओं में धान्य, सुपारी, पान, राई, कालीमिर्च, सोंठ का उल्लेख है। बाजार में वस्तु बेचने के लिए 'युगा' नामक परवाना दिया जाता था, जो दिन भर के लिए होता था।[77] 11वीं 12वीं सदी में मुद्रा-प्रणाली भी पूर्वपिक्षा विकसित हुयी।[78] इन आर्थिक गतिविधियों के बावजूद सामन्तीय वातावरण में शक्तिशाली केन्द्रीयसत्ता के अभाव में असुरक्षा के कारण आन्तरिक व्यापार को क्षति पहुँची। कभी-कभी कुछ सामन्त भी व्यापारियों को लूट लिया करते थे।[79] कतिपय अभिलेख इस बात के प्रमाण है कि 500 ई. से 1200 ई. के मध्य व्यापारियों की प्रवृत्ति भू-सम्पत्ति अर्जित कर प्रशासकीय-सम्भ्रान्त स्तर प्राप्त करने की ओर अधिक उन्मुख थी। इसका एक कारण सामन्त प्रथा का विकास और समाज के कृषि प्रधान स्वरुप का निर्माण था, जिसमें भू-सम्पदा सामाजिक-राजनीतिक प्रस्थिति का आधार थी।[80] पश्चिमी दकन से प्राप्त छठीं-आठवीं शताब्दी के कुछ अधिकार पत्रों में व्यापारियों को नगर के एक ही बाजार में इकट्ठा होने की मनाही थी। शर्मा के अनुसार यह प्रतियोगिता के अभाव और व्यापारियों के स्थानीयकरण का संकेत करता है।[81] धर्मशास्त्रों में भी समुद्र यात्रा करने वाले को जातिच्युत और श्राद्ध में आमन्त्रित करने के अयोग्य माना गया है। दूरस्थ तीर्थस्थलों में जाना, दूर-प्रवास, समुद्र-यात्रा आदि कलिवर्ज्य घोषित कर दिया गया।[82] वर के लिए दूरस्थ विद्यार्जन विवाह की अनर्हता निर्दिष्ट की गई थी।[83] राजतरंगिणी में उल्लेख है कि दिग्विजयार्थ समुद्र-यात्रा करने पर ललितादित्य मुक्तापीड़ को प्रायश्चित करना पड़ा था।[84] विकेन्द्रीकरण के फलस्वरूप सीमाशुक्ल की इकाइयों में वृद्धि से भी व्यापार को क्षति पहुँची।[85] अस्थिर राजनीतिक वातावरण के कारण

मेधातिथि इंगित करते हैं कि 'राष्ट्रोप्लव के कारण व्यापारी वाराणसी तक नहीं जा पाता' (8.156)।[86] विभिन्न राजवंशों के द्वन्द पूर्ण सम्बन्धों के कारण भी व्यापारिक गतिशीलता नष्ट हो जाती थी। खरतरगच्छपट्टावली में चालुक्य-चाहमान सम्बन्धों के बारे में उल्लेख है कि दोनों के बीच द्वन्दात्मक सम्बन्धों के बाद बड़ी मुश्किल से संधि होती है, उस समय जब चालुक्य दण्डनायक चाहमान व्यापारियों को सीमा पर रोकता है तब यह सूचना मिलने पर चालुक्य मंत्री जगद्देव यह सन्देश भेजता है कि 'मैने अभी पृथ्वीराज से बड़ी कठिनाई से सन्धि की है अब यदि तुम सपादलक्ष के व्यापारियों पर हाथ छोड़ते हो तो मैं तुम्हें दण्डित करूँगा। इसके बाद दण्ड नायक ने सपादलक्ष के 'संघ' को आदर के साथ जाने दिया।[87] यद्यपि पूर्वमध्यकाल के उत्तरार्द्ध में नगरों में सड़क व सड़क निर्माण का उल्लेख मिलता है, परन्तु अलबीरुनी के बताये 15 मार्गो में से किसी का उल्लेख तद्युगीन अभिलेख व साहित्यिक साक्ष्यों में नहीं है।[88] पूर्वमध्यकाल की ये समस्त परिस्थितियाँ गतिहीन और पतनोन्मुख अर्थव्यवस्था और व्यापार में स्थानीयकरण की प्रवृत्ति की द्योतक हैं।

इस अवरुद्ध और स्थानीयकृत अर्थव्यवस्था से सामाजिक संरचना में परिवर्तन हुए। वैश्यों की दशा में पतन और शूद्रों से उनकी समकक्षता इस दिशा में पहला परिवर्तन था। हर्ष के युग से ही कृषि से सम्बन्धित वैश्यों की भूमिका समाप्त हो रही थी और शूद्रों की इसमें प्रमुखता बढ़ती जा रही थी।[89] फलस्वरुप उस युग में वैश्य निश्चित रुप से शूद्रों की स्थिति तक पहुँच गए थे।[90] यद्यपि ग्यारहवीं से तेरहवीं सदी में विशेषकर राजस्थान और गुजरात के क्षेत्र में वैश्यों की स्थानीयताबोधक जातियों, प्रशासनिक और धार्मिक कार्यो में उनकी गतिविधियों का अभिलेखों में उल्लेख पुनःव्यापार की इन क्षेत्रों में गतिशीलता का प्रमाण है। इस पृष्ठभूमि में जैन धर्म के इन क्षेत्रों में उत्थान को भी देखा जा सकता है।[91]

व्यापारिक समूहों या श्रेणियों की जाति के रुप में परिणति और व्यवसाय के आधार पर जातियों का निर्माण इस युग में दूसरा महत्वपूर्ण सामाजिक परिवर्तन था।[92] अपरार्क (1100-1130 ई.) ने एक ही जाति में रहने वाले और समान वृत्ति से जीविका चलाने वालों के समूह को श्रेणी के रुप में परिभाषित किया है।[93] अन्याय धर्मशास्त्रों में इसी का अनुकरण किया गया है।[94] इस प्रक्रिया का स्वरुप नवीं सदी के अरब यात्री सुलेमान के कथन से भी अभिव्यक्त होता है। उसके अनुसार इन राज्यों में सरदारों का एक परिवार माना जाता है, इन्हीं में राजशक्ति निहित है, राजा अपने उत्तराधिकारी स्वयं नियुक्त करते हैं। विद्वान और वैद्य लोग भी ऐसा करते हैं, इनकी एक जाति होती है। व्यवसाय जाति से बाहर नहीं जाना जाता।[95]

तत्कालीन समाज में जनजातियों का शूद्रवर्ण के अन्तर्गत आत्मसातकरण और

संस्कृतीकरण की प्रक्रिया तीव्र हुई। राजपूत राजाओं का शासन गुजरात, राजस्थान और मध्यप्रदेश के जनजातीय क्षेत्रों पर भी था। इसका अर्थ था जनजातीय व्यवस्था के ऊपर राजपूत राजनीतिक व्यवस्था का आरोपण।[96] यह आरोपण जनजातीय तत्वों को हिन्दू चातुर्वर्ण्य व्यवस्था में शूद्रवर्ण के अन्तर्गत आत्मसात किए बिना सम्भव नहीं था। यह कार्य ब्राह्मणों ने किया।[97] भूमि अनुदानों और ब्राह्मणों के प्रव्रजन की उतरोत्तर बढ़ती प्रक्रिया इसका प्रमाण है। इस युग के धर्मशास्त्रों में बढ़ती तथाकथित वर्ण-संकर जातियों का उल्लेख, पुनः वर्णसंकर जातियों को असंख्य बताते हुए इस प्रकरण की समाप्ति, इन वर्णसंकर जातियों की विभिन्न पेशों से पहचान और उन्हें शूद्र वर्णान्तर्गत स्थान दिया जाना, हिन्दू सभ्यता के भौगोलिक विस्तार और जनजातियों के शूद्रवर्ण के अन्तर्गत आत्मसातकरण और संस्कृतीकरण का प्रमाण है।

निर्मल कुमार बोस के अनुसार जाति और व्यवसाय के बीच बद्ध-संगतता के पीछे 'ब्राह्मणीय समाज' की एक निश्चित अर्थ-प्रणाली के निर्माण की इच्छा सन्निहित थी।[98] इस प्रकार अपनी निवर्तमान स्थिति में सन्तोषपूर्वक बने रहने के लिए वे प्रेरित किए गए, यद्यपि उनका स्तर बहुता ऊँचा नहीं था।[99] हेमाद्रि ने ग्राम की सोलह जातियों का उल्लेख किया और उन्हें अस्पृश्य बताया। यह उल्लेख ग्राम प्रधान अर्थव्यवस्था और जड़ समाज का द्योतक हैं, जिसमें अस्पृश्यता-अयोज्यान्नता का आरोपण कर उन व्यावसायिक जातियों को सोपानिक क्रम में स्थिर बनाये रखना था। अभिधान चिन्तामणि (3.582 पृ. 299) में बढ़ई दो प्रकार के बताये गये हैं—ग्रामाधीन या ग्रामतक्षय और कौटतक्ष या अनधीनक अर्थात स्वतंत्र बढ़ई। श्रमविभाजन का और अधिक विशिष्टीकरण हुआ और आंतरविवाह के नियम जो वर्णो तक सीमित थे प्रत्येक व्यावसायिक जातियों के ऊपर भी आरोपित किए गए।[100] यह उल्लेखनीय है कि कौटिल्य भी अनुलोम जातियों को पैतृक व्यवसाय और आंतरविवाह का निर्देश देता है।[101] इस युग में सजातीय विवाह एक अनिवार्य प्रथा बन गई। दूसरी और धर्मशास्त्रों ने विभिन्न कथित वर्णसंकर जातियों के कर्मो के निर्धारण का प्रयास किया।[102] वर्णसंकर जातियों को असंख्य बताते हुए मेधातिथि का कथन है कि "उनमें से कुछ का वर्णन केवल सांकेतिक रुप में दिया गया है।' साथ ही उसने यह भी कहा है कि व्यवसाय से छोटी-से-छोटी जाति जैसे सोपाक और अन्य भी पहचानी जा सकती हैं।[103]

कुछ लेखकों के अनुसार 'जातिप्रथा का उद्भव मध्ययुगीन सामन्ती समाज के एक अभिन्न अंग के रुप में हुआ। सामन्तवाद के अन्तर्गत कबीले भी जातियों के रुप में पुष्ट हो गए। इस प्रकार सामन्ती समाज असंख्य जातियों और उपजातियों की कल्पनातीत भूलभूलैया बन गया।...वर्णाश्रम व्यवस्था की तुलना में यह कितना बड़ा परिवर्तन था।....सामन्तवाद के अन्तर्गत जातियाँ जनसमुदाय की परस्पर

भिन्न सामाजिक-आर्थिक समूह थीं जो एक सोपानिक क्रम में गठित थीं। ये समूह परम्परागत विरासत से मिले धन्धों, सहजातीय विवाहों और सहभोजों पर आधारित थे।[104] भारतीय संस्कृति में ब्राह्मणीकरण, संस्कृतीकरण और सार्वभौमिकरण की स्वाभाविक चेतना प्रारम्भ से ही विद्यमान थी। जातियों के प्रगुणन में ब्राह्मणीकरण महत्वपूर्ण तथ्य था। इस काल की विशिष्ट राजनीतिक पृष्ठभूमि, परिवर्तित आर्थिक-प्रशासनिक ढाँचे अथवा सामन्तवाद ने इस घनीभूतीकरण की प्रक्रिया को तीव्रतर बनाया। अस्पृश्यता, अभोज्यान्नता और आंतरविवाह की प्रवृत्ति इस युग में अत्यधिक विकसित हुई। इन प्रवृत्तियों ने भी व्यावसायिक समूहों के जाति के रुप में दृढ़ होने में प्रेरक तत्व का कार्य किया।[105] मुस्लिम आगमन के फलस्वरुप हिन्दू समाज की प्रतिरक्षात्मक नीति के कारण ये प्रवृत्तियाँ और दृढ़ हुई जिन्होंने जाति को अधिक कठोर और गतिहीन बनाया।[106] व्यावसायिक समूहों के शूद्र वर्ण के अन्तर्गत आत्मसातूकरण से शूद्रों के धार्मिक, सामाजिक और आर्थिक अधिकारों में यद्यपि वृद्धि की दिशा में परिवर्तन हुए और उन्हें कतिपय क्षेत्रों में वैश्यों के समकक्ष स्तर प्राप्त हुआ। साथ ही परम्परावादी धर्मशास्त्रों में शूद्रों के धार्मिक अधिकारों में वृद्धि परम्परावादियों द्वारा उन्हें वाममार्ग से विमुख करने का प्रयास और संस्कृतीकरण की प्रक्रिया का परिचायक है। परन्तु पूर्वमध्यकालीन परिस्थितियों में व्यवहारतः इन धार्मिक और आर्थिक अधिकारों का शूद्र कहाँ तक उपयोग कर सके, भविष्य में उनके विकास और गतिशीलता की कितनी सम्भावना रह गई, ये विचारणीय प्रश्न हैं।

जैसा कि आगे निर्दिष्ट किया गया है, इस युग में सामाजिक गतिशीलता का एक शक्तिशाली स्रोत राजनीतिक अस्थिरता था। राजनीतिक अधिकार की प्राप्ति के लिए यह आवश्यक था कि जाति अथवा उसकी स्थानीय प्रशाखा की सैनिक परम्परा हो, संख्यामूलक शक्ति हो और हो सके तो बहुत-सी कृषि-योग्य भूमि पर उसका स्वामित्व हो।[107] पाँचवीं सदी से नई प्रशासनिक तथा भूमि सम्बन्धी व्यवस्था का उदय हुआ जिसके फलस्वरुप समाज में एक नया सामाजिक ढाँचा कायम हो गया।[108] बहुत से निम्न, अज्ञात तथा विदेशी मूल के व्यक्तियों ने राजनीतिक सत्ता प्राप्त कर स्वयम को छोटे-छोटे स्वतन्त्र शासकों के रुप में प्रतिष्ठापित कर लिया। मेवाड़ के गुहिलों का सम्बन्ध भीलों और चन्देलों का सम्बन्ध गोन्डों से माना गया।[109] राजपूत कहलाने वाली अनेक जातियों का सम्बन्ध आर्य-संस्कृति से नहीं था।[110] बर्टन स्टीन के अनुसार 'मध्ययुग सामाजिक गतिशीलता के विस्तृत और लगातार उदाहरणों से भरपूर है।[111] धुयें ने जनजातियों को तीन भागों में बाँटा है, पहला राजगोन्ड और अन्य समूह, जिसने सफलतापूर्वक युद्ध किया और हिन्दू समाज में उच्च सामाजिक प्रस्थिति प्राप्त की, दूसरा विशाल समुदाय जो आंशिक रुप से हिन्दू कृत होकर हिन्दू समाज के सम्पर्क में आया।

तीसरा समूह वह था जिसने पहाड़ी क्षेत्रों में बाह्य सभ्यता का दृढ़ प्रतिरोध किया और अपनी सीमाओं में दबा दिया गया।[112] ऐसी भी जनजातियों का उल्लेख है, जिनका वर्णस्तर सर्वथा समान नहीं था। मेद अथवा मेड़ किसी ग्रन्थ में शूद्र और अन्त्यज के रुप में उल्लिखित हैं[113], और कहीं राजपूत के रुप में।[114] पृथ्वीराजरासों से इनकी सैनिक परम्परा की पुष्टि होती है। खस जाति वैजयन्ती में निम्न वर्ग के अन्तर्गत उल्लिखित की गई है[115] और द्वाश्रय काव्य पर अभयतिलकगणि की टीका में वे केदारखण्ड के क्षत्रिय कहे गए हैं।[116] राजतंरगिणी में खस और मल्ल राजवंशों का उल्लेख है।[117] मनुस्मृति में मल्ल को व्रात्य कहा गया है।[118] आभीर जनजाति को वैजयन्ती[119] में शूद्रो के अन्तर्गत, अभिधानचिन्तामणि और जीवन्धरचम्पू में वैश्य वर्ण के अन्तर्गत[120] और पृथ्वीराजरासो में राजपूतों के अन्तर्गत उल्लिखित किया गया है। ये उल्लेख जनजातियों की स्थानीय दृष्टि से भिन्न-भिन्न राजनैतिक-सामाजिक और आर्थिक प्रस्थिति की पृष्ठभूमि में सामाजिक गतिशीलता का प्रमाण हैं। बी. डी. चटोपाध्याय ने भी सातवीं शदी से पश्चिम भारत में और पाँचवी सदी से उड़ीसा के जनजातीय क्षेत्रों में इस सामाजिक-राजनीतिक प्रक्रिया का उल्लेख किया है, और इसे क्षेत्रीय सत्ताओं की संरचना बताया है। (रिसेण्ट. पृ. 333)! न केवल जन-जातियाँ बल्कि कई ब्राह्मण वंशों ने भी इस दौर में क्षत्रियत्व की प्राप्ति की। इस युग में ब्रह्म-क्षत्र की परम्परा एक संक्रमणात्मक प्रस्थिति थी। राजपूतों के वंशानुगत दावों के निरुपण के विभिन्न चरण भी एक राजनीतिक प्रक्रिया की ओर इंगित करते हैं, यह प्रक्रिया है आरम्भिक सामन्तीय स्थिति से ऊर्ध्वोन्मुख गतिशीलता की।[121] यह उल्लेखनीय है कि पूर्व-मध्ययुग के प्रारम्भिक ग्रन्थों में 36 राजपूत राजवंशों की सूची मिलती है जबकि ज्योतिरिश्वरकृत वर्ण-रत्नाकर में (चौदहवीं शताब्दी) 72 क्षत्रिय राजपूत वंशों की लम्बी सूची मिलती है।[122]

राजनीतिक अस्थिरता और नवीन भूमि व्यवस्था में उद्भूत ये नवीन राजपूत वंश स्वयम् को सामाजिक-राजनीतिक क्षेत्र में आरोपणार्थ क्षत्रियत्व और एक भव्य परम्परा की प्राप्ति तथा जनजातीय क्षेत्रों पर स्थायित्व के निमित्त इन क्षेत्रों के ब्राह्मणीकरण के लिए ब्राह्मणों के मुखापेक्षी थे। इस दृष्टि से यह युग ब्राह्मणों के लिए अनुकूल था, परन्तु दूसरी ओर श्रौत कर्मों के निरन्तर घटते प्रचलन, भक्तिमार्ग और वाममार्ग के कारण न केवल उनकी कर्मकाण्डीय श्रेष्ठता बल्कि आर्थिक-सामाजिक प्रस्थिति को भी धक्का पहुँचा, जिसके दृढ़ीकरण का प्रयास पौराणिक कृत्यों का प्रतिपादन और तीर्थ-दान को अधिकाधिक महत्ता प्रदान कर, किया गया। साथ ही परवर्ती स्मृतियों में ब्राह्मणों को कृषि-वाणिज्य का भी अधिकार प्रदान किया गया। शनैःशनैः ये कर्म 'सामान्य धर्म' बन गये।

भारतीय इतिहास में पूर्व-मध्यकाल जनजातीय क्षेत्रों के ब्राह्मणीकरण और

जनजातियों के आत्मसात्करण की दृष्टि से महत्वपूर्ण था। यह महत्वपूर्ण प्रक्रिया इस युग की धार्मिक गतिविधियों से भी अभिव्यक्त होती है। ब्राह्मणीय संस्कृति को परम्परागत या बृहद और जनजातीय संस्कृतियों को विषम या लघु परम्पराओं में विभक्त किया जा सकता है। परम्पराओं के इन दो विभिन्न स्तरों में निरन्तर पारस्परिक प्रभाव की अन्तःक्रिया चलती रही, जो टकराव, सम्पर्क, प्रतिरोध और समन्वय के चरणों से होते हुए एक सामान्य संस्कृति के निर्माण की ओर प्रवृत्त रही। (योगेन्द्र सिंह, माडर्नाइजेशन आफ इण्डियन ट्रेडीशन, पृ. 13 से आगे)। प्राचीन काल में, जन-जातीय क्षेत्रों के ब्राह्मणीकरण की प्रक्रिया में, जनजातीय या ग्रामीण पूजा-विधियों, अनुष्ठानों में हेरफेर के साथ उसे बृहद परम्परा में मान्यता दी गई। आर्येतर देवताओं को ब्राह्मण धर्म के प्रतिष्ठित देवताओं के समकक्ष स्वीकार किया गया, नये तीर्थस्थल अस्तित्व में आये और पुराणों ने उन्हें मान्यता प्रदान की। इस बात की सम्भावना प्रकट की गई कि ये तीर्थस्थल ब्राह्मण पूर्व आदिवासी पूजास्थल रहे होंगे (कोसम्बी, 'प्राचीन भारत की संस्कृति और सभ्यता, पृ. 213)।

वाममार्गी शाक्त तान्त्रिक दर्शन का पूर्ववर्ती धर्म-सम्प्रदायों पर व्यापक प्रभाव और उनका तन्त्रवाद से समन्वित होना, धर्म के क्षेत्र में एक महत्वपूर्ण परिवर्तन था। इस युग में ही तान्त्रिक सम्प्रदायों का प्रचार हुआ।[123] तन्त्रवाद स्वयम में एक पुरातन और स्वतन्त्र पद्धति थी जिसकी उत्पत्ति विद्वानों ने आश्चर्यजनक अनुष्ठानों देवी माता तथा उत्पादकता बढ़ाने के कर्मकाण्डों वाले आदिम कृषि-समाज से बताई।[124] दामोदरन के अनुसार यद्यपि सामन्तवाद के अन्दर विकसित तान्त्रिक सम्प्रदायों का कृषि-उत्पादन से अथवा भारतीय दार्शनिक भौतिकवाद से कोई सम्बन्ध नहीं था। उन्होंने मध्ययुग में ग्राम समुदायों के गत्यवरोध, आर्थिक पिछड़ेपन, वैज्ञानिक अवनति, यथार्थ से पलायन की प्रवृत्ति और जादू-टोने तथा मन्त्र-तन्त्र का आश्रय ही तन्त्रवाद की पृष्ठभूमि माना है।[125] कुछ भी हो ऐतिहासिक दृष्टि से बृहद पैमाने पर जनजातियों का इस युग में आत्मसात्करण और शाक्त तान्त्रिक दर्शन का प्राबल्य एक समान्तर घटना थी। शक्तिपूजा की उपासना पर अनार्य तत्वों की गहरी छाप थी।[126] देवी की उपासना मूलतः अनार्य जनजातियों से सम्बद्ध थी जिसका प्रवेश हिन्दू धर्म में हुआ, बाद में यह पुनर्संगठित शक्ति सम्प्रदाय बिना अपना अस्तित्व खोए शैव और वैष्णव धर्म सम्प्रदाय के साथ बना रहा।[127] विद्वानों ने शाक्त दर्शन का आविर्भाव मातृसत्तात्मक समाज से सम्भव बताते हुए इसे जनजातीय समुदायों से जोड़ा है जो मातृसत्तात्मक थे।[128] कोन्जे के अनुसार स्त्री-तत्व को प्रधानता देने वाले बौद्ध ग्रन्थ प्रज्ञापारमिता का प्रणयन दक्षिण भारत में हुआ जहाँ द्रविड़ समाज में मातृसत्तात्मक सिद्धान्त अस्तित्व में था।[129]

इस प्रकार वाममार्गी विचारधारा के प्राबल्य का प्रमुख कारण हिन्दू समाज में

जनजातियों का आत्मसात्करण था, जो वेद विरोधी स्वर के रुप में परम्परागत सामाजिक आचार-विचार के विरुद्ध प्रतिक्रिया के रुप में प्रकट हुआ। छठीं-सातवीं शताब्दी से यह वेद-विरोधी स्वर अधिक स्पष्ट होकर प्रकट हुआ।[130] इस युग में परम्परावादी धर्मशास्त्रों में वाममार्गी धर्म सम्प्रदायों को वेदवाह्य अथवा व्रात्य कहा गया है। अस्पृश्यता का निम्न व्यावसायिक जातियों की दिशा में विस्तार का एक कारण इस वर्ग का वाममार्गी विचारधारा से सम्बद्ध रहना भी हो सकता है।

बृहद्धर्मपुराण से विदित होता है कि तान्त्रिक शैव-शाक्त धर्म ने वर्णाश्रमधर्म को संकटपूर्ण बना दिया था।[131] पुराणों के कलियुग प्रकरण में नारियों और शूद्रों द्वारा धर्मोपदेश का उल्लेख वाममार्गी विचारधारा की प्रबलता की ओर संकेत करता है। वामनपुराण में कर्णोदर नामक एक शूद्र का उल्लेख है जो कापालिक तपस्वी था।[132] देवीभागवतपुराण में स्त्री को लोक समाज को महाक्लेश देने वाली, धर्म भाषण में स्वयम को परम पण्डिता समझने वाली और धर्मोपदेशक कहा गया है।[133] उज्जैन में शैव मठ की आचार्य योगेश्वरी थी। शाक्तों में योगिनी सम्प्रदाय के कुछ सिद्धों ने साधुनियों से दीक्षा प्राप्त की थी।[134] इस युग के अनेक साहित्यिक ग्रन्थों में तन्त्रवादी सम्प्रदायों से सम्बद्ध अनेक महिला सन्यासिनियों का उल्लेख मिलता है और दूसरी ओर धर्मशास्त्रों में नारियों को इनके सम्पर्क में न रहने का भी निर्देश दिया गया है।

कोसम्बी ने इस युग में धार्मिक संघर्ष को आर्थिक संघर्ष की पृष्ठभूमि में देखने का प्रयास किया जो भूमि के अधिकार और शोषण से सम्बद्ध था। उनके अनुसार पूर्वी भारत में दीर्घकाल तक शैव और शाक्त बड़े-बड़े भू-स्वामी थे, जबकि वैष्णव छोटे उत्पादक और भूस्वामी वर्ग के थे।[135] वस्तुतः इस काल का धार्मिक संघर्ष किन्हीं दो सम्प्रदायों के बीच का धार्मिक संघर्ष नहीं बल्कि दो वर्गों-परम्परावादी और परम्परा विरोधी के बीच था जो निम्नवर्ग की क्षुब्धता की धार्मिक परिणति थी।

शैव धर्म की मत्तमयूर शाखा को राज्याश्रय प्राप्त था। यह शाखा शैव धर्म के शैव-सिद्धान्त सम्प्रदाय से सम्बन्धित शैव धर्म का परिष्कृत और संयत स्वरुप थी।[136] इस शाखा के आचार्य ईशानशम्भु को कलियुगरुपी उन्मान्ध हाथी का सिंह की भाँति विनष्टकर्ता कहा गया है।[137] पुराणों में कलियुग प्रकरण के अन्तर्गत जिस सामाजिक विघटन या वर्णाश्रम व्यवस्था के विघटनोन्मुख स्वरुप का उल्लेख मिलता है वह बौद्ध और वाममार्गी सम्प्रदायों द्वारा उत्पन्न सामाजिक विद्रोहजनित विघटन की ओर भी संकेत करता है। पाशुपत सम्प्रदाय का भी अभिलेखों में उल्लेख मिलता है, परन्तु लिंग-पुराण के अनुसार पाशुपत की तीन प्रमुख शाखाएँ थीं, वैदिक, तान्त्रिक और मिश्र। तान्त्रिक पाशुपत लिंग का तप्त चिहन और शूल धारण करते थे, वैदिक पाशुपत लिंग रुद्राक्ष और भस्म धारण करते थे तथा मिश्र पाशुपत समान भाव से पंचदेवों की उपासना करते थे।[138] मेधातिथि ने पाँचरात्र,

निर्ग्रन्थ के साथ पाशुपतों को आर्य समुदाय के बाहर माना है।[139] उल्लेखनीय है कि देवी भागवतपुराण में जिन पाशुपतों को 'वेद मार्ग बहिष्कृता' कहा गया है वे तान्त्रिक पाशुपतों की ओर संकेत करता है।[140] यशस्तिलक में शैव धर्म के दो प्रमुख भाग बताए गए हैं, दक्षिणमार्ग और वाममार्ग। दक्षिण मार्ग को सोमदेव ने लोक-व्यवहार संचालनार्थ और वाममार्ग को विषयभोग से मुक्ति प्राप्त करने वालों का सम्प्रदाय बताया है।[141] ये प्रकार स्पष्टतः शास्त्रसम्मत परम्परावादियों और शास्त्रविरोधियों के बीच विभाजन करते हैं। कल्हण ने पाशुपत मठ के निर्माण कार्य का उल्लेख किया है जो राजा चक्रवर्मा की श्वपाकी (डोम्ब) रानी हंसी द्वारा पूर्ण किया गया था। उसके काल में श्वपाकों का मन्त्री पद प्राप्त करने तथा रंग नामक डोम्ब को अग्रहार सदृश ग्रामदेय का उल्लेख कल्हण द्वारा किया गया है।[142] राजतरंगिणी के अनुसार तन्त्रवादियों द्वारा राजनीति में सक्रिय हस्तक्षेप 935-36 ई. तक रहा। इसके पश्चात तन्त्रवादियों का कोई विशेष उल्लेख राजतरंगिणी में नही मिलता। दूसरी ओर 9वीं शदी के उत्तरार्द्ध में शंकराचार्य के अद्वैत दर्शन से प्रभावित कश्मीरी शैव दर्शन का विकास हुआ, जो अभिनवगुप्त के लेखन गतिविधि (991-1015 ई.) के काल में पूर्ण विकसित हुआ। माधव के सर्वदर्शन संग्रह से ज्ञातव्य है कि काश्मीर शैव दर्शन के आचार्य अभिनवगुप्त के पूर्वज अत्रिगुप्त 740 ई. में ललितादित्य द्वारा कन्नौज से काश्मीर लाए गए थे। सोमानन्द भी इसी श्रृंखला में थे और प्रत्यभिज्ञादर्शन सोमानन्द की शिवदृष्टि का ही परिष्कृत स्वरुप था।[143]

गुजरात और समीपवर्ती क्षेत्रों में शासक वर्ग से जुड़कर जैन धर्म के उदार सामाजिक दृष्टिकोण में शनैःशनैः परिवर्तन आने लगा और रुढ़िवादी हिन्दू धर्म का अनुसरण करते हुए उसमें जाति और विवाह सम्बन्धी नियम बन गए।[144] जटासिंह नन्दी (लगभग 7वीं सदी) ने चातुर्वर्ण्य की लौकिक और श्रौत मान्यताओं का विस्तारपूर्वक खण्डन किया है।[145] पदमपुराण में रविषेणाचार्य ने कर्म के आधार पर वैदिक वर्ण व्यवस्था का उल्लेख किया।[146] महापुराण आठवी सदी में वर्णोत्पत्ति के ऋग्वैदिक आख्यान का जैनीकरण कर ब्रह्मा के स्थान पर ऋषभदेव के विभिन्न अंगों से वर्णों की उत्पत्ति बताई गयी।[147] जिनसेन के लगभग एक शताब्दी बाद सोमदेव पर वैदिक विचारधारा का प्रभाव स्पष्ट परिलक्षित होता है। यशस्तिलक में उन्होंने शूद्र को जैन दीक्षा का अनधिकारी बताया। अभोज्यान्नता का प्रश्न भी जैन धर्म में प्रबल हो रहा था। सोनदेव ने शिल्पी, बढ़ई, नाई, धोबी आदि को आभोज्यान्न माना है।[148] सोमदेव कृत नीति-वाक्यामृत से जैन आचारों पर ब्राह्मणीकरण का प्रभाव स्पष्ट होता है। जिनदत्त सूरि ने अपने कुल से बाहर विवाह पर रोक लगा दी थी।[149] दूसरी ओर नवीं शताब्दी के अन्तिम दशक में पाहुड़ दोहा के रचयिता मुनि रामसिंह ने जैन और ब्राह्मण धर्म के आचार और कर्मकाण्डों का

कठोरतापूर्वक विरोध किया है। पाहुड़ दोहा कोश की सामाजिक पृष्ठभूमि वही थी जो बौद्ध सहजयान की।

शाक्त तान्त्रिक सम्प्रदाय और सिद्धों का विद्रोह मूलतः समाज के सुविधाहीन निम्नवर्ग के सामाजिक असन्तोष की धार्मिक अभिव्यक्ति थी। वाममार्गी शाक्त तान्त्रिक सम्प्रदाय और तत्सम्बन्धित अन्य धर्म सम्प्रदाय जाति व्यवस्था, परम्परागत् सामाजिक आचार-विचार और मान्यताओं के विरोधी थे, लेकिन तेरहवीं सदी से शाक्त सम्प्रदाय में दक्षिणाचारी मार्ग का विकास हुआ।[150] यह स्पष्टतः कहा गया है कि दक्षिणाचारी मार्ग ऊपर के तीन वर्णों और वाममार्ग शूद्र वर्ण के लिए था।[151]

आठवीं सदी के अन्तिम चरण में नवीन धार्मिक आन्दोलन पूर्वी और उत्तरी भारत में प्रारम्भ हुआ जिसका नेता धर्मपाल का समकालीन राहुल भद्र था, जिसने समाज में व्याप्त आडम्बरों और जाति प्रथा, सामाजिक वैषम्य के विरुद्ध आंन्दोलन छेड़ा था। परम्परा के अनुसार वह तीर बनाने वाले के रुप में उसी व्यवसाय की एक कन्या के साथ रहने लगा और सरहपाद कहलाया।[152] सहजयान के संस्थापक के रुप में सरहपाद[153] ने सामान्य गृहस्थ जीवन व्यतीत करते हुए मोक्ष संभव बताया।[154] यहाँ तक कि वज्रयान में वर्णित मन्त्र-तन्त्र की कठोरता से आलोचना की गई।[155] जाति और वंशगत वैषम्य, अशिक्षित और शिक्षित ब्राह्मण और चाण्डाल के बीच भेदभाव को चुनौती दी गई।[156] यद्यपि सिद्ध पन्थ सभी वर्णों के लिए था लेकिन इसका विशेष झुकाव निम्न वर्ग की ओर था। इसमें निरआत्म्य' की कल्पना डोम कन्या के रुप में की गयी है।[157] सरहपाद ने चातुर्वर्ण्य व्यवस्था को धूर्त और चालाक लोगों की उपज बताया है।[158] सिद्ध सम्प्रदाय महान समन्वयवादी था, जो तान्त्रिक आन्दोलन की पराकाष्ठा थी, जिसमें हिन्दू और बौद्ध मिश्रित थे।[159] आगे चलकर बौद्ध धर्म और शैवधर्म के मध्य समन्वय की परिणति नाथ सम्प्रदाय बना।[160] योगिन जो सहजयानी सिद्धों और नाथ सम्प्रदाय के बीच समन्वय की परिणति थे, उन्होंने पूरी तरह से जाति प्रथा का खण्डन किया।[161]

विक्रमशिला में पल्लवित वज्रयान के स्थापत्य में हिन्दू देवताओं के अनादृत स्वरुप के चित्रण से धार्मिक संघर्ष की अभिव्यक्ति होती है तो आगे चलकर अनेक हिन्दू देवताओं को वज्रयानी देवताओं में आदृत स्थान भी प्राप्त हुआ।[162] दूसरी ओर सहजयान जनसामान्य में पनपा और सिद्ध आन्दोलन के रुप में निम्न वर्ग के सामाजिक आक्रोश की धार्मिक परिणति बना। इसी समान सामाजिक पृष्ठभूमि पर शैव सम्प्रदाय से समन्वय का परिणाम नाथ सम्प्रदाय था। उपरोक्त विवेचन से यह स्पष्ट है कि उक्त धार्मिक संघर्ष किन्हीं दो सम्प्रदायों के बीच का नहीं बल्कि समाज के दो वर्गो के बीच का संघर्ष था। यह इस युग की विशिष्टता थी। एक वर्ग यथा-स्थितिवादी और परम्परावादी था और दूसरा शास्त्रविरोधी वाममार्गी। वाममार्गी धार्मिक आन्दोलन समाज के निम्नवर्ग के सामाजिक और आर्थिक

असन्तोष का परिचायक था।

परन्तु इस 'पलायनवादी' आन्दोलन या वैचारिक पद्धति[163] ने समाज के प्रत्येक प्रतिमान, मूल्यों और विधि का खण्डन किया। इससे सम्बद्ध सिद्धों, नाथों और जैनियों ने प्रत्येक परम्परा और सामाजिक संस्थाओं की आलोचना की, लेकिन इन विद्रोहियों का दृष्टिकोण विघटनात्मक था, निर्माणकारी नहीं।[164] जब यह वामाचारी दर्शन जन समुदाय में व्याप्त हुआ तो नैतिक मूल्यों में ह्रास हुआ।[165] शास्त्रसम्मतता इसमें संत्रस्त हुई।[166] आर. सी. दत्त के अनुसार आठवीं सदी के बाद तन्त्र का स्वरुप विद्रूप हो गया। यह हिन्दू चिन्तन का एक विशिष्ट दौर था परन्तु मानव मस्तिष्क का विकारग्रस्त स्वरुप भी। यह तभी सम्भव था, जब राष्ट्रीय जीवन नष्ट हो चुका था, राजनीतिक चेतना समाप्त हो चुकी थी और ज्ञान का दीपक बुझ चुका था।[167] पण्क्किर ने हिन्दुओं के नैतिक ह्रास को जिसे तद्‌युगीन स्थापत्य, अश्लील तान्त्रिक साहित्य और देवदासी प्रथा के विकास में अभिव्यक्ति प्राप्त हुई, पतन का एक कारण माना है।[168] कापड़िया के अनुसार—यह तन्त्रवाद धीरे-धीरे बहुत ही प्रबल शक्ति के रुप में विकसित हो रहा था तथा यौन सदाचार को शिथिल बनाने में प्रमुख भाग ले रहा था।[169]

सांस्कृतिक संघर्ष जनित संत्रस्तता का यह दौर सामाजिक, सांस्कृतिक परिवर्तन के लिए प्रत्यक्ष अथवा अप्रत्यक्षतः व्यापक रुप से उत्तरदायी था। परिणामतः परम्परागत् समाज का प्रगुणित संरचनात्मक स्वरुप, अधिक रुढ़िवादी भी होता गया। सांस्कृतिक निरन्तरता और सामान्य संस्कृति की भारतीयों की चेतना या बृहद् परम्परा द्वारा प्रवर्तित सार्वभौमिकरण की प्रक्रिया इस युग में गतिशील तो थी परन्तु साथ ही सोपानिक संरचना व संस्थागत दृष्टि से कठोर, प्रतिरक्षात्मक और संकुचनशीलता की ओर प्रवृत्त भी।

सन्दर्भ

1. वि. पु. 4.24.61—70 तथा 94-95
2. वही 6.1.38
3. हाजरा, स्टडीज इन द पौराणिक रिकार्डस आन हिन्दू राइट्स एड कस्टम्स, पृ. 19, 22, 24-25
4. भागवत पुराण, 12.1.37-39, 12.2.7-9, 12.3.39
5. हाजरा, वही, पृ. 55
6. विष्णु पुराण, 6.1.12 व 4.24.93 तथा भागवत पुराण 12.2.8
7. पराशर स्मृति. 66-67
8. मेघातिथि व कुल्लुक 7.1 तथा विश्वरुप 1.109, द एज आफ इम्पिरियल कनौज, पृ. 233
9. पराशर माधवीय, प्रथम भाग, पृ. 394

10. रिसेण्ट पर्सपेक्टिव आफ अर्ली इण्डियन हिस्ट्री में संकलित बी. डी. चट्टोपाध्याय का लेख स्टेट एण्ड इकानामी इन नार्थ इण्डिया, पृ. 314
11. श्री निवास, आधुनिक भारत में सामाजिक परिवर्तन, पृ. 46
12. वि. पु. 4.24.94 तथा 4.24.74
13. वि. पु. 6.1.36
14. प. स्मृ. 3. 19-वैश्यः शूद्रस्त्था कुर्यात कृषिवाणिज्य शिल्पकान
15. प. गुप्ता, गुप्त साम्राज्य पृ. 59, इस सन्दर्भ में यह उल्लेखनीय है कि भार-मान में क्रमशः वृद्धि के साथ स्वर्ण सिक्कों में स्वर्ण की मात्रा में कमी होती गयी। स्कन्दगुप्त के समय स्वर्ण की मात्रा 67 से 79 प्रतिशत है, जो घटते हुए विष्णु गुप्त के काल में 43 प्रतिशत हो जाती है। (इस सन्दर्भ में द्रष्टव्य-प. गुप्त, भारत के पूर्वकालिक सिक्के, पृ. 257 तथा अल्तेकर, गुप्त कालीन मुद्राएँ, पृ. 179, 187, वासुदेव उपाध्याय, प्राचीन भारतीय मुद्राएँ, पृ. 151, बाजपेयी ऐतिहासिक भारतीय सिक्के, पृ. 250)
16. वही, पृ. 87
17. वही, पृ. 98, अल्तेकर, पूर्वोद्धृत, पृ. 195
18. रा. श. शर्मा, पूर्वमध्यकालीन सामन्तीय समाज और संस्कृति, अध्याय चार, धातु के सिक्कों की कमी (लगभग 500 से 1000 ई.)
19. रा. श. शर्मा, भारत के प्राचीन नगरों का पतन, पृ. 227-28, तथा वही, पृ. 231
20. रिसेण्ट पर्सपेक्टिव आफ अर्ली इण्डियन हिस्ट्री में संकलित लेख 'स्टेट एण्ड इकानामी इन नार्थ इण्डिया' पृ. 335-36
21. गोपीनाथ शर्मा, पूर्वोद्धृत, राजोगढ़ लेख (923 ई.), राजोरगढ़ लेख (960 ई.), पृ. 58, 64 तथा रा. पान्थरी,प्राचीन भारत में सामाजिक परिवर्तन, पृ. 52, (पुराना संस्करण)
22. पूर्वोद्धृत पृ. 328, तथा गोपीनाथ शर्मा, पूर्वोद्धृत, पृ. 24 और आगे
23. गोपीनाथ शर्मा, पूर्वोद्धृत, पृ. 48, 56, 63, 87-88
24. प्र. चि. अध्याय।, पृ. 16-18
25. सी. आई. आई, जिल्द 4. भाग 1, भूमिका, पृ. 118
26. वही भाग 2, पृ. 413-414
27. सी. आई. आई. जिल्द 4 भाग 1, पृ. 153
28. वही, भाग 2, पृ. 412
29. मिराशी, कलचुरि नरेश और उनका काल, पृ. 31
30. रिसेण्ट, पूर्वोद्धृत लेख पृ. 336
31. पांथरी, भगवती प्रसाद, भारत का स्वर्णयुग, पृ. 326-7
32. प. गुप्त, गुप्त साम्राज्य, पृ. 398
33. पणिक्कर, श्रीहर्ष, पृ. 33
34. इपि. इ. भाग 11, पृ. 56-58, बाम्बे गजेटियर।, । पृ. 474-75
35. इपि. इ., खण्ड 11, पृ. 49-56, डी. आर. भण्डारकर, द चाहमान आफ मारवाड़ प्रशान्त कश्यप, गहड़वालों का इतिहास

36. द. शर्मा, अ. चौ. डा., पृ. 230-33.
37. प्र. भाटिया, द परमाराज, पृ. 236-7,
38. दयाराम साहनी, चन्द्रावती प्लेट आफ चन्द्रदेव, वि. सं. 1150 और 1156, इपि. इ. जिल्द 11 पृ. 194 पत्तन नगर का वह प्रकार है जो जल या स्थल किसी एक मार्ग से संयुक्त हो।
39. इपि. इ. खण्ड 4, चन्द्रावती प्लेट, पृ. 199-209 तथा खण्ड 4 प्लेट आफ गोविन्द्रचन्द्र, पृ. 101-126.
40. सी. आई. आई. जिल्द 4 भाग-1, पृ. 136 तथा पृ. 161
41. वही, जिल्द 4 भाग 2 पृ. 395,
42. वही, भाग I, पृ. 164
43. ड्रेकमेयर, किंगशिप एण्ड कम्यूनिटी इन अर्ली इण्डिया, पृ. 181
44. शर्मा, पूर्वमध्यकालीन भारत का सामन्तीय समाज और संस्कृति, अध्याय 2, 'कलियुग : सामाजिक संकट तथा परिवर्तन का काल' पृ. 25, 41, 43, 56, 57 आदि।
45. वही, पृ. 56, 57
46. काणे, धर्मशास्त्र का इतिहास, प्रथम भाग, पृ. 14 आगे के विवरण में काणे ने मनुस्मृति को सामान्यतः 200 ई. पू. से 200 ई. के मध्य माना है, पृ. 46.
47. शर्मा, पूर्वोद्धृत, पृ. 41,
48. बुद्ध प्रकाश, एशिया के सामाजिक और सांस्कृतिक विकास की रुपरेखा पृ. 85-87.
49. महा. वनपर्व 188. 35, 39, 46 व 190. 42, 46, 65-67, पान्थरी भ. प्र. भारत का स्वर्णयुग पृ. 18-19.
50. हरिवंश पुराण, भविष्य पर्व, तृतीयोध्यायः, 6, 8, 12, 18, 19, 21, 29, 30, 39 चतुर्थोध्यायः 13. 24
51. ड्रेकमेयर, किंगशिप एण्ड कम्यूनिटी इन अर्ली इण्डिया, पृ. 294
52. ड्रेकमेयर, किंगशिप एण्ड कम्यूनिटी इन अर्ली इण्डिया, पा. टि. पृ. 170
53. इस सन्दर्भ में द्रष्टव्य, ड्रेकमेयर, वही, दसवाँ अध्याय-'द इम्पायर्स आफ इण्डिया, विशेषकर पृ. 169-171, 174-181 तथा 95 व 257 आदि,
54. प्रस्तुत पुस्तक का प्रथम संस्करण (1987) पृ. 16, 18 तथा पृ. 23-24, पा. टि. 3.
55. रिसेण्ट पर्सपेक्टिव, पृ. 333-334
56. यादव, पूर्वोद्धृत, भूमिका, पृ. 9; बी. पी. मजुमदार, द सोसियोइकानामिक हिस्ट्री आफ नार्दन इण्डिया, पृ. 9; रोमिला थापर, भारत का इतिहास, पृ. 183-184
57. विस्तार से देखें–रामशरण शर्मा, भारतीय सामन्तवाद, प्रथम अध्याय।
58. विस्तार से देखें–यादव, सेकुलर लैंड ग्रान्टस आफ पोस्ट गुप्ता पीरियड एण्ड सम आस्पेक्ट्स आफ द ग्रोथ आफ फ्यूडल काम्पलेक्स इन नार्दन इण्डिया, लैंड सिस्टम एण्ड फ्यूडलिज्म इन एन्शियन्ट इण्डिया में संकलित लेख, पृ. 79 और यादव, पूर्वोद्धत, पृ. 142-146; बी. पी. मजूमदार, पूर्वोद्धत, पृ. 16; शर्मा, पूर्वोद्धत, पृ. 16, रोमिला थापर, पूर्वोद्धत, पृ. 200

59. वाटर्स, जि. 1, पृ. 177
60. शर्मा, पूर्वोद्धत, पृ. 281; इस सन्दर्भ में देखें—बुद्ध प्रकाश, सम आस्पेक्ट्स, पृ. 6
61. अपराजित पृच्छा, पृ. 194
62. मजुमदार, पूर्वोद्धत, पृ. 11, शर्मा, पूर्वोद्धत, पृ. 22
63. रोमिला थापर, पूर्वोद्धत, पृ. 199, शर्मा, पूर्वोद्धत, पृ. 278
64. यादव, पूर्वोद्धत, पृ. 146-7
65. शर्मा, पूर्वोद्धत, पृ. 59 और शर्मा, पूर्वमध्यकालीन भारत में सामाजिक परिवर्तन, पृ. 7
66. यादव, पूर्वमध्यकालीन व्यवस्था भारतीय कृषक वर्ग की गतिहीनता एवं दमन, प्राचीन भारत' में संकलित लेख, पृ. 160
67. डी. सी. सरकार, लैण्ड लार्डिज्म कनफ्यूज्ड विद फ्यूडलिज्म, लैंड सिस्टम एण्ड फ्यूडलिज्म इन एन्शियन्ट इण्डिया में संकलित लेख, पृ. 61 इस सन्दर्भ में विस्तार से देखें—यादव का पूर्वोद्धत लेख
68. बृहन्नारदीयपुराण, 38-87
69. यादव, प्राचीन भारत में संकलित लेख, पृ. 164
70. शर्मा, पूर्वमध्यकालीन भारत में सा. प., पृ. 5
71. एपि. इ. जिल्द 2. पृ. 159
72. ज. ए. इ. हि. जिल्द 14, पृ. 195
एपि. इ. जिल्द 38 पृ. 162
73. एपि. इ. जिल्द 10, पृ. 17-20 तथा राजस्थान पृ. 73
74. वही, जिल्द 23 पृ. 133
75. एपि. इ. भाग 1 पृ. 128, 333, 334, 151, 128 आदि
76. इण्डि. एण्टी. भाग 16, पृ. 204, 207, 209 एपि. इ. भाग 4, पृ. 169, 13, भाग 20, पृ. 130, भाग 16, पृ. 277
77. सी. आई. आई. जिल्द 4 भाग 1, भूमिका पृ. 170 वही, भाग 1, पृ. 215
वही, पृ. 223, युवराज देव द्वितीय के इस बिल्हरी पाषाण आभिलेख में मण्डपिका (मण्डी), शोडषिका, द्यूतकपर्द (कम क्रय शक्ति की मुद्राएँ) माप-तौल प्रणाली, व्यापारिक वस्तुओं आदि का उल्लेख महत्वपूर्ण है।
78. यादव, पूर्वोद्धत, पृ. 281-282
79. गोपाल, द इकॉनामिक लाइफ इन नार्दन इण्डिया, पृ. 101-104
80. यादव, सो. क. ना. इ. पृ. 271
81. शर्मा, पूर्वमध्यकालीन, पृ. 6-7
82. वी. भट्टाचार्य, द कलिवर्ज्याज, पृ. 14
83. देखें विवाह के अध्याय में कात्यायन का उद्धरण
84. राजतरंगिणी, 4.189, द्रष्टव्य पा. टि. पृ. 114
85. शर्मा, पूर्वोद्धत, पृ. 5
86. यादव, पूर्वोद्धत, पृ. 272
87. द. शर्मा, अ. चौ. डा., पृ. 85-86

88. यादव, पूर्वोद्धत, पृ. 277-78
89. देखें—वर्ण व्यवस्था के अध्याय में 'वैश्यवर्ण' के अन्तर्गत
90. जयशंकर मिश्र, ग्यारहवीं सदी का भारत, पृ. 116
91. देखें, धर्म के अध्याय में जैन धर्म के अन्तर्गत
92. देखें, जाति व्यवस्था के अन्तर्गत
93. अपरार्क; 2.192, पृ. 796
94. देखें—जाति व्यवस्था के अन्तर्गत
95. इलियट. जि. 1, पृ. 5
96. श्रीनिवास, आधुनिक भारत में सामाजिक परिवर्तन, पृ. 49
97. कोसम्बी, द कल्चर एण्ड सिविलाइजेशन आफ एन्शियंट इण्डिया, पृ. 172
98. एन. के. बोस, कल्चरल एन्थ्रोपोलाजी, पृ. 26
99. वही
100. वही, पृ. 32
101. कौटिल्य अर्थशास्त्र, 3.7. 36-37
102. देखें—वैजयन्ती मनुष्याध्याय, 3.5, शूद्राध्याय, 3.9; तथा उशनस स्मृति, पृ. 46-48
103. मेधातिथि. 10.31, 40
104. दामोदरन, भारतीय चिन्तन परम्परा, पृ. 217-18
105. देखें—जाति व्यवस्था के अन्तर्गत
106. एन. के. बोस, कल्चरल एन्थ्रोपालाजी, पृ. 32-33
107. श्रीनिवास, पूर्वोद्धत, पृ. 46
108. रोमिला थापर, पास्ट एण्ड प्रिजुडिस, पृ. 34
109. वही
110. श्रीनिवास, पूर्वोद्धत, पृ. 46 तथा र. च. मजुमदार, एन्शियन्ट इण्डिया, पृ. 503
111. वही, पृ. 46 पर उद्धत
112. धुर्ये, द शेड्यूल ट्राइब्स, पृ. 23, ए. आर. देसाई, ट्राइब्स इन ट्रांजीशन; ट्राइब, कास्ट एण्ड रिलिजन में संकलित लेख, पृ. 22 पर उद्धृत
113. वैजयन्ती, 3.5.11
114. वर्णरत्नाकर, पृ. 61
115. वैजयन्ती, 3.5.102
116. देखें, वर्ण व्यवस्था में 'राजपूत'
117. राजतरंगिणी, 6.178, 8.3223
118. मनुस्मृति, 10.22
119. वैजयन्ती, 3.9.28
120. अभिधानचिन्तामणि, 3.553, जीवन्धरचम्पू, 2.25
121. बी. डी. चट्टोपाध्याय, राजपूतों की उत्पत्तिः पूर्वमध्ययुगीन राजस्थान में राजनीतिक, आर्थिक एवं सामाजिक प्रक्रियाएँ, प्राचीन भारत में संकलित लेख, पृ. 144-45

122. सोसल स्ट्रक्चर इन मिडिवल मिथिला, इण्डियन सोसाइटी हिस्टॉरिकल प्राविंग्स में संकलित लेख, पृ. 225
123. दामोदरन, पूर्वोद्धत, पृ. 241, रोमिला थापर, भारत का इतिहास, पृ. 215
124. बी. भट्टाचार्य, कल्चरल हेरिटेज आफ इण्डिया, खण्ड, 2, पृ. 218; कोन्जे, बुद्धिज्म, पृ. 176
125. दामोदरन, पूर्वोद्धत, पृ. 242
126. विस्तार से देखें–ए. के. भट्टाचार्य, ए नान-आर्यन आस्पेक्ट आफ द देवी, द शक्ति कल्ट एण्ड तारा में संकलित लेख, पृ. 56
127. द इवोल्यूशन आफ शक्ति कल्ट एट जयपुर, भुवनेश्वर एण्ड पुरी, द शक्ति कल्ट एण्ड तारा में संकलित लेख, पृ. 75
128. विस्तार से देखें–एन. एन. भट्टाचार्य, शक्तिज्म एण्ड मदर राइट, द शक्ति कल्ट एण्ड तारा में संकलित लेख, पृ. 65, 67 तथा देखें–कोन्जे, बुद्धिज्म, पृ. 178; दामोदरन, पूर्वोद्धत, पृ. 288
129. कोन्जे, बुद्धिज्म, पृ. 193
130. हजारीप्रसाद द्विवेदी, मध्यकालीन धर्मसाधना, पृ. 78
131. हाजरा, स्टडीज इन द उपपुराणाज, जि. 2, पृ. 461
132. वामनपुराण, 6.91
133. दे. भा. पु. 6.11.49
134. आई. ए, जि. 11, पृ. 221-22; प्र. भाटिया, द परमाराज, पृ. 284 पर उद्धृत तथा दशरथ शर्मा, अ. चौ. डा., पृ. 294
135. सुभाषितरत्नकोष, भूमिका, पृ. 53; यादव, पूर्वोद्धत, पृ. 377 पर उद्धृत
136. देखें–'धर्म' के अध्याय में शैवधर्म के अन्तर्गत
137. सी. आई. आई. जिल्द 4, भाग 1, पृ. 232
138. हजारीप्रसाद द्विवेदी, पूर्वोद्धत, पृ. 44
139. मेधातिथि 2.6 पृ. 34
140. दे. भा. पु. 11.1.29-31
141. यशस्तिलक, उत्तर. आश्वास, 5, पृ. 154
142. राज, 5.390, 397, 404
143. के. सी. पाण्डेय, अभिनव गुप्त, एन हिस्टारिकल एण्ड फिलासाफिकल स्टडी, पृ. 146-47
144. बुद्ध प्रकाश, सम आस्पेक्ट्स, पृ. 79
145. वरांगचरित, 21.9-11; गौ. च. जैन, यशस्तिलक का सांस्कृतिक अध्ययन, पृ. 69 पर उद्धृत
146. पद्मपुराण, 3.255-58; वही, पृ. 70 पर उद्धृत
147. महापुराण, 16.179-191, 243-250; वही पृ. 70 पर उद्धृत
148. यशस्तिलक, 8.333-334, पृ. 450

149. उवएसरसायण, 38.33; ज. श. मिश्र, प्रा. भा. सा. इ., पृ. 41 (नवीन संस्करण) पर उद्धृत
150. फर्कुहर, आउट लाइन आफ द रिलिजस लिटरेचर आफ इण्डिया, पृ. 268
151. देखें—धर्म के अध्याय में हिन्दू शाक्त दर्शन के अन्तर्गत
152. दोहाकोश, राहुल सांकृत्यायन, भूमिका, पृ. 9-16
153. बुद्धप्रकाश, पूर्वोद्धत, पृ. 74
154. दोहाकोश, पृ. 12 'खाअन्ते पीवन्ते सुरअ रमन्ते...'
155. वही, पृ. 4
156. वही, पृ. 18-26
157. बुद्धप्रकाश, पूर्वोद्धत, पृ. 45-46
158. देखें, धर्म के अध्याय में 'तन्त्रवाद समन्वित बौद्ध धर्म का विकास' के अन्तर्गत
159. बुद्धप्रकाश, पूर्वोद्धत, पृ. 45-46
160. वही, पृ. 65 से आगे
161. वही, पृ. 42
162. देखें, धर्म के अध्याय में 'तन्त्रवाद समन्वित बौद्ध धर्म का विकास' के अन्तर्गत
163. बुद्धप्रकाश, पूर्वोद्धत, पृ. 99
164. वही, पृ. 100
165. बी. भट्टाचार्य, एन इन्ट्रोडक्शन टू बुद्धिस्ट इजोटेरिज्म, पृ. 173
166. द एज आफ इम्पीरियल कन्नौज, पृ. 322
167. आर. सी. दत्त, ए हिस्ट्री आफ सिविलाइजेशन इन एन्शियन्ट इण्डिया, जि. 2, पृ. 212-13
168. पणिक्कर, ए सर्वे आफ इण्डियन हिस्ट्री, पृ. 128-38
169. कापड़िया, हिन्दू विवाह एवं परिवार, पृ. 149

2

वर्ण-व्यवस्था

ऋग्वेद में प्रतिपादित चातुर्वर्ण्य व्यवस्था के सिद्धान्त की अनवरत रुप से धर्मशास्त्रों में पुनरावृत्ति होती रही। पूर्वमध्यकालीन व्यवस्थाकारों ने भी इस सोपानिक वर्ण-क्रम का उल्लेख किया। इस व्यवस्था के विषय में आधुनिक समाजशास्त्रियों ने भिन्न-भिन्न मत प्रतिपादित किए हैं। कतिपय समाजशास्त्रियों के अनुसार ब्राह्मणों द्वारा ब्राह्मणों के लिए व्यवस्था थी जो उनके द्वारा अपनी स्वतन्त्र, विशिष्ट और विशेषाधिकार सम्पन्न स्थिति के निर्माण और निरन्तरता के प्रयास की परिचायक थी।[1] कुछ चिन्तकों ने इसे दास प्रथा पर आधारित बताया।[2] विवेच्ययुगीन परिवर्तित परिस्थितियों में वर्णव्यवस्था में भी परिवर्तन हुए।

ब्राह्मण वर्ण

संस्कृति के पोषक और संरक्षक होने के कारण समाज में ब्राह्मणों की प्रतिष्ठा उच्चतम थी। समाज के विविध कार्यों के संचालन और सम्पादन में उनका महत्वपूर्ण स्थान था। समाज के उच्च वर्णों के सदस्यों को वेद का ज्ञान प्रदान करना, उनके धार्मिक कार्यों को सम्पन्न करना तथा नैतिक निर्देश देना उनका प्रधान कर्म था। ऐसी स्थिति में ब्राह्मण वर्ण का उत्तरदायित्व व्यापक था। इसी कारण स्थान-स्थान पर ब्राह्मणों को अपनी अर्हताओं के अनुकूल होने की आवश्यकता पर बल दिया गया, अन्यथा वह धर्मशास्त्रों की दृष्टि में ब्राह्मणत्व के योग्य नहीं था। यही कारण है कि एक ओर वेद-विद् ब्राह्मणों का वर्ग भूमिदान से विभूषित होता था और दूसरी ओर वेद-विहीन ब्राह्मण वर्ग दीन-दरिद्रों की पंक्ति में भिक्षारत रहता था।[3] राजतरंगिणी में अवन्ति वर्मा विप्रों को अंजुलियों से करम्भक (खिचड़ी) बाँटता हुआ वर्णित किया गया है।[4]

ब्राह्मणों की आर्थिक दशा

इस युग की सामाजिक गतिशीलता का एक शक्तिशाली स्रोत राजनीतिक व्यवस्था

की अस्थिरता में था।[5] इस काल में अनेकानेक निम्न अज्ञात तथा विदेशी मूल के व्यक्तियों ने राजनीतिक सत्ता प्राप्त कर स्वयं को छोटे-छोटे स्वतन्त्र राज्यों के शासकों के रूप में प्रतिष्ठित कर लिया।[6] राजपूत कहलाने वाले इनमें से अनेक का सम्बन्ध आर्य-संस्कृति से नहीं था।[7] राजनीतिक अधिकार प्राप्त ये शासक हिन्दू समाज में आत्मसात हुए थे। भव्य परम्परा के अभाव और नव-उद्‌भव के कारण सामाजिक सम्मान और स्थिति के निमित्त वे ब्राह्मणों के मुखापेक्षी थे।[8] राजसत्ता लेने के बाद उक्त समूह अपने कर्मकाण्डों और जीवन शैली के संस्कृतीकरण एवं क्षत्रियत्व का अनुमोदन प्राप्त करने के लिए ब्राह्मणों को प्रश्रय देने के लिए बाध्य था।[9] गुप्तोत्तरकाल में ब्राह्मण वर्ग की धार्मिक सत्ता को आर्थिक पोषण के साथ-साथ इस बात से भी शक्ति प्राप्ति हुई कि राजनीतिक सत्ता को वैधता प्रदान करने के लिए वे अनिवार्य बन गए। इस युग की अन्तिम तीन या चार शताब्दियों की राजनीतिक स्थिति ब्राह्मणों के लिए अत्यन्त सहायक रही।[10] परन्तु यह 'ब्राह्मण वर्ण' की स्थिति का एकपक्षीय विश्लेषण है। भक्तिमार्ग के उदय, श्रौतयज्ञों के अप्रचलन, वाममार्गी विचारधारा के विकास आदि के कारण ब्राह्मणों की न केवल कर्मकाण्डीय श्रेष्ठता बल्कि सामाजिक-आर्थिक स्थिति को भी आघात पहुँचा जिसे उन्होंने विभिन्न पौराणिक धार्मिक कृत्यों का प्रतिपादन कर सुदृढ़ करने का प्रयास किया।[11]

धर्मशास्त्रों में ब्राह्मण के छः कर्म निर्दिष्ट किए गए हैं, यजन, याजन, अध्ययन, अध्यापन, दान और प्रतिग्रह।[12] इनमें अध्ययन, यजन और दान आजीविका के साधन नहीं हो सकते।[13] याजन, अध्यापन और प्रतिग्रह ही उसकी जीविका के प्रमुख साधन थे।[14] भृतक अध्यापक और अधिक याजन करने वाले ब्राह्मण समाज में हेय माने जाते थे और श्राद्ध में वर्ज्यनीय थे।[15]

पूर्वमध्यकाल में धर्म का स्वरुप भी परिवर्तित हो रहा था। स्मार्तकर्मों के प्रति समाज की उदासीनता को प्रकट करते हुए अपरार्क ने लिखा है कि विवाहाग्नि में नियत जो वैश्वदेव कर्म हैं उन्हें जब अनेक द्विजाति के लोग नहीं करते तो शूद्र के लिए क्या कहा जाय?[16] इस काल के अभिलेखों में ब्राह्मणों को इन्ही कर्मो यथा, बलि, चरु, वैश्वदेव, अग्निहोत्र आदि के सम्पादनार्थ प्रोत्साहन देने के लिए भूमिदान देने के उल्लेख हैं।[17] आठवीं शताब्दी से श्रौत यज्ञों का प्रचलन तीव्रता से घटता गया।[18] पूर्वमध्यकाल के उत्तरार्द्ध में तत्सम्बन्धित अनेक कर्मकाण्ड कलिवर्ज्य घोषित कर दिए गए। श्रौत यज्ञों के अप्रचलन के कारण ही पराशर माधवीय में माधवाचार्य ने कहा है कि 'कलियुग में याजन से जीवन दुर्लभ है।[19]

इन्हीं परिस्थितियों में ब्राह्मण के विहित कर्मों में व्यापक परिवर्तन हुए। पराशर ने उन्हें धर्मशास्त्रानुदेशित 6 कर्मों के साथ कृषि कर्म करने का अधिकार भी प्रदान किया है[20] जो उनकी परिवर्तित स्थिति को व्यक्त करता है। यद्यपि

धार्मिक कृत्यों के करने वाले ब्राह्मण को उसने स्वयं कृषि करने की आज्ञा नहीं दी है।[21] इस सम्बन्ध में हारीत ने भी आठ बैलों के धर्मसम्मत हल के साथ स्वयं कृषि करने का अधिकार ब्राह्मणों को प्रदान किया है।[22] इसके समर्थन में माधवाचार्य द्वारा कूर्मपुराण को उद्धृत किया गया है कि, 'लाभांश से देव-पितर ब्राह्मणादि का पूजन कर कृषि से उत्पन्न दोषों का शमन हो जाता है, इसमें सन्देह नहीं।'[23] देवन्न भट्ट ने कूर्मपुराण के उस अंश को उद्धृत किया है जिसमें बीसवाँ भाग देव-पितर और तीसवाँ भाग ब्राह्मण को प्रदान करने का निर्देश है।[24] बृहस्पति ने भी छठवाँ भाग राजा को, बीसवाँ देवताओं, तीसवाँ भाग विप्र को देकर कृषि करने वालों को निष्पाप माना है।[25] लक्ष्मीधर ने भी बृहस्पति को उद्धृत किया है।[26] उसने शालीन गृहस्थ के दो प्रकार बताए हैं, सम्पन्न और असम्पन्न वृत्ति वाले। असम्पन्न वृत्ति में उन्छ (अन्नसंग्रह) और अमृत (अयाचितदान) और सम्पन्न वृत्ति में उसने याजन और कृषि का उल्लेख किया है यद्यपि कृषि को उसने आपद् वृत्ति माना है।[27] समयानुसार धीरे-धीरे कृषि सामान्य वृत्ति बन गई। सम्भवतः इसका कारण ब्राह्मण वर्ग का अर्थिक हित और कृषि प्रधान अर्थव्यवस्था थी। मेघातिथि ने यद्यपि कृषि को निम्न स्तर के लोगों का कार्य माना है,[28] फिर भी उसने विशद उत्तरदायित्वों के निर्वाह के लिए, जिसकी अधिक सन्तानें हों, जिसके पुत्र परिवार से अलग आत्मनिर्भर न हुए हों, जिसने कन्याओं का विवाह न किया हो, ऐसे व्यक्ति के लिए सभी 6 वृत्तियाँ—उन्छ, शिल (किसी अन्य का गिरा अन्न उठाना) याचित-अयाचित लाभ, तथा कृषि और व्यापार बताया है।[29] इस प्रकार उसने बृहद परिवार वालों के लिए नित्य कर्मों और उत्तरदायिवों के निर्वाह के लिए कृषि-वाणिज्य का आदेश दिया है।[30] यद्यपि उसने इस तथ्य की पुनरावृत्ति की है कि इन कर्मों से धन-संचय का उद्देश्य भौतिक सुख नहीं बल्कि परिवार का सम्पोषण है।[31] कुल्लूक ने बृहद परिवार वालों के लिए ऋत, अयाचित, भिक्षा, कृषि, वाणिज्य और कुसीद कर्म की सम्भावना बताई है।[32]

अग्निपुराण में कृषि-कार्य में भूमि-छेदन से होने वाले हिंसा-जनित पाप के शमनार्थ यज्ञ और देवपूजन करने का निर्देश दिया गया है।[33] नीतिवाक्यामृत में कहा गया कि, 'ब्राह्मण लोग मरण संकट में पड़कर भी राजा को देय-द्रव्य (करादि) सिधाई से नहीं देते।'[34] अत्रिस्मृति में उल्लिखित है कि वेदज्ञानहीन शास्त्रों को पढ़ते हैं, शास्त्रज्ञानहीन पुराणों को तथा जो पुराणों से भी रहित हैं वे कृषि कार्य करते हैं।[35] उपरोक्त उल्लेखों से स्पष्ट है कि कृषि कर्म सभी वर्णों के सामान्य-धर्म का स्वरुप ग्रहण कर चुका था।[36] बृद्धहारीत ने कृषि, नौकरी और पशुपालन सभी के लिए विहित बताया है।[37] जबकि माधवाचार्य ने वाणिज्य, शिल्प को वर्ण चतुष्टय का सामान्य धर्म मानते हुए ब्राह्मण के लिए भी कृषि निर्दिष्ट किया है।[38] यही नहीं, माधवाचार्य ने कलियुग में आपद्धर्म को ही मुख्य धर्म बताया है।[39]

बृहस्पति ने देश धर्म का वर्णन करते हुए कहा है कि, 'मध्यदेश में द्विजवर्ण, श्रमिक, शिल्पी और भृतक का कार्य करते हैं।'[40]

इस युग के अभिलेखों में ब्राह्मणों को भूमिदान देने के अनेक उल्लेख है। कुछ अभिलेखों में स्पष्टतः कहा गया है कि जिस ब्राह्मण को उक्त भूमिदान दिया गया है, कृषि करते समय उस पर किसी को बाधा उपस्थित करने का अधिकार नहीं है।[41]

अत्रिस्मृति में ब्राह्मणों का वर्गीकरण करते हुए—धार्मिक कृत्यों के कर्ता, देव-अतिथि पूजा और वैश्वदेव करने वाले को देव, वनस्पति पर निर्भर वन के निवासी और प्रतिदिन श्राद्ध में रत् को मुनि, वेदान्त और सांख्य योग दर्शन के अध्ययनकर्ता को द्विज, क्षत्रिय कर्मी को क्षत्र-विप्र, कृषि, गोपालन और वाणिज्य रत को वैश्य-विप्र, लाख, लवण, दूध, घी, मधु तथा मांस विक्रेता को शूद्र-विप्र, चोरी तस्करी करने वाले तथा मद्यमांस के लोभी को निषाद-विप्र, बह्मतत्व को न जानकर केवल यज्ञावपीत धारण करने वाले को पशु विप्र, शौचाचार का ध्यान न रखने वाले को म्लेच्छ विप्र, और क्रियाहीन, मूर्ख, निर्दयी, धर्म कार्य-विरत को चाण्डाल विप्र कहा गया है।[42] देवी-भागवतपुराण में दानाध्ययन, यजन रत सात्विक, क्षत्रियों के पुरोहित राजसी, और अल्पाध्ययन कर राजा का कार्य करने वाले, और क्रोध, राग, द्वेष परायण तामस ब्राह्मण कहे गए हैं।[43] इसी प्रकार कृत्यकल्पतरु के दानकाण्ड के 'पात्राणालक्षणम' नामक अध्याय से ब्राह्मणों के इतर कर्मी होने की सूचना मिलती है।[44] देवीभागवत पुराण ने मूर्ख ब्राह्मण को दान के अयोग्य बताते हुए केवल अन्नाहार का पात्र माना है तथा वेद-वर्जित ब्राह्मण को शूद्र के कार्यो अथवा कृषि कार्य में संलग्न करने का राजा को निर्देश दिया है।[45] अग्निपुराण ने भी उन्हें उनकी योग्यतानुसार वृत्ति देने का राजा को निर्देश दिया है।[46]

श्राद्ध में वर्ज्यनीय ब्राह्मणों की बढ़ती हुई सूची इसका प्रमाण है कि शनैःशनैः वर्ण-धर्म का अतिक्रमण बढ़ रहा था। गौतमधर्मसूत्र के भाष्यकार हरदत्त ने वर्ज्यनीय ब्राह्मणों में--बकरी आदि के पालन से जीविका चलाने वाले, द्वारपाल की वृत्ति वाले, या राजा के भृत्य, दूत, कम तौलने वाले तथा गलत तुला रखने वाले, कुसीद कर्म और वैश्य वृत्ति वाले, शिल्पजीवी, नृत्यगीत से जीविकोपार्जन करने वालों का उल्लेख किया है।[47] अपरार्क ने विशेषकर परवर्ती धर्मशास्त्रकारों को उद्धृत कर वर्ज्यनीय ब्राह्मणों की एक विस्तृत सूची प्रस्तुत की है, जिसमें चिकित्सक, मन्दिर में पौरोहित्य कार्य कर जीविका चलाने वाले (देवकोशोपजीवी), शूद्र के अन्न से पुष्ट शरीर वाले ब्राह्मण, मठ के ब्राह्मण, रंगोपजीवी, व्यापारी, वैद्य, नौकर, कारुकर्मी, हाथी-घोड़े के व्यापारी, हीन वृत्ति वाले, शूद्र के नौकर, राजा के नौकर, भृतक अध्यापक, जिनका संस्कार न हुआ हो, उन्हें पढ़ानेवाले, मांस विक्रयी, दुकानदार, पशु-पालक, कुशीलव कर्मी, सोमविक्रेता, धनुषबाण बनाने वाले, पशुओं-हाथी, ऊँट,

गाय, घोड़े के व्यापारी, ज्योतिषी, पक्षी-विक्रयी, घर बनाने वाले (गृह संबीजको) माली का कार्य करने वाले कृषिजीवी, आदि। इसके साथ ही ब्रह्मपुराण को उद्धृत करते हुए म्लेच्छदेश के निवासी और आन्ध्र, द्रविड़, कोंकण, कर्णाट, वाह्लीक, कलिंग के ब्राह्मण वर्ज्यनीय कहे गए हैं।[48] ग्राम याजक भी श्राद्ध में वर्ज्यनीय बताए गए हैं[49] वर्ज्यनीय ब्राह्मणों की विस्तृत सूची से ब्राह्मणों का इतरकर्मी होना प्रकट है। यह सूची परवर्ती ग्रन्थ धर्मसिन्धु में भी उद्धृत है।[50] मन्दिर के पुजारी के लिए कहा गया कि उसका स्पर्श हो जाने पर वस्त्रसहित स्नान करना चाहिए।[51]

साहित्यिक ग्रन्थों में भी व्यापारी और राजकर्मचारी ब्राह्मणों का उल्लेख मिलता है। समयमातृका में मांस-विक्रेता ब्राह्मण को पतित कहा गया है।[52] एक अभिलेख में ब्राह्मण आदित्य नाग के लिए 'हेटाबुक' शब्द आया है।[53] मिताक्षरा में 'हेटबुक' का उल्लेख पान विक्रेता जुलाहे और मोची के साथ हुआ है। बालभट्टी ने इसका अर्थ घोड़ों का व्यापारी बताया है। सुबोधिनी के अनुसार यह शब्द गुजरात में प्रचलित था।[54] दशकुमार चरित में म्लेच्छों के अधीन उनका अन्न खाने वाले, वेद विद्या और शौचाचारहीन कुत्सित ब्राह्मणों का उल्लेख है, जो किरातों की सेना के साथ जनपदों के निवासी धनिकों को पकड़कर उनका धन छीन लिया करते थे।[55] प्रबन्धचिन्तामणि में एक ब्राह्मण का उल्लेख है जो आजीविका के अभाव में पशु चराता था।[56] ब्रह्मपुराण में जावालि नामक कृषक ब्राह्मण का उल्लेख है जो स्वयं कृषि करता था।[57]

प्रशासनिक कार्यों में ब्राह्मण संलग्न थे। साहित्य में कहीं-कहीं ब्राह्मण राजा का उल्लेख मिलता है।[58] इसी प्रकार उनके मंत्री होने की भी सूचना है।[59]

मेधातिथि ने आपत्काल में क्षत्रिय कर्म के अन्तर्गत ब्राह्मण को शासन करने का भी अधिकार दिया।[60] सोमदेव भी ब्राह्मण को मन्त्री पद देने की बात करता है, परन्तु वित्त विभाग के सन्दर्भ में ब्राह्मण, क्षत्रिय और किसी सम्बन्धी को अनुपयुक्त बताता है। क्योंकि ब्राह्मण जातिगत स्वभाव के कारण प्राप्त धन को कठिनाईपूर्वक देता है अथवा नहीं भी देता।[61] इस ग्रन्थ से ब्राह्मणों का दूत होना भी ध्वनित होता है।[62]

कतिपय अभिलेखों से ब्राह्मणों द्वारा गाँव के शासन-संचालन पर प्रकाश पड़ता है। नाडोल लेख (1141 ई.) में धालोप गाँव को आठ ब्राह्मणों के बाड़े में बाँटे जाने और प्रत्येक बाड़े से दो ब्राह्मण प्रतिनिधियों के होने की सूचना मिलती है।[63]

अभिलेखों में भी ब्राह्मणों के उच्च प्रशासनिक पदों पर आसीन होने का उल्लेख मिलता है।[64] कारीतलाई अभिलेख में भाकमिश्र को प्रधानमंत्री कहा गया है, और उसे मन्दिरों, तालाबों, कुओं और उपवन के निर्माण का श्रेय दिया गया है।[65] कोनि शिलाभिलेख में सोढ़देव को मन्त्री कहा गया है। इसके पुत्र पुरुषोत्तम को मन्त्रीत्व के गुणों से पूर्ण कहा गया है, जिसे कोसल के राजा बलदेव द्वितीय

द्वारा सर्वाधिकारिन का पद दिए जाने का उल्लेख है। इसी लेख में पुरुषोत्तम के युद्ध क्षेत्र में सैनिक कार्यों का भी उल्लेख है। इसी प्रकार खारोड अभिलेख में ब्राह्मण को शस्त्र और शास्त्र में प्रवीण बताया गया है। इसके पुत्र गंगाधर को इस बात का श्रेय दिया गया है कि उसने अपनी नीति से राज्य का उद्धार किया! उसकी नीति से प्रभावित होकर राजा बलदेव तृतीय ने उसे प्रधानमंत्री का पद प्रदान किया और उसकी सहायता से राज्य कण्टकों से राज्य को स्वतन्त्र कराने में सफल हुआ। इस प्रकार ब्राह्मणों द्वारा प्रशासनिक और सैन्य कर्मों के पर्याप्त उदाहरण अभिलेखों से प्राप्त होते हैं।[66]

सुलेमान ने राजदरबार में ब्राह्मणों की उपस्थिति बताते हुए उन्हें कवि, ज्योतिषी, दार्शनिक और साकुनिक कहा है।[67] चचनामा से दाहिर के समय ब्राह्मणों के ऊँचे पदों पर होने तथा मुहम्मद कासिम द्वारा कर संग्रह के लिए उन्हें नियुक्त किए जाने की सूचना मिलती है।[66]

आपतकालीन वृत्ति के रुप में ब्राह्मण को सामान्यतः क्षत्रिय और वैश्य का कर्म अपनाने के लिए कहा गया है।[69] वैश्य वृत्ति में भी कुसीद कर्म को कृषि वाणिज्य की अपेक्षा हीन और त्याज्य बताया गया है।[70] शूद्र वृत्ति उसके लिए निषिद्ध थी।[71] यद्यपि धर्मशास्त्रों के कतिपय उद्धरणों से प्रतीत होता है कि शूद्र वृत्ति का प्रश्न भी व्यवस्थाकारों में विचारणीय था। जैसे, देवन्न भट्ट ने लिखा है कि 'कुछ व्यवस्थाकार अति-निर्धनता में शूद्र वृत्ति का विधान बताते हैं।[72] उसने बृहस्पति को उद्धृत किया है कि, वृद्ध माता-पिता, शीलवान पत्नी और अवयस्क सन्तानों के पालनार्थ सैकड़ों त्याजनीय, अविहित कर्मों को करें।[73] मेघातिथि ने भी उस पक्ष का उल्लेख किया है जो शूद्र वृत्ति की भी सम्भावना देखता है। यद्यपि वह स्वयं इसके पक्ष में नहीं है।[74] हरदत्त ने व्यास को उद्धृत किया है कि, 'प्राणरक्षा सर्वोच्च धर्म है जिसके बिना धर्म, अर्थ, काम सम्भव नहीं। परन्तु हरदत्त ने अंग-स्पर्श, अभक्ष्य के भक्षण और वर्णसंकरण के भय से शूद्र वृत्ति यथाशक्ति न करने का निर्देश दिया है।[75] माधवाचार्य ने कलियुग में आपद्धर्म को मुख्य धर्म बताते हुए इसकी अव्यावहारिकता को प्रकट किया है। देवीभागवत पुराण में शूद्र के लिए खेती, वाणिज्य, गौरक्षा और कुसीद कर्म निहित किया गया और अग्निपुराण इन्हीं कर्मो को आपत्काल में ब्राह्मण के लिए अनुमोदित करता है।[76]

तद्युगीन परिवर्तित धार्मिक-सामाजिक पृष्ठभूमि में ब्राह्मण का आर्थिक आधार क्षीण हो रहा था। श्रौत कर्मों के बढ़ते अप्रचलन से कलियुग में याजन से जीविका दुर्लभ थी। दशकुमार चरित में यज्ञादि ही ब्राह्मणों की आजीविका कही गई है।[77] देवकोशोपजीवी, बहुयाजक और भृतक अध्यापक अथवा वेदविक्रयी ब्राह्मणों की श्राद्ध में वर्ज्यनीयता से प्रकट है कि ये कृत्य अपेक्षाकृत कम आदरणीय थे।

वाममार्गी विचारधारा ने वैश्य, शूद्र को भी आचार्य पद का अधिकार प्रदान कर

ब्राह्मणों के आचार्यत्व और दान ग्रहण करने के एकाधिकार पर आघात पहुँचाया।[78] भक्ति मार्ग के विकास के कारण भी मनुष्य अपने आध्यात्मिक उत्थान के लिए ब्राह्मणों पर आश्रित नहीं था। धर्मशास्त्रों में वर्णित कलियुग में धर्म के निरन्तर ह्रास के कारण ब्राह्मणों की आर्थिक सामाजिक प्रतिष्ठा समाज में घटती गई, क्योंकि धर्म के कर्मकाण्डीय पक्ष के वे ही सम्पादनकर्ता थे। पराशर के आधार पर इस काल के धर्मशास्त्रकारों ने इस तथ्य को स्थापित किया कि 'कलियुग में दान ही मुख्य धर्म है।' धर्म के स्वरुप में उपरोक्त परिवर्तन के पीछे ब्राह्मणों की आर्थिक समस्या भी निहित थी। पौराणिक धर्म के विकास में ब्राह्मणों का व्यक्तिगत सामाजिक और आर्थिक हित ब्राह्मण-संस्कृति की सुरक्षा के प्रश्न से कम न था।[79]

पुराणों में दान के अधिक से अधिक अवसरों और महिमा का वर्णन किया गया।[80] मत्स्यपुराण में अनेक शुभ चीज देखने पर, धन प्राप्त होने पर, पवित्र स्थान में, मन्दिर, गौशाले, कुएँ के समीप, बगीचे अथवा मनोरम तालाब के किनारे दान देने को कहा गया।[81] गरुड़पुराण ने उस विधवा को जो सती होने जा रही हो, पति की शव-यात्रा के मार्ग पर पड़ने वाले विष्णु के मन्दिर में अपने समस्त आभूषण उतार-कर समर्पित करने का निर्देश दिया।[82] दान की महिमा का वर्णन करते हुए मत्स्य-पुराण में उल्लिखित है कि, दाता, दान प्रक्रिया देखने और सुनने वाला, सभी समस्त पापों से मुक्त हो जाते हैं। ब्रह्मघाती, पितृहन्ता, गौ-हंता, सुरा पीने वाला, बड़े पुरुषों की पत्नी से व्यभिचार करने वाला भी सभी पापों से मुक्त हो जाता है और विष्णुलोक प्राप्त करता है।[83] कूर्मपुराण ने राजा को उन व्यक्तियों को देश-निर्वासन का दण्ड देने का निर्देश दिया जो सामान्य समय अथवा दुर्भिक्ष में धन कमाने के बाद ब्राह्मण और देवताओं को सन्तुष्ट नहीं करते।[84] ब्रह्मपुराण ने नरक-यातना का भयंकर वर्णन करते हुए, उन मनुष्यों को इसका भागी बताया है जिन्होंने ब्राह्मणों को दान नहीं दिया, प्रत्युत विप्रों को दिए जाने वाले दान को हठात् रोक दिया।[85] मत्स्यपुराण ने वेश्याओं से भी दान ग्रहण करने की अनुमति दी।[86] जबकि यम, याज्ञवल्क्य आदि ने इसका निषेध किया था।[87] कथासरित्सागर में ब्राह्मणों को वेश्या द्वारा दान दिए जाने का उल्लेख है। वैश्या मदनमाला ब्राह्मणों को उनकी वेद-विज्ञता के आधार पर सुवर्ण दान करती है।[89]

इस काल में ब्राह्मणों को शूद्र का दान लेने के लिए निर्देश दिया गया है। मेधातिथि ने कहा है कि शूद्र से दान लेकर ब्राह्मण को कोई दोष नहीं लगता अपितु वह अपने विहित वर्ण धर्म का ही पालन करता है।[89] इसी प्रकार इस काल में शूद्रों के अमन्त्रक या पौराणिक मंत्रों के साथ संस्कारों के अधिकार की अनेक व्यवस्थाकारो ने चर्चा की है। धुयें ने इसका कारण ब्राह्मण वर्ग का एक वृहद यजमान समुदाय की उपेक्षा न कर सकना' बताया है। शूद्रो को संस्कारों का अधिकार प्रदान करने के पीछे ब्राह्मणों का व्यक्तिगत-हित साधन भी था।[90]

स्मृति संहिताओं और पुराणों के तुलनात्मक अध्ययन से स्पष्ट होता है कि परवर्ती काल में प्रायश्चित और मृत्यु संस्कार के समय दान देने की व्यवस्था में उत्तरोत्तर वृद्धि हुई।[91]

पुराणों में तीर्थों का व्यापक विस्तार दिखाई पड़ता है। वामन, ब्रह्म आदि अनेक परवर्ती पुराणों में तीर्थों पर अनेक अध्याय हैं।[92] इन तीर्थों में दान को इहलौकिक और परलौकिक दृष्टि से अत्यन्त फलदायक बताते हुए इसके लिए दाता को प्रोत्साहित किया गया है।[93]

इसके साथ ही पुराणों ने स्त्री-शूद्र और चाण्डालों को भी तीर्थ यात्रा का अधिकार प्रदान कर तीर्थाटन द्वारा 'मोक्ष' सम्भव बताया है। इस प्रकार तीर्थों के प्रसार, प्रचार और तीर्थाटन द्वारा मोक्ष के दावों के पीछे ब्राह्मणों द्वारा जीविका के नये आयामों की सृष्टि अथवा आर्थिक प्रश्न भी सम्मिलित थे। धर्म ग्रन्थों ने यह मत भी प्रतिपादित किया कि तीर्थ में क्षेत्र निवासी ब्राह्मणों की 'अर्हताओं' की परीक्षा न करें।[94] नीतिवाक्यामत में कहा गया है कि—अधार्मिक और अति क्रूर होना, वंचना करना, यह प्रायः तीर्थवासियों का स्वभाव होता है।[95]

पुराणों की भाँति परवर्ती स्मृतियों में भी दान की महत्ता का सन्दर्भ दिया गया है। बृहस्पति स्मृति में भूमिदान की प्रशंसा की गई है। उक्त दान के अपहरणकर्ता को पुनर्जन्म में घृणित यातना का भोगी और प्रायश्चित के अयोग्य तथा अपहरण में सहयोगी को नरक तथा दाता को स्वर्गगामी बताया गया है। इसके साथ ही ब्राह्मणों के क्रोध के भयंकर परिणाम का वर्णन किया गया है।[96] वेदव्यास तथा शातातप आदि ने दान के महत्व और प्रकारों पर प्रकाश डाला है।[97] शातातप ने दान-प्रक्रिया को दूसरी विधि से तीव्र करने का प्रयास किया है। उसने छोटे से छोटे और बड़े से बड़े रोगों और विभिन्न शारीरिक विकारों, यहाँ तक कि पिंगल केश, नीले या पीले नेत्र, गंजापन आदि तथा अकाल मृत्यु का कारण पूर्वजन्म के दुष्कर्म के रुप में स्वीकार किया है तथा उनकी निवृत्ति के लिए विभिन्न कर्मकाण्डों के साथ ब्राह्मण को गौ, स्वर्ण आदि विभिन्न वस्तुएँ दान देने का विधान प्रस्तुत किया है।[98] इसके साथ ही शातातप ने ब्राह्मणों का पूजन करने, उनके वचनों को देववचन मानने की सिफारिश की है तथा उन्हें समस्त कामनाओं की पूर्ति करने वाला तीर्थ कहा है।[99] इस प्रकार परिवर्तित परिस्थितियों में ब्राह्मणों की आर्थिक समस्या ने उन्हें धर्मान्तर्गत अर्थ के विभिन्न उपायों की खोज के लिए प्रेरित किया। पुराणों और स्मृतियों का यह कथन ब्राह्मणों की क्षीणोन्मुख आर्थिक व सामाजिक दशा का परिचायक है कि, 'कृतयुग में स्वयं जाकर, त्रेता में ब्राह्मण को घर बुलाकर, द्वापर में याचना करने पर तथा कलियुग में बराबर पीछे लगे रहने पर ही ब्राह्मणों को दान दिया जाता है।[100] माधवाचार्य ने कहा है कि कलियुग में मात्र याचना नहीं बल्कि सेवा करने पर दान मिलता है।[101] कल्किपुराण में वेद विहीन

दरिद्र ब्राह्मणों के शूद्र की सेवा में परायण होने तथा धर्म, वेद, रस, मांस के विक्रय में तत्पर होने की सूचना है[102] साथ ही उन्हें परान्नलोलुप और चाण्डाल के यहाँ याजन करने वाला कहा गया है।[103] देवीभागवत पुराण में कहा गया है कि कलियुग में ब्राह्मण शूद्रों के धर्म में परायण और दान लेने में निपुण होंगे।[104]

मुस्लिम आक्रमण के कारण ब्राह्मणों की आजीविका समय-समय पर प्रभावित होती रही। चचनामा में उल्लेख है कि 'मन्दिरों के नष्ट हो जाने से पूर्तिपूजा के अभाव में ब्राह्मणों को व्यापारियों और ठाकुरों से दान नहीं मिल पाता था अतः वे निर्धन हो गए थे।' मुहम्मद कासिम से हिन्दुओं ने प्रार्थना की कि 'इस नगर का मन्दिर ब्राह्मणों के अधीन है...हमारे विवाह और मृत्यु के कृत्य वे ही करते हैं।... यदि हमारा न्यायप्रिय स्वामी हमें आज्ञा दे तो हम मन्दिरों का जीर्णोद्धार कर मूर्तियों की पूजा करें। तब हमारे ब्राह्मणों को हमसे जीविका मिलने लगेगी।[105] जोनराज की राजतरंगिणी में सूह भट्ट ने यह शंका की है कि ब्राह्मण विदेश जाकर जाति रक्षा कर लेंगे। ऐसी स्थिति में मार्ग रक्षाधिकारी उन्हें बिना 'मोक्षधर' के मार्ग न दें। इस प्रकार उक्त ग्रन्थ में ब्राह्मणों के उत्पीड़न और अनेक ब्राह्मणों द्वारा आत्महत्या, तथा धार्मिक कृत्य याग, यात्रा आदि निवारित कर दिए जाने का उल्लेख है।[100]

इसी काल के उत्तरार्द्ध में (1110 ई.) लक्ष्मीधर द्वारा दान पर एक पृथक निबन्ध ग्रन्थ 'कृत्यकल्पतरु' का 'दानकाण्ड' लिखा गया। इसके बाद बल्लाल सेन कृत दानसागर (1168 ई.) हेमाद्रि के चतुर्वर्ग चिन्तामणि का दानकाण्ड (1270 ई.) चण्डेश्वर कृत दान रत्नाकर (1300 ई.) लिखे गए।[107]

यद्यपि दान को समाज में प्रोत्साहित किया गया परन्तु साथ ही ब्राह्मणों की योग्यता भी आवश्यक थी। साहित्यिक ग्रन्थों में ब्राह्मणों से उच्च आदर्श की अपेक्षा रखी गई है। नागानन्द में चेरी विदूषक से कहती है कि यदि ब्राह्मण हो तो वेद के मन्त्रों को कहो जिससे तम्हारा ब्राह्मणत्व सिद्ध हो।[108] कुट्टनीमतम् काव्य में वेश्या-गामी ब्राह्मण सुन्दरसेन को पुरन्दर का सन्देश मिलता है कि 'तुमने अपने निष्कलंक कुल और ब्राह्मणों के लिए उचित कार्यों का विचार भी नहीं किया।'[109] कुछ ग्रन्थों से ब्राह्मण के लिए सुरा की निषिद्धता ध्वनित् होती है।[110] अनेक अरब इतिहासकारों ने ब्राह्मणों में सुरा निषिद्ध बताई है।[111] अपरार्क ने भी सतयुग में ब्राह्मणों के लिए ही परन्तु कलियुग मे क्षत्रिय और वैश्य के लिए भी सुरा निषिद्ध किया है।[112] मूर्ख ब्राह्मणों की स्थिति समाज में हास्यास्पद थी। कथासरितसागर से विदित होता है कि 'वर्षा ऋतु में स्त्रियाँ गुड़ और आटे से निर्मित गुह्य का रुप बनाकर निन्दनीय रुप से मूर्ख ब्राह्मणों को दान देती थीं।[113] राजतरंगिणी में लहसुन भोजी तथा आचारहीन ब्राह्मणों को राजा द्वारा निर्वासित किए जाने का उल्लेख है।[114] दूसरी ओर वेद-विद ब्राह्मण राजाओं द्वारा पूजनीय थे।[115] पंच

प्रवरादि जनेऊ रखने वाले द्विजों का राजा पालनकर्ता था।[116] ब्राह्मणों की गोष्ठी प्रणम्य थी।[117] अभिलेखों में ज्ञानी ब्राह्मणों की अत्यधिक प्रशंसा की गई और उन्हें भू-देव कहा गया।[118] यद्यपि कुछ वेद-विद् ब्राह्मण भी आजीविका के अभाव में सेवा-कार्य करने के लिए बाध्य थे। लघ्वाश्वलायन स्मृति में कहा गया है कि 'वेद-विद् द्विज के हाथों सेवा करवाने से धर्म, लक्ष्मी और आयु क्षीण होती है, बढ़ती नहीं।[119]

वध दण्ड और ब्राह्मण

पूर्ववर्ती धर्मशास्त्रों में ब्राह्मणों को अवध्य मानने की प्रथा रही। परन्तु इस काल के कुछ स्रोतों में ब्राह्मणों के लिए भी कतिपय अपराधों में वध दड का निर्धारण किया गया है। अबू जैद ने वर्ण विशेष का उल्लेख न करते हुए अपहरण और बलात्कार करने पर परपुरुष तथा ऐच्छिक अनैतिक सम्बन्ध पर स्त्री-पुरुष दोनों को मृत्युदण्ड का भागी बताया है।[120]

यद्यपि आततायी ब्राह्मण के वध का निर्देश मनु ने भी दिया है।[121] परन्तु मनु की उक्त व्यवस्था दण्ड-व्यवस्था से सम्बद्ध न होकर आत्मरक्षा-विषयक है।[122] बाद के ग्रन्थों में धर्म युद्ध में आततायी ब्राह्मण का वध कलिवर्ज्य कर दिया गया।[123]

नाडोल लेख (1141 ई.) के अनुसार धालोप गाँव के प्रत्येक बाड़े से दो-दो ब्राह्मण प्रतिनिधियों ने एक पत्रक प्रस्तुत किया था। इस पत्रक में यह निर्णय लिया गया था कि, यदि कोई ब्राह्मण मुखिया चोरी का पता लगाने में सहयोग देना अस्वीकार करेगा तो वह बुरी मौत मरेगा।' इस सामूहिक निर्णय पर वहाँ के मन्दिरों के भट्टारकों, समस्त महाजनों के प्रतिनिधियों, नगर के प्रतिष्ठित व्यक्तियों के साक्षी दिए जाने का उल्लेख है।[124]

दशकुमारचरित में चण्डवर्मा द्वारा अवन्ति सुन्दरी से उसके ब्राह्मण पति राजवाहन के बारे में कहा गया है कि 'यह कुलंकिनी आज ही अपने प्रियतम को सूली पर लटकता देखेगी।'[125] ब्राह्मण मन्त्री कामपाल को राजा चण्डसिंह और उसके ज्येष्ठ पुत्र चण्डघोष की हत्या के अभियोग में वध दण्ड दिया गया था। यहाँ कहा गया है कि 'राज्याभिलाषी इस ब्राह्मण को घोरान्धकार में प्रवेश कराकर मार डाला जाय।[126] कथासरित्सागर में उल्लिखित है कि राजा पुत्रक को कुछ राज्याभिलाषी ब्राह्मणों ने मारने का उपक्रम किया था, जिस पर उसके मन्त्री ने उन्हें राजद्रोही समझकर मार डाला था।[127] इसी ग्रन्थ में राजा योगनन्द किसी ब्राह्मण को दुराचारी जानकर उसके वध की आज्ञा देता है।[128] इसी प्रकार पद्म प्रदेश के राजा द्वारा सोमदत्त नामक ब्राह्मण को एक अन्य ब्राह्मण पर पाद प्रहार और राजसैनिकों को अपने आदमियों से पिटवाने के अभियोग में वध दण्ड दिया गया था।[129] राजतरंगिणी में उल्लेख है कि राजा सुस्सल पर आक्रमणकर्ता पृथ्वीहर ने ओजानन्द आदि कई

ब्राह्मणों को सूली पर चढ़ा दिया।[130] यद्यपि एक अन्य स्थल पर चन्द्रापीड़ ब्राह्मण वध के अभियोगी ब्राह्मण को वधदण्ड न देकर अन्य दण्ड देता है।[131] परन्तु दूसरी ओर यह भी सूचना है कि–'दान लेने के उत्कट आग्रह से अथवा वध के भय से द्विजों ने उस नृपाधम (उन्मतावन्ति) से भी अग्रहारों को लिया।'[132] चौर पंचाशिका से विदित होता है कि राजकुमारी के साथ अनैतिक सम्बन्धों के अपराध में ब्राह्मण कवि को वध दण्ड दिया गया था।[133]

कात्यायन ने एक स्थल पर ब्राह्मण को अवध्य माना है परन्तु भ्रूण-हत्या, तीक्ष्ण अस्त्र से ब्राह्मणी अथवा सात्विक स्त्री की हत्या करने पर ब्राह्मण के लिए भी वधदण्ड की आज्ञा दी है।[134] अलबीरुनी ने ब्राह्मण को वध-दण्ड से मुक्त बताया है। उसकी सम्पत्ति जब्त कर ली जाती थी या निर्वासित कर दिया जाता था। मूल्यवान वस्तुओं की चोरी के अपराध में उसे अन्धा कर दिया जाता था या दायाँ हाथ बायाँ पैर काट दिया जाता था।[135]

ब्रह्म-क्षत्र

विवेच्य काल के अन्तिम चरणों में 'ब्रह्म-क्षत्र' का उल्लेख मिलता है। एक अभिलेख में दो व्यापारी अपने को ब्रह्म-क्षत्र कुल का बताते हैं। इस आधार पर विद्वानों की धारणा है कि इस समय तक ब्रह्म-क्षत्र कुछ क्षेत्रों में उप-जाति बन चुकी थी।[136]

विजयसेन के देवपारा लेख (11वीं सदी के चतुर्थांश) में सामन्त सेन को ब्रह्म क्षत्र कहा गया है।[137] सोमेश्वर के वि. सं. 1226 के बिजोलिया लेख के आधार पर चाहमानों को ब्राह्मण माना गया, जिन्होंने बाद में क्षत्रिय धर्म ग्रहण किया।[138] 1278 ई. के चित्तौड़ के शिलालेख में चाहमानों को क्षत्रिय कहा गया है।[139] पिंगल सूत्र वृत्ति में परमारों को ब्रह्म-क्षत्र कुलीन कहा गया है। उदयपुर प्रशस्ति में परमारों के प्रारम्भिक शासक उपेन्द्रराज को 'द्विजवर्ग रत्न' कहा गया है।[140] घटियाला लेख (861 ई.) में प्रतिहारों के आदि पुरुष ब्राह्मण हरिश्चन्द्र का उल्लेख है जिसकी ब्राह्मणी पत्नी के पुत्र ब्राह्मण प्रतिहार और क्षत्रिया रानी के मद्यपान करने वाले (क्षत्रिय) कहलाये।[141]

इस प्रकार के उदाहरणों से स्पष्ट है कि ब्रह्म-क्षत्र पहले ब्राह्मण थे जिन्होंने बाद में क्षत्रिय धर्म अंगीकार कर लिया। परवर्ती अभिलेखों में गुहिलोत अपने को सूर्य वंश और राम के वंश का कहते हैं, जबकि इस वंश के संस्थापक गुहदत्त और बप्पा को 977 ई. और 1274 ई. के अभिलेखों में विप्र कहा गया है।[142] 1285 ई. के एक अभिलेख में बप्पा के लिए कहा गया है कि उसने ब्रह्म को क्षात्र धर्म में बदल दिया।'[143] अभयतिलकगणी ने क्षात्र-धर्म ग्रहण करने वाले ब्राह्मण को ब्रह्मंक कहा है।[144]

इस प्रकार के उदाहरणों से प्रकट होता है कि ब्रह्म-क्षत्र पहले ब्राह्मण थे बाद में क्षत्रिय धर्म ग्रहण करने के कारण क्षत्रिय कहलाए। चट्टोपाध्याय ने इसे एक 'संक्रमणात्मक प्रस्थिति' की संज्ञा दी है।[145] यादव ने इसे अंशतः मातृ और पितृ-सत्तात्मक सिद्धान्तों के बीच संगति और प्रमुखतः ब्राह्मणों के एक भाग द्वारा जाति और धर्म में स्थायी परिवर्तन कर क्षत्रियों के स्तर को प्राप्त करने का प्रयास बताया है।[146] पृथ्वीराजरासो में ऐसे ब्राह्मणों का वर्णन पृथक समूह के रुप में किया गया है। एक स्थल पर वर्णित है कि 'पंचायत से युद्ध छिड़ा, उसमें व्यूह रचना अनलपंख पक्षी के रुप में की गई–'ब्रह्म-क्षत्रिय' (बंभ) पूँछ के स्थान पर हुए– ।[147]

मग ब्राह्मण

महाभारत और विष्णुपुराण में मगों का उल्लेख शाक द्वीप की चार जातियों में से एक जाति के रुप में किया गया।[148] इस जाति की भारत में उपस्थिति चौथी-पाँचवीं सदी ई. पू. से मानी गई है।[149] संभवतः मग जाति हकमेनियन आक्रमण के साथ भारत आई थी।[150] भारतीय ग्रन्थों में उल्लिखित शाकद्वीप से आशय ईरान अथवा पूवी ईरान से लगाया जाता है। वहीं से वे भारत आए।[151] हिन्दुस्तान में इनका आगमन प्रायः शककुषाणकाल (दूसरी शताब्दी ई. पू.–दूसरी शताब्दी ई.) से माना जाता है।[152]

ब्रह्मपुराण में भी मगों को शाकद्वीप से सम्बद्ध बताया गया है। इसके अनुसार शाकद्वीप निवासी मग, मागध मानस और मन्दग नामक जातियाँ क्रमशः ब्राह्मण, क्षत्रिय, वैश्य और शूद्र थीं।[153] शाकद्वीप के निवासियों को अपने-अपने निश्चित कर्मों के द्वारा सूर्य रुपधारी भगवान विष्णु का योग करने वाला कहा गया है।[154] पुराणों में सूर्य के नामों में 'मिहिर' का उल्लेख हुआ है जो सूर्य पूजा की मग-परम्परा का सूर्य-सम्प्रदाय के साथ हिन्दू समाज में समायोजन है।[155]

भविष्य और शाम्ब पुराण में मगों को सूर्य मन्दिर में पुरोहित का कार्य करने के उद्देश्य से शाकद्वीप से भारत लाए जाने का उल्लेख है। शाम्बपुराण के अनुसार कृष्ण के श्राप से शाम्ब कुष्ठ-ग्रस्त हो गया, जिसके निवारणार्थ नारद ने उसे चन्द्रभागा (चेनाब) के तट पर सूर्य मन्दिर के निर्माण की सलाह दी। परन्तु उस मन्दिर में पौरोहित्य कार्य के लिए कोई ब्राह्मण तैयार नहीं हुआ। तब उग्रसेन के पुरोहित गुरु-मुख ने उसे शाकद्वीप से सूर्य पूजक मगों को लाने की सलाह दी। अतः शाम्ब शाकद्वीप गया और वहाँ से अठारह मग-परिवारों को लाकर उसने उन्हें पौराहित्य-कार्य में लगाया।[156] भविष्यपुराण में कहा गया है कि 'सुजिह्म मिहिर गोत्र का एक ब्राह्मण था, जिसकी पुत्री निक्षुभा पर सूर्य आसक्त हो गए। उनका पुत्र जरशद्रुव या जरशक्त कहलाया, जिससे मगों की उत्पत्ति हुई।[157]

पाँचवीं शताब्दी ई. सन के बाद से ही मगों का हिन्दू संस्कृति में समावेश हुआ।[158] वराह मिहिर ने बृहत्संहिता (500-550 ई.) में सूर्य-मूर्ति के स्वरुप का जो वर्णन किया, उसमें पारसी लक्षण स्पष्ट है। उसके अनुसार–सूर्य की मूर्ति उदीच्य वेश में बनाई जानी चाहिए, पैर जानुपर्यन्त ढके रहने चाहिए तथा कमर में अव्यंग हो।[159] इस प्रकार सूर्य-पूजा में मगों के सहयोग से एक नवीन परिवर्तन हुआ। वराहमिहिर ने सूर्य प्रतिमा की स्थापना और अभिषेक मगों द्वारा करवाने का निर्देश दिया।[160] गया जिले में गोविन्दपुर के एक अभिलेख (1137 ई.) में मगों की सूर्य से उत्पत्ति और शाम्ब द्वारा भारत लाए जाने का उल्लेख है।[161]

पूर्व मध्यकालीन अभिलेखों में मग जाति के ब्राह्मणों का उल्लेख है।[162] अलबीरूनी ने भी मगों को जरथुस्त्र से जोड़ा है और भारत में उनकी उपस्थिति बताई है।[163] दक्षिणी बिहार में मग ब्राह्मण शाकद्वीपी कहे जाते हैं, जो चिकित्सक और पुरोहित हुआ करते हैं।[164] चचनामा में मुहम्मद कासिम से हिन्दू कहते हैं कि 'इस नगर का मन्दिर ब्राह्मणों के अधीन है। वे हमारे सन्त और चिकित्सक हैं।'[165] 'प्रबन्ध चिन्तामणि' में ज्योतिषी वराहमिहिर को ब्राह्मण कहा गया है, जिसे सूर्य की कृपा से नक्षत्रों का ज्ञान प्राप्त था।[166]

ब्राह्मणों के प्रव्रजन की प्रक्रिया

इस काल के साहित्यिक और अभिलेखीय साक्ष्यों में ब्राह्मणों के एक स्थान से दूसरे स्थान में प्रव्रजन और राजाओं द्वारा आश्रय प्राप्त करने के अनेक उदाहरण मिलते हैं। ब्राह्मणों के प्रव्रजन की यह प्रक्रिया विशेष रुप से प्रायः 7वीं शताब्दी के आगे से प्रारम्भ होती है। प्रारम्भ में ब्राह्मणों का यह प्रव्रजन मध्यदेश[167] से पूर्वी और पश्चिमी क्षेत्रों की ओर हुआ। विद्वानों के अनुसार इस प्रव्रजन की प्रक्रिया का उद्देश्य जनजातीय तत्वों का हिन्दू समाज में आत्मसात्करण था, जो कार्य ब्राह्मणों ने किया। राजपूत राजाओं का शासन गुजरात, राजस्थान, मध्यप्रदेश के जनजातीय क्षेत्रों पर भी था। इसका अर्थ था जनजातीय व्यवस्था के ऊपर राजपूत राजनीतिक व्यवस्था का आरोपण।[168] यह आरोपण जनजातीय तत्त्वों को हिन्दू सामाजिक व्यवस्था में चातुर्वर्ण्य के अन्दर आत्मसात किए बिना सम्भव नही था। यह कार्य ब्राह्मण ही सम्पन्न कर सकते थे। राजपूत शासक वर्ग ने ब्राह्मणों को बुलाकर उन्हें भूमिदान देकर तथा इन क्षेत्रों में बसाकर यह कार्य सम्पन्न किया।[169]

पूर्ववर्ती काल से सिन्धु-सौवीर के साथ आर्य सभ्यता के केन्द्र मध्यदेश से सुदूरवर्ती क्षेत्र निषिद्ध कहे जाते थे।[170] आदित्यपुराण ने इसी परम्परान्तर्गत कांची, कोसल, सौराष्ट्र, देवराष्ट्र, आन्ध्र, मत्स्य, कावेरी और कोंकण आदि निषिद्ध क्षेत्रों के साथ, उस क्षेत्र का भी उल्लेख किया जहाँ पाँच नदियाँ पर्वतों से निकलती है जिसे आर्त्त कहते हैं।[171] स्कन्दपुराण ने सिन्धु-सौवीर और अन्याय निषिद्ध क्षेत्रों में

केवल आजीविका की समस्या से बाध्य होकर ही जाने की आज्ञा दी है।[172]

परमारों के राज्यकाल में मध्यप्रदेश, हस्तिनापुर, मथुरा, अहिच्छत्र, मगध तथा कर्णाटक, मान्यखेट, गौड़ से आकर मालवा में ब्राह्मणों के बसने का उल्लेख है।[173] परमार वाक्पति राज द्वितीय के ताम्रपत्राभिलेख (981 ई.) में ब्राह्मणों के मगध, मध्यप्रदेश और कोलाँच आदि क्षेत्रों से प्रव्रजन का तथा मालवा में बसने का उल्लेख है।[174]

पालों, परमारों और कलचुरियों के अभिलेखों में मध्य भारत के विभिन्न क्षेत्रों से प्रव्रजित और राज्याश्रय प्राप्त ब्राह्मणों का उल्लेख है। विग्रहपाल तृतीय के बनगाँव अभिलेख में ब्राह्मणों के 'कोलान्च' से आने का उल्लेख है।[175]

कलचुरि अभिलेखों में इस प्रकार के कई उद्धरण हैं। 1077 ई. के एक अभिलेख में चौदह ब्राह्मणों को भूमि दान दिए जाने का उल्लेख है, जिसमें मथुरा, हस्तिग्राम, कौलान्च, शांकस्थान, तिकारी, नागर आदि से प्रव्रजित ब्राह्मणों का वर्णन है।[177] इसी प्रकार श्रावस्ती (गोण्डा जिला, उत्तर प्रदेश) और हस्तियामठ (विलासपुर से 45 मील पश्चिम में) से ब्राह्मणों के प्रव्रजन का उल्लेख है।[178] कलचुरि कर्ण के बनारस अभिलेख में वैशाली के एक ब्राह्मण को श्रुसीग्राम (मिर्जापुर जिला) दान दिए जाने की सूचना है।[179]

मध्यदेश के अतिरिक्त धर्मपाल के खलीमपुर अभिलेख में लाट (गुजरात) से प्रव्रर्जित ब्राह्मणं का उल्लेख है, जिसे नन-नारायण के मन्दिर का भार सौंपा गया था।[180]

साहित्यिक ग्रन्थों से भी ब्राह्मणों के प्रव्रजन की सूचना मिलती है। रानी दिद्दा ने दैशिक (मध्यदेश) के द्विजन्मनाओं के निवास के लिए एक मठ स्थापित किया था।[181] यशस्करदेव द्वारा आर्यदेशीय छात्रों के लिए मठ स्थापित किए जाने का उल्लेख है।[182] मध्यदेश के अतिरिक्त सिन्धु और द्रविड़ क्षेत्र के ब्राह्मणों को भूमि दान देकर बसाये जाने का उल्लेख कल्हण ने किया है।[183] कथासरित्सागर में किसी मठ का वर्णन है जहाँ भिन्न-भिन्न देशों के निवासी ब्राह्मण रहा करते थे।[184] राजतरंगिणी में गोपादित्य द्वारा पुण्यदेशों (उत्तरी भारत के तीर्थस्थान) से पवित्र ब्राह्मणों को लाकर अग्रहारों में बसाये जाने की सूचना है।[185]

ब्राह्मणों के लिए प्रयुक्त उपसर्ग

इस युग के दानपत्रों में ब्राह्मणों के गोत्रों के साथ वेद की शाखाओं का भी उल्लेख मिलता है।[186] मिराशी ने वेद और शाखा वाले ब्राह्मणों को विभिन्न भौगोलिक क्षेत्रों में विभाजित बताया है। उदाहरण के लिए कृष्ण यजुर्वेद या तैत्तिरीय शाखा के ब्राह्मणों का निवास दक्षिण भारत था। सामवेद से सम्बद्ध शांडिल्य गोत्र वाले ब्राह्मणों का सम्बन्ध उत्तरी बंगाल के बोगरा जिले से था। इसी प्रकार मध्यदेश में

स्थित तिकारी (गया जिला) विशेषकर मध्यादीन शाखा वालों का निवास था।[187]

इस युग में ब्राह्मणों के लिए उपसर्ग' प्रयुक्त हुआ जो आधुनिक काल में उनकी उपजाति के रुप में प्रयुक्त होने लगा। प्रारम्भ में ये उपसर्ग वंशानुगत रुप में प्रयुक्त नहीं किए जाते थे। 693 ई. एक अभिलेख में ब्राह्मण दीक्षित मैत्रीश्वर का पिता नन्नस्वामी चतुर्वेदी समुदाय से सम्बद्ध था।[188] अन्य कई अभिलेखों में चतुर्वेदी समुदाय के ब्राह्मणों का उल्लेख मिलता है।[189]

1047 ई. के गोहरवा फलक में पण्डित शान्तिवर्मन को उपाध्याय शिलु का पौत्र कहा गया है जिसे कृषि-चारागाह योग्य भूमि, वृक्षों, लोहे की खानों आदि के साथ भूमिदान मिला था। पृथ्वीदेव के अमोद पत्रक में भी उपाध्याय का उल्लेख है।[190]

1079 ई. के बाहलापत्राभिलेख में भूमिदान प्राप्त करने वाले चौदह ब्राह्मणों का उल्लेख है, जिसमें पण्डित, दीक्षित, अग्निहोत्री, द्विवेदी, भट्ट आदि थे। इस अभिलेख में एक तथ्य उल्लेख्य है कि पण्डित च्छांच्छी का पिता पण्डित निम्बो, दीक्षित गौतम का पिता दीक्षित राम, पण्डित डाण्डु का पिता पण्डित गदाधर और भट्ट शिवदास का पिता भट्ट सुन्दर कहा गया है। यद्यपि अग्निहोत्री भास्कर का पिता दीक्षित देवेश्वर कहा गया है।[191] अलबीरूनी ने तीन अग्नियों की सेवा करने वाले ब्राह्मण को अग्निहोत्री और इसके अतिरिक्त जो अग्नि में हवन करे उसे दीक्षित कहा है।[192] इस प्रकार दीक्षित और अग्निहोत्री में काफी साम्यता थी। उपरोक्त अभिलेख में भौगोलिक आधार पर भी नागर और माथुर ब्राह्मणों का उल्लेख है।[193] नागर ब्राह्मणों का राजस्थान के अभिलेखों में भी वर्णन है।[194] नागर और श्रीमाल ब्राह्मण क्रमशः गुजरात और राजस्थान के श्रीमाल या भीनमाल से सम्बद्ध कहे गये हैं। राधीय ब्राह्मणों का उल्लेख उड़ीसा से प्राप्त 12वीं सदी के अन्तिम चरणों में एक अभिलेख में मिलता है।[196] राधी और वारेन्द्री ब्राह्मणों की कुल पंजिका में इनके पाँच पूर्वज राजा आदिसुर के आमन्त्रण पर वैदिक यज्ञ के सम्पादनार्थ कोलन्च से बंगाल आए थे।[197] राजस्थान से प्राप्त एक अभिलेख (आबू-देलवाड़ा प्रशस्ति) में गूगुली ब्राह्मण का उल्लेख है।[198]

दानपत्रों में ही ब्राह्मणों के लिए त्रिवेदी, ठाकुर, गैन्ता भी प्रयुक्त किए गए हैं।[199] अभिलेखों में 'राउत' भी ब्राह्मण के लिए प्रयुक्त हुआ है।[200] इनके अतिरिक्त परवर्ती काल में त्रिपाठी, मिश्र, आदि नामों का भी प्रयोग अभिलेखों में दिखाई पड़ता है।[201] इस प्रकार विवेच्यकाल में ब्राह्मणों के साथ उपसर्गों अथवा नामान्तों का जो प्रचलन प्रारम्भ हुआ, आगे चलकर ब्राह्मणों की उपजाति में परिणत हो गया।

विद्वानों का अनुमान है कि वेदों के अध्ययन की संख्या के आधार पर द्विवेदी, त्रिवेदी, चतुर्वेदी का प्रयोग हुआ। तथा अग्निहोत्र करने वाले अग्निहोत्री, अध्यापक

उपाध्याय और यज्ञादि के सम्पादनकर्ता दीक्षित कहलाए।[202] वैजयन्ती से प्रकट होता है कि धर्मशास्त्रों के अध्ययनकर्ता 'पाठक' कहलाये।[203]

मागध और माथुर ब्राह्मणों के लिए अत्रिस्मृति में कहा गया है कि 'यदि वे बृहस्पति के तुल्य हों, तो भी पूज्य नहीं है।[204] लटकमाला में मिश्र, शुक्ल, महामहोपाध्याय और चतुर्वेद का उल्लेख है।[205] जोनराज कृत राजतरंगिणी में भोल्ल उपजाति के ब्राह्मणों का उल्लेख है।[206] विक्रमांकदेव चरित में काष्ठील और भट्ट ब्राह्मणों का वर्णन किया गया है।[207] पृथ्वीराजरासो में कवि चन्द अपने को भट्ट जाति का बताता है।[208]

क्षत्रिय वर्ण

वर्ण-क्रम में क्षत्रिय का द्वितीय स्थान था।[209] कुछ अरब इतिहासकारों ने उन्हें प्रथम स्थान दिया और 'सब-कुफ्रिया' नाम से संबोधित किया है, जिनमें से राजा बनते थे।[210] ब्राह्मणों के बाद तृतीय स्थान 'कतरिया' को दिया गया है।[211] इसके विपरीत चचनामा' में नागरिक और सामन्त ब्राह्मणों की उच्चता की साक्षी देते हैं।[212] अल्तेकर के अनुसार 'सब-कुफ्रिया' का आशय 'सत-क्षत्रिय' से है जो राजवंशों से सम्बद्ध थे, जबकि कतरिया' अर्थात् क्षत्रियों का स्थान ब्राह्मणों से निम्न था।[213] अभयतिलकगणी ने क्षत्रिय माता-पिता की सन्तान को शुद्ध क्षत्रिय माना है तथा ब्राह्मण सन्तान को जिसने बाद में अपनी जीविका के लिए क्षत्र-वृत्ति अपना ली हो उसे 'ब्रहमंक' कहा है।[214] सदुक्तिकर्णामृत में भी सु-क्षत्रिय शब्द आया है।[215] अरब इतिहासकारों के कथन से यही प्रतीत होता है कि सब-कुफ्रिया (सत-क्षत्रिय) राज्य और प्रशासन से सम्बद्ध और सर्वोच्च थे, और सामान्य क्षत्रियों का स्थान ब्राह्मणों के पश्चात था। यद्यपि अलबीरूनी के अनुसार क्षत्रियों का स्थान ब्राह्मणों से विशेष कम नहीं था।'[216] उसने क्षत्रियों को भी वधदण्ड से मुक्त माना है।[217] जोनराजकृत राजतरंगिणी से क्षत्रिय द्वारा ब्राह्मण बालक को गोद लेने की सूचना मिलती है।[218] जबकि मनु ने 'सदृश' बालक को ही गोद लेने की आज्ञा दी है।[219] कुल्लूक[220] ने सवर्णता पर बल दिया है। परन्तु मेघातिथि ने 'सदृश से आशय समान जाति का न मानकर गुणानुरुप माना है।[221]

इसके साथ ही क्षत्रिय वर्ण की कुछ सीमाएँ भी थीं। उसे शिक्षा प्रदान करने का अधिकार नहीं था।[222] पूर्वमध्यकालीन और मध्ययुगीन कतिपय धर्मशास्त्रकारों ने सन्यास ग्रहण करने का अधिकर केवल ब्राह्मणों को प्रदान किया है।[223]

क्षत्रिय का कर्तव्य सामान्यतः अध्ययन, यजन, दान, प्रजापालन और शास्त्रों से जीविकोपार्जन करना था।[224] परन्तु पराशर ने क्षत्रियों के लिए भी कृषि विहित-कर्म बताया है।[225] माधवाचार्य ने कृषि के साथ ही वाणिज्य और शिल्प को भी वर्णचतुष्टय के 'साधारण धर्म' की संज्ञा दी है।[226] लक्ष्मीधर ने मनु को उद्धृत

करते हुए वैश्य-वृत्ति पर निर्भर ब्राह्मण और क्षत्रिय को हिंसा की सम्भावना के कारण यथासम्भव कृषि कर्म त्यागने की सलाह दी है।[227] वृद्धहारीत ने कृषि को सभी वर्णों का सामान्य धर्म और इसके साथ ही सेवा-वृत्ति और पशुपालन भी सभी के लिए विहित माना है।[228] मध्मेधातिथि ने मनु-निर्दिष्ट क्षत्रियों के कर्म से सम्बन्धित श्लोक में अन्य पारम्परिक बातों का उल्लेख न करते हुए उसे अतिशय विषयोपभोग न करने का निर्देश दिया है।[229]

आपद्काल में क्षत्रिय के लिए वैश्य-वृत्ति अपनाने की आज्ञा दी गई है।[230] यद्यपि ब्रह्मपुराण क्षत्रिय को आपद्काल में शूद्र-वृत्ति ग्रहण करने की अनुज्ञा देता है।[231] मेघातिथि ने वैश्यकर्मी, क्षत्रिय को सभी वस्तुएँ विक्रय करने का निर्देश दिया है।[232] अपरार्क ने आपद्काल में क्षत्रियों द्वारा वैश्य-वृत्ति अपनाने का सन्दर्भ देते हुए कृषि के विपक्ष में मनु और गौतम को उद्धृत किया है। साथ ही कृषि करने के पक्ष में उसने हारीत, बृहस्पति आदि का मत दिया है।[233] माधवाचार्य ने आपद्धर्म को ही कलियुग में मुख्य धर्म की संज्ञा प्रदान की है।[234]

कतिपय अभिलेखों में क्षत्रिय द्वारा अन्यान्य कर्म किए जाने की सूचना मिलती है। खजुराहों के 1155 ई. के अभिलेख में शिल्पी का नाम कुमारसिंह अंकित है।[235] यद्यपि यह उल्लेख नहीं है कि वह क्षत्रिय वर्ण का ही था। राजपूतों द्वारा कृषि कर्म अपनाए जाने की सूचना भी अभिलेखों से प्राप्त होती है।[236] स्कन्दगुप्त के इन्दौर ताम्रत्राभिलेख में इन्द्रपुर नगर के वणिकों, क्षत्रिय अचलवर्मन तथा भ्रकुण्ठसिंह का उल्लेख है।[237] दसवीं शताब्दी के प्रतिहारों के अभिलेख में क्षत्रिय वणिक का वर्णन किया गया है।[238] चट्टोपाध्याय ने क्षत्रियों द्वारा अन्यान्य व्यवसायों में संलग्न होने पर टिप्पणी की है कि, 'राजपूतों के प्रगुणन ने पूर्ववर्ती क्षत्रिय-समूहों की राजनीतिक प्रस्थिति को प्रर्याप्त आघात पहुँचाया था। क्योंकि वे अब कम प्रभावशाली व्यवसायों में लग रहे थे, तथा शासक-वर्ग के लिए प्रयुक्त शब्दों में अब 'क्षत्रिय' को नहीं अपितु 'राजपूत' को प्राथमिकता दी जाती थी।[239]

त्रिशष्टिशलाकापुरुषचरित में प्रशासक-वर्ग का इस प्रकार वर्गीकरण किया गया है–प्रभु ने उग्र, भोग, राजन्य और क्षत्रिय नामक चार कुल स्थापित किए। उग्र रक्षक के कार्य में और कठोर दण्ड देने के लिए नियुक्त किए गए, भोग प्रभु के मन्त्री आदि बने, राजन्य प्रभु के साथी, मित्र आदि बने, (सामन्तादि?) और शेष जो अन्य मनुष्य थे वे क्षत्रिय कहलाए।' उसमें आगे लिखा गया है, 'इस तरह प्रभु ने व्यवहार और न्याय की नवीन व्यवस्था कर, नव-वधू की भाँति राज्यलक्ष्मी का उपभोग किया।'[240] इस नवीन व्यवस्था में क्षत्रियों की स्पष्टतः प्रशासक वर्ग में प्राथमिकता नहीं दिखती।

राजपूत

पूर्वमध्यकाल में उदित क्षत्रियत्व के गुणों से सम्पन्न राजपूत्र वर्ग आगे चलकर राजपूत शब्द से अभिव्यक्त किया गया।[241] कल्हण की राजतरंगिणी, हेमचन्द्रकृत कुमारपालचरित और पृथ्वीराजरासो में इनके छत्तीस कुलों की सूचना दी गई है।[242]

हेमचन्द्रकृत त्रिशष्टिशलाका चरित् में राजा वज्रसेन के पाँच पुत्रों के अतिरिक्त पुरुष सुयश को भी राजपूत कहा गया है।[243] प्रबन्धचिन्तामणि में मेरुतंग ने पाँच सौ परमार राजपुत्रों का उल्लेख किया है।[244] इसी ग्रन्थ में विक्रम को राजपूत गिना गया है, जो अद्वितीय पराक्रमी, और साहसी था, परन्तु जन्म से ही निर्धन था। वह हजारों चालाकी से भी धन प्राप्त करने में असफल था। इसी प्रकार राणासिंह का उल्लेख है जो एक राजपूत था।[245] स्पष्ट है कि यह शब्द एक विशिष्ट समुदाय का द्योतक बन चुका था। यद्यपि अलबीरूनी 'राजपूत' शब्द का उल्लेख नहीं करता है।[246]

'राजपुत्र' शब्द महाभारत में अस्त्र-शस्त्र संचालन में दक्ष व्यक्ति के लिए प्रयुक्त किया गया है।[247] वैद्या की यह मान्यता है कि राजपुत्र शब्द महाभारत (शा. प. अध्याय 64) में सामान्य क्षत्रिय के लिए भी प्रयुक्त हुआ है।[248] बाण ने हर्षचरित में क्षत्रिंय योद्धा के लिए राजपुत्र शब्द का प्रयोग किया है।[249]

रावत, राउत्त शब्दों की व्युत्पत्ति राजपुत्र से मानी जाती है। अभिलेखों में इन शब्दों का प्रयोग अश्व सैनिकों के लिए हुआ है।[250] उड़ीसा के मध्यकालीन अभिलेखों में आश्रित सरदारों के लिए रावत या राहुल प्रयुक्त किया गया है।[251] वहाँ क्षत्रियों की एक उपजाति राउत थी, जो योद्धा जाति थी। यद्यपि यह जाति राजपूतों के साथ वर्गीकृत किया जाना नापसन्द करती है।[252] प्रबन्धचिन्तामणि में विवृत है कि 'मूलराज ने राजाज्ञा द्वारा अपने पड़ोसी सामन्तों को बुलाया—और सभी राजपूतों तथा पदाति योद्धाओं से निवेदन किया।'[253] बुद्धप्रकाश के अनुसार 'राजपूत जातीय समिश्रण से उत्पन्न वे लोग थे जो सैनिक या घुड़सवार थे और शक्ति तथा व्यवसाय के कारण जमीनें हथियाकर जमींदार बन जाते थे।'[254] चट्टोपाध्याय की मान्यता है कि 'राजपूत ढाँचे में प्रवेश मुख्य रुप से राजनीतिक शक्ति के माध्यम से ही होता था।[255]

इनकी उत्पत्ति के बारे में मतवैभिन्य है। टाड, क्रुक, स्मिथ आदि ने इन्हें विदेशी शकों (सीथियनों) से जोड़ा है।[256] क्रुक ने गोन्ड और खसों को राजपूत बताया है।[257] क्रुक की मान्यता है कि, राजपूताना के समीपवर्ती राजपूत पूर्वी क्षेत्र के राजपूतों से ऊँचे माने जाते हैं।[258] अग्निकुलीय राजपूतों को विदेशी जातियों से भी सम्बद्ध बताया गया है जो बौद्धों और अन्य धर्म सम्प्रदायों के विरुद्ध ब्राह्मणों द्वारा संशोधित की गई थीं।[259] स्मिथ ने भी परमार, चाहमान, चालुक्य और

प्रतिहारों को हिन्दू-कृत विदेशी (हूण-गुर्जर) और चन्देल तथा गहड़वालों को गोंड़-भर से समीकृत किया है।[260] धुर्ये के अनुसार शारीरिक नृ-विज्ञान से इसकी पुष्टि नहीं होती।[261] दशरथ शर्मा ने भी अग्निकुल के सिद्धान्त की उक्त व्याख्या का खण्डन किया है।[262]

वैद्या ने राजपूतों को वैदिक-आर्य जाति का और क्षत्रिय वर्ण का विशुद्ध भाग बताया है।[293] उन्होंने पराशर स्मृति के तथाकथित वाक्य 'वैश्यादंबष्ठ कन्यायां राजपुत्र प्रजायते, के बारे में लिखा कि ऐसा कोई श्लोक पराशर स्मृति में नहीं है और यदि किसी संस्करण में हो तो यह क्षेपक है।[264] बुद्धप्रकाश ने 'पराशर पद्धति' नामक ग्रन्थ के आधार पर राजपूतों को वर्ण-संकर माना है।[265] इसी प्रकार शूद्र कमलाकर में क्षत्रिय और शूद्रा की सन्तान उग्र को ही बोलचाल की भाषा में राजपूत बताया गया है। वैद्या ने इसे पूर्वाग्रह माना है।[266] क्योंकि दक्षिण और पूर्व के क्षत्रियों को मध्यभाग के क्षत्रिय निम्न मानते थे और यह ग्रन्थ दक्षिणी ब्राह्मण द्वारा लिखा गया है।

कतिपय राजपूत-राजवंशों के प्रवर्तकों का ब्राह्मण होना अभिलेखों से भी स्पष्ट है।[267] परवर्ती अभिलेखों में गुहिलोत जाति को सूर्यवंश और राम से सम्बद्ध माना गया है। यद्यपि इस वंश के संस्थापक गुहदत्त और बप्पा को 977 ई. और 1274 ई. के अभिलेखों में 'विप्र' कहा गया है।[268] 1285 ई. के एक अभिलेख में बप्पा के लिए कहा गया है कि उसने 'ब्रह्म को क्षात्रधर्म में बदल लिया।'[260] जबकि भंडारकर ने गुहिलोतों को विदेशी मूल का नागर ब्राह्मण माना है।[270] अभयतिलकगणी ने उस ब्राह्मण को जिसने क्षात्र-धर्म ग्रहण कर लिया हो, ब्रंह्मक कहा है।[271]

इस काल में प्रचलित ब्रह्म-क्षत्र की परम्परा एक संक्रमणात्मक प्रस्थिति थी।[272] इस प्रकार का क्रम गुहिलों के अभिलेखों से प्रकट होता है, जिसमें वंशोत्पत्ति की तीन अवस्था, क्रमशः ब्राह्मण, ब्रह्मक्षत्र और बाद में सूर्य वंश से उद्गम दिखाया गया है।[273] चट्टोपाध्याय के अनुसार 'इस प्रकार के वंशानुगत दावों के निरुपण के विभिन्न चरण भी एक राजनीतिक प्रक्रिया की ओर इंगित करते हैं—यह प्रक्रिया है आरम्भिक सामन्तीय स्थिति में ऊर्ध्वोन्मुख गतिशीलता की।[274]

ब्राह्मणों के अतिरिक्त कुछ विदेशी तत्त्व और जनजातियाँ भी राजपूतों में थी। इस काल में राजपूत राजवंशों से हूणों का सम्बन्ध और उनका छत्तीस वंशों में उल्लेख उनकी उपस्थिति का परिचायक है।[275] हूण राजकुमारी आवल्लदवी चन्द्रवंशी कलचुरि राजा कर्ण की पत्नी थी।[276] आहड़ से प्राप्त 977 ई. के शक्ति कुमार के लेख में अल्लट की माता महालक्ष्मी को राठोड़ वंश की तथा अल्लट की रानी को हूण राजा की पुत्री हरियदेवी कहा गया है, तथा उसके द्वारा हर्षपुर गाँव बासाए जाने की सूचना दी गई है।[277] खसों को अभयतिलकगणी ने 'केदार देश' का

'क्षत्रिय निवासी' कहा है।[278] वर्णरत्नाकर में मेद नामक कबाइली जाति को राजपूत वंश में स्थान दिया गया है।[279] अरावली पहाड़ियों में और काठियावाड़ मे मेड़ जाति का उल्लेख मिलता है जो मेद ही हैं।[281] परन्तु यह उल्लेखनीय है कि मेधातिथि ने मेद का उल्लेख वर्णच्युत अन्ध्र, शबर, पुलिन्द आदि के साथ किया है।[282] ब्रह्मपुराण, शक, यवन, काम्बोज, पारद, कोणिसर्प, माहिषक, दर्व, चोल, केरल को वेदाध्ययनजप आदि से वंचित क्षत्रिय कहता है।[283] पृथ्वीराजरासो में मीणा, मेर, मेव का उल्लेख योद्धा जाति के रुप में है। इसमें लिखा गया है कि–'जहाँ पर्वतीय घाटा (नाका) था और मीणा, मेर, मेव जाति के लोग रहते थे वहाँ का प्रमुख पर्वतराज अजेय योद्धाओं को भयभीत करने वाला था।' मीणा, मेर जाति के उक्त मुखिया को युद्ध में नाहरराय का सहायक दिग्दर्शित किया गया है।[284] स्थानीय रुप से सैनिक परम्परा की पृष्ठभूमि में मेदों का उदाहरण सामाजिक गतिशीलता की ओर संकेत करता है। बुद्धप्रकाश ने राजपूतों में अनेक जातीय तत्वों की उपस्थिति बताई है जिनमें–शक, कुषाण, हूण भी थे।[285] विद्वानों की धारणा है कि राजपूत मूलतः क्षत्रियों से सम्बद्ध नहीं थे बल्कि वे विभिन्न जाति, समुदाय, जनजाति और संस्कृति से सम्बद्ध थे। उनमें केवल एक सामान्य तथ्य यह था कि वे शस्त्रोपजीवी थे।[286] मेधातिथि का कथन है कि 'गोत्र प्रवर भेद ब्राह्मणों का होता है, क्षत्रिय और वैश्य का नहीं। उन्हें अपने पुरोहित का गोत्र-प्रवर ग्रहण करना चाहिए।[287] भाटिया ने मेधातिथि और मिताक्षरा के उक्त कथनों को 'क्षत्रियों की वेदों से बढ़ती असम्बद्धता' अथवा 'उनमें अनेक जातीय-तत्त्वों के मिश्रण, के आलोक में लिया है।[288] यद्यपि वैद्या ने इसका खण्डन किया है।[289]

राजपूतों के उदय की पृष्ठभूमि कुछ विद्वान गुप्तोत्तरयुगीन परिवर्तित राजनैतिक और सामाजिक परिस्थितियों में देखते हैं। राजस्थान और गुजरात में राजपूत वंशों का अभ्युदय गुप्त साम्राज्य के पतन के बाद विदेशियों के आगमन और पतनोन्मुख अर्थव्यवस्था से प्रेरित सामाजिक-राजनीतिक अस्त-व्यस्तता और विघटन के दौर में हुआ। सामन्तवादी प्रवृत्तियों में वृद्धि के साथ-साथ राजपूतों की प्रधानता लक्षित होती है।[290] अपराजितपृच्छा (12वीं सदी) से प्रकट होता है कि राजपूत अधीनस्थ सामन्तों का वर्ग था जिनके पास एक या अधिक गाँव की जागीर थी।[291] पन्द्रहवीं सदी के ग्रन्थ 'लेखपद्धति' में भी राजा, महामात्य, राणक, राजपुत्र आदि कई श्रेणियाँ बताई गई हैं।[292] गुप्तोत्तरयुगीन बढ़ती जातिगत कठोरता ने एक हद तक राजपूत कुलों के दृढ़ीकरण में सहायता दी।[293] शूद्र-कमलाकर द्वारा राजपूतों की उग्र से समीकृतता और पुराणों का यह वचन कि 'कलियुग' में क्षत्रियों का लोप हो जाएगा आदि का अभिप्राय शब्दशः न लेकर, यादव इसे पूर्वमध्यकालीन क्षत्रिय शासक वर्ग के निर्माण में निम्न जातीय तत्त्वों के मिश्रण के विरुद्ध प्रतिक्रिया मानते हैं।[294] श्रीमदभागवत्-महापुराण में कलियुग का वर्णन करते हुए, शासकों के

लिए कहा गया है कि 'ये सब एक ही समय में भिन्न-भिन्न प्रान्तों में राज्य करेंगें।' तथा ब्राह्मण, क्षत्रिय, वैश्य, शूद्र में जो बली होगा वही राजा बन बैठेगा।[295] पराशमरमाधवीय में माधवाचार्य ने राजसूय यज्ञ के सन्दर्भ में विचार करते हुए यह प्रश्न उठाया है कि—राजा शब्द राज्य के योग के कारण है अथवा क्षत्रियत्व निमित्तक? उसका कथन है कि 'राज्य के संयोग से तीनों वर्ण राजा हो सकते हैं, और राज्यपद तो रुढ़ि के कारण जनपद की रक्षा में ही प्रयुक्त होता है।[296] इन उद्धरणों से राजनीतिक अस्थिरता के दौर में सामाजिक गतिशीलता और तद्‌युगीन शासक वर्ग में विभिन्न जातीय तत्त्वों का समावेश ध्वनित होता है।

चट्टोपाध्याय ने राजपूतों के उदय को कई प्रक्रियाओं में निहित बताया है। उनके अनुसार—पूर्वमध्ययुगीन दस्तावेजों में राजपूतों के उदय की प्रक्रियाओं के दो महत्त्वपूर्ण संकेतक हैं।...एक स्तर पर तो सम्भवतः प्रक्रिया को नये क्षेत्रों के उपनिवेशीकरण की बहुलता के साथ जोड़ना होगा। इस उपनिवेशीकरण के प्रमाण बस्तियों की संख्या में होने वाली महत्त्वपूर्ण वृद्धि में ही नहीं, अपितु कुछ अभिलेखीय उल्लेखों में भी दृष्टिगोचर होते हैं, जिनसे कृषि प्रधान अर्थ-व्यवस्था के विस्तार का संकेत मिलता है।[297] चाहमानों के राज्य को इंगित करने वाला सपादलक्ष नाम भी सम्भवतः ग्रामीण बस्तियों के विस्तार को इंगित करता है। टानी ने इसका अर्थ सवा लाख गाँव अथवा नगर बताया है।[298] आगे चट्टोपाध्याय का कथन है कि, यदि ये प्रमाण कुल मिलाकर बस्तियों के प्रगुणन का संकेत देते हैं। तो कृषि प्रधान-व्यवस्था के विस्तार के माध्यम से इस प्रक्रिया का सम्बन्ध लगभग सातवी शताब्दी से होने वाले प्रारम्भिक राजपूतों के उदय से स्थापित किया जा सकता है।' इस प्रकार 'बाद में राजपूत शक्ति कहलाई जाने वाली शक्ति का क्षेत्रीय विस्तार कम से कम कुछ क्षेत्रों में, भूतपूर्व कबायली बस्तियों का अन्त करके किया गया था।' दूसरी ओर वंशानुगत दावों के निरुपण के विभिन्न चण सामन्तीय स्थिति से ऊर्ध्वोन्मुख राजनीतिक गतिशीलता की प्रक्रिया को इंगित करते हैं। इसके साथ ही अन्तर्कुलीय वैवाहिक सम्बन्धों में व्यापक सामाजिक निहितार्थ थे' तथा इन सम्बन्धों ने 'सम्भवतः सामाजिक एवं राजनीतिक गतिविधियों के अधिक व्यापक क्षेत्र में पारस्परिक सहयोग को प्रोत्साहन दिया होगा।'[299]

प्रबन्धचिन्तामणि में चापोत्कट वंश के प्रारम्भिक शासक के विकास की कथा उल्लेखनीय है। वनराज जो चापोत्कट कुल में पैदा हुआ था, उसे शीलगुणसूरि नामक जैनाचार्य ने उसके विशिष्ट लक्षणों को देखकर उसकी माता से उसे क्रय कर लिया। परन्तु बाद में उसमें राजोचित गुणों को देखकर शीलगुणसूरि ने वनराज को उसकी माँ के पास लौटा दिया। इसके पश्चात वनराज ने दस्यु के रुप में अपने दस्यु मामा के साथ जंगली जनजातियों के मध्य निवास किया। आगे चलकर कान्यकुन्ज से आए पाँचकुल की हत्या कर उसने सम्पत्ति हथिया ली। इस घटना

के पश्चात एक वर्ष वन में छिपे रहने के उपरान्त वह एक राजधानी के निर्माण का इच्छुक हुआ, ताकि वह स्वयं अपने क्षेत्र का अधिपति बन सके। इसी प्रक्रिया में उसने अन्हिलपुरा नामक नगर स्थापित किया और उसका राजा बना।[300] राजपूत कुलों की सूची में चापोत्कट वंश की भी गणना है।[301]

टाड द्वारा दी गई राजपूत वंशों की सूची[302]

सूर्यवंश, चन्द्रवंश, गहिलोत या गहलोत, यदु, तोंअर, राठौर, कुशवाहा, परमार, चौहान, चालुक्य अथवा सोलंकी, प्रतिहार अथवा परिहार, चावड़ा, टाँक या तक्षक, जिट या जाट, हूण, कट्टी या काठी, बाला, झाला, जेठवा या कमरी, गोहिल, सव्य या सरिअस्प, सिलार या सुलार, डाबी, गौड़, डोड या डोडा, गेहरवाल, चन्देला, बड़गूजर, सेंगर, सीकरवाल, बैस, दाहिया, जोहिया, मोहिल, निकुम्भ, राजपाली, दाहिरिया, दाहिमा।

सभाश्रृंगार की सूची[303]—

परमार, राठौर, चौहाण, गहिलोत, दहिया, सेणचा, बोरी (बीर) बगछा, सोलंकी, सीसोदिया, खेरमोरी (खयरमोरी) नाकुंभ (निकुंभयक), गोहिल (गहिलोत, दिया) पड़िहार, चावड़ा, झाल (भाला), छूर, कागवा (गवा) जेठवा, रोहर, वूस (छूसा) बोड़र (बारड़) खींची, खरपड़, डोडिया, हरिअड़, डाभी, तूंअर, कोरड, गौड़, मकवाणा, मादव, कछवाहा, भाटी, सोनिगरा, देवड़ा, चन्द्रावत।

कई वंशों के नाम यदाकदा साहित्य में मिलते हैं। राजतरंगिणी में गुर्जर नृपति अलखान व वाणवंश और मल्लवंश का उल्लेख है।[304] पृथ्वीराजरासो में झाला, चालुक्य, कछवाहा, बड़गुज्जर, चालुक्य, दाहिमा, परमार, कमधज्ज, प्रतिहार, भट्टी (भाटी), बाहड़, चाहुवान (चाहमान) तुंअर (तोमर) आदि का सन्दर्भ है। इसी ग्रन्थ में जयचन्द्र के दूत द्वारा उसे पृथ्वीराज के सामन्तों का नाम बताते हुए कछवाहा, तोमर,प्रमार, कैमास, रघुवंशी, गौड़, बड़गुज्जर की गणना की गई है। अन्य स्थल पर गहिलोत का उल्लेख है।[305] गौड़ों का निवास स्थान हांसी कहा गया है।[306] इसके अतिरिक्त पुंडीर, खींची, राय, बाघेला, कछवाहा आदि योद्धाओं का उल्लेख है।[307] सोलंकी वंश[308] व खत्री का भी इस ग्रन्थ में सन्दर्भ है।[309] इसी प्रकार सलख वंश को चाहमान वंश के समान सशक्त कहा गया है।[310] प्रबन्धचिन्तमणि में भी कई राजपूत कुलों का उल्लेख मिलता है, उदाहरणार्थ चापोत्कट, परमार, चालुक्य, झाला, गौड़ आदि।[311]

अभिलेखों में भी राजपूत कुलों का नामोल्लेख है।[312] यथा—गुहिलवंश (646 और 661 ई. के अभिलेखों में), चाटवंश के गुहिल (813 ई. इसी अभिलेख में—प्रमार, चाहमान का भी उल्लेख है), राजोरगढ़ के लेख (960 ई.) में राज्यपुर (राजोरगढ़—अलवर जिला) के प्रशासक को प्रतिहार गोत्र का गुर्जर महाराजाधिराज परमेश्वर मथन देव कहा गया है, इसी अभिलेख से गुर्जर जाति के कृषक होने की

भी सूचना मिलती है। तोमर (तंवर), राठौड़ (973 और 977 ई. के अभिलेख), चालुक्य व खुमाण वंश तथा चाहमान, परमार, गुर्जरों का नामोल्लेख अभिलेखों में है। 1192 ई. के एक अभिलेख में गहलोत्र (गहलोत) वंश तथा चौहानों की एक शाखा मोहिल का उल्लेख है, 1252 ई. के अभिलेख में भाटी राजपूत और उनका राठौड़ों से वैवाहिक सम्बन्ध का ज्ञान होता है। 1288 ई. के अभिलेख में गहलोत वंशी मांगल्य शाखा तथा 1382 ई. के अभिलेख में पहली बार बड़गूजर वंश का उल्लेख है।

वैश्य वर्ण

परम्परागत रुप से वैश्यों का प्रमुख कार्य–कृषि, वाणिज्य और पशुपालन रहा है।[313] परन्तु इस काल की प्रमुख पराशरस्मृति ने शूद्रों के लिए भी उक्त कर्मों का विधान प्रस्तुत कर उन्हें वैश्यों के समकक्ष आर्थिक धरातल प्रदान किया है।[314] अत्रि ने वैश्य-शूद्र दोनों को वार्ता का अधिकारी बताते हुए, शूद्र के लिए शिल्प कार्य का उल्लेख किया है।[315]

इस काल में शनैः शनैः कृषि के वर्ण-सामान्य कर्म हो जाने के कारण, अर्थ के एक प्रमुख स्रोत कृषि पर से वैश्यों का एकाधिकार समाप्त होने लगा। कृषि शूद्रों का प्रमुख कार्य बन चुकी थी। हेनसांग शूद्रों को कृषक और भूमि कर्षण में व्यस्त बताता है। जबकि वैश्यों को केवल वाणिज्य में रत् और देश-विदेश में व्यापार कर लाभार्जन करने वाला कहता है।[316] इब्न खुर्दाब्दा और अल इदरीसी ने भी 'सरदूया' की गणना कृषक और श्रमकार के रुप में की है।[317] मेधातिथि ने भी खेती को निम्न लोगों का कार्य बताया है।[318] देवीभागवतपुराण में एक स्थल पर वैश्यों को केवल वणिग्वृत्ति में संलग्न कहा गया है जबकि शूद्र के लिए कृषि, व्यापार, गो-रक्षा और कुसीद कर्म निर्दिष्ट था।[319] जिनसेन कृत हरिवंशपुराण में वाणिज्य से वैश्य और शिल्प विद्या से शूद्रों को सम्बद्ध बताया गया है।[320] मेधातिथि ने वैश्यों के लिए मनु-निर्धारित पशुपालन, वाणिज्य और कृषि से सम्बद्ध श्लोक की टीका में केवल वाणिज्य और कुसीद कर्म का उल्लेख किया है।[321] वैश्य प्रमुखतः वाणिज्य कार्य में ही संलग्न थे।[322] इत्सिंग ने कृषि में हिंसा की सम्भावना के कारण उसकी अपेक्षा व्यापार को उचित और व्यवहृत बताया है।[323] कृषि कर्म से वैश्यों के विलग होने का कारण प्रतिपाल भाटिया ने उनका जैन धर्म से संलग्न होना बताया है।[324] कुछ प्रमाण ऐसे भी हैं जिनसे वैश्यों द्वारा स्वतन्त्र कृषक के रुप में नहीं बल्कि बटाई पर दूसरे की भूमि पर कृषि कार्य करने की ध्वनि होती है। हरदत्त ने दूसरे के क्षेत्र में कृषि-कर्म करने वालों के सन्दर्भ में वैश्य या वैश्य वृत्ति वालों का उल्लेख किया है।[325] पराशर ने ब्राह्मण और वैश्य स्त्री से उत्पन्न अर्द्धसीरी जाति का उल्लेख किया है, जिसका आशय बटाई पर खेती

करने वालों से है।[326] इस प्रकार कृषि-कर्म से वैश्य विलग होते गए और यह कार्य शूद्रों में चला गया।

इस काल की राजनीतिक अस्थिरता विकेन्द्रीकरण और स्थानीयता की प्रवृत्ति, कृषि प्रधान अर्थव्यवस्था के आविर्भाव व अन्यान्य कारणों से व्यापार में ह्रास हुआ। व्यापार-वाणिज्य में ह्रास के साथ वैश्यों की सामाजिक दशा में अवनति स्वाभाविक थी।

तद्‌युगीन प्रमाणों से प्रतीत होता है कि व्यापारिक अवनति के दौर में वैश्य शिल्प कार्य की ओर प्रवृत्त हुए। विष्णुपुराण में उल्लेख है कि वैश्य व्यापार और कृषि त्याग कर शिल्प कार्य (कारुकर्म) से जीविकोपार्जन करने लगे।[327] पुराणों और अन्यान्य ग्रन्थों में कलियुग में शुद्ध क्षत्रिय-वैश्यों के विलोपन की बात कही गई।[328] इस प्रकार शूद्र प्रमुख जाति हो गई।[329]

माधवाचार्य ने वैश्यों के लिए रत्नमणिमुक्तादि का परीक्षण और व्यापार, गो-पालन, कृषि-कर्म, भूमिकर्षण, बीज-वपन, धान्यादि का वाणिज्य और कुसीद कर्म कहा है।[330] आगे इसने मनु को उद्धृत कर उनके लिए मणिमुक्ता प्रवाल के साथ लोहे, तान्तवस्य (वस्त्र), रस, गन्धादि का उद्योग बताया है।[331] एक अन्य स्थल पर उनके लिए तिल और चमड़े का व्यापार भी कहा गया है।[332]

इब्नखुर्दाब्दा और अल-इदरीसी ने बसुरिया' (वैश्य) का उल्लेख सरदूया के बाद करते हुए उन्हें क्रमशः चौथी-पाँचवी जाति बताया, तथा बसुरिया को घरेलू काम करने वाला तथा कारीगर बताया।[333] अलबीरूनी इन दोनों में कोई विशेष अन्तर नहीं बताता तथा उन्हें एक साथ नगर या ग्राम में निवास करने वाला कहता है।[334] देवीभागवतपुराण में एक स्थल पर आया है कि—'ब्राह्मणों को ब्राह्मणों की, क्षत्रियों को ब्राह्मण व क्षत्रिय की, वैश्य को ब्राह्मण, क्षत्रिय व वैश्य की तथा शूद्र को चारों वर्णो की कन्या पूजनी चाहिए तथा शिल्पियों को अपने वंश की कन्या पूजनीय है।[335] पराशर ने वैश्य-शूद्र दोनों के लिए ही शिल्पकार्य कां अनुमोदन किया है।[336]

कृषि से वैश्य विलग होते जा रहे थे, और आन्तरिक व्यापार में वैश्यों का एकाधिकार भी समाप्तप्राय था। विशद् परिवारिक उत्तरदायित्वों के निर्वाह के लिए मेधातिथि ने ब्राह्मणों को भी वाणिज्य की आज्ञा दी। पराशरमाधवीय में कृषि के साथ ही वाणिज्य-शिल्प को भी कलियुग में वर्णचतुष्टय का साधारण धर्म कहा गया।[337] 861 ई. के घटियाला अभिलेख से प्रकट होता है कि कक्कुक ने अभीरों को परास्त कर रोहिंसकूप (घटियाला) को आबाद कर तीनों वर्णों के लिए उद्योगधन्धो की व्यवस्था उत्पन्न की।[338]

इस युग के कुछ साक्ष्यों से वैश्यों की अवनत सामाजिक-धार्मिक दशा का आभास मिलता है। ब्रह्मपुराण में कहा गया है कि—'दक्षकृत स्रोत पाठ सुनने से

वैश्य स्त्री तथा शूद्र शूद्रलोक को प्राप्त करेंगे।[339] इसी प्रकार देवीभागवतपुराण में है कि 'सब कार्यो में ब्राह्मणी, जय कार्यो में क्षत्रिया, लाभ के निमित्त वैश्य वंशोत्पना अथवा शूद्र वंश की कन्या का पूजन करें।'[340] वर्णानुकूल विवाह के संदर्भ में वैश्य शूद्रों के लिए बौधायन के इस कथन पर कि 'वे कृषि कर्म और दूसरों की सेवा करते हैं, गोविन्द स्वामी ने कृषि कर्म में वाणिज्य को भी अन्तर्निहित बताते हुए वैश्य-शूद्र को निकृष्ट-कर्मी कहा है।[341] चतुर्विंशमत में क्रमशः ब्राह्मण, नृप (क्षत्रिय) और तदुपरान्त वैश्य-शूद्र से दान ग्रहण करने को प्राथमिकता दी गई है।[342] कुल्लूक भट्ट ने शास्त्रानुसार आचरण करने वाले, द्विजाति की सेवा करने वाले शूद्र को वैश्य के समान मृत-सूतक आदि कर्मों में शौच कर्मादि का अधिकार प्रदान किया है।[343] इस काल में कई व्यवस्थाकारों ने वैश्य के ही साथ शूद्रों को भी आपत्काल में क्षत्रिय-वृत्ति का अधिकार बताया है।[344] हेमाद्रि ने शूद्र के समान वैश्य का भोजन भी ब्राह्मण के लिए निषिद्ध किया है।[345] अलबीरूनी ने वेदाध्ययन करने वाले वैश्य की भी जीभ काटे जाने का उल्लेख किया है।[346] उसने गीता के उस अंश को भी उद्धृत किया है जहाँ परमात्मा की शरण में जाकर स्त्री, वैश्य, शूद्र तथा पाययोनि चण्डालादि के लिए भी परमगति संभव कही गई है।[347] उपरोक्त उद्धरण वैश्यों की ह्रासोन्मुख स्थिति के परिचायक हैं। वेदव्यासस्मृति में वणिक, किरात, कायस्थ, मालाकार, कुटुम्बी आदि को अन्त्यजों में स्थान दिया गया है, जिन्हें देखकर मनुष्य दूषित हो जाता है और स्नानोपरान्त अथवा सूर्य को देखकर शुद्ध होता है।[348] विष्णुरहस्य में वैश्य को जघन्य कर्म करने वाला कहा गया है।[349] हेमान्द्रि ने स्वर्णकार, ध्वजी (शराब विक्रेता व निर्माता) की अन्त्यजों में गणना की है।[350]

वैश्यों की स्थिति में ह्रास का कारण उनकी हीन आर्थिक दशा के साथ-साथ शिक्षा से असम्बद्धता और उपनयन आदि का अभाव तथा जैन-बौद्ध धर्म की ओर उन्मुखता आदि कहा जा सकता है। पालों के काल में बौद्धजैनधर्मानुयायी वैश्य सेनों के काल में शूद्रों के स्तर पर पहुँच गए।[351] अल्तेकर की मान्यता है कि जैन-बौद्ध धर्म के प्रचार के कारण तथा अध्ययन के अन्य विषयों के विकास के कारण वैदिक शिक्षा का प्रचार समाज में घटने लगा। तब क्षत्रियों और वैश्यों में उपनयन संस्कार बन्द होने लगे, क्योंकि इनके पेशे का वैदिक साहित्य से निकट का सम्बन्ध नहीं था। अल्तेकर ने पुराणों में उल्लिखित वैश्य-क्षत्रियों का 'कलियुगीन-विलोपन' इसी आलोक में लिया है कि 'उनका उपनयन नहीं होता था और वे यज्ञोपवीत नहीं पहनते थे।' भास और दण्डी को उद्धृत कर उन्होंने यह प्रकट किया है कि यज्ञोपवीत ब्राह्मणत्व का चिह्न हो गया था न कि द्विजत्व का।[352]

कहीं-कहीं पर वैश्यों का वाममार्गी विचारधारा से भी सम्बद्ध होना प्रमाणित

होता है। राजतरंगिणी में वैश्य तांत्रिक विडाल वणिक का उल्लेख है जो पहले निम्न वर्ग जैसे चमार, धोबियों का गुरु था, और आगे चलकर कई विद्वान, प्रतिष्ठित लोगों को भी उसने अपने प्रभाव में कर लिया।[353] वायुपुराण में शैवाचार्यों के शूद्र और वैश्य शिष्य कर्णोदर और काथेश्वर का उल्लेख है।[354]

यद्यपि कहीं-कहीं वैश्य उच्च पदों पर भी थे। 1158 ई. के एक अभिलेख में वैश्य सामन्त बल्लभराज को कई मन्दिरों, तालाब के निर्माण और आम के बागों के रोपण का श्रेय दिया गया है। एक अन्य अभिलेख में श्रेष्ठि यश को रत्नपुर का संचालन कर्ता (नगरपति) कहा गया है। वैश्य नगरपति द्वारा ब्राह्मण को भूमिदान का भी उल्लेख है।[355] राजस्थान से प्राप्त एक मध्य-युगीन लेख (1469 ई.) से ओसवाल जाति के वैश्य के अमात्य होने की सूचना है।[356] प्रबन्धचिन्तामणि में जम्ब नामक व्यापारी के प्रधानमन्त्री होने का उल्लेख है।[357] प्रशासनिक पद पर आसीन इसी की जाति के सज्जन नामक व्यक्ति का प्रबन्धचिन्तामणि में उल्लेख है।[358] सोमदेव ने ब्राह्मण, क्षत्रिय के बाद अर्हता-सम्पन्न वैश्य को मन्त्री बनाने की आज्ञा दी है।[359]

वैश्य वर्ण का विस्तार

पूर्वमध्यकाल में ब्राह्मण-क्षत्रिय की भाँति वैश्य वर्ण का भी कई उपशाखाओं में विस्तार हुआ। हेमचन्द्र के सभाश्रृंगार में इनकी एक विस्तृत सूची मिलती है।[360]

पूर्वमध्यकाल और परवर्तीयुगीन अभिलेखों में वैश्यों की कई उपशाखाओं का उल्लेख है। वैश्यों की ये उपशाखाएँ हेमचन्द्र की सूची से मिलती हैं। अभिलेखों में ओसवाल, बघेरवाल, खण्डेलवाल, धर्कट (धाकड़), उकेशवंश, डीडूवंश[361] नागर, ग्रहपति वंश[362], तथा प्राग्वाट वंश का उल्लेख है।[363]

शूद्र वर्ण

शूद्रों के उत्पत्ति विषयक धर्मशास्त्रीय दृष्टिकोण से स्पष्ट है कि शूद्र वर्ण भारतीय समाज का चतुर्थ और निम्नतमृ अंग था। श्रमसाध्य कार्यों और द्विज वर्णों की सुश्रूषा का हेतु होने के कारण समाज में इनकी एक पृथक इकाई थी। धर्मसूत्रों में इनके लिए 'अनार्य' शब्द प्रयुक्त हुआ है।[364] मनु ने शूद्रों से वेतन अथवा बिना वेतन दास कर्म कराने का निर्देश दिया है, क्योंकि ब्रह्मा ने ब्राह्मणों की सेवा के लिए ही उनकी सृष्टि की थी।[365] मनु ने उनके जीवनपर्यन्त दास्यभाव और परन्त्रता की पुष्टि करते हुए दासत्व से उनकी मुक्ति असंभव बताई है।[366] इस प्रकार शूद्र आर्थिक दृष्टि से द्विजातियों पर निर्भर थे तथा उनकी परित्यक्त वस्तुओं से ही जीवनयापन करते थे।[367] उसकी व्यक्तिगत सम्पत्ति उच्च वर्गों के लिए ही थी।[368] धर्मसूत्रों में उसकी हत्या करने वाले पर वही प्रायश्चित निर्धारित था जो

एक बिल्ली, नेवला, चाष पक्षी, गोह, उल्लू और कौवे की हत्या का था।[369] मनु ने उसे धन-संग्रह से विरत रहने के लिए निर्देशित किया है अन्यथा वह ब्राह्मणों को पीड़ित करेगा।[370] जहाँ तक शैक्षणिक अधिकारों का प्रश्न है, उसे उपनयन का अधिकार नहीं था। यहाँ तक कि वैदिक मन्त्रों के श्रवण-मात्र से उसके कान में पिघला सीमा तथा उच्चारण करने पर उसकी जिह्वा काटने का निर्देश दिया गया था।[371] इसी प्रकार न्याय व्यवस्था में भी विषमता थी, मनु ने ब्राह्मणी के साथ स्त्री-संग्रहण के अपराध पर शूद्र के लिए बधदण्ड और इसी अपराध में ब्राह्मण के लिए पाँच सौ कार्पाषण का अर्थ दण्ड निर्धारित किया है।[372] इसी प्रकार धर्मसूत्रों के काल में और प्रारम्भिक स्मृतियों में शूद्रों की अत्यन्त हेय और निकृष्ट स्थिति ध्वनित होती है।

इतिहास क्रम में आगे चलकर विदेशी जातियों के भारत-आगमन और उनकी सांस्कृतिक, सामरिक और प्रशासनिक श्रेष्ठता के कारण उन्हें चातुर्वर्ण्य में उच्च स्थान देना आवश्यक था। मनुस्मृति से काम्बोज, यवन और शकादि के प्रारम्भ में क्षत्रिय और बाद में शूद्रत्व प्राप्ति का संकेत मिलता है। स्वभावतः ये शूद्र अपेक्षाकृत श्रेष्ठ थे। पतंजलि ने (150 ई. पू. से 100 ई.) शूद्रों की दो कोटियाँ कर दीं—निरवसित और अनिरवसित। महाभारत से शूद्रों की दशा में कुछ सुधार के संकेत मिलते हैं। महाभारत में उन्हें विशिष्ट परिस्थितियों में वाणिज्य, पशुपालनऔर कृषि का अधिकारी बताया गया है।[373] उक्त ग्रन्थ में शिव अपने धर्म को वर्णाश्रम धर्म के विपरीत समस्त मानव मात्र के लिए बताते हुए सभी वर्णों को अपने धर्म मे आने का आह्वान करते हैं।[374]

कालान्तर में पूर्वमध्यकालीन परिवर्तित परिस्थितियों में समाज की एक पृथक इकाई के रूप में शूद्र की सामाजिक, आर्थिक, राजनैतिक व धार्मिक स्थिति में व्यापक परिवर्तन हुए।

इस काल में शूद्र के आजीविका से सम्बद्ध आर्थिक अधिकारों को जो विस्तार मिला उससे स्पष्ट है कि शूद्र और वैश्य एक समान धरातल पर आ गए थे। इस युग की प्रारम्भिक पराशरस्मृति में सामान्यतः वैश्य तथा शूद्र दोनों के लिए कृषि, व्यापार और शिल्प कार्य करने का निर्देश है।[375] विष्णुस्मृति वर्णों के कर्तव्य और आजीविका को अलग-अलग देखती हैं। शूद्र का कर्तव्य था कि वह द्विजाति की सुश्रुषा करे तथा उसकी आजीविका के साधन शिल्पादि कर्म थे।[376] उशनस ने उसे शिल्प कर्मों के साथ पण्य वस्तुओं के विक्रय का अधिकार प्रदान किया है।[377] अत्रिसंहिता में भी शूद्र का कार्य वार्ता और कारुकर्म कहा गया है।[378] पराशर ने उसे नमक, मधु, मद्य, मट्ठा, दही, घी, दूध आदि[379] तथा देवल ने कृषि कर्म, पशुपालन, भारवाहन, पण्य-व्यवहार तथा नृत्य, गीत, वीणा, मृदंग वादन आदि कार्यों की आज्ञा दी है।[380] अपरार्क तथा विज्ञानेश्वर ने उसे द्विज-सुश्रुषा से

आजीविका न चलने पर वणिक-वृत्ति तथा शिल्प कर्म करने का निर्देश दिया है।[381] शंख ने सभी शिल्पादि कर्मों में उसका अधिकार बताया है।[382]

इस काल में शूद्र वर्ण कृषक वर्ग के रूप में परिलक्षित होता है। बृद्धहारीत ने शूद्रों के लिए कृषि-कार्य और जीवन-यावन के लिए वैश्य-वृत्ति अपनाने का अनुमोदन किया है।[383] साथ ही कृषि, नौकरी और पशुपालन सभी के लिए विहित बताया,[384] जबकि शिल्प कर्म निकृष्ट प्रतिलोम-अनुलोम जातियों का कर्म था।[385] अपरार्क, विज्ञानेश्वर और माधवाचार्य ने देवल का कथन उद्धृत किया है, उसमें कृषि कर्म भी सम्मिलित है। लक्ष्मीधर ने शूद्रों के कृषि कर्म के अधिकार के संदर्भ में नृसिंहपुराण का साक्ष्य दिया है।[286] पराशर माधवीय से भी शूद्रों के वाणिज्य और शिल्प के साथ ही कृषि कर्म के अधिकारी होने की पुष्टि होती है।[387] माधवाचार्य ने इस पर चिन्ता प्रकट की है कि अधिक लाभ और विशिष्ट जीवन की अभिलाषा से यदि कृषि कार्य में रत् शूद्र द्विज-सुश्रुषा जिससे केवल जीर्ण-वस्त्रादि प्राप्य है छोड़ दे दिया तो क्या होगा? और प्रत्युत्तर में वे केवल इससे शूद्र के इहलोक और परलोक नष्ट हो जाने की बात करते हैं।[388] ह्वेनसांग और उसके बाद के विदेशी इतिहासकारों ने भी शूद्र को कृषक-वर्ग के रुप में वर्णित किया है। यद्यपि अभिधानचिन्तामणि[389] और हलायुधकोश[390] आदि में 'कुटम्बी' वैश्य वर्ण के अन्तर्गत ही रखे गए हैं, परन्तु स्मृतियाँ 'कुटुम्बी' को शूद्र में में स्थान देती हैं।[391] आधुनिक काल में उत्तर प्रदेश और बिहार की कुर्मी तथा महाराष्ट्र की कुनबी नामक शूद्र जातियाँ प्रत्यक्षतः मध्यकालीन कुटुम्बियों की वंशज हैं।[392] इस तथ्य की संभावना प्रकट की गई है कि अविकसित क्षेत्रों में ब्राह्मणों को दिए गए भूमिदानों से शूद्र किसानों की संख्या बढ़ी थी। ऐसे किसान आदिवासी जनजातियों से ब्राह्मणीय सामाजिक संगठन में आत्मसात किए जा रहे थे।

इस प्रकार वाणिज्य, शिल्पकर्म और कृषि के अधिकार की प्राप्ति से शूद्रों का आर्थिक धरातल वैश्यों के समकक्ष हो गया। मेधातिथि ने यद्यपि दासत्व शूद्र की प्रकृति माना, परन्तु उसने यह भी कहा कि अनिच्छुक दास नहीं माना जाता (ततश्चनिच्छतो न दास्यमस्ति') इसलिए यदि शूद्र धनवान है तो उसे ब्राह्मणादि का आश्रित न होकर स्वतन्त्र जीवनयापन का अधिकारी माना है।[393]

विवेच्ययुगीन धर्मशास्त्रों में शूद्र के धार्मिक अधिकारों पर विशद् विवेचन हुआ। इस युगके चिन्तकों ने शूद्र को समाज की एक महत्वपूर्ण इकाई मानते हुए उनके सीमित धार्मिक अधिकारों की आवश्यकता पर बल दिया है। व्यास के अनुसार 'शूद्र भी चतुर्थ वर्ण होने के कारण वेदमन्त्र, स्वधा और वषट्कार के बिना धर्म के योग्य होता है।[394] मनु और याज्ञवल्क्य स्मृति में मन्त्रविहीन संस्कारों की संभावना के संकेत पर इस काल के धर्मशास्त्रकारों ने शूद्र के संस्कार सम्बन्धी अधिकार-क्षेत्र पर मत प्रकट किए हैं। याज्ञवल्क्य के इस कथन से कि द्विजों की

गर्भाधान से लेकर अन्त्येष्टि तक की सभी क्रियाएँ मन्त्रों द्वारा सम्पादित होती हैं,[395] विज्ञानेश्वर का यह आशय है कि बिना मन्त्रों के शूद्र भी संस्कारों का अधिकारी है, और इसके समर्थन में उसने यम को उद्धृत किया है।[396] देवन्न भट्ट ने भी कहा है कि 'द्विजों का संस्कार समंत्रक होता है' यह कहते हुए याज्ञवल्क्य की धारणा है कि 'शूद्र के लिए संस्कार मन्त्रविहीन होते हैं।[397] देवन्न भट्ट भी इस सन्दर्भ में यम को उद्धृत करता है।[398] इसी प्रकार यम शूद्रों के गर्भाधान से अन्त्येष्टि तक के सभी अमन्त्रक संस्कारों के संदर्भ में कृत्यकल्पतरु के ब्रह्मचारीकाण्ड में भी उद्धृत हैं।[399] अपरार्क ने भी यम को उद्धृत किया है, यद्यपि वह उसके उपनयन संस्कार से सहमत नहीं है।[400] गर्भाधान से चूड़ा-कर्म की चर्चा करते हुए वह कहता है, 'एतच्चचातुर्वर्ण्याभिप्रायं न द्विजाति मात्र विषयम' परन्तु इस कथन को उसने उपनयन संस्कार को छोड़कर अन्य संस्कारों के संदर्भ में माना।[401] हरदत्त ने गृह्यकार को उद्धृत कर शूद्रों को बिना वैदिक मंत्र के—निषेक, पुंसवन, सीमन्तोन्नयन, जातकर्म, नामकरण, निष्क्रमण, अन्नप्राशन और चौल संस्कारों का अधिकारी माना।[402] वेदव्यास ने शूद्रों के लिए दस संस्कार बताए हैं, गर्भाधान, पुंसवन, सीमन्तोन्नयन, जातकर्म, नामकरण, निष्क्रमण, अन्नप्राशन, चूड़ा-कर्म, कर्णविध तथा विवाह।[403] मदनरत्न ने जातकर्म, नामकरण, निष्क्रमण, अन्नप्राशन, चूड़ाकर्म, विवाह और पंचमहायज्ञ शूद्रों के लिए अमन्त्रक माना है।[404] शारंगधर में शूद्रों के लिए बारह संस्कार बताए गए हैं, जिसमें वेदव्रत, उपनयन, महानाम्नी और महाव्रत नहीं हैं।[405]

पौराणिक धर्म के विकास के साथ-साथ शूद्रों के धार्मिक अधिकार का क्षेत्र व्यापक हुआ। मरीचि ने शूलपाणि के कथनानुसार उन्हें ब्राह्मणों द्वारा पौराणिक मन्त्रों से संस्कारित होने का अधिकार प्रदान किया।[406] परवर्ती ग्रन्थ धर्मसिन्धु के अनुसार 'शूद्रों के चूड़ापर्यन्त नौ संस्कार तथा विवाह मिलाकर दस संस्कार बहुसम्मत हैं तथा कुछ ने शूद्रों का वेद मन्त्ररहित उपनयन भी कहा है।'[407]

संस्कारों के साथ ही इस काल के ग्रन्थों में गौतम और मनु द्वारा प्रणीत शूद्र के स्मार्त कर्मो की चर्चा हुई है। लघुविष्णु में कहा गया है कि वह पंच महायज्ञ केवल नमस्कार करके कर सकता है।[408] मेधातिथि ने शूद्र को वैवाहिकाग्नि के प्रयोग और पाकयज्ञ का अधिकार प्रदान करते हुए कहा है कि, इसमें जाति का प्रश्न नहीं है, यह अग्नि केवल गृहस्थ के लिए है और शूद्र भी गृहस्थ है।'[409] उसने गृहस्थ के कर्मों के अन्तर्गत उसे अष्टक, पार्वण श्राद्ध, वैश्वदेव का अधिकारी और दर्श-पौर्णमास का अनधिकारी बताया है।[410] यद्यपि अन्यत्र मेधातिथि ने व्यास को उद्धृत करते हुए शूद्र के लिए स्मार्तकर्म ऐच्छिक बताया है।[411] कुल्लूक ने याज्ञवल्क्य को उद्धृत कर शूद्र को नमस्कार मन्त्र से पंचमहायज्ञ का अधिकारी माना है।[412] माधवाचार्य, शूद्र कमलाकर आदि ने भी शूद्र के लिए पंचमहायज्ञ,

पाकयज्ञ और पितृकर्म का विधान बताया है।[413]

पुराणों में वर्णित भक्तिमार्ग वर्ण व्यवस्था से परे सर्व-सामान्य के लिए था। नृसिंहपुराण ने शूद्रों को पुराणश्रवण और नृसिंह भगवान के पूजन का अधिकार दिया है।[414] भविष्यत्पुराण में सभी वर्णों को यथाक्रम बैठकर पुराण श्रवण का निर्देश है।[415] देवीभागवतपुराण में गाणपत्य, शैव, शाक्त, वैष्णव धर्म का अबलम्बन, सेवन तथा कथा श्रवण सर्वसामान्य के लिए कहा गया है।[416] देवी-भक्ति का सभी वर्णों को अधिकार था।[417] इसी पुराण में सर्व कार्य के लिए ब्राह्मण कन्या, विजयार्थ क्षत्रिय कन्या तथा लाभ के निमित्त वैश्य व शूद्र कन्या के पूजन का निर्देश है।[418] ब्रह्मपुराण में सभी वर्णों और स्त्रियों को वासुदेव पूजा का अधिकार दिया गया है।[419] इसी पुराण में एक संगीतज्ञ चाण्डाल द्वारा एकादशी व्रत और मन्दिर में भजन-जागरण की सूचना है।[420] ब्रह्मपुराण में ही शूद्रों के तीर्थाटन, बलराम, सुभद्रा और श्रीकृष्ण की पूजार्चना, स्रोतपाठ, गान-वाद्य के अधिकारों की सूचना है।[421] वामनपुराण में शूद्रवर्णी धनद को आचार्य, महान व्रत वाला और तपस्वी कहा गया है।[422] इसी पुराण में सभी वर्णों को यज्ञ का अधिकार प्रदान किया गया है।[423] कल्किपुराण में एक स्थल पर कहा गया है कि 'महिष्मती नगरी में यज्ञ, दान, तपस्या और व्रतादि करने वाले सभी ब्राह्मण, क्षत्रिय, वैश्य, शूद्र भगवान के प्रीति पात्र हुए।[424] कृत्यकल्पतरु और देवीपुराण में चारों वर्णों को सुख की इच्छा से विष्णु की स्थापना का निर्देश है।[425] भविष्यपुराण में शूद्रों को भी लिंगपूजन का अधिकार दिया गया है।[426] यद्यपि स्कन्दपुराण में स्त्रियों और अनुपनीत शूद्रों को विष्णु तथा शंकर की पूजा का अधिकार प्रदान किया गया है, परन्तु स्पर्श करने का नहीं।[427] शूद्रों को पुराणों ने तीर्थ और उसके द्वारा मोक्षाधिकार प्रदान किया है।[428] इस प्रकार पुराणों ने शूद्र को एक धार्मिक धरातल प्रदान किया।

परवर्ती स्मृतियों में भी शूद्र के धार्मिक अधिकारों की चर्चा है। वृद्धहारीत-स्मृति में रुद्र की अर्चना, त्रिपुण्ड धारण करने का विधान शूद्रों के लिए बताया गया है।[429] तथा प्रतिलोम-अनुलोम जातियों के देवता दुर्गा के गणभैरव कहे गए हैं।[430] साथ ही यह भी कहा गया कि रुद्रार्चना से ब्राह्मण शूद्रत्व और यक्षादि की पूजा से चाण्डालत्व प्राप्त करता है।[431] इसी प्रकार तिर्यक पुण्ड धारण करने से ब्राह्मण चाण्डाल सदृश होता है।[432]इसी स्मृति में अन्यत्र त्रिपुण्ड धारण करना और शिवार्चना शूद्र का धर्म कहा गया है।[433] इसके साथ ही उसे कृष्ण के बाल स्वरूप और विष्णु की पूजा और कीर्तन का अधिकारी बताया गया है।[434] नीतिवाक्यामृत में भी शूद्र देवता, तपस्वी, ब्राह्मण आदि की पूजा करने योग्य बताया गया है।[435] उशनस स्मृति में विप्र और शूद्र की सन्तान पारशव का कार्य और जीविका देवी भद्रकाली की आराधना, शैवागम विद्या और वाद्य-संगीत कहा गया है।[436]

मेधातिथि ने शूद्रों द्वारा बिना मन्त्र, व्रत, उपवास, पूजा व दान की चर्चा की

है।[437] यम ने प्रायश्चित के संदर्भ में शूद्रों के लिए दान और उपवास बताया है।[438] विज्ञानेश्वर ने भी मनु को उद्धृत कर ब्राह्मण के माध्यम से प्रायश्चित व्रत करने का अधिकार स्वीकार किया है।[439]

शूद्र द्वारा दान देने की अधिकांश शास्त्रकारों ने चर्चा की है।[440] अपरार्क और लक्ष्मीधर ने नृसिंह पुराण को उद्धृत कर बिना याचना शूद्र का दान ग्रहण करने की चर्चा की है।[441] अन्त्यजों के पात्र में जलादि ग्रहण करने पर प्रायश्चित स्वरूप उपवास और यथाशक्ति दान का शूद्र को पराशर ने निर्देश दिया है।[442] पुराणों ने भी शूद्रों को दान देने का अधिकार प्रदान किया है।[443] पूर्त अर्थात्–बावली, कुँआ, तालाब, मन्दिर आदि के निर्माण से भी शूद्र वंचित न थे।[444] इस काल में अनेक ग्रन्थों ने दान को धर्म में प्रमुखता दी है।'[445] और पूर्त्त से मोक्ष की संभावना व्यक्त की तथा दान की तप, यज्ञ और सत्यता से समता की है।[446] इस परिप्रेक्ष्य में अर्थसम्पन्न शूद्र भी समाज की धार्मिक गतिविधियों में भाग ले सकता था। कतिपय अभिलेख शूद्र द्वारा मन्दिर निर्माण की सूचना देते हैं। खलारी शिलालेख में देवपाल नामक एक मोची द्वारा मन्दिर निर्माण की सूचना है। अभिलेख में उसे विभिन्न धार्मिक कार्यों का अभिलाषी कहा गया है।[447] एक अभिलेख से गड़ेरिये द्वारा मन्दिर निर्माण की सूचना मिलती है।[448] राजतरंगिणी में श्वपाकी नर्तकी हँसी, जो राजा चक्र वर्मा की पत्नी बनती है, के द्वारा पाशुपत मठ के निर्माण की सूचना है।[449] एक अन्य स्थल पर कलवार जाति के उत्पलक, पद्म आदि जिनके लिए कल्हण 'अकुलीन' प्रयुक्त करता है, के द्वारा राज्य लाभ का अपहरण कर नगर, मन्दिर आदि के निर्माण का उल्लेख है।[450] उत्पलक द्वारा उत्पल स्वामी मन्दिर तथा उत्पलपुर नगर और पद्म द्वारा पद्मपुर नगर और पद्मस्वामी मन्दिर की और पद्म की स्त्री द्वारा दो मठों की स्थापना की सूचना है।[451] इस काल के धर्मशास्त्रों और शब्दकोषों में कल्यपाल अथवा शौन्द्रिक या ध्वजी की गणना शूद्रों में की गई है। सुय्या नामक चाण्डाली के पालित पुत्र सुय्य ने उसके नाम से वितस्ता पर सुय्या सेतु का निर्माण करवाया था। आगे सुय्या-कुण्डल ग्राम का भी उल्लेख है।[452]

मेधातिथि ने श्राद्ध में वर्ज्यनीय ब्राह्मणों की सूची में उनका भी उल्लेख किया है जो शूद्र आचार्य से व्याकरण आदि शास्त्र पढ़ते हों अथवा शूद्र को व्याकरण आदि की शिक्षा देते हों।[453] अपरार्क ने यम को उद्धृत किया है कि, 'शूद्र अध्यापक और उससे अध्यापित दोनों घोर नरक में जाते हैं।[454] अपरार्क ने अन्यत्र एक स्थल पर कहा है कि 'उत्कृष्ट गुण विद्या से युक्त हीन जाति वाला भी उत्कृष्ट जाति की अपेक्षा अधिक मान्य है।'[455] पराशरमाधवीय में कहा गया है कि, 'यदि ब्राह्मण शूद्र से दक्षिणा लेकर वैदिक मन्त्रों से उसका होम, अभिषेक आदि कराता है तो शूद्र उस पुण्य फल को प्राप्त करता है और ब्राह्मण महाप्रायश्चिति होता है।'[456]

शूद्र के कतिपय ऐसे कर्म थे जिनसे सम्बद्ध विषयों का अध्ययन स्वाभाविक था। परवर्ती काल के चित्तौड़ से प्राप्त एक अभिलेख में शिल्पकार लाषा (यद्यपि उसके वर्ण का उल्लेख नहीं है) को 'सकलवास्तुशास्त्रविशारद' कहा गया है।[457] इसी प्रकार माचोज नामक एक शिल्पकार को आचार्य और कलियुग का विश्वकर्मा कहा गया है।[458] सेवाड़ी लेख (1115 ई.) में शिल्पकार बाहड़ को शिल्पशास्त्र का ज्ञाता विवृत किया गया है और उसके पुत्र शिल्पकार थल्लक को शासक कटुकराज द्वारा प्रति वर्ष 8 द्रम दिए जाने का उल्लेख है।[459] अग्निपुराण में 'नगरादिवास्तु-कथनम्' नामक अध्याय में शिल्पकारों को उसी दिशा स्थल में बसाने का निर्देश है जहाँ महामात्य, मन्त्रीगण और कोश के रक्षक बसाए जाते थे।[460]

मेधातिथि ने स्त्री-संग्रहण के अपराध में चाहे वह स्त्री शूद्र वर्ण की ही हो, वर्ण-वैषम्य को अपेक्षा किए बिना अब्राह्मण जिसका आशय वे क्षत्रियादि बताते हैं, अर्थात् क्षत्रिय वैश्य, शूद्र सभी को मृत्यु दण्ड का भागी बताया है जबकि कुल्लूक ने अब्राह्मण से तात्पर्य केवल शूद्र से किया है।[461] बारहवीं सदी के एक अभिलेख में लूट, द्रोह और पशु जब्त करने के अभियोग में वध दण्ड का निर्देश दिया गया है।[462]

इस युग के कई शास्त्रकारों ने शूद्रों को आपद्काल में क्षत्रिय-वृत्ति ग्रहण करने की सुविधा प्रदान की है।[463] कुल्लूक और देवन्न भट्ट ने इस संदर्भ में नारद को भी उद्धृत किया है जिसमें ब्राह्मण के लिए शूद्र कर्म और शूद्र के लिए ब्राह्मण कर्म छोड़कर वैश्य और क्षत्रिय वृत्ति अपनाने का निर्देश है।[464] विज्ञानेश्वर और अपरार्क ने भी इसका समर्थन करते हुए नारद को उद्धृत किया है।[465] तारीखुस सुबुक्तगीन में अबुल फज़ल अलबेहकी तान्त्रिक और वशीकरण मन्त्र के ज्ञाता तिलक नामक एक नाई के सेनापति नियुक्त किए जाने और उसके निवास पर हिन्दू राजाओं की प्रथा के अनुसार नक्कारे बजाए जाने की सूचना देता है।[466] राजतरंगिणी से पता चलता है कि निम्न वर्ग के लोग भी उच्च पदों पर पहुँच जाते थे। कलवार वेश्या जयादेवी जो ललितादित्य की पत्नी थी उसका भाई उत्पलक को पंचमहाशब्द का स्थान प्राप्त था।[467] आर. एस. शर्मा का विचार है कि 'सामाजिक हैसियत बताने वाले ये चिह्न बिना वर्ण-व्यवस्था पर ज्यादा विचार किए ही प्रदत्त किए जाते थे। केवल वे ही लोग जो अपनी भू-सम्पदा के कारण उच्च राजनीतिक हैसियत रखते थे, सामाजिक दर्जा बताने वाले इन चिन्हों के हकदार थे।'[466] राजतरंगिणी में वर्णित उक्त कलवार जाति के उत्पलक आदि द्वारा बारह वर्ष और उसके बाद तक काश्मीर की राजनीति के, खुले रुप में संचालन का उल्लेख है।[469] कुछ श्वपाकों के द्वारा नीतिज्ञ मन्त्रियों की भाँति राजकार्य की सूचना कल्हण देता है।[470] नीच कुलोत्पन्न भद्रेश्वर के, मन्त्री पद पर पहुँचने का उल्लेख है।[471] इसी प्रकार तीन कायस्थ नान, भाग और नन्दिमुख सेनापति के पद पर पहुँचे थे।[472] चमक नामक एक चारण

और तान्त्रिक क्रिया के ज्ञाता ने राजा कलश का सामीप्य प्राप्त कर मन्त्रिमण्डल में स्थान और 'ठक्कुर' की पदवी प्राप्त की थी।[473] शर्मा ने मानसर नामक ग्रन्थ का हवाला देते हुए सामन्तों की दो निचली श्रेणियाँ 'प्रहारक' और 'अस्त्रग्राही' को प्रत्येक वर्ण के लिए प्राप्य बताया।[474] राजतरंगिणी में चाण्डाल द्वारा क्षत्रिय वृत्ति का उदाहरण मिलता है।[475] चाण्डाल अन्तःपुर के प्रहरी भी होते थे।[476] परन्तु अपेक्षाकृत विकसित आर्थिक-धार्मिक अधिकारों के उपरान्त भी शूद्र समुदाय पर अस्पृश्यता और अभोज्यान्नता की परिधि पूर्वमध्ययुग में व्यापक होती गई।

सन्दर्भ

1. दुबोआ, हिन्दू मैनर्स, कस्टम्स एण्ड सेरीमनीज, पृ. 173
2. दामोदरन, भारतीय चिन्तन परम्परा, पृ. 207
3. पृथ्वीराजरासो, 1.45
4. राजतरंगिणी, 5.16
5. श्रीनिवास, आधुनिक भारत में सामाजिक परिवर्तन, पृ. 46
6. रोमिला थापर, पास्ट एण्ड प्रिजुडिस, पृ. 34
7. श्रीनिवास, पूर्वोद्धत, पृ. 46; मजुमदार, एन्शियन्ट इण्डिया, पृ. 503
8. मजुमदार पूर्वोद्धत, पृ. 503
9. श्रीनिवास, पूर्वोद्धत, पृ. 46
10. रोमिला थापर, पूर्वोद्धत, पृ. 32, मजुमदार, पूर्वोद्धत, पृ. 503
11. हाजरा, स्टडीज इन द पौराणिक रिकार्ड्स आन हिन्दू राइट्स एण्ड कस्टम्स में विस्तार से देखें, भाग 2, अध्याय 4
12. वसिष्ठस्मृति, 2.19-20, पृ. 189; शंखस्मृति, 1.2 पृ. 374; अत्रिसंहिता, 13, पृ. 9; कृत्य. गृ. का. पृ. 167 पर उद्धृत हारीत व मनु; कामन्दक नीतिसार, 2.18-19; नीतिवाक्यामृत, 7.7; स्मृ. च., आ. का. पृ. 280 पर उद्धृत मनु, गौतम; बृहन्नारदीयपुराण, 22.19-21, पृ. 295; मार्कण्डेय पुराण, 28.3
13. मेधातिथि, 4.9
14. स्मृ. च., आ. का., पृ. 280 पर उद्धृत मनु तथा मार्कण्डेयपुराण, 28.4
15. ब्रह्मपुराण, पृ.1155
16. अपरार्क; 1.121, पृ. 163
17. सी. आई. आई., जि. 4, भाग 1, पृ. 51, 72,78, 81, 96, 109, 122 आदि
18. ए. बार्थ, द रिलिजन्स आफ इण्डिया, पृ. 98
19. प. मा. जि. 1, 426
20. वही, पृ. 426
21. वही, पृ. 429-30
22. वही, पृ. 427; स्मृ. च. आ.का., पृ. 283 पर उद्धृत
23. प. मा. पृ. 430
24. स्मृ. च. आ. का., पृ. 283-4, इसी संदर्भ में हारीत भी उद्धृत हैं

25. वही, पृ. 283
26. गृ. का., पृ. 195
27. वही, पृ. 169
28. मेधातिथि, 4.5
29. वही, 4.9, पृ. 377
30. वही 4.9, पृ. 377, बहु कुटुम्बको नित्यकर्मसम्पत्यर्थ च सर्वावृत्तीः समुच्चिताः कुर्यात्कृषिवाणिज्ये अपि।'
31. वही, 4.7, पृ. 376
32. कुल्लूक, 4.9, पृ. 177
33. अग्निपुराण, द्विपंचाशदधिकशततमोऽध्याय, श्लो. 3
34. नी. वा. मृ. 19.12
35. अत्रिस्मृति, 384, पृ. 26
36. बृद्धहारीतस्मृति, 7.179, पृ. 273
37. वही, 7.182
38. प.मा., जि 1, पृ. 435
39. वही, पृ. 427
40. स्मृ. च., आ. का., पृ. 17
41. सी. आई. आई, जि. 4, भाग 1, पृ. 89 तथा 165
42. अत्रिस्मृति, 373-383, पृ.26
43. दे. भा. पु., 5.20, 41-45
44. कृत्य, दानकाण्ड, 'पात्राणा लक्षणम' अध्याय
45. दे. भा. पु. 2.10.31-39
46. अग्निपुराण, त्रयोविशत्यधिकशततमोध्यायः, 31
47. गौ. ध. सू. पर हरदत्त का भाष्य, 2.6.15 व 18, पृ. 161-63
48. अपरार्क, 1.222-224, पृ. 447-455
49. वही, पृ. 452
50. धर्मसिन्धु, पृ. 759-60
51. अपरार्क, 3.30, पृ. 923
52. समयमातृका, 4.88
53. सी. आई. आई. जि. 4, भाग 1, पृ. 109 हेटाबुक (ब्रा) ह्मणादित्यनाग।
54. सुबोधिनी, 2.30, पृ. 48 तथा मिताक्षरा, 2.30, पृ. 194, 'यथा हेडाबुकादीनां ताम्बूलिककुविन्दचर्मकारदीनां च'
55. दशकुमारचरित, अंक 1, पृ. 52
56. प्रबन्धचिन्तामणि, अध्याय 5, पृ. 192
57. ब्रह्मपुराण, 91.2.3, पृ. 501
58. दशकुमारचरित, प्रथम अंक, पृ. 107; कथासरित्सागर, खण्ड 1, पृ. 31; राजतरंगिणी, 5.155
59. दशकुमारचरित, अंक 4, पृ. 329, नलचम्पू, उच्छ्वास 1, पृ. 86

60. मेधातिथि, 10.81
61. नी. वा. मृ. 10.5 तथा 18.22-23
62. वही, 13-19
63. राजस्थान; पृ. 82
64. सी. आई. आई, जि. 4 भाग, पृ. 109
65. वही, पृ. 192
66. सी.आई. आई. भाग 2, पृ. 471, 472, 541, 542
67. इलियट. जि. 1, पृ. 8
68. इलियट. जि. पृ. 132-33
69. मिताक्षरा, 3.55; अपरार्क, 3.34, पृ. 928-30 में उद्धृत गौतम, शंखलिखित, नारद आदि; स्मृ. च., आ. का., पृ. 293 में उद्धृत मनु, बृहस्पति आदि।
70. स्मृ. च., आ. का., पृ. 293 में उद्धृत कूर्मपुराण, नारद, वसिष्ठ, हारीत।
71. नारदस्मृति, 1.57-58, पृ. 56; मिताक्षरा, 3.35, पृ. 431; अपरार्क, 2.34, पृ. 930; स्मृ च., आ. का, पृ. 292 व 296 में उद्धृत बृहस्पति, नारद आदि।
72. स्मृ. च. आ. का. पृ. 296
73. वही, पृ. 290 पर उद्धृत बृहस्पति
74. मेधातिथि, 10.98, पृ. 1012
75. गौ. ध. सू. पर हरदत्त का भाष्य, 1.7.23-24, पृ. 68
76. दे. भा. पु., 5.20.47; अग्निपुराण द्विपंचाशदधिकशततमोध्यायः 2 'कृषि वाज्यि गोरक्ष्य कुसीदश्च द्विजश्चरेत्।'
77. दशकुमारचरित, पूर्वपीठिका, 1, पृ.6
78. हाजरा, स्टडीज इन द पौराणिक रिकार्ड्स आन हिन्दू राइट्स एड कस्टम्स, पृ. 245
79. वही, पृ. 243
80. वही, पृ. 249
81. वही,पृ. 274 पर उद्धृत मत्स्यपुराण
82. देखिए, सतीप्रथा के अन्तर्गत
83. मत्स्यपुराण, 274.78
84. हाजरा, पूर्वोद्धृत, पृ. 252 पर उद्धृत कू. पु.
85. ब्रह्मपुराण, 215, 33-34, पृ. 1105
86. मत्स्यपुराण, 70.42-45
87. याज्ञवल्क्य, 1.215 तथा, स्मृ.च.आ.का. पृ. 289 पर उद्धृत यम
88. कथासरित्सागर, खड 2, पृ.90
89. मेधातिथि, 10.129
90. घुर्ये, कास्ट एण्ड रेस इन इण्डिया, पृ. 92
91. हाजरा, पूर्वोद्धत, पृ. 256
92. वामनपुराण, अध्याय 12, 13, 14, 15, 16-20, 21 आदि; ब्रह्मपुराण, अध्याय 79 से 177 तक के अध्याय तीर्थो व उनके माहात्म्य का उल्लेख करते हैं
93. ब्रह्मपुराण, 79.21 आदि

94. ध. सि., पृ. 761 'ब्राह्मणान्न परीक्षेत तीर्थे क्षेत्रवासिनः।'
95. नी. वा. मृ. 27.5, अधामिकत्वम् अतिंनिष्ठुरत्वं वंचकत्वं प्रायेण तीर्थवासिनां प्रकृतिः' ॥5॥
96. बृ. स्मृ. पृ. 108-111
97. वेदव्यास, 4.15-27, पृ. 367-68
98. शातातपस्मृति, अध्याय 1-4, पृ. 396-403
99. वही, 1.28, 31, 34, पृ. 397-8
100. अग्निपुराण, नवाधिकाद्विशततमोऽयाय; श्लो. 55 प. मा., पृ. 114 पर उद्धृत बृहस्पति।
101. वही, पृ. 113, 'कलौ न यांचना-मात्रेण किन्तु सेवया'
102. कल्किपुराण, 1.24-26
103. वही, 1.34 'परान्नलोलुपा विप्राश्चण्डाल गृह्माजकाः'
104. दे. भा. पु., 6.11.47
105. इलियट., जि. 1, पृ. 134
106. जोनराजकृत राज. 654-659
107. कृत्य, दानकाण्ड, भूमिका, पृ. 127
108. नागानन्द, पृ. 110
109. कुटनीमतकाव्य, श्लो. 341
110. नागानन्द, पृ. 110; कुट्टनीमतकाव्य, 14; नैषधचरित, 4.70 तथा 11.68; 17.182
111. इलियट.जि. 1, पृ. 13, 49
112. अपरार्क, 1.33, पृ. 63
113. कथा. खण्ड 1, पृ. 21
114. राज., 1.342
115. कादम्बरी, 'कथामुखम', पृ. 11; पृथ्वीराजरासो, 5.64
116. पृथ्वीराजरासो, 1.67
117. नलचम्पू, उच्छ्वास 1, पृ.7
118. सी. आई.आई. जि. 4, भाग 1. पृ. 472
119. लघ्वाश्वलायन स्मृति, 22.17, पृ. 174
120. यात्राविवरण, पृ. 245
121. मनु. 8.350, पृ. 440 तथा विज्ञानेश्वर द्वारा उद्धृत 2.21, पृ. 183
122. मेधातिथि, 8.350, पृ. 855
123. पराशरमाधवीय, जि. 1, पृ. 124 तथा स्मृ. च. आ. का. पृ. 21
124. राजस्थान., पृ. 82
125. दशकुमारचरित, अंक 3, पृ. 254
126. वही, अंक 4, पृ. 329
127. कथा, खण्ड 1, पृ. 41
128. वही, खण्ड 1, पृ. 57
129. वही, खण्ड 1, पृ. 377
130. राजतरंगिणी, 8.1073

131. वही, 4.105
132. वही, 5.442
133. चौर पंचाशिका, पूर्वपीठिका, श्लो. 63, तथा 2/82 और 85
134. कात्यायन, 806, शुक्ला दास, क्राइम एण्ड पनिशमेण्ट इन एन्शियन्ट इण्डिया, पृ 69 में उद्धृत
135. सखाऊ, जि. 1, पृ. 162
136. यादव, सो. क. ना. इ. पृ. 29
137. रा. पाण्डेय, हिस्टारिकल एण्ड लिटरेरी इन्सि., पृ. 231
138. दशरथ शर्मा, अ. चौ. डा. पृ. 10
139. राजस्थान के इतिहास के स्रोत, पृ. 115
140. रा. पाण्डेय, पूर्वोद्धृत, पृ. 223
141. राजस्थान, पृ. 57
142. द क्लासिकल एज, पृ. 159
143. वही
144. अभयतिलकगणी, 18.59
145. प्राचीन भारत में संकलित लेख, पृ. 144
146. यादव पूवोद्धृत, पृ. 29-30
147. पृथ्वीराजरासो, 41.30
148. महाभारत, 6.11.36-38; विष्णुपुराण, 4.69-70
149. वी. सी. श्रीवास्तव, सन वर्शिप इन एन्शियन्ट इण्डिया, पृ. 251
150. वही, पृ. 244, 252-3
151. वही, पृ. 244
152. भण्डारकर, वैष्णव शैव और अन्य धार्मिक मत
153. ब्रह्मपुराण, 20.71-72
154. वही, 20.73-74
155. ब्रह्मपुराण, 31.15-16 में सूर्य के बारह नाम कहे गए हैं—आदित्य, सविता, सूर्य, मिहिर, अर्क, प्रभाकर, मार्तण्ड, भास्कर, भानु, चित्रभानु, दिवाकर और रवि।
156. शाम्बपुराण, 26.48-49, श्रीवास्तव पूर्वोद्धृत पृ. 241 पर उद्धृत
157. भ. पुराण, अध्याय, 139, भण्डारकर, पूर्वोद्धृत, पृ. 176 पर उद्धृत
158. भण्डारकर, फारेन एलीमेन्टस इन द हिन्दू पापुलेसन, एपि. इ. 1911 जनवरी, पृ. 18, श्रीवास्तव, पूर्वोद्धृत, पृ. 247 पर उद्धृत
159. भण्डारकर, वैष्णव शैव और अन्य धार्मिक मत, पृ. 177
160. श्रीवास्तव, पूर्वोद्धृत पृ. 242
161. भण्डारकर, पूर्वोद्धृत, पृ. 176
162. राजस्थान, पृ. 56, घटियाला लेख (861 ई.)
163. सखाऊ, जि. 1, पृ. 21
164. पटना गजेटियर, पृ. 55, वासुदेव उपाध्याय, द सोसियो. पृ. 31 पर उद्धृत।
165. इलियट. जि. 1, पृ. 134

166. प्र. चि. अध्याय 5, पृ. 192-3
167. मनुस्मृति, 2.21; बौ. ध. सू. 1.2.9-11; सखाऊ, जि. 2, पृ. 134-35; सी. आई. जि. 4, भाग 2, पृ. 429 तथा पृ. 516
168. श्रीनिवास, आधुनिक भारत में सामाजिक परिवर्तन, पृ. 49
169. कोसम्बी, द कल्चर एण्ड सिविलाइजेशन आफ एन्शियन्ट इण्डिया, पृ. 171
170. स्मृ. च., आ. का.,पृ. 16 पर उद्धृत बौधायन
171. वही
172. वही, पृ. 17
173. एपि. इ. 9, 115-16; आई. ए., जि. 6, पृ. 51-54, पृ. भाटिया, द परमाराज, पृ. 277 पर उद्धृत
174. एपि. इ., जि. 23, पृ. 102; आई. ए., जि. 6, पृ. 48-53
175. एपि. इ., जि. 29, पृ. 56, वासुदेव उपाध्याय, पूर्वोद्धत, पृ. 37 पर उद्धृत। वासुदेव उपाध्याय ने कौलान्च को कन्नौज बताया है, जबकि मिराशी उसे उत्तरी बंगाल के बोगरा जिले में स्थित बताते हैं, जहाँ शांडिल्य गोत्र के ब्राह्मणों का निवास था, सी. आई. आई, जि. 4, भाग 1, भूमिका, पृ. 166
176. सी. आई. आई. जि. 4, भाग 2, पृ. 396
177. वही, पृ. 429तथा 516-17
178. वही, पृ. 401, 'श्रावस्ती विनिर्ग्गताय', वही, 406, 'हस्तियामठिनह-र्ग्गताय'
179. वही, जि. 4, भाग 1, पृ. 249
180. रा. पाण्डेय, पूर्वोद्धत, पृ. 228
181. राजतरंगिणी, 6.304
182. वही, 6.87
183. वही, 8.2444
184. कथा. खण्ड 1, पृ. 345
185. राजतरंगिणी, 1.183
186. भारतीय अभि. संग्रह, खण्ड 3, पृ. 303 में वाकाटक वंश के महाराज प्रवरसेन के अभिलेख में दान के सन्दर्भ में ब्राह्मणों के वात्स्य, शाट्यायन, भारद्वाज, पाराशर, काश्यप, कौण्डिन्य, आत्रेय, गौतम, शांडिल्य गोत्रों का उल्लेख है, परन्तु शाखाओं का नहीं।
187. सी. आई. आई., जि. 4, भाग 2, पृ. 166
188. वही, पृ. 137
189. वही, पृ. 65
190. वही, जि. 4, भाग 2, पृ. 262 और 408
191. सी. आई. आई., जि. 4, भाग 2, पृ. 396-7
192. सखाऊ, खण्ड 1, पृ. 102
193. सी. आई. आई. जि. 4, भाग 2, पृ. 396-7, 'माथुरदीक्षितराम' तथा 'माथुर (ब्रा)ह्मा देवधर' और 'नागरपण्डितमाहिल।'

194. राजस्थान. पृ. 116 तथा पृ. 132 पर 1427 ई. के लेख में बडनगरा जाति के नागर ब्राह्मण का उल्लेख है।

195. दशरथ शर्मा, अ. चौ. डा., पृ. 299, 303, 304, धुर्ये, कास्ट एण्ड रेस इन इंडिया, पृ. 108 से उद्धृत।

197. सी. आई. आई. जि. 4, भाग 1, पृ. 268

198. राजस्थान. पृ. 102

199. सी. आई. आई., जि. 4, भाग 1, 109, पृ. 344 व भाग 2, पृ. 533, 601

200. वही, जि. 4, भाग 1, भूमिका, पृ. 166

201. सी. आई. आई., जि. 4, भाग 2, पृ. 563 और 576

202. वही, जि. 4, भाग 1. भूमिका पृ. 166 तथा वा. उपाध्याय, पूर्वोद्धृत, पृ. 56

203. यादव, सो. क. ना. इ. पृ. 24

204. अत्रिस्मृति, श्लोक 388, पृ. 26

205. यादव, पूर्वोद्धृत, पृ. 24

206. राजतरंगिणी, 418

207. विक्रमांकदेवचरित, 18.25, पृ. 197 तथा 18.39, पृ. 208

208. पृथ्वीराजरासो, 5.17, भट्टजाति कवियव नृपति, नाथ नाम मुहि चन्द।

209. कुन्दमाला, अंक 5, पृ. 193; इस स्थल पर लव अपना परिचय देते हुए कहता है—'द्वितीयो वर्णः प्रथम आश्रमः'।

210. इलियट. जि. 1, पृ. 13 तथा पृ. 49

211. वही

212. वही, पृ. 132

213. राष्ट्रकूटाज एण्ड देयर टाइम्स, पृ. 324

214. सत्यपाल नारंग, हेमचन्द्राज द्वाश्रय काव्य ए लिटरेरी एण्ड कल्चरल स्टडी, पृ. 183

215. सदुक्तिकर्णामृत, 290

216. सखाऊ, जि. 1. पृ. 101

217. वही, जि. 2, पृ. 162

218. राजतरंगिणी, 109

219. मनुस्मृति, 9.168

220. वही

221. मेधातिथि, 9.168, पृ. 941, सदृशं न जातितः। कि तर्हि, कुलानुरुपैगुणैः। क्षत्रियादिरपि ब्राह्मणस्य दत्तकों युज्यते।

222. मेधातिथि व कुल्लूक, 10.1

223. देखिए आश्रम व्यवस्था' नामक अध्याय में।

224. वसिष्ठस्मृति, 2.22, पृ. 190; शंखस्मृति, 1.3-4, पृ. 374; अत्रिसंहिता, 14, पृ. 9; लघुविष्णु, 5.3-4, पृ. 122; कृत्य., गृ. का., पृ. 251-52 में उद्धृत मनु, पराशर आदि; कामन्दक नी. सार 2.20; नीतिवाक्यामृत, 7.8; स्मृ. च. आ. का., पृ. 281 पर उद्धृत मनु, याज्ञवल्क्य आदि; देवीभागवतपुराण, 5.20.46; बृहन्नारदीयपुराण, 22.24; ब्रह्मपुराण, 222.7-8; मार्कण्डेयपुराण, 29.5 आदि।

225. प.मा. जि. 1, 2.13, पृ. 435, क्षत्रियोऽपि कृषि कृत्वा देवान, विप्रांश्च पूजयेत।'
226. वही, पृ. 435
227. कृत्य. गृ. का. पृ. 191
228. वृद्धहारीतस्मृति, 7.179, पृ. 273 तथा 7.182, पृ. 273
229. मेधातिथि, 1.89, पृ. 48
230. मेधातिथि व कुल्लूक, 10.95; मिताक्षरा, 3.35, पृ. 431; अपरार्क, 3.41, पृ. 936-38; स्मृ च. आ. का. पृ. 295; गौ. ध. सू. पर हरदत्त की टीका 1.7.26, पृ. 69; बृहन्नारदीयपुराण, 22.30, पृ. 296 आदि
231. ब्रह्मपुराण, 222.19, पृ. 1178, राजन्यस्य च वैश्योंक्तं शूद्रकर्माणि चैतयोः'।
232. मेधातिथि, 10.95
233. अपरार्क, 3.41, पृ. 936-37
234. प. मा. पृ. 427
235. जै. शि. सं. भाग 2, अभि. संख्या 340
236. एपि. इ. जि. 1, पृ. 159
237. भारतीय अभिलेख संग्रह, खण्ड 3, पृ. 89
238. एपि. इ. जि. 19, पृ. 52-4
239. बी. डी. चट्टोपाध्याय, 'राजपूतों की उत्पत्तिः पूर्वमध्ययुगीन राजस्थान में राजनीतिक-आर्थिक एवं सामाजिक प्रक्रियाएँ, 'प्राचीन भारत' में संकलित लेख, पृ. 150
240. त्रि. श. पु. द्वितीय सर्ग, पृ.155
241. पृथ्वीराजरासो, नाहरराय कथा, 57,
'भाग्गो न भूमि रजपूत हौ, करौ नाम जिमि अचल'।
242. राजतरंगिणी, 7.1617-18; पृथ्वीराजरासो, 9.6,
स्वस्ति श्री अजमेरि द्रोन दुरंगं, राजाधिपो राजनं।
पुत्री पुत्र पवित्र पंथअ धनो, छत्तीस वंसावनं॥
कुमारपालचरित की विस्तृत सूची के लिए देखिए, यादव, पूर्वोद्धृत, पृ. 37
243. त्रि. श. पु. 1.1, पृ. 71
244. प्रबन्धचिन्तामणि, अध्याय 3, पृ. 86 तथा अध्याय 4, पृ. 194
245. प्र. चि. अध्याय 1, पृ. 3
246. निजामी, पालिटिक्स एण्ड सोसाइटी ड्यूरिंग अर्ली मिडिकल पीरियड, प्रथम खण्ड, पृ. 201
247. महाभारत, द्रोण पर्व, अध्याय 112, वैद्या, हिस्ट्री ऑफ हिन्दू मिडिवल इण्डिया, द्वितीय खण्ड, पृ. 44 पर उद्धृत।
248. वही, पृ. 44
249. वही
250. सी. आई. आई. जि. 3, पृ. 218
251. एपि. इ., जि. 30, पृ. 19, 199, 234

252. के. आर. कानूनगो, हिस्टारिकल एसेज, पृ. 64 पर पादटिप्पणी।
253. प्र. चि., अध्याय 1, पृ. 24
254. एशिया के सामाजिक तथा सांस्कृतिक इतिहास की रुपरेखा, पृ. 145
255. प्राचीन भारत, पृ. 153
256. टाड-एनल्स एण्ड एन्टीक्विटीज आफ राजस्थान (हिन्दी अनुवाद), पृ. 38, 54, 62 आदि।
257. क्रुक, द रेसेस आफ नार्दन इण्डिया, पृ. 89
258. वही
259. टाड, पूर्वोद्धृत, (क्रुक सम्पादित) भूमिका, पृ. 31; वैद्या, पृ. 9 पर उद्धृत
260. स्मिथ, अ. हि. इ., पृ. 322; द स्ट्रगल फार इम्पायर, पृ. 477 व वैद्या, पृ. 8 में भी उद्धृत।
261. धुर्ये, कास्ट एण्ड रेस इन इण्डिया, पृ. 127-28
262. दशरथ शर्मा, अ. चौ. डा. पृ. 7
263. वैद्या, पूर्वोद्धृत पृ. 48
264. वही, पृ. 43-44
265. बुद्धप्रकाश, पूर्वोद्धृत, पृ. 145
266. वैद्या, पूर्वोद्धृत, पृ. 48
267. दशरथ शर्मा, अ. चौ. डा., पृ. 272; इस सन्दर्भ में देखें—इस अध्याय में ब्राह्मण वर्ण के अन्तर्गत 'ब्रह्म-क्षत्र'।
268. द क्लासिकल एज, पृ. 159
269. वही
270. वही, पादटिप्पणी
271. 18.59
272. प्राचीन भारत, पृ. 144
273. एपि. इ., जि. 39, पृ. 191 और ए कलेक्शन आफ प्राकृत एण्ड संस्कृत इंसक्रिप्सन (भावनगर) पृ. 89, वही, पृ. 141-2 से उद्धृत।
274. वही, पृ. 145
275. दशरथ शर्मा, अ. चौ. डा., पृ. 272; टाड, पूर्वोद्धृत, पृ. 72-3; तथा सी. आई. आई. जि. 4 भाग 1, भूमिका, पृ. 164
276. सी. आई. आई., जि. 4, भाग 1. पृ. 298
277. राजस्थान. पृ. 67
278. 20.49, सत्यपाल नारंग; हेमचन्द्राज द्वाश्रय काव्य-ए लिटरेरी एण्ड कल्चरल स्टडी, पृ. 185 से उद्धृत
279. यादव, पूर्वोद्धृत, पृ. 34 तथा पृ. 37 में दी गई वर्णरत्नाकर की सूची
280. इलियट. जि.1, परिशिष्ट, पृ. 384
281. अत्रिस्मृति, 199, पृ. 18; यम, 33, पृ. 113; वेदव्यास, 1.12, पृ. 357
282. मेधातिथि, 2.33 पृ. 90

283. ब्रह्मपुराण, 8.50-51
284. पृथ्वीराजरासो, 6.25-26
285. बुद्धप्रकाश, पूर्वोद्धृत, पृ. 144-5; इस सन्दर्भ में देखिए—आर. एस. शर्मा, पूर्वमध्यकाल में सा. प. पृ. 19-20
286. प्र. भाटिया, द परमाराज, पृ. 278
287. मेधातिथि, 3.5, पृ. 237। 'एच च गोत्र प्रवरभेदः ब्राह्मणानां न राजन्यविशाम्। तथाहि कल्पसूत्रकारः 'पौरोहित्याद्राजन्यवैश्ययोरिति'। तथा मिताक्षरा, 1.53 पृ. 20
288. प्र. भाटिया, पूर्वोद्धृत, पृ. 278
289. वैद्या, पूर्वोद्धृत, पृ. 56 तथा आगे
290. यादव, पूर्वोद्धृत, पृ. 34 तथा बुद्धप्रकाश, पूर्वोद्धृत, पृ. 148-49
291. वही, पृ. 34
292. बुद्धप्रकाश, पूर्वोद्धृत, पृ. 149
293. यादव, पूर्वोद्धृत, पृ. 34
294. वही, पृ. 34-5
295. श्रीमद्‌भागवतपुराण, 12.1.1 40 तथा 12.2.8, 'ब्रह्मविट्क्षत्रशूद्राणां यो बली भविता नृपः'।
296. प. मा., प्रथम भाग, पृ. 394, 'तत्र स्यात् राज्य-योगात् राजानस्त्रयो पि भवन्ति। राज्यपदन्तु, रूढ़या जनपद-रक्षो वर्त्तते...'
297. प्राचीन भारत, पृ. 138
298. प्र. चि. अध्याय 1, पृ. 23, पादटिप्पणी
299. प्राचीन भारत, पृ. 138, 145, 148
300. प्र. चि. अध्याय 1, पृ. 16-18
301. देखें यादव, पूर्वोद्धृत, पृ. 37 पर उद्धृत रासो और कुमारपालचरित की राजपूत कुलों की सूची
302. टाड, ए. ए. आफ राजस्थान, परिच्छेद 7, पृ. 62-77। इसी अध्याय में उनकी मुख्य शाखाओं और उपशाखाओं का उल्लेख है।
303. सभा श्रृंगार पृ. 149, ज. श. मिश्र, पूर्वोद्धृत पृ. 146 पर उद्धृत
304. राजतरंगिणी, 5.149; 8.3223
305. पृथ्वीराजरासो, 36.2,36.12, 37.12, 37.5, 41.22, 42.42, 44.2, 50.10
306. वही, 50.85 'गौर हांसीपुरधारी'।
307. वही, 10.34
308. वही, 10.55
309. वही, 11.8
310. वही, 14.43
311. प्र. चि., अध्याय 1, पृ. 16, 27, 30, अध्याय 2, पृ. 36, अध्याय 3, पृ. 109, अध्याय 4, पृ. 162
312. राजस्थान., पृ. 48-49, 54, 64, 66-67, 70, 77, 99, 106, 119, 128

313. वसिष्ठस्मृति, 2.23, पृ. 190; शंखस्मृति, 1.4, पृ. 374; अत्रिस्मृति, 15, पृ. 9; लघुविष्णुस्मृति, 5.6, पृ. 122 (यहाँ पर लघुविष्णु ब्राह्मण-क्षत्रिय की सेवा भी वैश्य का धर्म बताते है); नीतिवाक्यामृत, 7.9 तथा 8.1; कामन्दकनीतिसार, 2.20; बृहन्नारदीयपुराण, 22.25; मार्कण्डेयपुराण, 28.6 आदि
314. पराशरमाधवीय, 214, पृ. 435 'वैश्यः शूद्रस्तथा कुर्य्यात् कृषि-वाणिज्य शिल्पकम'।
315. अत्रिस्मृति, 15, पृ. 9 'शूद्रस्य वार्ता शुश्रुषां द्विजानां कारुकर्म च।'
316. वाटर्स, जिल्द I, पृ. 168
317. इलियट. जि. 1, पृ. 13 तथा 49
318. मेधातिथि, 4.5
319. दे. भा. पु. 5.20, 46-47
320. हरिवंशपुराण, 9.35-38
321. मेघातिथि, 1.90, पृ. 48
322. वासवदत्ता, पृ. 277; नलचम्पू, प्रथम उच्छवास, पृ. 31
323. ताकाकुसु, पृ. 189, सुरेन्द्रनाथ सेन, इण्डिया थ्रू द चाइनीज आइज, पृ. 77 पर उद्धृत
324. प्र. भाटिया, द परमाराज, पृ. 278 तथा दशरथ शर्मा, अ. चौ. डा., पृ. 277
325. आ. ध. सू. पर हरदत्त का भाष्य, 2.11.1, पृ. 369
'वैश्यो वैश्यवृत्तिर्वा परस्य क्षेत्रं कृष्यर्थ–'
326. प.मा. जि. 2-3, पृ. 337-38
327. विष्णुपुराण, 4.1.36, हाजरा, स्टडीज, पृ. 209 पर उद्धृत।
328. हाजरा, स्टडीज. पृ. 209 पर उद्धृत, मत्स्यपुराण, वराहपुराण; धुर्ये, कास्ट एड रेस इन इण्डिया, पृ. 102 पर उद्धृत कमलाकर; पाटिल, ए कल्चरल हिस्ट्री फ्राम द वायुपुराण, पृ. 37
329. विष्णुपुराण, 6.1.51, हाजरा, पूर्वोद्धृत, पृ. 209 पर उद्धृत।
330. प. मा. जि. 2-3, पृ. 416
331. वही, पृ. 417, 'मणि-मुक्ता-प्रवालानां लोहानां तात्तवस्य च।
332. वही, पृ. 416, 'तिल-चर्म्म-रसाश्चैव विक्रयाः पशुवाजिन।'
333. इलियट. जि. 1, पृ. 13, 49
334. सखाऊ, जि. 1, पृ. 101
335. दे. भा. पु. 3.27.6-7
336. प. मा. 2.14, पृ. 435
337. वही, पृ. 435
338. राजस्थान, पृ. 56
339. ब्रह्मपुराण, 40.136, पृ. 253
340. दे. भा. पु., 3.27.5
341. बौ. ध. सू. पर गोविन्द स्वामी का भाष्य, 1.11.15, पृ. 143
342. प. मा., पृ. 184-185 पर उद्धृत
343. कुल्लूक, 5.140

344. वही, 7.2

345. घुर्ये, पूर्वोद्धृत, पृ. 102 पर उद्धृत।

346. सखाऊ, जि. 2, पृ. 136

347. वही, जि. 1, पृ. 104

348. एस. एल. सागर, हिन्दू कल्चर एण्ड कास्ट सिस्टम इन इण्डिया, पृ. 83 पर उद्धृत तथा वेदव्यासस्मृति, 1.11. पृ. 357

349. वही, पृ. 84

350. हेमाद्रि, चतुर्वर्ग चिन्तामणि, प्राय. का., पृ. 998

351. यादव, पूर्वोद्धृत, पृ. 14

352. अल्तेकर, प्राचीन भारतीय शिक्षण पद्धति, पृ. 205

353. राजतरंगिणी, 7.297-283

354. वामनपुराण, 6.90-91

355. सी. आई. आई. जि. 4, भाग 2, पृ. 501, 415, 409

356. राजस्थान., पृ. 151

357. प्र. चि., प्रथम अध्याय, पृ. 18

358. वही, अध्याय 3, पृ. 96

359. नी. वा. मृ. पृ. 10.5

360. सभाश्रृंगार, पृ. 147-48, ज. श. मिश्र, प्रा. भा. सा. इ. (नवीन संस्करण) पृ. 176। टाड ने भी वैश्यों की चौरासी व्यावसायिक जातियों का उल्लेख किया है, ए. ए. रा., सातवाँ परिच्छेद, पृ. 77—श्रीमाल, ओसवाल, बघेरवाल, डींडू, पुष्करवाल, मेरतावाल, हर्सोरुह, सुरुरवाल, पल्लीवाल, मम्बू, खण्डेलवाल, कैदरवाल, डीसावाल, गुजरवाल, सोहरवाल, अग्गरवाल, जाइसवाल, मानतवाल, कजोटीवाल, कोर्टवाल, चेत्रवाल, सोनी, सोजतवाल, नागर, मोड, जल्हेरा, लाड, कपोल, खेरता, दसोरा, बरूड़ी, बम्बरवाल, नामद्रा, करबेरा, भटेवरा, मेवाड़ा, नरसिंहपुरा, खतरेवाल, पंचमवाल, हुनरवाल, सरकैरा, वैश्य, स्तुखी, कम्बोवाल, जीरागवाल, भगेतवाल, ओराचित्तवाल, बामड़वाल, श्रीगौड़, ठाकुरवाल, बालमीवाल, टिपोरा, टीलोना, अतबर्गी, लादि-सका, बदनोरा, खीचा, गुसोरा, बाओसर, जाइसा, पदमोरा, मेहेरिया, ढाकरवाल, मंगोरा, गोयलवाल, चीतोड़ा, मोहरवाल, काकलिया, मारेजा, अन्दोरा, साचोरा, मूंगरवाल, मन्दइलू, ब्रामणिया, बागडिया, डींजोरिया, बोरवाल, सोरबिया, ओरवाल, नफाग और नागोर, एक नाम अज्ञात।

361. राजस्थान. पृ. 151-52, 122, 64, 58, 130, 108

362. जैन शिलालेख संग्रह, भाग 3, पृ. 16 तथा 101, 108

363. एपि. इ. जि. 36, भाग 1, पृ. 36

364. गौ. ध. सू. 2.1.69, पृ. 107

365. मनुस्मृति, 9.413, पृ. 455

366. वही, 8.414, पृ. 455

367. गौ. ध. सू. 2.1.60, पृ. 105

368. वही, 2.1.65, पृ0 106

369. मनुस्मृति, 10.131, पृ. 599
370. वही, 10.129, पृ. 565
371. गौ. ध. सू., 2.3.4, पृ.118
372. मनुस्मृति, 8.359, पृ. 443
373. महाभारत, 12.294, 2-4
374. बुद्धप्रकाश, पूर्वोद्धृत, पृ. 108
375. प. मा., 2.14, पृ. 435 तथा स्मृ. च., आ. का., पृ. 283 पर उद्धृत पराशर।
376. विष्णुस्मृति, 2.4, 8, 10, 14, पृ. 12-13
377. स्मृ. च. , आ. का., पृ. 284 पर उद्धृत उशनस
378. अत्रिसंहिता, 15, पृ. 9
379. कृत्य. गृ. का, पृ. 274 पर उद्धृत पराशर
380. प. मा., पृ. 419; मिताक्षरा, 1.120, पृ. 53; अपरार्क, 1.120, पृ. 162 तथा स्म. च., आ. का., पृ. 285 पर उद्धृत देवल।
381. अपरार्क व मिताक्षरा, 1.120
382. शंखस्मृति, 1.5, पृ. 374
383. वृद्धहारीतस्मृति, 7.181-2, पृ. 273
384. वही, 7.182, पृ. 273
385. वही, 7.184, पृ. 273
386. कृत्य., गृ. का. पृ. 273
387. प. मा. जि. 1, पृ. 435
388. वही,
389. अभि. चि., मर्त्यकाण्ड, 3.554, पृ. 222
390. हलायुधकोश, द्वितीय काण्ड, 574, पृ. 65
391. वेदव्यासस्मृति, 1.11, पृ. 357, तथा प. मा. भाग 2-3 पर उद्धृत देवल—
स्वदासों नापितो गोपः कुम्भकारः कृषीवल।
ब्राह्मणैरपि भोक्तव्याः पंचैते शूद्रयोनयः॥ इति
392. रा. श. शर्मा, पूर्वोद्धृत पृ. 15 रा. श. शर्मा, शूद्रों का प्राचीन इतिहास, पुत्र 280
393. मेधातिथि, 8.415, पृ. 878, 'अतो यदि शूद्रो विद्यमानधनः स्वातन्त्रेयण जीवेद्ब्राह्मणाधनपाश्रितो न जातु दुष्येत।'
394. नि. सि., पृ. 666 तथा ध. सि., पृ. 617 पर उद्धृत व्यास
395. याज्ञ. स्मृ. 1-10, पृ. 6
396. मिताक्षरा, 1.10, पृ. 6
397. स्मृ. च. आ. का., पृ. 24
398. वही, पृ. 25
399. कृत्य., ब्रह्म., पृ. 73
400. अपरार्क, 1.10, पृ. 23
401. वही, 1.11-12, पृ. 24-25
402. गौ. ध. सू. पर हरद का भाष्य 2.1.51, पृ. 104

403. वेदव्यास, 1.17, पृ. 358 तथा नि. सि., पृ. 665 पर उद्धृत व्यास।
404. नि. सि. पृ. 665 पर उद्धृत मदनरत्न। इस सन्दर्भ में उद्धृत रुपनारायण तथा हरिहर भाष्य।
405. वही, पृ. 665 पर उद्धृत शारंगधर।
406. नि.सि., पृ. 666
407. ध. सि., पृ. 617
408. लघुविष्णुस्मृति, 59, पृ. 122
409. मेधातिथि, 3.57, पृ. 267
410. वही, 10.127, पृ. 1021
411. वही
412. कुल्लूक, 10.127, पृ. 565
413. प. मा. जि. 1, पृ. 425; नि. सि., पृ. 617 पर उद्धृत शूद्रकमलाकर तथा ब्रह्मपुराण 222.14
414. कृत्य., गृ. का., पृ. 273 और अपरार्क, 1.120, पृ 162
415. अपरार्क, 1.120, पृ. 162 पर उद्धृत भविष्यपुराण
416. दे. भा. पु. देवी माहात्म्य अध्याय, श्लो. 11-13
417. दे. भा. पु. 5.20.29
418. वही, 3.27.5
419. ब्रह्मपुराण, 227.14
420. वही, 228.9-12
421. वही, 66.8-13
422. वामनपुराण, 6.91
423. वही, 6.86 तथा 30.15, 'यजन्तु ब्राह्मणाद्यामी वर्ण यज्ञांश्च सांप्रतम।'
424. कल्किपुराण, 3.33,
'महिष्मत्यां निजपुरे यागदानतपोव्रतान।
ब्राह्मणान् क्षत्रियान् वैश्यान् शूद्रानापि हरेः प्रियान्॥
425. नि. सि. पृ. 674 पर उद्धृत कृत्यकल्पतरु और देवीपुराण।
426. वही, पृ. 677
427. नि. सि. पृ. 686
428. वामनपुराण, 15.77
'ब्राह्मणः क्षत्रियाः वैश्याः शूद्रा ये तत्परायणः।
स्नाता भक्तियुताः सर्वे पश्यन्ति परमं पदम।'
429. वृद्धहारीतस्मृति, 2.44, पृ. 239
430. वही, 2.45, पृ. 239
431. वही, 2.47, पृ. 240।
'रुद्रार्चनाद्ब्राह्मणस्तु शूद्रेण समतां व्रजेत।
यक्षभूतार्चनात्सद्यण्डालत्वमवाप्नुयात॥
432. वही, 2.64, पृ. 240

433. वही, 8.76, पृ. 282
434. वही, 8.195, पृ. 287; 11.80, पृ. 343
435. नी. वा. मृ. 9.12
436. औशनसस्मृति, 36-37, पृ. 47
438. यमस्मृति, 14, पृ. 112
439. मिताक्षरा, 3.262, पृ. 550
440. मेधातिथि, 10.123
441. अपरार्क, 1.120, पृ. 162 तथा कृत्य. गृ. का., पृ. 273
442. प. मा., जि. 2-3, पृ. 86
443. ब्रह्मपुराण, 222.14, पृ. 1178; बृहन्नारदीयपुराण, 22.26, पृ. 296
444. अपरार्क, 1.10, पृ. 28 पर उद्धृत जातुकर्ण्य, लिखित स्मृति, श्लो. 6, पृ. 182; लघुशंखस्मृति, 6, पृ. 124
445. कृत्य. दानकाण्ड, भूमिका, पृ. 75
446. वही, पृ. 104
447. सी. आई. आई. जि. 4, भाग 2, पृ. 579
448. जै. शि. सं., भाग 2, पृ. 129
449. राजतरंगिणी, 5.404
450. वही, 4.685, 693
451. वही, 695-6
452. राजतरंगिणी, 4.120
453. मेधातिथि; 3.146, पृ. 313, 'शूद्रस्य शिष्यों व्याकरणादिविद्यासु। गुरुश्च शूद्रस्यैव। ...शूद्र गुरुत्वं च गर्हितं·नान्यत।'; कुल्लूक, 3.156, पृ. 140, शूद्रशिष्यों व्याकरणादी। गुरुश्च तस्यैव।'
454. अपरार्क, 1.154, पृ. 220,
'वृषलाध्यापकश्चैव वृषलाध्यापितश्च यः।
तावृमौ नरके घोरे वसेतां शरदां शतम्॥ उद्धृत यम
455. वही, 1.116, पृ. 159, 'उत्कृष्ट गुणविद्यायुक्तस्तु हीनजातिरच्युत्कृष्टजाते र्मान्यो भवति।
456. प. मा., जि. 2-3, पृ. 381 तथा ध. सि., पृ. 618 पर उद्धृत माधव।
457. राजस्थान., पृ. 142
458. जै. शि. सं., भाग 3, अभि. संख्या 318
459. राजस्थान., पृ. 78
460. अग्निपुराण, नगरादिवास्तुकथनम् अध्याय, श्लो. 11,
461. मेधातिथि, 8.359, पृ. 858; कुल्लूक, 8.359, पृ. 443 'अब्राह्मणोऽत्र शूद्रः'
462. एपि. इ. जि. 32, संख्या 36, यादव, पूर्वोद्धृत, पृ. 97 पर उद्धृत।
463. कुल्लूक, 7.2, पृ. 306, 'वैश्यस्यापि क्षत्रियधर्म, शूद्रस्य च क्षत्रिय वैश्य कर्मणी जीवनार्थमापदि... ।'
464. वही, तथा स्मृ. च.,आ. का, पृ. 296 पर उद्धृत नारद।

465. मिताक्षरा, 3.35, पृ. 431 तथा अपरार्क, 3.34, पृ. 930
466. इलियट. जि. 2, पृ. 95
467. राजतरंगिणी, 4.680
468. शर्मा, पूर्वमध्यकालीन भारत में सामाजिक परिवर्तन, पृ. 12
469. रातरंगिणी, 4.687
470. वही, 5.390
471. वही, 7.41, और 106
472. वही, 7.116
473. वही, 7.290
474. शर्मा, पूर्वोद्धृत, पृ. 11
475. राजतरंगिणी, 4.410
476. वही, 6.79

3

जाति-व्यवस्था

भारतीय सामाजिक संरचना के अन्तर्गत जातियों के विकास में व्यवसायों की महत्वपूर्ण भूमिका रही है। विशेषकर पूर्वमध्यकाल में जातियों का गठन, विकास और विस्तार का आधार मुख्यतः व्यवसाय ही था। मनु के अनुसार जातियों का उद्भव वर्णों के पारस्परिक मिश्रण, अवैध विवाह सम्बन्ध और कर्त्तव्यों की उपेक्षा के कारण हुआ।[1] परन्तु साथ ही उसने यह भी लिखा है कि मिश्रित जाति के लोगों का प्रकट ज्ञान उनकी जीविका से होता है।[2] मनुस्मृति में उल्लिखित अधिकांश कथित वर्णसंकर जातियाँ वस्तुतः जनजातियाँ या विदेशी जातियाँ हैं।[3] मेधातिथि ने अनुलोमों का वर्ण निर्धारण माता के वर्णानुसार किया और प्रतिलोमों को शूद्रों के अधिकार और कर्तव्यों का अधिकारी माना।[4] साथ ही मेधातिथि ने वर्णसंकर जातियों को असंख्य बताते हुए, व्यवसाय से छोटी से छोटी जाति जैसे सोपाक और अन्य को पहचानना सम्भव बताया है।[5] मनु के कथन 'नास्ति तु पंचम' पर टिप्पणी करते हुए कुल्लूक ने वर्णसंकर जातियों के लिए लिखा कि 'जो संकीर्ण जातियाँ है वे माता-पिता से भिन्न जाति की होती हैं अर्थात् उनमें जाति का अन्तर तो हो जाता है, वर्ण का अन्तर नहीं, आगे उसका कथन है कि 'यह जो अन्य जातियों का मत शास्त्रों में पाया जाता है वह मात्र व्यवहार के लिए है।[6] कुल्लूक का उक्त कथन तथाकथित वर्णसंकर जातियों के हिन्दू समाज में समायोजन की प्रवृत्ति का परिचायक है।

वर्णसंकरता के सिद्धान्त का उद्देश्य ऐसे समुदायों का चतुर्वर्णीय व्यवस्था में समायोजन मात्र था। विभिन्न व्यवसायों से वर्णसंकर जातियों के तालमेल बैठाने का सराहनीय प्रयास मनु और विष्णु ने किया और विवेच्यकाल में उशनस ने इस प्रयास को विस्तार प्रदान किया। विद्वानों ने मिश्रित जातियों का सिद्धान्त नितान्त असम्भव, अनुचित और कृत्रिम बताया।[7] काणे ने इसे अधिक से अधिक अर्द्धसत्य माना है।[8] मजुमदार ने इसे मूर्खतापूर्ण और हास्यापद बताया।[9] उत्पत्ति के आधार पर संकर जातियों का घनीभूतिकरण भी अस्वाभाविक प्रतीत होता है। वस्तुतः

चातुर्वर्ण्य की व्यवस्था के अन्तर्गत इन्हें समायोजित व व्यवस्थित करना स्मृतियों का उद्देश्य था। काणे ने जातियों को व्यवसाय और भौगोलिकता का सूचक मानते हुए लिखा है कि–'स्मृतियों के काल में जातियाँ विशेषतः विभिन्न व्यवसायों की ही परिचायक हैं।[10] फिक ने भी व्यवसायगत् संघों को जातियों के रुप में परिणत बताया।[11] विनयपिटक के एक अनुच्छेद के आधार पर मजुमदार ने लिखा है कि कुछ औद्योगिक समुदाय जैसे रथकार और वेण वास्तविक रुप से जातियों का स्वरुप ग्रहण कर चुके थे, किन्तु चर्मकार, कुम्भकार, आदि व्यावसायिक समुदायों की जातियाँ अभी तक नहीं बन सकी थीं और ये हीन पेशे (हीन सिप्प) की मानी जाती थीं।[12] यह उल्लेखनीय है कि कौटिल्य भी अनुलोम जातियों को पैतृक व्यवसाय और आन्तरविवाह के पालन का निर्देश देता है।[13]

इस काल के कई व्यवस्थाकारों ने वर्णसंकर जातियों का औपचारिक संक्षिप्त उल्लेख कर उसे असंख्य बताते हुए इस प्रकरण को समाप्त कर दिया और दूसरी और शब्द-कोषों ने विस्तार से शूद्र वर्ण के अन्तर्गत अनेक व्यवसायगत् समूहों का उल्लेख किया है जो प्रायः इस युग तक जाति के रुप में आत्मसात किए जा चुके थे। विवेच्ययुगीन ग्रन्थों ने अस्पृश्यता और अभोज्यान्नता के सन्दर्भ में इन्हीं वर्गों का उल्लेख किया है।

इन्हीं व्यवसायगत् समूहों या वर्गों की जाति के रुप में परिणति या घनीभूतीकरण जाति व्यवस्था के विकास के दौर में महत्त्वपूर्ण परिवर्तन था। अमरकोश में 'श्रेणी' को 'एक जाति के कारीगरों के समूह' का एक नाम बताया गया।[14] रामाश्रयी नामक इसकी टीका में कहा गया, 'एक सजातीयशिल्पिसंघस्य।[15] अपरार्क ने नट के लिए 'जाति विशेष' विशेषण प्रयुक्त किया।[16] विज्ञानेश्वर के अनुसार, एक ही कर्म करने वाली अनेक जातियों का जब एक ही जाति के रुप में संघ बन जाता है तो वह श्रेणी कहलाता है।[17] परन्तु अपरार्क ने श्रेणी को परिभाषित करते हुए लिखा है कि एक जाति में रहने वालों और समान वृत्ति से जीविका चलाने वालों का समूह 'श्रेणी' कहलाता है।[18] वैजयन्ती में श्रेणी को एक जाति और पेशे से सम्बन्धित व्यक्तियों का समुदाय बताया गया है।[19] कान्हड़दे प्रबन्ध में श्रेणियों का अठारह वर्णो के रुप में उल्लेख है जो उनके उपजाति में परिणत होने का प्रमाण है।[20] उपरोक्त तथ्यों से प्रकट है कि पूर्वमध्यकाल के अन्तिम चरणों तक पूर्वकालीन व्यावसायिक श्रेणियाँ जाति का रुप ग्रहण कर चुकी थीं।

इस काल के व्यवस्थाकारों ने वृत्ति या व्यवसाय से जातियों के निर्माण की सूचना दी है। उशनस ने कई वर्णसंकर जातियों को विभिन्न व्यवसायों में समायोजित कर यह लिखा है कि, 'जातियाँ वृत्ति (व्यवसाय) के अनुसार हैं।'[21] व्यवसाय या जीविका के आधार पर अनेक जातियों के निर्माण की पुष्टि हेमचन्द्र कृत शब्दानुशासन में भी हुई है। नानाजातीया अनियतवृत्तयः' पद से प्रकट है कि भिन्न-भिन्न जाति

वालों की भिन्न-भिन्न वृत्तियाँ होती हैं। उदाहरणार्थ उन्होंने कापोतपाक व ब्रीहिमत जाति का उल्लेख किया है जो क्रमश कबूतर के आखेट और धान एकत्र कर आजीविका चलाने वाले वर्ग की ओर इंगित करता है।[22]

विभिन्न श्रेणियों के जाति में परिणत होने का कारण कतिपय पूर्वमध्यकालीन सामाजिक-आर्थिक प्रवृत्तियाँ थीं। इस युग में अस्पृश्यता का स्वरुप अधिक व्यापक होता गया। 'गुप्तकाल तक इस बात का कोई प्रत्यक्ष प्रमाण नहीं है कि 'डोम' और 'चर्मकार' अस्पृश्य थे।'[23] अपरार्क द्वारा उद्धृत हारीत, संवर्त आदि के उद्धरणों से अनेक पेशेवर वर्गों की अस्पृश्यता ध्वनित होती है,[24] जिसमें क्रमशः शूद्र और पुनः सत् शूद्र अथवा समस्त शूद्र समुदाय आ जाता है।[25] इसी समय अभोज्यान्नता का प्रश्न भी निरन्तर कठोर, जटिल और व्यापक होता जा रहा था और शूद्र वर्ग के अन्तर्गत जो लोग भोज्यान्न थे, उनकी भोज्यान्नता भी कलिवर्ज्य घोषित कर दी गई थी। अनुलोम-प्रतिलोम विवाहों पर प्रतिबन्ध और इनकी कलिवर्ज्यता के आदर्श ने निम्न वर्गों में गतिबद्धता और जाति के रूप में इनके स्थिर बने रहने में प्रेरक तत्त्व का कार्य किया। जात्युत्कर्ष और जात्यापकर्ष की व्यावहारिकता पर काणे ने सन्देह व्यक्त कर इन्हे आदर्श मात्र माना है।[26] लक्ष्मीधर ने गृहस्थकाण्ड में जात्युत्कर्ष का उल्लेख नहीं किया है।[27] असवर्ण विवाहों की कलिवर्ज्यता के कारण ये सिद्धान्त अर्थहीन थे।

उत्तरगुप्तकाल में ज्यों-ज्यों व्यापार और वाणिज्य मन्द पड़ने लगे त्यों-त्यों शिल्पि संघ अवरुद्ध, गतिहीन, अधिक से अधिक वंशानुगामी और अधिक से अधिक स्थानीय होने लगे। व्यापारियों और शिल्पियों ने धीरे-धीरे अपना एक विशिष्ट बन्द वर्ग बना लिया जिसका रुप सभी व्यावहारिक प्रयोजनों के लिए जाति जैसा मालूम पड़ता था। अपरार्क बृहस्पति का उद्धरण देकर यह सिद्ध करता है कि इन संघों का प्रधान गलत काम करने वाले को जाति बहिष्कृत कर सकता था।[28] कात्यायन का 'श्रेणी' से तात्पर्य रजक आदि अठारह निम्न वर्णों से था।[29] इस प्रकार स्थानीय एवं आत्मनिर्भर अर्थव्यवस्था के आविर्भाव[30] ने शिल्पि संघों को गतिहीन और वंशानुगामी बनाकर उन्हें जाति के रुप में घनीभूत होने में प्रेरक तत्त्व का कार्य किया। दामोदरन के अनुसार, ग्राम समुदायों के अन्तर्गत कई जातियाँ और उपजातियाँ पैदा हो गईं जिनमें से प्रत्येक किसी धन्धे या व्यसाय का प्रतिनिधित्व करती थीं।[31]

मेधातिथि ने अनुलोम-प्रतिलोम जातियों के शनैःशनैः प्रगुणन से अनेक वर्णसंकर जातियों की उत्पत्ति की चर्चा की है। उदाहरण के लिए शूद्र और वेश्या की सन्तान 'आयोगव' से चार वर्णों की स्त्रियों से चार प्रकार की प्रतिलोम और 'आयोगव' को लेकर पाँच जातियाँ बनी। इस प्रकार अनेक वर्णसंकर जातियों के विभिन्न वर्णों के साथ संयोग से अनन्त भेद होते हैं।[32] विज्ञानेश्वर ने कतिपय

वर्णसंकर जातियों का उल्लेख कर, यह कहते हुए कि यह केवल वर्णसंकर जातियों का दिग्दर्शन मात्र है, उनका विशद् उल्लेख असम्भव बताया।[33] कुल्लूक ने वर्णसंकरता के निरन्तर प्रगुणन से 64 जातियों की चर्चा की।[34] वैजयन्ती में वर्ण-संकर जातियों की संख्या 64 कही गई है। बृहद्धर्मपुराण में वर्णसंकर जातियों की तीन श्रेणियाँ निर्दिष्ट की गई हैं, उत्तम जिनकी संख्या बीस है, मध्यम जिनकी संख्या बारह है और अधम जिनकी संख्या नौ है।[35] माधवाचार्य ने भी वर्णसंकर जातियों के निरन्तर विकास की चर्चा की है। उसने लिखा है कि, अनुलोम प्रतिलोम वर्णों के परस्पर सांकर्य से श्वपाक, कुक्कुट आदि अनेक प्रकार की जातियाँ उत्पन्न हो गईं। पुराणसार में उनकी वृत्ति बताई गई है।' उसका कथन है कि, अनुलोम प्रतिलोम और सवर्ण जातियों के मिश्रण से जो वर्णसंकर जातियाँ उत्पन्न हुईं और उन वर्णसंकर जातियों के आश्रय से उत्पन्न जो अनेक जातियाँ हुईं वे वर्णाभास (स्पष्ट नहीं है) है, इस प्रकार 60 जातियाँ होती है फिर उन संकीर्ण जातियों से उत्पन्न अनेक, अनन्त, अस्पष्ट जातियाँ उद्भूत हुईं।' माधव ने किसी अन्य स्मृति का उल्लेख करते हुए बताया कि 'प्रतिलोम और अनुलोम वर्णो से 60 जातियाँ और उनसे अनन्त जातियाँ उत्पन्न हुईं। अनुलोम-प्रतिलोम से बारह जातियाँ और बारह जातियों के प्रगुणन से 48, इस प्रकार 60 जातियाँ बनीं। जैसे, मूर्धावषिक्त, अम्बष्ठ, निषाद, माहिष्य, उग्र सूत, वैदेहक आदि। उसका कथन है कि 'इस प्रकार मिलाकर 60 जातियाँ होती हैं और उन साठ संख्यक जातियों से उत्पन्न अस्पष्ट, अनन्त संख्या में जातियाँ होती हैं।'[36] लगभग आठवीं शताब्दी के विष्णुधर्मोत्तरपुराण में कहा गया कि वैश्य स्त्रियों और निम्न श्रेणियों के पुरुषों के सम्पर्क से हजारों मिश्रित जातियाँ उत्पन्न होती हैं।[37] इस युग में अनुलोम सन्तानों का वर्ण निर्धारण माता के वर्ण से किया गया।[38]

पूर्वमध्ययुगीन धर्मशास्त्रों में निरन्तर बढ़ती वर्णसंकर जातियों का उल्लेख पुनः इस प्रकरण को 'संकर जातियाँ असंख्य हैं' कहकर समाप्त किया जाना और इन वर्ण-संकर जातियों को विभिन्न पेशों के अन्तर्गत रखा जाना अथवा पेशों से उनकी पहचान करना और उन्हें हिन्दू समाज में स्थान दिया जाना,[39] इस युग में हिन्दु सभ्यता के क्षेत्रीय विस्तार, जन-जातियों के हिन्दू समाज में आत्मसात्करण और संस्कृतीकरण का प्रमाण है। जाति और व्यवसाय के बीच बद्ध-संगतता के पीछे ब्राह्मणिक-समाज की एक निश्चित अर्थ प्रणाली के निर्माण की इच्छा सन्निहित थी।[40] श्रम विभाजन का और अधिक विशिष्टीकरण हुआ और आन्तरविवाह के नियम जो वर्णों तक निहित थे, प्रत्येक व्यावसायिक जातियों के ऊपर भी आरोपित किए गए।[41] इस युग में सजातीय विवाह एक अनिवार्य प्रथा बन गई। संकर जातियों के कर्म या व्यवसाय का धर्मशास्त्रों ने उल्लेख किया है।[42] उशनस द्वारा विवृत्त विभिन्न व्यवसाय पर आधारित जातियाँ निम्नलिखित है।[43]

1. वैश्य पुरुष और क्षत्रिय स्त्री की सन्तान तन्तुवाय या कांसा आदि धातु का कार्य करने वाली हैं। कुछ लोग इसे शालिका भी कहते हैं, और ये वस्त्र-निर्माण कर जीविकोपार्जन करते हैं।

2. आयोगव पुरुष और ब्राह्मण स्त्री से उत्पन्न—ताम्रोपजीवी

3. आयोगव पुरुष और क्षत्रिय स्त्री से उत्पन्न—सूनिक

4. सूनिक पुरुष और क्षत्रिय स्त्री से उत्पन्न उद्बन्धक कहलाता है, कार्य वस्त्र प्रक्षालन (निर्णेजक), उशनस ने इसे अस्पृश्य बताया है।

5. वैश्य पुरुष और क्षत्रिय स्त्री की गूढ़ सन्तान—पुलिन्द, पशुवृत्ति, जंगली जानवरों का हनन करने वाली कही गई है।

6. शूद्र पुरुष और क्षत्रिय स्त्री से उत्पन्न सन्तान—पुल्कस, सुरावृत्ति और मधुविक्रयी कही गई है।

7. पुल्कस पुरुष और वैश्य स्त्री की सन्तान रजक कही गई है।

8. शूद्र पुरुष और वैश्य स्त्री की सन्तान वैदेहक थी। उसका कार्य बकरी, गो-पालन तथा दही-दूध बेचना था।

9. शूद्र और क्षत्रिया की गूढ़ज सन्तान रंजक थी।

10. रंजक पुरुष और वैश्य स्त्री की सन्तान नर्तक कही गई है।

11. वैदेहक पुरुष और विप्र स्त्री की सन्तान चर्मोपजीवी नाम से जानी गई।

12. वैदेहक पुरुष और क्षत्रिय स्त्री की सन्तान सूचित या पाचक कही गई थी।

13. शूद्र पुरुष और वैश्य स्त्री की गूढ़ज सन्तान चक्री कही गई, उसका कार्य तेल पेरना तथा नमक विक्रय करना था। चक्री या चाक्रिक का कई अन्य ग्रन्थों में भी उल्लेख है।

14. ब्राह्मण पुरुष और क्षत्रिय स्त्री की सन्तान संमंत्रक कही जाती थी जो नृपाज्ञा से अश्व, रथ, हस्ति चालन कर सकता है। वह सेनापति अथवा वैद्य भी हो सकता है।

15. ब्राह्मण पुरुष और क्षत्रिय स्त्री की गूढ़ सन्तान 'भिषक' होती है और उसकी वृत्ति आयुर्वेद, तन्त्रविद्या, ज्योतिष, गणित और कायिक (शरीर विज्ञान) से सम्बद्ध होती है।

16. ब्राह्मण पुरुष और क्षत्रिय स्त्री की सन्तान नृप कही जाती थी।

17. नृप पुरुष और क्षत्रिय स्त्री की गूढ़ सन्तान क्षत्रिय होती थी किन्तु अभिषिक्त होने के अनुपयुक्त और 'गोज' संज्ञक होती थी।

18. ब्राह्मण पुरुष और वैश्य स्त्री की सन्तान अम्बष्ठ होती थी, जो कृषोपजीवी या शस्त्रोपजीवी थी।

19. ब्राह्मण पुरुष और वैश्य स्त्री की गूढ़ सन्तान कुम्भकार कही जाती थी जो

कुलाल-वृत्ति से जीवनयापन करती थी और नापित भी कही जाती थी।

20. उशनस ने कायस्थ को एक जाति माना है और कुम्भकार को कायस्थ वृत्ति ग्रहण करने का आदेश दिया है। कायस्थ की उत्पत्ति काक, यम और स्थपति शब्दों से मानी है।

21. ब्राह्मण पुरुष और शूद्र स्त्री की सन्तान 'पारशव' थी जिसका कार्य देवी भद्रकाली की पूजा, शैवागम विद्या और वाद्य-संगीत था।

22. विप्र और शूद्रा की अवैध सन्तान 'निषाद' कही गई है जिसका कार्य मांस-विक्रय और आखेट करना बताया गया है।

23. क्षत्रिय पुरुष और वैश्य स्त्री की चौर्य सन्तान 'मणिकार' कही गई है, जिसके लिए वैश्य वृत्ति या मणियों से अलंकार निर्माण, मुक्ता, प्रवाल शंख आदि से सम्बद्ध वृत्ति कही गई है।

24. विप्र और शूद्रा की सन्तान 'उग्र कही गई है।

25. इन्हीं की प्रच्छन्न सन्तान 'शूलिक' कही गई है जो जल्लाद का कार्य करती थी।

26. वैश्य पुरुष और शूद्रा की सन्तान 'सूचक' कही जाती थी।

27. सूचक और विप्र की सन्तान तक्षक कही गई है जिसका कार्य शिल्प कर्म और प्रसाद निर्माणदि कहा गया है।

28. सूचक और विप्रा की सन्तान मत्स्यबन्धक कही गई है।

29. वैश्य और शूद्रा की चौर्य सन्तान 'कटकार' कही गई है।

30. वैश्य और शूद्रा की प्रच्छन्न सन्तान 'काकवच' है जो अश्व के लिए तृणादि की व्यवस्था करती थी।

उशनस का कथन है–

'एतत्संक्षेपतः प्रोक्तं जातिवृत्तिविभागशः।
जात्यन्तराणि दृश्यन्ते संकल्पादित एव तत्'॥

इसके अतिरिक्त तद्‌युगीन धर्मग्रन्थों में अन्य कई कथित वर्णसंकर और व्यवसायोपजीवी जातियों का उल्लेख मिलता है यथा, वैश्य कन्या और ब्राह्मण की सन्तान आर्द्धिक या अर्द्धसारी' ब्राह्मण और शूद्रा से उत्पन्न सन्तान संस्कार सम्पन्न किए जाने पर दास कही जाती थी अन्यथा नापित। क्षत्रिय पुरुष और शूद्रा की सन्तान गोपाल कही गई है जिसका कार्य गोरक्षण, कृषि और गो-पालन कहा गया है। वैश्य और शूद्र कन्या की सन्तान को माधव ने कुलमित्र कहा है।[44]

इसी प्रकार वेदव्यास ने नापित, अन्वयमित्र (कुलमित्र) दास, गोप आदि का उल्लेख किया है।[45] वसिष्ठ स्मृति में भी कतिपय वर्णसंकर जातियों का उल्लेख किया गया है। यथा, शूद्र और क्षत्रिया से उत्पन्न 'वेण', शूद्र वैश्या से उत्पन्न अन्त्यावसायी, वैश्य पुरुष और ब्राह्मणी की सन्तान रामक, और क्षत्रिया की सन्तान

पुल्कस तथा क्षत्रिय और ब्राह्मणी से उत्पन्न 'सूत' कही गई है।[46]

वर्ण-जाति प्रकरण के अन्तर्गत अपरार्क ने भी अनुलोम-प्रतिलोम जातियों का उल्लेख किया है, यथा, मूर्धावसिक्त (ब्राह्मण-क्षत्रिया) अम्बष्ठ (ब्राह्मण-वैश्या), निषाद (ब्राह्मण-शूद्रा)। अपरार्क ने इसे पारशव भी कहा है।[47] उसने इसी स्थल पर गौतम को उद्धृत करते हुए सवर्ण, अम्बष्ठ, उग्र, निषाद, दौषान्त, पारशव तथा साहित्य (क्षत्रिय-वैश्या) उग्र (क्षत्रिय-शूद्रा), करण (वैश्य-शूद्रा) का उल्लेख किया है। प्रतिलोम जातियों में अपरार्क ने सूत, वैदेह, चाण्डाल, मागध, क्षत्ता, आयोगव का उल्लेख किया है। देवल को उद्धृत कर अपरार्क ने विवाहित सवर्णा द्वारा सवर्ण पर पुरुष से उत्पन्न सन्तान को 'अवरीट' और जातितः शूद्र धर्मी बताया है।[48]

इसी प्रकार लक्ष्मीधर ने भी व्यवहारकाण्ड में जाति भेद के सन्दर्भ में अनेक धर्मशास्त्रकारों को उद्धृत किया है। देवल को उद्धृत करते हुए उसने लिखा है कि चार अनुलोम—सवर्ण, अम्बष्ठ, पारशव, उग्र; 6 प्रतिलोम—आयोगव, क्षत्त, चण्डाल, मागध, वैदेहक, सूत और 6 अन्तराल जाति, कुक्कुट, पुल्कस, वेन, कुशीलव, बन्दी, श्वपाक हैं। इसी प्रकार अनेक वर्णसंकर जातियो के सन्दर्भ में उशना, शंख-लिखित, गौतम, नारद आदि भी उद्धृत किए गए हैं। पैठीनसि ने वर्णों और वर्णसंकर जातियों के संयोग से उत्पन्न कुछ अन्य जातियों का उल्लेख किया है, यथा ब्राह्मण पुरुष से क्रमशः वैदेहक, बन्दी, निषाद, अम्बष्ठ स्त्री से क्रमशः चूचुक, मग्दु, पुल्कस, कुक्कुट और क्षत्रिय पुरुष के द्वारा, क्षत्ता, पुल्कस, वेन, उग्र स्त्रियों से क्रमशः दूत, प्रेष्य, कैवर्त, आरा उत्पन्न होते हैं। इसी प्रकार उग्र पुरुष के द्वारा इन स्त्रियों से क्रमशः मौजिष्ठ, सौत, पाणि, विकल उत्पन्न होते हैं। इसी प्रकार उग्र स्त्री से मौजिष्ठ द्वारा पौष्टिक सौत द्वारा डोम्ब, पाणि द्वारा मिन्ज और विकल द्वारा शिण्डिका उत्पन्न होते हैं। यह उद्धरण 'वर्णसंकर' जातियों के निरन्तर प्रगुणन का द्योतक है।[49]

लक्ष्मीधर ने मनु शंख-लिखित आदि को उद्धृत कर इन वर्णसंकर जातियों के कर्मों के निर्धारण (अथ तेषां कर्माणि) का भी उल्लेख किया है। मनु को उद्धृत करते हुए उसने मेद, आन्ध्र चूंचु, तथा मुद्ग जातियों का कार्य आखेट, क्षता, उग्र, पुक्कस का कार्य बिल में रहने वाले पशुओं का आखेट, धिग्वणों का कार्य चर्मकाय, वेणों का कांसा-मूरज बजाना निर्धारित किया है। शंख-लिखित को उद्धृत करते हुए संक्षेप में, सूत का कार्य अन्न की सफाई, मालिश, सजाना तथा घोड़ों की व्यवस्था, क्षत्ता का कार्य प्रतिहार या दूत, मागध का कार्य मृदंग वेणु वीणा वादन, नृत्य-गीत-वाद्य, सेवाकर्म और श्लोक-पाठ, अम्बष्ठ का कार्य वैद्यकी, वैदेहक का कार्य दर्जी (निर्णेजन) अथवा वापी, कूप, उद्यान की देख-रेख, उग्र का कार्य हस्ति-पालन, वेण का कार्य आखेट, इन्द्रजाल और युद्ध-व्यवस्था, कुक्कुट का कार्य अस्त्र-निर्माण, आयोगव का कार्य सुवर्णकारी या कुम्भकारी, अथवा मणि, लौह,

चर्मवृत्ति, पुल्कस का कार्य नगर गली की रक्षा या मालीगीरी, निषाद का कार्य आखेट और मांस व्यवसाय बताया है।[50] इसी सन्दर्भ में विष्णु, हारीत, यम आदि भी उद्धृत किए गए हैं।[51] मेधातिथि ने मनु-निर्दिष्ट वैदेहक के स्त्री-कार्य से तात्पर्य अन्तःपुर की रक्षा करना बताया है।[52] विभिन्न वर्णसंकर जातियों के व्यवसाय निर्धारण के सन्दर्भ में अपरार्क भी मनु को उद्धृत्त करते हैं।[53] कुल्लूक ने आयोगव का कार्य बढ़ईगिरी (काष्ठतक्षणं) बताया है।[54]

अमरकोश, हलायुधकोश, अभिधानचिन्तामणि और शब्दानुशासन आदि ग्रन्थों में वर्णसंकर जातियों के साथ व्यावसायिक वर्गों का शूद्रों के अन्तर्गत उल्लेख किया गया है। इन ग्रन्थों से शूद्र जाति की संख्या में भारी वृद्धि का अनुमान लगाया जा सकता है। धर्मशास्त्रों में वर्णित वर्णसंकर जातियों का निरन्तर विकास और उनका व्यवसायोल्लेख हिन्दू सभ्यता के भौगोलिक विस्तार और अनेक व्यवसायों में संलग्न कबीलों या जनजातियों के हिन्दू समाज में आत्मसातकरण का द्योतक है।

उपरिलिखित कोश-ग्रन्थों में वर्णित व्यावसायिक जातियों की सूची इस प्रकार है–

1. कुटुम्बी–अमरकोश में क्षेत्राजीव, कृषिक, कर्षक और कृषिबल ये चार नाम कृषक-गृहस्थ के लिए बताए गए हैं (द्वितीय काण्ड, नवाँ अध्याय, श्लो. 6)। हलायुधकोश में वैश्यों को कृषक और वणिक वर्ग कहा गया है और कुटुम्बी को वैश्य वर्ग में स्थान दिया गया है (द्वितीय काण्ड, श्लो. 574, पृ. 65) अभिधान चिन्तामणि में भी कुटम्बी को वैश्य वर्ग में रखा गया है। (मर्त्यकाण्ड, 3.554, पृ. 222)

2. गोपाल–आभीर, गोप, वल्लव तथा गायों के अधिकारी और अजाजीविक को हेमचन्द्र ने वैश्य वर्ग के अन्तर्गत स्थान दिया है (अभि. चि., 3.353-4, पृ. 222),। यद्यपि वैजयन्ती (शूद्राध्याय 3.9.28) व हलायुध कोश ने इन्हें शूद्र वर्ग में स्थान दिया है। (ह. को., 2.587, पृ. 66)।

इसके बाद शूद्रवर्णान्तर्गत व्यावसायिक जातियों की चर्चा है। अमरकोश में एक जाति के कारीगरों के समूह का एक नाम 'श्रेणी' बताया गया है (2.10.5)। अमरकोश में इनका उल्लेख द्वितीय खण्ड के दसवें अध्याय में विस्तार से किया गया है।[65]

1. मालाकार (अभि. चि. में भी 3.564, पृ. 225), हलायुधकोश में इसके लिए प्रातिहारिक भी प्रयुक्त है। (2.589)।

2. कुम्भकार (हला. को. 2.590 व अभि. चि. 3.580, पृ. 228 में भी)।

3. पलगण्ड, लेपक-मकान आदि में चूना लगाने वाली जाति को कहा जाता था। (ह. को., 2.591 में भी)।

4. तन्तुवाय, कुविन्द–कपड़ा बुनने वाली जाति (अ. चि. 3.577, पृ. 227 तथा ह. को. 2.590 में भी) को कहा जाता था।

5. तुन्नवाय, सौचिक–दर्जी (अ. चि., 3, 574 पृ. 227 तथा ह. को, 2.590 में भी)।

6. रंगाजीव, चित्रकार–रंगसाज (अ. चि3 3.585, पृ. 229 तथा ह. को., 2. 591)।

7. शस्त्रमार्ज, असिधावक–शस्त्रों पर सान चढ़ाने व मरम्मत करने वाले।

8. पादूकृति, चर्मकार (अ. चि., 3.578, पृ. 228 तथा ह. को. 2.596में भी)।

9. व्योकार, लोहकार–लोहार (अ. चि. 3.584, पृ. 229 तथा ह. को, 2.588 में भी)।

10. नाडिन्धम, स्वर्णकार, कलाद, रुक्मकारक–सुनार (अ. चि., 3.572, पृ. 227 तथा ह. कोश. 3.588 में भी)।

11. शांखिक, काम्बविक–शंख की चूड़ी बनाने वाले (अ. चि., 3.574, पृ. 227 में भी)।

12. शौल्विक, ताम्रकुट्टक–तांबे का बर्तन बनाने वाले (अ. चि., 3.574, पृ. 227)।

13. तक्षा, वर्धकि, त्वष्टा, रथकार, काष्ठतक्ष–बढ़ई, ये दो प्रकार के बताए गए हैं–ग्रामाधीन या ग्रामतक्ष और कौटतक्ष या अनधीनक अर्थात् स्वतन्त्र बढ़ई (अ. चि., 3.582, पृ. 229 तथा ह. को., 2.587 में भी)।

14. क्षुरिमुण्डी, दिवाकिर्ति, नापित, अन्त्यावसायी–नाई (अ. चि., 3.586-7, पृ. 230 तथा ह. को., 2.593, में भी)।

15. निर्णेजक, रजक–धोबी (अ. चि., 3.578, पृ. 228 तथा ह. को., 2. 593 में भी)।

16. शौन्डिक, भण्डहारक–कलवार, सुरा निर्माता (अ. चि., 3.565, पृ. 225 में सुराजीवी, पानवणिक, ध्वजी, वारिबास, आसुतीवल और ह. को., 2.593 में कल्यपाल भी प्रयुक्त है)।

17. जाबालि, अजाजीव–गड़ेरिया।

18. देवाजीव, देवल–मन्दिर के पुजारी (अ. चि., 2.588, पृ. 230 में भी)। परन्तु वैजयन्ती में इनका स्थान ब्राह्मण वर्ग में है।[56] त्रिशष्टिशलाका पुरुषचरित में अल्प पाप व्यापार वाले, कपड़ा बुनने वाले, दर्जी, कुम्भकार, नाई के साथ पुजारी को शिल्प आर्य वर्ग में रखा गया है।[57]

19. मायाकार, प्रतिहारिक–जादूगर (अ. चि. 3.589, पृ. 230)।

20. शैताली, शैलूष, कुशीलव, चारण, कृशाखी–नट (ह. को., 2.592)।

21. मार्दगिक, मौरजिक—मृदंगवादक (अ. चि., 3.588, पृ. 230 में भी)।

22. पाणिवाद्य, पाणिघ—ताली बजाने वाले (अ. चि., 3.589, पृ. 230 में भी)।

23. वैणविक—बंसी या मुरलीवादक (अ. चि., 3.589, पृ. 230)।

24. वैणिक—वीणावादक।

25. जीवान्तक, साकुनिक—बहेलिया (अ. चि., 3.591, पृ. 231 में लुब्धक भी प्रयुक्त है)।

26. वागुरिक, जालीक—जाल में पशुपक्षी या मछली फंसाने वाले (अ. चि., 3. 592,पृ. 231 में वह ह. को, 2.594 में भी, ह. को. में इसके लिए धीवर, दास, कैवर्त भी प्रयुक्त है।)

27. वैतंसिक, कौटिक, मांसिक—वधिक या मांस-विक्रयी (ह. को., 2.595 में भी।)

28. मृतक, भृतिमुक, कर्मकर, वैतक्ति—मजदूर या वेतनभोगी।

29. वार्तावह, वैयवधिक—कांवर या बंहगी ढोने वाले।

30. मारवाह, मारिक—बोझ ढोने वाले।

इस सन्दर्भ में वैजयन्ती का 'शूद्राध्याय' व 'मनुष्याध्याय' भी द्रष्टव्य है। कुछ अन्य नाम—वैकटिक या मणिकार (अ. चि., 3.574, पृ. 226, तथा ह. को., 2. 588 में) संवाहक (ह. को, 2.590), नर्तकी अर्थात् स्यान्नटी, क्षुद्रा। (ह. को 2. 592), शिल्पि, कारव, (ह. को., 2.593)। अभिधानचिन्तामणि में तेली के लिए चाक्रिक, धूसर, तेली शब्द आया है (वही, 3.585, पृ. 229)।

शब्दानुशासन[55] में हेमचन्द्र ने अनेक व्यावसायिक जातियों का उल्लेख किया यथा—

आखनिक (5.3.137) खनक (5.1.65) अर्थात् खान खोदने का कार्य करने वाले।

आनायी (5.2.135)—जाल द्वारा मछली या हरिण पकड़ने वाले।

गन्धिक या गन्धी—(7.2.6)।

पाक्षिक (6.4.31)—पक्षी पकड़ने वाले।

मायुरिक (6.4.31)—मयूर पकड़ने वाले।

चैत्तिरिक (6.4.31)—तीतर पकड़ने वाले।

वादरिक (6.4.30)—फल विक्रेता।

नैवारिक (6.4.30)—जंगली धान एकत्र कर जीविका चलाने वाले।

श्यामाकिक (6.4.30)—श्यामा नामक धान एकत्र करने वाले।

कम्बलकारक (7.3.181)—ऊनी वस्त्र बुन कर आजीविका चलाने वाले आदि।

अन्त्यज जातियाँ

अत्रि तथा यम ने अन्त्यज जातियों की सूची में रजक, चक्रकार, नट, वुरुड, कैवर्त्त, मेद और मिल्ल जातियों को गृहीत किया है।[59] अलबीरूनी इनका उल्लेख शूद्रों के पश्चात् करता है और इनकी गणना किसी वर्ण में न कर इन्हें विभिन्न व्यवसाय और शिल्प से सम्बद्ध बताता है। अलबीरूनी ने अन्त्यज की दो श्रेणियाँ निर्दिष्ट की हैं जिसमें वह धोबी, चमार, मदारी, टोकरी आदि निर्माता, कैवर्त्त, मछली पकड़ने वाले, जंगली पशु-पक्षियों के आखेट कर्ता और जुलाहों की गिनती करता है। ये वर्ग चारों वर्णों के गाँव और नगर के बाहर किन्तु नजदीक रहते थे। इनके बाद उसने हादी, डोम, चण्डाल, बधती का उल्लेख किया है जो किसी वर्ण या वर्ग में नही आते और अपने व्यवसाय से ही जाने जाते हैं। अल इदरीसी ने सन्दालिया (चण्डाल) का उल्लेख किया है जिनका कार्य गायन था।[60] डोम्ब जाति का उल्लेख राजतरंगिणी में भी मिलता है जो गायक होते थे (5.354)। नवीं सदी के अरब लेखक इब्न खुर्दाब्दा ने भारत की डोम (जम्ब) जाति का उल्लेख किया है। जिनका पेशा संगीत, वाद्य, एवं नृत्य था। अलबीरूनी ने उन्हें बाँसुरी वादक व गायक बताया है। वे राजसभा में राजा व सामन्तादि के सम्मुख नृत्य, गायन करते थे।[61] वेदव्यास ने तीन प्रकार के चण्डाल बताए हैं—कुमारी कन्या, सगोत्रा और शूद्र तथा ब्राह्मणी से उत्पन्न।[62]

कतिपय धर्मग्रन्थों में अन्त्यजों की सूची में परिवर्तन दिखाई पड़ता है, जहाँ इनकी संख्या बढ़ा दी गई है उदाहरणार्थ वेदव्यास स्मृति में, चर्मकार, भट, भिल्ल, रजक, पुष्कर, नट, वराट, मेद, चाण्डाल, दाश, श्वपच, कोनिक अन्त्यजों में रखे गए हैं।[63] हेमाद्रि ने परम्परागत सात अन्त्यजों में, तक्षक, स्वर्णकार, सौचिक (दर्जी) तैलयान्त्रि (तेली) सूत, चक्री, ध्वजी, नापित और लोहकार भी जोड़ दिया।[64]

हलायुधकोश में कुटुम्बी और अभिधानचिन्तामणि में वणिक, आभीर (गोप, वल्लव आदि) तथा अजाजीविक (बकरी पालन आदि से जीविका चलाने वाले) को, वैश्य वर्ग में स्थान दिया गया। परन्तु वेदव्यास ने वर्धकी, नापित, गोप, आशाप, वणिक, किरात, कायस्थ, मालाकार, कुटुम्बी को भी स्वकर्मों के आधार पर विभिन्न शूद्र बताया।[65] बृहन्नारदीयपुराण में किस क्रम से मनुष्य जन्म पाता है अर्थात् प्रकारान्तर से विभिन्न जातियों का स्तरीकरण किया गया है जिसमें क्रमशः चर्मकार, चाण्डाल, ब्याघ्र, रजक, कुम्भकार, लोहकार, सुवर्णकार, तन्त्रवाय, वणिक का उल्लेख है।[66] चन्देल अभिलेखों में भी कुटुम्बी, कायस्थ, दूत, वैद्य, मेद, चाण्डाल आदि को एक साथ सम्बोधित किया गया है।[67]

विदेशी तथा अनार्य जातियाँ

भारतीय समाज में विदेशी जातियाँ प्राचीन काल से ही विद्यमान थीं। मनु ने यवन,

शक, पह्लव, चीन आदि जातियों का उल्लेख किया है जो क्रियालोपादि के कारण क्षत्रित्व से शूद्रत्व को प्राप्त हुईं। इनके साथ ही मनु ने पौण्ड्रक, चौद्र, द्रविड़, किरात आदि का भी उल्लेख किया।[68]

अलबीरूनी ने हिन्दुओं की धर्मान्धता उन लोगों के विरुद्ध बताई जो उनसे असम्बद्ध विदेशी हैं। वह लिखता है कि–वे उन्हें म्लेच्छ कहते हैं और उनके साथ किसी भी प्रकार का सम्बन्ध निषिद्ध मानते हैं–चाहे अन्तर्जातीय विवाह या किसी प्रकार का सम्बन्ध, उठना, बैठना, खान-पान हो, क्योंकि वे समझते हैं कि इससे वे अशुद्ध हो जाएँगे। किसी विदेशी के अग्नि और जल से किसी वस्तु का स्पर्श भी वे अपवित्र मानते हैं।[69] अपरार्क ने वसिष्ठ को उद्धृत किया कि 'म्लेच्छ भाषा नहीं पढ़नी चाहिए' तथा मार्कण्डेय के अनुसार 'म्लेच्छ' वेश न धारण करें, म्लेच्छ भाषा न पढ़े।[70]

पूर्वमध्यकालीन ग्रन्थों में भी 'म्लेच्छ' विशेषण से अभिहित विदेशी व भारतीय अनार्य जातियों का उल्लेख मिलता है। त्रिशिष्टिशलाकापुरुषचरित में हेमचन्द्र ने 'म्लेच्छ' का तात्पर्य उन विदेशी और अनार्य जातियों से बताया है जो 'धर्म' का अर्थ नहीं समझते अथवा धर्म और अधर्म के ज्ञान से अनभिज्ञ हैं। इनमें शक, यवन, शबर, बर्बर, काया, मुरुण्ड, उड्र, गौड्र, पल्कणक, अरपाक, हूण, रोमक, पारस, खस, खासिक, डौंबलिक, लकुस, भिल्ल, अन्ध्र, बुक्कस, पुलिंद, कौंचक, प्रभररुत, कुंच, चींत, वंचुक, मालव, द्रविड़, कुलज्ञ, किरात, कैकय, आदि का उल्लेख उसने किया है।[71] अभिधान चिन्तामणि में पुलिन्द, वाहल, निष्ठया, शबर, वरुट, भट, माला, भिल्ल और किरात आदि का उल्लेख हेमचन्द्र ने म्लेच्छ जातियों में किया है।[72] हलायुधकोश में किरात, शबर, निष्टया, पुलिन्द, नाहल, मट, माला, भिल्ल म्लेच्छादि को 'हयन्तजातयः' कहा गया है।[73] शंख-लिखित ने दस्यु-म्लेच्छ, गणों को शस्त्रोपजीवी माना है।[74]

अनार्य जैसी जंगली जातियों की चर्चा प्रायः तद्‌युगीन साहित्यिक ग्रन्थों में भी मिलती है। दशकुमारचरित में स्थान-स्थान पर इन जंगली अनार्य जातियों की चर्चा है। उदाहरण के लिए वनमार्ग से जाती प्रहारवर्मा की सेना का भीलों की सेना द्वारा लूटा जाना, विजय के उपलक्ष्य में देवी के सम्मुख बालक को बलि के रुप में चढ़ाने के लिए प्रयत्नशील किरातों का उल्लेख, शबरों के गाँव की चर्चा आदि।[75] आगे भी उल्लिखित है कि 'अरण्यवासी कोल-भीलों ने प्रहारवर्मा से उसके पास जो कुछ भी था, लूट लिया।[76]' वासवदत्त में किरातों का उल्लेख है जिनके गृह के समीप वनों में कुक्कुट एकत्रित हो रहे थे।[77] कथासरित्सागर में शक्तिरक्षित नामक किरातों के राजा का उल्लेख है, जो बालब्रह्मचारी, विद्याओं का ज्ञाता कहा गया है।[78] इसी प्रकार भील राजा विन्ध्यकेतु का उल्लेख है।[79] इन्हें माता भगवती का भक्त कहा गया है और नरबलि प्रचलित बताई गई है।[80] इसी ग्रन्थ में एक

भील राजा विक्रमादित्य नामक राजा से अपनी क्षत्रिया स्त्री से उत्पन्न मदन सुन्दरी नामक कन्या से विधिवत विवाह की प्रार्थना करता है, जिसे वह स्वीकार करता है।[81] राजतरंगिणी में शबर, किरात आदि जातियों का उल्लेख है।[82] पुराणों के अनुसार यह (शबर) एक विशेष म्लेच्छ जाति थी, ये दक्षिणापथ की निवासी थी। वायुपुराण में इन्हें 'दक्षिणापथवासिनः' कहा गया है। महाभारत के अनुसार शबर मूलतः क्षत्रिय थे और आचार त्याग देने के कारण म्लेच्छ हो गए।[83]

यद्यपि हूणों ने पूर्वमध्यकाल तक राजपूतों का स्तर प्राप्त कर लिया था। खस विशुद्ध राजपूत होने का दावा करते थे।'[84] परन्तु अधिकांश भारतीय अनार्य जातियों को परम्परागत भारतीय समाज में समायोजित करने के बाद शूद्रों या अन्त्यजों का स्तर दिया गया था। अभिधानचिन्तामणि में म्लेच्छ जाति की सूची में भिल्ल, भट, किरात को यम, अत्रि, वेदव्यास ने अन्त्यज और शूद्र के अन्तर्गत रखा।

कायस्थ

'कायस्थ' का उल्लेख करते हुए याज्ञवल्क्य ने राजा को उससे प्रजा की रक्षा का निर्देश दिया है। मिताक्षरा में इससे अभिप्राय गणक और लेखक तथा अपरार्क की टीका में 'कराधिकारी' बताया गया है।[85] इससे इनके राज्य-कर्मचारी होने की ध्वनि मिलती है। गुप्त अभिलेखों में कायस्थ राज्य कर्मचारी के रुप में अभिव्यक्त हैं। कुमारगुप्त प्रथम के दामोदरपुर ताम्रपत्र में 'प्रथम कायस्थ' शाम्बपाल उल्लिखित है जो कोटिवर्ष के विषय पति कुमारामात्य की शासनकर्तृ-समिति का एक सदस्य था। धर्मादित्य और गोपचन्द्र के फरीदपुर ताम्रपत्रों में ज्येष्ठ कायस्थ का नामोल्लेख है।[86] शूद्रक के मृच्छकटिक में कायस्थ का उल्लेख न्यायालय के लेखक के रुप में हुआ है।[87]

आठवीं सदी तक कायस्थ शब्द राजकीय अधिकारी का द्योतक था।[88] साहित्यिक और अभिलेखीय साक्ष्यों से प्रकट है कि नवीं शताब्दी के उत्तरार्द्ध से कायस्थों का जाति के रुप में गठन हुआ।[89] इस काल की उशनस और वेदव्यास जैसी स्मृतियों ने उन्हें 'जाति' के रुप में माना है। उशनस ने कायस्थ शब्दोत्पत्ति काक, यम और स्थपति के आदि अक्षरों से मानी है।[90] वेदव्यास ने कायस्थ' की अन्यान्य शूद्र जातियों, वर्धकी, नाई, गोप, कुम्भकार, वणिक, किरात, मालाकार, कुटुम्बी आदि के साथ गणना की है। वैजयन्ती में भी उनका उल्लेख शूद्र वर्ण के अन्तर्गत है।[91] चन्देल अभिलेख में ये निम्न जातियों—कुटुम्बी, दूत, वैद्य, भेद चाण्डाल आदि के साथ उल्लिखित हैं।[92]

कायस्थों की उत्पत्ति या उद्गम किस वर्ण से है, यह विवादास्पद है। वेदव्यास और हलायुध कोश में उन्हें व्यावसायिक शूद्र जातियों के साथ परिगणित किया

गया है।[93] सुमन्तु ने भी लेखक (कायस्थः) को तैलिक, चाक्रिक, ध्वजी, स्वर्णकार, व्याघ्र, निषाद, वरुड, चर्मकार आदि के साथ उल्लिखित करते हुए उसे अभोज्य बताया।[94] नैषधचरित में यम के लिपिक चित्रगुप्त को कायस्थ कहा गया है।[9] स्मृतिचन्द्रिका के व्यवहारकाण्ड में उद्धृत बृहस्पति ने गणक और लेखक को द्विज कहा है।[98]

कतिपय अभिलेखों में भी कायस्थों की उत्पत्ति से सम्बन्धित सूचनाएँ मिलती हैं। 1048-49 ई. के कलचुरि कर्ण के रेवा शिलालेख में काचर मुनि का उल्लेख है जिन्हें गंगा के तट पर कुलन्च में, चतुर्थ वर्ण (तुरीय जन्म) के एक व्यक्ति ने सेवा द्वारा सन्तुष्ट किया। फलस्वरुप मुनि ने उसे बृहस्पति के सदृश्य पुत्र की प्राप्ति का आशीष दिया और चूंकि उक्त शूद्र की 'काया' में असंख्य पुण्य समाहित थे इसलिए उसके वंशज कायस्थ कहलाये और उसके पुत्र से कायस्थ जाति का विकास हुआ।[97]

इस प्रकार स्पष्ट है कि कायस्थ का एक जाति के रुप में विकास हो चुका था।[98] इसी अभिलेख की चौंतीसवीं पंक्ति से प्रतीत होता है कि कवि ने कायस्थों का सम्बन्ध ब्राह्मणों से स्थापित किया है। 'तुरीयजन्मा' का अर्थ ब्राह्मण भी सम्भव है, यद्यपि हलायुधकोश में तुरीय वर्ण का आशय शूद्र से लिया गया है।[99]

चन्देल भोजवर्मन के मन्त्री नाना के अजयगढ़ अभिलेख में कायस्थों की उत्पत्ति मुनि काश्यप से बताई गई है।[100] उदयसुन्दरी कथा के लेखक सोढ्ढल ने कायस्थों का सम्बन्ध शिलादित्य नामक राजा के भाई कलादित्य से बताया है जो महेश्वर के गण का अवतार था जिसे कायस्थ कहा गया।[101]

नवीं शताब्दी के उत्तरार्द्ध से कायस्थों के विभिन्न वंश या शाखाओं के अभिलेखीय प्रमाण मिलने लगते हैं। कहीं-कहीं वे उच्च प्रशासनिक पदाधिकारी के रुप में उल्लिखित हैं।

कल्चुरि अभिलेखों में गौड़ कायस्थों के कई उदाहरण हैं। युवराज देव प्रथम का अमात्य भानु का पुत्र गोल्लक सम्भवतः गौड़ कायस्थ परिवार का था, जिसने भगवान विष्णु के कई अवतारों, मत्स्य, कच्छप और वराह की प्रतिमा स्थापित करवाई थीं। कर्ण के रेवा शिलालेख में कायस्थ जाति के किसी व्यक्ति द्वारा जो कर्ण का मंत्री था, भगवान शिव के मन्दिर बनवाने का उल्लेख है। जाज्जलदेव प्रथम के रतनपुर शिलालेख का रचयिता (नाम नहीं है) कायस्थ जाति के गौड़वंश का ही था और जो कर्ण का मन्त्री भी था। कल्चुरियों के 1214 ई. के एक अभिलेख में उसका रचयिता प्रीतिराज बताया गया है, जो गौड़ वंश से सम्बद्ध और विद्या का सागर तथा 'श्री कर्ण' (रिकार्ड आफिस) का प्रधान था।[102] 1218 ई. के भी एक अभिलेख का रचयिता प्रीतिगुप्त था जो गौड़ वंश के गुणों के अनुकूल, कुलीन और द्विजाति के चरणों के प्रति समर्पित कहा गया है।[103] चन्देल अभिलेख

में चन्देल शासक परमर्दि का सन्धि-विग्रहिक मन्त्री गौड़ गजाधर था।[104] चन्देल यशोवर्मन के खजुराहो शिलालेख (954 ई.) का रचयिता गौड़ करणिक जट्ट था। उसका पिता संस्कृत भाषा का विद्वान था।[105] इसी अभिलेख के नवीनीकरण होने पर इसे एक अन्य गौड़ कायस्थ ने लिखा।[106]

कायस्थ जाति की एक अन्य शाखा 'श्रीवास्तव' का भी उल्लेख इस काल के अभिलेखों में मिलता है। रतनपुर शिलालेख (जाज्जलदेव 1114 ई.) का लेखक कीर्तिधर 'वास्तव्य वंश' का कहा गया है। रलदेव द्वितीय के सर्खो अभिलेख में लेखक कीर्तिधर कहा गया है और उसे जडेर ग्राम का स्वामी माना गया है।

कलचुरि पृथ्वीदेव द्वितीय के आमोद फलक (1149 ई.) के अभिलेख का लेखक विद्वान वत्सराज जंडेर ग्राम के स्वामी वास्तव्य वंश के मनीषी कीर्तिधर का पुत्र था। पुनः घोटालाफलक (पृथ्वीदेव द्वितीय) में दोनो कलचुरि अभिलेखों के कायस्थों के वंशानुगत रुप से लेखक के कार्य की पुष्टि होती है।[107] कलचुरि अभिलेखों में वास्तव्य वंशी कायस्थ के ठाकुर पदवी प्राप्त करने और चन्देल अभिलेखों में उनके दुर्गपति, मन्त्री, सर्वाधिकरण पदों की प्राप्ति का उल्लेख है।[108] अभिलेखों में माथुर, वल्लभ या वालभ, जाति के कायस्थों का उल्लेख मिलता है।[109] कल्हण ने राजतरंगिणी में कायस्थों द्वारा प्रजाशोषण, भ्रष्टाचार और प्रशासन में हस्तक्षेप का स्थान-स्थान पर उल्लेख किया है।[110] कल्हण भद्रेश्वर नामक एक नीच-कुलोत्पन्न कायस्थ का उल्लेख करता है जो मन्त्री पद तक पहुँचा और उक्त पद की प्राप्ति के बाद देव-मन्दिरों का कोष हड़पने लगा।[111] क्षेमेन्द्र ने भी कलाविलास के पाँचवें अध्याय में कायस्थों की अनैतिकता का उल्लेख किया है।[112] वह कायस्थ मन्त्रीमण्डल के कुशासन और कायस्थों द्वारा ब्राह्मणों की जीविका के उच्छेद किए जाने का उल्लेख करता है।[113] काश्मीर में 'कायस्थ' जातिवाचक न होकर कर्मवाचक था। काश्मीर से सम्बन्धित स्रोतों में कायस्थों की पूर्ववर्णित किसी शाखा का उल्लेख नहीं मिलता।[114]

अस्पृश्यता और अभोज्यान्नता

भारतीय समाज में भोज्यान्नता और अभोज्यान्नता का प्रश्न प्रारम्भ से ही निवर्तमान रहा है। लघुविष्णु स्मृति में दो प्रकार के शूद्र बताए गए हैं, एक श्राद्धी जो भोज्यान्न हैं और दूसरे अश्राद्धी जो अभोज्यान्न हैं।[115] मनु ने अभोज्यान्नता के अन्तर्गत वैद्य, व्याघ्र, उग्र (क्षत्रिय और शूद्रा से उत्पन्न), शैलूष, दर्जी, लोहार, निषाद, रंगसाज, स्वर्णकार, वेण, शौन्डिक, निर्णेजक, रंजक आदि तथा याज्ञवल्क्य ने स्वर्णकार, कर्मार, तन्तुवाय, रंजक, धोबी, तेली आदि की गणना की।[116] पूर्वमध्यकालीन व्यवस्थाकारों ने याज्ञवल्क्य और मनु की अभोज्यान्नता की सूची को निरन्तरता और व्यापकता प्रदान की। अपरार्क ने शंख को उद्धृत कर रजक,

चाक्रिक, तैलिक, कुलिक (देवलक) सुवर्णकार, कर्मकार, चित्रवृत्ति वाले, तन्तुवाय, रंगोपजीवी, कर्मार, शौंडिक तथा सुमन्तु को उद्धृत कर इनके अतिरिक्त शुचि, शस्त्रकार, ध्वजी, लेखक, बन्धकी, सौकरि, व्याघ्र, निषाद, बरुड (वेणुजीवी), चर्मकार तथा हारीत को उद्धृत कर चक्रिक, लोहकार, ध्वजी, वणिक, वाधुषिक का अन्न-भोजन ग्रहण करने पर विभिन्न प्रायश्चित बताए।[117] इस सन्दर्भ में लक्ष्मीधर ने भी मनु, यम, सुमन्तु आदि को उद्धृत किया है।[118] माधवाचार्य ने भी इस सन्दर्भ में विभिन्न व्यवस्थाकारों को उद्धृत किया।[119]

कुछ शूद्र भोज्यान्न भी कहे गए। मनु ने आर्धिक (आर्धिकः कार्षिकः), कुल मित्र, गोपाल, दास, नाई आत्मनिवदेक आदि को भोज्यान्न की सूची में रखा।[120] माधवाचार्य ने देवल व किसी अन्य स्मृति को उद्धृत किया व यहाँ कुम्भकार को भी जोड़ दिया।[121] चतुर्विंश मत में कुम्भकार, गोप, नापित का भोजन हरदत्त के अनुसार निषिद्ध बताया गया यद्यपि नारायण के अनुसार कन्दु, खीर, दही आदि ग्रहणीय कहा गया।[122] परन्तु पूर्वमध्यकाल के अन्तिम चरणों और मध्यकाल के प्रारम्भिक चरणों में सामाजिक कठोरता बढ़ती गई और शूद्रों में दास, गोपाल, कुलमित्र, अर्द्धसीरी आदि की भोज्यान्नता कलियुग में निषिद्ध कर दी गई।[123]

अस्पृश्यता का प्रश्न भी इस युग में उत्तरोत्तर व्यापक होता गया। गुप्तकाल तक इस बात का कोई प्रत्यक्ष प्रमाण नहीं है कि डोम्ब और चर्मकार अस्पृश्य थे।[124] शिवधर्मोत्तपुराण में इसका खण्डन किया गया कि 'चाण्डाल की छाया पड़ने पर कोई दोष होता है।'[125] शिवमहापुराण में वर्ण व्यवस्था में व्याप्त वैषम्य की आलोचना की गई। मेधातिथि ने भी इस विचारधारा का समर्थन किया कि 'चाण्डाल की छाया किसी को दूषित नहीं करती।[126] इसका कुल्लूक ने भी इस स्थल पर समर्थन किया।[127] परन्तु विज्ञानेश्वर ने एक ओर व्याघ्रपाद को उद्धृत किया जहाँ उन्होंने चाण्डाल से एक निश्चित अन्तराल का निर्देश दिया है। इसी के साथ अंगिरा को उद्धृत किया कि श्वपाक की छाया पड़ने पर स्नान से ही शुद्धि होती है। च्यवन ने भी श्वपाक, देवद्रव्योपजीवी, ग्रामयाजी, सोमविक्रयी को भी अस्पृश्य बताया है।[128] इसी सन्दर्भ में अपरार्क द्वारा उद्धृत हारीत का कथन उल्लेखनीय है जिसके अनुसार रजक, चर्मकार, व्याघ्र, जालोपजीवी, निर्णेजक, सौनिक, नट, शैलूष, चक्री, ध्वजी, वध्यघाती, (जल्लाद) आदि से द्विज के सिर के अतिरिक्त कोई अंग स्पर्श होने पर अंग प्रक्षालन कर आचमन करने और सिर स्पर्श हो जाने पर स्नान करने का निर्देश दिया गया है।[129] संवर्त ने कैवर्त (मछुआ) मृगयु, व्याघ्र, शौनिक, आशुनिक, धोबी के स्पर्श होने पर स्नानोपरान्त भोजन के लिए कहा।[130] हेमाद्रि ने गरुडपुराण और पराशर (प्रायश्चितकाण्ड, पृ. 38 एवं 316) को उद्धृत कर ग्राम की सोलह जातियों रजक, चर्मकार, नट, बुरुड, कैवर्त, भेद, भिल्ल, स्वर्णकार, सौनिक, कारूक, लोहकार, शिलाभेदी, नापित, तक्षक,

चक्री, ध्वजी को स्पर्श करने और बोलने तथा देखने के मामलों में चाण्डाल तुल्य बताया।[131]

शनैः-शनैः अस्पृश्यता के दायरे में असत् और सत् शूद्र अथवा समस्त शूद्र समुदाय आ गया। अपरार्क ने शूद्र के स्पर्श होने पर यदि स्नान में असमर्थ हों तो आचमन का निर्देश दिया। इसके साथ ही उसने सच्छूद का स्पर्श होने पर आचमन और असच्छूद्र का स्पर्श होने पर स्नान का निर्देश दिया।[132]

पूर्वमध्यकाल में अस्पृश्यता के विकास का एक प्रमुख कारण वाममार्गी विचारधारा का विकास था। इस विचारधारा से प्रभावित धार्मिक सम्प्रदाय अस्पृश्य कहे गए। मेधातिथि ने पांचरात्र, निर्ग्रन्थ (जैन) पाशुपत आदि लोगों को आर्यों के समाज से बाहर बताया।[133] समाज का निम्न वर्ग इस विचारधारा से अधिक प्रभावित था और जो बाद में उसका अनुवर्ती हो गया था। वृद्धहारीत स्मृति में रुद्र की अर्चना और त्रिपुण्डधारण करने का विधान शूद्रों के लिए बताया गया तथा प्रतिलोम अनुलोम जातियों के देवता दुर्गा के गणभैरव कहे गए। साथ ही यह कहा गया कि रुद्रार्चना से ब्राह्मण शूद्रत्व और यक्षादि की पूजा से चाण्डालत्व प्राप्त करता है। इसी स्मृति में त्रिपुण्ड धारण करना और शिवार्चना शूद्र का धर्म कहा गया।[134] उशनस स्मृति में ब्राह्मण और शूद्रा की सन्तान पारशव का कार्य और जीविका देवी भ्रदकाली की आराधना, शैवागम विधा और वाद्यसंगीत कहा गया है।[135] इस प्रकार स्वभावतः वाममार्गी विचाराधारा से विरोध के कारण उन समुदायों के प्रति अस्पृश्यता का भाव बढ़ने लगा जो विशेषतया उस विचारधारा से प्रभावित थे।

सन्दर्भ

1. मनुस्मृति, 10.24
2. वही, 10.40
3. कुप्पुस्वामी, सोसल चेन्ज इन माडर्न इण्डिया, पृ. 182
4. मेधातिथि, 10.41
5. वही, 10.31, 40
6. कुल्लूक, 10.4
7. मजुमदार, कार्पोरेट लाइफ इन एन्शियन्ट इंडिया, पृ. 181, पा. टि.-3 व 4
8. काणे, हिस्ट्री आफ धर्मशास्त्र, भाग 2, पृ. 50, लल्लन जी गोपाल, प्राचीन भारत में जाति प्रथा का विकास, पुराकल्प में संकलित लेख, पृ. 37 पर उद्धृत।
9. मजुमदार, पूर्वोद्धृत पृ. 502
10. काणे, धर्मशास्त्र का इतिहास, प्रथम भाग, पृ.120
11. फिक, द सोसल आर्गनाइजेशन, इन नार्थ ईस्ट इण्डिया इन बुद्धाज टाइम, पृ. 36-37। जाति के उद्‌भव में सामान्य व्यवसायों, पेशों पर आधारित व्यवसायों तथा वंशानुगत् व्यवसाय को उत्तरदायी मानने वाले समाजशास्त्री नेसफील्ड, डाल्हमैन और इबेट्सन के विचारों के लिए देखें—हटन, कास्ट इन इण्डिया, पृ. 170-1;

सेनार्ट कास्ट इन इण्डिया, पृ. 156-7 व 163; नर्मदेश्वर प्रसाद, जाति-व्यवस्था, पृ. 27

12. मजुमदार, पूर्वोद्धृत, पृ. 378-80
13. कौटिल्य अर्थशास्त्र, 3.7, 36-37
14. अमरकोश, द्वितीय काण्ड, पृ. 543, 'संहस्तैर्द्वयोः श्रेणिः सजातिभिः'।
15. वही
16. अपरार्क, 1.196, पृ. 279
17. मिताक्षरा, 2.30
18. अपरार्क, 2.192, पृ. 796
19. वैजयन्ती, 6.5.90
20. दशरथ शर्मा, अ. चौ. डा. पृ. 252
21. उशनसस्मृति, 51, पृ. 47
22. शब्दानुशासन, 7.3. 61; डा. ने. च. जैन, शब्दानुशासनः एक अध्ययन, पृ. 26
23. आर. एस. शर्मा, शूद्राज इन एन्शियन्ट इण्डिया, पृ. 262 से आगे
24. अपरार्क, 1.196, पृ. 279
25. वही, 3.292 पृ. 1196
26. काणे, पूर्वोद्धृत, प्रथम भाग, पृ. 123
27. कृत्य. गृह. का., भूमिका, पृ. 19 (यद्यपि व्यव. का. पृ. 824-25 में लक्ष्मीधर ने इस सन्दर्भ में मनु और याज्ञवल्क्य को उद्धृत किया है)
28. शर्मा, पूर्वमध्यकालीन भारत में सा. प., पृ. 23
29. स्मृ. च., व्यव. का., पृ. 32
30. प्राचीन भारत में संकलित शर्मा एवं झा लिखित लेख 1200 ई. तक का भारत का आर्थिक इतिहासः प्रवृत्तियाँ एवं संभावनाएँ, पृ. 35
31. दामोदरन, भारतीय चिन्तन परम्परा, पृ. 217
32. मेधातिथि, 10.31, पृ. 992, 'परस्परसंपर्कात्तिषामन्येऽनत भेदा भविन्त'।
33. मिताक्षरा, 1.95, पृ. 42, 'एतच्च प्रदर्शनमात्रमुक्तम, संकीर्णसंकर जातानामानत्वाद्-वक्तुमशक्यत्वात्।'
34. कुल्लूक, 10.31, पृ. 543, 'एवं षष्टिश्चातुवर्ण्येन सह चतुः षष्टि प्रभेदा भवन्ति।
35. द स्ट्रगल फार इम्पायर, पृ. 475-6, इनकी विस्तृत सूची के लिए देखें—यादव, सोसाइटी एण्ड कल्चर इन नार्दन इण्डिया, पृ. 47-8
36. पराशरमाधवीय, जि. 1, पृ. 511-16
37. शर्मा, पूर्वोद्धृत पृ.21
38. प.मा., जि. 1, पृ. 512, तथा अपरार्क., 192, पृ. 118-पर उद्धृत शंख क्षत्रियाणां ब्राह्मणेनोत्पन्नः क्षत्रिय एवं धवति, क्षत्रियाद्वेश्यायां वैश्यएव भवति, वैश्येन शूद्रयां शूद्रएव भवति।
39. वैजयन्ती, 3.9.1, शूद्राः संकरजा अपि। तथा 3.5.2,
ब्रह्मक्षत्रियाविट्शूद्रा इति वर्णाश्चतुष्टये। उपवर्णास्तु संकीर्णा विवर्णास्त्वत्यजातयः॥
40. एन. के. बोस, कल्चरल एन्थ्रोपोलाजी, पृ. 26 तथा 31

41. वही, पृ. 32
42. वैजयन्ती, 3.5 मनुष्याध्यायः और 3.9, शूद्राध्याय।
43. औशनसस्मृति, पृ. 46-48
44. प. मा., जि. 2, 3, पृ. 337-38
45. वेदव्यास स्मृति, 3.55, पृ. 365
46. वसिष्ठस्मृति, 18.1-3, पृ. 216
47. अपरार्क, 1.91, पृ. 116
48. अपरार्क, 1.91 पृ. 117-118
49. कृत्य. व्यव. का., पृ. 811-19
50. कृत्य. व्यव. का., पृ. 829-30
51. वही, पृ. 831
52. मेधातिथि, 10.47
53. अपरार्क, 1.93-94, पृ. 119
54. कुल्लूक, 10.48, पृ. 547
55. अमरकोश, 2.10.5-21, पृ. 453-460
56. यादव, पूर्वोद्धृत, पृ. 40
57. त्रिशष्टिशलाकापुरुषचरित, जि. 1. पृ. 393
58. नेमिचन्द्र शास्त्री, शब्दानुशासनः एक अध्ययन, पृ. 81, 82
59. अत्रिस्मृति, 199, पृ. 18 तथा यम, 33, पृ. 113
60. जयशंकर मिश्र, ग्यारहवीं सदी का भारत, पृ. 122-127
61. राजतरंगिणी, 5.354, 359, 360, पृ. 459 द्रष्टव्य पादटिप्पणी
62. वेदव्यासस्मृति, 1.9-10,पृ. 357; अभिधानचिन्तामणि में चाण्डाल के दस नाम कहे गए हैं—चण्डाल, अन्तावसायी अन्तेवासी, श्वपच (श्वपाक), पुवकस (पुक्कस), निषाद, प्लव, मातंग, दिवाकिर्ति, जनंगम-3.597-8, पृ. 232
63. वही, 1.11, पृ. 357
64. चतुर्वर्ग चिन्तामणि, प्रा. का., पृ.998, यादव, पूर्वोद्धृत पृ. 45 से उद्धृत
65. वेदव्यास स्मृति, 1.11, पृ. 357
66. बृहन्नारदीयपुराण, त्रिशोध्याय, पृ. 373
67. एपि. ई., जि. 31, पृ. 166, तथा जि. 32, पृ. 118.22; वासुदेव उपाध्याय, पूर्वोद्धृत, पृ. 61
68. मनुस्मृति, 10.44
69. सखाऊ, जि. 1, पृ. 19-20
70. अपरार्क, 1.154 पृ. 223 तथा पृ. 227, 'न म्लेच्छ भाषां शिक्षेत' तथा 'म्लेच्छवेशो न कर्तव्यों म्लेच्छभाषा तथैव च'।
71. त्रि. श. पु. जि. 1, पृ. 393-4
72. अ. चि., 3.598, पृ. 232
73. ह. को. 2.599, पृ. 67
74. कृत्य, व्यव. का. पृ. 833 पर उद्धृत शंख-लिखित

75. दशकुमारचरित, पूर्व. प्रथम अंक, पृ. 30,33, 35
76. वही, उत्तर. तृतीय अंक, पृ. 254
77. वासवदत्ता, पृ. 157
78. कथासरित्सागर, खण्ड 3, पृ. 41
79. वही, पृ. 617
80. वही
81. वही, 18.3, श्लो. 74-76
82. राजतरंगिणी, 3.33, 39
83. वही, पृ. 470-71, द्रष्टव्य पादटिप्पणी
84. राजतरंगिणी, अनुवादक, आर. एस. पण्डित, 1.317 पादटिप्पणी; यादव, पूर्वोद्धृत, पृ. 103 से उद्धृत। इस सन्दर्भ में देखिए–वि. क्रुक, रेसेज़ आफ नार्दन इण्डिया, पृ. 56
85. मिताक्षरा, 1.336 तथा अपरार्क, 1.334, पृ. 584
86. पान्थरी, भारत का स्वर्णयुग, पृ. 323
87. प. ला. गुप्ता, गुप्त साम्राज्य, पृ. 420
88. यादव, पूर्वोद्धृत, पृ. 51 और वासुदेव उपाध्याय, पूर्वोद्धृत, पृ. 82
89. द एज आफ इम्पीरियल कन्नौज, पृ. 374; वी. पी. मजुमदार, द सोसियो इकनामिक हिस्ट्री आफ नार्दन इण्डिया, पृ. 98
90. उशनसस्मृति, 35, पृ. 47
91. वेदव्यासस्मृति, 1.10-11, पृ. 357 तथा वैजयन्ती, 3.9.23
92. एपि.इ., जि. 31, पृ. 166 तथा जि. 32, पृ. 118-22
ब्राह्मणानन्यांश्च मान्यान् कुटुम्बि कायस्थ दूत वैद्य मेद चाण्डाल पर्यन्तान् सम्बोधयति समाज्ञापति। उपाध्याय, पूर्वोद्धृत, पृ. 91 से उद्धृत
93. वेदव्यास, 1.10-11 तथा हलायुधकोश, 2.586, पृ. 66
94. अपरार्क, 3.289, पृ. 1176; कृत्य., नियतकालकाण्ड, पृ. 263 पर भी सुमन्तु उद्धृत है, परन्तु लक्ष्मीधर 'लेखक' से तात्पर्य चित्रकार बताते हैं–'लेखक': चित्रकारः।
95. नै. च., 14.66, पृ. 275
96. काणे, पूर्वोद्धृत, प्रथम भाग, पृ. 128
97. सी. आई. आई. जि. 4, भाग 1, पृ. 266-67 तथा पृ. 274
98. कायस्थ जाति का ज्ञात प्राचीनतम अभिलेखीय प्रमाण 871 ई. का है जिसका लेखक 'वलभ-कायस्थ वंश' में उत्पन्न कहा गया है, एपि. इ. जि. 18, पृ. 243; इसी प्रकार गौड़ कायस्थ कुल का उल्लेख 999 ई. के एक अभिलेख में है–एपि. इ., जि. 12, पृ. 61; द एज आफ इम्पीरियल कन्नौज, पृ. 395 पादटिप्पणी से उद्धृत
99. सी. आई. आई. जि. 4 भाग 1, पृ. 267 पादटिप्पणी
100. वही, पादटिप्पणी में उद्धृत जे. एस. बी. जि. 4, पृ. 882
101. उदयसुन्दरी कथा, पृ. 11, मजुमदार, पूर्वोद्धृत पृ. 120 पर उद्धृत
102. सी. आई. आई. जि. 4, भाग 1, पृ. 183, 264 तथा भाग 2, पृ. 411-417, 544
103. वही, पृ. 550, 554, 'द्विजाति चरणेषु निसर्गभक्त्या...'।
104. एपि. इ. जि.1 , पृ. 211; जि. 21, पृ. 54; उपाध्याय, पूर्वोद्धृत, 85 से उद्धृत।

105. राजबली पाण्डेय, हिस्टारिकल एण्ड लिटरेरी इ. पृ. 196
106. वही, पृ. 203
107. सी. आई. आई. जि. 4, भाग 2, पृ. 417, 428-29, 478, 533, 518
108. वही, भाग 1, पृ. 357-8 तथा वी पी. मजुमदार, पूर्वोद्धृत, पृ. 101-2
109. एपि. इ., जि. 15, पृ. 202; वासुदेव उपाध्याय, पूर्वोद्धृत, पृ. 202 पर उद्धृत तथा राजस्थान. पृ. 77
110. राजतरंगिणी, 4.621, 623, 630; 5.181, 265; 8.92
111. वही, 7.38-41 तथा 106, 121
112. क्षेमेन्द्र, लघुकाव्य संग्रह, भूमिका पृ. 16-18 तथा कलाविलास, 5.10, 12, 14 आदि पृ. 248, वही, 5.4, 5, 7, पृ. 247-8
113. नर्ममाला, 1.14 पृ. 408
114. मजुमदार, पूर्वोद्धृत, पृ. 105; यादव, पूर्वोद्धृत, पृ. 53
115. लघुविष्णुस्मृति, 5.10-11
116. मनुस्मृति, 4.213-219; याज्ञवल्क्य, 1.163-165
117. अपरार्क; 3.289, पृ. 1175-76
118. कृत्य., नि. का. का., पृ. 259-265
119. प. मा. द्वितीय खण्ड, पृ. 306-9; माधवाचार्य द्वारा भी सुमन्तु की सूची उद्धृत है, पृ. 307
120. मनुस्मृति, 4.253; याज्ञवल्क्यस्मृति, 1.166; विज्ञानेश्वर इसमें कुम्भकार भी जोड़ देते हैं तथा पराशर, 2.21
121. प. मा., द्वि. खण्ड, पृ. 338-9। इस सन्दर्भ में याज्ञवल्क्य व चतुर्विंशमत भी उद्धृत हैं।
122. चतुर्विंशमत, पृ. 74
123. प. मा., पृ. 126; स्मृ च. आ. का., पृ. 21 आदि
124. शर्मा, शूद्राज इन एन्शियन्ट इण्डिया, पृ. 262 से आगे।
125. अपरार्क, 1.193, पृ. 275 पर उद्धृत।
126. मेधातिथि, 5.131, पृ. 550
127. कुल्लूक, 5.133, पृ. 272
128. मिताक्षरा, 3.30; अपरार्क द्वारा भी च्यवन, अंगिरा उद्धृत हैं, 3.29 पृ. 922
129. अपरार्क; 1.196, पृ. 279
130. वही, 3.292, पृ. 1196
131. काणे, पूर्वोद्धृत, तृतीय, भाग, पृ. 1072-3
132. अपरार्क, 3.292, पृ. 1196, 'स्नानासमर्थस्य शूद्रस्पर्शिन आचमनं, समर्थस्य तु स्नानामेव' तथा यद्वा सच्छूद्रस्पर्श आचमनमसच्छूद्रस्पर्शे स्नानम्।'
133. मेधातिथि, 2.6
134. वृद्धहारीतस्मृति, 2.44-47, 76 पृ. 239-40 तथा वैजयन्ती, 2.5.68, पृ. 56
135. उशनसस्मृति, 36-37, पृ. 47

4

आश्रम व्यवस्था

पूर्वमध्ययुगीन धर्मशास्त्रों में आश्रम व्यवस्था के परम्परागत स्वरुप का विशद् उल्लेख मिलता है, परन्तु यह उल्लेख सामान्यतः जीवन के व्यावहारिक स्वरुप से अधिक प्राचीन परम्परा का निर्वाह मात्र प्रतीत होता है। शैक्षणिक जीवन के अन्तर्गत विभिन्न परिवर्तनों के फलस्वरूप ब्रह्मचर्याश्रम का वह परम्परागत स्वरूप नहीं रह गया था जो धर्मशास्त्रों में दिग्दर्शित किया गया है।[1] वानप्रस्थ और संन्यास आश्रम सामान्यतः ब्राह्मण वर्ण की परिधि में संकुचित होकर इस युग के उत्तरार्द्ध के कतिपय धर्मशास्त्रों द्वारा कलिवर्ज्य घोषित किए जा चुके थे। गृहस्थ आश्रम के अन्तर्गत निहित श्रौत और स्मार्त्त कर्मों के प्रति समाज की उदासीनता बढ़ती जा रही थी। आठवीं सदी से श्रौत यज्ञों का प्रचलन तेजी से घट रहा था[2] और अनेक श्रौत कर्म इस युग के उत्तरार्द्ध और मध्य युग के प्रारंभिक चरणों में कलिवर्ज्य की श्रृंखला में रखे जा चुके थे।

ब्रह्मचर्य आश्रम

उपनयन संस्कार के पश्चात् ज्ञान-प्राप्ति के निमित्त ब्रह्मचर्य का जीवन प्रारम्भ होता था। अतः 'ब्रह्मचर्याश्रम' का उद्देश्य शिक्षार्जन और अनुशासन की भावना का विकास था।[3]

उपनयन का अधिकार केवल ऊपर के तीन वर्णों को प्राप्त था। उपनयन द्वितीय जन्म कहा गया है, इसलिए ये तीन वर्ण द्विज कहे गये।[4] उपनयन के पश्चात् सावित्री माता[5] और आचार्य पिता कहे गए हैं।[6] मनु और याज्ञवल्क्य[7] ने ब्राह्मण, क्षत्रिय, वैश्य के लिए क्रमशः आठवें, ग्यारहवें और बारहवें वर्ष अथवा कुलरीति के अनुसार और लौगांक्षि ने सातवें, नौवें और ग्यारहवें वर्ष उपनयन संस्कार सम्पन्न करने का निर्देश दिया है।[8] ऐच्छिक अवधि भी थी, यथा, मनु और अंगिरा ने धर्मशास्त्रों के अध्ययनोत्सुक ब्राह्मण के लिए पाँचवें वर्ष उपनयन की आज्ञा दी।[9] इसी प्रकार शक्ति के विकास के लिए क्षत्रिय को छठवें, तथा वाणिज्य

की शिक्षा के लिए वैश्य को आठवें वर्ष उपनयन की आज्ञा दी गई थी।[10] विशिष्ट उद्देश्यों के लिए भी उपनयनावधि बताई गई। आपस्तम्ब ने अध्ययनार्थ सातवें वर्ष, आयुकामना से आठवें वर्ष, तेज कामना से नवें, अन्नाद्यकामना से दसवें, इन्द्रिय कामना से ग्यारहवें और पशु कामना से बारहवें वर्ष उपनयन सम्पन्न करने के लिए कहा है।[11] पैठीनसि ने उपनयनार्थ ब्राह्मण के लिए पाँचवाँ या आठवाँ, क्षत्रिय के लिए आठवाँ या बारहवाँ तथा वैश्य के लिए बारहवाँ या सोलहवाँ वर्ष बताया है।[12] लक्ष्मीधर ने आठवाँ, ग्यारहवाँ और बारहवाँ वर्ष उपनयन के लिए उपयुक्त माना है तथा बिना प्रायश्चित के अधिकतम सीमावधि सोलह, बाईस और चौबीस वर्ष क्रमशः ब्राह्मण, क्षत्रिय, वैश्य के लिए निर्धारित किया है।[13] देवन्न भट्ट ने उपरोक्त कालों को 'गौण काल' कहा है। इसके बाद भी जिनका उपनयन नहीं हो पता था वे 'व्रात्य' कहे जाते थे।[14] यह उल्लेखनीय है कि अलबीरूनी ने उपनयन के सन्दर्भ में ब्राह्मणों और क्षत्रियों का उल्लेख किया है और इसकी अवधि क्रमशः सातवें, बारहवें वर्ष बताई है।[15] परन्तु इस सन्दर्भ में वैश्यों के लिए निर्धारित वर्ष का उल्लेख नहीं किया है। अलबीरूनी शूद्रों के लिए भी यज्ञोपवीत का उल्लेख करता है।[16] इस युग में उपनयन शैक्षणिक से अधिक शारीरिक संस्कार बन चुका था।[17]

उपनयन के पश्चात बालक गुरु के समीप जाता था, जहाँ उसके जीवन का प्रारम्भिक चरण 'ब्रह्मचर्य आश्रम' आरम्भ होता था। धर्मशास्त्रों में ब्रह्मचारी की जीवन प्रणाली, उसके वस्त्रादि, दण्ड, मेखला, यज्ञोपवीत, समिधा तथा अभिवादन, भिक्षाटन[18] तथा शारीरिक स्वच्छता और तदुपरान्त उसकी पूर्णता तथा शरीर और मस्तिष्क की पवित्रता के लिए मन्त्रोच्चारण के साथ आचमन और जल छिड़कने का वर्णन, सन्ध्योपासना, अग्निप्रज्वलित करना आदि कर्तव्यों का विस्तृत वर्णन मिलता है।[19]

प्रतिदिन तीन बार, प्रणव या ओंकार के साथ मन्त्रोचारित करते हुए आचमन किया जाता था।[20] स्वच्छ जल से ही आचमन करने का निर्देश दिया गया है, न कि वर्षा के, किसी गड्ढे अथवा फेनिल जल से।[21] यह प्राणायाम से सम्बद्ध कृत्य था। यद्यपि शूद्र से वार्तालाप करने पर, क्रोधित होने पर या असत्य भाषण करने पर भी आचमन का विधान ब्रह्मचारी के लिए किया गया था।[22] ऐसी दशा में जल उपलब्ध न होने पर श्रवणेन्द्रियों का स्पर्श भी इसका विकल्प था जिसे 'श्रोत्राचमन' कहा गया है।[23] स्नानादि के बाद आचमन से ही पूर्ण शुद्धता आती थी।[24] सुमन्तु ने संक्षेप में—ब्रह्मचर्य व्रत का पालन, संयम और तप, भिक्षाटन, दोनों संध्या का सम्पादन, अग्निपूजन, वेदाध्ययन, गुरु के प्रति समर्पण ही ब्रह्मचारी का कर्तव्य बताया है।[25]

ब्रह्मचारी के कर्तव्यों में सन्ध्योपासना का भी स्थान था। गृह्य सूत्रों में दो

संध्या का उल्लेख है, परन्तु कृत्यकल्पतरु ने योगी–याज्ञवल्क्य को उद्धृत कर तीन संध्या का निर्देश दिया है–प्रातः काल गायत्री, मध्याह्न में सावित्री, संध्याकाल में सरस्वती।[26] जो तीनों संध्या करता था, वह विष्णु के समकक्ष था।[27] उपनयन के दिन प्रातःकाल की संध्या नहीं हो पाती थी इसलिए उस दिन ब्रह्मचारी सायं कालीन संध्या द्वारा अपना ब्रह्मचर्य जीवन प्रारम्भ करता था।[28] संवर्त्त ने दो संध्या बताई, प्रातः जब तारामण्डल दृष्टिगोचर हो रहा हो, उस समय खड़े होकर और सायंकाल जब सूर्य आधा छिप चुका हो, तब बैठकर जप करना चाहिए।[29] संध्योपासना का उद्देश्य उन पापों का प्रायश्चित करना था जो दिन में किसी से होते थे। जैसे–असत्यभाषण, मद्यगन्धादि का सेवन, मैथुन, अभक्ष्य भक्षण आदि।[30]

अग्नि में हवन ब्रह्मचारी का दूसरा महत्त्वपूर्ण कर्त्तव्य था।[31] इसके अन्तर्गत ब्रह्मचारी समिधा एकत्र करता था, तथा प्रातः और सायंकाल अग्नि में–अग्नि, सूर्य, सोम, मित्र, वायु, वरुण और ब्राह्मण के प्रति समिधा अग्नि में अर्पित करता था।[32] कुछ धर्मशास्त्रकारों ने ब्रह्मचारी के लिए केवल सायंकालीन हवन करना अनिवार्य बताया है।[33] अग्नि में हवन का कारण बताते हुये हारीत ने लिखा है कि, एक ब्रह्मचारी को मृत्यु के पाश से अग्नि ने त्राण दिलाया था। अतः इस कारण मृत्यु को दूर रखने के लिए ब्रह्मचारी को हवन करना चाहिए।[34]

ब्रह्मचारी के लिए कृत्यकल्पतरु में एक विस्तृत अनुशासन-संहिता का 'इन्द्रियनिग्रह' नामक अध्याय में वर्णन है।[35] लक्ष्मीधर ने विस्तार से मनु को उद्धृत करते हुए ब्रह्मचारी के लिए, तपोवृद्धि, संयम, नित्य शीतल जल से स्नान, तर्पण, हवन, सकारात्मक और मधु, मांस, सुगन्धित द्रव्य, फूलों की माला, रस, स्त्री, तिक्तभोजन, उबटन या मालिश, अंजन, जूता, छाता, काम, क्रोध, लोभ, नृत्य, गीत, वाद्य, द्यूत, निरर्थक वार्ता, निन्दा,असत्य, स्त्री दर्शन, दूसरों की हानि, निषेधात्मक कर्तव्य बताया है। इसके अतिरिक्त वह अकेला न सोये, वीर्यपात न करे, घड़ा, फूल, गोबर, मिट्टी और कुशों को आचार्य के आदेश से संग्रहीत करे और प्रतिदिन भिक्षा माँगे।[36] निद्रा पर नियन्त्रण और निरालस्यता भी उसके लिए आवश्यक थी।[37] देवल ने निषेधात्मक कर्मों में, चिकित्सा, ज्योतिष, लाक्षणिक विद्या, शिल्पकला, लेखन, बढ़ई का काम, द्रव्य, घर, खेत, धन आदि भी जोड़ दिया।[38] वसिष्ठ ने खाट पर शयन, दन्त प्रक्षालन, अंजन, छाता, रात्रि में अन्यत्र निवास आदि वर्ज्यनीय कहा है।[39] अपरार्क ने हारीत को उद्धृत कर समिधा संग्रह, वेदिका मार्जन, लीपना, पंचभू-सत्कार, हवन, स्त्रोतपाठ गुरुसेवा करना और बासी भोजन, हर जगह थूकना, अग्न्योल्लंघन न करना ब्रह्माचारी का कर्तव्य बताया है।[40]

ब्रह्मचारी अजिन धारण करता था। बृहस्पति और यम के अनुसार काला अजिन ब्राह्मण के लिए, रुरु क्षत्रिय के लिए और बकरी की खाल वैश्य के लिए निर्धारित थी।[41] गौतम ने क्षौम अथवा पेड़ों की छाल, ऊनी कम्बल,अथवा श्वेत

वस्त्र धारण करने के लिए निर्देशित किया है।[42] वसिष्ठ ने सफेद, बिना बुना हुआ वस्त्र, ब्राह्मण के लिए, मंजिष्ठ वस्त्र क्षत्रिय के लिए तथा पीला रेशम वैश्य के लिए बताया है। प्रचेता ने ब्रह्मचारी के लिए आहत वस्त्र (जिसके दोनों और धागे निकले हों) धारण करने के लिए कहा है।[43]

ब्रह्मचारी कैसा दण्ड धारण करे, इस बारे में पारस्कर ने क्रमशः पलाश, वैल्य और औदुम्बर के दण्ड की बात की है।[44] यम ने इनके न होने पर हवन योग्य लकड़ी को दण्ड के रुप में प्रयुक्त करने का निर्देश दिया है।[45]

इसी प्रकार गौतम और वसिष्ठ के अनुसार मुंज मेखला ब्राह्मणार्थ, ऊन अथवा पूर्वा क्षत्रिय और तन्तुमय सन की मेखला वैश्य के लिए निर्देशित की गयी है।[46] यज्ञोपवीत के बारे में मनु ने तीनों वर्णों के लिए क्रमशः कपास, सन और ऊन निर्मित यज्ञोपवीत धारण करने के लिए कहा है।

अग्निकार्य के लिए समिधा एकत्र करना ब्रह्मचारी के प्रमुख कर्तव्यों में से एक है। सूर्यास्त के पूर्व वन से समिधा एकत्र करने का विधान था।[47] समिधा पलाश, खदिर, इनके न होने पर सामी, रोहितक अस्त्रथ्य अथवा अर्क और बेतसा की होनी चाहिए—ऐसा निर्देश वायुपुराण में किया गया है।[48]

हर्षयुगीन बाणभट्ट द्वारा रचित ग्रन्थ कादम्बरी में अगस्त्य के ब्रह्मचर्य व्रतधारी पुत्र का वर्णन है जो पलाश दण्ड, भस्म का तिलक और कुशा के वस्त्र तथा मुंज की कौन्थनी धारण कर हरे पत्तों का दौना लेकर प्रत्येक ऋषि की कुटिया में भिक्षा माँगने में संलग्न रहता था।[49] इसी प्रकार 'हारीत वर्णनम्' अध्याय में हारीत और उसके साथी ब्रह्मचारियों का उल्लेख है। उसके बारे में बाणभट्ट लिखता है कि—उसके कन्धे पर कृष्ण मृग चर्म है, यज्ञोपवीत लटका हुआ है, शरीर मृदुल वल्कल से आवेष्ठित है। वह मेखला और करधनी पहने हुए है और उसकी जटाएँ त्रिकाल स्नान से शुद्ध हैं, वह उद्वास नामक व्रत लेता है और विद्यायुक्त है। उन्हें बाणभट्ट, सोमरस का पान करने वाला कहता है।[50] नागानन्द में नायक कहता है कि यह तपोवन ही है। क्योंकि यहाँ पहनने के लिए दयावश वृक्षों की थोड़ी ही छाल छीली गयी है, जल में टूटे पुराने कमण्डल हैं, कहीं-कहीं मुंज की मेखला है, जिसे विद्यार्थियों ने टूट जाने के कारण फेंक दिया है।[51] इसी स्थल पर अध्ययन-अध्यापनरत् गुरु और विद्यार्थियों तथा गीली समिधा तोड़ते ब्रह्मचारियों का उल्लेख है।[52] कादम्बरी में आश्रम का वर्णन इस प्रकार है,—वहाँ अमृत के समान चरु की गन्ध व्याप्त थी। आधे पके पुरोडास (हवन सामग्री) की पवित्र सुगन्ध से आश्रम सुगन्धित था। अग्नि में निरनतर घृताहुति दी जा रही थी।... अतिथि वहाँ सेवित थे। पितर और देवताओं का वहाँ पूजन होता था। श्राद्ध के विषय में तथा यज्ञ विधाओं पर व्याख्यान होता था,...मन्वादि धर्मशास्त्रों की आलोचना होती थी।...अभिनव पर्णशालाओं का निर्माण होता था। गोमयादि से

आँगन लीपे जाते थे।...योगादि का अभ्यास और मन्त्र-सिद्धि की जाती।[53] उत्तर रामचरित में ब्रह्मचारी का उल्लेख है जिसके वक्षस्थल पर रुरु मृगचर्म, भूर्वानिर्मित कटि सूत्र से बँधा मंजीठ से रंगा वस्त्र था तथा हाथ में धनुष, वलयाकार जपमाला और पीपल-दण्ड था।[54] कुन्दमाला में नैमिष नामक आश्रम का वर्णन है जिसके कुलपति बाल्मीकि थे।[55] कथासरित्सागर में एक स्थल पर जटा, काला मृग चर्म, रुद्राक्ष की माला धारण करने वाले ब्रह्मचारी का उल्लेख है।[56] परन्तु परवर्ती साहित्यिक ग्रन्थों में गुरुकुल और परम्परागत ब्रह्मचर्य आश्रम के उदाहरणों का प्रायः अभाव है।[56] कथासरित्सागर में विष्णु स्वामी नामक ब्राह्मण के चार पुत्रों का उल्लेख है जो शैशवावस्था बीतते-बीतते वेदाध्ययन कर चुके थे, और पिता की मृत्यु के पश्चात् उन्होंने मामा के यहाँ आश्रय लिया जहाँ वे खाते-पीते और वेदों का अध्ययन करते थे।[57]

विवेच्यकाल में विद्या केन्द्रों के रुप में प्राचीन गुरुकुल या आश्रमों का स्थान मठ, मन्दिर, अग्रहार और राज्य संरक्षित विश्वविद्यालय ग्रहण कर रहे थे।[58] परिवर्तित परिस्थितियों में विद्यार्थी से तात्पर्य केवल ब्रह्मचारी से नहीं रह गया। अत्रि ने 6 प्रकार के भिक्षुकों में ब्रह्मचारी और विद्यार्थी का पृथक-पृथक उल्लेख किया है।[59] इस युग में कन्याओं का ही नहीं बल्कि लड़कों का विवाह भी अल्प आयु में होने लगा था। कल्कि पुराण में विवृत्त है कि मुनिवर अनन्त का विवाह बारह वर्ष की अवस्था में हुआ था।[60] इसी प्रकार 1173 ई. के एक अभिलेख में विष्णुवर्द्धन देव का उल्लेख है जो उपनयन के बाद सात-आठ वर्ष की उम्र में शास्त्रविज्ञान में पारंगत होकर गृहस्थ जीवन में प्रविष्ट हुआ था।[61] इन कारणों से ब्रह्मचर्य आश्रम के परम्परागत जीवन में परिवर्तन स्वाभाविक था। क्षेमेन्द्र ने मठों में निवास करने वाले विद्यार्थी और आचार्यों की अनुशासनहीनता और विकृत जीवन का जो उल्लेख किया है, वह पारम्परिक व्यवस्था के सर्वथा प्रतिकूल दिखाई पड़ता है। क्षेमेन्द्र ने उन्हें चारों आश्रमों में से किसी से भी सम्बद्ध नहीं बताया है।[62]

प्राचीन धर्मशास्त्रों के आधार पर कुछ भाष्यकारों ने नैष्ठिक ब्रह्मचर्य[63] का विधान प्रतिपादित किया है। शंकराचार्य ने वेदान्त सूत्र के भाष्य में जाबालोपनिषद को उद्धृत करते हुए क्रमिक सिद्धान्त के साथ नैष्ठिक ब्रह्मचर्य की बात कही है।[64] लक्ष्मीधर नैष्ठिक ब्रह्मचर्य के पक्ष में नहीं थे।[65] इसका कारण आयंगर ने लक्ष्मीधर द्वारा तृतीय और चतुर्थ आश्रम के अन्तर्गत 'मोक्ष काण्ड' में जाबाल के उक्त कथन का न उद्धृत किया जाना माना है जबकि उसने महाभारत तथा मनु के क्रमिक सिद्धान्त का मोक्षकाण्ड में और ब्रह्मचारी काण्ड में इस सन्दर्भ में उल्लेख किया है कि—'क्रमिक रुप से आश्रमों का पालनकर्ता द्विज परमगति को प्राप्त करता है।'[66] शुकसप्तति में कथा है कि, देवशर्मा विद्याध्ययन करने के बाद पिता

से छिपकर तपस्या करने चला गया।[67] प्रतीत होता है कि नैष्ठिक ब्रह्मचर्य की परम्परा इस काल में समाप्तप्राय थी। धर्मशास्त्रों द्वारा घोषित इसकी कलिवर्ज्यता उपरोक्त कथन की पुष्टि करती है।[63]

गृहस्थ आश्रम

प्राचीन भारतीय सामाजिक व्यवस्था के अन्तर्गत शेष तीन आश्रमों को गृहस्थाश्रम से ही संरक्षण प्राप्त होता था। इस प्रकार समाज की निरन्तर गतिशीलता और स्थायित्व की दृष्टि से गृहस्थाश्रम सर्वाधिक महत्त्वपूर्ण था।[69] यह आश्रम अन्न और ज्ञान दोनों का प्रदाता और कर्मक्षेत्र' कहा गया।[70] इस आश्रम को 'प्रमुख धर्म' की संज्ञा दी गई, और वेदोक्त कर्म के सम्पादनकर्ता गृहस्थ को मोक्ष प्राप्ति के लिए समर्थ माना गया।[71] पराशरमाधवीय में गौतम-धर्मसूत्र को उद्धृत किया गया है जिसके अनुसार केवल गृहस्थ आश्रम एक आश्रम है, क्योंकि इसी का श्रुतियों में प्रत्यक्ष विधान किया गया है।'[72] मस्करी का मत है कि 'अग्निहोत्र आदि सभी यज्ञादि कर्म गृहस्थ के लिए ही हैं, अतः वेदों में गृहस्थ आश्रय का ही विधान प्रतीत होता है।[73] माधवाचार्य ने भी यह तर्क दिया है कि वेदों में आजीवन अग्निहोत्र का विधान है, होत्रकर्म, अध्वर्य्यु कर्तव्य, सामगायन आदि गृहस्थ ही करते हैं। इस प्रकार श्रुतियाँ इतर आश्रमों के विधि-विधान का उल्लेख नहीं करतीं।[74] हरदत्त ने भी इसी आधार पर प्रत्यक्षतः गृहस्थ आश्रम का ही विधान स्वीकार किया है।[75]

धार्मिक एवं सामाजिक दृष्टि से गृहस्थ आश्रम महत्त्वपूर्ण था। धर्मशास्त्रों में यह परिकल्पना की गई है कि मनुष्य तीन ऋणों–यथा, देवऋण, ऋषिऋण और पितृऋण से आबद्ध होता है। वेदों का अध्ययन कर वह ऋषि ऋण, यज्ञादि का सम्पादन कर देव ऋण और पुत्रोत्पत्ति के द्वारा पितृ ऋण से उऋण होता है।[76] पंच महायज्ञों के अन्तर्गत 'ब्रह्मयज्ञ' जिसका आशय अध्ययन-अध्यापन से है, गृहस्थ सम्पादित करता था। साथ ही पुत्रोत्पत्ति केवल गृहस्थ आश्रम में ही सम्भव थी, इस कारण गौतम और बौधायन ने इसे सर्वोच्च बताया जिसका इनके भाष्यकर्ता हरदत्त व गोविन्द स्वामीने समर्थन किया है।[77] बौधायन ने अन्य आश्रमों को कपिल नामक असुर द्वारा प्रणीत बताया है और बुद्धिमानों को इसका आदर न करने की सलाह दी है। टीकाकार गोविन्द स्वामी ने इसका समर्थन किया है।[78] इस प्रकार पुत्रोत्पत्ति के कारण यह आश्रम सर्वश्रेष्ठ माना गया। देवीभागवत पुराण में पुत्र की उत्पत्ति द्वारा स्वर्ग और मोक्ष सम्भव बताया गया है।[79] विक्रमांकदेवचरित में कहा गया है कि–पितृ ऋण से मुक्त होने मे असमर्थ गृहस्थों का कल्याण कैसे हो सकता है?' पुत्राभाव में अश्वमेध यज्ञ करना भी वृथा कहा गया है।[80] निःसन्देह ऋषिऋण, देवऋण और पितृऋण के पीछे–अनुशासन सामाजिक गतिशीलता तथा

परिवार, समाज और संस्कृति के प्रति उत्तरदायित्व के निर्वाह का प्रश्न निहित था। धर्म के प्रमुख उपादान यथा, वर्ण-धर्म, गुणधर्म, नित्य-नैमित्तिक और साधारण धर्म तथा धर्मशास्त्रों के विषय-श्राद्ध, अन्हिक, दान, तीर्थ, प्रतिष्ठा और पूजा, व्रत, शुद्धि और शान्ति गृहस्थाश्रम से ही सम्बद्ध थे। आयंगर के अनुसार, 'राज्य भी वस्तुतः प्रत्यक्ष रुप से इसी आश्रम से सम्बद्ध था, क्योंकि इसकी संख्या सर्वाधिक थी।[81] कौटिल्य ने परिवार के निर्वाह का प्रबन्ध किए बिना सन्यासी होने वाले को पूर्व साहस दण्ड का भागी बताया है।[82] तथा सम्पत्ति का बँटवारा किए बिना सन्यास धारण करना निषिद्ध माना है।[83] कौटिल्य की संहिता में वानप्रस्थ से पूर्व सन्यास ग्रहण करने वाले का कृषकों की भूमि में प्रवेश एवं निवास वर्जित था। आयंगर के अनुसार, अर्थशास्त्र ने गृहस्थाश्रम को सामाजिक और आर्थिक व्यवस्था की नींव के रुप में महत्व प्रदान किया है।[84] 'धर्मशास्त्रों के अनुसार गृहस्थाश्रम से आशय केवल गृह से नहीं बल्कि पत्नी से है।[85] कौटिल्य ने उन लोगों को दण्ड का भागी बताया जो उन्हें प्रवज्या के लिए प्रेरित करते थे।[86] पूर्व मध्यकाल में वाममार्गी सम्प्रदायों से हिन्दू धर्म का असामंजस्य और विरोध बना रहा। मेधातिथि, अपरार्क आदि भाष्यकारों ने इन्हें आर्य-समुदाय से बाहर का बताया और उन्हें मान्यता देना अस्वीकार कर दिया।[87] जैन और बौद्धयुगीन सामाजिक क्रान्ति के बाद पूर्वमध्यकाल ऐसा युग था जब नारियों पर अधिकाधिक नियन्त्रण स्थापित किया गया, उन्हें कई पूर्वाधिकारों से वंचित किया गया और बलात् उन पर कई विधान आरोपित किए गए। तद्‌युगीन विचारकों ने गृहस्थाश्रम को सारे समाज का मूल मानते हुए, उसके विघटन से समस्त सामाजिक-संरचना के विनाश की सम्भावना व्यक्त की।[88]

गृहस्थ के कर्तव्य

गृहस्थ के समस्त श्रौत एवं स्मार्त यज्ञादि कार्य अग्नि में सम्पादित किए जाते थे। अग्नि को देवताओं का मुख माना गया है। पैठानसि और शंखलिखित के अनुसार 'अग्नि में जो हवि छोड़ी जाती है वह देवताओं तक पहुँचती है'।[89] अग्नि दो प्रकार की बताई गई है, श्रौत और स्मार्त। श्रौत अग्नि तीन प्रकार की थी, आह्वानीय, गार्हपत्य और दक्षिणाग्नि। इन्हें सम्मिलित रूप से त्रेता भी कहा गया है। स्मार्त्त अग्नि को गृह्माग्नि, वैवाहिकाग्नि, आवस्थ्य और औपसन या आपसद भी कहा गया है।[90] इनके अतिरिक्त दो अन्य अग्नि बताई गई है, सभ्यग्नि जो शीत से सुरक्षा के लिए जलाई जाती थी, और लोकाग्नि या पंचाग्नि जो भोजन तैयार करने के लिए प्रयुक्त होती थी।[91] अपरार्क ने विस्तार से अग्नि के प्रकार का वर्णन किया है।[92]

अग्निहोत्रादि श्रौत कर्मों[93] का सम्पादन श्रौत अग्नि में ही करने का विधान बताया गया है।[94] मेधातिथि ने अग्निहोत्र से आशय अग्नि में हवि छोड़ने से

बताया, न कि कोई विशेष कर्मकाण्ड से।[95] यद्यपि सामान्य गृहस्थ जो व्यापक रुप से अग्निहोत्र नहीं कर सकता था, सामान्य विधि से अग्नि की उपासना करता था।[96] इस नित्य अग्निहोत्र के अन्तर्गत अग्नि में प्रातः काल सूर्य, प्रजापति और अनुमति तथा सायंकाल अग्नि, प्रजापति और अनुमति को 'समित' डाली जाती थी।[97] यह अग्निहोत्र वैवाहिकाग्नि में किया जाता था।[98] पराशरमाधवीय में इस प्रक्रिया को ही अग्निहोत्र कहा गया है।[99] परवर्ती स्मृतियों में नित्य अग्निहोत्र का अधिकाधिक महत्व प्रतिपादित किया गया है।[100]

ऐसा प्रतीत होता है कि शनैःशनैः अग्निहोत्र की प्रथा के प्रति उदासीनता समाज में बढ़ने लगी थी। पूर्वमध्यकाल की प्रारम्भिक पराशर स्मृति में उल्लेख है कि, 'कलियुग में अधर्म ने धर्म पर विजय प्राप्त कर ली है।–अग्निहोत्र और गुरुपूजा समाप्तप्राय है।[101] उत्तररामचरित में अग्निहोत्र करने वाले गृहस्थ को 'साग्निक' कहा गया है।[102]

पंचमहायज्ञ एवं वैश्वदेव

गृहस्थ द्वारा प्रतिदिन किए जाने वाले वैश्वदेवादिकर्म स्मार्त कर्मो के अन्तर्गत आते हैं जिन्हें वैवाहिकाग्नि में सम्पादित करने का विधान बताया गया है।[103] पंच महायज्ञ का स्मार्त्त कर्म में महत्त्वपूर्ण स्थान था। मनु के अनुसार गृहस्थ से पाँच स्थानों–चूल्हा, चक्की, झाड़ू, ओखली-मूसल और जल के घट से हिंसा होती है, जिसके प्रायश्चित स्वरुप पंच महायज्ञ प्रतिदिन 'दिनरात' करना चाहिए।[104] वेद का अध्ययन-अध्यापन ब्रह्मयज्ञ, तर्पण–पितृ यज्ञ, हवन करना देव यज्ञ, बलिवैश्वदेव करना भूतयज्ञ, और अतिथि सत्कार नृयज्ञ कहा गया है।[105]

माधवाचार्य ने संशोधन के बाद स्वशाखा जैसे शुक्ल-यजुर्वेदादि का अध्ययन ब्रह्मयज्ञ कहा है।[106] ब्रह्मयज्ञ के अन्तर्गत प्रतिदिन वेदों के अध्ययन का विधान था।[107] योग-याज्ञवल्क्य ने वेद, पुराण और इतिहास के अध्ययन को 'जप यज्ञ' कहा।[108]

देवन्न भट्ट ने अग्नि में होम करना देवयज्ञ कहा है और उसका अर्थ वैश्वदेव बताया है।[109] कूर्मपुराण के अनुसार यह यज्ञ शालाग्नि या सभ्याग्नि अथवा लौकिकाग्नि में किया जाता था।

पितृयज्ञ के अन्तर्गत पितरों के लिए हवन तर्पण आदि का निर्देश है। कात्यायन ने श्राद्ध करने को पितृयज्ञ कहा है। माधवाचार्य ने उक्त श्राद्ध से अर्थ नित्य-श्राद्ध से किया है। नित्य श्राद्ध की व्याख्या करते हुए माधवाचार्य ने कूर्म, मार्कण्डेय, मत्स्यपुराण और व्यास, प्रचेता और कात्यायन को उद्धृत किया है, जिनसे प्रकट होता है कि, रात-दिन यथाशक्ति फल-मूल पितरों का आवाह्न कर ब्राह्मण को दान-दक्षिणा देना ही नित्य श्राद्ध है। इसमें अर्घ्य व पिण्डदान नहीं

होता था। ये कर्म केवल पार्वण श्राद्ध में होते थे।[110]

नृयज्ञ अथवा मानुष यज्ञ में अतिथि का आदरपूर्ण सत्कार और भोजन आदि प्रदान किया जाता था। माधवाचार्य ने ब्राह्मण को अन्नदान भी अतिथि यज्ञ कहा है।[111] हारीत के अनुसार अग्नि में हवि डालकर गृहस्थ देवलोक, पितृयज्ञ द्वारा पितृलोक, वेदाध्ययन से ऋषिलोक और भूतयज्ञ के द्वारा समस्त भूतों पर और अतिथि (ब्राह्मण) को सन्तुष्ट कर समस्त मानव जाति पर विजय प्राप्त करता है।[112] पराशर के अनुसार मित्र, शत्रु, मूर्ख या पण्डित जो वैश्वदेव के समय उपस्थित हो, वह अतिथि है, और उसकी सेवा से स्वर्गागमन होता है।[113] शूद्र को भी अतिथि का स्थान दिया गया है।[114] यहाँ तक कि चण्डाल, पितृहन्ता और श्वपाक भी वैश्वदेव के समय आएँ तो उन्हें भी देशकालानुसार सन्तुष्ट करने का निर्देश दिया गया है।[115]

कूर्मपुराण के अनुसार भूत यज्ञ से अर्थ सब प्राणियों के कल्याणार्थ दिया जाने वाला अंश है। देवताओं को बलि देने के बाद जो अन्न शेष बचता है, उससे भूतयज्ञ की बलि दी जाती थी।[116] भूतयज्ञ में कुत्ते, चाण्डाल, पतितों को भूमि पर तथा पक्षियों के लिए घर से बाहर अन्न डालने का विधान किया गया था।[117] स्मृति चन्द्रिका में 'बलिहरण' का तात्पर्य भूतयज्ञ से किया गया है।[118]

गृहस्थ के दैनिक कर्तव्यों में बलिवैश्वदेव एक प्रमुख कर्तव्य था। 'जिस यज्ञ के द्वारा विश्व के देवताओं का पूजन सम्पन्न होता था। उसे वैश्वदेव कर्म कहा जाता था।'[119] गृहस्थ को दिन में दो बार वैश्वदेव करने का निर्देश दिया गया है।[120] यात्रा आदि के समय जहाँ भोजन तैयार किया जाय, वहाँ उस अग्नि में ही वैश्वदेव करना चाहिए। इसके पूर्व जो मनुष्य भोजन ग्रहण करता था, वह पाप का भागी होता था।[121] माधवाचार्य ने वैश्वदेव से पुरुषार्थोपलब्धि और भोजन की शुद्धि माना है।[122] यद्यपि आगे माधवाचार्य ने इसे पुरुषार्थोपलब्धि का ही निमित्तक माना।[123] देवन्न भट्ट ने भी इसे आत्मशुद्धि का संस्कार माना है न कि भोजन शुद्धि का।[124]

माधवाचार्य ने देवयज्ञ, पितृयज्ञ और भूतयज्ञ को ही वैश्वदेव का पर्यायवाची माना है। उनके अनुसार ये तीन यज्ञ वैश्वदेव के नाम से उच्चारित किए जाते हैं।[125]

दैनिक कर्मकाण्डों के अतिरिक्त कुछ ऐसे यज्ञादि थे जो सामयिक थे। इन यज्ञों की संख्या 21 बताई गई है। जो तीन प्रमुख भागों में विभक्त थे—पाकयज्ञ, हविर यज्ञ और सोम समस्थ।[126] स्मृतिचन्द्रिका में देवन्न भट्ट ने गौतम को उद्धृत कर तीन विभाजनों के अन्तर्गत सात-सात यज्ञों का उल्लेख किया है। जिसके अनुसार पाक यज्ञ में—अष्टक, पार्वण, श्राद्ध, श्रावणी, अग्रयाम, चैत्री, आश्वयुजीवी; हविरयज्ञ में—अग्न्याध्येय, अग्निहोत्र, दर्शपूर्णमास, आग्रयज्ञम, अयन यज्ञ, चातुर्मास्य,

सौत्रामणि; सोम के अन्तर्गत—अग्निष्टोम, अत्याग्निष्टोम, उक्थ्य, षोडसी, एतिरात्र, अप्तोयार्म, बाजपेय आते हैं।[127] गौतम ने इन यज्ञों का उल्लेख चालीस संस्कारों के अन्तर्गत भी किया है।[128] हविर यज्ञ के अन्तर्गत अग्निहोत्र श्रौत अग्निहोत्र यज्ञ है। यह अग्नि पूजा का प्राचीन विशद् स्वरूप है।

ये यज्ञ अत्यन्त व्ययसाध्य होते थे। मनु ने सोमयज्ञ उन्हीं गृहस्थों को करने की आज्ञा दी है कि जिनके पास तीन वर्ष या इससे अधिक समय के लिए अपने संरक्षितों के पोषण की व्यवस्था हो।[129] यदि राजा भी राज्य के संचालनार्थ एक वर्ष के व्यय की बिना व्यवस्था किए श्रौत-यज्ञों का सम्पादन करता है तो राज्य पीड़ित होता है और राजा को भी यज्ञ का फल नहीं मिलता।[130] साथ ही इन यज्ञों में अनेक प्रकार के संयम व अर्हताएँ आवश्यक थीं।[131]

इन कठिनाइयों के कारण कई स्मृतियों ने संस्कारों में इन यज्ञों का उल्लेख नहीं किया। दानकाण्ड और तीर्थकाण्ड में लक्ष्मीधर ने सामान्य लोगों के लिए इन्हें दुष्कर बताया और दान तथा तीर्थ यात्रा का विधान प्रस्तुत किया जो उतना ही फलदायक बताया गया है जितना सोम व हविर यज्ञादि।[132]

तदयुगीन धर्मशास्त्रों ने समय के साथ-साथ धर्म के स्वरूप में परिवर्तन की बात कही।[133] पूर्वमध्यकालीन धर्म प्रणेताओं ने कई श्रौत-यज्ञों व तत्सम्बन्धित कई क्रियाओं को कलिवर्ज्य घोषित कर दिया। यथा--सौत्रामणि में सुरापान।[134] इस यज्ञ में पशु बलि के विधान के साथ-साथ अग्नि में सुरा की हवि छोड़ी जाती थी और शेष सुरा पीने के लिए किसी ऋत्विक को नियुक्त किया जाता था—(कृत्य. गृ. का., भूमिका, पृ. 60) अग्निहोत्र हवनी को ग्रहण करना।[135] श्रौत अग्निहोत्र[136], श्रौत यज्ञों में ब्राह्मण का 'शामित्र' अर्थात् पशुबलि देने वाला होना,[137] गोसव में गोवध[138] पशुबलि[139], नरमेध[140], अश्वमेघ[141], पशुपाकरण क्रिया (कुशा से संस्कारपूर्वक पशुवध[142]) आदि। पराशरमाधवीय में सत्र (यज्ञ सम्बन्धी दीर्घकालों की अवधि वाले कृत्य को सत्र कहा जाता है, जिसकी सीमा 12 दिनों से लेकर एक वर्ष या इससे अधिक होती है।[143]) को भी कलिवर्ज्य की शृंखला में रखा गया है।[144] काणे ने सत्रों की कलिवर्ज्यता का कारण, इनका अत्यधिक समय, व्यय और परिश्रम-साध्य होना बताया है।[145] दूसरी और शूद्रों के स्मार्त्त कर्म में अधिकार के प्रश्न पर चर्चा करते हुए अपरार्क ने कहा कि विवाहाग्नि से नियत जो वैश्वदेव कर्म हैं वह बहुत से द्विजाति के लोग नहीं करते हैं तो फिर शूद्र के लिए क्या प्रश्न है?[146]

वानप्रस्थ आश्रम

गृहस्थ आश्रम से सम्बद्ध उत्तरदायित्वों को पूर्ण करके मनुष्य तृतीय आश्रम 'वानप्रस्थ' में प्रवेश करता था। वानप्रस्थ वस्तुतः जीवन के अन्तिम लक्ष्य 'मोक्ष' प्राप्ति के पूर्वाभ्यास का काल था, जिसमें तप, व्रतोपवास आदि के आधार पर

जीवनयापन करना ही प्रमुख कर्तव्य था।[147] शंख और संवर्तस्मृति में कहा गया है कि, पौत्र हो जाने पर और केशों के श्वेत हो जाने पर भार्या को पुत्रों के संरक्षण में छोड़कर अथवा साथ लेकर वन का आश्रय लेना चाहिए, तथा अग्निहोत्रादि और वन्य फल-मूल का सेवन करना चाहिए।[148] वर्षा ऋतु में आकाश के नीचे, हेमन्त में गीले वस्त्र धारण कर जल के मध्य और ग्रीष्म में पंचाग्नि का सेवन करते हुए तपश्चर्या करना, नख-केश का कर्तन न करना, इन्द्रिय संयम, अतिथि-सत्कार, त्रिकाल स्नान, देवपूजन आदि उसके अन्यान्य कर्तव्य थे।[149] वानप्रस्थ के प्रकार वैखानस, औदुम्बर, वालखिल्य तथा फेनप हैं।[150] मेधातिथि ने वानप्रस्थी के लिए आहारादि और नित्य कर्मों का उल्लेख करते हुए कहा है कि, इन्द्रियों की चपलता यदि है तो वह वानप्रस्थ आश्रम नहीं माना जाएगा।' ऐसी स्थिति में उसने वानप्रस्थ को गृहस्थाश्रम में प्रत्यागमन का आदेश दिया है।[151] कुल्लूक ने 'विषय और राग से रहित हो जाने पर वन का आश्रय लेने' का निर्देश किया है। अपरार्क ने वानप्रस्थ के सन्दर्भ में वसिष्ठ, यम, शंख लिखित को उद्धृत किया है।[152] माधव व मिताक्षरा के अनुसार, यदि पत्नी पति-सुश्रुषाभिलाषिणी है तो वानप्रस्थ में पति के साथ जा सकती है।'[153]

धर्मशास्त्रों में वानप्रस्थ के अन्तर्गत सपत्नीकता को वैकल्पिक माना गया है।[154] अलबीरूनी ने भी इस विकल्प की चर्चा की है।[155] लक्ष्मीधर ने ब्रह्मचारी काण्ड में विष्णुपुराण को उद्धृत करते हुए ब्रह्मचर्य के बाद तीन विकल्प बताए हैं, नैष्ठिक ब्रह्मचर्य, गृहस्थ, वानप्रस्थ का द्योतक नहीं था। मेधातिथि ने कहा है कि यदि पत्नी वृद्धा हो तो पति के साथ वन जा सकती है।[157]

तद्‌युगीन साहित्य में वानप्रस्थ के कतिपय उदाहरण मिलते हैं। नागान्द नाटक में नटी कहती है कि मेरे सास-श्वसुर वृद्धावस्था को जानकर वैराग्यवश तपोवन चले गए।[158] कथासरित्‌सागर में शासकों द्वारा सपत्नीक वानप्रस्थ-आश्रम में जाने और पुनः लौटकर राजपद ग्रहण करने का उल्लेख है।[159] इसी ग्रन्थ में राजा महेन्द्रादित्य द्वारा पुत्र को अभिषिक्त करने के बाद सपत्नीक वाराणसी-गमन का वर्णन है।[160] नलचम्पू के अनुसार नल के पिता वीरसेन ने अपनी पत्नी के साथ वनगमन किया था।[161] उत्तररामचरित में नीवार (मुन्यन्न) भक्षण करने वाले तथा गृहों में निवास करने वाले गृहस्थमुनीजनों का उल्लेख है।[162] इसी ग्रन्थ में जनक द्वारा सीता का विषम भाग्य देखकर दुःखी होकर वानप्रस्थ ग्रहण करने का उल्लेख है।[163] सोमदेव ने भी वानप्रस्थ में पत्नी का साथ होना वैकल्पिक बताया है।[164] यद्यपि पति के वियोग में तपश्चर्या करती हुई नारी को सोमदेव निन्दनीय मानता है।[165] देवीभागवत पुराण में तुर्वसु द्वारा सपत्नीक वानप्रस्थ जीवन व्यतीत करने का उल्लेख है।[166] भोज कृत चम्पू रामायण में दशरथ ने वानप्रस्थ-आश्रम की चर्चा की है।[167] कुन्दमाला में राम ने गृहस्थियों का तपोवन से विमुख रहना ही

उचित माना है।[168] देवीभागवत पुराण में भी जनक ने मोक्ष के लिए वानप्रस्थ और सन्यास को अनिवार्य न मानकर स्वयं बन्धन में रहते हुए भी निर्बन्ध होने का दावा किया है।[169]

इस युग के कतिपय अभिलेखों में गृहस्थ आश्रम के त्याग करने का उल्लेख मिलता है।[170] देवपारा प्रशस्ति में सामन्त सेन के वृद्धावस्था में गंगा के तट पर स्थित वन में निवास करने का सन्दर्भ है।[171] जयपाल देव ने पचास वर्ष की आयु में पुत्र को राज्य सौंपकर गंगा तट की ओर प्रस्थान किया था।[172]

प्रतीत होता है कि यह प्रथा तत्कालीन समाज में सामान्यतः शनैः शनैः अव्यावहारिक होती जा रही थी। यद्यपि धर्मशास्त्रियों ने इसके परम्परागत स्वरूप का विशद् वर्णन किया, परन्तु इसके साथ ही पूर्वमध्ययुग के उत्तरार्द्ध के ग्रन्थों ने वानप्रस्थ को कलिवर्ज्य घोषित कर दिया।[173] वानप्रस्थ और सन्यास में अत्यधिक साम्य को देखते हुए बौधायन धर्मसूत्र के टीकाकार गोविन्दस्वामी ने इनका पृथक्-पृथक उल्लेख उचित नहीं माना है।[174] काणे के अनुसार इनकी साम्यता के कारण 'लोग गृहस्थाश्रम के उपरान्त सीधे सन्यास में प्रविष्ट हो जाते थे।[175]

संन्यास आश्रम

प्राचीन हिन्दू विचारकों के अनुसार मनुष्य का चरम लक्ष्य मोक्ष प्राप्त करना था, जिसकी प्राप्ति भौतिक जीवन के परित्याग और संन्यास आश्रम के ग्रहण करने से सम्भव थी।[176] अहंकार पर विजय प्राप्त कर त्याग और अहिंसा की भावना का विकास सन्यासी का प्रमुख कर्तव्य था।[177] इस प्रकार वह आत्मज्ञान प्राप्त करता था।[178]

पूर्ववर्ती धर्मशास्त्रों में यह विवादास्पद है कि सन्यास आश्रम केवल ब्राह्मण के लिए ही था अथवा क्षत्रिय और वैश्य के लिए भी। बृहदारण्यक और मुण्डकोपनिषद में यह उल्लिखित है कि यह आश्रम केवल ब्राह्मणों के लिए था।[170] आपस्तम्ब और गौतम धर्मसूत्रों में इस तरह का विवाद नहीं है। मनु ने यद्यपि क्षत्रिय और वैश्य के लिए निषेधात्मक वचन नहीं लिखा है परन्तु उसने यह अवश्य कहा कि, 'प्राजापत्य यज्ञ का अनुष्ठान कर और उसमें कथित विधि से अपने में अग्नि का आरोप कर ब्राह्मण घर से निकलकर सन्यास आश्रम ग्रहण करे।[180] याज्ञवल्क्य ने सन्यास को द्वि-जातियों के लिए माना है।[181]

पूर्वमध्यकाल तक आते-आते यह प्रायः स्पष्ट हो गया कि सन्यास प्रमुखतः ब्राह्मणों के लिए था। मेधातिथि, कुल्लूक भट्ट और विज्ञानेश्वर ने ब्राह्मणों को ही सन्यास का अधिकार दिया है।[182] ग्यारहवीं सदी के लेखक अलबीरूनी ने भी ब्राह्मणों के लिए ही आश्रम व्यवस्था निर्दिष्ट बताया है।[183] मेधातिथि ने मनु के इस कथन पर कि 'ब्राह्मण के लिए चार आश्रमों का विधान है' टीका करते हुए

लिखा है कि, 'ब्राह्मणों को द्विजाति कह सकते हैं, परन्तु सभी द्विजाति को ब्राह्मण नहीं कहा जा सकता।'[184] पराशरमाधवीय में स्पष्टतः उल्लिखित है कि ब्राह्मण को ही सन्यास का अधिकार है, क्षत्रिय और वैश्य को नहीं।[185] इस पक्ष में उसने वाजसनेयी संहिता को उद्धृत किया है जिसके अनुसार क्षत्रिय, वैश्य में वित्त और लोक की तृष्णा होती थी।[186] इस विषय में माधवाचार्य ने मनु और नारद के अतिरिक्त योग याज्ञवल्क्य तथा वामन पुराण के कथनों को प्रस्तुत किया है कि, ब्राह्मण चारों, क्षत्रिय तीन (ब्रह्मचर्य, गृहस्थ और वानप्रस्थ) वैश्य दो (ब्रह्मचर्य और गृहस्थ) तथा शूद्र केवल एक (गृहस्थ) आश्रम का अधिकारी है।[187] एक अन्य स्मृति को उद्धृत कर माधवाचार्य ने कहा कि, काषाय, दण्ड, लिंग आदि धारण करना क्षत्रिय, वैश्य के लिए निषिद्ध है।[188] सोमदेव ने भी सिर मुडाना जटादि धारण करना राजा के लिए निषिद्ध बताया है।[189]

सन्यास आश्रम के अन्तर्गत संन्यासियों के निवास और शिक्षा केन्द्रों के रुप में मठों की परम्परा का विकास इस युग की विशेषता थी। समयमातृका में एक नारी द्वारा शाक्त मठ में आश्रय लिए जाने का वर्णन है।[190] कल्हणकृत राजतरंगिणी में कई स्थलों पर शैव मठों की सूचना है। बालादित्य की रानी बिम्बा द्वारा विश्वेश्वर शिव तथा उसके मन्त्री खण्ड, शत्रुघ्न और मालव द्वारा मठ, देवालय एवं सेतु निर्माण किया गया था।[191] रणदित्य नामक राजा ने पाशुपतों के लिए मठ बनवाया था।[192] अवन्तिवर्मा के मन्त्री शूर ने तपस्वियों के भोग के लिए शूर मठ निर्मित करवाया था।[193] शूर के पुत्र रत्लवर्धन ने 'भूतेश्वर हर' नामक मठ का निर्माण करवाया था।[194] चक्रवर्मा की श्वपाकी (डोम्ब) रानी हँसी ने पाशुपतों के आश्रय हेतु चक्रमठ के निर्माण को पूर्ण किया था।[195] राजा यशस्कर ने अपने पुत्र संग्रामदेव को अभिषिक्त कर अपने मठ में प्राण त्याग किया था।[196] यशस्कर ने पाँच सौ स्वर्ण मुद्रा लेकर मठ के लिए प्रस्थान किया था।[197] राजा क्षेमगुप्त भी मरण हेतु वाराह क्षेत्र गया था जहाँ उसने हुष्कपुर के समीप श्रीकण्ठ मठ एवं क्षेम-मठ स्थापित किया था।[198] कल्हण रानी सुगन्धा द्वारा गोपाल मठ तथा गोपाल-केशव एवं स्वनामांकित नगर निर्माण की सूचना देता है।[199] नोण नामक व्यापारी ने द्विजों के लिए नोण-मठ बनवाया था।[200] रानी दिद्दा ने दैशिक द्विजन्माओं के निवास हेतु मठ बनवाया था।[201] राजतरंगिणी में मठ-निर्माण की सूचना शनैः शनैः बढ़ती जाती है।[202] मठों और देवालयों के संचालन में राज्य का पूर्ण योगदान रहता था।[203] कथासरित्सागर में भी मठों में विभिन्न क्षेत्रों के ब्राह्मणों द्वारा निवास और संगठित जीवनयापन करने का उल्लेख है।[204] हेमचन्द्र ने गुजरात में विद्यामठों का उल्लेख किया है जो विद्या के केन्द्र थे और जिन्हें राज्य से भोजन, वस्त्र आदि का अनुदान प्राप्त था।[205] अलबीरूनी ने काशी में शैव मठों का उल्लेख किया है।[206]

इस काल के अभिलेख भी उत्तर भारत में मठ परम्परा के विकास को प्रमाणित करते हैं। जबलपुर अभिलेख (1174 ई.) में कलचुरि राजा जयसिंह के राजगुरु शैवाचार्य विमल शिव द्वारा मठ, मन्दिर, सत्रागार आदि के निर्माण की सूचना है।[207] बिल्हरी अभिलेख में नोहल मठ का जिक्र है। इस प्रकार के मन्दिर व मठों के संरक्षणार्थ शहर की मण्डपिका (मण्डी) की वीथियों (दूकानों) पर निश्चित कर लगाए जाने की सूचना बिल्हरी अभिलेख में मिलती है।[208] यशस्कर देव ने स्वयं स्थापित एक मठ के मठाधिपति को टंक (मुद्रालय, टंकशाल) एवं अन्तःपुर के अतिरिक्त छत्र एवं चामर से शोभित राज्यश्री प्रदान की थी।[209] देशोपदेश में मठों के विकृत जीवन का चित्रण है।[210] राजतरंगिणी में यशस्कर देव को इस बात का श्रेय दिया गया है कि, उसके समय में तपस्वी पुत्र, दार, पशु तथा धान्य का संग्रह नहीं करते थे।[211] कल्हण मेघवाहन की यूक नाम्नी रानी द्वारा निर्मित बौद्ध मठ का वर्णन करता है, जहाँ अर्धभाग में शिक्षाचार रत भिक्षुओं तथा अर्धभाग में स्त्री, पशु, धन वाले गृहस्थों के लिए व्यवस्था थी।[212] प्रबोधचन्द्रोदय में भ्रष्ट तपस्वियों की चर्चा की गई है।[213]

एक अन्य स्थल पर उनके लिए कहा गया है कि, वे केवल भीख के लिए संन्यासी का वेश धारण किए हुए और मस्तक घुटवाए हुए हैं।[214] ऐसे ही सन्यासियों के बारे में मध्यकालीन ग्रन्थ निर्णयसिन्धु में कहा गया है कि, एक दण्ड धारण कर जो उदर पोषण मात्र के लिए कर्मों से पलायन कर संन्यासी बने हैं, रौरव नरक के भागी होंगे।[215] चार्वाकों ने संन्यास को बुद्धि-पौरुषहीन जनों की आजीविका मात्र कहा।[216]

परवर्ती स्मृतियों व धर्मशास्त्रों में इस प्रकार के दुराचारों के लिए प्रायश्चित बताए गए हैं।[217] क्षत्रि ने संन्यासच्युत व्यक्ति के लिए प्रायश्चित अकल्पनीय बताया है।[218] नारद ने संन्यासच्युत को राजा का दास बनाने का निर्देश दिया है।[219] यद्यपि माधवाचार्य ने उसे एक बार पुनः संस्कार की आज्ञा दी है।[220] देवीभागवतापुराण ने ऐसे कर्म को अप्रायश्चितेय और ब्रह्मपुराण ने पाप की संज्ञा दी है।[221] पउमचरिउ में ऐसे कृत्य की भर्त्सना की गई है।[222] दक्ष ने संन्यासच्युत व्यक्ति को निर्वासन के साथ सिर पर कुत्ते के पंजे की मुहर लगाने का दण्ड निर्दिष्ट किया है।[223] निर्णयुसिंधु में यति के 6 बन्धन बतलाए गए हैं–आसन, पात्र का लोभ, धन, मकान, सम्पत्ति (चल-अचल सम्पत्ति का संग्रह शिष्यों का संग्रह, दिन में शयन) और व्यर्थ वार्तालाप[224] जीवन्मुक्ति विवेक में कहा गया है कि, 'निवास स्थान के रुप में कोई संन्यासी कोई मठ प्राप्त करता है तो उसका मन मठ की उन्नति एवं हानि से चलायमान हो उठेगा। अतः किसी संन्यासी को मठ की प्राप्ति नहीं करनी चाहिए।[225] कतिपय धर्मशास्त्रों में मठ निवासी ब्राह्मण श्राद्ध में वर्ज्यनीय कहे गए हैं।[226]

परम्परागत रुप से संन्यास ग्रहण करने के उदाहरणों की अपेक्षा 'आतुर संन्यास' के इस युग में अधिक उदाहरण मिलते हैं। यद्यपि आतुर संन्यास का उल्लेख जाबाल श्रुति और महाभारत में भी मिलता है।[227] पराशरमाधवीय में महाभारत को उद्धृत किया गया है कि, चोर व्याघ्र आदि से भयंकर संकट उत्पन्न होने पर तथा संसार से भयभीत व्यक्ति के लिए मनु और अंगिरा ने संन्यास निर्दिष्ट किया है। इस प्रकार के आतुर संन्यास की कोई विधि नहीं है, केवल प्रैषमात्र का उच्चारण करें।[228]स्मृत्यर्थसार[229] और स्मृतिमुक्ताफल[230] में भी आतुर सन्यास का उल्लेख मिलता है। इस काल के साहित्यिक ग्रन्थों में भौतिक दुखों से आतुर होकर संन्यास ग्रहण करने के कई उदाहरण हैं।[231]

इस युग में आत्मोत्सर्ग की परम्परा का अत्यधिक प्रचलन दिखाई पड़ता है। गांगेय देव ने अपनी सौ रानियों के साथ प्रयाग में आत्मोत्सर्ग किया था। राजा धंग के बारे में भी ऐसी सूचना मिलती है।[232] जोधपुर अभिलेख में भीलादित्य द्वारा उपवास कर आत्मोत्सर्ग की सूचना है।[233] साहित्यिक ग्रन्थों में इस प्रकार के अनेक उदाहरण मिलते हैं।[234] सोमदेव ने यशस्तिलक के सप्तम आश्वास में इस प्रथा का विस्तार से उल्लेख किया है। जैन शिलालेख संग्रह में सधवा स्त्रियों और गृहस्थों के सन्दर्भ में भी ऐसे अभिलेखीय प्रमाण मिलते हैं।[235] हिन्दू धर्मशास्त्रों ने विशेष परिस्थिति में सामान्यतः असाध्य रोग से पीड़ित होने, अतिवृद्धावस्था, सभी कर्मों के पूर्ण होने की स्थिति में वानप्रस्थ या यति के लिए इसका अनुमोदन किया।[236] परन्तु पूर्वमध्यकाल के उत्तरार्द्ध व मध्यकालीन ग्रन्थों में इस प्रथा को कलिवर्ज्य घोषित कर दिया गया।[237] इस काल के अनेक विदेशी यात्रियों, ह्वेनसांग, सुलेमान, अल-उत्वी, अलबीरूनी आदि ने हिन्दुओं में इस प्रथा के प्रचलन का उल्लेख किया है।[238] ह्वेनसांग स्वयं इस प्रथा की भर्त्सना करते हुए लिखता है कि किसी विद्वान ब्राह्मण ने लोगों को इस प्रथा से विमुख करने का प्रयास किया था।[239]

सन्दर्भ

1. देखें, 'शिक्षा के अध्याय के अन्तर्गत।
2. ए. बार्थ, द रिलिजन्स आफ इण्डिया, पृ. 98
3. कृत्य. ब्रह्म. पृ. 270 पर उद्धृत यम, 'ब्रह्मचारिणामग्रीन्धनादिनियम': तथा 269 में उद्धृत हारीत द्वारा प्रयुक्त व्रत का आशय लक्ष्मीधर ने 'व्रतं' शास्त्रतोऽग्रीन्धनादि'कहा है।
4. स्मृ. च., आ. का, पृ. 46 पर उद्धृत वसिष्ठ, मनु, आपस्तम्ब व याज्ञवल्क्य।
5. वही
6. वही

7. वही, पृ. 44 पर उद्धृत मनु, याज्ञवल्क्य तथा कृत्य. ब्रह्म. पृ. 101 पर उद्धृत याज्ञवल्क्य।
8. वही, पृ. 45 तथा कृत्य. ब्रह्म., पृ. 101 पर भी।
9. वही, पृ. 45 तथा अपरार्क में उद्धृत मनु, पृ. 31
10. वही, पृ. 45 तथा कृत्य., ब्रह्म., पृ.102 पर उद्धृत मनु।
11. वही, पृ. 45 तथा कृत्य. ब्रह्म., पृ. 102; पृ. 102; नि. सि. पृ. 542 पर उद्धृत आपस्तम्ब।
12. कृत्य. ब्रह्म, पृ. 102 तथा स्मृ. च., आ. का. पृ. 45 पर उद्धृत पैठीनसि
13. वही, पृ. 104 तथा भूमिका, पृ. 57 तथा बृहन्नारदीयपुराण, 23.11-13, पृ. 299
14. स्मृ. च. आ. का. पृ. 48 पर उद्धृत संग्रहकार।
15. सखाऊ जि. 2, पृ. 130 और 136
16. वही, पृ. 136
17. देखें, 'संस्कार' नामक अध्याय के अन्तर्गत।
18. स्मृ. च. आ. का. पृ. 49-81
19. कृत्य. ब्रह्म. देखिए—आचमनम, शौचम्, सन्ध्याविधि, अग्निकार्यम्, अभिवादनोपसंग्रहणें और इन्द्रिय-निग्रह नामक अध्याय।
20. वही, भूमिका पृ. 62
21. वही, पृ. 132
22. वही, पृ. 139
23. वही, पृ. 62
24. वही, पृ. 145
25. स्मृ. आ. का., पृ. 77 पर उद्धृत सुमन्तु।
26. कृत्य. ब्रह्म, पृ. 171
27. वही, पृ. 172
28. वही, भूमिका, पृ. 64
29. स्मृ. स्म. च. आ. का., पृ. 75
30. कृत्य. ब्रह्म. पृ. 163 पर उद्धृत शातातप।
31. स्मृ. च. आ. का, पृ.55
32. कृत्य. ब्रह्म, पृ. 184 पर उद्धृत पैठीनसि।
33. स्मृ. च. आ. का. पृ. 55 पर उद्धृत सुमन्तु और आपस्तम्ब।
34. वही, पृ. 56 तथा कृत्य. ब्रह्म., पृ. 184 पर उद्धृत हारीत।
35. इन्द्रियनिग्रह' व 'ब्रह्मचारिनियमः' नामक अध्याय, 14, 15
36. वही, पृ. 221-229
37. वही, पृ. 230 तथा इस सन्दर्भ में देखिए—वसिष्ठ स्मृति, 1.28, पृ. 358
38. अपरार्क, पृ. 72 पर उद्धृत देवल।
39. वसिष्ठस्मृति, 7.11, पृ.200, खट्वशयन दन्तप्रक्षालांजनाभ्यंजनोपान्च्छत्रवजी तिष्ठेदहनि रात्रीवासीतं।
40. अपरार्क, 1.50, पृ. 71 पर उद्धृत हारीत।

41. स्मृ. च. आ. का., पृ. 49
42. वही
43. वही, पृ. 49
44. वही, पृ. 50 तथा बृहन्नारदीयपुरा, 23.19, पृ. 300
45. वही, पृ. 50
46. वही, पृ. 51 तथा मनुस्मृति, 2.44 तथा अग्निपुराण में भी, पंचाशदधिक शततमोऽध्याय, श्लो. 11
47. स्मृ. च., आ. का., पृ. 55
48. वही
49. कादम्बरी, कथामुखम, पृ. 125
50. वही, पृ. 225-27
51. नागानन्द, पृ. 24-25
52. वही, पृ. 26
53. कादम्बरी, पृ. 252
54. उ. रा. च., अंक 4, पृ. 364
55. कुन्दमाला, अंक 4, पृ. 135
56. कथासरित्सागर, खड 3, पृ. 583
57. वही, खण्ड 3, पृ. 539
58. देंखें, 'शिक्षा' के अध्याय में।
59. अत्रिसंहिता, 165, पृ. 16, ब्रह्मचारी यश्चैव विद्यार्थी गुरुपोषकः।
60. कल्कि पुराण, 11.39
61. जै. शि. सं., भाग 2, अभिलेख संख्या 305
62. देशोपदेश, 5.32; लक्ष्मीधर ने ब्रह्मचारीकाण्ड में आश्रम-क्रम के प्रतिकूल आचरणकर्ता को अनाश्रमी कहा है, कृत्य. ब्रह्म. पृ. 270 पर उद्धृत यक्ष।
63. अग्निपुराण, 153.17, नैष्ठिको ब्रह्मचारी था देहान्त निवेसद्गुरौ। नी. वा. 5.10 स नैष्ठिको ब्रह्मचारी यस्य प्राणन्तिकर्मदारकर्म॥ तथा वेदव्यासस्मृति, 1.41 पृ. 359; का. नी. सा. 2.22
64. कृत्य. गृ. का., भूमिका, पृ. 4 जाबाल का कथन; मिताक्षरा, 3.56, पृ. 443 तथा अपरार्क, पृ. 946 पर भी उद्धृत।
65. कृत्य. गृ. का. भूमिका, पृ. 4
66. वही, पृ. 5
67. शुकसप्तति, 1, पृ. 3
68. अपरार्क, 1.7, पृ. 15; चतुर्विंशमत, पृ. 50-51; स्मृ. च., आ. का. पृ. 20; बृहन्नारदीयपुराण, 22.15, पृ. 295; प. मा. जि. 1, पृ. 123; नि. सि. पृ. 737 पर उद्धृत वृ. पु.।
69. कुल्लूक, 3.77, 78 पृ. 119; मेधातिथि का भाष्य, 3.68.69, पृ. 274; वसिष्ठ स्मृति, 8.15-16; शंखस्मृति, 5.6; कृत्य. ब्रह्म. पृ. 268 पर उद्धृत मनु; स्मृ. च. आ. का. पृ. 11-12 में गृहस्थाश्रम के महत्त्व के सन्दर्भ में उद्धृत मनु तथा वसिष्ठ;

नैषधचरित, सर्ग 17, श्लो. 32
70. मेधातिथि, 6.89, पृ. 602
71. दे. भा. पु., 1.14.59.60
72. प. मा. जि. 1. पृ. 523
73. कृत्य., गृ. का. भूमिका, पृ. 7
74. प. मा., जि. 1, पृ. 523
75. गौ. ध. सू. पर हरदत्त का भाष्य, 1.3.35. पृ. 37
76. तैत्तरीयसंहिता, 6.3-10.5; कृत्य गृ. का. भूमिका, पृ. 7 से उद्धृत तथा मनुस्मृति, 6.35-37
77. गौ. ध. सू. 1.3.3; बौ. ध. सू. 2.6.29
78. बौ. ध. सू. पर गोविन्दस्वामी का भाष्य 2.6.30, पृ. 254
79. दे. भा. पु., 1.4.16 तथा 1.10.35
80. विक्रमांकदेवचरित, सर्ग 2.34 पृ. 112
81. कृत्य. गृह. का. भूमिका, पृ. 10
82. वही, पृ. 9 पर उद्धृत कौटिल्य, 'पुत्रदारमप्रतिविधाय प्रव्रजतः पूर्वस्साहसदण्ड'।
83. वहीं, 'लुप्तव्यवायः प्रव्रजेत् आवृश्च्य धर्मस्वान्। अन्यथा नियम्येत॥
84. वही, पृ. 9
85. अपरार्क; 1.97, पृ. 121
86. कृत्य. गृ. का. भूमिका, पृ. 9
87. मेधातिथि, 2.6, पृ. 64 तथा 6.30, पृ. 574; अपरार्क, 1.103, पृ. 143 पर उद्धृत ब्रह्मपुराण।
88. दक्षस्मृति, 2.59 पृ. 76, मूल प्राणे भवेत्स्कन्धस्तस्माच्छारवाश्च पल्लवाः। मूलेनैकेन नष्टेन सर्वमेव विनश्यन्ति॥
89. कृत्य. गृ. का. पृ. 156 और 135, अग्नयस्तन्मुखाः सर्वे देवश्चाऽग्निमुखाः स्मृता।'
90. अपरार्क; 1.235, पृ.490, औपसदो गृह्यग्निः' तथा कृत्य. गृ. का., भूमिका, पृ. 48
91. वही, भूमिका, पृ. 48
92. अपरार्क; 1.335
93. स्म. च., आ. का. पृ. 255
94. अपरार्क; 1.97, पृ. 121, 'श्रौतमग्निहोत्रादिकर्म वैतानिकेषु गार्हपत्यादिष्वग्निषु कुर्वीत॥' मिताक्षरा; 1.97, पृ. 44
95. स्मृ. च. आ. का., पृ. 257 की पादटिप्पणी में उद्धृत मेधातिथि।
96. कृत्य. गृ. का. भूमिका, पृ. 52
97. वही, पृ. 114 पर उद्धृत पैठीनसि।
98. वही, भूमिका, पृ. 52
99. प. मा., पृ. 339
100. कृत्य., गृहस्थ., पृ. 123-124, स्मृ. च. आ.का., पृ. 254-55 पर उद्धृत हारीत, प्रजापति, अंगिरा, पैठीनसि तथा कृत्य. गृहस्थ., पृ. 125 पर पैठीनसि व 156 पर उद्धृत हारीत।

101. पराशरस्मृति, 1.31, पृ. 7
102. उत्तररामचरित, अंक 1, पृ. 28
103. मिताक्षरा, 1.97, पृ. 44
104. मनुस्मृति, 3.68-69
105. वही, 3.70, पृ. 117; प. मा. जि. 1, पृ. 346 पर उद्धृत कात्यायन; शंखस्मृति, 5. 1-6, पृ. 377; स्मृ. च. आ. का. पृ. 346-48 पर उद्धृत संवर्त, यम, हारीत, शंख, व्यास, मनु, देवल, कात्यायन आदि।
106. प. मा. जि. 1, पृ. 311 तथा स्मृ. च. आ. का. पृ. 317 पर उद्धृत लिंगपुराण।
107. स्मृ. च. आ. का. पृ. 317 तथा पृ. 316 पर उद्धृत योग-याज्ञवल्क्य।
108. वही, पृ. 317, देवन्न भट्ट ने जपयज्ञ से आशय ब्रह्मयज्ञ से ही बताया है
109. वही, पृ. 349
110. प. मा. जि. 1. पृ. 343-45
111. वही
112. स्मृ. च. आ. का. पृ. 350
113. प. मा. जि. 1, पृ. 349
114. वही, पृ. 354
115. वही, पृ. 363
116. प. मा. जि. 1. पृ. 341
117. वही, पृ. 342 तथा स्मृ. च., आ. का., पृ. 349 पर उद्धृत कूर्मपुराण तथा हारीत।
118. स्मृ. च. आ. का., पृ. 349
119. प. मा., जि. 1, पृ. 345
120. लघ्वाश्वलायनस्मृति, 1.121, पृ. 147
121. स्मृ. च. आ. का., पृ. 357
122. प. मा., जि. 1, पृ. 345
123. वही, पृ. 346
124. स्मृ. च. आ. का.पृ. 355
125. प. मा. जि. 1, पृ. 345, 'तएते देवयज्ञ-भूतयज्ञ-पितृयास्त्रयोऽपि वैश्वदेवशब्देनोच्यन्ते।'
126. पाकयज्ञ से आशय लघु यज्ञ है—कृत्य. गृह.का. भूमिका, पृ. 56
127. स्मृ. च. आ. का., पृ. 257 कृत्य. गृ. का, पृ. 119 पर उद्धृत देवल।
128. वही, पृ. 52-23 'इत्येते चत्वारिंशत्संस्काराः'। कृत्य. गृ. का. पृ. 61 में भी।
129. मनुस्मृति, 11.7, पृ. 568 तथा इस सन्दर्भ में याज्ञवल्क्य, कृत्य. गृ. का, पृ. 133 पर उद्धृत।
130. कृत्य. गृ. का. पृ. 135 पर उद्धृत शंख-लिखित।
131. वही, भूमिका पृ. 63, 142, 152, 159 आदि।
132. वही, पृ. 65
133. देखिए, पुरुषार्थ के अध्याय में 'धर्म' के अन्तर्गत।
134. स्मृ. च. आ. का. पृ. 21; प. मा. जि. 1, पृ. 124; नि. सि. 73
135. वही

136. नि. सि., पृ. 742
137. प. मा., जि. 1, पृ. 125; स्मृ. च. आ. का., पृ. 21
138. वही, पृ. 123
139. बृहन्नारदीयपुराण, 22.14, पृ. 294
140. वही, 22.15, पृ. 295; नि. सि. पृ. 737 में भी उद्धृत।
141. वही, 22.15, पृ. 295 तथा नि.सि., पृ. 738 पर उद्धृत हेमाद्रि।
142. नि. सि. पृ. 739 तथा प. मा., जि. 1, पृ. 125
143. काणे, धर्मशास्त्र का इतिहास, भाग 1, पृ. 570
144. प. मा. जि. 1 पृ. 124
145. काणे, पूर्वोद्धृत, भाग 2, पृ. 996
146. अपरार्क, 1.121, पृ. 163
147. कृत्य. ब्रह्म. पृ. 269-70 में उद्धृत हारीत व यम।
148. शंख, 6.1-2, पृ. 378; संवर्त श्लोक 100-103, पृ. 416-17
149. लघुविष्ण, 2.5, 10 व 12, पृ. 119-120; वानप्रस्थ आश्रम के सन्दर्भ में और देखिए—वसिष्ठ स्मृति नवां अध्याय, पृ. 201; बृद्धहारीत, 8.44, 51, 53 आदि, पृ. 280-81; अग्निपुराण, 160-1-5; बृह. पुराण, 25.46-52, पृ. 320; ब्रह्माण्डपुराण, 222.39-43, पृ. 1180
150. प. मा., जि. 1, पृ. 567
151. मेधातिथि, 6.3-32। पृ. 564
152. अपरार्क, 3.44, पृ. 939-40
153. मिताक्षरा, 3.45, पृ. 436; प. मा. जि. 1, 524 में भी, 'यदा सा पि नियता सती पति शुश्रूषां कामयते, तदा तया सह वनं ब्रजेत्।'
154. मनु, 6.3, पृ. 282; याज्ञवल्क्य, 3.45, पृ. 436; विष्णुस्मृति, 94.3, पृ. 276
155. सखाऊ, जि. 2, पृ. 132
156. कृत्य. ब्रह्म. पु. 268-69 पर उद्धृत विष्णुपुराण।
157. मेधातिथि, 6.3, पृ. 564
158. नागानन्द नाटक, पृ. 10-11
159. कथासरित्सागर, खण्ड 3, पृ. 669 से आगे और पृ. 911 से आगे।
160. वही, पृ. 1067 से आगे।
161. नलचम्पू, उच्छवास 4, पृ. 235
162. उत्तररामचरित, अंक 1, पृ. 77
163. वही, अंक 4, पृ. 325, 330
164. यशस्तिलक, 4.188, पृ. 85
165. वही, पृ. 86
166. दे. भा. पु., 6.21.12
167. चम्पूरामायण, अयोध्या काण्ड, श्लोक 5, पृ. 111
168. कुन्दमाला, अंक 5, पृ. 186
169. दे. भा. पु. 2.19.32

170. वा. उपाध्याय, द सोसियो रिलिजस कण्डीशन आफ नार्थ इण्डिया, पृ. 106
171. एपि. इ.जि. 1, पृ. 308
172. वही, जि. 13, पृ. 292
173. चतुर्विंशमत, पृ. 50; वी. भट्टाचार्य, दी कलिवर्ज्याज, पृ. 14
174. बौ. ध. सू. पर गोविन्दस्वामी, 3.3.14-17, पृ. 319
175. काणे, पूर्वोद्धृत, भाग 1, पृ. 489
176. कुल्लूक, 6.34, पृ. 289 तथा 6.36 पृ. 290,
...मोक्षान्तरंगे चतुर्थाश्रमे मनो नियोजयेत्' ।
177. कृत्य., ब्रह्म., पृ. 270 पर उद्धृत यम; मेधातिथि ने अहंकार के त्याग को सन्यास माना है—'अहंकारमकारत्याग एव सन्यासी वक्ष्यते'—6.32, पृ. 576
178. वही, पृ. 269 पर उद्धृत हारीत।
179. काणे, पूर्वोद्धृत, भाग 1, पृ. 497
180. मनु, 6.38, पृ. 290
181. याज्ञ. 3.32, पृ. 430
182. मेधातिथि, 6.97, पृ. 605; कुल्लूक, 6.97, पृ. 305, तथा मिताक्षरा, 3.56-57, पृ. 443
183. ज. श. मिश्र, ग्यारहवीं सदी का भारत, पृ. 121
184. मेधातिथि, 6.97, पृ. 605, 'अस्ति ब्राह्मणस्य द्विजजातित्वम्, न तु सर्वेषु द्विजातिषु ब्राह्मण्यम् ।'
185. प. मा., जि. 1, पृ. 534
186. वही
187. वही, पृ. 534 पर उद्धृत मनु, नारद, योग-याज्ञवल्क्य तथा वामनपुराण।
योगियाज्ञवल्क्यो पि—'चत्वारो ब्राह्मणस्योक्ता आश्रमाः श्रुति-चोदिताः ।
क्षत्रियस्य त्रयः प्रोक्ता द्वावेको वैश्य-शूद्रयोः॥इति॥
(उक्त कथन नि. सि., पृ. 1299 में वृद्धयावल्क्य के नाम से उद्धृत है)।
188. प. मा. जि. 1, पृ. 535,
अतएव स्मृत्यन्तरे, कषाय-दण्डादि-लिंग-धारणं क्षत्रिय-वैश्ययोर्निषिद्धमूमुखजाना-मयं धर्मी यद्विष्णोलिंगधारणम् ।
बाहुजातोरुजातानां नायं धर्मो विधीयते'—इति
इसी सन्दर्भ में, पृ. 536 तथा नि. सि. पृ. 1300 पर उद्धृत बौधायन।
189. नी. वा. 5.3
190. समयमातृका,'...ययौ शाक्तमठाश्रयम' । द्वितीय समय, 43
191. राजतरंगिणी, 3.482-83
192. वही, 3.460
193. वही, 5.38
194. वही, 5.40
195. वही, 5.404
196. राजतरंगिणी, 6.99, 'स राजधान्या निर्गत्यं मर्तु जिनमठ ययौ' ।

197. वही, 6.102-3
198. वही, 6.186
199. वही, 5.244
200. वही, 4.12
201. वही, 6.304
202. वही, 7.120, 150, 180, 182, 1010; 8.3354, 3359
203. वही, 8.2401
204. कथा. खण्ड 1, पृ. 329, 345
205. वा. उपाध्याय, पूर्वोद्धृत, पृ. 404
206. सखाऊ, जि. 1, पृ. 173
207. सी. आई. आई. जि. 4, भाग 1, भूमिका, पृ. 158
208. वही, पृ. 224
209. राजतरंगिणी, 6.88
210. क्षेमेन्द्र, देशोपदेश, लघुकाव्य संग्रह, पृ. 290-4
211. राजतरंगिणी, 6.10, 'न विप्र गुरवः साम गायन्तो मन्दिरां पपुः।
212. राजतरंगिणी, 3.12 'न तापसा पुत्रदारपशुधान्यान्यढौकयम्॥'
213. प्रबोधचन्द्रोदय, 2.1, पृ. 43
214. वही, पृ. 46
215. नि. सि., पृ. 1301
216. प्रबोधचन्द्रोदय, अध्याय 2, पृ. 46
217. संवर्त्तस्मृति, 171, पृ. 421
218. अत्रिस्मृति, 8.16-18, पृ. 33; प. मा0 पृ. 368 पर उद्धृत वृद्ध पराशर भी।
219. प. मा. जि. 1, पृ. 369 पर उद्धृत नारद।
220. वही
221. दे. भा. पु. 2.18.27; ब्रह्मपुराण, 228;38
222. पउमचरिउ, 11.56 पृ. 123
223. दक्ष, 7.33, पृ. 83
224. नि. सि. पृ. 1320, आसनं पात्रलोभश्च संचयः शिष्य संग्रहः।
दिवास्वापो वृथाजल्पो यतेर्बनधकराणि षट्॥
225. काणे, पूर्वोद्धृत, भाग 1, पृ. 500 से उद्धृत।
226. देखें—वर्णव्यवस्था के अध्याय में ब्राह्मणवर्ण के अन्तर्गत।
227. धर्मसिन्धु, पृ. 992 पादटिप्पणी में उद्धृत जाबाल, नि. सि. में भी उद्धृत पृ. 1321
228. प. मा., जि. 1, पृ. 532; इसी सन्दर्भ में अंगिरा भी उद्धृत हैं।
229. स्मृत्यर्थसार, नि. सि., पृ. 1321 पर उद्धृत।
230. स्मृतिमुक्ताफलम, पृ. 174, 1.2-ए जनरल इन्ट्रोडक्शन विद स्पेशल रिफ्रेन्स टू याज्ञवल्क्य एण्ड मिताक्षरा, पृ. 182 से उद्धृत।
231. दशकुमारचरित, अंक 1, पृ. 10; राजतरंगिणी, 3.320, 4.387, 5.125 6.99, 6. 133-34, 7.482, 8.179; कुट्टनीमतम, 495, पृ. 98; यशस्तिलक आश्वास 4, पृ.

39, आश्वास 6. पृ. 214, 340; जोनराजकृत राजतरंगिणी, 403; पउमचरिउ 20.146

232. एपि. इ., जि. 1, पृ. 140, द सो. रि. क. आफ नार्दन इण्डिया, पृ. 109 से उद्धृत।

233. राजबली पाण्डेय, हिस्टारिकल एण्ड लिटरेरी इन्सक्रीप्सन्स, पृ. 160

234. यशस्तिलक, आश्वास 5, पृ. 172; राजतरंगिणी, 6.99, 6. 186 कथासरित्सागर, खण्ड 3, पृ. 111

235. जै. शि. सं. भाग 1, अ. सं. 48-49, भाग 3, अ. सं., 364, 383, 420, 541, 544, 588, 612 आदि।

236. अपरार्क द्वारा उद्धृत ब्रह्मगर्भ, विवस्वान व गार्ग्य, 1.252-3, पृ. 536; मिताक्षरा, 3.6 पृ. 398 पर उद्धृत अत्रि तथा 3.55, पृ. 441-42 पर उद्धृत मनु; प. मा., जि. 1, पृ. 530 पर उद्धृत याज्ञवल्क्य व कूर्मपुराण, नि. सि., पृ. 1113-16 में उद्धृत स्कन्द, पदम, कूर्म, वाराह, ब्रह्म, भविष्येत्तरपुराण।

237. स्मृ. च., आ. का., पृ. 21; चतुर्विंशमत, 50; प. मा., जि. 1, पृ. 124-25; नि. सि., पृ. 1115 में उद्धृत ब्रह्मवैवर्तपुराण; वृहन्नारदीयपुराण, 22.16, पृ. 295 तथा नि. सि., पृ. 737 पर उद्धृत हेमाद्रि।

238. वाटर्स, जि. 1, पृ. 175, 362; इलियट. जि. 1, पृ. 8, जि. 2, पृ. 19,32; सखाऊ, जि. 2, पृ. 170

239. वाटर्स, जि. 1, पृ. 362

5
पुरुषार्थ

भारतीय जीवन दर्शन के मूल में भौतिकता और आध्यामिकता के बीच समन्वय और सन्तुलन का प्रयास दिखाई पड़ता है। 'पुरुषार्थ' इस प्रयास का परिचायक है। सामाजिक मूल्यों के स्थायित्व के लिए प्राचीन मनीषियों ने मानव के भौतिक जीवन को धर्म से जोड़ने की चेष्टा की। इस प्रकार 'पुरुषार्थ' प्राचीन हिन्दू समाज में जीवन के एक परम्परागत मूल्य के रुप में और इसके अन्तर्गत 'धर्म' एक 'नियंत्रणकारी तत्व' के रुप में सन्निहित रहा है।[1]

तैत्तरीय श्रुति में कहा गया है कि, 'धर्म ही सर्वश्रेष्ठ है, क्योंकि समस्त विश्व धर्म में ही स्थित है, संसार में धर्म का पालन करने से ही प्रजा विकासशील होती है। धर्म से पाप नष्ट होता है और धर्म ही सबका आधार है।[2] महाभारत में भी धर्म को सबका आधार, प्रगति का कारण तथा पोषणकर्ता कहा गया है।' शंकराचार्य ने भी धर्म को 'जगत् की स्थिति का कारण तथा प्राणियों की उन्नति और मोक्ष का हेतु' माना है।[3]

इस प्रकार प्राचीन भारतीय समाज में 'धर्म' न केवल समाज का आधार और प्रगति का माध्यम था, बल्कि समाज की अक्षुण्णता और स्थायित्व का भी आधार था।[4] मनुष्य की अर्थ और काम से सम्बन्धित गतिविधियों के क्षेत्र में धर्म का नियन्त्रण सामाजिक संरचना को विघटित होने से सुरक्षित रखने के लिए आवश्यक था।[5] विज्ञानेश्वर ने धर्म को अर्थ और काम का मूल मानते हुए लिखा कि–'अर्थ और काम का सेवन धर्म विरुद्ध न हो।'[6]

सामाजिक नियन्त्रण के साधन ही व्यक्ति को सामाजिक मूल्यों के अनुरूप व्यवहार करने के लिए प्रेरित करते हैं। प्राचीन भारतीय समाज में धर्म सामाजिक नियन्त्रण का प्रमुख साधन था। यहाँ तक कि ब्रह्माण्डपुराण में प्रशासकीय कार्यो के क्रियान्वयन के लिए धर्म के आश्रय का निर्देश है।[7] धर्म और विवेक की शिथिलता से सामाजिक विघटन की सम्भावना व्यक्त की गई थी।[8] उपरोक्त कारणों से ही धर्म को अर्थ और काम का मूल मानते हुए त्रिवर्ग में प्रमुख स्थान

दिया गया।[9] कामन्दक ने धर्म को आगे रखते हुए राजा को अर्थ प्राप्ति का निर्देश दिया क्योंकि धर्म से राज्य बढ़ता है।[10] यद्यपि कौटिल्य ने अर्थ को ही प्रधानता दी है।[11]

व्यवस्थाकारों ने त्रिवर्ग के मध्य संतुलन और अर्थ, काम की धर्मपरकता पर जोर दिया[12] कौटिल्य की भाँति सोमदेव ने भी कहा है कि किसी एक पर अधिक आसक्ति से दो की क्षति होती है।[13] क्षेमेन्द्र ने त्रिवर्ग की साधना का समर्थन किया है तथा इसी से मुक्ति सम्भव मानी है।[14]

धर्म

ऋग्वेद में धर्म प्रायः धार्मिक विधि और क्रियाओं, संस्कारों के सम्बन्ध में प्रयुक्त हुआ है। अर्थर्ववेद में धर्म शब्द 'धार्मिक क्रिया संस्कार करने से अर्जित गुण' के अर्थ में प्रयुक्त हुआ है।[15] वैशेषिकों और अन्य धर्मशास्त्रकारों ने धर्म को अभ्युदय और निःश्रेयस का स्रोत माना है।[16] नारद ने ईश्वर को ही 'धर्म'कहा है जो सूक्ष्म, परोक्ष और अतर्क्य है।[17] इसी प्रकार आपस्तम्ब ने भी धर्म और अधर्म को अप्रत्यक्ष बताते हुए लिखा है कि, न ही देवता, पितरों, गन्धर्वों ने घोषणा की कि यह धर्म है और यह अधर्म। वेदज्ञ आर्यों द्वारा जो प्रशंसित है वह धर्म है और जिसकी उन्होंने भर्त्सना की वह अधर्म है।[18] स्मृतिचन्द्रिका में विश्वामित्र का कथन है कि, आर्यों के आगम में जो प्रशंसित और प्रतिपादित है वह धर्म है और जो निषिद्ध है वह अधर्म।'[9] बृहस्पति और कात्यायन ने भिन्न-भिन्न व्यवसायोजीवी व धर्म सम्प्रदायों के अपने पृथक समुदाय के जो व्यवहार नियमादि हैं उन्हें भी धर्म की संज्ञा दी।[20]

वस्तुतः जिन ग्रन्थों में भारतीय सामाजिक संस्थाओं और विधि-विधानों की रुपरेखा निरूपित की गई है, उन्हें धर्मशास्त्र कहा जाता है। स्वयं भारतीय परिप्रेक्ष्य में धर्म का अर्थ हिन्दू सामाजिक जीवन संगठन और सदाचार से है। इस प्रकार धर्म का क्षेत्र व्यापक है। प्राचीन धर्मशास्त्रों में वर्णित धर्म के प्रकारों से भी इस तथ्य की पुष्टि होती है। मनु और गौतम ने धर्म के अन्तर्गत जाति-धर्म, देश धर्म, श्रेणी और कुल धर्म का उल्लेख किया है।[21] मेधातिथि ने इन धर्म-प्रकारों की विस्तार से व्याख्या की है।[22] लक्ष्मीधर ने देशधर्म से आशय करादि, जातिधर्म यथा—'आभीराणां दन्त रंजनाभाव; कुल धर्म जैसे—'दध्यमथनादिः' बताया है।[23] कात्यायन और बृहस्पति ने भी इन प्रकारों की चर्चा की है।[24] बृहस्पति के अनुसार राजा को प्राचीन समय से निर्मित देश, जाति और कुल के धर्म को संरक्षण देना चाहिए अन्यथा विद्रोह की सम्भावना होती है।[25] इसके अनन्तर उसने विभिन्न क्षेत्रों के धर्म विशेष की चर्चा की है। पराशर माधवीय में देश, जाति, कुल, वर्ण धर्म और आपद्धर्म का उल्लेख है।[26]

इन प्रकारों के अतिरिक्त विज्ञानेश्वर और लक्ष्मीधर ने धर्म के उपादान

आश्रमधर्म, वर्णाश्रमधर्म, गुणधर्म, निमित्त धर्म और साधारण धर्म माना है।[27] लक्ष्मीधर ने साधारण धर्म का एक उप-अध्याय में पृथक् वर्णन किया है।[28] मिताक्षरा में इन धर्म-प्रकारों की व्याख्या में कहा गया है कि ब्राह्मण वर्ण का धर्म जैसे मद्यवर्ज्यनीयता है, आश्रम धर्म में अग्नि प्रज्जवलन, भिक्षाटन आदि, वर्णाश्रम धर्म जैसे, ब्राह्मण के लिए पलाश दण्ड गुणधर्म में जैसे, राजा का धर्म प्रजापालन है, निमित्त धर्म में प्रायश्चित और साधारण धर्म से आशय अहिंसा आदि सदाचार सम्बन्धी कर्मों से है, जो चण्डाल के लिए भी पालनीय है।[20] स्मृति-चन्द्रिका में वर्णधर्म, आश्रमधर्, गुणधर्म, निमित्तधर्म का उल्लेख है।[30]

धर्म के स्रोतों का भी व्यवस्थाकारों ने निर्धारण किया है। मनु और याज्ञवल्क्य ने वेद-वेदज्ञों, राग द्वेषादि से शून्य ब्राह्मण, महात्मा अथवा विवेकशील पुरुषों को धर्म का स्रोत कहा है।[31] याज्ञवल्क्य ने चार वेदज्ञों या तीन विधाओं के ज्ञाता तीन पुरुषों की परिषद को भी धर्म के स्रोत के रुप में मान्यता दी है। मेधातिथि ने भी वेदज्ञ तथा शिष्ट पुरुषों की आत्मसंतुष्टि को भी धर्म के स्रोत के रूप में स्वीकार किया है।[32] मेधातिथि ने आत्मसंतुष्टि को 'अर्थ' माना है।[33] आत्मसन्तुष्टि की व्याख्या करते हुए मेधातिथि ने उदाहरण दिया है कि, यदि किसी हिंसक से सत्यभाषण करने पर हिंसा की सम्भावना हो तो असत्य बोलना ही धर्म होगा।[34]

स्मृतियों का भी धर्म के स्रोत के रुप में महत्त्वपूर्ण स्थान था। याज्ञवल्क्य ने बीस स्मृतियों का उल्लेख किया है—मनु, अत्रि, विष्णु, हारीत, याज्ञवल्क्य, उशनस, अंगिरस, यम, आपस्तम्ब, संवर्त, कात्यायन, बृहस्पति, पराशर, व्यास, शंख, लिखित, दक्ष, गौतम, शातातप और वसिष्ठ।[35] शंख-लिखित ने प्रचेता का भी उल्लेख किया है।[36] यम की सूची में नारद का नाम भी है।[37] शनैःशनैः धर्म के स्रोत के रुप में स्मृतियों की संख्या बढ़ती गई। शंख-लिखित प्रदत्त सूची में 'आदि' से लक्ष्मीधर ने तात्पर्य, बुध, देवल, सोम, जमदग्नि, विश्वामित्र, प्रजापति, वृद्ध-शातातप, सुमन्तु, पैठीनसि, पितामह, बौधायन, छागलेय, जावाल, च्यवन, मरीचि, कश्यप नामक अन्य स्मृतियों से बताया है।[38] वीर मित्रोदय ने भी उपरोक्त अन्य स्मृतियों का उल्लेख किया है।[39] स्मृतिचन्द्रिका में उद्धृत पैठीनसि की सूची में व्याघ्र, सत्यव्रत, भारद्वाज, गार्ग्य, कृष्णंजिनी, जमदग्नि, लौगांक्षी, वभ्रु आदि अतिरिक्त नाम है।[40] लौंगाक्षी ने श्रुति को स्मृति से अधिक महत्वपूर्ण और प्रामाणिक माना।[41]

स्मृतिचन्द्रिका ने पुराणों को भी धर्म का स्रोत माना।[42] भविष्यपुराण ने धर्म के प्रमाणस्वरुप अठारह पुराण, रामस्य-चरितं तथा महाभारत का भी उल्लेख किया।[43]

जिन विचारधाराओं से हिन्दू दर्शन का सामन्जस्य नहीं था, उन्हें धर्म-स्रोत के रुप में निषिद्ध कर दिया गया। कुल्लूक ने इस सन्दर्भ में चार्वाक दर्शन तथा अपरार्क में योग-याज्ञवल्क्य ने पांचरात्र, पाशुपत को वेद ब्राह्य बताया।[44]

साधारण अथवा सामान्य धर्म के रुप में आचार, सदाचार या नैतिकता का

हिन्दू धर्म में महत्त्वपूर्ण स्थान था। यह धर्म का सार्वभौमिक स्वरूप था।[45] मनु ने आचार को श्रेष्ठ धर्म कहा है[46] आचार अभ्युदय और दुराचार पतन का कारण माना गया है।[47] लक्ष्मीधर ने आचार से आशय 'आवश्यक कर्म' बताया है।[48] पतंजलि ने योगसूत्र में पाँच नैतिक गुण बताए हैं, अहिंसा, सत्य, अस्तेय, ब्रह्मचर्य और अपरिग्रह।[49] स्मृतियों में आचार या नैतिक गुणों के प्रकारों का उल्लेख है।[50] सामान्य धर्म में मेधातिथि ने अतिथि सत्कार और अभिवादन को स्थान दिया।[51]

विवेच्ययुग सामाजिक मूल्यों में ह्रास और नैतिक शैथिल्य का युग था। इस युग के धर्मशास्त्रीय ग्रन्थों में इसका संकेत मिलता है कि 'धर्म' सामाजिक नियन्त्रणकारी तत्त्व के रुप में क्षीण हो रहा था।[52] इसका कारण स्त्री-पुरुषों का पापकर्मी होना और कलियुग के मनुष्य की ज्ञान, विचार और मस्तिष्क की पवित्रता का अभाव बताया गया है।[53] मेधातिथि का कथन महत्त्वपूर्ण है कि—जिस प्रकार ऋतु के अनुसार वस्तुओं का धर्म बदलता है उसी प्रकार युगानुरुप धर्म का स्वरूप भी परिवर्तित होता है।'[54] धर्म भी युगानुरुप कठोर या लचकीला होता रहा। मेधातिथि का आगे कथन है कि, सतयुग, त्रेता और द्वापर में क्रमशः अपेक्षाकृत कम कष्टदायक तप, ज्ञान और यज्ञ की प्रधानता रही और कलियुग में दान की प्रधानता है क्योंकि इसमें न शारीरिक कष्ट है न संयम की आवश्यकता।[55] बृहस्पति का कथन है कि 'त्रेता में जिस फल की प्राप्ति एक वर्ष, कृत में तीन ऋतुओं, और द्वापर में एक पक्ष में होती थी वह कलियुग में एक दिन में ही होती है।[56] प्रत्येक युग में धर्म के स्रोत भी परिवर्तित होते रहे। 'कृतयुग में मनु, त्रेता में गौतम, द्वापर में शंख-लिखित तथा कलियुग में पराशर द्वारा धर्म का प्रस्तुतीकरण किया गया।'[57]

इस प्रकार धर्म का स्वरूप विभिन्न युगों में सामाजिक पर्यावरण के अनुसार परिवर्तित होता रहा।[58] दाण्डेकर के अनुसार विभिन्न युगों में प्रतिपादित धर्म के विविध स्वरुप प्रत्येक युग में बढ़ते हुए विघटन को चित्रित करते हैं।[59] इस प्रकार प्राचीनकाल से ही भारतीय मनीषी सामाजिक परिवर्तन की आवश्यकता से सुविज्ञ थे।[60]

अर्थ

'धर्म' के उपरान्त मानव जीवन का दूसरा प्रमुख अभीष्ट 'अर्थ' था। यद्यपि अधिकांश धर्मशास्त्रों में धर्म की सर्वोच्चता प्रतिफलित की गई है, तथापि कुछ ने अर्थ को प्रमुखता दी है। सोमदेव ने लिखा है कि यदि धर्म, अर्थ और काम का कर्त्तव्य एक ही समय उपस्थित हो तो अर्थ-कार्य को ही प्रधानता देनी चाहिए, क्योंकि धर्म और काम का सुचारु रुप से सम्पादन द्रव्य होने पर ही सम्भव है।[61] भौतिक सुखों का स्रोत अर्थ ही है।[62]

मनु ने अर्थ के सात स्रोत बताए–दाय, लाभ, क्रीत, विजय से प्राप्त प्रयोग (कुसीद कर्म), कर्मयोग (कृषि-वाणिज्य से प्राप्त), सत्प्रतिग्रह (दान से प्राप्त)।[63] इसी प्रकार दण्डी ने कृषि, पशुपालन, व्यापार और सन्धिविग्रह अर्थ का परिवार बताया है।[64]

लक्ष्मीधर ने नारद और विष्णु को उद्धृत करते हुए स्रोतों के आधार पर अर्थ के तीन प्रकार उल्लिखित किए हैं–श्वेत, शबल (चितकबरा) तथा कृष्ण (कालाधन) श्वेत अर्थ में–दायभाग, मित्र से, दहेज से प्राप्त और उपहार के रुप में प्राप्त धन का उल्लेख है, शबल अर्थ में–उत्कोच, निषिद्ध पदार्थ यथा नमक, लाख के व्यापार से प्राप्त धन का उल्लेख है तथा काले धन में द्यूत क्रीड़ा, चोरी, डकैती, भीख, धोखे, से, कोई अन्य वस्तु दिखाकर उसका नकली प्रतिरूप बेचने आदि से प्राप्त धन आते हैं।[65] सोमदेव ने उपभोग के आधार पर धन के तीन प्रकार बताए हैं, विवेकहीनता से व्यय किया जाने वाला उपर्जित धन–तादात्विक' पैतृक सम्पत्ति को यदि द्यूत, मदिरा और वेश्या पर व्यय किया जाय तो वह 'मूलहर'और सेवकों तथा स्वयं को कष्ट में रखकर जो धन संग्रह किया जाय वह 'कदर्य' कहलाता है।[66]

लक्ष्मीधर ने उचित रुप से धन के व्यय का उल्लेख किया है। उसके द्वारा उद्धृत भविष्यपुराण के अनुसार जो द्विज उपार्जित धन को लोभवश सदुपयोग न करे, वह धन व्यर्थ है। अतः धन का दो-तिहाई धर्म-कार्य' पर और एक तिहाई स्वयं पर व्यय करना चाहिए।[67] महाभारत के अनुसार एक चौथाई 'धर्म-कार्य' पर और एक तिहाई स्वयं पर व्यय करना चाहिए।[67] महाभारत के अनुसार एक चौथाई 'धर्म पर, एक चौथाई सुखोपभोग पर, एक चौथाई धन को विवर्धित करने के लिए व्यय करना चाहिए।[68] सोमदेव ने धार्मिक कार्यों पर अर्थ व्यय न किए जाने पर उसके विनष्ट हो जाने की बात कही है।[69]

विभिन्न कार्यो में पूँजी के समायोजन से ही धन विवर्धित होता है। इसलिए सोमदेव ने 'अर्थानुबन्ध' अर्थात् अप्राप्त धन की प्राप्ति, प्राप्ति की सुरक्षा और सुरक्षित की वृद्धि का उल्लेख किया है।[70] अर्थानुबन्ध का उल्लेख दण्डी ने भी किया है।[71]

दण्डी के अनुसार–अर्थ से ही दण्ड और राज्य सम्बन्धी कार्य सिद्ध होते हैं।[72] भौतिक और धार्मिक कार्यों में अर्थ की महत्ता को निर्देशित करते हुए लक्ष्मीधर ने दरिद्रता को पाप का कारण माना है।[73] मिताक्षरा में धर्म और अर्थ को परस्पर एक-दूसरे का स्रोत कहा गया है।[74] सोमदेव ने अर्थ होने पर ही धर्म और काम का सम्पादन सम्भव बताया है।[75] धनवान ही विजयी है और धनहीन पत्नी द्वारा भी परित्यक्त।[76] धन की महत्ता दर्शाते हुए सोमदेव ने यहाँ तक कहा है कि 'कोश राजा कहा जाता है राजा का शरीर नहीं।[77]

स्मृतियों में पूर्त्त अर्थात्—बावड़ी, कुआँ, तालाब, देवमन्दिर का निर्माण और दान से मोक्ष सम्भव बताया गया है।[78] कलियुग में दान प्रधान कर्म धर्म निर्दिष्ट किया गया। इस प्रकार अर्थ सामाजिक प्रस्थिति का महत्त्वपूर्ण मापदण्ड था। नीतिवाक्यामृत में कहा गया है कि 'महान और कुलीन वही है जिसके पास प्रचुर धन है'।[79] नीतिशतक में कहा गया कि 'धनी व्यक्ति ही उच्च स्थिति का कुलीन, पण्डित, वेदज्ञ, वक्ता, गुणवान और दर्शनीय है।'[80] सोमदेव के अनुसार 'धन न होने पर मनुष्य कुलीनता और सदाचार से पूजित नहीं होता।[81]

काम

पुरुषार्थ में त्रिवर्ग के अन्तर्गत तीसरा स्थान 'काम' का माना गया जिसमें समस्त इन्द्रियों की परितृप्ति और प्रसन्नता होती है।[83] कामन्दक के अनुसार, धर्म से अर्थ, अर्थ से काम और काम से सुखफल का उदय होता है।[84] कुट्टनीमतम् में काम को पुरुषार्थचतुष्टय का सार कहा गया है।[85] प्रबोध चन्द्रोदय में अर्थ और काम ही पुरुषार्थ कहे गए हैं।[86] मेधातिथि ने चार्वाकों का उल्लेख किया है जिनकी दृष्टि में काम ही एक पुरुषार्थ है, अर्थ उसका साधन और धर्म उसके अन्तर्गत था।[87]

हिन्दू जीवन में 'काम' को भी महत्वपूर्ण स्थान दिया गया है। सोमदेव के अनुसार—'जो पुरुष काम और अर्थ की उपेक्षा कर केवल धर्माचरण में तत्परं होता है, वह मानो अपने पके हुए खेत को छोड़कर, जंगल को जोतने जाता है।[88] काम से अभिमान या अहं को प्रोत्साहन मिलता है जो मनुष्य की समस्त गतिविधियों का कारण है, चाहे वह तप, दान, युद्ध या कोई भी दुष्कर कर्म हो। इस प्रकार अहम-तुष्टि के प्रयासों के पार्श्व में काम प्रधान है।[80] काम को भगवान वैश्वानर का मूर्त स्वरूप कहा गया है। संकल्प से कामोत्पत्ति होती है, यह काम इच्छाओं के रुप में अनेक प्रकार का होता है, जिसके वशीभूत होकर मनुष्य अनेक प्रकार के जन्म लेता है और दुःख पाता है।[90] इस प्रकार मनुष्य की समस्त उचित और अनुचित गतिविधियों के मूल में काम विद्यमान है।[91] इसी कारण त्रिवर्ग में महत्त्वपूर्ण स्थान मिलने के उपरान्त भी काम पर धर्म के अधिकाधिक नियन्त्रण की बात कही गई है। मनु ने इसे 'तामस-वृत्ति' के अन्तर्गत स्थान दिया है, जिस पर मेधातिथि ने टिप्पणी की है कि, काम से सुखानुभूति होती है जिसे सत्व के अन्तर्गत स्थान दिया गया। फिर इसे तामस-वृत्ति क्यों कहा गया?' इसके प्रत्युत्तर में उसका कहना है कि, जब मनुष्य अत्यधिक कामेच्छुक होता है, तब उसमें विवेक-शून्यता की स्थिति पैदा हो जाती है, और इससे व्यामोह की उत्पत्ति होती है। काम की यह स्थिति ही तामसिक है।[92]

भारतीय दार्शनिकों ने 'काम' की उपरोक्त स्थिति की मनोवैज्ञानिक विवेचना

की है। नैयायिकों के अनुसार 'मोह' से 'राग' और द्वेष' उत्पन्न होते हैं जो समस्त शुभ-अशुभ क्रियाओं के मूल में हैं। राग से काम, मात्सर्य,स्पृहा, तृष्णा और लोभ उत्पन्न होते हैं। द्वेष से क्रोध, ईर्ष्या, असूया, द्रोह तथा अमर्ष पैदा होते हैं। पतंजलि ने सभी व्यभिचारों का कारण काम, क्रोध, लोभ बताया है। नैयायिकों ने अधर्म के तीन स्वरूप बताए हैं, शरीर, वाक और मन। शारीरिक अधर्म के अन्तर्गत काम-तुष्टि, स्तेय और हिंसा का स्थान है।[93]

देवल ने मोह को समस्त दुराचार का कारण माना है।[94] आपस्तम्ब, हारीत व जावाल ने व्यभिचार के कारणों में 'काम' और इन्द्रिय-चापल्य का भी उल्लेख किया।[95] विष्णु ने काम, क्रोध, लोभ को नरकगमन का कारण बताया है।[96] हारीत ने अठारह प्रकार के दुराचारों का उल्लेख किया है जिसमें अवैध काम अर्थात् पर स्त्री गमन की भी गणना की गई है।[97]

मोक्ष

त्रिवर्ग का सम्यक् और सन्तुलित अर्जन एवं उपभोग करता हुआ मनुष्य जीवन के सर्वोच्च लक्ष्य मोक्ष की ओर अग्रसर होता था। 'अखिल कर्मों में अनासक्त होकर चित्त की निर्विषय होकर समाधि-अवस्था में ब्रह्मलीन होने की स्थिति ही मोक्ष थी।[98] गृहस्थ आश्रम 'त्रिवर्ग' और वानप्रस्थ तथा सन्यास क्रमशः मोक्ष के पूर्वाभ्यास और मोक्ष प्राप्ति के निमित्त थे। पूर्वमध्यकाल, विशेषकर इसके उत्तरार्द्ध' में अन्तिम दो आश्रमों को कलिवर्ज्य घोषित कर दिया गया था।

मनुस्मृति के अनुसार 'वेदाध्ययन और वेदाभ्यास, तप (ब्रह्म-विषयक), ज्ञान, इन्द्रिय-संयम, अहिंसा और गुरु-सुश्रुषा ब्राह्मण के लिए श्रेष्ठ मोक्ष साधक हैं।[99] मनु ने उपनिषद वर्णित ब्रह्मज्ञान अथवा आत्मज्ञान को मोक्ष-प्राप्ति का प्रमुख तत्व बताया।[100] ज्ञान मार्ग का उल्लेख गीता के चतुर्थ अध्याय में है।[101]

पूर्वमध्यकालीन विचारकों ने कर्म-मार्ग व ज्ञान-मार्ग दोनों का विवेचन किया है। शंकराचार्य की दृष्टि में ज्ञान ही मोक्ष प्राप्ति का साधन है। उनके अनुसार, 'केवल तत्त्वज्ञान से ही मुक्ति सम्भव होती है, कर्म सहित ज्ञान से नहीं।'[102] तथा 'गीता और सभी उपनिषदों में यही निश्चित अभिप्राय है कि केवल ज्ञान से ही मोक्ष प्राप्त होता है।'[103] परन्तु भगवद्गीता के भाष्य से प्रतीत होता है कि शंकराचार्य ने कर्म के महत्त्व का भी प्रतिपादन किया है। एक स्थल पर उनका कहना है कि, सर्व कर्म सन्यास पूर्वक केवल आत्मज्ञान निष्ठा मात्र से कैवल्य की प्राप्ति नहीं हो सकती, किन्तु अग्निहोत्रादि श्रौत व स्मार्त कर्मों सहित ज्ञान से मोक्ष प्राप्ति प्राप्ति होती है। यही सारी गीता का अभिप्राय है।'[104] उनके अनुसार अन्तःकरण की शुद्धि के लिए कर्म महत्त्वपूर्ण है।[105] इस प्रकार उन्होंने मोक्षमार्गोन्मुख एक शृंखला बताई कि, कर्मयोग भी अन्तःकरण की शुद्धि, ज्ञानप्राप्ति और सर्व-कर्म

संन्यास के क्रम से मोक्षदायक हैं।[106] ईश्वर के प्रति समर्पित भक्तिभाव से युक्त कर्मयोग को उन्होंने ज्ञानरहित कर्म सन्यास अर्थात् कर्मो के त्याग से श्रेष्ठ बताया।[107] गीता में ज्ञान और कर्म दोनों का उल्लेख है। यद्यपि शंकराचार्य ने लिखा है कि, ज्ञान सहित सन्यास को तो मै सांख्य मानता हूँ और वास्तविक योग भी वही है।'[108] यशस्तिलक में शंकर भाष्य का एक स्थल पर उल्लेख है कि, अज्ञान की निवृत्ति होने पर परब्रह्म के स्वरूप का बोध होने से मुक्ति होती है।[109] विश्वरूप ने भी मोक्ष प्राप्ति केवल ज्ञान से सम्भव मानी है।[110]

मेधातिथि ने कर्म और ज्ञान दोनों को महत्त्वपूर्ण माना है। उसके अनुसार, प्रारम्भ में मनुष्य वेदविहित कर्मकाण्डों को करता हुआ उन भ्रमों को दूर करता है जो वासनाजन्य प्रवृत्ति के स्रोत हैं, धर्म ग्रन्थों का अध्ययन करते-करते वह अपनी उन तृष्णाओं पर विजय प्राप्त करता है और सर्वोच्च लक्ष्य की ओर अग्रसर होता है।[111] मेधातिथि आत्म के साक्षात्कार अथवा आत्मज्ञान के लिए दुष्कर्मो का विरोध भी आवश्यक मानते हैं।[112] उनका कथन है कि, चाहे हम द्वैतवाद को स्वीकार करें या एक स्वप्न के रूप में अस्वीकार करें अथवा अद्वैतवाद को स्वीकार करें, प्रत्येक दशा में आत्मज्ञान सर्वोच्च लक्ष्य की प्राप्ति का साधन है।[113]

ब्रह्मपुराण ने ज्ञान और कर्म मार्ग की तुलना दुष्कर बताते हुए एक को प्रवृत्ति लक्षण धर्म और दूसरे को निवृत्ति लक्षण धर्म कहा है।[114]

रामानुज ने कर्म, ज्ञान और भक्ति तीनों को बराबर महत्व दिया।[116] कुल्लूक ने आत्मज्ञान और कर्म दोनों का उल्लेख किया है।[116] गोविन्दराज ने स्मार्त्त कर्मों की अपेक्षा वैदिक कर्मों को परलोक और मोक्ष प्राप्ति के लिए अधिक महत्त्व दिया, जिसका कुल्लूक ने खण्डन किया है।[117]

ब्रह्मपुराण में, सदाचार, नैतिकता, बुद्धि-मन और इन्द्रिय की एकाग्रता, समान-व्यवहार, स्थित-प्रज्ञता, समदर्शिता पर बल दिया गया है। इस स्थल पर एक उल्लेखनीय कथन है कि, चाहे नीच वर्ण का व्यक्ति हो अथवा धर्माकांक्षिणी स्त्री, वे दोनों ही इस मार्ग पर चलने से परमूगति को प्राप्त करते हैं।[118] यशस्तिलक में भी चित्त नियन्त्रण पर जोर दिया गया है, जिसके अभाव में ब्राह्य क्रियाएँ निष्फल हैं।[119] यशस्तिलक के षष्ठ आश्वास में सिद्धान्त वैशेषिक, तार्किक वैशेषिक, पाशुपत, कौलमार्ग बौद्ध, जैमिनी, चार्वाक, वेदान्त आदि द्वारा प्रणीत मोक्ष मार्गों का उल्लेख और समीक्षा की गयी है।[120] पुराणों ने भक्ति को अधिकाधिक प्रश्रय प्रदान किया। देवीभागवतपुराण के 'श्री देवी भागवत् माहात्म्य' नामक अध्याय में इस पुराण को 'पुरुषार्थचतुष्टय' का प्रदान कर्ता कहा गया है।[121] देवी का यज्ञ और देवीभागवत् कथा का यत्नपूर्वक श्रवण मोक्ष-प्रदायिनी कहा गया।[122] पुराणों ने ईश्वर की भक्ति, स्मरण और अभ्यर्थना से सभी के लिए मोक्ष सम्भव बताया।[123] इन पुराणों ने भक्ति के साथ तीर्थ यात्रादि कर्मों को भी महत्व दिया और मोक्ष

प्राप्ति में सहायक माना है।[121] तीर्थ यात्रादि कर्मों के द्वारा शूद्र को भी मोक्ष प्राप्त करने में सक्षम कहा गया।[125]

भक्ति मार्ग ने मोक्ष के लिए युगानुरूप सरल और व्यापक मार्ग प्रशस्त किया जो भारतीय संस्कृति की समन्वय और समायोजन की प्रवृत्ति का परिचायक है। स्त्री, शूद्र और चण्डाल सभी इसके अधिकारी थे।[126]

सन्दर्भ

1. कृत्य., ब्रह्म. का., पृ. 19 पर उद्धृत तैत्तरीय श्रुति–धर्मो विश्वस्य जगतः प्रतिष्ठा, लोके धर्मिष्ठं प्रजा उपसर्पन्ति। धर्मेण पापमपनुदन्ति, धर्मे सर्व प्रतिष्ठितम, तस्माद्धर्म परमं वदन्ति।'
2. शान्तिपर्व, 109.11, पृ. 4705
3. श्रीमद्भागवद्गीता पर शंकरचार्य का भाष्य, उपोद्घात पृ. 13 तथा पृ. 15, 'जगत स्थिति कारणं प्राणिनां साक्षात् अभ्युदयनिः श्रेयसहेतु....'
4. कृत्य., ब्रह्म. का., भूमिका, पृ. 22
5. बी. कुप्पूस्वामी, सोसल चेन्ज इन इण्डिया, पृ. 69-70
6. मिताक्षरा, 1.115, पृ. 51
7. ब्रह्माण्डपुराण, 50.53-57
8. श्रीमदभगवद्गीता पर शांकर भाष्य, उपोद्घात, पृ. 14
9. महाभारत, स्वर्गारोहण पर्व, 5.75; गौ. ध.सू. पर हरदत्त का भाष्य 1.9.47, पृ. 86 'तेषु धर्मार्थ कामेषु धर्मोतरः स्याद्धर्म प्रधानः स्यात्...।', मिताक्षरा 1.1. पृ. 2 तत्र यद्यपि धमार्थकामोक्षाः शास्त्रेणानेन प्रतिपाद्यन्ते, तथापि धर्मस्य प्राधान्याद्धर्मग्रहणम्। प्राधान्यं च धर्ममूलत्वादिरेषाम्।; कामसूत्र 1.1.1, धर्मार्थकामेभ्यानमः: नी. वा., 3.14
10. कामन्दकनीतिसार, 1.15
11. कृत्य., ब्रह्म. का. भूमिका, पृ. 21 पर उद्धृत, अर्थ एवं प्रधान इति कौटिल्यः। अर्थमूलों हि धर्मकामाविति।
12. वही, पृ. 20; मेधातिथ, 2.224, पृ. 216; कुल्लूक, 2.224, पृ. 91; मिताक्षरा, 1. 115, पृ. 51, अपरार्क, 1.115, पृ. 159; मेधातिथि भी गौ. ध. सू. को उद्धृत करते हैं–न पूर्वाह्नमध्यंदिनापराह्नानफलान्कुर्यात् यथाशक्ति धर्मार्थ कामेभ्यः' इति। पृ. 216; कामन्दकनीतिसार, 1.49; नी. वा. 3.3
13. नी. वा., 3-4, एकोह्नासेवितो धर्मार्थकामानामात्ममनिमितरौ च पीडयति॥ कृत्य. ब्रह्म. का., भूमिका पृ. 21 पर उद्धृत कौटिल्य।
14. चारुचर्या, 69
15. कृत्य. ब्रह्म. का. भूमिका, पृ. 23
16. कृत्य. ब्रह्म. का., भूमिका, पृ. 22 तथा श्रीमद्भगवद्गीता काशांकरभाष्य, उपोद्घात, पृ. 13; कृत्य. ब्रह्म. का., पृ. 6पर उद्धृत भविष्यपुराण; नी. वा., 1.2, यतोभ्युदयनिः श्रेयसिद्धि स धर्मः।'
17. कृत्य. व्यव. का., पृ. 14
18. कृत्य. ब्रह्म. पृ. 6 तथा स्मृ. च., आ. का. पृ. 10 में भी।

19. स्मृ. च. आ. का., पृ. 10
20. कृत्य. व्यव. का., पृ. 31 तथा बृहस्पतिस्मृति 1.26, पृ. 281
21. मनुस्मृति, 8.41, पृ. 368 तथा गौतम-कुल्लूक द्वारा उद्धृत पृ. 368, 'देशजातिकुलधर्माश्चाम्नायैरप्रतिषिद्धाः प्रमाणम' इति गौतमस्मरणात्।' तथा कृत्य. व्यव.का., पृ. 19 पर उद्धृत गौतम व मनु; कृत्य., ब्रह्म. का. पृ. 43 पर गौतम उद्धृत है।
22. मेधातिथि, 8.41, पृ. 708-9
23. कृत्य. ब्रह्म., पृ. 19
24. वही, पृ. 20
25. बृहस्पति, 2.28-31, पृ. 287
26. प. मा., जि. 1, पृ. 74
27. मिताक्षरा, 1.1, पृ. 1 तथा कृत्य. ब्रह्म. पृ. 7 पर उद्धृत भविष्यपुराण।
28. वही, पृ. 10-14
29. मिताक्षरा, 1.1, पृ-2
30. स्मृ. च., आ. का., पृ. 12 पर उद्धृत सुमन्तु।
31. मनुस्मृति, 2.6, पृ. 37; याज्ञवल्क्यस्मृति, 1.7, पृ. 4
32. मेधातिथि, 2.6, पृ. 77-78
33. वही
34. वही
35. याज्ञवल्क्यस्मृति, 1-4-5, पृ. 4
36. कृत्य.ब्रह्म., पृ. 33
37. वही
38. वही, पृ. 24
39. वही, पृ. 23 की पादटिप्पणी में उद्धृत।
40. स्मृ. च. आ. का., पृ. 2
41. वही, पृ. 13
42. वही, पृ. 2
43. कृत्य. ब्रह्म., पृ. 25 पर उद्धृत भविष्यपुराण।
44. कुल्लूक, 12.95, पृ. 651; अपरार्क, 1.7, पृ. 13 पर उद्धृत योग याज्ञवल्क्यअतइव च योगयाज्ञवल्क्ये पंचरात्रस्य पाशुपतादिसमानं सिद्धान्त्वेनाभिधानं वेदबाह्यात्वप्रतीतिकृदेव'।
45. कृत्य., ब्रह्म., पृ. 11, 'सामान्यः' चतुर्णामपि वर्णानाम'।
46. मनुस्मृति, 1.108, पृ. 32 तथा कृत्य., ब्रह्म. पृ. 16 पर उद्धृत हारीत।
47. वही, 4.156-157, पृ. 211
48. कृत्य. ब्रह्म. पृ. 16
49. डा. गोविन्द चन्द्र पाण्डेय, बौद्धधर्म के विकास का इतिहास, पृ. 29
50. मनुस्मृति, 6.92, पृ. 304 तथा स्मृ. च. आ. का., पृ. 10 पर उद्धृत मनु।
51. मेधातिथि, 2.6, पृ. 77

52. प. मा. जि. 1, पृ. 74, 'त्रेतादिषु क्रमेण क्षीयमाणाधर्म्माः कलियुगावसाने सर्वात्मना विनष्टाभवन्ति।'
53. वही, पृ. 76 में तथा स्मृ. च. आ. का., पृ. 20 पर उद्धृत आदित्यपुराण।
54. मेधातिथि, 1.85, पृ. 47
55. वही, 1.86, पृ. 47
56. स्मृ. च.आ. का., पृ. 19-20
57. स्मृ. च. आ. का., पृ.19 पर उद्धृत पराशर।
58. कुप्पूस्वामी, सोशल चेन्ज इन इण्डिया, पृ. 70
59. वही, पृ. 71
60. वही
61. नी. वा. मृ., 3.151
62. सुबोधिनी, द्वितीय भाग, व्यवहाराध्याय, पृ. 1
63. मनुस्मृति, 10.115, पृ. 562 तथा कृत्य. गृ. का., पृ. 259 में भी उद्धृत।
64. दशकुमारचरित, अंक 2, पृ. 172
65. कृत्य. गृ. का., पृ. 260 पर उद्धृत नारद तथा पृ. 262 पर उद्धृत विष्णुः विष्णुस्मृति में भी देखें—58.1-11, पृ. 189-90
66. नी. वा., 2.7-9
67. कृत्य. गृ. का., पृ. 264 पर उद्धृत भविष्यपुराण।
68. वही, पृ. 263 पर उद्धृत महाभारत, एकेनां शन धर्मस्तु कर्तव्योभूतिमिच्छा।
एकेनां शेन कामश्चा प्येकमंशं विवर्धयेत्॥
69. नी. वा., 2-4-5
70. वही, 2-2-3
71. दशकुमारचरित, द्वितीय अंक, पृ. 172
72. वही
73. कृत्य., गृ.का. पृ. 263 पर उद्धृत महाभारत, 'दरिद्राः पापकारिण।
74. याज्ञ. पर विज्ञानेश्वर का भाष्य, 1.1, पृ. 2 धर्ममूलोंथोर्थमूलो धर्म'।
75. नी. वा., 2.1, 'यतः सर्वप्रयोजन सिद्धिःसोर्थः'।
76. वही, 21.8-9 तथा कुटनीमत काव्य, श्लो. 641
77. वही, 21.7
78. अत्रिसंहिता, 44-45,पृ. 11; लिखितस्मृति, 1.4, पृ. 182; यमस्मृति, 68, पृ. 114; लघुशंखस्मृति, 1.4, पृ. 124
79. नी. वा., 21.11
80. नीतिशतक, 42, ज. शं. मिश्र, प्रा. भा. का सा. इ., पृ. 221 पर उद्धृत।
81. नी. वा., 21.10
82. नैषधचरित, सर्ग 18.1
83. नी. वा., 3.1, 'अभिमानिकासातुविद्धा यतः सर्वेन्द्रियप्रीतिः स कामः॥
84. का. नी., 1.49
85. कुट्टनीतम, 1055

86. प्रबोधचन्द्रोदय अंक 2, पृ. 64, 'अर्थ कामौ पुरुषार्थो...।
87. मेधातिथि, 2.224, पृ. 216, काम एवैकः पुरुषार्थस्तस्यसाधनमर्थः धर्मो पि यद्यस्ति।'
88. नी. वा., 1.46
89. दशकुमारचरित, उत्तरपीठिका, अंक 2, पृ. 172
90. कृत्य., गृ. का., पृ. 383 पर उद्धृत हारीत।
91. वही, भूमिका, पृ. 114
92. मेधातिथि, 12.38, पृ. 1131
93. कृत्य. गृ. का., भूमिका, पृ. 112-113; देवल ने भी अधर्म की इसी प्रकार व्याख्या की है, पृ. 387
94. वही, पृ. 393 में उद्धृतदेवल, मोहादुत्पद्यते रागो रागाद्द्वेषः प्रजायते।
त्रिभिरेतैर्भवत्येवं पापं शारीरवाङ्मयम॥
95. वही, पृ. 382 पर उद्धृत आपस्तम्ब व हारीत तथा पृ. 386 में जावाल।
96. वही, पृ. 385 पर उद्धृत विष्णु।
97. वही, पृ. 386 पर उद्धृत हारीत।
98. ब्रह्मपुराण, 235.23-24
99. मनुस्मृति, 12.83, पृ. 648
100. वही, 6.79 व 82, 12.85, 93, 104
101. भगवद्गीता 4.33, 35, 36-39
102. भगवद्गीता, शांकरमाष्य 2.20
103. वही, अध्याय 3, पृ. 81
104. वही, 2.10 पृ. 26
105. वही, पृ. 31
106. वही, 5.26, पृ. 164
107. वही, 5.6, पृ. 150-1
108. वही, 5.5, पृ. 150
109. यशस्तिलक, छठां आश्वास, पृ. 185
110. काणे, धर्मशास्त्र का इतिहास, भाग 1, पृ. 67
111. मेधातिथि, 12.86, पृ. 614
112. वही, 12.87, पृ. 616
113. वही, 12.86, पृ. 614
114. ब्रह्मपुराण, 237.3-6
115. बुद्धप्रकाश, भारतीय धर्म एवं संस्कृति, पृ. 111
116. कुल्लूक, 12.86
117. वही
118. वही, 236.68, अपिवर्णावकृष्टस्तु नारी वा धर्मकांक्षिणी।
तावप्येतेन मार्गेण गच्छेतां परमांगतिम्॥
119. यशस्तिलक चम्पू, छठवाँ आश्वास, पृ. 290 तथा आठवाँ आश्वास, पृ. 414
120. वही, षष्ठ आश्वास, पृ. 183-195

121. देवीभागवतपुराण, श्लो. 23, देवी भागवतं नाम धर्मकामार्थमोक्षदम्' ।
122. वही, श्लो. 43, 53, 56, 'धर्मार्थकामोक्षाश्च यो वांछति बिना श्रमम॥
भगवत्या भागवतं श्रोतव्यं तेन यत्नतः॥
123. ब्रह्मपुराण, 227, 5, 6, 10 'दीक्षामात्रेण कृष्णस्य नरा मोक्षं व्रजन्ति वै...
124. वामनपुराण, 13.26 व 15.77; ब्रह्मपुराण, 117.1 व 177.16 व 19, 25, 28 पृ. 920; बृहन्नारदीयपुराण, 33.70, पृ. 421, अत्रिसंहिता, श्लो. 58; नैषधचरित, सर्ग 11, श्लो. 116
125. वामनपुराण, 15.77, 'ब्राह्मणाः क्षत्रिया वैश्याः शूद्राये तत्परायणाः ।
स्नाता भक्तियुताः सर्वे पश्यन्ति परमं पदम्॥
126. ब्रह्मपुराण, 227.14, पृ. 1205

6
संस्कार

मनुष्य के व्यक्तित्व के सर्वतोमुखी विकास के निमित्त हिन्दू समाज में संस्कारों की सृष्टि की गयी। तन्त्रवार्तिक के अनुसार 'संस्कार वे क्रियाएँ तथा रीतियाँ हैं जो योग्यता प्रदान करती हैं।[1] इस सम्बन्ध में शबर का मत है कि संस्कार के माध्यम से व्यक्ति किसी कर्म के योग्य हो जाता है।[2] संस्कारप्रकाश में 'संस्कार' शरीर और आत्मा का उच्च गुण बताया गया है जो एक विशिष्ट-विहित क्रियाजनित होता है और दो प्रकार का होता है, प्रथम, जिसके द्वारा व्यक्ति अन्यान्य क्रियाओं के योग्य हो जाता है जैसे—उपनयन, जिससे व्यक्ति वेदाध्ययन के योग्य हो जाता है और दूसरा, दोषों से मुक्ति जैसे जातकर्म संस्कार से वीर्य और गर्भाशय के दोष दूर हो जाते हैं।[3]

वेदान्तसूत्र में शंकराचार्य (1.1.4) ने संस्कारों को दो भागों में विभाजित किया है, वे संस्कार जो दोषों को दूर करते हैं और वे जो गुणों को पैदा करते हैं।[4]

गृह्यसूत्रों और स्मृतियों में प्रणीत विधि-विधानों के प्रति तत्कालीन समाज में उपेक्षा का भाव बढ़ता गया। फलतः उसमें परिवर्तन प्रारम्भ हो गया। ऐसी स्थिति में धर्मशास्त्रकारों के समझौतावादी उदार दृष्टिकोण ने इस प्रवृत्ति को प्रोत्साहित किया। फलतः परवर्ती धर्मशास्त्रकारों ने उल्लिखित संस्कारों के करने पर विकल्प-स्वरूप सरल से सरल प्रायश्चित का विधान किया।[5]

शौनक ने लिखा कि गर्भाधान से लेकर चूड़ाकरण के संस्कार तक नवकर्मों का समय बीत गया हो (समस्त) व्याहृति से अग्नि का संस्कार और हवन कर यथाक्रम से कर्म को करें।[6] गर्भाधान आदि संस्कारों के एक-एक कर लोप होने पर पादकृच्छ' और चूड़ाकर्म के न होने पर आदकाल में अर्द्ध-कृच्छ का तथा सामान्य समय में दुगना प्रायश्चित का निर्देश दिया गया।[7] धर्मसिन्धु ने गर्भाधान, पुंसवन, अनवलोभन, सीमन्तोनयन के न होने पर प्रायश्चित स्वरूप इतने पादकृच्छ न करने पर इतने अर्धकृच्छ, इन सबके बदले गौ के मूल्य (चाँदी के दान से) का दान संस्काराभाव-जनित दोषों को दूर करने के निमित्त बताया।[8]

इसके साथ ही यह प्रश्न भी विचारणीय रहा है कि क्या प्रायश्चितोपरान्त छूटे हुए संस्कारों को किया जाय अथवा नहीं? चतुर्विंशमत ने इसका सरलीकरण करते हुए इसे वैकल्पिक माना।[9] इसी सन्दर्भ में उद्धृत कारिका ने कहा कि प्रायश्चित कर्म के करने पर भी संस्कार करना चाहिए, इस प्रकार एक आचार्य कहते हैं, परन्तु दूसरे आचार्य न करने का विधान बताते हैं।[10] यद्यपि कात्यायन और स्मृत्यर्थसार प्रायश्चित के बाद लोप हुए कर्मों का किया जाना अनिवार्य मानते हैं।[11] हरदत्त ने गर्भाधान जैसे संस्कारों के आपात्काल के कारण न हो पाने पर उपनयन किया जाना सम्भव बताया परन्तु उपनयन के न होने पर विवाह अनधिकृत बताया।[12] वस्तुतः उपनयन और विवाह ही महत्त्वपूर्ण संस्कार माने गए हैं।

उपनयन संस्कार का स्वरूप भी शनैःशनैः परिवर्तित होता रहा। उपनिषद, जैन और बौद्ध धर्म के प्रचार से वैदिक धर्म को धक्का लगने के कारण तथा कुछ हिन्दू जाति में ही अध्ययन के अन्य विषयों के विकास के कारण वैदिक शिक्षा का प्रचार समाज में घटने लगा। क्षत्रियों और वैश्यों में उपनयन संस्कार बन्द होने लगे, क्योंकि इनके पेशे का वैदिक साहित्य से निकट सम्बन्ध नहीं था।[13] कतिपय साहित्यिक साक्ष्यों से प्रतीत होता है कि यज्ञोपवीत और वेद मन्त्रों का ज्ञान ब्राह्मणों से ही अपेक्षित था। अभिधानचिन्तामणि में 'द्विज' शब्द ब्राह्मण के लिए ही प्रयुक्त किया गया है।[14] अलबीरूनी ने वैदिक शिक्षा में ह्रास और ब्राह्मणों तक ही उसके सीमित रहने का उल्लेख किया है। वह कहता है कि ब्राह्मण बिना इसका अर्थ समझे ही इसका पाठ करते हैं...। ब्राह्मणों में वेद का अर्थ जानने वाले बहुत कम हैं। पुनः ऐसे लोगों की संख्या तो और भी कम है जो पाण्डित्यपूर्ण ढंग से वेद के विषयों का पूर्ण ज्ञान प्राप्त करके उसकी व्याख्या पर धार्मिक विवाद कर सकें।' यद्यपि वह लिखता है कि, ब्राह्मण क्षत्रियों को वेद पढ़ाते हैं। क्षत्रिय वेद पढ़ते हैं पर इसके अध्यापन की उन्हें आज्ञा नहीं है। वैश्य तथा शूद्रों के लिए उसने वेदाध्ययन और श्रवण पूर्ण निषिद्ध बताया है तथा उनके द्वारा ऐसा किए जाने पर दण्डस्वरूप उनकी जीभ काटे जाने का उल्लेख किया है।[15]

राजबली पाण्डेय के अनुसार, पहले जब यह पूर्णतः एक शैक्षणिक संस्कार था उस समय ऐसे व्यक्तियों के लिए यह निषिद्ध था, जो शिक्षा प्राप्त करने में जन्मजात विकारों के कारण अक्षम थे।[16] परन्तु मध्यकाल तक आते-आते नपुंसक, बधिक, वामन, पंगु, जड़, तोतला, विकलांगी, मत्त-उन्मत्त आदि के लिए भी उपनयन संस्कार का विधान प्रस्तुत किया गया।[17]

मध्यकालीन निबन्ध ग्रन्थ निर्णयसिन्धु में पद्मपुराण के इस कथन को उद्धृत किया गया है कि, शिक्षा और यज्ञोपवीत को शूद्र धारण न करे। इसी ग्रन्थ में हारीत को उद्धृत किया गया है कि 'अगर स्त्री और शूद्र शिखा को क्रोध या वैराग्य से काटते है तो ऐसी स्थिति में प्राजापत्य व्रत किया जाय'[18] वैदिक शिक्षा से

असम्बद्ध होते हुए भी शूद्र द्वारा यज्ञोपवीत धारण किए जाने का संकेत उपनयन संस्कार की मात्र एक धार्मिक औपचारिकता की ओर संकेत करता है।

शैक्षणिक संस्कारों के परम्परागत स्वरूप में भी कुछ परिवर्तन हुए। उपनयन से पूर्व विद्यारम्भ नामक संस्कार की चर्चा इस युग में मिलती है, जिसके सम्पादन के बाद बालक की प्राथमिक शिक्षा (वर्णमाला व अंकगणित) का शुभारम्भ होता था। चार वेद व्रतों में गोदान अथवा केशान्त ही प्रमुख रूप से विवेच्य रहा। मनु और याज्ञवल्क्य ने भी उक्त संस्कार का उल्लेख किया है। इस युग तक आते-आते प्रतीत होता है कि यह एक प्रकार से शैक्षणिक जीवन की पूर्णता का प्रतीक बन गया। इसके साथ ही मेधातिथि और देवन्न भट्ट आदि ने समावर्तन संस्कार के बाद भी अध्ययन की सम्भावना व्यक्त की। गुरुकुल की घटती परम्परा से भी समावर्तन का केवल औपचारिक महत्त्व रह गया होगा। अभिधानचिन्तामणि में शिष्य या छात्र के तीन नाम बताए गए हैं, शिष्य, विनेय और अन्तेवासी। ब्रह्मचारी के दो नाम बताए गए हैं, वर्णी और ब्रह्मचारी।[19]

इस काल में शूद्रों के अमन्त्रक संस्कारों के अधिकार के विषय में विशद् विवेचन किया गया। मध्यकालीन निबन्ध ग्रन्थों ने संस्कारों के दिन-निर्णय आदि के सन्दर्भ में कुछ संस्कारों में शूद्रों के लिए भी उपयुक्त दिनों की चर्चा की, यथा चूड़ाकर्म के लिए शनिवार वैश्य व शूद्रों के लिए शुभ कहा गया।[20] इसी प्रकार नामकरण संस्कार शूद्र के लिए बत्तीसवें दिन शुभ बताया गया।[21] कर्णवेध संस्कार में राजपुत्र के लिए सुवर्ण, ब्राह्मण और वैश्य के लिए रजत और शूद्र के लिए लोहे की सुंई उपयुक्त बताई गई।[22] शूद्रों को संस्कारों का अधिकार प्रदान किए जाने के पीछे ब्राह्मणों की आर्थिक विवशता भी उत्तरदायी थी। साथ ही सम्भवतः उन्हें वाममार्गी विचारधारा की ओर से विमुख करना और ब्राह्मणीय समाज में समायोजित करना भी इसका एक कारण था।

संस्कारों की संख्या

पारस्कर और बौधायन गृह्यसूत्र में संस्कारों की संख्या तेरह बताई गई है, विवाह, गर्भाधान, पुंसवन, सीमन्तोनयन, जातकर्म, नामकरण, उपनिष्क्रमण, अन्नप्राशन चूड़ाकर्म, कर्णवेध, उपनयन, समावर्त और पितृमेघ। परन्तु पारस्कर में कर्णवेध के स्थान पर केशान्त उल्लिखित है। (2.1.12-15)।[23]

बौधायनधर्मसूत्र संस्कारों की गणना नहीं करता और आपस्तम्ब भी संस्कारों की चर्चा नहीं करते।[24]

गौतमधर्मसूत्र ने चालीस संस्कारों का उल्लेख किया है, जिन्हें कई पूर्वमध्यकालीन और परवर्ती धर्मग्रन्थों ने उद्धृत किया है। इनमें गर्भाधान, पुंसवन, सीमन्तोनयन, जातकर्म, नामकरण, अन्नप्राशन, चौल, उपनयन, चारवेदव्रत, स्थान या समावर्तन,

सद्यधर्मचारिणी संयो–(विवाह), पंचमहायज्ञ, सात पाकयज्ञ, आष्टका, पार्वण, स्थलीपाक, श्राद्ध, श्रावणी, आग्रहायणी, चैली, आश्वयुजी, 7 हविर्यज्ञ जिनमें होम होता, किन्तु सोम नहीं–(अग्न्याधान, अग्निहोत्र, दशपूर्णमास, आग्रयण, चातुर्मास्य, निरुड़पशुबध एवं सौत्रामणि), 7 सोमयज्ञ (अग्निष्टोम, अत्यानिष्टोम, उक्थ, षोडशी वाजपेय, अतिरात्र, आप्तोर्याम)।[25] स्मृतिचन्द्रिका, 'मिताक्षरा' की टीका सुबोधिनी में उक्त चालीस संस्कारों के साथ आठ नैतिक गुण भी जोड़ दिए गए है।[26] मत्स्यपुराण ने तीस संस्कारों की सूचना दी।[27]

मनु ने गर्भाधान, जातकर्म, नामधेय, निष्क्रमण, अन्नप्राशन, चूड़ाकर्म, उपनयन, केशान्त, विवाह और श्मशान का उल्लेख किया है।[28] याज्ञवल्क्य ने गर्भाधान, पुंसवन, सीमन्तोनयन, जातकर्म, नामकरण, निष्क्रमण, अन्नप्राशन, चूड़ाकर्म, उपनयन, विवाह और श्मशान का उल्लेख किया है।[29] विष्णु ने निषेक कर्म, पुंसवन, सीमन्तोनयन, जातकर्म, नामधेय, आदित्यदर्शन, अन्नप्राशन और चूड़ाकर्म संस्कारों का उल्लेख किया है।[30]

लध्वाश्वलायन स्मृति में विस्तार से प्रमुख संस्कारों का वर्णन किया गया है, यथा गर्भाधान, पुंसवन, अनवलोमन, सीमन्तोन्नयन, जातकर्म, नामकरण, निष्क्रमण, अन्नप्राशन, चौलकर्म,उपनयन, महानाम्नी व्रत, उपाकर्म, उत्सर्जन, गोदान, विवाह, प्रेतकर्म।[31] लघु विष्णु ने सीमन्तोन्नयन, जातकर्म, अन्नप्राशन, केशकर्म, उपनयन आदि का उल्लेख किया है।[32]

वेदव्यास ने सोलह संस्कारों की गणना की है यथा, गर्भाधान, पुंसवन सीमन्तोन्नयन, जातकर्म,नामकरण, निष्क्रमण, अन्नप्राशन, वपनक्रिया, चूड़ाकर्म, कर्णवेध, व्रतादेश, वेदारम्भ, केशान्त, स्नान, उद्धाह, विवाहाग्निपरिग्रह और चेताग्निसंग्रह।[33]

स्मृतिचन्द्रिका के आह्निककाण्ड में संस्कारों का क्रम इस प्रकार है, गर्भाधान, पुंसवन सीमन्तोन्नयन, जातकर्म, नामकरण, निष्क्रमण, कर्णवेध, अन्नप्राशन, चूड़ाकर्म तथा विघारम्भ उपनयन, उपकर्म, उत्सर्जन (शैक्षणिक जीवन से सम्बन्धित) तथा समापवर्तन, विवाह।

कृत्यकल्पतरु के ब्रह्मचारी काण्ड में, गर्भानवलोमन, पुंसवनालोमन, सीमन्तोन्नयन, सीष्यन्तीकर्म, जातकर्म, नामधेय, निष्क्रमण,अन्नप्राशन, चूड़ाकर्म, उपनयन, स्थान का उल्लेख है।

पराशरमाधवीय में, गर्भाधान, पुंसवन, सीमन्तोन्नयन, जातकर्म, नामधेय, निष्क्रमण, अन्नप्राशन, चूड़ाकरण, उपनयन, स्नान और स्नातक प्रकरण के पश्चात् विवाह का वर्णन है।[34]

चतुर्विंशमत ने षोड्श आवश्यक संस्कार इस प्रकार गिनाए हैं, गर्भाधान, पुंसवन, अवनलोमन, सीमन्तोन्नयन, जातकर्म, नामकरण, निष्क्रमण, अन्नप्राशन, चौल, उपनयन, 4 वेदव्रत, स्नान, विवाह।[35]

महत्त्व या उद्देश्य

मेधातिथि ने संस्कारों का प्रयोजन सगुण शरीर से निवृत्ति अर्थात् मोक्ष प्राप्ति और शरीर को पावन अर्थात् दोषों को दूर करना बताया है। इस स्थल पर वह गर्भाधान से गर्भ और बीजादि की शुद्धि की बात करता है।[36] कुल्लूक ने संस्कारों का हेतु पावनता और पापक्षय बताया है। ये संस्कार एक ओर परलोक में यज्ञादि के फलस्वरूप शुद्धता और इहलोक में वेदाध्ययनादि का अधिकार प्रदान करते हैं।[37]

हारीत ने गौतम प्रणीत संस्कारों को ब्राह्म और दैव में विभाजित किया है जो क्रमशः ऋषियों और देवताओं से समानता और उनका स्थान प्रदान करते हैं।[38]

शंख-लिखित ने भी उक्त चालीस संस्कारों और आठ गुणों से युक्त व्यक्ति को ब्राह्म पद और लोक की प्राप्ति के योग्य बताया है, जो वहाँ से कभी च्युत नहीं हो सकता।[39]

हारीत ने विभिन्न ब्राह्म संस्कारों का क्रमिक महत्त्व बताते हुए कहा कि, गर्भाधान से सन्तान वेदों के ग्रहण योग्य होती है, पुंसवन से पुत्रोत्पत्ति होती है, सीमन्तोन्नयन से माता-पिता से उत्पन्न पाप या दोषों से मुक्ति होती है तथा वीर्य, रक्त और गर्भ से जनित पाँच दोष जातकर्म, नामकरण, अन्नप्राशन, चूड़ाकर्म और समावर्तन से दूर होते हैं।[40]

गर्भाधान या निषेक-शांखायन (1.18-19), पारस्कर (1.11) तथा आपस्तम्ब गृहसूत्र (8.10-11) में गर्भाधान के ही समान चतुर्थी कर्म या चतुर्थी होम की क्रिया है, परन्तु गर्भाधान का पृथक वर्णन नहीं है।[41] बौधायनगृह्यसूत्र (3.9) में इसे 'ऋतुष' कहा गया है।[42] मनु और याज्ञवल्क्य ने इसके लिए 'निषेक' शब्द प्रयुक्त किया है।[43] यद्यपि कुल्लूक ने गर्भाधान शब्द ही प्रयुक्त किया है। विवेच्ययुगीन धर्मशास्त्रकारों ने निषेक और गर्भाधान दोनों शब्द प्रयुक्त किए हैं।

जिस संस्कार के अन्तर्गत स्त्री में शुक्रनिक्षेप किया गया है, वह संस्कार गर्भाधान या निषेक कहलाता है।[44]

गर्भाधान की क्रिया कब सम्पादित की जाय, इसके बारे में व्यवस्थाकारों के विभिन्न मत हैं।[45] शंख ने गर्भ धारण करने की अवस्था ज्ञात होने पर 'निषेक' बताया है।[46]

देवल ने अनेक पत्नियों के होने और एक साथ उनके शुद्ध होने पर वर्णानुसार या जिसकी सन्तान न हो अथवा विवाहावधि के अनुसार प्राथमिकता देने की बात कही है।[47] संस्कार प्रकाश में मित्रमित्र ने किसी स्मृति को उद्धृत किया है जिसमें पिता के अभाव में स्वकुल के समीपस्थ रिश्तेदार को यह अधिकार दिया गया है।[48] निर्णयसिन्धु में इसी प्रकार का कथन ब्रह्मपुराण से उद्धृत किया गया है। मदनरत्न में सत्यव्रत ने मृत या देशान्तर में गए व्यक्ति की पत्नी का संस्काराभाव में, देवर, गुरु, या वंश के किसी व्यक्ति को संस्कार करने का निर्देश दिया है।[49]

कतिपय धर्मशास्त्रकारों ने गर्भाधान संस्कार को क्षेत्र संस्कार मानते हुए सीमन्तोन्नयन और पुसंवन के साथ-साथ केवल प्रथम गर्भ के लिए विहित माना।[50] परन्तु विश्वरूप ने केवल सीमन्तोन्नयन को क्षेत्र संस्कार माना और गर्भाधानादि को प्रत्येक गर्भ में विहित बताया।[51] अलबीरूनी के उल्लेख से विदित होता है कि इस कर्म को लज्जावश छोड़ दिया जाता था।[52]

स्मृतिचन्द्रिका ने भी गर्भाधान को केवल उसके लिए अवश्यकरणीय बताया जिसे पुत्रोत्पत्ति न हुई हो। अपने कथन के समर्थन में देवन्नभट्ट ने कूर्मपुराण का वह कथन उद्धृत किया है जहाँ ऋतुकाल में केवल तब तक गर्भाधान की प्रक्रिया बताई गई है, जब तक एक पुत्र पैदा न हो जाय। उसने वेदोक्त दस पुत्रों के कथन को प्रशंसा मात्र माना है। साथ ही उसने मनु को भी उद्धृत किया है कि एक पुत्र की प्राप्ति से ही मनुष्य पितृ ऋण से उऋण हो अमरत्व प्राप्त करता है, अतः अन्य पुत्र कामवासना से उत्पन्न माने जाते हैं।[53] राजबली पाण्डेय ने इसे हिन्दुओं के सामाजिक-धार्मिक सिद्धान्तों में परिवर्तन मानते हुए इसका कारण यह बताया है कि शनैःशनैः आर्यों के चतुर्दिक विकास और भू-स्वामी बन जाने के बाद अर्थिक या राजनीतिक उद्देश्यों के लिए प्रत्येक गृहस्थ को अधिक पुत्रों की आवश्यकता नहीं रह गई थी।[54]

पुंसवन

पुंसवन संस्कार का उद्देश्य पुत्र प्राप्ति माना गया है। यह संस्कार कब सम्पादित किया जाय? इस पर व्यवस्थाकारों ने विभिन्न मत व्यक्त किए हैं। गर्भस्पन्दन से पूर्व,[55] गर्भस्पन्दन के बाद,[56] गर्भस्पन्दन से पूर्व या दूसरे महीने[57] या तीसरे महीने;[58] पारस्कर गृह्यसूत्र के अनुसार दूसरे तीसरे महीने, उन दिनों जब चन्द्रमा पुंनक्षत्र (पुरुष नक्षत्र) से युक्त हो[59] रत्नकोष ने हस्त, मूल, श्रवण, पुनर्वस, मृगशिरा, पुष्य पुंनक्षत्र बताया है।[60]

बहवृचकारिका, ब्रह्मपुराण और सत्यव्रत ने यह संस्कार पति की अनुपस्थिति में देवर या स्वकुल या अन्य गोत्र वाले अथवा गुरु द्वारा भी संभव बताया है तथा बहवृचकारिका ने इस संस्कार को प्रतिगर्भ में करणीय माना है।[61]

कई सूत्र ग्रन्थों में अनवलोभन संस्कार का वर्णन है, जिसका प्रयोजन गर्भरक्षण है।[62] आश्वलायन और सांख्यायन ने तीसरे महीने पुंसवन और चौथे महीने गर्भरक्षण बताया है।[63] लक्ष्मीधर ने क्रमशः गर्भानदलोभन और पुंसवनानवलोभन का उल्लेख किया है।[64] चतुर्विंशमत में उद्धृत स्मृत्यर्थसार में यह संस्कार चतुर्थ मास में सम्पन्न होना बताया गया है।[65] लघ्वाश्वलायन ने इसे गर्भधारण के चौथे, छठे या आठवें महीने में आयोजित करने के लिए कहा है।[66] पुंसवन का उल्लेख अलबीरूनी ने नहीं किया है।[67]

सीमन्तोन्नयन

इस संस्कार का अभिप्राय है केशों को विभाजित करना।[68] रघुनन्दन ने इसे गर्भवती स्त्री की केशरचना से सम्बन्धित संस्कार बताया जो पुंसवन के बाद होता था।[69]

इस संस्कार के समय के विषय में कई मत हैं। गृह्यसूत्रों यथा बैजवाप, आश्वलायन, पारस्कर, शांखायन ने क्रमशः चौथे, पाँचवें या छठवें, चौथे महीने जब चन्द्रमा पुंसा नक्ष से युक्त हो, छठवे-आठवें महीने और सातवें महीने सीमन्तोन्नयन का विधान निर्दिष्ट किया है।[70] लौकाक्षि ने गर्भ के तृतीय मास सीमन्तोन्नयन का समय बताया है।[71] याज्ञवल्क्य ने गर्भ के छठवें या आठवें मास बताया है[72] शंख ने गर्भस्पन्दन और प्रसव के बीच कभी भी सीमन्तोन्नयन संस्कार सम्पन्न करने के लिए निर्दिष्ट किया।[73] लघ्वाश्वलायन स्मृति में चौथे महीने, वेदव्यासस्मृति में आठवें, शंखस्मृति में छठवें या आठवें महीने सीमन्तोन्नयन संयोजित करने के लिए कहा गया।[74] अलबीरूनी लिखता है कि यह संस्कार गर्भ के चतुर्थ मास में सम्पन्न होता था।[75]

सीमन्तोन्नयन संस्कार प्रत्येक गर्भ में किया जाय या केवल प्रथम गर्भ में,अथवा यह गर्भस्थ शिशु का संस्कार है या क्षेत्र अर्थात स्त्री का, इस विषय में मतवैभिन्य रहा है। यद्यपि इस काल में अधिकांश प्रमुख व्यवस्थाकार इसे 'क्षेत्र' का संस्कार मानते हुए प्रथम गर्भ में ही अनिवार्य मानते हैं।[76] विष्णु और लघु विष्णु ने सीमन्तोन्नयन स्त्री का संस्कार न मानकर गर्भ का संस्कार कहा है और प्रत्येक गर्भ में अनिवार्य बताया है।[77]

काणे के अनुसार इस संस्कार का केवल सामाजिक एवं औत्सविक महत्त्व है, क्योंकि यह केवल गर्भिणी को प्रसन्न रखने के लिए है।[78] सीमन्तोन्नयन संस्कार के सन्दर्भ में गर्भिणी और उसके पति के धर्म के विषय मेंकहा गया है कि गर्भिणी स्त्री हाथी, घोड़ा, पर्वत, महल आदि पर न चढ़े, मैथुन न करे, बैलगाड़ी पर न चढ़े, शोक, रक्तविमोक्ष (शल्यक्रिया), साहस, व्यवसाय, परिश्रम, दिन में शयन रात्रि में जागरण न करे। तथा सदैव गर्भकाल में सौन्दर्य प्रसाधनों से सज्जित और अलंकृत रहे, और उसके पति के विषय में कि वह—युद्ध-लड़ाई, गृहारम्भ आदि करना, दूर-प्रवास, तीर्थ-यात्रा, विवाह, उपनयन, समुद्र स्नान वास्तुविधि आदि न करे।[79]

शौश्रूत के अनुसार इच्छाओं की पूर्ति होने से पौरुष-पूर्ण और दीर्घजीवी पुत्र उत्पन्न होता है।[80]

उपरोक्त विधानों से स्पष्ट है कि इस संस्कार का प्रयोजन वस्तुतः मुख्य रुप से गर्भिणी नारी की प्रसन्नता, निश्चिन्तता और स्वास्थ्य के प्रति सन्नद्धता रही है।

काणे की यह धारणा है कि कालान्तर में यह संस्कार समाप्तप्राय हो गया

क्योंकि मनु ने इसका नाम तक नहीं लिया।[81] यद्यपि इस काल के साहित्यिक ग्रन्थ विक्रमांकदेवचरित में पुंसवन, सीमन्तोन्नयन तथा जातकर्म संस्कारों और दशकुमारचरित में सीमन्तोत्सव और जात-संस्कार कर्म के सम्पादनकी सूचना है।[82]

सत्यव्रत ने लिखा है कि यदि यह संस्कार न हो सके तो प्रसव के बाद पुत्र के साथ यह संस्कार किया जाना चाहिए।[83]

गृह्यसूत्रों में सोष्यती कर्म नामक संस्कार की चर्चा है। लक्ष्मीधर ने इसका उल्लेख किया है परन्तु संस्कारों के प्रसंग में देवन्न और माधवाचार्य, चतुर्विंशमत आदि ने इसका उल्लेख नहीं किया है। यह संस्कार प्रसव के ठीक पहले किया जाता था,...शोष्यन्ती शूलापन्नाम् आसन्न-प्रसवां ज्ञात्वा होमः शोष्यन्तीहोमः कर्त्तव्य इति'।[84] इस संस्कार का प्रयोजन पुत्रोत्पत्ति और नवजात शिशु की रक्षा करना था।[85]

जातकर्म

इस संस्कार के अन्तर्गत पुत्र प्रसव होने पर पिता वस्त्र सहित स्नान, दान आदि की क्रिया करता था।[86] तथा पुत्र का मुख देखता था और स्नान कर, नालछेदन से पूर्व वृद्धि श्राद्ध के साथ दानादि करता था।[87]

लघ्वाश्वलायन स्मृति में विवाह पर्यन्त संस्कारों में नान्दी श्राद्ध प्रशस्त बताया गया है।[88] रघुनन्दन ने विधिवत संस्कारपूर्ण करने में असमर्थ होने पर केवल अन्न दान का निर्देश दिया है।[89] व्यवस्थाकारों के अनुसार जातकर्म संस्कार नवजात शिशु के नाभिछेदन के पूर्व किया जाना चाहिए।[90] इसका कारण हारीत ने यह बताया है कि नाभिच्छेदन के उपरान्त अशौच हो जाता है।[91] नाभिछेदन से पूर्व यदि यह संस्कार न हो पाया हो तो अशौच काल की समाप्ति के बाद किए जाने का विधान था।[92] देवन्न ने प्रचेता और सत्यव्रत को उद्धृत कर जातकर्म में श्राद्ध कच्चे अन्न का बताया।[93] व्यास ने पुत्रोत्पत्ति पर स्वर्ण से श्राद्ध करने का निर्देश दिया है। परन्तु देवन्न ने इस पर टिप्पणी की है कि यह तब समझना चाहिए जब कच्चा अन्न उपलब्ध न हो।[94]

स्मृतिचन्द्रिका में उद्धृत हारीत ने पुत्रोत्पत्ति के दिन को पवित्र दिन बताया है क्योंकि इस दिन पितर आनन्दित होतें हैं। देवन्न ने पवित्र का अर्थ दानादि कृत्यों के अनुकूल दिवस बताया है। व्यवस्थाकारों ने इस अवसर पर विभिन्न वस्तुओं का दान करने का निर्देश दिया है।[95]

इस संस्कार का एक अन्य महत्त्वपूर्ण अंग था, 'मेघाजनन' अर्थात बुद्धि के समुचित विकास के ध्येय से किया जाने वाला संस्कार। ब्रह्मचारी काण्ड में उद्धृत शंख लिखित के अनुसार–जन्म होने पर जातकर्म संस्कार में जौ का आटा, शहद,

सरसों से निर्मित तत्व ब्राह्मण-बालक के मुँह में अनामिका से रखना चाहिए, जिससे उसकी बुद्धि का विकास हो सके।[96] बैजवाप ने दही, मधु, घी देने को कहा, पारस्कर के अनुसार मेघाजनन से शिशु की बुद्धि और आयु में वृद्धि होती थी।[97] इस संस्कार के अन्तर्गत मित्र और वरुण से प्रार्थना की जाती थी कि बालक मेधावी हो।[98] अलबीरूनी ने भी जातकर्मसंस्कार का उल्लेख किया है।[99]

पुत्रोत्पत्ति की छठवीं रात्रि में देवी षष्टि की पूजा किए जाने का विधान है। रघुनन्दन ने ज्योतिष तत्त्व में इसका उल्लेख किया है। इस विधान का मूल विष्णु धर्मोत्तर पुराण में निहित है।[100] काणे ने इन कृत्यों को सम्भावित पौराणिक' बताया है।[101] इस प्रकार प्रतीत होता है कि इन कृत्यों का विकास पूर्वमध्यकाल और विशेषकर मध्यकाल में हुआ होगा। कृत्यकल्पतरु में षष्ठी पूजन के सन्दर्भ में अंगिरा उद्धृत है।[102] तत्सम्बन्धित धार्मिक कृत्यों के सन्दर्भ में निर्णयसिन्धु ने मिताक्षरा में उद्धृत मार्कण्डेय, व्यास तथा अपरार्क में उद्धृत ब्रह्मपुराण का उल्लेख किया है।[103]

नामकरण

नामकरण अथवा नामधेय संस्कार कब सम्पादित किया जाय, इसके बारे में अनेक विचार हैं। गोभिलगृह्मसूत्र में दसरात्रि, सौ रात्रि अथवा एक वर्ष के उपरान्त और पारस्कर के अनुसार–दस दिन बीतने पर ब्राह्मणों को भोज देने के बाद पिता नामकरण करे।[104] तथा मनु ने दसवें या बारहवें दिन शुभ तिथि, मुहुर्त और गुणयुक्त नक्षत्र में नामकरण करने का निर्देश दिया है।[105] अलबीरूनी के अनुसार प्रसूतावस्था बीत जाने के पश्चात् 'नामकर्मन' संस्कार होता था।[106]

मनु (2.31-32) ने वर्णानुसार क्रमशः मंगल, बल, धन, निन्दा सूचक नामकरण के लिए कहा। साथ ही उन्होंने ब्राह्मण का शर्मा, क्षत्रिय का रक्षा, वैश्य का सम्पन्नता (पुष्टि) सूचक और शूद्र का दास शब्द से युक्त नामकरण करने के लिए कहा है।[107] कुल्लूक ने शर्मा, वर्मा, भूति, दास, क्रमशः उपपद बताए, तथा यम और विष्णुपराण को उद्धृत किया जिन्होंने ब्राह्मण क्षत्रिय के लिए नाम के अन्त में क्रमशः शर्मा, वर्मा और वैश्य के लिए भूति, दत्त और गुप्त और शूद्र के लिए दास लगाने का निर्देश दिया।[108]

शंख के अनुसार पिता अथवा वंश का वयोवृद्ध व्यक्ति बच्चे को नाम प्रदान करता था।[109]

बैजवाप ने एक, दो या चार अक्षर का अथवा अपरिमित अक्षर का नाम और स्त्रियों का नाम तीन अक्षर का और ईकारान्त रखने का निर्देश दिया है। अपरिमिताक्षर से लक्ष्मीधर का अभिप्रायः सम्भवतः निर्दिष्ट अक्षर संख्या से अधिक अक्षरों से है।[110] मनु के अनुसार स्त्रियों का नाम सुखपूर्वक उच्चारण करने योग्य, अक्रूर,

स्पष्ट अर्थ और दीर्घस्वर वाला और आशीर्वादात्मक होना चाहिए।[111] कृत्यकल्पतरु में उद्धृत विष्णुपुराण के अनुसार नाम अर्थहीन, अप्रशस्त, अपशब्द अमांगलिक, जुगुप्सक, अतिदीर्घ, अतिलघु और अधिक अक्षरवाला नहीं होना चाहिए।[112]

नामों के विभिन्न प्रकारों का उल्लेख वैदिक काल से मिलता है।[113] संस्कार-प्रकाश में चार प्रकार के नाम बताए गए हैं, कुल देवता से सम्बद्ध, मास और नक्षत्र से सम्बद्ध और व्यावहारिक नाम।[114] लघ्वाश्वलायनस्मृति में नामों के प्रकार में मास, नक्षत्र तथा पिता आदि के नाम पर रखा गया नाम और व्यावहारिक नाम का उल्लेख है।[115] निर्णयसिन्धु में मास, गुरु, नक्षत्र, कुल देवता से सम्बन्धित नामों का निर्देश है।[116]

निष्क्रमण

प्रसव के कुछ दिनों बाद शिशु को सूचिका गृह से बाहर लाकर सूर्य और चन्द्रमा जैसे नक्षत्र देवता का दर्शन कराया जाता था और इन्द्र आदि देवताओं से प्रार्थना की जाती थी कि वे बालक की सदैव रक्षा करें।[117]

मनु और याज्ञवल्क्य ने यह संस्कार चतुर्थ मास में करने का विधान बताया है।[118] विष्णु, वेदव्यास और शंखस्मृति तथा मेधातिथि और कुल्लूक ने यह संस्कार चौथे मास में सम्पन्न कर आदित्यदर्शन' का निर्देश दिया है।[119] लौकाक्षि ने निष्क्रमण संस्कार 3 मास और एक पक्ष बाद आयोजित करने के लिए कहा है।[120] लघ्वाश्वलायनस्मृति में चतुर्थमास सूर्य के दर्शन के पूर्व अभ्युदयार्थ श्राद्ध की क्रिया करके गोद में बालक को लेकर पिता देवालय, श्वसुर के घर और पुनः किसी अन्य के घर जाकर सूर्य भगवान का दर्शन करता था और उसके पश्चात् अपने घर लौट आता था।[121]

भविष्यपुराण ने यह संस्कार बारहवें दिन और दूसरों के मतानुसार चतुर्थ मास में सम्पादित करने का निर्देश दिया है।[122] माधवाचार्य ने इसे 'यथा शाखं व्यवस्था' कहा और लक्ष्मीधर ने इस पर टिप्पणी की, 'द्वादशे हनी' ति शाखाभेद विकल्पः।'[139]

अन्नप्राशन

मनु, याज्ञवल्क्य, विष्णु, वेदव्यास तथा शंख स्मृति ने छठवें महीने अन्नप्राशन संस्कार करने का निर्देश दिया है,[124] अथवा कुल में जो शुभ दिन हो उस दिन। मेधातिथि और कुल्लूक ने मनु के मत का समर्थन किया है।[125] लघ्वाश्वलायनस्मृति में अभ्युदय की इच्छा से शुभ दिन श्राद्ध करने तथा बालक को स्वर्ण, रजत या कांसे के पात्र में क्षीर, घृत, मधु, अन्न आदि रखकर खिलाने और तदुपरान्त उक्त पात्र ब्राह्मण को दे देने और ब्राह्मणों को भोजन कराने का निर्देश दिया गया है।[126]

पारस्कर और शांख्यायन गृहसूत्रों में अन्नप्राशन के निमित्त विभिन्न भोज्य

पदार्थों और उनके गुणों का उल्लेख है। शांख्यायन ने छठें महीने अन्नप्राशन बताते हुए ब्रह्मवर्चस्व के लिए तीतर, वीर्यवान होने की इच्छा से मत्स्य, तेज की इच्छा से घी और चावल और अन्त में दही, मधु, घी से मिश्रित अन्न से प्राशन व पारस्कर ने अन्नप्राशन में विभिन्न पक्षियों के मांस का उल्लेख किया है।[127] राजबली पाण्डेय का मत है कि गृह्यसूत्रों में बलि प्रथा की वैदिक विचारधारा वर्तमान थी, परन्तु परवर्तीकाल में प्रवृत्ति निरामिषता की ओर उन्मुख हो चुकी थी। इसका कारण उन्होंने अहिंसावादी सम्प्रदायों के कार्य-कलाप को बताया है।[128]

मार्कण्डेयपुराण ने अन्नप्रशान की प्रक्रिया के बाद बालक की जीविका की परीक्षा का उल्लेख किया है। मार्कण्डेय पुराण के वर्णनानुसार देवता के सम्मुख विभिन्न शिल्प व बर्तनों आदि, अस्त्र-शस्त्र तथा शास्त्रादि रख दिया जाता था। बालक जिस वस्तु को स्वयं सबसे पहले स्पर्श करता था वही उस बालक की जीविका मानी जाती थी। अर्थात् वह वस्तु बालक के बाद के जीवन की जीविका के साधन की ओर संकेत मानी जाती थी।[129] जीविका परीक्षा की यह विधि वर्ण-निर्धारित कर्मों की अव्यावहारिकता की ओर संकेत करती प्रतीत होती है।

चूड़ाकरण

आश्वलायन और आपस्तम्ब गृहसूत्र, वैजवाप तथा विष्णु, लघुविष्णु व लघ्वाश्वलायन स्मृति के अनुसार चूड़ाकरण संस्कार बालक के तीसरे वर्ष में सम्पन्न किया जाता था।[130] अलबीरूनी भी तृतीय वर्ष का उल्लेख करता है।[131] लौंगाक्षि ने भी प्रायः तीसरे वर्ष में ही करने के लिए कहा है।[133] लघ्वाश्वलायन स्मृति में चूड़ाकर्म संस्कार के विधि-विधान का विस्तार से वर्णन किया गया है।[133] मध्यकालीन ग्रन्थ निर्णय सिन्धु में ज्योति-निबन्ध का उद्धरण है, जिसमें छठें वर्ष, सोलहवें वर्ष या विवाह के साल में, स्त्री के गर्भिणी होने पर मुण्डन संस्कार न करने का निर्देश दिया गया है। उक्त निर्देश बाल-विवाह की ओर भी संकेत करता प्रतीत होता है।[134]

चतुर्विंशमत (पृ. 10) में चूड़ाकर्म पहले, दूसरे, तीसरे, पाँचवें, सातवें, आठवें वर्ष या उपनयन के समय अथवा कुल के आचारानुसार करने का निर्देश दिया गया है। तृतीय वर्ष को चूड़ाकर्म के लिए उपयुक्त मानते हुए रघुनन्दन ने मनु के कथन के आधार पर यह छूट दी कि इसमें असमर्थ होने पर अन्य किसी समय चूड़ाकर्म कर लेना चाहिए।[135]

मेधातिथि ने शूद्रों के लिए चूड़ाकर्म निषिद्ध बताया है।[136] शूद्रों के संस्कार सम्बन्धी अधिकारों को लेकर इस युग में विशद् विवेचन हुआ है। मध्यकालीन ग्रन्थ निर्णयसिन्धु ने पद्मपुराण के इस कथन को कि 'शिखा और यज्ञोपवीत शूद्र न धारण करें तथा संस्कृत वाणी का उच्चारण न करें, किसी अन्य के मतानुसार

असत् शूद्र के लिए निर्दिष्ट माना है। यहाँ कहा गया है कि 'विकल्प मानना ठीक है' और साथ ही शूद्रों के समर्थन में हारीत को उद्धृत किया गया है कि क्रोध या वैराग्य से शिखा काटने पर स्त्री शूद्र को प्राजापात्य व्रत करना चाहिए।[137] निर्णयसिन्धु में ज्योति-निबन्ध द्वारा उद्धृत बृहस्पति के अनुसार वैश्य और शूद्रों के लिए शनिवार चूड़ाकर्म-संस्कार के सम्पादनार्थ शुभ दिन कहा गया है।[138]

कर्ण-वेध

संस्कार के रूप में कर्णवेध की मान्यता परवर्ती युगीन है। प्रायः सभी गृह्यसूत्रों में इसका वर्णन नहीं मिलता।[139] बौधायनगृह्यसूत्र (1.12.1) एवं कात्यायनसूत्र ने इसकी चर्चा की है।[140] वेदव्यास स्मृति में कर्णवेध संस्कार का उल्लेख है।[141] स्मृति चन्द्रिका में इसका संक्षिप्त उल्लेख अन्नप्राशन से पूर्व है। यहाँ ज्योतिष शास्त्र को उद्धृत कर कर्णवेध संस्कार के उपयुक्त शुभ काल पर विचार किया गया है।[142] मध्यकालीन ग्रन्थ निर्णयसिन्धु में मदन रत्न द्वारा उद्धृत वशिष्ठ और श्रीधर ने छठें, सातवें, आठवें मास में और बारहवें या सोलहवें दिन कर्णवेध उचित बताया है। अलबीरूनी लिखता है कि यह संस्कार सातवें, आठवें महीने में सम्पन्न होता था।[143] राजपुत्र के लिए सुवर्ण, ब्राह्मण और वैश्य के लिए रजत, तथा शूद्र के लिए लोहे की सूई से कर्णवेध करने के लिए इंगित किया गया है।[144] ब्राह्मण के लिए तो यह अनिवार्य संस्कार था। देवल ने कहा है कि जिस ब्राह्मण के कान के रन्ध्र (छिद्र) में सूर्य की छाया (किरण) प्रवेश न करे उसको देखकर पुरातन पुण्यों का समूह विलय को प्राप्त हो जाता है।[145] ऐसे ब्राह्मण को श्राद्ध में दान देना शंख ने निषिद्ध बताया है।[140] शौश्रूत के अनुसार व्याधियों से रक्षार्थ और अलंकृत होने के निमित्त बालक का कर्णवेध करना चाहिए।[147]

विद्यारम्भ

गृह्यसूत्र, धर्मसूत्र और प्रारम्भिक स्मृतियों में विद्यारम्भ संस्कार का उल्लेख नहीं मिलता। पूर्वमध्यकाल में विशेष रुप से उत्तरार्द्ध के ग्रन्थों में इस संस्कार का वर्णन किया गया है। इन ग्रन्थों के द्वारा उद्धृत—मार्कण्डेयपुराण, नृसिंह पुराण तथा रघुनन्दन और निर्णयसिन्धु द्वारा विष्णुधर्मोत्तरपुराण, नन्दीपुराण और श्रीधर (1150-1200) आदि भी पूर्वमध्यकाल से सम्बद्ध हैं।

अल्तेकर की धारणा है कि श्रुति, भाष्य और व्याकरण आदि शास्त्रों का विकास तथा लेखन कला के अविष्कार अथवा ज्ञान के साथ शिक्षा का प्रारम्भ उपनयन से नहीं होता था अपितु इसके स्थान पर विद्यारम्भ नामक नये संस्कार का प्रचलन हुआ। अल्तेकर की धारणा है कि यह संस्कार बहुत पहले से समाज में चला आ रहा होगा। सम्भवतः यह बहुत समय तक चौलसंस्कार में ही सम्मिलित

था।[148] कौटिल्य अर्थशास्त्र में चौल संस्कार के बाद राजकुमार को लिपि और अंकगणित की शिक्षा देने का निर्देश है।[149] भवभूति कृत उत्तररामचरित में चूड़ाकर्म संस्कार निष्पन्न होने के उपरान्त लव-कुश को वाल्मीकि द्वारा त्रयी (ऋग्वेद, यजुर्वेद, सामवेद) के अतिरिक्त अन्य तीनों विद्या के शिक्षण की सूचना अत्रेयी देती है।[150] नलचम्पू में भी चूड़ाकरण संस्कार के पश्चात नल द्वारा विद्या ग्रहण किए जाने का उल्लेख है।[151]

ह्वेनसांग के अनुसार प्रारम्भ में बालकों को' 12 अध्यायवाली'पुस्तक पढ़ाई जाती थी। इसे 'सिद्धम चंग' कहा गया है। सिद्धम का अर्थ है योग्यता और सौभाग्य की प्राप्ति।[152] जीवन्धर चम्पू में जैन परम्परान्तर्गत प्रारम्भ में बालकों के लिए 'सिद्धमातृका' नामक पुस्तिका का उल्लेख है। इत्सिंग से पता चलता है कि 'सिद्धम चंग' बालकों की वर्णमाला की प्रारम्भिक पुस्तक थी।[153]

अपरार्क, स्मृतिचन्द्रिका, और पराशरमाधवीय में विद्यारम्भ संस्कार के सन्दर्भ में मार्कण्डेयपुराण के कथन को उद्धृत किया गया है, जिसके अनुसार विद्यारम्भ संस्कार पाँचवें वर्ष सम्पन्न करने के लिए निर्देश दिया गया है। इसको सम्पन्न करते समय प्रारम्भ में विष्णु, लक्ष्मी और सरस्वती की पूजा और अग्नि में घी से होम तथा ब्राह्मण को दक्षिणा देने के उपरान्त शिष्य पश्चिम की और मुँह करके बैठता था और गुरु पूर्वाभिमुख हो उसे शिक्षा प्रदान करता था।[154] इस सन्दर्भ में चतुर्विंशमत में हरदत्त को उद्धृत किया गया है।[155] पराशरमाधवीय और चतुर्विंशमत में इस संस्कार का प्रयोजन अक्षराभ्यास बताया गया है।[156] अपरार्क ने एक अन्य स्मृति को उद्धृत कर इस संस्कार का प्रयोजन वर्णमाला और गणित की शिक्षा बताया है।[157] रघुनन्दन ने ज्योतिष तत्व में विद्यारम्भ संस्कार के सन्दर्भ में विष्णुधर्मोत्तर और नन्दीपुराण को उद्धृत किया है।[158] विष्णुधर्मोत्तपुराण में इस अवसर पर हरी, लक्ष्मी, सरस्वती के पूजन, हवन और ब्राह्मणों को दक्षिणा देने का निर्देश है।[159] श्रीधर ने अक्षरम्भ के लिए उपयुक्त शुभ दिन और नक्षत्रों का उल्लेख किया है।[160] उपनयन-पूर्व बालक पर कृत-अकृत भक्ष्याभक्ष्य, पेय-अपेय, विहित-अविहित सम्भाषण दोषहीन कहा गया।[161]

उपनयन

उपनयन का अर्थ है स्वाध्याय अथवा अध्ययन के लिए आचार्य के समीप जाना।[162] इस संस्कार का उल्लेख ब्रह्मचर्य आश्रम के अन्तर्गत किया जा चुका है। यह उल्लेखनीय है कि अलबीरूनी-वैश्यों का उपनयन संस्कार किस वर्ष हो, इसका उल्लेख नहीं करता है।[163]

उपनयन के उपरान्त वेदारम्भ संस्कार की चर्चा वेदव्यास स्मृति में मिलती है।[164] राजबली पाण्डेय के मतानुसार वेदों की शिक्षा में ह्रास के कारण 'चारवेदव्रत'

अप्रचलित हो गए। वे अधिकांश गृह्य और धर्मसूत्रों में और स्मृतियों में उल्लिखित नहीं हैं। परन्तु प्राचीन परम्परा को आदर देने के लिए आवश्यकता थी कि वेद व्रतों का स्थान लेने के लिए किसी संस्कार का प्रतिपादन हो जो उच्चशिक्षा की प्रारम्भिकता का सूचक हो। इस प्रकार प्राचीन वेदव्रतों के अवशेष पर वेदारम्भ संस्कार का उद्‌भव हुआ। इस संस्कार के परवर्ती होने का यही कारण है।[165]

अध्ययनकाल के ही एक अन्य संस्कार गोदान अथवा केशान्त का उल्लेख धर्मशास्त्रों में मिलता है। यह संस्कार चार वेदव्रतों में से एक था। आवश्यलायनश्रौत सूत्र (8.14) में चार वेदव्रत इस प्रकार हैं–महानाम्नीव्रत, महाव्रत, उपनिषद व्रत, गोदान।[166] "गृह्य सूत्रों में इसे गोदान कहा गया है।[167] मनु और याज्ञवल्क्य ने इसे केशान्त संस्कार कहा है।[168] ब्रह्मचर्यावधि में ब्रह्मचारी का पहली बार क्षौर कर्म इस संस्कार का प्रयोजन था।[169] मनु के अनुसार तीनों उच्चवर्णो का यह संस्कार क्रमशः सोलहवें, बाइसवें, चौबीसवें, तथा याज्ञवल्क्य के अनुसार सोलहवें वर्ष किया जाना चाहिए।[170] वेदव्यास और लध्वाश्वलायन जैसी पूर्वमध्यकालीन स्मृतियों ने भी इस संस्कार का उल्लेख किया है।[171]

प्रारम्भ में यह संस्कार शैक्षणिक जीवन के मध्य में पड़ता था, परन्तु बाद में यह ब्रह्मचर्यावधि की पूर्णता का सूचक हो गया।[172] राजबली पाण्डेय के अनुसार इसका कारण अल्पवय में विवाह का प्रचलन था।[173] लक्ष्मीधर ने वेदान्त संस्कार के सन्दर्भ में याज्ञवल्क्य और मनु को उद्धृत करने के बाद ब्रह्मपुराण का वह कथन भी उद्धृत किया जिसमें दीर्घकालीन ब्रह्मचर्य को कलिवर्ज्य माना गया है।[174] लध्वाश्वलायन ने गोदान सोलहवें वर्ष और किसी के मतानुसार विवाह के समय बताया।[175] वेदव्यास ने भी सोलह वर्ष तक गुरु के यहाँ रहकर केशान्त आदि व्रतों के बाद सभी वेदों अथवा एक ही वेद को समाप्त कर गुरु की आज्ञा से स्नान करने का निर्देश दिया है।[176] उत्तररामचरित में सीता के संवाद से ज्ञात होता है कि राम आदि चारों भाइयों का गोदान संस्कार विवाह के ही समय किया गया था।[177]

समावर्तन

ब्रह्मचर्यावधि की समाप्ति और ज्ञान प्राप्ति के पश्चात गुरु की आज्ञा से समावर्तन अथवा स्नान संस्कार आयोजित किया जाता था।[178] मनु ने लिखा है कि गुरु से आज्ञा पाया हुआ द्विज अपनी गृह्योक्त विधि से स्नान कर अपने समान वर्ण वाली, शुभ लक्षणों से युक्त कन्या के साथ विवाह करे।[179] याज्ञवल्क्य ने भी वेदाध्ययन या व्रतों अथवा दोनों को पूर्ण कर गुरु को यथाशक्ति दक्षिणा देकर उनकी आज्ञा से स्नान करने का निर्देश दिया है।[180] अपरार्क ने समावर्तन और स्नान में अन्तर बताया है। स्नान का तात्पर्य है विद्यार्थी जीवन की परिसमाप्ति, अतः जो व्यक्ति

आजीवन ब्रह्मचारी रहना चाहता है वह यह संस्कार नहीं भी कर सकता था। समावर्तन का शाब्दिक अर्थ है 'गुरु गृह से अपने गृह को लौट आना।'[181] मेधातिथि ने भी लिखा है, 'स्नान-शब्देन गृह्मोक्त-संस्कार विशेषा लक्ष्यते, ब्रह्मचारिधर्माविधिः।' समावर्तन के लिए उसका कथन है, 'गुरुकुलात्पितृगृहं प्रत्यागत'। इसी कारण वह समावर्तन को विवाह का आवश्यक अंग नहीं मानता। अतः उसके अनुसार जो पितृगृह में वेदाध्ययन करता था वह बिना समावर्तन के विवाह कर सकता था, यद्यपि मेधातिथि का यह भी कथन है कि कुछ लोग समावर्तन को विवाह का अंग मानते हैं।[182]

लघ्वाश्वलायन वेदव्यास और शंख ने भी स्नान संस्कार का उल्लेख किया है।[183]

स्नान संस्कार के बाद ब्रह्मचर्यावधि की पूर्णता के पश्चात विद्यार्थी स्नातक कहलाता था। स्नातक के लिए ब्रह्मचारी से पृथक कुछ विधान थे यथा, वह यज्ञोपवीत (यज्ञोपवीत द्वितीय) जल युक्त कमण्डल, छत्र, पगड़ी, जूता, कान में स्वर्णकुण्डल, धारण करे। बाल, नाखून स्वच्छ हों, माला धारण करे, श्वेत वस्त्र और सुगन्ध का प्रयोग करे, प्रियदर्शी हो और जीर्णादि न पहने।[184] इससे स्पष्ट होता है कि वह गृहस्थाश्रम में प्रविष्ट होने योग्य बन चुका है।

हारीत ने स्नातकों को तीन श्रेणी में विभाजित किया विद्यास्नातक, व्रतस्नातक और विद्याव्रत स्नातक। जिसने वेदाध्ययन समाप्त कर लिया हो परन्तु व्रत पूर्ण न कर वापस लौट आया हो, वह विद्यास्नातक, जिसने व्रत पूर्ण करलिए हों परन्तु वेदाध्ययन पूर्ण न कर घर वापस आया हो वह व्रत स्नातक और वेदाध्ययन और व्रत दोनों पूर्ण कर जो घर वापस आता है, वह 'विद्याव्रत स्नातक' कहलाता है।'[185]

मनु ने यह व्यवस्था दी है कि, तीन, दो अथवा एक ही वेद का अध्ययन कर गृहस्थाश्रम में प्रवेश करें,[186] परन्तु लघुव्यास के अनुसार केवल ऋग्वेद के एक चौथाई भाग का अध्ययन करके ही तथा विधि से इसका अर्थ जानकर और व्रत का विधिपूर्वक पालन करने के बाद भी समावर्तन हो सकता है।[87] देवन्न भट्ट इस पर टिप्पणी करते हैं कि, केवल एक व्रत पूर्ण करके भी स्नान किया जा सकता है।[188]

इसके साथ ही देवन्न भट्ट ने व्रत स्नातक के सन्दर्भ में यह छूट दी कि वह वेद का अर्थ और अध्ययन विवाह के उपरान्त भी कर सकता है।[189] देवन्न के पूर्ववर्ती मेधातिथि ने यह लिखा है कि समावर्तन और विवाह के बाद भी अध्ययन जारी रखा जा सकता था। अभ्यास तथा निपुणता की प्राप्ति के लिए, विशेषकर नवीन विधाओं में।[190]

उपरोक्त परिवर्तित अवधारणाओं से स्पष्ट है कि वैदिक शिक्षा के उत्तरोत्तर घटते प्रचलन और विवाह योग्य अवस्था के कम होने के कारण शैक्षणिक जीवन और तत्सम्बन्धी संस्कारों का परम्परागत् स्वरूप परिवर्तित हो रहा था। गुरुकुल के

घटते प्रचलन के कारण भी समावर्तन संस्कार का केवल औपचारिक महत्त्व रह गया।

विवाह

हिन्दू सामाजिक संरचना का केन्द्र गृहस्थ आश्रम विवाह की ही परिणति है, इसलिए विवाह का एक महत्त्वपूर्ण संस्कार के रूप में धर्मशास्त्रों में प्रतिपादन किया जाता रहा है। धर्म का पालन, पुत्र की प्राप्ति एवं रति-सुख विवाह के प्रमुख उद्देश्य थे।[191] तैत्तरीय ब्राह्मण में विवाह को एक यज्ञ मानते हुए अविवाहित पुरुष को बिना यज्ञ का व्यक्ति कहा। साथ ही वह पत्नी के बिना पूर्ण पुरुष भी नहीं है क्योंकि पत्नी अर्धांगिनी है।[192] श्रौत एवं स्मार्त कर्मों के सम्पादन का क्षेत्र गृहस्थाश्रम ही था।[193]

वैवाहिक कर्मकाण्डों में वाग्दान, शचिपूजन, जन्तीकर्म, पाणिग्रहण, लाजाहोम, अग्निपरिणयन, अश्मारोहण (वर-वधू का पत्थर पर चढ़ना), सप्तपदी, मूर्द्धाभिषेक, ध्रुव तथा अरुन्धती का दर्शन, अभिवादन की प्रक्रिया, स्थाली पाक कर्म, गुरुदक्षिणा (ब्राह्मणों को दान), यानोरोहण, चतुर्थी आदि बताए गये हैं।[194]

रघुनन्दन कहता है कि मनु लिखित कई कृत्यों के अप्रचलित हो जाने के कारण उनका उल्लेख नहीं किया गया है।'[195] यद्यपि मनु ने विवाह को ही नारियों का उपनयन संस्कार बताया परन्तु हारीत ने दो प्रकार की स्त्रियाँ बताई, ब्रह्मवादिनी जो अध्ययनरत है और सद्योवधु जो विवाह के लिए प्रस्तुत है। ब्रह्मवादिनी नारियों के लिए उपनयन, अग्निहोत्र, वेदाध्ययन, घर में ही भिक्षाटन बताया और सद्योवधु नारियों का उपनयन विवाह संस्कार के सम्पादन से पूर्व करने का निर्देश दिया।[196] परन्तु देवन्न भट्ट ने मनु को उद्धृत करते हुए इसे पुराकल्प की व्यवस्था बताई। जब कन्याएँ भी यज्ञोपवीत धारण करती थीं और वेदाध्ययन आदि करती थीं।[197] यम ने भी पुराकल्प में कन्याओं के उपनयन की बात कही।[198] रघुनन्दन ने गोभिल के आधार पर नारियों का यज्ञोपवीत निषिद्ध बताया और अन्य किसी ग्रन्थ को उद्धृत कर यज्ञोपवीत के रूप में वस्त्र का टुकड़ा प्रयुक्त करने की बात कही।[199]

वैवाहिक कृत्यों पर जनपद और ग्राम धर्म का भी प्रभाव था। निर्णय-सिन्धु में कहा गया है कि विवाह कार्य में जनषद और ग्राम में प्रचलित धर्म का पालन करना चाहिए।[200] संस्कार कौस्तुभ में उल्लेख है—कई लोग धर्म ग्रन्थों में वर्णित आचारों को न मानकर देशाचार का अनुसरण करते हैं।[201]

अन्त्येष्टि

यह मनुष्य के जीवन का अन्तिम संस्कार था। बौधायन के कथनानुसार जन्मोपरान्त

संस्कारों द्वारा मनुष्य इस लोक पर विजय प्राप्त करता है और मृत्योपरान्त संस्कारों द्वारा मनुष्य स्वर्गलोक पर विजय प्राप्त करता है।[202]

गृह्मसूत्रों में सामान्यतः विवाह में समावर्तन तक के संस्कार वर्णित हैं। अधिकांश गृह्मसूत्रों में अन्त्येष्टि संस्कार का उल्लेख नहीं है। पारस्कर, आश्वलायन और बौधायन जैसे गृह्मसूत्रों ने इसका उल्लेख किया है।[203] मनु और याज्ञवल्क्य ने इसका संस्कारों में उल्लेख किया है।[204] गौतम ने चालीस संस्कार बताये पर उनमें अन्त्येष्टि का उल्लेख नहीं किया। सामान्यतः गृहसूत्रों, धर्मसूत्रों स्मृतियों तथा संस्कारों पर प्रणीत परवर्ती ग्रन्थों में इसका उल्लेख नहीं मिलता।

मिश्र मित्र ने संस्कार प्रकाश में जातुकर्ण्य द्वारा सोलह संस्कारों में अन्त्यकर्म को भी स्थान दिये जाने का उल्लेख किया है।[205] परन्तु रघुनन्दन ने इसका पृथक संस्कार के रूप में किसी भी तत्त्व में उल्लेख नहीं किया और पृथक रूप से शुद्धि तत्त्व में इसका वर्णन किया।[206]

मत्स्यपुराण ने तीन प्रकार की अन्त्येष्टि क्रिया का वर्णन किया है, जलाना, गाड़ना और शव को फेंकना।[207] ऋग्वेद में सामान्यप्रथा के रुप में शव के दफन किये जाने का उल्लेख है।[208] परन्तु गृह्यसूत्रों में इस प्रथा का उल्लेख नहीं है और बाद के कालों में केवल बहुत छोटे बच्चों और साधुओं को दफनाने के अतिरिक्त यह प्रथा समाप्त हो गई।[209]

अन्तिम क्रिया के विषय में व्यास ने विभिन्न विधि-विधानों के साथ एक गाय का त्याग और इसके साथ ही विद्वान और पवित्र व्यक्ति को स्वर्ण, भूमि आदि भी दान में देने का निर्देश दिया है। इस प्रकार का दान उस व्यक्ति की स्वर्ग प्राप्ति का साधन होता था।[210] सूत्रकाल में दान की जाने वाली गाय को अनुस्तरणी कहा जाता था जिसकी बलि दी जाती थी अथवा शव के साथ जलाया जाता था या दाह-स्थल से भागने दिया जाता था।

मृत्योपरान्त शव को ले जाने के लिए बैलगाड़ी या अर्थी बनाई जाती थी। कथासरित्सागर में वर्णित है कि बालक देवसोम की मृत्यु पर उसके शव को नहला कर पालकी में रखकर ले जाया गया था।[211] शव-यात्रा में ज्येष्ठ पुत्र आगे रहता था।[212] दाह संस्कार प्रायः ज्येष्ठ पुत्र द्वारा ही किया जाता था। इसके अतिरिक्त अन्य और्ध्वदैहिक कर्म भी ज्येष्ठ पुत्र करता था।[213] वर्ण के अनुसार शव को ले जाने की दिशा निर्धारित थी।[214] अलबीरूनी मृतक की अन्त्येष्टि क्रिया और दाह स्थल पर मील के निशान वाले पत्थर के सदृश स्मृति स्तम्भ बनाये जाने का उल्लेख करता है।[215] साथ ही वह सूचना देता है कि तीन वर्ष से कम आयु के बच्चों के शव जलाए नहीं जाते और जो लोग अपने मृतकों के दाहकर्म में अक्षम हैं वे उनको कही खुले खेत या बहते जल में फेंक देते हैं।[216] अल इदरीसी और सुलेमान भी भारत में अन्तिम संस्कार का संक्षिप्त उल्लेख करते हैं।[217]

सूत्रों के काल तक शव के बाईं ओर पत्नी को लेटाने की प्रथा थी। तब मृतक का छोटा भाई या शिष्य अथवा सेवक विधवा का बायाँ हाथ पकड़कर उससे पुनः सांसारिक जीवन में जाने और विवाह करने का आह्वान करता था।[218] पूर्व मध्यकाल में विधवा विवाह की सम्भावनाएँ पूर्णतः समाप्त हो चुकी थीं और इसके विपरीत सती प्रथा अत्यधिक प्रचलित हो गई थी। विज्ञानेश्वर ने इसे 'समय धर्म' की संज्ञा दी है।[219]

मृतक के दाहकर्म के बाद उसके सगोत्र, बान्धव समानोदक, सपिण्ड, पुत्र आदि स्नान कर उसे तिल के साथ जलार्पण करते थे। स्मृतिचन्द्रिका में ब्रह्मपुराण को उद्धृत कर उदक-दान विधि का उल्लेख किया गया है।[220] इसके बाद देवन्न 'अस्थि संचय' का उल्लेख करता है। संवर्त के अनुसार यह कार्य पहले, तीसरे, सातवें या नवें दिन किया जाना चाहिए। विष्णु धर्मसूत्र के अनुसार, चौथे दिन अस्थि संचय कर गंगा में प्रवाहित करना चाहिए।[221]

सूत्रकाल में अस्थि को कलश में रखकर सामी के वृक्ष में टाँग दिया जाता था। यदि अस्थि किसी ऐसे व्यक्ति की हुई जिसने यज्ञादि किए हों तो उसे पुनः जला दिया जाता था तथा अन्य मृत लोगों की अस्थि गाड़ दी जाती थी। आश्वलायन के अनुसार ढक्कन से बन्द अस्थि कलश दाह संस्कार स्थल पर किसी खाई में अथवा किसी वृक्ष की जड़ के नीचे रख दिया जाता था।[222] परन्तु सूत्रकाल के पश्चात अस्थिसंचय क्रिया में परिवर्तन हुआ। पौराणिक काल में अस्थि की गाड़ने की प्रथा का प्रचलन नहीं रह गया। नदियों की पवित्रता बढ़ने के साथ दाह-संस्कार तटों पर होने लगा।...और परवर्ती युग में अवशेष को मिट्टी के घड़े में रखकर नदी में प्रवाहित किया जाने लगा।[223] स्मृतिचन्द्रिका के अशौचकाण्ड में 'गंगाध्य अस्थिनिक्षेप' प्रकरण में शांडिल्य ने अस्थि निक्षेप द्वारकावती, श्वेत बन्धु गोदावरी और पुष्कर में और शंख-लिखित ने गंगा में प्रयाग, केदार, पुष्कर तथा योग-याज्ञवल्क्य ने गंगा-यमुना, कावेरी, शतद्रू में पुत्र को अस्थिनिक्षेप का निर्देश दिया।[224]

अस्थिसंचय के बाद दूसरी क्रिया 'शान्ति कर्म' कहलाती थी।[235] अनिष्ट को दूर करना तथा सामान्य जीवन की पुनः शुरुआत करना इस क्रिया का उद्देश्य था।[226]

अन्त्येष्टि कर्म की अन्तिम क्रिया पिण्डदान थी जो अशौच काल के दौरान की जाती थी।[227] सपिण्डीकरण अर्थात् प्रेत को पितरों की शृंखला में संयुक्त करने की क्रिया वर्ष की समाप्ति पर या बारहवें दिन या तीसरे पक्ष में की जाती थी।[228] व्यास के अनुसार सोलह श्राद्ध अर्पित किए बिना किसी को सपिण्ड दान नहीं करना चाहिए। जब तक प्रेत की सपिण्डी सम्पादित नहीं की जाती वह पितरों की अवस्था में नहीं प्रविष्ट हो सकता।[229] इस प्रकार सपिण्डीकरण की निर्धारित तिथियों में सपिण्डीकरण की क्रिया से पहले षोडश श्राद्ध कर लिए जाते थे।[230]

प्रचेता के अनुसार, षोडश श्राद्धों को ग्यारहवें दिन और सपिण्डीकरण बारहवें दिन किया जा सकता है।....[231]

धर्मग्रन्थों में मृत्यु के बाद अशौचकाल का विशद विवेचना किया गया है। यह काल वर्ण, वय और लिंग पर आधारित था।[232] पराशर ने कुछ अन्य लोगों के लिए पृथक व्यवस्था दी जो शीघ्र ही शुद्ध हो जाते थे, यथा शिल्पी, कारूक, वैद्य, दासी, दास, नाई, राजा और वेदपाठी।[233]

उपरोक्त व्यवस्था पूर्ण वयस्क की मृत्यु से सम्बन्धित थी। इसके साथ ही व्यवस्थाकरों ने गर्भ स्राव या गर्भ विनष्ट होने से लेकर उपनयन के पूर्व तक के बालक की मृत्यु पर भी अशौचकाल के बारे में विवेचन किया है।[234] इसके अतिरिक्त कन्या की मृत्यु पर अशौच की अवधि के बारे में भी व्यवस्थाकारों ने विविध विचार प्रकट किए हैं।[235]

धर्मग्रन्थों में तीनों अग्नि प्रज्वलित रखने वाले गृहस्थ, शिशु, गर्भिणी, परिव्राजक, घर से दूर जिसकी मृत्यु हुई हो, दुर्घटना से जिसकी मृत्यु हुई हो और पतित जनों की मृत्यु पर उनके और्ध्वदैहिक कर्म किस प्रकार किए जायें, इस पर विचार किया गया है।[236]

सन्दर्भ

1. काणे, धर्मशास्त्र का इतिहास, प्रथम भाग, पृ. 176
2. वही, पृ. 176
3. कृत्य. ब्रह्म., भूमिका पृ. 50 पर उद्धृत संस्कारप्रकाश, 132
4. हेरम्ब चटर्जी शास्त्री, स्टडीज इन सम आसपेक्ट आफ हिन्दू संस्काराज इन एन्शियन्ट इण्डिया इन द लाइट आफ संस्कार तत्त्व आफ रघुनन्दन, पृ. 8
5. वही, पृ. 59; काणे, पूर्वोद्धृत, पृ. 200
6. निर्णयसिन्धु, पृ. 552 तथा चतुर्विंशमत, पृ. 10 में उद्धृत शौनक।
7. वही
8. धर्मसिन्धु, पृ. 371
9. चतुर्विंशमत, पृ. 11, प्रायश्चित होमे कृते तत्कर्म कृताकृतम'।
10. वही, पृ. 11 तथा नि. सि. पृ. 552
11. नि. सि. पृ. 552
12. गौ. ध. सू. पर हरदत्त का भाष्य, 1.1.6, पृ. 3
13. अल्तेकर, प्राचीन भारतीय शिक्षा पद्धति, पृ. 205
14. अ. चि., 3.47, पृ. 200 'चातुर्वर्ण्य द्विजक्षत्तवैश्यशूद्रा...'।
15. सखाऊ, जि. 1, पृ. 125
16. राजबली पाण्डेय, हिन्दू संस्काराज, पृ. 123
17. नि. सि. पृ. 550-1 में उद्धृत प्रयोगपारिजात में ब्रह्मपुराण का कथन।
18. नि. सि., पृ. 528-9

19. अ. चि. 1.79, पृ. 22
20. नि. सि., पृ. 523, ज्योतिर्निबन्ध में उद्धृत बृहस्पति का कथन।
21. वही, पृ. 514 पर उद्धृत मदनरत्न में बृहस्पति का कथन।
22. वही, पृ. 517
23. वही, पृ. 431
24. वही, पृ. 45
25. ब्रह्म-कृत्य. पृ. 76; स्मृ. च., आ. का., पृ. 22; प. मा. जिल्द 1, पृ. 436-7 में उद्धृत गौतम; अग्निपुराण 166.10-15 में भी चालीस संस्कारों की चर्चा है।
26. स्मृ. च., आ. का., पृ. 22-23; सुबोधिनी टीका, 2.4,पृ. 6-7
27. म. पु. 52.17
28. मनुस्मृति, 2.17, 27-30, 34-36
29. याज्ञवल्क्यस्मृति, 1.10-12, 14-15, 51-52
30. विष्णुस्मृति, 27.1-5, 10-12
31. लध्वाश्वलायनस्मृति, 153-168
32. लघुविष्णु, 1.10-13
33. वेदव्यास, 1.14-15, पृ. 357-8
34. प. मा., जिल्द 1, पृ. 436-462
35. चतुर्विंशमत, पृ. 3
36. मेधातिथि, 2.26-27; कुल्लूक, 2.27 मिताक्षरा 1.13 व प. मा.जि. 1, पृ. 437 भी।
37. वही, 2.26
38. वही, पृ. 436; कृत्य., ब्रह्म. पृ. 77; स्मृ. च., आ. का. पृ. 24 पर उद्धृत हारीत।
39. स्मृ. च., आ. का., पृ. 24; कृत्य. ब्रह्म., पृ. 78; सुबोधिनी, 2.4, पृ. 7
40. कृत्य., ब्रह्म., पृ. 75 तथा रघुनन्दन कृत संस्कारतत्व, पृ. 1 पर उद्धृत हारीत।
41. काणे, पूर्वोद्धृत, भाग 1, पृ. 178
42. हेरम्ब चटर्जी शास्त्री, पूर्वोद्धृत, पृ. 86
43. मनुस्मृति, 2.16; याज्ञवल्क्य, 1.10
44. वी. मि. स. में उद्धृत पूर्वमीमांसा, 1.4.2, राजबली पाण्डेय, पूर्वोद्धृत, पृ. 48 पर उद्धृत।
45. स्मृ. च., आ. का, पृ. 25-26 में उद्धृत याज्ञवल्क्य,मनु यम, हारीत आदि।
46. शंखस्मृति, 2.1, पृ. 374
47. स्मृ. च., आ. का., पृ. 28
48. हेरम्ब चटर्जी शास्त्री; पूर्वोद्धृत पृ. 86 पादटिप्पणी।
49. नि. सि., पृ. 492
50. मिताक्षरा, 1.11, विष्णुस्मृति, 27.1; संस्कार तत्त्व, पृ.48
51. 1.11, हेरम्ब चटर्जी शास्त्री, पूर्वोद्धृत, पृ. 85 पर पा. टि. में–उद्धृत विश्वरूप, 1.11
52. सखाऊ, जि. 2, पृ. 156, ज. श. मिश्र, ग्यारहवीं सदी का भारत, पृ. 219 पर उद्धृत।
53. स्मृ. च. आ. का., पृ. 29.30

54. राजबली पाण्डेय, हिन्दू संस्कारा, पृ. 58
55. स्मृ. च. आ. का, पृ. 30; प. मा., जि. 1, पृ. 438 पर उद्धृत याज्ञवल्क्य; शंखस्मृति, 2.1, पृ. 374
56. स्मृ. च. आ. का. पृ. 30 पर उद्धृत बृहस्पति।
57. प. मा., जि. 1, पृ. 438 पर उद्धृत बैजवाप।
58. वेदव्यासस्मृति, 1.17, पृ. 358 तथा चतुर्विंशमत, पृ. 6
59. स्मृ. च. आ. का., पृ. 30 पर उद्धृत पा. गृ. सू.; कृत्य. ब्रह्म., पृ. 82 पर उद्धृत बैजवाप गृहसूत्र में दूसरे महीने या स्पंदन से पूर्व पुंसा नक्षत्र में पुसंवन का निर्देश है।
60. स्मृ. च., आ. का, पृ. 30 पर उद्धृत रत्नकोष, लघ्वाश्वलायन स्मृति, 4.3, पृ. 154
61. नि. सि. पृ. 492-3
62. हेरम्ब चटर्जी शास्त्री, पूर्वोद्धृत, पृ. 88
63. कृत्य. ब्रह्म., पृ. 82
64. वही, पृ. 81
65. चतुर्विंशमत, पृ. 6
66. लध्वाश्वलायनस्मृति, 4.2, पृ. 154
67. ज. श. मिश्र, पूर्वोद्धृत, पृ. 220
68. विष्णुस्मृति, 27.3 पर नन्द पण्डित की टीका, पृ.113
69. संस्कारतत्व, पृ. 51, 'अथ पुंसवनानन्तरं सीमन्तः केशरचना विशेषः'।
70. कृत्य., ब्रह्म. पृ. 83 पर उद्धृत तथा स्मृ. च., आ. का., पृ. 30 तथा प. मा., जि. 1, पृ. 438 पर उद्धृत आपस्तम्ब, बैजवाप, शांख्यायन; चतुर्विंशमत, पृ. 7 पर भी लौंगाक्षि, आश्वलायन वैजवाप, शांख्यायन।
71. स्मृ. च. आ. का, पृ. 30 तथा प. मा., जि. 1, पृ. 438 पर उद्धृत लौकाक्षि।
72. वही, पृ. 30 पर उद्धृत याज्ञवल्क्य।
73. स्मृ. च. आ. का. पृ. 30; प. मा. जि. 1, पृ. 438; चतुर्विशमत, पृ. 7; कृत्य. ब्रह्म., पृ. 83; संस्कारतत्व, पृ. 51 पर उद्धृत शंख-लिखित तथा नि.सि., पृ. 494 पर उद्धृतशंख।
74. लघ्वा., 4.1, पृ. 154; वेदव्यास, 1.18, पृ. 350; शंख, 2.2, पृ. 374
75. सखाऊ, जि. 2, पृ. 156, ज. श. मिश्र, पूर्वोद्धृत, पृ. 220 पर उद्धृत।
76. मिताक्षरा, 1.12; प. मा., जि. 1, पृ. 438 पर भी 'एतश्च सीमन्तोन्नयनं, क्षेत्र-संस्कारत्वात्सकृदेवकर्तव्यं न प्रतिगर्भम्।' और अपरार्क, 1.13, पृ. 25, 'सीमन्तोन्नयनं प्रथमगर्भे भिद्यत्ते। पुसवनं तु प्रतिगर्भ-मावर्त्तेत। इस सन्दर्भ में देखें—कृत्य., ब्रह्म. पृ. 83-84
77. स्मृ. च., आ. का, पृ. 31 तथा प. मा. जि. 1, पृ. 439 पर उद्धृत विष्णु तथा लघुविष्णु, 1.10, पृ. 117
78. काणे, पूर्वोद्धृत, प्रथम भाग, पृ. 190
79. नि. सि., पृ. 496-7 इस सन्दर्भ में देखें, स्मृ च. आ. का., गर्भिणी धर्म प्रकरण, पृ. 31-32
80. स्मृ. च. आ. का., पृ. 32 पर उद्धृत याज्ञवल्क्य व शौश्रूत।

81. काणे, पूर्वोद्धृत, पृ. 190
82. विक्रमांकदेवचरित, 2.78, पृ. 141; 2.91, पृ. 149; 3.10, पृ. 156-7; दशकुमारचरित, पूर्वपीठिका, पृ. 15 व 28
83. स्मृ. च., आ. का, पृ. 31 व चतुर्विंशमत, पृ. 8 पर उद्धृत सत्यव्रत।
84. संस्कारतत्व, पृ. 53
85. हेरम्ब चटर्जी शास्त्री, पूर्वोद्धृत, पृ. 91
86. संस्कारतत्व, पृ. 53, 'जाते पुत्रे पितुः स्नानं सचेलन्तु विधियते इति सम्बर्लात। ततः पुत्र जन्म निमित्तं वृद्धिश्राद्ध तन्त्रेण कुर्य्यात।' इसी सन्दर्भ में पृ. 54 पर देवल भी उद्धृत है। स्मृ. च., आ. का., पृ. 32 पर भी संवर्त्त उद्धृत है।
87. चतुर्विंशमत, पृ. 8
88. लघ्वाश्वलायनस्मृति, 'नान्दी श्राद्ध प्रकरण'।
89. संस्कारतत्व, पृ. 53, 'सांग श्राद्धकरणाशक्तो अनेतुसर्गमात्रं कर्तव्यम्'।
90. स्मृ. च. आ.का., पृ. 33, चतुर्विंशमत, पृ. 8; नि. सि. पृ. 498 पर उद्धृत मनु तथा कृत्य. ब्रह्म. पृ. 85-6 में उद्धृत हारीत व मनु।
91. स्मृ. च., आ. का., 33 पर उद्धृत हारीत व जैमिनी।
92. वही, उद्धृत विष्णुधर्मोत्तरपुराण और वैजवाप।
93. वही, पृ. 34
94. वही
95. स्मृ. च., आ. का., 34, चतुर्विंशमत, पृ. 8 तथा प. मा., पृ. 440 पर उद्धृत याज्ञवल्क्य, आदित्यपुराण, तथा शंख आदि और कृत्य. ब्रह्म., पृ. 86 पर उद्धृत ब्रह्मपुराण।
96. कृत्य., ब्रह्म., पृ. 87
97. वही
98. संस्कारतत्व, पृ. 54
99. सखाऊ, जि. 2, पृ. 156, ज. श. मिश्र, पूर्वोद्धृत, पृ. 221 पर उद्धृत।
100. हेरम्ब चटर्जी शास्त्री, पूर्वोद्धृत, पृ. 92
101. काणे, पूर्वोद्धृत, प्रथम भाग, पृ. 195
102. कृत्य., ब्रह्म., पृ. 88
103. नि. सि., पृ. 509 तथा धर्मसिन्धु, पृ. 335-6 में भी षष्ठी पूजन का उल्लेख है।
104. कृत्य. ब्रह्म., पृ. 89-90 तथा स्मृ. च., आ. का., पृ. 35 पर पारस्कर तथा संस्कारतत्व, पृ. 55 पर उद्धृत गोभिल।
105. कृत्य, ब्रह्म., पृ. 88-89, प. मा., जि. 1, पृ. 440; स्मृ. च., आ. का., पृ. 35; चतुर्विंशमत, पृ. 9 पर उद्धृत मनु तथा स्मृ. च., आ. का. पृ. 35 में यम भी उद्धृत। इस सन्दर्भ में विभिन्न मतों के लिए देखें—विष्णुस्मृति, 27.5; कुल्लूक 2.30 पर उद्धृत शंख; अपरार्क, 1.11-12; लघ्वाश्वलायन स्मृति, 6.1, पृ. 156; वेदव्यास स्मृति, 1.18, पृ. 358; शंख स्मृति, 2.2, पृ. 374 संस्कारतत्व, पृ. 55 आदि।
106. सखाऊ, जि. 2, पृ. 156, ज. श. मिश्र, पूर्वोद्धृत, पृ. 222-223 पर उद्धृत।
107. कृत्य., ब्रह्म., पृ. 90-91; स्मृच. आ. का, पृ. 35-36; प. मा. जि. 1, पृ. 441 पर

उद्धृत मनु।

108. कुल्लूक, 2.31 तथा कृत्य., ब्रह्म., पृ. 90-91 में भी उद्धृत यम व विष्णुपुराण।

109. प. मा. जि. 1, पृ. 441 तथा स्मृ. च., आ. का, पृ. 35 पर उद्धृत शंख; कृत्य., ब्रह्म., पृ. 89 तथा संस्कारतत्व, पृ. 56 यह कथन शंख लिखित का कहा गया है।

110. कृत्य. ब्रह्म., पृ. 90

111. वही, पृ. 91 तथा प. मा. जि. 1, पृ. 441; स्मृ. च. आ. का., पृ. 36 पर भी उद्धृत मनु।

112. वही, पृ. 91

113. काणे, पूर्वोद्धृत, भाग 1, पृ. 196

114. हेरम्ब चटर्जी शास्त्री, पूर्वोद्धृत, पृ. 95 पादटिप्पणी से उद्धृत।

115. लघ्वाश्वलायनस्मृति, 6-2-3, पृ. 156

115. नि. सि., पृ. 515-18

117. वही, पृ. 519 पर उद्धृत विष्णुधर्मोत्तरपुराण।

118. स्मृ. च. आ.का, पृ. 37 तथा प. मा. जि. 1, पृ. 442 पर उद्धृत मनु और चतुर्विंशमत, पृ. 10 पर उद्धृत याज्ञवल्क्य।

119. मेधातिथि और कुल्लूक, 2.34; वेदव्यासस्मृति, 1.18, पृ. 374; शंखस्मृति, 25, पृ. 374; विष्णुस्मृति, 27.10 तथा कृत्य. ब्रह्म. पृ. 92 पर उद्धृत। इस सन्दर्भ में और भी देखें–चतुर्विंशमत; पृ. 9 तथा प. मा., जिल्द 1, पृ. 442, स्मृ. च. आ. का., पृ. 36, कृत्य. ब्रह्म., पृ. 92 तथा निर्णय सिन्धु, पृ. 518 पर उद्धृत यम।

120. स्मृ. च. आ. का., पृ. 37; प. मा., प्रथम खण्ड, पृ. 442 तथा कृत्य. ब्रह्म., पृ. 92 पर उद्धृत।

121. लघ्वाश्वलायन स्मृति, 7.1-3, पृ. 156

122. कृत्य., ब्रह्म., पृ. 91 पर उद्धृत भविष्यपुराण; चतुर्विंशमत, पृ. 9 पर यह कथन स्कन्दपुराण का कहा गया है तथा स्मृ. च., आ.का, पृ. 37 व प. मा., जि. 1; पृ. 442; पर इस कथन को किसी 'पुराण' का कहा गया है।

123. प. मा., जि. 1, 442; कृत्य. ब्रह्म., पृ. 92

124. मनुस्मृति, 2.34; स्मृ. च. आ. का, पृ. 38; कृत्य. ब्रह्म., पृ. 92 पर उद्धृत मनु तथा चतुर्विंशमत, पृ. 10 पर उद्धृत याज्ञवल्क्य, विष्णु स्मृति 27.2, वेदव्यास, 1.19 पृ. 358, शंख स्मृति, 2.5, पृ. 374

125. मेधातिथि और कुल्लूक, 2.34 इस सन्दर्भ में अन्य व्यवस्थाकारों के मतों के लिए देखें–स्मृ. च., आ. का, पृ. 38; प. मा. जि. 1, पृ. 443; कृत्य. ब्रह्म., पृ. 92-93; अपरार्क, 1.13, पृ. 28; नि. सि., पृ. 520 पर उद्धृत लौंगाक्षि।

126. लघ्वाश्वलायन स्मृति, 8.1-5, पृ. 156

127. कृत्य., ब्रह्म., पृ. 93-94 में उद्धृत पारस्कर व शांख्यायन।

128. राजबली पाण्डेय, हिन्दू संस्काराज, पृ. 92

129. स्मृ. च., आ. का., पृ. 38; प. मा. जि. 1, 443; अपरार्क, 1.13, पृ. 28; संस्कारतत्व, पृ. 59 पर उद्धृत। अपरार्क ने–शास्त्राणि चैव शस्त्राणि' तथा रघुनन्दन ने 'शस्त्राणि चैव शास्त्राणि' लिखा है। नि. सि., पृ. 519 में यह कथन निष्क्रमण

संस्कार के अन्तर्गत लिखा गया है।

130. कुल्लूक, 3.35; कृत्य. ब्रह्म. पृ. 95 में आश्वलायन तथा स्मृ. च., आ. का., पृ. 39 पर उद्धृत आपस्तम्ब व बैजवाप। वि. स्मृ., 27.12; ल. वि., 1.12, पृ. 117; लघ्वाश्वलायन. 9.1, पृ. 157
131. सखाऊ, जि. 2, पृ. 157, ज. श. मिश्र, पूर्वोद्धृत, पृ. 224 पर उद्धृत।
132. कृत्य., ब्रह्म. पृ. 94-95; प. मा. जि. 1, पृ. 443-444; स्मृ. च., आ. का., पृ. 39 तथा अपरार्क, 1.13 पृ. 39 पर उद्धृत लौगाक्षि; चतुर्विंशमत, पृ. 10; संस्कार तत्व, पृ. 60
133. देखिए–'चौल कर्म प्रकरण', पृ. 157
134. नि. सि., पृ. 525
135. संस्कारतत्व, पृ. 60
136. मेधातिथि, 2.35
137. नि. सि., पृ. 528-29
138. वही, पृ. 523
139. राजबली पाण्डेय, हिन्दू संस्काराज, पृ. 102
140. काणे, पूर्वोद्धृत, पृ. 179
141. वेदव्यासस्मृति, 1.19, पृ. 358
142. स्मृ. च., आ. का., पृ. 37
143. सखाऊ, जि. 2, पृ. 157, ज. श. मिश्र, पूर्वोद्धृत, पृ. 224 पर उद्धृत।
144. नि. सि., पृ. 517
145. वही, पृ. 518, 'तस्मै श्राद्ध' न दातव्यं दत्तं चेदासुरं भवेत्।'
146. राजबली पाण्डेय, हिन्दू संस्काराज, पृ. 102
147. वही, पृ. 106
148. अल्तेकर, प्राचीन भारतीय शिक्षण पद्धति, पृ. 202
149. वही, पादटिप्पणी में उद्धृत कौ. अ., 1-2
150. उत्तररामचरित, अंक 2, पृ. 154
151. नलचम्पू, चतुर्थ उच्छ्वास, पृ. 198
152. वाटर्स, जि. 1, पृ. 155
153. वही
154. अपरार्क, 1.13, पृ. 30-31; प. मा., जि. 1, पृ. 445; स्मृ. च., आ. का., पृ. 44; चतुर्विंशमत, पृ. 12
155. वही, पृ. 12
156. वही, चतुर्विंशमत में इसी स्थल पर नृसिंहपुराण भी उद्धृत है–
'अक्षर स्वीकृतिः प्रोक्ता प्राप्ते पंचमहायने इति।'
157. अपरार्क, 1.13, पृ. 31, 'मातृकान्यासं गणितं च कुमारं शिक्षापयेत्'
158. हेरम्ब चटर्जी शास्त्री, पूर्वोद्धृत, पृ. 108 पर उद्धृत ज्योतिषतत्व, पृ. 383
159. नि. सि., पृ. 530
160. वही, पृ. 529

161. स्मृ. च., आ. का., पृ. 41; कृत्य., ब्रह्म., पृ. 97-98; प. मा., जि. 1, पृ. 444 तथा चतुर्विंशमत, पृ. 11 पर उद्धृत गौतम।
162. मेधातिथि, 2.36
163. सखाऊ जि. 2, पृ. 133, ज. श. मिश्र, पूर्वोद्धृत, पृ. 226 पर उद्धृत।
164. वेदव्यासस्मृति, 1.15, पृ. 358
165. राजबली पाण्डेय, हिन्दू संस्काराज, पृ. 141
166. ए जनरल इन्ट्रोडक्शन विद स्पेशल रिफ्रेन्स. पृ. 100, पादटिप्पणी।
167. काणे, पूर्वोद्धृत, प्रथम भाग, पृ. 261
168. मनुस्मृति, 2.65; याज्ञवल्क्य, 1.36
169. स्मृ. च., आ. का, पृ. 107
170. मनुस्मृति, 2.65; अपरार्क, पृ. 67 में उद्धृत मनु और प. मा., जि. 1, पृ. 457; स्मृ. च., आ. का, पृ. 106-107; कृत्य. ब्रह्म., पृ. 263-4 में उद्धृत मनु व याज्ञवल्क्य।
171. लघ्वाश्वलायनस्मृति, 14.1, पृ. 162 तथा वेदव्यासस्मृति, 1.15 तथा 42, पृ. 358-9
172. जे. आर. धारपुरे, ए जनरल इन्ट्रो. विद स्पेशल रिफ्रेन्स., पृ. 101 तथा राजबली पाण्डेय, हिन्दू संस्काराज, पृ. 144
173. वही
174. कृत्य., ब्रह्म., पृ. 264
175. लघ्वाश्वलायनस्मृति, 14.1, पृ. 162
176. वेदव्यासस्मृति, 1.42-43, पृ. 359
177. उत्तररामचरित, प्रथम अंक, पृ. 59
178. कृत्य. ब्रह्म., पृ. 276
179. मनुस्मृति, 3.4; प. मा., प्रथम खण्ड, पृ. 462; स्मृ. च., आ. का, पृ. 115 में भी उद्धृत।
180. याज्ञवल्क्य स्मृति, 1.51 तथा कृत्य. ब्रह्म., पृ. 275; चतुर्विंशमत, पृ. 64 में भी उद्धृत।
181. काणे, पूर्वोद्धृत, पृ. 262
182. मेधातिथि, 3.4, पृ. 234
183. वेदव्यासस्मृति, 1.43, पृ. 359; शंखस्मृति, 3.15, पृ. 376, लघ्वाश्वलायन स्मृति,14. 6 पृ. 162
184. प. मा. प्रथम खण्ड, पृ. 462 पर उद्धृत कूर्मपुराण।
185. स्मृ. च. आ. का., पृ. 114; कृत्य. ब्रह्म., पृ. 277; प. मा., प्रथम खण्ड, पृ. 461 तथा कुल्लूक, 3.2 पर उद्धृत हारीत।
186. मनुस्मृति, 3.2
187. स्मृ. च. आ. का. पृ. 113
188. वही
189. वही, पृ. 114
190. मेधातिथि, 9.76, पृ. 907
191. मनुस्मृति, 928

192. राजबली पाण्डेय, हिन्दू संस्काराज, पृ. 153 पर उद्धृत तै. आ. 11.2.2.6 तथा 11. 9.4.7
193. देखिए आश्रम व्यवस्था के अध्याय में गृहस्थ आश्रम' के अन्तर्गत।
194. हेरम्ब चटर्जी शास्त्री, पूर्वोद्धृत, पृ. 69-79 से उद्धृत; इस सन्दर्भ में देखें--राजबली पाण्डेय, हिन्दू संसकाराज, पृ. 207-225 तथा ज. श. मिश्र, प्रा. भा. सा. इ., पृ. 261-262 में उद्धृत संस्कार मयूख में उल्लिखित वैवाहिक विधियाँ।
195. हेरम्ब चटर्ज शास्त्री, पूर्वोद्धृत, पृ. 78
196. स्मृ. च. आ. का. पृ. 40-41 तथा नि. सि. पृ. 563 पर उद्धृत हारीत।
197. वही, (प्रकाशित मनुस्मृति में यह श्लोक नहीं मिलता—वही, पा. टि.)।
198. नि. सि., पृ. 463 पर उद्धृत यम।
199. हेरम्ब चटर्जी शास्त्री, पूर्वोद्धृत,पृ. 71
200. राजबली पाण्डेय, हिन्दू संस्काराज, पृ. 205 पर उद्धृत निर्णयसिन्धु, पूर्वभाग, 3
201. वही, पृ. 205
202. वही, पृ. 234 पर उद्धृत बौ. गृ. सू. 3.1.4
203. वही, पृ.18
204. मनुस्मृति, 2.16 तथा याज्ञवल्क्य, 1.10
205. हेरम्ब चटर्जी शास्त्री, पूर्वोद्धृत, पृ.111 पर उद्धृत संस्कारप्रकाश, पृ. 135
206. वही, पृ. 113
207. जयशंकर मिश्र, प्रा. भा. का सा. इ., पृ. 247 पर उद्धृत मत्स्य पुराण, 39.17
208. राजबली पाण्डेय, हिन्दू संस्काराज, पृ. 239 में उद्धृत ऋग्वेद 10.18-13
209. वही, पृ. 241
210. स्मृ. च., अशौचकाण्ड, पृ. 59 पर उद्धृत व्यास।
211. कथासरित्सागर, खण्ड 3, पृ. 547
212. जयशंकर मिश्र, प्रा. भा. सा. इ., पृ. 247 पर उद्धृत, पा. गृ. सू., 3.19
213. स्मृ. च., अशौचकाण्ड, पृ. 63
214. वही, उद्धृत मत्स्यपुराण व जमदग्नि।
215. सखाऊ, जि. 2, पृ. 169
216. वही, पृ. 169-170
217. इ. डा., जि. 1, पृ. 59 तथा यात्रा विवरण, पृ. 241-42
218. राजबली पाण्डेय, हिन्दू संस्काराज, पृ. 252 पर उद्धृत, आ. गृ. सू., 4.2-4
219. देखें, सतीप्रथा के अन्तर्गत।
220. स्मृ. च., अशौचकाण्ड, पृ. 71
221. वही, पृ. 78 पर उद्धृत संवर्त व वि. ध. सू.।
222. राजबली पाण्डेय, हिन्दू संस्काराज, पृ. 260 पर उद्धृत आ. गृ. सू. 4.5
223. वही, पृ. 260-61
224. स्मृ. च., अशौचकाण्ड, पृ. 79-80
225. राजबली पाण्डेय, पूर्वोद्धृत, पृ. 261 पर उद्धृत आ. गृ. सू. 4.5
226. वही, पृ. 261

227. वही, पृ. 265 पर उद्धृत पा. गृ. सू., 3.10, 27-28

228. स्मृ. च. अशौचकाण्ड, पृ. 102 पर उद्धृत कात्यायन।

229. वही, पृ. 102 पर उद्धृत व्यास।

230. राजबली पाण्डेय, हिन्दू संस्काराज,पृ. 267

231. स्मृ. च., अशौचकाण्ड, पृ. 100

232. राजबली पाण्डेय, पूर्वोद्धृत, पृ. 257 पर उद्धृत पा. गृ. सू. 3.10.30.38 तथा स्मृ. च. अशौच काण्ड पृ. 26 पर उद्धृत मनु, पराशर, ब्रृहस्पति।

233. पराशर स्मृति, 3.22

234. स्मृ. च. अशौच काण्ड, पृ. 2, 3, 10-12 पराशर स्मृति 3.18-19

235. स्मृ. च. अशौच काण्ड, पृ. 23-24 पर उद्धृत पद्मपुराण तथा पृ. 22 पर उद्धृत मार्कण्डेय स्मृति

236. राजबली पाण्डेय, वही, पृ. 267-274

7
विवाह

हिन्दू सामाजिक संरचना का प्रमुख केन्द्र गृहस्थ आश्रम वस्तुतः विवाह की परिणति है। गार्हस्थ्य जीवन का प्रारम्भ विवाह से ही माना गया है।[1] अलबीरूनी ने भी लिखा है कि शिष्य आचार्य की आज्ञा से विवाह करके एक परिवार की स्थापना करता है।[2] अतः विवाह संस्था महत्त्वपूर्ण संस्कार के रुप में धर्मशास्त्रकारों द्वारा उल्लिखित की गई है। मनु ने 'पुरुष' को स्त्री, स्वदेह तथा सन्तान–तीनों से मिलकर पूर्ण माना है। इस सन्दर्भ में कुल्लूक ने मनु का समर्थन करते हुए बाजसनेय ब्राह्मण को साक्ष्य के रूप में उद्धृत किया है। मेधातिथि ने भी पति-पत्नी को एक, और सन्तान को पुरुष का ही प्रतिरूप मानते हुए इसे 'लोक व्यवहार' की संज्ञा दी है।[3] स्त्री-पुरुष का सम्बन्ध अटूट माना गया है चाहे पति अपनी पत्नी का स्वयं विक्रय कर दे, अथवा निर्धनतावश उसका त्याग कर दे। यही नहीं पर पुरुष से उत्पन्न सन्तान को भी पूर्व- पुरुष की ही सन्तान माना गया है।[4] मेधातिथि और कुल्लूक ने मनु के इस कथन की पुष्टि की है कि विवाह सम्पन्न करने से व्यक्ति धर्म का पालन, पुत्र की प्राप्ति एवं रतिसुख जैसे उद्देश्यों की पूर्ति करता है।[5] धार्मिक कृत्य से उनका आशय अग्निहोत्र यज्ञादि था और साथ ही पत्नी के बिना व्यक्ति के सामाजिक जीवन का निर्वहन असम्भाव्य था।[6] दम्पत्ति के बीच अनुकूलता होने से 'त्रिवर्ग' की नित्य वृद्धि सम्भव कही गई है।[7] 'मोक्ष' केवल ब्रह्मज्ञानियों के लिए है, गृहस्थ के लिए नहीं।[8]

धर्म का अनुसरण करना विवाह का एक प्रमुख उद्देश्य था। अपरार्क का कथन है कि सभी श्रुतियाँ सपत्नीक अग्निहोत्र का विधान करती हैं। उसने बहबृच ब्राह्मण के इस कथन का खण्डन किया है कि बिना पत्नी के भी अग्निहोत्र सम्भव है। पत्नी के रजस्वला या सूतिका होने के सन्दर्भ में ही उसने इस मत को माना है। काठकगृह्यसूत्र को उद्धृत करते हुए अपरार्क ने यह कहा है कि पत्नी के अभाव में 'कुशमयी' या 'स्वर्गमयी' पत्नी को निर्मित करके यज्ञादि सम्पन्न करना चाहिए।[9]

विवाह का दूसरा महत्त्वपूर्ण उद्देश्य पुत्रोत्पत्ति कहा गया है जिसका व्यापक धार्मिक व आध्यामिक महत्त्व था।[10] विवाह का तीसरा उद्देश्य रति रहा है। अलबीरूनी के अनुसार 'व्यवस्थित वैवाहिक जीवन के बिना कोई जाति नहीं रह सकती क्योंकि इसके द्वारा वासना के उस ज्वार का निरोध होता है जिसे सुसंस्कृत लोग पसन्द नहीं करते।[11] परन्तु हिन्दू जीवन-दर्शन में यह उद्देश्य प्राथमिक नहीं था अन्यथा प्रथम पत्नी को धर्मपत्नी और दूसरी को रतिवर्धिनी न कहा जाता।[12] इस सन्दर्भ में मेधातिथि का दृष्टिकोण स्पष्ट है, उसका कथन है कि विवाह आध्यात्मिक कार्यों में सहायक होता है, यदि केवल काम ही विवाह का मुख्य अभिप्रेरण होता, तो क्या किसी ऐसी कन्या का विवाह सम्भव हो सकता था जिसने युवावस्था न प्राप्त कर ली हो?[13] विष्णु ने द्वितीया पत्नी के साथ अग्निहोत्र आदि धार्मिक कार्य सम्पन्न करना निष्फल बताया है।[14] इस प्रकार धर्म के अनुपालन, याज्ञिक कार्य, सन्तानोत्पत्ति, वंशोत्थान, गार्हस्थ्य तथा पितरों के लिए पिण्डदान आदि के निमित्त विवाह आवश्यक कहा गया है।[15]

परन्तु पूर्व मध्ययुग में श्रौत स्मार्तकर्मों के घटते और संकुचित होते प्रचलन और अव्यावहारिकता तथा उनके प्रति सामाजिक उदासीनता की पृष्ठभूमि में विवाह के धार्मिक महत्त्व के सन्दर्भ में तद्‌युगीन व्यवस्थाकारों के उद्धरण प्राचीन परम्परागत विचारों की प्रतिध्वनि मात्र हैं। अपरार्क का स्वयं कहना है कि 'विवाहाग्नि से नियत वैश्वदैव आदि कर्म बहुत से द्विजाति के लोग नहीं करते हैं तो फिर शूद्र के लिए क्या प्रश्न है?[16] वस्तुतः इस युग में वाममार्गी विचारधारा के प्राबल्य और नैतिक शैथिल्य[17] से विवाह संस्था का अधिक महत्त्व धार्मिक या आध्यात्मिक की अपेक्षा सामाजिक विघटन पर एक नियंत्रणकारी तत्त्व के रूप में था। कन्या के बाल्यावस्था में ही योग्य वर के अभाव में भी विवाह की अनिवार्यता, नारी के सम्बन्ध-विच्छेद के अधिकारों की समाप्ति आदि उपर्युक्त कथनों की पुष्टि करते हैं। कुछ अंशों में यह स्थिति उस स्थिति से साम्य रखती है जो 300 ई. पू. के बाद की थी, जब जैन और बौद्ध क्रान्ति से प्रेरित होकर समाज में; कन्याओं में बिना वास्तविक आध्यात्मिक प्रेरणा या अभिवावक की स्वेच्छा से भिक्षुणी होने की प्रवृत्ति बढ़ रही थी, तब सामाजिक चिन्तकों ने कन्याओं के लिए विवाह की अनिवार्यता अपरिहार्य समझी[18] पूर्वमध्ययुग में मेधातिथि ने प्रजापात्य विवाह चारों वर्णों के लिए मान्य बताया जिसमें आजीवन गार्हस्थ्य धर्म और पत्नीव्रत का पालन अनिवार्य कहा गया और दूसरी ओर नैष्ठिक ब्रह्मचर्य, की अवधि उत्तरोत्तर कम करने की ओर व्यवस्थाकारों का ध्यान आकृष्ट हुआ।

इस युग में वर्णसंकर विवाहों की अवधारणा में क्रमिक परिवर्तन हुआ और अन्ततः सजातीय-विवाह शूद्र पर्यन्त अनिवार्य मान लिया गया। तद्‌युगीन समाज में शूद्र वर्ण के अन्तर्गत विभिन्न जनजातियाँ आत्मसात कर ली गईं थीं। समाजशास्त्रियों

ने सजातीय विवाह पद्धति को 'जनजातियों के आत्मसात्करण की हिन्दू पद्धति' का प्रधान आधार माना है।[20] आन्तरविवाह पद्धति जनजातियों में भी पहले से विद्यमान थी, अतः यह उनके हिन्दू समाज में आत्मसात्करण और उनकी भावी सामाजिक स्थिरता में सहायक प्रेरक-तत्त्व सिद्ध हुई।

विवाह के प्रकार

विवाह के आठ प्रकारों की चर्चा प्राचीन धर्मशास्त्रकारों ने की है, जिनका सन्दर्भ पूर्वमध्ययुगीन ग्रन्थों में भी मिलता है।

1. ब्राह्म : पिता द्वारा वस्त्राभूषण से सुसज्जित कन्या का पूर्ण अर्हताओं, शील, श्रुत, विद्या, आरोग्य से युक्त ब्रह्मचारी को दान, 'ब्राह्म' विवाह कहा गया है।[21] विवाह-वय में हुए परिवर्तन के फलस्वरूप शंख ने ब्राह्म विवाह में कन्या का 'नग्निका' और वर का 'सवर्ण'होना अनिवार्य बतलाया है।[22] देवल के अनुसार तीन कन्याओं का दान करने वाला पिता तथा मात्र कन्या पैदा करने वाली स्त्री नरकगामी नहीं होते।[23]

2. दैव : लक्ष्मीधर के अनुसार श्रौत-यज्ञ सम्पादित करने वाले पुरोहित या ऋत्विज को दक्षिणा के रूप में पिता द्वारा अलंकृत कन्या का दान दैव विवाह कहा गया है।[24] आदित्यपुराण में इस विवाह द्वारा सूर्यलोक तथा उससे ऊपर के लोकों की प्राप्ति की बात की गई है।[25]

3. आर्ष : अपनी कन्या के विवाह के समय पिता द्वारा वर से वृषभ-गौ का जोड़ा ग्रहण करना आर्ष-विवाह कहा गया है।[26] समसामयिक सामाजिक बन्धनों के परिणामस्वरूप देवल ने इस पद्धति में 'असगोत्रता' को अनिवार्य बताया है।[27] दैव विवाह से उत्पन्न पुत्र सात पूर्व और सात पश्चात् की चौदह पीढ़ियों का उद्धार करता है तथा आर्ष से उत्पन्न पुत्र बारह पीढ़ी का।[26] मेधातिथि ने इस विवाह-प्रकार को कन्या-विक्रय न कहकर शास्त्रीय परम्परा कहा है।[29] परन्तु यम ने आर्ष विवाह प्रकार का कड़ा विरोध किया है। उसका कथन है कि आर्ष विवाह में गौ-मिथुन की परम्परा है ऐसा कहने वाले असत्य-भाषी हैं। क्योंकि थोड़ा अथवा अधिक कुछ भी लेना विक्रय ही है।[30] लक्ष्मीधर ने भी स्वयं, आर्ष विवाह का विरोध किया है।[31] स्मृतिचन्द्रिका में भी इस विरोध का उल्लेख किया गया है–, कुछ व्यवस्थाकार गौ-मिथुन को विक्रय मूल्य मानकर इस विवाह को धर्मसम्मत नहीं मानते।'[32]

4. प्राजापात्य : वर-दधू को प्राजापत्य विवाह प्रकार में धर्माचरण और गृहस्थ जीवन का साथ-साथ यापन करने का निर्देश दिया गया था।[33] वस्तुतः यह विवाह प्रथा ही समाज में अधिक उपयुक्त और व्यवहृत समझी गई। मेधातिथि के कथनानुसार इस विवाह के अन्तर्गत वर समस्त शर्तों का पालन करने का वचन देता था।[34] व्यवस्थाकारों ने इसमें आजीवन एक पत्नीव्रत के अनुसरण की सलाह

दी है।[35] इस सन्दर्भ में हरदत्त का यह कथन है कि 'ब्राह्म से प्राजापत्य में यह विशेषता है कि उपयुक्त मन्त्र वर और कन्या को केवल गृहस्थाश्रम धर्म का पालन करने एवं वर को दूसरा विवाह न करने का निर्देश देते हैं।'[36] प्राजापत्य विवाह-प्रणाली में भाष्यकारों ने आजीवन गृहस्थ रहने की अनिवार्यता की पुष्टि की है।[37]

लक्ष्मीधर का मत है कि इस विवाह प्रकार में कन्यादान के पूर्व तक एक-दूसरे के प्रति अव्यभिचार का भाव रहता है, तथा निश्चित समय (लग्न) में कन्यादान होता है।[38] निर्णयसिन्धु में मुहुर्त के सम्बन्ध में कई व्यवस्थाकारों को साक्ष्य में रखकर कहा गया है कि 'जो यह कहता है कि सभी समय में विवाह सम्पन्न किए जा सकते है वह आसुर आदि विवाह प्रणाली से सम्बन्धित है। गृह-परिशिष्ट में कहा गया है कि धर्म के विवाहों में काल-परीक्षण है, अधर्म के विवाहों में कुछ नहीं।[39] देवल ने उपरोक्त चार विवाह धर्म-सम्मत कहे हैं।[40]

5. आसुर : पिता द्वारा विवाह के निमित्त शुल्क या धन लेकर अपनी कन्या का किसी पुरुष को प्रदान किया जाना आसुर विवाह कहा गया है।[41] मेधातिथि के अनुसार आसुर विवाह वस्तुतः कन्या के रूप और गुण के आधार पर निर्भर करता था और कन्या का विक्रय होता था।[42] देवल, पैठिनसि और हारीत ने भी कन्या का शुल्क देकर प्राप्त किया जाना आसुर विवाह माना है। वसिष्ठ ने इस प्रकार की नारी को 'पाणित्वा' की संज्ञा दी है। व्यवस्थाकारों ने ऐसी विवाह-प्रणाली के अन्तर्गत क्रीत नारी को पत्नी का स्तर न प्रदान कर दासी का स्तर प्रदान किया है चाहे उसकी सप्तपदी क्यों न हुई हो। ऐसी नारी को देवकार्य या धर्म-कार्यो के भी अनुपयुक्त माना गया है।[43] इस पद्धति का विरोध करते हुए यम का कथन है कि, हमने कभी भी, पूर्वजन्म में भी, जन्मजन्मान्तर में भी, कन्या का विक्रय नहीं सुना। शुल्क लेकर कन्या का विक्रय महान पाप है।[44] लक्ष्मीधर ने भी कन्या के बदले धन या कुछ भी ग्रहण करना विक्रय दोष माना है तथा 'आर्ष' और 'आसुर' दोनों विवाह प्रकारों की निन्दा की है।[45] कश्यप ने भी व्यक्ति द्वारा कन्या का विक्रय आत्म-विक्रय ही माना है और उसका यह कथन है कि 'ऐसा करने वाला महापापी है और उसकी सात पीढ़ी तक के वंशज नरक में गिरते हैं।[46] यही बात देवन्न भट्ट ने भी मनु का उद्धृत करते हुए कही है।[47]

स्पष्ट है कि उत्तरप्राचीन काल के समाज में इस प्रकार के अमर्यादित विवाह प्रकार के पक्ष में जनमानस नहीं था तथा ऐसे विवाह की कटु आलोचना होती थी। किन्तु ऐसे विवाह प्रकार का तत्कालीन सभी व्यवस्थाकारों द्वारा उल्लेख किया जाना समाज में इसके विद्यमान स्वरूप को उद्घाटित करता है। निश्चय ही समाज में कुछ ऐसे व्यक्ति रहे होंगे जिनके लिए व्यवस्थाकारों ने इस प्रकार का प्रतिबन्ध लगाया।

6. गान्धर्व : प्रेम से अभिभूत होकर कन्या और वर द्वारा आपस में विवाह कर

लेना ही गन्धर्व विवाह कहा गया है।[48] लक्ष्मीधर ने इस सन्दर्भ में मनु, देवल, गौतम, विष्णु (पितृदान रहित), वशिष्ठ, आश्वलायन आदि प्राचीन शास्त्रकारों को उद्धृत किया है।[49] हारीत ने कन्या द्वारा स्वयं अपना वर ग्रहण किए जाने को ही गान्धर्व विवाह माना है।[50] लक्ष्मीधर ने गान्धर्व और राक्षस विवाह प्रकार की मिश्रित पद्धति का भी उल्लेख किया है। उसका कथन है कि कन्या के परस्पर प्रेम होने के उपरान्त पिता यदि तैयार न हो और वर कन्या का अपहरण कर ले तो उसे गान्धर्व राक्षस का संकर कहते हैं।'[51]

7. राक्षस : शक्ति प्रदर्शन करते हुए कन्या का अपहरण कर जो विवाह किया जाता था उसे राक्षस विवाह की संज्ञा दी गई थी।[52] मनु ने कन्या पक्ष के लोगों को हताहत करने का जो उल्लेख किया है उसे मेधातिथि और कुल्लूक ने विपक्ष द्वारा प्रतिरोध न किए जाने पर आवश्यक नहीं माना है।[53] यहाँ लक्ष्मीधर का दृष्टिकोण परिवर्तित है। उसके अनुसार शुल्क देकर भी जो विवाह किया जाता था वह भी राक्षस विवाह ही था।[54]

8. पैशाच : उन्मत्त और निद्राग्रस्त कन्या का बलपूर्वक अपहरण कर विवाह करना पैशाच कहा जाता था।[55] वशिष्ठ ने कहा है कि इस प्रकार बलात् अपहृत कन्या विवाहोपरान्त भी अन्य को दी जा सकती है।[56] मनु ने इसे गर्हित पद्धति माना है। मेधातिथि ने इस प्रकार के विवाह से उत्पन्न सन्तान को अधिकार सम्पन्न नहीं माना है।[57] लक्ष्मीधर ने इस सन्दर्भ में मनु, देवल, याज्ञवल्क्य, हारीत, वशिष्ठ, बौधायन, यम, कात्यायन आदि विभिन्न व्यवस्थाकारों को उद्धृत किया है[58] तथा यह स्पष्ट किया है कि यह विवाह प्रणाली समाज में निन्दनीय और अमर्यादित थी।

विवाह-प्रकार और वर्ण

मनु ने इस सम्बन्ध में दो विचार व्यक्त किए हैं। एक स्थल पर प्रथम 6 प्रकारों अर्थात् ब्राह्म, दैव, आर्ष, प्राजापत्य, आसुर और गान्धर्व को ब्राह्मण के लिए, अन्तिम चार अर्थात आसुर, गान्धर्व, राक्षस और पैशाच क्षत्रिय के लिए तथा आसुर, गान्धर्व और पैशाच विवाह वैश्य और शूद्र दोनों के लिए उपयुक्त बताया है। किन्तु एक दूसरे स्थल पर उसका पुनः कथन है कि ब्राह्म, देव, आर्ष और प्राजापत्य ब्राह्मणों के लिए, राक्षस क्षत्रिय के लिए तथा आसुर वैश्य और शूद्र के लिए उपयुक्त है। पैशाच और राक्षस विवाह पृथक-पृथक या मिश्रित रूप से भी क्षत्रिय के लिए विहित था।[59]

इस सन्दर्भ में परम्परागत् विचारों से हटकर मेधातिथि ने भिन्न विचार व्यक्त किया है। उसके अनुसार प्राजापत्य विवाह प्रणाली क्षत्रिय के लिए तथा राक्षस विवाह प्रणाली वैश्य और शूद्र दोनों के लिए अनुकरणीय थी।[60] तद्युगीन व्यवस्थाकारों

ने एक ओर क्षत्रियों के लिए प्राजापत्य विवाह प्रणाली को जोड़ा है तथा दूसरी ओर यह कहा है कि आसुर विवाह प्रणाली चूँकि विशेषतः वैश्य और शूद्रों के लिए निर्दिष्ट की गई है अतः यह क्षत्रिय के लिए विहित नहीं है।[61] इस सन्दर्भ में मेधातिथि ने एक उल्लेखनीय परिवर्तन इंगित किया। मेधातिथि के अनुसार वैश्य और शूद्र के लिए प्राजापत्य विवाह प्रकार स्वीकृत है, क्योंकि यह प्रत्येक स्थिति में मान्य है जबकि आसुर और पैशाच विवाह-व्यवस्था समाज में मान्य भी है और अमान्य भी।'[62] इस प्रकार स्पष्ट है कि प्राजापत्य विवाह प्रणाली सभी वर्णों के लिए स्वीकृत थी।

ब्राह्मण के लिए प्रशस्त विवाहों की क्रमशः असम्भाव्यता होने पर ही मेधातिथि ने दूसरे प्रकार के विवाह का निर्देश दिया है अन्यथा आसुर विवाह से उत्पन्न सन्तान हेय मानी जाती थी।[63] मेधातिथि के अनुसार पैशाच विवाह ब्राह्मण के लिए तथा ब्राह्म, दैव और आर्ष विवाह क्षत्रियादि के लिए निषिद्ध था।[64] अपरार्क ने पैशाच विवाह प्रणाली को सभी वर्णों के लिए गर्हित बताया है; यद्यपि यह विवाह प्रणाली अत्यन्त आपद्काल में ही विहित थी, तथापि ब्राह्मण के लिए तो यह अत्यन्त आपद्काल में भी अनुकरणीय नहीं थी।[65]

इस सन्दर्भ में लक्ष्मीधर ने भी अनेक व्यवस्थाकारों को उद्धृत किया है। लक्ष्मीधर द्वारा उद्धृत नारद ने प्रथम चार विवाह प्रकारों को उत्तम, गान्धर्व को साधारण और शेष तीनों विवाह प्रकारों को गर्हित माना है। लक्ष्मीधर की टिप्पणी है कि 'साधारण' का अर्थ 'अपकृष्ट' है।' वशिष्ठ और आपस्तम्ब ने केवल 6 विवाहों का उल्लेख किया है, जिनमें पैशाच और आसुर नहीं है। यम ने प्रथम 6 प्रकारों के विवाहों को ब्राह्मणों के लिए, बाद के चार विवाह प्रकारों को क्षत्रियों के लिए तथा इसमें राक्षस विवाह प्रकार को छोड़कर शेष तीन वैश्य और शूद्र के लिए अनुकरणीय माना है। परन्तु इस कथन से मात्र परम्परा का ही निर्वाह होता है। यम ने पैशाच और आसुर विवाह को अधम माना है तथा इसका कभी भी अनुपालन न करने का निर्देश किया है। देवल जैसे शास्त्रकार ने प्रथम चार को ही धार्मिक विवाह माना है और इन्हीं विवाहों द्वारा पितरों की मुक्ति सम्भव बताई है। उसने आसुर विवाह प्रणाली का विरोध किया है। कृत्यकल्पतरु के उद्धरण के अनुसार बौधायन और आपस्तम्ब ने वैश्य और शूद्र के लिए आसुर और पैशाच विवाह प्रकार उपयुक्त माना है 'क्योंकि उनकी स्त्रियाँ अनियन्त्रित होती हैं।'[66]

गान्धर्व विवाह के सम्बन्ध में मेधातिथि ने दुष्यन्त और शकुन्तला का उदाहरण प्रस्तुत किया है तथा इस आधार पर गान्धर्व विवाह में मंत्रादि को वर्जित माना है। पैशाच और राक्षस विवाह को भी विभिन्न तर्कों द्वारा संस्कारहीन और मंत्रहीन निर्दिष्ट किया है। मेधातिथि ने कन्या का अर्थ उस कन्या से लगाया है जो अक्षत योनि की होती थी अर्थात् जिसने सम्भोग न किया हो। मेधातिथि का

कथन है कि 'जब कन्या क्षतयोनि की होती है तो वह 'कन्या' अथवा 'कुमारी' नहीं मानी जाती।' उसका मत है कि विवाह में मंत्र उच्चरित होता है कि, 'विष्णुर्योनि कल्पयतु' (ऋग्वेद 10.184.1) परन्तु यदि कन्या क्षतयोनि होती है तो उक्त मन्त्र निरर्थक हो जाता है।' एक अन्य स्थल पर मेधातिथि ने स्पष्ट कहा है कि 'क्षतयोनि' कन्या के लिए विवाह संस्कार नहीं है।[67]

देवन्न भट्ट ने देवल और गृह परिशिष्ट को उद्धृत करते हुए इन विवाहों में सप्तपदी के बिना विवाह की क्रिया को अपूर्ण माना है।[68] अपरार्क ने विवाह और दान को समानार्थक माना है। उसका कथन है कि 'गान्धर्व आदि विवाह में अगर दान नहीं हुआ तो वह विवाह नहीं माना जाना चाहिए।[69]

तत्कालीन समाज में विवाह योग्य अवस्था शनैःशनैः घटती गई और स्थिति बाल-विवाह तक जा पहुँची। गान्धर्व, आसुर, राक्षस, पैशाच विवाहों का भी कोई औचित्य नहीं रह गया। अल्पावस्था में विवाह के कारण इसका पूर्ण दायित्व अभिभावकों पर ही था।[70] पिता को पुत्र के विवाह का उत्तरदायी मानते हुए मेधातिथि का कथन है कि 'यदि पिता के पास सम्पत्ति न हो तो वह भिक्षावृत्ति द्वारा धन एकत्र कर पुत्र का विवाह सम्पन्न करे।[71] तद्युगीन साहित्यिक और अभिलेखीय साक्ष्यों से स्पष्ट होता है कि पैशाच और राक्षस जैसे विवाह प्रकार समाप्तप्राय हो गए थे।

राक्षस विवाह के भी कतिपय उदाहरण मिलते हैं। अमोघवर्ष के संजन पत्रों में इन्द्रराज द्वारा चालुक्यराज की कन्या से राक्षस रीति से विवाह का उल्लेख है।[72] यद्यपि ऐसा विवाह हिन्दू समाज में अवैधानिक माना जाता था। साहित्यिक स्रोतों में भी राक्षस और आसुर विवाह के कतिपय उदाहरण मिलते हैं।[73] कथासरित्सागर में राजा उदयन द्वारा चण्डमहासेन की पुत्री वासवदत्ता का अपहरण कर लिए जाने पर राजा चण्ड अपना दूत उदयन के पास भेज कर कहलाता है कि 'हे राजन, मेरी कन्या का विवाह अवैधानिक न हो इसलिए कुछ प्रतीक्षा करो। शीघ्र ही मेरा पुत्र गोपालक वहाँ जाएगा और विधिपूर्वक अपनी बहन का तुमसे विवाह करेगा।[74] इसी प्रकार पृथ्वीराजरासो में संयोगिता के लिए कहा गया है कि, 'यह बालिका शास्त्रोक्त विधि के विपरीत दिल्लीश्वर को प्राप्त होगी।'[75] तद्युगीन शास्त्रकारों ने गान्धर्व, राक्षस और पैशाच विवाहों में वैवाहिक मंत्रादि को वर्जित कर इनकी सामाजिक अवमानना की।

नारी के प्रतिबिन्धत जीवन, पराधीनता और क्षतयोनि कन्या के विवाह और असवर्ण विवाह की कलिवर्जनीयता के कारण भी ये विवाह पद्धतियाँ समाज में अव्यावहारिक ही थीं।

देव विवाह के अन्तर्गत गृहस्थ अपनी कन्या ऐसे किसी पुरोहित को दान करता था, जो उक्त गृहस्थ द्वारा सम्पन्न श्रौत यज्ञ का सम्पादन कर रहा होता था। श्रौत यज्ञों के अप्रचलन और बाद में उनकी कलिवर्ज्यता के कारण देव विवाह का

प्रश्न ही नहीं उठता।

ब्राह्म विवाह में वर के वेदज्ञ होने की अनिवार्यता के कारण सभी वर्णों के लिए यह पद्धति सम्भव नहीं थी। वस्तुतः प्राजापत्य ही ऐसी विवाह-पद्धति थी जो सभी वर्गों के अनुकूल थी। मेधातिथि ने वैश्य और शूद्रों के लिए भी इस पद्धति का अनुमोदन किया है। प्राजापत्य विवाह प्रकार में जीवनपर्यन्त गृहस्थ बने रहने का व्यवस्थाकारों ने निर्देश दिया है। पूर्वमध्यकाल में वानप्रस्थ और सन्यास आश्रम को कलिवर्ज्य घोषित किया गया था।

उल्लेखनीय है कि कलियुगीन मान्यताओं के प्रवर्तक पराशर ने विवाह प्रकारों का उल्लेख नहीं किया है। देवन्न भट्टकृत स्मृतिचन्द्रिका के विवाह प्रकरण (आह्निककाण्ड, पृ. 149-153) तथा लक्ष्मीधर के ग्रन्थ कृत्यकल्पतरु के गृहस्थकाण्ड' में भी विवाह प्रकारों के सन्दर्भ में पराशर उद्धृत नहीं किए गए हैं। काणे के अनुसार 'पाश्चात्कालीन लेखकों ने केवल नाम गिनाने के लिए सभी प्रकार के प्रचलित विवाहों के नाम दे दिए हैं।'[76] सामाजिक परिवर्तन के दौर में तद्युगीन स्मृतियों का ध्यान विवाह संस्था के सन्दर्भ में अनुलोम, प्रतिलोम विवाहों की वर्ज्यनीयता और सामाजिक नियन्त्रण, स्थिरता एवं स्थायित्व की उसकी उद्देश्यपरकता की ओर ही अधिक केन्द्रित था। अलबीरूनी भी इन विवाह-प्रकारों का उल्लेख नहीं करता।

विवाह-वय और बाल-विवाह

विवाह योग्य अवस्था के सम्बन्ध में धर्मशास्त्रकारों का दृष्टिकोण युगानुरूप परिवर्तनशील रहा। वैदिककाल में कन्या का विवाह परिपक्व होने पर किया जाता था। ऋग्वेद में कन्या द्वारा स्वयं वर के चुनाव का उल्लेख है,[77] जो इस बात का प्रमाण है कि वह अपने पति का चुनाव स्वयं समझकर कर सकती थी। वैदिकयुगीन शैक्षणिक अधिकार ही इस बात का प्रमाण हैं कि वे यौवन-प्राप्ति के बाद ही गृहस्थाश्रम में प्रविष्ट होती थीं। ऋग्वेद में नव-विवाहितों के सहवास सम्बन्धी प्रमाण मिलते हैं।[78] पारस्कर तथा आपस्तम्ब जैसे परवर्ती गृह्यसूत्रों में चतुर्थी कर्म का विधान कन्या के युवा होने का द्योतक है। शांखायन और हिरण्यकेशी का भी मत इसी प्रकार का है।[79]

गृह्यसूत्रों ने कन्या का 'नग्निका' होना आवश्यक माना है।[80] किन्तु इसके साथ ही यह भी उल्लेखनीय है कि महाभारत में एक स्थल पर सोलह वर्ष की कन्या को भी नग्निका' माना गया है।[81] शकुन्तला, दमयन्ती, द्रौपदी आदि का विवाह पूर्ण यौवनावस्था में ही सम्पन्न हुआ था।

गौतम जैसे धर्मशास्त्रकारों और मनु जैसे स्मृतिकारों ने कन्या का विवाह-वय वर की अपेक्षा बहुत कम माना है।[82] मनु ने वर और कन्या के विवाह की वय

आनुपातिक आधार पर क्रमश तीस-बारह और चौबीस-आठ निर्धारित की है।[83] याज्ञवल्क्य ने रजस्वला के प्रत्येक ऋतुकाल पर अभिभावकों को भ्रूणहत्या का दोषी ठहराया है।[84] परन्तु इन सबके विपरीत मनु ने यह भी कहा है कि ऋतुमती कन्या पिता के घर में जीवनपर्यन्त भले ही रह जाए, किन्तु गुणहीन वर को कदापि न दी जाय।'[85] जबकि गौतम ने तीन ऋतु काल के बाद कन्या को स्वयं वर-चयन करने का अधिकार प्रदान किया है।[86]

गुप्त और परवर्ती गुप्तकालीन पराशर,[87] नारद और बृहस्पति[88] स्मृतियों ने ऋतुकाल से पूर्व विवाह का विधान बताया है। पराशर ने याज्ञवल्क्य के कथन की पुष्टि की है और रजस्वला के दर्शन मात्र से माता-पिता को नरकगामी बताया है तथा अभिभावक के पित्र रजपान करते हैं ऐसा मत व्यक्त किया है।[89] पराशर के अनुसार यदि कोई ब्राह्मणी ऋतुमती कन्या से विवाह करता था तो उससे किसी भी व्यक्ति का सम्भाषण और भोजन आदि वर्जित था। साथ ही वह वृषल-पति कहलाता था।[90]

इन सबके बावजूद गुप्त युग तक बाल-विवाह की प्रथा को कोई विशेष प्रोत्साहन नहीं मिल सका साहित्यिक साक्ष्य यदाकदा यौवनावस्था में सम्पन्न हुए विवाह की पुष्टि करते हैं। कामसूत्र ने वर-वधू के मध्य तीन चार वर्ष का अन्तराल निर्धारित किया है।[92] फिर भी पूर्वमध्ययुग में विवाह वय सम्बन्धी परिवर्तन को अनिवार्यता और व्यावहारिकता प्रदान करने के उद्देश्य से पराशर के उक्त कथन की तद्‌युगीन धर्मशास्त्रकारों ने व्यापक रुप से पुष्टि और पुनरावृत्ति की है। व्यवहारतः पाँचवी-छठी शताब्दी तक विवाह-वय में कोई महत्त्वपूर्ण परिवर्तन नहीं हो सका।

पूर्व मध्ययुगीन धर्मशास्त्रकारों ने एकमत होकर कन्या के रजस्वला होने से पूर्व विवाह की अनिवार्यता पर बल दिया है और रजस्वला के विवाह को नितान्त गर्हित बताया है। इसी परिवर्तित पृष्ठभूमि में बाल-विवाह की प्रथा ने उत्तरोत्तर एक सर्वमान्य सामाजिक प्रथा का स्वरूप ग्रहण कर लिया। अंगिरास्मृति ने रजस्वला कन्या के पिता को भ्रूणहत्या का दोषी और उक्त कन्या को वृषली की संज्ञा प्रदान की है। माता-पिता और ज्येष्ठ भ्राता को नरकगामी और उक्त कन्या से विवाह करने वाले ब्राह्मण को पंक्ति में भोजन और सम्भाषण से बहिष्कृत तथा 'वृषली-पति' घोषित किया।[92]

पराशर ने आठ वर्षीया को 'गौरी', नौ वर्षीया को 'रोहिणी' तथा दस वर्ष की कन्या को 'कन्या' और इसके ऊपर वय वाली कन्या को 'रजस्वला' बताया है।[93] बृहद्‌धर्मस्मृति[94] संवर्त्तस्मृति[94] यमस्मृति[96] आदि ने यदाकदा उक्त तथ्य को दोहराया है जबकि कश्यप और भविष्यपुराण[97] ने 'गौरी' की अवस्था एक वर्ष और घटा कर सात वर्ष कर दी है। इसके साथ ही समस्त व्यवस्थाकारों ने बारह वर्ष के बाद

रजस्वला कन्या के विवाह की निन्दा की है। वेदव्यास[98] ने 'गौरी' कन्या से विवाह का विधान बताते हुए, रजस्वला के अभिभावक पर भ्रूणहत्या का आरोप लगाया है।

शंख[99] और संवर्त्त[100] ने रजस्वला होने के पूर्व विवाह की प्रशस्त अवस्था आठ वर्ष निर्धारित की तथा दस वर्ष के बाद कन्या का विवाह अनिवार्य माना है। बाल-विवाह का धार्मिक औचित्य प्रतिपादित करते हुए संवर्त ने कहा है कि, रोम काल में सोम, ऋतुमती होने पर गन्धर्व, कुच के विकसित होने पर अग्नि कन्या का उपभोग करते हैं।[101] तद्‌युगीन अन्यान्य व्यवस्थाकारों ने भी उक्त तथ्य को उद्धृत किया है जैसे कश्यप, अंगिरा, अत्रि और अग्निपुराण आदि।[102]

मेधातिथि ने कन्या की विवाह योग्य अवस्था आठ वर्ष मानते हुए उसे नग्निका माना है, जिसमें वासनात्मक प्रवृत्ति उत्पन्न न हुई हो।[103]

अपरार्क ने विभिन्न धर्मशास्त्रकारों को उद्धृत करते हुए रजोदर्शन से पूर्व विवाह का समर्थन किया है तथा पिता के अभाव में रजोदर्शन से पूर्व और पितादि के होने पर रजोदर्शन के पश्चात् स्वयं कन्या को वर के चयन का अधिकार प्रदान किया है।[104] बौधायन ने ऋतुकाल के प्रारम्भिक तीन वर्ष तक वर-प्राप्ति न होने पर गुणहीन पति के ही वरण का आदेश दिया है।[105] जबकि उल्लेखनीय है कि विष्णु ने तीन वर्ष के स्थान पर केवल तीन माह पश्चात ही स्वयं वर के चयन का विधान किया है।[106]

पूर्वमध्यकाल में विवाह-वय सम्बन्धी युगानुरूप परिवर्तन की पुष्टि तदयुगीन धर्मशास्त्रकारों द्वारा होती है, जिन्होंने अल्पवयस्का कन्या के विवाह को अनेक यज्ञों से कई गुना फलदायक बताते हुए अत्यधिक धार्मिक महत्त्व प्रदान किया है।[107]

मनु के अनुसार 'कन्या भले ही आजीवन अविवाहित रह जाय किन्तु उसे गुणहीन वर को प्रदान न किया जाए।' जबकि बौधायन ने इस बात पर जोर दिया है कि नग्निका का विवाह गुणवान अथवा यहाँ तक कि गुणहीन से भी कर दिया जाय, पर ऋतुमती होने पर अविवाहित न रहने दिया जाय।[108] नीतिवाक्यामृत के अनुसार, बारह वर्ष की स्त्री और सोलह वर्ष का पुरुष काम व्यवहार को समझने योग्य हो जाते हैं।[109] ब्रह्मपुराण का कथन है कि, चौथे वर्ष के बाद जब तक दसवाँ वर्ष न बीत जाय, तब तक पिता को कन्या का विवाह बलपूर्वक कर देना चाहिए।[110] उसका आगे कथन है कि कन्या के विवाह-वय का अतिक्रमण नहीं करना चाहिए--जब तक कन्या लज्जा नहीं जानती, जब तक वह धूल-मिट्टी से खेलती है, तब तक कन्या का दान कर देना चाहिए, यदि ऐसा नहीं किया जाता तो माता-पिता की अधोगति होती है।[111] भविष्यपुराण में कन्या की प्रशस्त वैवाहिक अवस्था आठ वर्ष मानी गई है।[112]

मध्यकालीन निबन्ध ग्रन्थ निर्णयसिन्धु और धर्मसिन्धु ने आठवें वर्ष विवाह प्रशस्त और दस वर्ष के बाद निषिद्ध, दाता के अभाव में बारह और सोलह वर्ष तक

सम्भव बताया।[113] कल्किपुराण में विवृत है कि राजा बृहद्रथ अपनी पुत्री को यौवनावस्था में देखकर मन में कहीं पाप न उत्पन्न हो, इससे शंकित हो जाता है।[114] इसी पुराण में एक स्थल पर विवाह के समय मुनिवर अनन्त की अवस्था बारह वर्ष बताई गई है जो बाल-विवाह की ओर इंगित करता है।[115] जैनियों में भी बाल-विवाह प्रचलित था। जैन साहित्य में स्थान-स्थान पर बाल-विधवाओं द्वारा दीक्षा ग्रहण करने का उल्लेख है।[116] पिण्डनिर्युक्त टीका में विवृत है कि कन्या के जितनी बार रजबिन्दु भूमि पर गिरते हैं, माता उतनी बार नरकगामी होती है।[117] अलबीरुनी ने स्पष्ट लिखा है कि ब्राह्मण को बारह वर्ष से बड़ी आयु की स्त्री के साथ विवाह करने की आज्ञा नहीं है। एक अन्य स्थल पर वह कहता है कि हिन्दू बहुत छोटी आयु में विवाह करते हैं, इसलिए माता-पिता अपने पुत्रों के लिए विवाह की व्यवस्था करते हैं।[118]

विवाह योग्य अवस्था में हुए परिवर्तन की पुष्टि यदाकदा तद्‌युगीन साहित्यिक उल्लेखों से भी होती है। उत्तर रामचरित में भवभूति ने सीता को विवाह के समय 'शिशु' कहा है।[119] क्षेमेन्द्र ने बाल विधवा का उल्लेख किया है।[120] पृथ्वीराजरासो में पृथ्वीराज से विवाहित राजकुमारी इच्छिणी की अवस्था बारह वर्ष बताई गई है।[121] कथासरित्सागर में कहा गया है कि, पितृगृह में कन्या के ऋतुमती होने पर उसके बन्धु-बान्धव अधोगति को प्राप्त होते हैं। वह कन्या वृषली और उसका पति वृषली पति कहलाता है।[122] वासवदत्ता में उसका पिता यौवन का उल्लंघन करने में दोष की आशंका से उसका विवाह बलपूर्वक पुष्पकेतु से करने का निश्चय करता है।[123]

अनुलोम और प्रतिलोम विवाह

अनुलोम और प्रतिलोम जैसे अन्तर्जातीय विवाहों के प्रति तद्‌युगीन व्यवस्थाकारों का दृष्टिकोण अपेक्षाकृत अधिक कठोर और निषेधात्मक था।

प्रारम्भिक धर्मसूत्रों और स्मृतियों ने अनुलोम विवाह को मान्यता दी थी।[124] मनु ने समानवर्णोत्पन्न तीन सन्तानों और अनुलोमोत्पन्न तीन सन्तानों (यथा—ब्राह्मण से क्षत्रिया और वैश्या से उत्पन्न और क्षत्रिय से वैश्या स्त्री से उत्पन्न) को द्विजों के समान संस्कार आदि का अधिकारी स्वीकार किया है तथा प्रतिलोम सन्तानों को शूद्रों के समान प्रकृति वाला बताया है।[125] गौतम ने शूद्रा से उत्पन्न तथा प्रतिलोम जातियों को धर्महीन कहा है।[126] विष्णु ने इन्हें गर्हित माना है।[127] जहाँ तक प्रतिलोम जातियों के संस्कारहीन और शूद्रवत् होने का प्रश्न है परवर्ती धर्मशास्त्रकारों ने इस मान्यता की पुष्टि की है। भाष्यकारों ने उन्हें शूद्र को प्राप्त अधिकार और कर्तव्य प्रदान किया है।[128] लक्ष्मीधर ने व्यवहारकाण्ड में कई स्मृतियों को उद्धृत करते हुए प्रतिलोम जातियों को शूद्रसम और संस्कारहीन बताया है।[129]

शूद्रा से अनुलोम विवाह की निषिद्धता

मनु और याज्ञवल्क्य ने शूद्रा से उत्पन्न अनुलोम सन्तान को सम्पत्ति विषयक अधिकार प्रदान किया है जो उनकी शूद्रा से अनुलोम विवाह की आज्ञा का परिचायक है।[130] परन्तु पूर्वमध्यकाल में व्यवस्थाकारों ने शूद्रा से द्विजातियों का विवाह निषेध कर दिया और ऐसे विवाह को सामाजिक मान्यता देना अस्वीकार कर दिया।

भाष्यकारों ने शूद्रा के साथ अनुलोम विवाह को निषिद्ध माना। नवीं शताब्दी के भाष्यकार विश्वरूप ने ब्राह्मण द्वारा क्षत्रिय कन्या से विवाह की सम्भावना व्यक्त की है।[131] मेधातिथि ने ब्राह्मण से क्षत्रिय और वैश्य कन्याओं के विवाह की सम्भावना व्यक्त की, किन्तु शूद्रा से विवाह प्रतिबन्धित कर दिया।[132] अपरार्क ने भी शूद्रा से अनुलोम विवाह किया जाना गर्हित और निन्दनीय माना है। इस प्रकार का विवाह वैश्यों के लिए भी निषिद्ध कर दिया गया था।[133] इसकी पुष्टि के लिए अपरार्क ने अत्रि, गौतम, शौनक, भृगु आदि जैसे धर्मशास्त्रकारों को उद्धृत किया है।[134] मेधातिथि और अपरार्क[135] ने ब्राह्मण की शूद्रा पत्नी को किसी भी दशा में धार्मिक कृत्यों में सहधर्मिणी के रूप में भाग लेना प्रतिबंधित कर दिया। लक्ष्मीधर ने कई व्यवस्थाकारों को उद्धृत करते हुए असवर्ण विवाह का विशेष कर ब्राह्मणों के लिए निषेध कर दिया और शूद्रा-विवाह की भर्त्सना करते हुए शूद्रा-पत्नी को केवल 'रति' का हेतु बताया।[136] सामान्यतः समाज में यही अवधारणा प्रबल रही। लक्ष्मीधर ने शंख, यम, हारीत आदि के उन श्लोकों को उद्धृत किया जिनमें शूद्रा से विवाह करने वाले सवर्ण को 'वृषली पति'कहा गया है और इस प्रकार के विवाह से 'अधोगति' तथा 'वंशपतन' (कुलापकर्ष) की सम्भावनाएँ व्यक्त की हैं।[137] प्रारम्भ में ही कलियुगीन व्यवस्था के प्रवर्तक पराशर ने शूद्रा स्त्री के द्विज पति को 'वृषली पति' और सहवार्तालाप तथा 'सहभोज' के अयोग्य घोषित किया है। आरम्भिक स्मृतियों की स्वीकृति के उपरान्त शंख ने ब्राह्मण के लिए क्षत्रिय और वैश्य स्त्री; क्षत्रिय के लिए वैश्य स्त्री और वैश्य के लिए वैश्य स्त्री का विधान किया है तथा शूद्रा के साथ अनुलोम विवाह प्रतिबन्धित किया है। उसका आगे कहना है कि द्विज वर्णों को आपत्काल में भी शूद्रा भार्या नहीं करनी चाहिए क्योंकि इस प्रकार के विवाह से उत्पन्न सन्तान से मुक्ति नहीं मिलती।[138] अन्यत्र शंख का कहना है कि शूद्र के श्राद्ध और त्रयोदश में भोजन करने वाला व्यक्ति शूद्रत्व को प्राप्त हो जाता है, चाहे वह कितना ही धार्मिक, तपस्वी और याज्ञिक क्यों न हो। अतः पूर्ण प्रयत्नों के साथ शूद्रा-भार्या का निषेध करें।[139] कालान्तर में शूद्रा का द्विजों से विवाह पूर्णतः निषिद्ध कर दिया गया।[140]

असवर्ण विवाहों पर पूर्ण प्रतिबन्ध और उनकी कलिवर्ज्यता

शूद्रा के साथ अनुलोम विवाह पर प्रतिबन्ध के पश्चात समाज में धीरे-धीरे सभी

प्रकार के असवर्ण विवाहों पर व्यवस्थाकारों ने नियन्त्रण लगा दिया। ऐसे विवाह किन्हीं विशेष परिस्थितियों में ही विहित माने गए।[141] परन्तु पूर्वमध्यकाल के उत्तरार्द्ध में प्रमुख धर्मशास्त्रों ने असवर्ण विवाह को कलिवर्ज्य घोषित करते हुए मान्यता नहीं दी।[142] यद्यपि साहित्यिक ग्रन्थों में विशेषकर राजकुलों के सन्दर्भ में अन्तर्जातीय विवाह के साक्ष्य मिल जाते हैं परन्तु कहीं-कहीं वे प्रशस्त नहीं माने गए हैं। राजतरंगिणी में राजा संग्रामसिंह ने अपनी कन्या का विवाह ब्राह्मण युवक से किया था, जिस पर कल्हण ने टिप्पणी की है कि–'इस विषम सम्बन्ध से राजा ने अपने यश की क्षति की।[143]

इस सम्बन्ध में विदेशी यात्रियों ने भी अपने विचार व्यक्त किए हैं। सातवीं सदी के चीनी यात्री ह्वेनसांग का कथन है कि लोग (भारतीय) अपनी जाति में ही विवाह करते थे।[144] दसवी सदी के अरब यात्री इब्न खुर्दाब्दा ने लिखा है कि–कतरिया (क्षत्रिय) ब्राह्मणों को अपनी कन्या देते थे, किन्तु उनकी कन्या लेने का उन्हें अधिकार नहीं था'[146] यद्यपि उसने अनुलोम की सम्भावनाएँ व्यक्त की हैं, परन्तु यह भी कहा कि तत्कालीन व्यवस्था में ब्राह्मण अन्य वर्ण की स्त्री से विवाह नहीं कर सकता था, यद्यपि उसे ऐसा विवाह करने की अनुमति प्राप्त थी।[147]

अनुलोम सन्तानों का वर्ण निर्धारण

धर्मसूत्रों की यह व्यवस्था थी कि यदि ब्राह्मण क्षत्रिया स्त्री से विवाह करेगा तो उसकी सन्तान ब्राह्मण वर्ण की होगी।[148] मनु ने द्विजाति द्वारा निकट के निम्न वर्ण से उत्पन्न सन्तान को पिता के समान जाति का माना है।[149] परन्तु मेधातिथि ने अनुलोम सन्तानों को माता के वर्ण से उच्च और पिता के वर्ण से निम्न बताया।[150] परन्तु विष्णु ने यह व्यवस्था दी कि अनुलोम सन्तान मातृवर्ण के समकक्ष अधिकार प्राप्त करेगी[151] अपरार्क ने भी उसे उद्धृत करते हुए अपनी सहमति प्रकट की है।[152] शंख का भी कथन है कि ब्राह्मण पुरुष और क्षत्रिया स्त्री से उत्पन्न सन्तान क्षत्रिय,[153] क्षत्रिय पुरुष और वैश्य स्त्री से उत्पन्न सन्तान वैश्य तथा वैश्य पुरुष और शूद्र स्त्री से उत्पन्न सन्तान शूद्र कही जाएगी। अलबीरूनी भी इस तथ्य का समर्थन करता है।[154] मिताक्षरा में भी शंख को उद्धृत करते हुए उपरोक्त अवधारणा को स्वीकार किया गया है।[155] औशनस ने इसी आधार पर वृत्ति की व्यवस्था की। उसके अनुसार नृप और वैश्य स्त्री से उत्पन्न सन्तान क्षत्रिय न होकर वैश्य वर्ण की होगी और वह वैश्य वृत्ति का अनुकरण करेगी।[156] ब्राह्मण पुरुष और क्षत्रिय स्त्री की सन्तान क्षत्रिय ही होगी।[157] असवर्ण विवाहों पर नियन्त्रण और प्रतिबन्ध तथा सजातीय विवाहों की स्थापित अनिवार्यता की मनोवृत्ति में सोपानिक समाज की स्थिरता और स्थायित्व का प्रश्न निवर्तमान था।

अनुलोम पुत्रों के सम्पत्ति विषयक अधिकार और अनुलोम विवाह में परिवर्तन

मनु ने ब्राह्मण पिता के चारों वर्णों के पुत्रों को उसकी कुल दस सम्पत्ति में से क्रमशः चार भाग ब्राह्मणी से उत्पन्न पुत्र को, तीन क्षत्रिया से उत्पन्न पुत्र को, दो वैश्या से उत्पन्न पुत्र को तथा एक शूद्रा पुत्र को देने का निर्देश दिया।[158] याज्ञवल्क्य का भी यही विचार है, उसके अनुसार ब्राह्मण के चर्तुवर्णों की स्त्रियों से उत्पन्न पुत्रों को क्रमशः चार, तीन, दो व एक भाग तथा क्षत्रिय के पुत्रों को तीन, दो, एक भाग और वैश्य के पुत्रों को दो तथा एक भाग उत्तराधिकार में मिलता था।[159] बृहस्पति ने ब्राह्मण के अनुलोम पुत्रों को प्रतिग्रह में प्राप्त भूमि पर उत्तराधिकार से वंचित कर दिया।[160] तथा द्विजाति की शूद्रा पत्नी से उत्पन्न पुत्र को किसी भी प्रकार की भूमि के अधिकार के अयोग्य घोषित किया।[161] यद्यपि मेधातिथि ने 'शूद्रा-पुत्र' के जीविकार्थ कुछ भूमि प्रदान करने की बात कही है, अन्यथा द्विज पुत्रों के द्वारा सम्पत्ति विक्रय कर दिए जाने पर वह जीविकाविहीन हो जाता।[162]

बृहस्पति को आधार मानते हुए विज्ञानेश्वर, अपरार्क और पराशरमाधवीय ने शूद्र को भूमि के उत्तराधिकार से वंचित कर दिया है।[163]

देवल ने यह निर्देश दिया है कि द्विज की यदि केवल एक अनुलोम सन्तान है तो वह पिता की सम्पूर्ण सम्पत्ति की अधिकारिणी होगी। परन्तु उस व्यवस्था के अन्तर्गत 'पराशरमाधवीय' ने शूद्रा के पुत्र को स्थान नहीं दिया।[164]

अनुलोम सन्तानों के सम्पत्तिविषयक उत्तराधिकार के सन्दर्भ में दो व्यवस्थाकारों को उद्धृत करने से 'अनुलोम विवाह पद्धति' में क्रमिक परिवर्तन स्पष्ट हो जाता है। नवीं सदी के भाष्यकार विश्वरूप ने स्पष्ट कहा कि 'द्विजातियों के शूद्रा पुत्र ही नहीं होते क्योंकि उनका शूद्रा स्त्री से विवाह निषिद्ध है। उनके दाय भाग का प्रश्न ही नहीं उठता।'[165] जबकि परवर्ती लेखक देवन्न भट्ट असवर्ण विवाह से उत्पन्न पुत्रों के उत्तराधिकार की चर्चा करना ही उपयुक्त नहीं समझता और इस कार्य को 'अकारण ग्रन्थ का कलेवर' बढ़ाने की संज्ञा देता है। क्योंकि 'कलियुग में असवर्ण कन्या से विवाह विद्वानों द्वारा निन्दित माना गया है।' वह स्पष्ट रूप से लिखता है कि 'अब यह प्रथा प्रचलन में नहीं रह गई है।' साथ ही औरस पुत्र, पौत्र और दत्तक के अतिरिक्त पुत्रिका पुत्र व अन्य पुत्रों को भी मान्यता नहीं देता।[166]

वर एवं वधू की अर्हताएँ

समाज के अस्तित्व एवं उन्नयन के लिए विवाह की अनिवार्यता को दृष्टि में रखते हुए, प्राचीन व्यवस्थाकारों ने दोनों पक्षों की अर्हता और अनर्हता का विस्तार से

उल्लेख किया है। बिना दोषों को प्रकट किए दोषयुक्त कन्या का विवाह में प्रदान किया जाना दण्डनीय अपराध था।[167]

इस सन्दर्भ में पूर्वमध्यकालीन धर्मशास्त्रकारों ने प्रायः शारीरिक, चारित्रिक और कुल सम्बन्धी पूर्ववर्ती मान्यताओं को यथावत् उद्धृत किया है। वेदव्यास स्मृति के अनुसार, ऐसी कन्या से विवाह करना चाहिए जो स्वस्थ, शुद्ध वंशोत्पन्ना, जिसके विवाह में कोई धन न दिया जाय, सवर्णा और माता के गोत्र से भिन्न गोत्र वाली हो, अनान्यमना, अल्पवयस्का, शुभ लक्षणों से युक्त, अधोवसन धारण करने वाली, दस पीढ़ी तक शुद्ध और प्रसिद्ध कुल की और गौर वर्णी हो तथा जिसका पिता पुत्रवान, सदाचारी, सात्विक और कन्यादान का इच्छुक हो।[168] स्मृतिचन्द्रिका[169] और कृत्यकल्पतरु के गृहस्थकाण्ड में उद्धृत शातातप ने हंस के समान स्वर वाली, श्यामवर्णी, कुछ पीत नेत्र वाली, कन्या को विवाह के लिए उपयुक्त कहा है। इसके विपरीत यम ने बौनी, अत्यधिक लम्बी, कृश, मोटी, पिंगल नेत्र वाली, क्षीणता के कारण श्वेतवर्णा स्त्रियों को हानि और मृत्यु का कारण बताया है।[171] विष्णुपुराण में विवृत है कि मूँछवाली, पुरुषोचित स्वरुपा, तेज भाषण करने वाली, कौवे की आवाज वाली, क्षीण, एक ओर देखने वाली तथा जिसके जांघ रोमयुक्त हों, गालों पर गड्ढे पड़ते हों, सदैव हँसने वाली हो, जिसके श्वेत नाखून, लाल आँख, फटे रुखे हाथ और पाँव वाली, बौनी अथवा अत्यधिक लम्बी, झुकी भौंह वाली, छिद्रदशना, उग्रमुँह वाली कन्या से विवाह नहीं करना चाहिए।[172] न केवल कन्या बल्कि परिवार के सभी सदस्यों के शारीरिक लक्षण महत्त्वपर्ण थे। यम ने वैवाहिक सम्बन्धों के अनुपयुक्त चौदह ऐसे परिवार गिनाये हैं, जिनके सदस्य अत्यधिक लम्बे या नाटे, श्यामवर्णी, हीनांग अथवा अधिक अंग वाले, मन्दाग्नि रोग से ग्रस्त, श्वेत कोढ़ वाले व अन्य प्रकार के कोढ़ वाले, कामी, अत्यधिक रोम व बाल वाले, राज्यक्षमा, मूर्छा या मृगी से ग्रस्त हों।[173] मनु ने इन शारीरिक अनर्हताओं के साथ धार्मिक संस्कार, वेदाध्ययन और पुत्रों से विहीन परिवार को भी अनुपयुक्त बताया है।[174] मेधातिथि ने उपर्युक्त शारीरिक दोषों को कन्या के परिवार से सम्बद्ध माना है क्योंकि सन्तान पर विशेषकर माता के परिवार के संक्रामक रोगों का प्रभाव पड़ता है।[175] याज्ञवल्क्य और उनके भाष्यकार अपरार्क और विज्ञानेश्वर ने परिवार और पूर्वजों पर जोर दिया है—'वधू की माता की पाँच पीढ़ी और पिता की पाँच पीढ़ी प्रसिद्ध हों, इस प्रकार के परिवार से ली गयी कन्या सम्पदावान और पुत्रवती होती है।[176] कुल या परिवार का महत्त्व बताते हुए माधवाचार्य ने हारीत तथा किसी अन्य पुराण को उद्धृत करते हुए लिखा है कि 'कुलानुरुप प्रजा उत्पन्न होती है, माता का पुत्र और पिता का पुत्री अनुसरण करते हैं, जैसा शील माता का होगा वैसा ही पुत्र का भी।[177]

शारीरिक लक्षणों के साथ ही व्यवस्थाकारों ने देवी, देवताओं, नदी, पर्वत, नक्षत्र, अथवा गन्धर्व के नाम वाली कन्या से विवाह न करने का निर्देश दिया

है।[178] मेधातिथि ने ऐसे कुछ नामों का उल्लेख किया है, आर्द्रा, आमलकीर्ति, गंगा, यमुना, बर्बरी, शबरी, शुकी, सारिका, व्यासी, भुजंगी, दासी, डाकिनी आदि।[170] मेधातिथि का दृष्टिकोण व्यावहारिक है। उसके अनुसार शारीरिक दोष तभी मान्य हैं, जब उनसे किसी रोग के लक्षण दर्शित हों। उदाहरणार्थ, आँखों का लाल होना तभी दोषयुक्त है यदि वह किसी रोग के कारण हो।[180]

कन्या का भातृमती होना भी व्यवस्थाकारों ने अनिवार्य माना है। अन्यथा भावी पुत्र के उसके मातामह द्वारा उसके पुत्रिका-पुत्र बनाए जाने की शंका रहेगी।[181] याज्ञवल्क्य के भाष्यकारों अपरार्क और विज्ञानेश्वर ने इसका समर्थन किया है। परन्तु मनु के टीकाकारों ने इस पर विभिन्न मत व्यक्त किए हैं। मेधातिथि के अनुसार यदि कन्या का पिता विद्यमान है तो वह स्वंयम पुत्रिका-पुत्र की इच्छा या अनिच्छा घोषित कर देगा और इस प्रकार भातृविहीन कन्या का विवाह सम्भव होगा।[182] किन्तु मेधातिथि के उक्त दृष्टिकोण से गोविन्दराज की सहमति नहीं है।[183] कुल्लूक का विचार है कि भाई अथवा पिता की अविद्यमानता में कन्या के अधर्मशीला होने की शंका बनी रहती है।[184]

पूर्वमध्यकाल के अन्तिम चरणों में भातृविहीन कन्या से विवाह निषेध' की अवधारणा में परिवर्तन की सम्भावना बढ़ी होगी, जब शास्त्रकारों ने औरस और दत्तक पुत्र के अतिरिक्त अन्य गौण पुत्रों को ही 'कलिवर्ज्य' घोषित कर दिया।[185] परन्तु दूसरी ओर क्षत ही नहीं बल्कि अक्षत योनि कन्या का वाग्दानोपरान्त भी भावी पति की मृत्यु होने पर पुनर्विवाह को कलिवर्ज्य' में सम्मिलित किया गया। नारद के मतानुसार वाग्दान के पश्चात यदि वर में कोई दोष पाया जाता है तो उसका किसी अन्य से विवाह सम्भव है, जिसे लक्ष्मीधर ने भी निन्दनीय नहीं माना है।[186] इसी प्रकार व्यवहार-काण्ड के 'दत्ताप्रदानिकम्' अध्याय में लक्ष्मीधर ने नारद को उद्धृत किया है, जिसका आशय है कि—'वाग्दानान्तर वर के दोषयुक्त पाए जाने पर निश्चित किया गया कन्यादान विच्छेद होगा।[187] परन्तु गृहस्थकाण्ड के वर-निरूपण अध्याय में लक्ष्मीधर ने कात्यायन को उद्धृत करते हुए लिखा है कि 'इससे पूर्व कि विवाह संस्कार सम्पन्न होने के बाद वैवाहिक सम्बन्ध हो जाय, वर के गुण-दोषों की जाँच कर लेनी चाहिए। वाग्दान के बाद और विवाह संस्कार सम्पन्न होने से पूर्व तक ही सम्बन्ध विच्छेद होते हैं।[188] नारी के पुनर्विवाह के अधिकार की कलिवर्ज्यनीयता के साथ ही उसके पुनर्भू' होने की परम्परा समाप्त हो गई तथा 'अन्यपूर्विका' कन्याएँ किसी भी प्रकार से विवाह के अयोग्य मानी गईं। स्मृतिचन्द्रिका के 'कन्या लक्षणानि' अध्याय में इस सम्बन्ध में विस्तार से विचार किया गया है।[189] इस युग में कन्या का 'अन्यपूर्विका' न होना भी एक अनिवार्य अर्हता बन गई।

यही नहीं, कन्या की विवाह योग्य-अवस्था भी उत्तरोत्तर घटती गई तथा वह

बाल-विवाह तक आ गई, फलतः वैदिकयुगीन शतपथ ब्राह्मण की 'बड़े, एवं चौड़े नितम्ब' जैसी अर्हताएँ अर्थशून्य हो गईं।[190] इसी प्रकार भविष्यपुराण में कन्या के शुभ और अशुभ शारीरिक लक्षणों का जो विस्तृत वर्णन किया गया है, वह स्पष्टतः वयस्क नारी की ओर संकेत करता है।[191] इसी प्रकार अग्निपुराण में वर्णित कन्या की शारीरिक अर्हताएँ सुन्दर अंग, हस्तिनी की तरह गमन करने वाली, विशाल स्तन का सन्दर्भ उसके युवा होने के प्रमाण हैं।[192] असवर्ण या अनुलोम-प्रतिलोम विवाहों के पूर्णतः निषिद्ध हो जाने से सवर्णता भी एक अनिवार्य अर्हता बन गई।

इस युग में वर की अर्हताओं की दिशा में कोई उल्लेखनीय परिवर्तन नहीं दिखाई पड़ता। असवर्ण विवाहों की कलिवर्ज्यता के कारण सवर्णता अनिवार्य अर्हता और उच्चकुलीनता एक अपेक्षा बन गई तथा कन्या की भाँति वर की विवाह योग्य अवस्था उत्तरोत्तर घटती गई। इसके अतिरिक्त पूर्वमध्ययुगीन धर्मशास्त्रकारों ने पूर्ववर्ती मान्यताओं को ही सामान्यतः उद्धृत कर दिया है।[193]

विष्णु और कात्यायन ने वेदविज्ञता से अधिक महत्त्व 'कुल' को दिया है।[194]

मनु द्वारा निर्देशित 'अविप्लुत-ब्रह्मचर्य' का आशय मेधातिथि और कुल्लूक ने मांस, मदिरा, मैथुन की वर्जनीयता से माना है। मेधातिथि ने अध्ययन सम्पन्न मूर्ख जिसमें वैराग्य भाव आ गया हो अथवा जिसे नारी से निवृत्ति की इच्छा हो उसे विवाह योग्य नहीं माना है।[195]

सभी व्यवस्थाकारों ने नारद को उद्धृत करते हुए वर का पुंसत्व-परीक्षण स्वीकार किया है।[196] साथ ही मिताक्षरा के अतिरिक्त शेष ने नारदोक्त चौदह प्रकार के नपुंसकों का उल्लेख भी किया है।[197]

वर की अर्हता बताते हुए लक्ष्मीधर ने कात्यायन को उद्धृत किया है कि विदेश गमन के कारण दोषयुक्त, भाई-बन्धुओं द्वारा परित्यक्त, अन्य जाति का, क्षयरोगी, दास, केवल उदर-पूर्ति के लिए गृहस्थाश्रम में प्रविष्ट होने वाला, उन्मत्त, पतित, कोढ़ी, दुराचारी, कन्या के गोत्र वाला, अन्धा, बहरा, मृगी आदि रोग वाला विवाह के उपयुक्त नहीं है।[198] पराशरमाधवीय में उद्धृत कात्यायन द्वारा विद्यार्जन के लिए दूर गए, मोक्षमार्ग के अनुसरणी, शूर और निर्धन को कन्या न देने का निर्देश दिया गया है।[199]

सगोत्र, सपिण्ड व सप्रवर सम्बन्धी मान्यताएँ

वर और वधु की अर्हताओं के अन्तर्गत उनकी सगोत्रता[200] और सपिण्डिता[201] पर भी व्यवस्थाकारों का ध्यान केन्द्रित रहा है। धर्मसूत्रों और स्मृतियों ने इस प्रकार के विवाहों को वर्जित माना है। पूर्वमध्यकालीन स्मृतियों, भाष्य और निबन्धशास्त्रों में इसका समर्थन किया गया।

स्मृतिचन्द्रिका में उद्धृत मत्स्यपुराण के अनुसार सात पीढ़ी तक सपिण्ड

सम्बन्ध निषेध है, अन्य परवर्ती पुराण यथा—ब्रह्मपुराण, बृहन्नारदीयपुराण आदि में इसका समर्थन किया गया है।[202] देवन्न भट्ट ने इस सन्दर्भ में अन्य कई व्यवस्थाकारों (याज्ञवल्क्य, गौतम, वसिष्ठ, नारद, विष्णु, मरीचि, पैठीनसि, विष्णुपुराण आदि) को भी उद्धृत किया है।[203]

याज्ञवल्क्य के टीकाकार अपरार्क और विज्ञानेश्वर ने भी इस प्रथा का समर्थन किया है। मिताक्षरा में वसिष्ठ को उद्धृत करते हुए माता के कुल से पाँच पीढ़ी और पिता के कुल से सात पीढ़ी ऊपर वैवाहिक सम्बन्धों की बात कही गई है।[204] प्रायः समस्त व्यवस्थाकारों ने उपरोक्त विधान ही सपिण्ड के बारे में प्रस्तुत किया है। परन्तु—मिताक्षरा, स्मृतिचन्द्रिका, कृत्यकल्पतरु, गृहस्थकाण्ड और पराशरमाधवीय में उद्धृत पैठीनसि ने पिता से पाँच और माता से तीन पीढ़ी ऊपर के सम्बन्धों की बात कही है।[205] परन्तु लक्ष्मीधर और माधवाचार्य ने इस पर टीका करते हुए कहा है कि—उक्त व्यवस्था पिता से असमान-जाति की माता के विषय में है।[206] व्यास के अनुसार तीन पीढ़ी माता से और पिता से ऊपर विवाह सम्बन्ध स्थापित करने वाला और कन्या-क्रय कर विवाह करने वाला पापी है।[207] लक्ष्मीधर ने इस व्यवस्था के उल्लघंनकर्ता को वर्णसंकरता तथा नैतिक-धार्मिक पतन का उत्तरदायी माना है।[208] पैठीनसि के विपरीत सुमन्त ने पीढ़ियों की निषिद्धता का और अधिक विस्तार करते हुए माता और पिता दोनों से ही सात पीढ़ी ऊपर विवाह की बात कही है।[209] निर्णयसिन्धु ने पिता से सात और माता से पाँच पीढ़ी ऊपर वैवाहिक सम्बन्धों के बारे में सहमति व्यक्त करते हुए—विश्वरूप, अपरार्क, शंख-लिखित, शुद्धि चिन्तामणि में उद्धृत ब्रह्म पुराण, चतुर्विंशमत आदि को उद्धृत किया है।[210] धर्मसिन्धु ने भी इसका समर्थन किया।[211]

इसी प्रकार सगोत्र और सपण्डि विवाहों के निषेध का समर्थन पूर्वमध्यकालीन व्यवस्थाकारों ने किया है। शंख के अनुसार—अपने गोत्र से भिन्न गोत्र की कन्या को भार्या बनाना चाहिए।[212] देवन्न भट्ट ने भी समान गोत्र और प्रवर वाली कन्या के साथ विवाह को वर्जित किया है।[213] उसने किसी स्मृति का उद्धरण देते हुए सगोत्र अथवा सप्रवर कन्या से विवाह कर चान्द्रायण व्रत द्वारा प्रायश्चित करने का विधान किया है और उक्त स्त्री का परित्याग कर देने के लिए सलाह दी है।[214] परित्याग से तात्पर्य मात्र उक्त पत्नी के साथ 'रति-सुख' के त्याग से है।[215] शातातप तथा कुल्लूक व लक्ष्मीधर माता के रूप में उक्त स्त्री के संरक्षण का निर्देश देते हैं।[216] आपस्तम्ब ने इस प्रकार के सम्बन्धों से उत्पन्न सन्तान को चाण्डाल माना है और विवाह करने वाले को ब्राह्मण धर्म से पतित।[217] जबकि सुमन्तु ने मामा की या फूफी की कन्या तथा सप्रवर, सगोत्र कन्या से विवाह हो जाने पर चान्द्रायण व्रत के बाद पुनः उसे ग्रहणीय माना है।[218] मेधातिथि और कुल्लूक ने भी इस प्रकार के सम्बन्धों के लिए वसिष्ठ को उद्धृत कर प्रायश्चितस्वरूप

चान्द्रायण व्रत का निर्देश दिया है।[219] इसे वे अदृष्ट गुणावदोष के अन्तर्गत रखते हैं। पर इस प्रकार के विवाह को उन्होंने अपूर्ण माना है। यद्यपि दृष्टगुणावदोष होने पर उन्होंने कन्या को अत्याजनीय और विवाह को पूर्ण माना है।[220] कुल्लूक और लक्ष्मीधर ने अदृष्टगुणावदोष में प्रायश्चितोपरान्त भार्या को माता के समान पोषणीय और दृष्टगुणावदोष में अत्याज्यनीय माना है। लक्ष्मीधर के अनुसार—सपिण्डता और सगोत्रता सम्बन्धी नियमोल्लंघन अदृष्ट-दोष थे।[221]

सामाजिक नियमाचारों की कठोरता के साथ-साथ धीरे-धीरे न केवल पिता बल्कि माता के गोत्र में विवाह अवैध और निषिद्ध माना जाने लगा। मेधातिथि ने माता के गोत्र में विवाह का निषेध किया है।[222] कुल्लूक ने इसके समर्थन में मेधातिथि और व्यास को उद्धृत किया है कि--कुछ लोग माता के गोत्र में विवाह करना उपयुक्त नहीं समझते। परन्तु जन्म और नाम का ज्ञान न होने पर निःशंक भाव से विवाह करें।[223] आपस्तम्ब धर्मसूत्र के टीकाकार हरदत्त (1150-1300 ई.) ने माता के गोत्रमें विवाह-निषेध का समर्थन करते हुए व्यास व शातातप तथा लक्ष्मीधर ने व्यास व सुमन्तु को उद्धृत किया है।[224] इसी स्थल पर सगोत्र, सपिण्ड विवाह की निषिद्धता के सम्बन्ध में हरदत्त ने--शंख, वसिष्ठ, हारीत, पैठीनसि, याज्ञवल्क्य, विष्णु, नारद, मनु, बौधायन व सुमन्तु को उद्धृत किया है। निर्णयसिन्धु में उद्धृत ब्रह्मपुराण का मत है कि माता के गोत्र में तथा सपिण्ड से विवाह कलिवर्ज्य है।'[325] निर्णयसिन्धु ने व्यास के इस कथन को कि 'जन्म तथा नाम की जानकारी न होने पर पर निःशंक भाव से विवाह करें, कलियुग में प्रवृत्त नहीं माना है।[226] उपरोक्त कथनों से स्पष्ट है कि 'माता के गोत्र में विवाह-निषेध' की पुष्टि पूर्वमध्यकाल में हुई।

इसके साथ ही मेधातिथि ने सपिण्ड सम्बन्धों की निषिद्धता मनु की भाँति न केवल द्विजों बल्कि शूद्रों के लिए भी अनिवार्य घोषित कर इसकी व्यापकता में परिवर्तन किया है।[227] आगे चलकर निर्णयसिन्धु ने इसका समर्थन करते हुए शुद्धिचिन्तामणि में उद्धृत ब्रह्मपुराण का साक्ष्य दिया है।[228]

स्पष्ट है कि पूर्वमध्यकाल में सगोत्रता और सपण्डिता के नियमों के प्रति व्यवस्थाकारों का दृष्टिकोण कठोर था। इस प्रकार के विवाहों में कन्या की त्याज्यनीयता को पूर्ण समर्थन मिला, साथ ही उसे पत्नी का स्थान नहीं दिया गया। इसके साथ ही पिता के गोत्र के साथ ही माता के गोत्र में विवाह-सम्बन्ध की निषिद्धता की पुष्टि की गई और तदनन्तर सपिण्ड सम्बन्धी व्यवस्था शूद्रों पर भी आरोपित की गई।

दहेज-प्रथा

दहेज-प्रथा का, आज हिन्दू समाज में, कुरीति के रूप में जो प्रचलन है, वह प्राचीन कालीन समाज में नहीं था। वैसे ब्राह्म विवाह पद्धति में अलंकृत कन्या को

वस्त्राभूषण के साथ दान किया जाता था। सम्भवतः यही दहेज-प्रथा का प्रारम्भिक स्वरूप था। ऋग्वेद, महाकाव्यों तथा जातकों में दहेज-जैसी प्रथा का संकेत मिलता है। ऋग्वेद में उल्लेख आता है कि सूर्या के विवाह में जो वस्त्राभूषण उसके पिता ने उसे प्रदान किए थे, वे सब वधू के ससुराल पहुँचने के पूर्व ही वहाँ पहुँच गए थे।'[229] सायण ने 'बहतु' शब्द की व्याख्या करते हुए उसे कन्या के विवाह में पिता द्वारा प्रदत्त वस्त्राभूषण माना है।[230] महाभारत में भी कन्या को यथाशक्ति धन प्रदान करने की बात कही गई है।[231] सुभद्रा के विवाह के अवसर पर बहुत-सी सामग्री दी गई थी जिसके लिए 'जातिदेय' तथा 'हरणं' शब्द प्रयुक्त हुए हैं।[232] महाभारत में दहेज के अर्थ में 'कन्याधन' और 'मुक्तं' शब्द भी प्रयुक्त हुए हैं।[233] जातकों से भी दहेज-प्रथा का पता चलता है। विशाखा के पिता ने दहेज में उसे अपार धन प्रदान किया था।[234]

पूर्वमध्यकालीन साहित्यिक ग्रन्थों में भी दहेज-प्रथा के अनेक उदाहरण मिलते हैं। दशकुमारचरित में उल्लिखित है कि कालगुप्त नामक एक धनी वैश्य ने अपनी पुत्री सुवृत्ता के विवाह में उसके पति रत्नोद्भव को 'सुन्दर वस्तुएँ और धन देकर सम्मानित किया।'[235] कथासरित्सागर में विवृत है कि चण्डमहासेन की पुत्री वासवदत्ता और राजा उदयन के विवाह में उसके भाई 'गोपालक द्वारा दिए गए रत्नों के तथा अन्य मित्र राजाओं के बहुमूल्य उपहारों से वत्सराज कुबेर के समान लग रहा था।'[236] इसी प्रकार 'विवाह के दहेज में मगध नरेश ने राजा उदयन को इतने रत्न भेंट किए जैसे लगता था कि समस्त पृथ्वी के रत्न दुह लिए गए हों।[237] कथासरित्सागर में ही चन्द्रप्रभ के, ताम्रलिप्ति के राजा वीरभट की पुत्री विलासिनी से विवाह के सन्दर्भ में उल्लिखित है कि, राजभवन में जाकर वीरभट ने अपने समधी और जामाता का विधिवत स्वागत करके शास्त्रानुसार कन्यादान की विधि सम्पन्न की और दहेज में विशुद्ध सोने के दस भार, रत्नाभूषण से लदे पाँच सौ ऊँट, सात हजार घोड़े, पाँच हजार हाथी, तथा सुन्दर आभूषणों से लदी एक हजार रुपसी दासियाँ प्रदान कीं और भूमिदान भी किया।'[238] पृथ्वीराजरासो में राजा अनंगपाल द्वारा अपनी पुत्री के विवाह के उपलक्ष्य में राजा सोमेश्वर को 'पाँच सौ दासियाँ, सात सौ हाथी-घोड़े, एक सहस्र गाँव, अन्यान्य अच्छे भूखण्ड, हिसार का दुर्ग, ऊँट, बैल और घोड़ों से युक्त रथ तथा मोतियों और कई सुरंगी मालाएँ प्रदान की गईं।[239] कल्हण ने भी दुर्लभवर्मन के लिए लिखा है कि उसे भूमि और राजकुमारी प्राप्त हुई थी।[240]

विदेशी इतिहासकारों ने भी इस ओर संकेत किया है। 'चचनामा' में धरसिया द्वारा अपनी बहन के विवाह में बातिया के राजा सुबान को राजसी दहेज दिए जाने का उल्लेख है। साथ ही उक्त राजा द्वारा यह शर्त भी रखी गई कि उसे एक दुर्ग प्रदान किया जाय।[241] जामीउल हिकायत' में उफी शंकल द्वारा बहराम गुर से

अपनी पुत्री के विवाह और उसे अपार उपहार देने का उल्लेख करता है।'[242] अलबीरूनी भी इस सम्बन्ध में कहता है कि दोनों पक्षों में उपहार निश्चित नहीं किए जाते हैं। वर अपनी वधू को उपयुक्त उपहार देता है और कुछ उपहार उसे विवाह के पूर्व मिलता है जिस पर वर का कोई अधिकार नहीं रहता।[244] अलबीरूनी अविवाहित कन्याओं की सम्पत्ति में पिता के मरणोपरान्त हिस्सा स्वीकार करता है और मनु को उद्धृत करते हुए कहता है कि यदि कन्या अविवाहित है तो उसका उक्त हिस्सा उसके विदाह में व्यय किया जाता है और उसी सम्पत्ति से दहेज प्रदान किया जाता है।[245]

मनु के उक्त कथन का भाष्यकारों ने भी उल्लेख किया है।[246] याज्ञवल्क्य[247] ने भी ऐसा ही निर्देश दिया है। नारद ने भी अविवाहित कन्या का पिता के मृत्योपरान्त सम्पत्ति में हिस्सा निर्धारित किया है।[248] अपरार्क ने नारद, व्यास और मनु को उद्धृत करते हुए इसका समर्थन किया है।[249]

मिताक्षरा में विज्ञानेश्वर ने इस बात का खण्डन किया है कि 'कन्या को दिए जाने वाले चतुर्थांश से आशय केवल इससे है कि—अविवाहित बहनों के विवाह संस्कार के व्यय के लिए भाई पर्याप्त धन दें।'[250] इस व्याख्या को मनु के आधार पर खंडित किया गया है कि अपने-अपने हिस्से का चतुर्थांश भाग बहनों के लिए भाई दें।[251] वीरमित्रोदय में उल्लेख है कि यदि चतुर्थांश बहन के विवाह की आवश्यकताओं के लिए पर्याप्त न हो तो भाई अपनी सम्पत्ति के अनुपात से उसे धन दें।[252] दीपकलिका के लेखक शूलपाणि ने भी अविवाहित कन्या के लिए पिता की मृत्यु के बाद भाइयों द्वारा चतुर्थांश का विधान निर्धारित किया है।[253] इस सन्दर्भ में देवल को उद्धृत किया गया है कि 'यदि चतुर्थांश से विवाह सम्भव न हो तो कन्या को भी उसके विवाह के लिए धन दिया जाय।'[254]

कुल्लूक ने भी स्पष्ट कहा है कि 'उक्त हिस्सा अविवाहित कन्याओं को उनके विवाह संस्कार के व्यय के उद्देश्य से ही है।' परन्तु यह व्यवस्था मेधातिथि और कुल्लूक ने सवर्णा और सहोदरा के लिए निश्चित की है।[255]

प्रायः सभी व्यवस्थाकारों ने पिता की मृत्यु के बाद अविवाहित कन्या को विवाह के उद्देश्य से भाइयों द्वारा अपनी सम्पत्ति का चतुर्थांश दिये जाने का जो समर्थन किया है, इस बात का प्रमाण है कि विवाह में कर्मकाण्डीय कार्यों और स्वागत आदि के अतिरिक्त धन या उपहार-सामग्री दी जाती थी। यह परम्परा सम्भवतः दहेज के रूप को व्यक्त करती है। मेधातिथि ने इसे स्पष्ट करते हुए लिखा है कि, 'विवाह में उपहार सामग्री की कोई सीमा निर्धारित नहीं है। जबकि कर्मकाण्ड का पारिश्रमिक (बारह सौ) तय है।... यह कहा गया है कि पिता वस्त्राभूषण से युक्त कन्या का विवाह करेगा और वह उसको अतिरिक्त दहेज भी दे सकता है 'सौदायिकं वाऽस्या दद्यादिति श्रूयते' और चूँकि आभूषणादि अनेक

प्रकार के स्वर्ण, रत्न, मोती, मुक्ता, प्रवाल आदि के होते हैं, अतः यह निश्चित नहीं हो सकता कि इनका क्या प्रकार और परिमाण हो?' इसी आधार पर चतुर्थांश की धर्मशास्त्रीय परम्परा को उपयुक्त माना है।[256] इस प्रकार मेधातिथि का उपरोक्त कथन दहेज-प्रथा की ओर स्पष्ट संकेत करता है।

शनैःशनैः यह प्रथा मध्ययुग तक राजकुलों और धनिक वर्ग की परिधि से निकलकर सामान्य प्रथा का स्वरूप ग्रहण करने लगी। सम्भवतः इसके पीछे पूर्वमध्यकाल में विवाह संस्था के अन्तर्गत हुए कतिपय परिवर्तन ही प्रेरक तत्त्व थे। बाल्यावस्था में ही कन्या के विवाह की धार्मिक-सामाजिक बाध्यता, असवर्ण विवाहों की कलिवर्ज्यता, जातिगत विषमता और कठोरता के कारण कुलीन परिवारों में ही वर-चयन की बाध्यता आदि कन्या के विवाह से सम्बन्धित प्रमुख समस्याएँ थीं। फलतः 'दहेज-प्रथा' विवाह का एक आवश्यक अंग बन गई। मेधातिथि का कन्या की विवाह योग्य अवस्था 6, 8 वर्ष के बीच निर्धारित करते हुए यह निर्देश है कि, वह अत्यन्त बालिका न हो' साथ ही उसका यह भी कथन है कि कुछ लोग धन के लोभ से बहुत छोटी बालिका से विवाह कर लेते हैं।'[257]

त्रिशिष्ट शलाकापुरुषचरित में नागिल नामक एक निर्धन व्यक्ति का उल्लेख है जो स्त्री के गर्भवती होने पर यह सोचता है कि 'प्रत्यक्ष अलक्ष्मी (दरिद्रता) की तरह, पूर्वजन्म की बैरिनी की तरह, मूर्तिमान अशुभ लक्षणों की तरह इन कन्याओं ने मुझे दुःख दिया है। यदि इस बार भी लड़की ही जन्मेगी तो मैं इस कुटुम्ब का त्याग करके परदेश चला जाऊँगा!'[257]

विधवा-विवाह

सती प्रथा के निरन्तर प्रसार तथा नियोग प्रथा के विलोपन के साथ-साथ विधवा स्त्री का पुनर्विवाह सम्बन्धी अधिकार भी जाता रहा। पूर्वमध्यकालीन समाज में नारी विषयक यह अगला परिवर्तन था। गुप्तकालीन स्मृतियों और उनकी परवर्ती टीकाओं के अध्ययन से तत्सम्बन्धी सामाजिक परिवर्तन की एक स्पष्ट सीमा रेखा द्रष्टव्य होती है। पराशर[259] और नारदस्मृति[260] ने विधवा विवाह का समर्थन किया है, परन्तु नारद के टीकाकार असहाय ने इसे लोक-व्यवहार के विरुद्ध बताया है[261] और पराशर के टीकाकार माधवाचार्य ने इसे कलिवर्ज्य माना है।[262] कतिपय अपवादों यथा अग्निपुराण में स्त्री को पाँच उपरोक्त आपत्तियों में पुनर्विवाह की तथा विधवा होने पर देवर के साथ ब्याहे जाने की बात कही गई है।[263] देवल ने भी ऐसी ही बात कही, परन्तु विधवा के पुनर्विवाह के सम्बन्ध में उसका यह मत है कि, 'पति के मर जाने पर अथवा जीवित रहने पर सन्तति को नष्ट न होने देने के लिए स्त्री अन्य पति प्राप्त करे, लेकिन स्वतन्त्रतापूर्वक नहीं।'[264] तत्कालीन साहित्य में भी यदाकदा विधवा के पुनःविवाह का उल्लेख मिलता है। कथासरित्सागर

में उल्लिखित है कि राजा चमरवाल ने प्रतापसेन नामक राजा को पराजित कर उसकी पत्नी यशोलेखा को अन्तःपुर की रानी बना लिया था। परन्तु, इस पर टिप्पणी करते हुए सोमदेव का कथन कि, मैं इसके बाहुबल से जीती गई हूँ ऐसा समझकर वह चंचल रानी राजा चमरवाल के पास स्थिर हो गई। काममोह में प्रवृत्त लोगों की धर्मभावना विचित्र होती है।'[265] स्पष्ट है कि तत्कालीन समाज में विधवा विवाह अमान्य और निन्दनीय था। इसी ग्रन्थ में दशमारिका नामक स्त्री का उल्लेख है जिसने दस विवाह किया था।[266] प्रबन्ध चिन्तामणि से विदित होता है कि आशाराज ने बाल-विधवा कुमारदेवी से विवाह कर वस्तुपाल और तेजपाल नामक दो पुत्रों को जन्म दिया था।[267] परन्तु इस प्रकार के साहित्यिक साक्ष्य नगण्य हैं। बल्कि इसके विपरीत जैन ग्रन्थों में बाल-विधवा के लिए 'बालरण्डा' शब्द का प्रयुक्त होना विधवा-विवाह के निषेध का परिचायक है। महानिशीथ नामक ग्रन्थ में लक्षणावती ऐसी ही 'बालरण्डा' है जो श्रमणी होकर दीक्षा स्वीकार कर लेती है।[268]

मेधातिथि का दृष्टिकोण विधवा-विवाह के प्रति निषेधात्मक ही है, परन्तु अपने पूर्व के धर्मशास्त्रकारों द्वारा दूसरा पाँच आपत्तियों में पुनर्विवाह की आज्ञा दिए जाने के कारण वह इसका पूर्ण विरोध नहीं कर पाता, इसे वह केवल 'संरक्षणार्थ' मानता है। यद्यपि उसका कथन है कि 'कामावस्था में शरीर को नष्ट कर देना चाहिए और पुष्प, फल, मूल आदि से अपनी जीविका चलानी चाहिए और अन्य पति का नाम भी ग्रहण नहीं करना चाहिए।[269] आगे नवें अध्याय में उसने विधवा-विवाह का निषेध किया है।[210] मेधातिथि ने केवल वाग्दत्ता को जिसका पति मर गया हो,देवर से मात्र सन्तानोत्पत्यर्थ नियोग की आज्ञा दी और उसे पुनर्भू की संज्ञा दी है, किन्तु ऐसी स्त्रियों को पूर्ण पत्नीत्व अथवा वैवाहिक जीवन के अधिकार से वंचित कर दिया।[171] इसी प्रकार विज्ञानेश्वर ने भी वाग्दता के देवर से पुनर्विवाह को केवल नियुक्ताभिगमन का ही एक अंग माना है और उसे पत्नीत्व का स्तर नहीं प्रदान किया है।[272] तथा मन, वाणी को संयत करके पवित्र भाव से ऋतु में एक ही बार मैथुन करने की आज्ञा प्रदान की।[273] अपरार्क ने भी ब्रह्मपुराण को उद्धृत किया है जिसमें स्त्री का पुनर्विवाह निषिद्ध माना गया है।[274] कुल्लूक भट्ट ने मनुस्मृति की टीका में स्पष्ट लिखा है कि नियोग अथवा स्त्री के पुनर्विवाह का कहीं शास्त्रीय विधान नहीं है।'[275] क्षतयोनि विधवा का विवाह कुल्लूक ने अधर्मयुक्त माना है।[276]

क्षतयोनि विधवा के पुनर्विवाह विषयक अधिकार की समाप्ति के बाद व्यवस्थाकारों ने इस दिशा में एक और परिवर्तन किया। यह था—'अक्षतयोनि विधवा को पुनर्विवाह के अधिकार से वंचित किया जाना।' देवन्न भट्ट आह्निक काण्ड के 'कन्यादान फलम' नामक अध्याय में आदित्यपुराण और एक अन्य स्मृति को उद्धृत करते हुए स्त्री के पुनर्विवाह और अक्षतयोनि के विवाह को कलियुग में

प्रतिबन्धित बताता है।[277] यद्यपि उसने वशिष्ठ के अक्षतयोनि विधवा के पुनर्विवाह सम्बन्धी मत का भी उल्लेख किया है,[278] परन्तु निष्कर्षतः इसी काण्ड के 'विधवा नियोजनम' नामक अध्याय में वह किसी अन्यान्य स्मृति और क्रतु के वचनों को उद्धृत करता है जिनमें अक्षतयोनि विधवा का पुनर्विवाह निषिद्ध किया गया है। इस सन्दर्भ में 'कलिधर्म' अध्याय भी द्रष्टव्य[279] है।

पूर्वमध्यकाल में विधवा-विवाह पर पूर्ण प्रतिबन्ध के प्रमाणस्वरूप व्यवस्थाकारों के उन वचनों को उल्लिखित करना आवश्यक है, जिनमें दत्तक और औरस पुत्र के अतिरिक्त अन्य गौण पुत्रों को कलिवर्ज्य में शामिल किया गया है। वस्तुतः गौण पुत्रों की सामाजिक मान्यता की समाप्ति के पार्श्व में तद्‌युगीन कतिपय सामाजिक परिवर्तन थे। यथा, विधवा-विवाह का निषेध, नियोग का विलोपन और अनुलोम विवाह के प्रति बढ़ती उदासीनता आदि। इस परिवर्तन की झलक परवर्ती गुप्त युग में ही दिखने लगी थी। बृहस्पति ने इन गौण पुत्रों को युग के प्रतिकूल बताया है।[250] अपरार्क ने शौनक को उद्धृत किया है कि 'दत्तक और औरस के अतिरिक्त अन्य पुत्र कलियुगार्थ निषिद्ध हैं।'[281] विज्ञानेश्वर ने भी नियोग को वर्जित किया है तथा गौण पुत्रों को असवर्ण और अवैध बताया है।[282] तदयुगीन धर्मशास्त्रों में प्रायः सभी लेखकों ने इन गौण पुत्रों को मान्यता देने से असहमति प्रकट की है तथा विधवा-विवाह पर प्रतिबन्ध लगाया है। इनमें उल्लेखनीय हैं लघ्वाश्वलायन स्मृति,[283] पराशरमाधवीय,[284] स्मृतिचन्द्रिका,[285] आदि। लघ्वाश्वलायन स्मृति के अनुसार अज्ञानवश किसी द्विज द्वारा किसी विधवा से विवाह कर लेने पर उसका त्याग कर देना चाहिए और तत्पश्चात् प्रायश्चित करना चाहिए।[286]

विधवा-विवाह सम्बन्धी अभिलेखीय साक्ष्यों का अभाव उक्त परिवर्तन की पुष्टि करता है। यद्यपि मुजमुलतवारीख[287] में बरकमारीस द्वारा रव्वाल की हत्या और उसकी प्रेयसी से विवाह करने का उल्लेख है, परन्तु यह कथानक गुप्तयुगीन है। चचनामा में मुहम्मद बिन कासिम ने दाहिर की मृत्यु के बाद उसकी विधवा पत्नी को अपनी पत्नी बना लिया था।[288] परन्तु यह विवरण विधवा-विवाह का मान्य प्रमाण नहीं है। अलबीरूनी ने इस सम्बन्ध में स्पष्ट लिखा है कि विधवा स्त्री के लिए दो विकल्प थे, वैधव्य का जीवन या अन्वारोहण। वह पिछले विकल्प को ज्यादा प्रचलित बताता है, क्योंकि विधवा के रूप में वह जब तक जीवित रहती है उसके साथ बुरा व्यवहार किया जाता है।'[289] उसका आगे कहना है कि यदि स्त्री का पति मृत हो जाय तो वह दूसरे पुरुष से विवाह नहीं कर सकती।[290]

नियोग

वैदिक काल से ही भारतीय समाज में विधवा अथवा सन्तानोत्पति में अक्षम पति की पत्नी किसी अन्य नियुक्त पुरुष के साथ सम्भोग द्वारा सन्तान उत्पन्न कर

सकती थी। इस प्रथा को 'नियोग' कहा जाता था। गौतम ने पतिविहीन पुत्राभिलाषिणी नारी को देवर अथवा उसकी अनुपस्थिति में सपिण्ड, सगोत्र, सप्रवर या अपनी जाति वाले से, गुरुजनों की आज्ञा पाकर अधिकतम दो पुत्रों की प्राप्ति का आदेश दिया है।[291] इस प्रथा से उत्पन्न पुत्र को 'क्षेत्रज' कहा जाता था।[202]

प्राचीन धर्मशास्त्रों में उल्लिखित यह प्रथा पूर्वमध्ययुग में कलिवर्ज्य की श्रेणी में सम्मिलित कर अमान्य घोषित कर दी गई।

कतिपय अपवादों को छोड़कर किसी भी अन्य तद्‌युगीन स्रोत से इसके मान्य स्वरूप की पुष्टि नहीं होती। बल्कि इसकी निषिद्धता ही ज्ञापित की गई है। देवी भागवतपुराण[293] में विवृत है कि व्यासजी की माता उन्हें काशिराज की विधवा कन्या अम्बालिका के साथ नियोग की आज्ञा देती है। परन्तु यह समसामयिक उदाहरण नहीं है। अग्निपुराण[294] में विधवा को देवर को दिए जाने की बात कही गई है। यम ने नियोग का सविधि उल्लेख किया है, परन्तु उसका यह भी कथन है कि 'जिसे सन्तान उत्पन्न हो चुकी हो उस स्त्री के पास नहीं जाना चाहिए।'[295] वस्तुतः यम का दृष्टिकोण इस प्रथा को हतोत्साहित ही करना है। बिना सन्तानोत्पत्ति किए ऊर्ध्वरेता मुनि की अट्ठासी हजार पत्नियों के स्वर्गागमन का उदाहरण देते हुए कहा गया है कि 'पुत्र रहित अथवा पुत्र को उत्पन्न करने वाली कन्या पति का अनुसरण करते हुए स्वर्ग प्राप्त करती है, ऐसा स्वयंभू मनु ने कहा है।[296] वसिष्ठ[297] के अनुसार 'सम्पत्ति के लोभ से नियोग नहीं होता, अतः कुछ लोगों का मत है कि प्रायश्चित करके नियुक्त किया जाना चाहिए।' कात्यायन[298] ने द्विजों के लिए इस प्रथा का उल्लेख किया है। किन्तु अत्रिसंहिता[299] में अन्य मनुष्य द्वारा सन्तानोत्पत्ति को अत्यन्त गर्हित माना गया है तथा इसके प्रायश्चित का विधान निर्दिष्ट किया गया है।

इस काल के सभी व्यवस्थाकारों ने इस प्रथा की आलोचना की है। मनुस्मृति के टीकाकार मेधातिथि ने विभिन्न तर्कों द्वारा इसका खण्डन किया है।[300] मेधातिथि ने वाग्दता (अक्षतयोनि विधवा) के साथ देवर का नियोग स्वीकार किया है, परन्तु वाग्दत्ता को पूर्ण पत्नी नहीं माना है।[201] बृहस्पति के अनुसार 'मनु ने स्वयम् पूर्वकथित नियोग को निषिद्ध कर दिया है, क्योंकि मनुष्यों के द्वारा विधानपूर्वक यह कार्य युग के ह्रास के कारण सम्भव नहीं है। कृत, त्रेता ओर द्वापर युग में मनुष्य तप और ज्ञान से संयुक्त था। किन्तु कलिकाल में उसकी शक्ति क्षीण हो चुकी है। प्राचीनकाल में ऋषियों ने अनेक प्रकार से सन्तानोत्पत्ति की, परन्तु आज के मनुष्यों में शक्तिहीनता के कारण ऐसा नहीं किया जा सकता।'[302]

इस काल के कई धर्मशास्त्रकारों ने बृहस्पति के उक्त कथन को उद्धृत किया है जो उनकी इस प्रथा के प्रति असहमति का परिचायक है।303 उल्लेखनीय है कि लक्ष्मीधर ने मनु के उन्हीं श्लोकों को उद्धृत किया है जिनमें मनु ने इसकी

भर्त्सना की है।[304] ब्रह्मपुराण के अनुसार'...स्त्रियों का देवर से पुनर्विवाह अथवा सन्तानोत्पत्ति की गयी है जिसे कलियुग में कभी भी अनुसरित नहीं करना चाहिए क्योंकि कलियुग में संसार में सब मनुष्य पापी होते हैं।[305] इस सम्बन्ध में अपरार्क ने विधवा, नियोग और शूद्रा से विवाह लोक विरुद्ध बताया।[306] कुल्लूक भट्ट नियोग को कलियुग में निषिद्ध मानते हैं।[307] मनुस्मृति के टीकाकार गोविन्दराज का खण्डन करते हुए उसका कहना है कि 'गोविन्द राज ने युग विशेष की व्यवस्था को न जानकर सन्तान के अभाव में सदैव अनियोग से नियोग पक्ष को श्रेष्ठ माना है, वह मुनि की व्याख्या के विरुद्ध है। इसलिए हम उसको आदर नहीं देते।'[306] विज्ञानेश्वर व माधवाचार्य मनु के नियोग सम्बन्धी भर्त्सनात्मक अंशों को लेकर इनका खण्डन करते हुए, उसे 'वाग्दत्ता विषयक' मानते हैं।[309]

नियोग सम्बन्धी यम के इस कथन का कि 'श्रुति और शास्त्र में स्त्री के लिए प्रव्रज्या नहीं है अतः वह नियोग की अधिकारिणी है' स्मृतिचंद्रिका ने खण्डन किया है। उसमें कहा गया है कि 'इस वक्तव्य को अन्य युगों के लिए मानना चाहिए न कि कलियुग के लिए।'[310] आह्निक काण्ड में' 'अन्य स्मृतियों' का उद्धरण देते हुए कहा गया है कि अन्य स्मृतियों में साध्वी नारी के लिए दूसरे पति को रखने की आज्ञा नहीं है। देवन्न भट्ट ने इसे नियोग के निषेध का प्रमाण माना है और ऋतु तथा बौधायन के उन कथनों को उद्धृत किया है जिनमें उन्होने विधवा-नियोग को कलिवर्ज्य के अन्तर्गत रखा है।[311] इसी काण्ड के 'कलिधर्म' अध्याय में देवन्न भट्ट ने नियोग को कलिवर्ज्य माना है।[312]

नारद ने स्पष्ट रूप से नियोग की आज्ञा दी है।[313] परन्तु नारद के टीकाकार असहाय का प्रारम्भ में ही कथन है कि–'यद्यपि नियोग और विधवा का विवाह धर्मशास्त्रों में अनुदेशित है परन्तु फिर भी ये लोकाचार के विरुद्ध है।'[314] परवर्ती सभी धर्मशास्त्रों ने नियोग को विधवा विवाह के साथ ही साथ निषिद्ध किया है और दत्तक तथा औरस के अतिरिक्त अन्य पुत्रों को कलियुगानुकूल नहीं स्वीकार किया है।[315]

बहुपत्नीत्व

वैदिक काल से ही हिन्दू समाज में बहुपत्नीत्व प्रणाली विद्यमान थी।[316] ऋग्वेद में एक स्थल पर उल्लेख है कि 'त्रित कुएँ में गिरकर उसकी प्राचीरों से उसी प्रकार त्रस्त होता है, जिस प्रकार पत्नियों के मध्य पति।[317] शतपथ ब्राह्मण में पत्नियों के चार प्रकार बताए गए हैं, महिषी, वावाता, परिवृक्ता व पालागली।[318] किन्तु ये पत्नियाँ राजन्य वर्ग की थीं। गौतम, वसिष्ठ, बौधायन जैसे धर्मसूत्रों द्वारा अनुलोम विवाह का निर्देश बहुपत्नीत्व का प्रमाण है।[319] मनु और याज्ञवल्क्य ने भी इस दिशा में संकेत किया है।[320] यद्यपि ऋग्वेद में स्थान-स्थान पर दम्पत्ति शब्द एक

पत्नीत्व का परिचायक है।[321] धर्मशास्त्रों द्वारा बहुपत्नीत्व यद्यपि निर्देशित था, फिर भी 'एक पत्नीत्व' आदर्श रूप में माना जाता था। गौतम और आपस्तम्ब धर्मसूत्रों में धर्म और सन्तान सम्पन्न पत्नी की उपस्थिति में दूसरी पत्नी का निषेध किया गया है और दोनों गुणों में से किसी एक के अभाव में ही दूसरी पत्नी रखने का निर्देश किया गया है।[322]

पूर्वमध्यकालीन धर्मशास्त्रों के अनुशीलन से स्पष्ट होता है कि सामान्य वर्ग के लिए 'एक-पत्नीव्रत' ही अनुकरणीय था।[323] नारद ने उस व्यक्ति को न्यायालय में साक्षी देने के उपयुक्त नहीं माना है जिसने अपनी पत्नी को त्याग दिया हो।[324] नारद ने सन्तान और गुण सम्पन्न, गृहकार्य में दक्ष, आज्ञाकारिणी, चरित्रवान पत्नी को त्यागने वाले को राजा द्वारा दण्डभागी माना है।[325] 'अवस्थाप्य' शब्द से आयंगर यह निष्कर्ष निकालते हैं कि राजा दूसरे विवाह से किसी को रोक सकता था।[326] मेधातिथि के अनुसार, 'दूसरा विवाह चाहे विधिवत् ही क्यों न हुआ हो दूसरी पत्नी 'भार्या' नहीं हो सकती।' यद्यपि 'कुछ परिस्थितियों में' ही उसने द्वितीय विवाह को उपयुक्त माना है और इस सन्दर्भ में गौतम को उद्धृत करते हुए उसका कथन है—'धर्म और सन्तान सम्पन्न पत्नी के रहते दूसरा विवाह नहीं करना चाहिए।'[327] अपरार्क ने केवल प्रथम भार्या के अधर्मगामी होने पर अथवा मृत्योपरान्त ही दूसरी भार्या ग्रहण करने की आज्ञा दी है।[328] उसने विष्णु को उद्धृत करते हुए लिखा है कि, अग्निहोत्रादि यज्ञकार्य द्वितीय पत्नी के साथ नहीं हो सकता, यह निष्फल होगा।' द्वितीय पत्नी को अपरार्क ने केवल 'सहाधिकारिणी' और 'रतिवर्धिनी' की संज्ञा दी है तथा प्रथम को 'धर्मपत्नी'।[329] गृहस्थकाण्ड में लक्ष्मीधर ने पहली पत्नी से सम्बन्ध विच्छेद होने पर अथवा उसके मरणोपरान्त ही दूसरी भार्या का विधान प्रस्तुत किया है।[330]

परवर्ती धर्मशास्त्रकारों ने पत्नी को 'पुरुष की अर्द्धांगिनी' और 'शरीरार्द्ध' की मान्यता देते हुए 'एक-पत्नीत्व' की पुष्टि की है।[331] स्मृतिचन्द्रिका में देवन्न भट्ट ने धार्मिक कार्यों में सहचारिणी को ही पत्नी माना है अन्य को नहीं।[332] काव्यमीमांसा में एक-पत्नी व्रत को आदर्श कहा गया है।[333] दक्ष ने भी दो पत्नियों का होना दुख का कारण बताया है।[334] इस प्रकार इस काल के व्यवस्थाकारों ने 'एक-पत्नीत्व' को अनुकरणीय बताया है। निणयसिन्धु[335] और धर्मसिन्धु[336] जैसे परवर्ती निबन्ध ग्रन्थों से प्रतीत होता है कि तीसरा विवाह समाज में उचित समझा जाता था। तीसरे विवाह में अर्क से प्रार्थना की गई है कि वह 'तीसरे विवाह से उत्पन्न पाप तथा मृत्यु का विनाश' शीघ्र करें।[337]

कई अभिलेखों में राजाओं की दो पत्नियों का उल्लेख मिलता है। प्रतिहार कक्कुक के जोधपुर अभिलेख में हरिश्चन्द्र की दो रानियाँ बताई गई हैं।[338] जगदेव

उदयादित्य की दो रानियाँ थीं।[339] राजकुलों से इतर वर्ग में भी दो पत्नियों के उदाहरण मिलते हैं।[340] नागदा के लेख में उल्लिखित है कि श्रेष्ठि रामदेव की मेलादे और मालहणदे नामक दो पत्नियाँ थीं।[341]

समाज में दो से अधिक पत्नियों के उदाहरण भी मिलते हैं।[342] राजतरंगिणी, पृथ्वीराजरासो आदि साहित्यिक ग्रन्थों में भी बहुपत्नीत्व के उदाहरण मिलते हैं। पृथ्वीराज की इच्छिनी, पद्मावती, संयोगिता आदि रानियाँ पृथ्वीराजरासो में उल्लिखित हैं। राजतरंगिणी में कलश, हर्ष अदि की कई पत्नियाँ कही गई हैं। यों भी सती प्रथा के साहित्यिक उदाहरण बहुपत्नीत्व की ओर संकेत करते हैं। यद्यपि सामान्य वर्ग से सम्बन्धित सती प्रथा के साक्ष्यों में 'एक-पत्नीत्व' के अधिक प्रमाण हैं। वैजयन्ती में राजा की छः प्रकार की रानियों का उल्लेख है, प्रमुख रानी (महिषी या महादेवी), राजकुलोत्पन्न रानी (देवी), सम्मान प्राप्त-परिवृत्तिका तथा प्रियपत्नी वावाता, पाँचवीं जो किसी राजा द्वारा उत्पन्न न हो–स्वामिनी और छठी–युद्ध में विजित फलाकली।[343] मानसोल्लास में कहा गया है कि राजा को प्रथम पत्नी के रूप में किसी क्षत्रिय कुल की सुन्दर, गुण-सम्पन्न युवती से विवाह करना चाहिए। इसके अतिरिक्त 'अवरोध वधू' तथा 'विलासिनी' का उल्लेख है जो वैश्य अथवा शूद्र वर्ण की भी हो सकती थीं।[344]

'एकपत्नीत्व' सामान्य वर्ग में प्रचलित था और बहुपत्नीत्व राजकुलों, धनिक तथा प्रशासक वर्ग तक ही सीमित था।[345] कुट्टनीमतम् में एक स्थल पर वेश्या मालती और किसी वैश्य भट्ट पुत्र में परस्पर वार्तालाप से एक आदर्श के रूप में एक पत्नीत्व का बोध होता है।[346] इस प्रकार स्पष्ट है कि समाज में बहुपत्नीत्व यथापूर्व विद्यमान रहा किन्तु एक-पत्नीत्व का महत्त्व बराबर बना रहा।

बहुपतित्व

हिन्दू सामाजिक व्यवस्था के अन्तर्गत बहुपतित्व प्रथा एक अपवाद मात्र ही है। वैदिक वाङ्.मय में इसका कोई प्रमाण नहीं मिलता। तैत्तिरीय संहिता में उल्लेख है कि 'एक यूप में वह दो मेखलाएँ बाँधता है, इसी प्रकार एक पुरुष दो पत्नियाँ प्राप्त करता है वह दो यूपों के चतुर्दिक एक ही मेखला नहीं बाँधता, इसी प्रकार एक पत्नी दो पति प्राप्त नहीं करती।'[343]

इस सन्दर्भ में द्रौपदी का उदाहरण मिलता है। महाभारत में इसके औचित्य को सिद्ध करने के लिए कई तर्क दिए गए हैं। द्रुपद ने इसे अधर्म तथा शोक और वेद के विरुद्ध बताया है।[348] व्यास ने यद्यपि इसे धर्म विरुद्ध कहा है, परन्तु पूर्व-कथाओं द्वारा इसे तर्कसंगत सिद्ध करने का प्रयास किया है।[349] महाभारत के 'आदिपर्व' में कहा गया है कि मनुष्य कई पत्नियाँ रख सकता है, परन्तु ऐसा नहीं

सुना गया कि एक पत्नी के कई पति हों।[350]

कापाड़िया बहुपतीत्व प्रणाली को पाण्डवों में स्वीकृत प्रथा मानते हैं–"पांडवों की बहुपतीत्व की प्रथा उस जन-जाति का इतना महत्वपूर्ण सांस्कृतिक लक्षण हो गई थी कि ब्राह्मण लेखकों को उसका वर्णन करने के लिए बाध्य होना ही पड़ा। इसलिए उन्होंने इसे पूर्व नियोजित कहकर इसका समाधान किया ताकि वह उस समाज द्वारा स्वीकार कर ली जाय जिसके लिए महाभारत की रचना की गई।'[351] उनका कहना है कि 'कथा के प्राचीन रूप में कुन्ती इसे शान्त चित्त से कभी मान्यता नहीं देती यदि यह प्रथा पाण्डवों के समाज में जनरूढ़ियों में नहीं होती।'[352] युधिष्ठिर ने 'बहुपतीत्व' के दो उदाहरण दिए हैं, जटिला का सप्त-ऋषियों की पत्नी और कण्डु मुनि की पुत्री वार्क्षी का दस प्रचेता भाइयों की पत्नी[353] होना। युधिष्ठिर का यह भी कथन है कि, 'हम पूर्वजों के मार्ग का अनुसरण करते हैं।'[354] इस सम्बन्ध में कापड़िया का कथन है कि, 'यदि माता के वचन ने ही द्रौपदी के पाण्डवों के साथ विवाह का निर्णय अवश्यम्भावी बना दिया तो युधिष्ठिर को अपने कुटुम्ब अथवा जनजाति की परम्परा के आधार पर उसे न्योयोचित बतलाने की कोई आवश्यकता ही नहीं थी।'[355]

बहुपतीत्व प्रणाली को अनार्य जन-जातियों की प्रथा मानते हुए कुछ विद्वान पाण्डवों को अनार्य मानते हैं।[356] महाभारत के टीकाकार नीलकण्ठ ने अपने समय की नीच जातियों में बहुपतीत्व प्रथा के प्रचलन को स्वीकार किया।[357]

कतिपय विद्वान मनु के इस कथन को कि 'सहोदर भाइयों में से यदि एक भाई को पुत्र हो तो उसी से (पुत्रहीन भी) अन्य सभी भाई पुत्रवान होते हैं।[358] बहुपतीत्व का प्रमाण मानते हैं।[359] उल्लेखनीय है कि मेधातिथि मनु के इस कथन पर कोई भाष्य नहीं करता। आपस्तम्ब धर्मसूत्र से इस कथन को कि, 'पत्नी को नियोगार्थ अन्य व्यक्ति को नहीं बल्कि अपने सगोत्र में ही देना चाहिए, क्योंकि कन्या का दान भाइयों के सारे कुल को, न कि केवल एक भाई को किया जाता है,[360] काणे ने बहुपतीत्व का संकेत माना है।[361]

देवर द्वारा ज्येष्ठ भाई की विधवा पत्नी से विवाह और कन्या का पूरे कुटुम्ब को दिए जाने का उल्लेख बृहस्पति ने भी किया और इसे घृणित प्रथा माना है। उसने पारसीकों में पुत्र द्वारा माता से विवाह का भी उल्लेख किया है।[362] देवन्न भट्ट के स्मृतिचन्द्रिका के 'आह्निक काण्ड' में भी उपरोक्त कथन उद्धृत है।[363]

ग्यारहवीं सदी के इतिहासकार–अरबयात्री अलबीरूनी ने द्रौपदी और पांडवों क़े विवाह का उल्लेख किया है, उसने तद्‌युगीन समाज में उसके अस्तित्व को स्पष्ट रूप से स्वीकार किया है।[364] यद्यपि उसने पंचीर (तिब्बत) के क्षेत्र में बहुपतीत्व के अस्तित्व की सूचना दी है।[365]

मोक्ष (अथवा तलाक)

विवेच्यकाल में 'तलाक' के सन्दर्भ में उल्लेखनीय परिवर्तन परिलक्षित होता है। एक ओर नारी के पुनर्विवाह ओर नियोग प्रथा के विलोपन और दूसरी ओर नारी स्वातंत्र्य पर कड़े नियन्त्रण के साथ-साथ 'तलाक' के अधिकार से वंचित कर दिया गया। परन्तु इसके साथ ही कतिपय व्यवस्थाकारों का दृष्टिकोण नारी के प्रति अपेक्षाकृत उदार रहा है। अत्रिसंहिता में अन्य वर्ण के पुरुष से गर्भधारण करने वाली स्त्री को गर्भ त्याग और प्रथम मासिक धर्म के बाद उसी प्रकार शुद्ध घोषित किया गया है, जैसे आग द्वारा तपने पर सोना।[366] उसी में आगे कहा गया है कि 'यदि स्त्री का किसी से सम्पर्क हो गया हो, अथवा किसी ने बहका दिया हो अथवा किसी ने बलपूर्वक या चोरी से उसका सतीत्व भंग कर दिया हो, तो उस स्त्री का त्याग करना उचित नहीं है क्योंकि वह दुष्कर्म उसकी इच्छा से नहीं हुआ।[367] इसी प्रकार म्लेच्छों द्वारा भ्रष्ट की गई नारी को प्रायश्चित द्वारा अथवा मासिक धर्म हो जाने पर शुद्ध माना गया था।[368] कालिकापुराण में भी एक स्थल पर इसी प्रकार की बात कही गई है। देवलस्मृति में भी स्त्री का म्लेच्छ आदि असवर्ण जातियों द्वारा अपहरण और गर्भ धारण किए जाने पर उसकी शुद्धि करके पुनः ग्रहण करने का विधान निरूपित किया गया है।[369] देवलस्मृति में भ्रूण के निष्क्रमण और पुनः मासिक धर्म होने के पश्चात् नारी को सोने के समान शुद्ध माना गया है।[370] इस उदार दृष्टिकोण के बावजूद हिन्दू नारी को 'तलाक' के अधिकार से वंचित कर दिया गया। जबकि उसके पूर्व गुप्तयुगीन स्मृतियाँ पराशर[371] और नारद[372] यह अधिकार प्रदान करती हैं। परवर्ती स्मृतियों के साथ तुलनात्मक अध्ययन से उपरोक्त परिवर्तन स्पष्ट हो जाता है। पराशर स्मृति के भाष्यकर्ता माधव ने स्त्री का पुनर्विवाह युगान्तर विषय मानते हुए इसे कलिवर्ज्य में शामिल कर पुनर्विवाह की आज्ञा नहीं प्रदान की।[373] यद्यपि कुछ स्मृतियाँ यथा, लघु शातातप नारी के तत्सम्बन्धी अधिकारों का उल्लेख करती हैं।[374] लक्ष्मीधर, कात्यायन और नारद को उद्धृत कर पति-पत्नी में से किसी के कुष्ठ रोगग्रस्त अथवा पापाचारी होने पर तलाक का अधिकार देते हैं।[375] अग्निपुराण[376] ने पाँच आपत्तियों में नारी को पुनर्विवाह की आज्ञा दी। मेधातिथि विधवा को शीलाचरण का निर्देश देते हुए प्रोषितभर्तृका को भी सम्बन्ध विच्छेद अथवा पुनर्विवाह की आज्ञा नहीं देते। उन्होंने सम्बन्ध विच्देद अथवा विक्रय कर दिए जाने पर भी नारी को पति से मुक्त नहीं माना है।[377] विवाहित स्त्री का पुनर्विवाह और औरस तथा दत्तकपुत्र के अतिरिक्त अन्यपुत्र 'कलिवर्ज्य' में सम्मिलित किए गए।[378]

अलबीरूनी स्पष्टतः लिखता है कि, 'सम्बन्ध विच्छेद (तलाक) की प्रथा नहीं है।'[379] यद्यपि कतिपय धर्मशास्त्र विभिन्न रूपों में पुरुष के तलाक के अधिकारों

का उल्लेख करते हैं। मनु ने द्वेष रखने वाली स्त्री को एक वर्ष बाद सहवास की दृष्टि से त्याज्य माना है। इस पर मेधातिथि का विचार है कि, घोर पापिष्ठा स्त्री भी त्याज्य नहीं है।[380] मनु ने कटुभाषिणी स्त्री को त्यागने की आज्ञा दी है। परन्तु मेधातिथि ने इसे कोई गम्भीर दोष न मानकर, इस परित्याग का विरोध किया और स्त्री को क्षम्य माना है।[381] उसी प्रकार याज्ञवल्क्य ने सुरापान करने वाली, अप्रियभाषिणी, व्याधिग्रस्त, बन्ध्या, अर्थनाशी, कन्या ही पैदा करने वाली, पुरुष से द्वेष रखने वाली स्त्री के त्याग का निर्देश दिया है। परन्तु अपरार्क ने एक अन्य स्मृति का उल्लेख किया है कि, 'व्याधिग्रस्त, कन्या पैदा करने वाली, बन्ध्या, पागल एवं जिसे ऋतु न होता हो उसका त्याग पवित्रता के लिए है धर्मतः नहीं।' अर्थात् ये स्त्रियाँ पोषणीय हैं।[382] देवन्न ने इस प्रकार की पत्नी का त्याग केवल शारीरिक सम्बन्ध तक ही सीमित माना है। बौधायन के आधार पर अपरार्क का विचार है कि, 'यदि अग्निहोत्र प्रारम्भ हो चुका हो अर्थात् स्त्री के साथ पुरुष अग्नि होम की क्रिया प्रारम्भ कर चुका हो तो उसका त्याग नहीं करना चाहिए। अग्निहोत्र के पहले द्वितीय भार्या का विधान है।' आपस्तम्ब का भी ऐसा ही विधान है।[383] सुमन्तु के अनुसार, 'जो कन्या कुत्सित हो, अन्य जाति व धर्म की हो, रोगिणी हो, परिणीता हो और क्षतयोनि की हो, उसे त्याग देना चाहिए।' परन्तु अपरार्क क्षतयोनि के त्याग का विरोध करता है, उसे भर्ता द्वारा पोषणीय मानता है।[384] देवन्न भट्ट ने व्यवहारकाण्ड में कतिपय धर्मशास्त्रकारों को उद्धृत किया है। यथा, नारद, यम, वशिष्ठ, हारीत, बौधायन देवल आदि। उसी अध्याय में उद्धृत यम ने अमर्यादित व्यवहार करने वाली स्त्री का त्याग करने की आज्ञा दी है। वशिष्ट ने ऐसी स्त्री का परित्याग करने की आज्ञा दी है, जो अपने को शिष्य, गुरु या पति के हत्यारे को सौंप देती है और जो भिन्न जाति के व्यक्ति के साथ संभोग करती है। परन्तु वशिष्ट के अनुसार, 'ब्राह्मण, क्षत्रिय या वैश्य की स्त्री जिसने किसी शूद्र के साथ व्यभिचार किया हो, यदि उससे कोई सन्तानोत्पत्ति नहीं होती तो वह स्त्री प्रायश्चित द्वारा शुद्ध हो सकती है।'[385] देवन्न भट्ट ने ही बौधायन को उद्धृत करते हुए लिखा है कि, 'बिना सन्तान के नौवें वर्ष, केवल कन्योत्पादन करने वाली को बारहवें वर्ष, जिसकी सन्तान मर जाती है उसे पन्द्रहवें वर्ष और अप्रियभाषिणी को यथाशीघ्र त्याग देना चाहिए।'[386] वेदव्यास ने पति द्वारा धारण किए गर्भ को गिराने वाली स्त्री को महापातकी बताते हुए त्याग देने का आदेश दिया है।[387] आगे उसने त्याज्यनीय स्त्रियों में धूर्त, धर्म और काम का हनन करने वाली, पुत्रहीन, दीर्घ रोगी, कुष्ठ, व्यसनासक्त, अहितकारिणी का उल्लेख किया है।[288] लक्ष्मीधर ने कृत्यकल्पतरु के गृहस्थकाण्ड में 'अधिवेदनम्' अध्याय में नारी की त्याजनीयता का उल्लेख किया है, परन्तु विभिन्न स्थितियों में नारी के प्रति उनका उदार दृष्टिकोण परिलक्षित होता है। इस प्रकार पूर्वमध्ययुगीन व्यवस्थाकारों ने नारी के प्रति उदार दृष्टिकोण रखते हुए भी उसे तलाक के अधिकारों से वंचित कर दिया।

सन्दर्भ

1. मत्स्यपुराण, 154.152-3; ज. शं. मिश्र, प्रा. भा., सा. इ. पृ. 249 में उद्धृत।
2. सखाऊ, जिल्द 2, पृ. 131; ज. शं. मिश्र, ग्यारहवीं सदी का भारत, पृ. 136 में उद्धृत।
3. मनु पर कुल्लूक और मेधातिथि का भाष्य, 9.45
4. वही, 9.46
5. वही, 9.28
6. वही, 9.27-28
7. अपरार्क और मिताक्षरा, 1.74, पृ. 101 तथा पृ. 29
8. अपरार्क, 1.74, पृ. 101
9. वही, 1.89, पृ. 114
10. देखिए–आश्रम व्यवस्था के अध्याय में गृहस्थाश्रम के अन्तर्गत।
11. सखाऊ, जिल्द 2, पृ. 155 ज. शं. मिश्र, पूर्वोद्धृत, पृ. 135
12. अपरार्क, 1.73, पृ. 101 में उद्धृत।
13. मेधातिथि, 9.88
14. अपरार्क, 1.73, पृ. 101 में उद्धृत।
15. तैत्तरीयसंहिता, 6.3.10.5; ज. शं. मिश्र प्रा. भा. सा. इ., पृ. 254 में उद्धृत।
16. अपरार्क, 1.121, पृ. 163
17. कापड़िया, हिन्दू विवाह एवं परिवार, पृ. 149
18. अल्तेकर, द पोजीशन आफ वीमन इन हिन्दू सिविलाइजेशन, पृ. 32-34
19. बी. भट्टाचार्य, द कलिवर्ज्याज़,, पृ. 13-14
20. कुप्पूस्वामी, सोशल चेन्ज इन माडर्न इण्डिया, पृ. 182; निर्मलकुमार बोस, हिन्दू मेथड आफ ट्राइबल एबज़ार्पशन, कल्चरल एन्थ्रोपोलाजी एण्ड एसेज़ में संकलित लेख, पृ. 156-70
21. कृत्य, गृहस्थकाण्ड, पृ. 76-78 में उद्धृत मनु, देवल, व्यास, संवर्त, यम, हारीत, आपस्तम्ब, बौधायन, शंख लिखित, ब्रह्मपुराण आदि तथा मिताक्षरा, 1.58 पृ. 24 तथा स्मृ. च., आ. का., पृ. 149
22. वही, पृ. 79 में उद्धृत शंखलिखित, और पैठीनसि, 'तन्त्र सवर्णः सवर्णाय विदितों विदिताय नग्निका दद्यात्स ब्राह्मः'।
23. वही, पृ. 79
24. वही, पृ. 82-83 में उद्धृत मनु, देवल, यम, हारीत, बौधायन आदि; मेधातिथि, 3.28, पृ. 251, 'प्रवृत्ते यशे ऋत्विजे यां ददाति स देवो विवाहः।' तथा कुल्लुक, 3.28; मिताक्षरा, 1.59, पृ. 24; अपरार्क, 1.59, पृ. 89; स्मृ च., आ. का, पृ. 150
25. वही, पृ. 83
26. वही, पृ. 83-84 में उद्धृत मनु, देवल, शंखलिखित, बौधायन, मेधातिथि 3.29, पृ. 251, मिताक्षरा 1.59, पृ. 24, अपरार्क 1.59, पृ. 89 स्मृ. च., आ. का, पृ. 150
27. कृत्य., गृहस्थकाण्ड, पृ. 83 पर उद्धृत देवल।

28. अपरार्क, 1.59, पृ. 89
29. मेधातिथि, 3.29, पृ. 251
30. कृत्य. गृहस्थकाण्ड, पृ. 89 पर उद्धृत यम।
31. वही, पृ. 89
32. स्मृ. च., आ. का, पृ. 152
33. कृत्य. गृहस्थकाण्ड में उद्धृत मनु, देवल, गौतम, विष्णु; तथा मेधातिथि, 3.30, पृ. 252; मिताक्षरा, 1.60, पृ. 24; अपरार्क, 1.60, पृ. 89 तथा स्मृ. च., आ. का. पृ. 150
34. मेधातिथि, 3.30, पृ. 252
35. संस्कारकौस्तुभ, पृ. 732
36. गौ. ध. सू., 1.4.5 पर हरदत्त का भाष्य, पृ. 39
37. मनु पर नन्दन की टीका, 3.30, 'अह गृहस्थाश्रमस्य एव धर्म चारित्यामि नान्याश्रमस्थः।' दास, वीमन इन मनु एण्ड हिज़ सेवेन कामेन्टेटर्स, पृ. 117 पर उद्धृत।
38. कृत्य. गृहस्थकाण्ड, पृ. 85
39. नि. सि., पृ. 607
40. अपरार्क, 1.59, पृ. 89 पर उद्धृत देवल।
41. कृत्य. गृहस्थकाण्ड, पृ. 86; अपरार्क, 1.59, पृ. 89; मिताक्षरा, 1.59 तथा स्मृ. च., आ. का., पृ. 150
42. मेधातिथि, 3.31, पृ. 252
43. कृत्य, गृहस्थकाण्ड, पृ. 87-88; स्मृ. च., आ. का., पृ. 151:53
44. वही, पृ. 88
45. वही, पृ. 89-90
46. वही, उद्धृत कश्यप।
46. स्मृ. च., आ. का., पृ. 153 तथा द्रष्टव्य पादटिप्पणी।
(मनु का यह कथन मनुस्मृति के वर्तमान संस्करण में कहीं नहीं मिलता।)
48. अपरार्क, 1.59, पृ. 89; कुल्लूक, 3.32; मिताक्षरा, 1.59; स्मृ. च., आ. का., पृ. 150
49. कृत्य, गृहस्थकाण्ड, पृ. 91-92
50. वही
51. वही, पृ. 73
52. अपरार्क, 1.60 पृ. 89; मिताक्षरा, 1.60; मेधातिथि, 3.33; स्मृ. च., आ. का., पृ. 150; कृत्य गृहस्थकाण्ड, पृ. 93-94 पर उद्धृत-मनु, देवल आश्वलायन, हारीत, वसिष्ठ आदि।
53. मेधातिथि और कुल्लूक, 3.33
54. कृत्य, गृहस्थकाण्ड, पृ.76 'शुल्केन पाणिंत्वाददतो राक्षस'।
55. अपरार्क, 1.59, पृ. 89; मिताक्षरा, 1.59; मेधातिथि और कुल्लूक, 3.34; स्मृ. च., आ. का, पृ. 151
56. स्मृ. च., आ. का, पृ. 151 पर उद्धृत वशिष्ठ।

57. मेधातिथि, 3.34
58. कृत्य., गृहस्थकाण्ड, पृ. 95-97
59. मनुस्मृति, 3.23-24, 26
60. मेधातिथि, 3.25, पृ. 248,'प्राजापत्यः क्षत्रियादीनामप्राप्तोऽपि विधियते, राक्षसोऽपि वैश्यशूद्रयोः'।
61. वही
62. वही, पृ. 249, 'एवं वैश्यशूद्रयोरपि प्राजापात्यो नित्यवदाम्नातो न प्रतिषिद्धः। आसुर पैशाचो तु तयोर्विहितप्रतिषिद्धौ।'
63. वही, 3.24, पृ. 248 तथा कुल्लूक, 3.24
64. वही 3.25, पृ. 249, 'ब्राह्मणस्य पैशाचो नैवास्ति क्षत्रियादीनां ब्राह्मदैवाषां इति स्थितम्'।
65. अपरार्क, 1.61, पृ. 91-92
66. कृत्य., गृहस्थकाण्ड, पृ. 70-73
67. मेधातिथि, 3.34, पृ. 254, '....अनामिकमन्त्रकम' इति, तद्दर्शनेन पाणिग्रहण संस्कारोऽस्ति, मन्त्रादिवर्जितस्तु।' तथा 8.226, पृ. 809
68. स्मृ. च. आ. का, पृ. 151
69. अपरार्क, 1.61, पृ. 90
70. मालतीमाधवम्, अंक 2, पृ. 111; नागानन्दनाटकम्, पृ. 80, वासवदत्ता, पृ. 211
71. मेधातिथि, 3.3, पृ. 233
72. ई. आई., जि. 18, पृ. 235
73. दशकुमारचरित, अंक 2, पृ. 199 तथा पृ. 248
74. कथासरित्सागर, खंड 1, पृ. 225
75. पृथ्वीराजरासो, 46.8, 'वालीय विधिविहीना, संजोद्य जोगिना पानी'।
76. काणे, धर्मशास्त्र का इतिहास, प्रथम भाग, पृ. 298
77. ऋग्वेद, 10.27.12., पृ. 648
78. वही, 10.85.29 और 37, पृ. 698-99
79. काणे, धर्मशास्त्र का इतिहास, प्र. भाग, पृ. 274 पर उद्धृत।
80. वही
81. कृत्य, गृहस्थकाण्ड, पृ. 45 पर उद्धृत महाभारत, 'षोडशवर्षां भार्या विन्देत नग्निकाम्।'
82. गौ. ध. सू., 2.9.21-22, पृ. 194
83. मनुस्मृति, 9.94
84. याज्ञवल्क्य, 1.64
85. मनुस्मृति, 9.89
86. गौ. ध. सू., 2.9.20, पृ. 194
87. नारदस्मृति, 12.26, पृ. 170
88. प. मा. जि. 2-3, पृ. 120 पर उद्धृत बृहस्पति।
89. वही, पृ. 120-121।
90. वही

91. कामसूत्र, 3.12
92. अंगिरा, 126-8, पृ. 6; अपरार्क, 16.4, पृ. 93 तथा कृत्य गृ. का., पृ. 52; काश्यप और स्मृ. च., आ. का, पृ. 141 पर उद्धृत यम का भी यही मत है।
93. प. मा., जि. 2-3, पृ. 120
94. बृहद्धर्मस्मृति, 3.21, पृ. 101
95. संवर्त्तस्मृति, 65, पृ. 414
96. स्मृ. च., आ. का, पृ. 139 पर उद्धृत यम।
97. कृत्य, गृ.का, पृ. 54-55 में उद्धृत कश्यप व भविष्यपुराण।
98. वेदव्यास, 2.3, पृ. 359
99. शंखस्मृति, 15.8, पृ. 388
100. संवर्त्तस्मृति, 65-67, पृ. 414-15 तथा अपरार्क, 1.64, पृ. 93 में भी उद्धृत, इसी सन्दर्भ में देखें—स्मृ. च., आ. का, पृ. 140 पर मरीचि व कृत्य, गृ. का., पृ. 53 पर उद्धृत पैठीनसि।
101. वही, 64 पृ. 414 तथा कृत्य, गृ. का, पृ. 54 और स्मृ. च., आ. का., पृ. 139 पर भी उद्धृत।
102. कृत्य, गृ. का., पृ. 54 में उद्धृत अंगिरा और कश्यप; अत्रिसंहिता, 194, पृ. 17; अग्निपुराण पंचषटययधिकशतमोध्यायः 19
103. मेधातिथि, 9.88, पृ. 910; कुल्लूक, 6.88
104. अपरार्क, 1.64, पृ. 93
105. कृत्य गृ. का., पृ. 49; अपरार्क, 1.64, पृ. 93 तथा स्मृ. च., आ. का. पृ. 142 पर उद्धृत बौधायन।
106. अपरार्क, 1.64, पृ. 93 पर उद्धृत विष्णु।
107. स्मृ. च., आ. का, 'कन्यादान फलम्', पृ. 140 पर इसी सन्दर्भ में बृहस्पति यम भी उद्धृत हैं।
108. वही, पृ, 141-142 में उद्धृत मनु व बौधायन तथा कृत्य गृ. का. पृ. 51-52 में उद्धृत बौधायन।
109. नी. वा., 31.1, पृ. 185
110. बह्मपुराण, 165.7, पृ. 861
111. वही, 165.12-14, पृ. 862
112. कृत्य, गृ. का., पृ. 55 पर उद्धृत भविष्यपुराण।
113. नि. सि., पृ. 600; ध. सि., पृ. 483
114. कल्किपुराण, 5.1
115. वही, 11.23
116. आवश्यकचूर्णी, पृ. 526; महानिशिथ, पृ. 24, जगदीशचन्द्र जैन, जैन आगम साहित्य में भारतीय समाज, पृ. 270 पर उद्धृत।
117. जगदीशचन्द्र जैन, जैन आगम साहित्य में भारतीय समाज, पृ. 253 पर उद्धृत।
118. सखाऊ, जि. 2, पृ. 154
119. उत्तररामचरित, 1.20

120. यादव, सो. क. ना. इ., पृ. 70 पर उद्धृत कलाविलास।
121. पृथ्वीराजरासो, 13.38, पृ. 309
122. कथासरित्सागर, खण्ड 1, पृ. 487
123. वासवदत्ता, पृ. 211, 'यौवनातिक्रमदोषशंकिना पित्रा हठेन...पाणिग्रहर्णन् दातव्येति निश्चिता।'
124. व. ध. सू. 1.24; बौ. ध. सू., 1.8.2:5; याज्ञ. स्मृ. 1.57; मनुस्मृति, 3.13
125. मनुस्मृति 10.41
126. गौ. ध. सू. 1.4.20-21, प्रतिलोमास्तु धर्महीना। शूद्रायां च।
127. कृत्य, व्यव. का., पृ. 817 पर उद्धृत विष्णु, 'प्रतिलोमास्त्वार्य विगर्हिताः'।
128. मेधातिथि व कुल्लूक, 10.41 अपरार्क व मिताक्षरा, 1.95
129. कृत्य व्यय. का., पृ. 287 पर उद्धृत देवल,
व्रतहीना असस्काराः सवर्णस्वपि ये पुनः।
उत्पादिता भवेयुस्ते व्रात्या इव बहिष्कृताः॥
130. मनुस्मृति, 9.153; याज्ञ. स्मृ., 2.125
131. विश्वरूप, 3.283; काणे, पूर्वोद्धृत, पृ. 278 पर उद्धृत।
132. मेधातिथि, 3.14
133. अपरार्क, 1.56, पृ. 87, '...तत्तयोरत्यन्तप्रतिषेधार्थ न वैश्यादिप्राप्त्यर्थर्म्॥
134. मेधातिथि, 3.18; इस सन्दर्भ में देखें—कृत्य, गृ. का., भूमिका, पृ. 20
135. अपरार्क, 1.88, पृ. 113
136. कृत्य, गृ. का., पृ. 40 पर उद्धृत विष्णु व इस सन्दर्भ में देखें—भूमिका, पृ. 44
137. वही, पृ. 42-44
138. शंखस्मृति, 4.9 पृ. 376
139. वही, 4.12 तथा कृत्य, गृ. का. पृ. 41-42 में भी उद्धृत।
140. वैद्या, हिस्ट्री ऑफ हिन्दू मिडिवल इण्डिया, पृ. 193-4
141. कृत्य, गृ. का., पृ. 38 तथा द्रष्टव्य भूमिका, पृ. 44-45
142. बृहन्नारदीयपुराण, 22.13, पृ. 294; स्मृ. च., आ. का., पृ. 21; प. मा., आ. का, पृ. 123; चतुर्विंशमत, पृ. 50; नि. सि., पृ. 737 पर उ्‌ृत बृहन्नारदीयपुराण; ध. सि. पृ. 705
143. राजतरंगिणी, 7.10
144. वाटर्स, जि. 1, पृ. 168
145. वैद्या, पूर्वोद्धृत, पृ. 180
146. सखाऊ, जि. 2, पृ. 155-6
147. वही, पृ. 156
148. बौ. ध. सू. 1.8.6,
149. मनुस्मृति, 10.6
150. मेधातिथि, 10.6
151. विष्णुस्मृति, 16.2
152. अपरार्क, 1.91, पृ. 117 पर उद्धृत, 'अनुलामास्तु मातृसवर्णाः।

153. शंखस्मृति, 1.92, पृ. 118
154. सखाऊ, जि. 2, पृ. 156
155. मिताक्षरा, 1.91
156. औशनस, 38-39, पृ. 47,
'नृपाज्जातोऽथ गृहयायां वैश्यायां विधिना सुतः ॥
वैश्यवृत्या तु जीवेत न क्षात्रं धर्ममाचारेत् ।'
157. वही, 28, पृ. 47, 'नृपायां विधिना विप्राज्जातो नृप इति स्मृतः'।
158. मनुस्मृति, 9.153
159. याज्ञ. स्मृ. 2.125
160. बृहस्पतिस्मृति, 25.30, पृ. 374
161. वही, 25.32, पृ. 375
162. मेधातिथि, 9.153
163. मिताक्षरा, 2.125; अपरार्क 2.125; प. मा., व्य. का, जिल्द 2-3, पृ. 343
164. प. मा., व्य. का, जि. 2-3, पृ. 344 पर उद्धृत देवल।
165. विश्वरूप, 2.129
166. स्मृ. च. व्यव., पृ. 628
167. अपरार्क, 1.66, पृ. 95 पर उद्धृत नारद।
168. वेदव्यास स्मृति, 2.1-4, पृ. 359
169. स्मृ. च., आ. का., पृ. 131
170. कृत्य, गृ. का. पृ. 11
171. स्मृ. च. आ. का., पृ. 131
172. वही, पृ. 131; कृत्य गृ. का, पृ. 29-30 तथा प.मा., जि. 1, पृ. 463 में उद्धृत विष्णुपुराण। इस सन्दर्भ में और भी देखें--बृहन्नारदीय-पुराण, 24.5-13, पृ. 307-8
173. स्मृ. च., आ. का, पृ. 133 तथा प. मा., जि. 1, पृ. 477 पर उद्धृत यम।
174. वही, पृ. 133 तथा मनुस्मृति, 3.7
175. मेधातिथि, 3.7; कुल्लूक, 3.7
176. याज्ञ. स्मृ. 1.53; प. मा., जि. 1, पृ. 478 तथा स्मृ. च., आ. का, पृ. 134 पर उद्धृत याज्ञवल्क्य।
177. प. मा., जि. 1, पृ. 478, 'कुलानुरूपाः प्रजाः सम्भवन्ति' इति हारीत वचनात्।
पुराणेऽपि— मातुतान् भजते पुत्रः कन्यका भजते पितृन।
यथाशीला भवेन्माता तथाशीलोभवेत् सुतः'—इति।
178. स्मृ. च., आ. का, पृ. 132; पर उद्धृत मनु. आपस्तम्ब, यम आदि; कृत्य गृ. का., पृ. 27 पर उद्धृत मनु
179. मेधातिथि, 3.9
180. वही, 3.8
181. अपरार्क, 1.53, पृ. 20 पर उद्धृत मनु तथा स्मृ. च., आ. का., पृ. 117; प. मा. जि. 1, पृ. 474-75 में उद्धृत मनु और वशिष्ठ।
182. मेधातिथि, 3.11

183. कुल्लूक में उद्धृत गोविन्दराज, 3.11
184. वही, 3.11
185. चतुर्विंशमत, पृ. 51; स्मृ. च., आ. का., पृ. 21; नि. सि., पृ. 770 आदि।
186. कृत्य, गृ. का., भूमिका, पृ. 29
187. वही, व्यय. का, पृ. 380 तथा नारदस्मृति, 4.11
188. कृत्य, गृ. का., पृ. 33
189. स्मृ. च., आ. का., पृ. 132-33
190. शतपथब्राह्मण, 1.2.5.16; काणे, पूर्वोद्धृत, पृ. 270 पर उद्धृत।
191. कृत्य, गृ. का., पृ. 11-23 में उद्धृत भविष्यपुराण।
192. अग्निपुराण, 'चतुश्चत्वारिंशदधिकद्विशततमोऽध्यायः, 1-2
193. स्मृ. च., आ. का, पृ. 137 पर उद्धृत, आपस्तम्ब व गौतम। तथा स्मृ. च., आ. का., पृ. 138 तथा कृत्य., गृ. का., पृ. 34 में उद्धृत शातातप; प. मा., जि, 1. पृ. 479 पर उद्धृत यम; मिताक्षरा, 1.55; अपरार्क, 1.55, पृ. 87
194. स्मृ. च. आ, का., पृ. 137-138
195. मेधातिथि व कुल्लूक, 3.2
196. मिताक्षरा और अपरार्क, 1.55; कृत्य गृ. क़ा. पृ. 35-37; प. मा., जिल्द 1, पृ. 480; स्मृ. च., आ. का, पृ. 138
197. नारदस्मृति, 12.8-19
198. कृत्य, गृ. का, पृ. 32
199. प. मा., जि. 1, पृ. 48।
200. हिरण्यकेशिगृह्यसूत्र, 1.19.2; गोभिल, 3.4..4 एवं आ. ध. सू., 2.5.11-15; काणे, पूर्वोद्धृत, पृ. 271 पर उद्धृत।
201. गोभिल, 3.4.5; बैखानस 3.2; आ. ध. सू., 2.5.11.16 के मत में कन्या सपिण्ड नहीं होनी चाहिए, अर्थात् उसे वर की माता का सम्बन्धी नहीं होना चाहिए—काणे, पूर्वोद्धृत, पृ. 272
202. स्मृ. च., आ. का, पृ. 116 पर उद्धृत मत्स्यपुराण तथा ब्रह्मपुराण, 22.1.73; वृहन्नारदीयपुराण, 24.4
203. वही, पृ. 125-6
204. मिताक्षरा, 1.53
205. वही, 1.53 'त्रीनतीत्य मातृतः पन्चातीत्य च पितृतः इति च पैठीनसिना।' स्मृ. च., आ. का., पृ. 126; कृत्य., गृ. का, पृ. 8,
206. कृत्य, गृ. का., पृ. 8, 'अत्र च समानजातीये पंच, असमान जातीये त्रीनिति व्यवस्थितो विकल्पः।'; तथा प. मा., जि. 1, पृ. 467-468
207. स्मृ. च., आ.का., पृ. 123 तथा नि. सि., पृ. 738 में भी व्यास उद्धृत।
208. कृत्य, गृ. का, पृ. 11
209. वही, पृ. 10
210. नि. सि., पृ. 577-79
211. ध. सि, पृ. 442

212. शंखस्मृति, 4.1, पृ. 376
213. स्मृ. च., आ. का, पृ. 118
214. वही, पृ. 118
215. अपरार्क, 1.53, पृ. 80
216. स्मृ. च., आ. का, पृ. 119 पर उद्धृत तथा कुल्लुक 3.11; कृत्य., गृ. का., पृ. 31
217. वही, पृ. 119
218. वही, पृ. 80
219. मेधातिथि, 3.5, पृ. 236, तथा मनु पर कुल्लूक का भाष्य, 3.5, पृ. 100
220. मेधातिथि, 3.11, पृ. 242
221. कृत्य. गृ. का., पृ. 31 तथा कुल्लूक, 3.11
222. मेधातिथि, 3.5, 'वसिष्ठे तु मातृसगोत्राया अपि प्रतिषेध'।
223. कुल्लूक, 3.5
224. आपस्तम्बधर्मसूत्र पर हरदत्त का भाष्य, 2.5.11-16, पृ. 279-281 कृत्य, गृ. का., पृ. 9 तथा नि. सि. पृ. 590 पर उद्धृत सुमन्तु।
225. नि. सि., पृ. 738; इसके समर्थन में आदित्यपुराण को भी उद्धृत किया गया है। देखिए—वही, पृ. 581; 'गोत्रान्मातुः सपिण्डाच्च विवाहो गोवधस्तथा। इत्यादित्यपुराणात्।'
226. वही, पृ. 598
227. मेधातिथि, 3.5, 'शूद्रस्यापि आ सप्तमात्पितृतः पंचमानयातृत इत्यस्ति।
228. नि. सि., पृ. 578
229. ऋग्वेद, 10.85.13, पृ. 697, 'सूर्याया वहतुः प्रागात् सविता यमवासृजत्।
230. हरदत्त वेदालंकार, हिन्दू विवाह का संक्षिप्त इतिहास, पृ. 215, पादटिप्पणी।
231. महा., 1.102.13, पृ. 315, अलंकृत्य यथाशक्ति प्रदाय च धनान्यपि।
232. वही, 1.220.33, पृ. 627, तथा 1.220.44, हरणं वै सुभद्राया जातिदेयं महायशाः॥
233. शाकम्भरी जयाल, द स्टेट्स आफ वीमन इन द इपिक्स, पृ. 65
234. धम्मपद टीका, 1.7.3; ज. शं. मिश्र, प्रा. भा. सा. इ. पृ. 297 पर उद्धृत।
235. दशकुमारचरित, पृ. 37, अंक 8, 'सुवस्तु संपदा श्वसुरेण संमानितोऽभूत'।
236. कथासरित्सागर, खण्ड 1, पृ. 229
237. वही, पृ. 271
238. वही, खण्ड, 2, पृ. 241
239. पृथ्वीराज रासो, भाग 1, 1.36
240. राजतरंगिणी, 4.2
241. इलियट. जि. 1, पृ. 154
242. वही, जि. 2, पृ. 119
243. यात्रा विवरण, पृ. 245
244. सखाऊ, जि. 2, पृ. 154
245. वही, पृ. 164
246. मनुस्मृति, 9.118
247. याज्ञवल्क्य, 2.124

248. नारद, 13.13, पृ. 192
249. अपरार्क, 2.124, पृ. 731
250. याज्ञ.स्मृ. विद द कमेन्ट्रीज आफ द मिताक्षरा, वीरमित्रोदय एण्ड दीपकलिका, जि. 2, भाग 4, 2.124, पृ. 1030
251. वही तथा मनु. 9.118
252. वही
253. वही, पृ. 1032
254. वही
255. कुल्लूक व मेधातिथि, 9.118
256. मेधातिथि, 9.118, पृ. 919
257. मेधातिथि, 9.88, 'धनार्थिनोऽपि बालां विवाहयन्ति'।
258. त्रि. श. पु. च., पर्व 1-2, पृ. 66 (श्री विजयदेव संघ सिरीज)
259. प. मा., जि. 2 और 3, पृ. 44, नष्टे मृते प्रव्रजिते क्लीवे च पतिते पतौ।
पंचस्वापत्सु नारीणां पतिरन्यो विधियते ॥
260. नारद, 12.97
261. वही, पृ. 1.40
262. प. मा. जि. 2 और 3, पृ. 44
263. अग्निपुराण (पंचाश्दशाध्किशततमोऽध्यायः)
नष्टे मृते प्रव्रजिते च पतितेपतौ'।
पञ्चस्वापस्तु नारीणों पतिरन्यो विधियते ॥
264. कृत्य. व्यव. का. पृ. 641, मृते भर्त्तरि जीवे वा स्त्री विन्देतापरं पतिम।
सन्तत्यनाशार्थतया न स्वातन्त्र्येण पोषितः ॥
265. कथा, खण्ड 2, पृ. 599
266. वही, पृ. 981
267. प्रबंधचिन्तामणि, पृ. 155-56; ज. शं मिश्र, प्रा. भा. सा. इ. में उद्धृत।
268. महानिशीथ, पृ. 24, ज. च. जैन, आगम साहित्य में भारतीय समाज, पृ. 270 पर उद्धृत।
269. मेधातिथि, 5.155
270. वही, 9.65, पृ. 902
271. वही, 9.69-70
272. मिताक्षरा, 1.127
273. वही
274. अपरार्क, 1.69, पृ. 98, स्त्रीणां, पुनर्विवाहस्तु देवरात्पुत्रसंततिः।
स्वातन्त्र्यं च कलियुगे कर्तव्यं न कदाचन।
यतः पातकिनो लोके नराः सन्ति कलौ युगे' इति ॥
275. कुल्लूक, 9.65, पृ. 471, न च विवाहविधायकशास्त्रेऽन्येन पुरुषेण स
पुनर्विवाह उक्तः ॥
276. वही, 8.226, पृ. 413, 'क्षतयोनिविवाहस्याधर्मत्वोपदेशः'।

277. स्मृ. च., आ. का. पृ. 145
278. वही, पृ. 144
279. वही, पृ. 20
280. बृहस्पति, 24.14
281. अपरार्क, 1.69, पृ 98
282. मिताक्षरा 2.133
283. लध्वाश्वलायन स्मृति, 14-15, पृ. 172-173
संस्कार्य (यौ) विधिवच्योक्तं (क्तौ) मुनिभिः कुण्ड गोलकौ। युगान्तरे समर्ध। (धर्मः) स्यात्कलौ निन्ध इति स्मृतः।
परिव (वि) च्यां सुतः कुण्डो व्यभिचारसमुद्भवः। गोलकी विधवायां च निषिद्धः स्यात्कलौ स्मृतः।
284. प. मा., व्यव. का., पृ. 522
285. स्मृ. च., आ., का., पृ. 20-21 तथा व्यव. पृ. 585 तथा पृ. 628
286. लध्वाश्वलायन स्मृति, 11, पृ. 172
287. इलियट. पृ. 78
288. वही, पृ. 139
289. सखाऊ,, जि. 2, पृ. 155
290. वही
291. गौ. ध. सू., 2.9 4-8, पृ. 191
292. कृत्य, व्यव का., पृ. 720-721 में उद्धृत वसिष्ठ, विष्णु, मनु, याज्ञवल्क्य, बौधायन आदि। 'मृतस्य प्रसूता यः क्लीवस्य व्याधितस्य वाऽन्येनामृतः स्वक्षेत्रे सक्षेत्रजः।'
293. देवीभागवतपुराण, 6.25.3
294. अग्निपुराण, (चतु पंचशदधिकशततमोऽध्यायः श्लो.–6) 'मृते तु देवरे देयात्'।
295. कृत्य व्यव. का, पृ. 640
296. वही, पृ. 638
297. वही, पृ. 643 पर उद्धृत वसिष्ठ, रिक्थलोमान्नास्ति नियोगः। प्रायश्चितं वाप्युपदश्यनियुंजयादित्येके।
298. वही, पृ. 643 पर उद्धृत, 'द्विजस्य स्त्रीषु धर्मोऽयं'।
299. अत्रिसंहिता, 186-87,, पृ. 17,–चाण्डाल म्लेच्छ श्वपतकपाल व्रतधारिणः॥
अकामत स्त्रियो गत्वापराकेण विशुध्यति।...
300. मेधातिथि, 9.64, 'पूर्वेण विहितस्य नियोगस्य प्रतिषेधोऽयम्'।
301. वही, 9.69-70
302. बृहस्पति स्मृति, 14.12-14
303. अपरार्क, 1.69, पृ. 97; कृत्य व्यव. स्त्री पुंयोग अध्याय, पृ. 643;
कुल्लूक, 9.68
304. कृत्य, व्यव. का., पृ. 643 पर उद्धृत मनु, 64-67
305. अपरार्क, 1.69 पर उद्धृत ब्रह्मपुराण, स्त्रीणां पुनर्विवाहस्तु देवरात्पुत्रसंततिः॥
स्वातत्र्यं च कलयुगे कर्तव्य कदाचन।
यत पातकिनो लोके नराः सन्ति कलौ युगे' इति

306. अपरार्क, 1.156, पृ. 233
307. कुल्लूक, 9.69–'अयं च स्वोक्तनियोगनिषेधः कलियुग विषयः'।
308. वही
309. मिताक्षरा, 2.127, अत्रापि नियोगो वाग्दत्ताविषय एव, इतरस्य नियोगस्य मनुनानिषिद्ध त्वात्–। तथा प. मा. जिल्द 2 व 3 पृ.350
310. स्मृ. च., व्यव. का, पृ. 534
311. वही, आ. का, पृ. 148-9
312. वही, पृ. 20
313. नारदस्मृति, 11.80-81 तथा कृत्य, व्यव. का., पृ. 630-40 में उद्धृत।
314. नारद, 1.40, पृ. 15, पा. टि.।
315. बृहन्नारदीयपराण, 22.14, पृ. 294; स्मृ. च. व्यव. पृ. 628; नि. सि., पृ. 737 पर उद्धृत बृहन्नारदीयपुराण और पृ. 738 पर हेमाद्रि द्वारा उद्धृत आदित्यपुराण; चतुर्विंशमत, पृ. 50-51; ध. सि0, पृ. 705 आदि।
316. ऋग्वेदसंहिता (संपा. पं. श्रीपाद दामोदर सातवलेकर, स्वाध्याय मंडल, पारडी) 1. 145, पृ. 749 में पत्नी (इन्द्राणी) द्वारा सपत्नीकों के प्रति पति के प्रेम को कम करने के लिए मंत्र है; 10.159, पृ. 755 में शची द्वारा सपत्नीयों के वध की चर्चा है।
317. वही, 1.105.8, पृ. 75, सं. मा तपन्त्यमितः सपत्नीरिव पर्शवः।
318. शतपथब्राह्मण, 13.4.119; काणे, धर्मशास्त्र का इतिहास, प्र. भाग, पृ. 312 पर उद्धृत।
319. वसिष्ठ, 1.24, पृ. 188; बौधायन, 1.8.2-5, पृ. 438
320. मनुस्मृति, 3.13, पृ. 102; याज्ञवल्क्य, 1.57, पृ. 33
321. ऋग्वेद, 5.3.2, पृ. 281, 8.31.5, पृ. 497
322. आ. ध. सू., 2.5.12, पृ. 277, धर्मप्रजा संपन्न दारेनऽन्यां कुर्वीत।;
गौ. ध. सू., 'धर्मप्रजा सम्पन्न दारेनान्यां कुर्वीत, अन्तरापाये तु कुर्वीत;
मेधातिथि द्वारा उद्धृत, 3.12
323. कृत्य, गृ. का, भूमिका, पृ. 43
324. नारद, 1.180
325. वही, 12.95 तथा कृत्य, गृ. का, पृ. 105 पर उद्धृत।
326. कृत्य, गृ. का. भूमिका, पृ. 43-44
327. मेधातिथि, 3.12
328. अपरार्क, 1.73, पृ. 101, 'यत्तु द्वितीयभार्यापरिग्रह पुनराधानवचनं, तत्पूर्व भार्यायामधर्मसंम्पन्नागां मृतायां वेति वेदितव्यं, न तु द्वितीयविवाह मात्र इति।'
329. वही, 1.73, पृ. 101
330. कृत्य, गृ. का., पृ. 44
331. कृत्य, व्यव., का. पृ. 635 पर उद्धृत वृहस्पति, 'शरीरर्धस्मृता नारीपुण्यापुण्यफले समा।'
332. स्मृ. च., व्यव., का., पृ. 523
333. काव्यमीमांसा, पृ. 54

334. दक्षस्मृति, 4-7, पृ. 79, 'दुःखन्विता कलिर्मेदश्छिद्रं पीडा परस्परम्।
प्रतिकूलकलत्रस्य द्विद्वारस्य विशेषतः ॥

335. नि. सि., पृ. 642, 'तृतीय विवाहे निषेधो मात्स्ये--उद्वहेद्रतिसिद्धयर्थ तृतीयां न कदाचन्।...' मोहाद ज्ञानतो वापि यदि गच्छेतु मानुषीम्। नश्चयत्येव न सन्देहो गर्भस्य वचनं, यथा। इति।

336. ध. सि., पृ. 527

337. नि. सि., पृ. 643, 'तृतीयो द्वाहजं पापं मृत्युं चाशु विनाशय ॥ इति ॥' तथा ध. सि. , पृ. 527 में भी।

338. हिस्टारिकल एण्ड लिटरेरी इन्सक्रीप्सन, पृ. 158-9

339. एपि, इ., जि. 22, पृ. 56

340. सी. आई. आई., जि. 4, भाग 2, पृ. 489

341. राजस्थान., पृ. 137

342. सी. आई. आई., जि. 4, भाग 1, पृ. 297; वही, भाग , पृ. 526-27

343. वैजयन्ती, 3.7.31-34 पृ. 77

344. द स्ट्रगल फार इम्पायर, पृ. 479 पर उद्धृत।

345. कृत्य, गृ. का., भूमिका, पृ. 44

346. कुट्टनीमतम्, 165-167

347. तै. सं., 6.6.4.3.; काणे, धर्मशास्त्र का इतिहास, प्रथम भाग, पृ. 314 पर उद्धृत।

348. महाभारत, आदिपर्व, 195.7, पृ.562, अधर्मोऽयं मम मतोविरुद्धो लोकवेदयोः तथा वही, 194.28, पृ. 561, लोकर्वेदे विरुद्धं त्वं नाधर्म धर्मविच्छुचिः।

349. वही, 196, पृ. 564-569, इससे पूर्व अध्याय 195 में व्यास इस वैवाहिक सम्बन्ध को 'लोक-वेद विरुद्ध धर्म' कहते हैं–
'अस्मिन् धर्म विप्रलब्धे लोकवेदविरोधके'। श्लो 6, पृ. 562

350. वही, 194.27, पृ. 561

351. के. एम. कापड़िया–भारतवर्ष में विवाह एवं परिवार, पृ. 57

352. वही, पृ. 56

353. महाभारत, आदिपर्व, 195.14 तथा 195.15, पृ. 563

354. वही, 194.29, पृ. 561, पूर्वेषामानुपूर्व्येण यातं वर्त्मानुयामहे'।

355. कापड़िया, पूर्वोद्धृत, पृ. 56

356. जे. जाली, हिन्दू ला एण्ड कस्टम्स, पृ. 104, पादटिप्पणी।

357. महाभारत, आदिपर्व, 104.35 पर नीलकण्ठ का भाष्य, काणे, धर्मशास्त्र का इतिहास, प्रथम भाग, पृ. 315

358. मनुस्मृति, 9.182

359. जे. जाली पूर्वाद्धत, पृ. 103

360. आ. ध. सू. 2.10.27.2-3

361. काणे, धर्मशास्त्र का इतिहास, प्रथम भाग, पृ. 315

362. बृहस्पति, 27.19-21, पृ. 389

363. स्मृ. च. आ. का., पृ. 18

364. सखाऊ, जि. 2, पृ. 108
365. वही
366. अत्रिसंहिता, 195-196, पृ. 17-18
367. वही, 197, 198, पृ. 18
368. वही, 201, पृ. 18
369. देवलस्मृति, 52, पृ. 87
370. वही, विनिः सुते ततः शल्ये रजसो वाऽपिदर्शने।
तदा सा शुध्यते नारी विमलं कांचनं यथा ॥
371. प. मा., जि. 2 और 3, 4.30, पृ. 44,
'नष्टे मृते प्रव्रजिते क्लीवे च पतिते पतौ।
पंचस्वापत्सु नारीणां पतिरन्यो विधीयते ॥
372. नारदस्मृति, 12.18, पृ. 169
373. प. मा., जि. 2 और 3, पृ. 44
374. लघुशातातप, 41, पृ. 129
375. कृत्य., गृ. का., पृ. 63
376. अग्निपुराण, चतुपंचाशदधिकशतमोध्यायः, 5
377. मेधातिथि, 9.76, पृ. 906
378. स्मृ. च. आ. का., पृ. 20-21
379. सखाऊ, जि. 2, पृ. 154
380. मेधातिथि, 9.77, पृ. 907, 'पातकेऽपि तस्या निष्कासनं नास्ति...'
381. वही, 9.81, पृ. 908
382. अपरार्क, 1.73, पृ. 100, स्मृ. च., आ. का., पृ. 518-20
383. वही, पृ. 100 पर उद्धृत बौधायन एवं आपस्तम्ब।
384. अपरार्क, 1.65, पृ. 95, 'क्षतयोनिस्तु कन्याभर्तव्या पोषणीयैव'।
कृत्य., गृ. का, पृ. 62-63 में भी उद्धृत 'सुमन्तु'।
385. स्मृ. च. व्य. का., पृ. 518-520
386. वही, पृ. 521
387. वेदव्यास स्मृति, 2.47, पृ. 362
388. वेदव्यास स्मृति, 2.50-51, पृ. 362

8

नारी

हिन्दू समाज में नारी का स्थान अत्यन्त महत्त्वपूर्ण रहा है। वस्तुतः गृहस्थ जीवन नारी की संयुक्तता का विकसित रूप है, जो विवाह संस्कार के माध्यम से प्रारम्भ होता रहा है। ऐसी स्थिति में नारी चिरकाल से हिन्दू सामाजिक-संरचना का महत्त्वपूर्ण संवेदनशील केन्द्र-बिन्दु रही है। धर्मशास्त्रकारों ने उसके पतनोन्मुख होने से धर्म और समाज के उन्मूलन की सम्भावना व्यक्त की।[1] यही कारण है कि भारतीय सभ्यता और संस्कृति पर जब भी कोई बाह्य अथवा आन्तरिक परिवर्तनकारी और विघटनात्मक शक्ति सक्रिय हुई, प्राचीन व्यवस्थाकारों का ध्यान स्त्रियों के अधिकार-क्षेत्र और उनसे सम्बन्धित नियमाचारों पर आकृष्ट हुआ। फलतः स्त्रियों की दशा में समय-समय पर परिवर्तन होते रहे तथा सामाजिक विधि-विधान परिवर्तित होते रहे।

पूर्वमध्यकाल में नारी की दशा पूर्ववर्ती युगों की अपेक्षा सर्वाधिक संक्रमणशील थी। यद्यपि गृहस्थाश्रम में एक पत्नी के रूप में उसकी प्रतिष्ठा पूर्ववत् बनी रही। धर्म, अर्थ और काम की उपलब्धता का आधार पत्नी मानी जाती थी।[2] पत्नी से यह अपेक्षा रखी जाती थी कि वह व्यवहारकुशल, विनम्र, मृदुभाषिणी, सेवारत्, शील और सन्तान-सम्पन्न आदि हो। उक्त गुणों से रहित स्त्री 'पत्नी' नहीं बल्कि 'जरा' थी।[3] पत्नी के रूप में उसका स्थान पति से निम्न था।[4] दक्ष व व्यास के अनुसार उपरोक्त अर्हताओं से सम्पन्न पत्नी केवल 'महान पुण्य कर्मों से ही उपलब्ध होती है।'[5]

स्त्री को गृह-कार्यों के अतिरिक्त अन्य कार्यों के लिए प्रायः समय नहीं दिया जाता था। स्वभावतः घर से बाहर उसकी विशेष सामाजिक स्थिति नहीं थी। फिर भी परिवार में उसका महत्त्वपूर्ण स्थान था और पत्नी की अर्हताओं से युक्त नारी आदरणीय समझी जाती थी। गुण सम्पन्न संस्कार-युक्त पत्नी को भाई के समान स्थान प्राप्त था।[6] पत्नी के रूप में उसका कार्य आय-व्यय और घर की देख-रेख, स्वच्छता, भोजन बनाना, विवाहाग्नि या गृहाग्नि की सुरक्षा आदि था।[7]

पत्नी के रूप में वह घर की सीमाओं से आबद्ध थी।[8] विवेच्यकाल में सामान्य नारी का थोड़ा-बहुत जो आदरणीय पक्ष था वह पत्नी के रूप में ही था। परन्तु सर्वत्र पराधीनता और पराश्रयता ने शनैःशनैः उसे दासी का स्तर प्रदान किया।[9]

विधवा की स्थिति

पूर्वमध्यकाल में नारी का सर्वाधिक शोचनीय पक्ष 'वैधव्य' था। देवीभागवत पुराण में उल्लिखित है कि, 'यदि कालवश पति परलोकगामी हो जाय तो स्त्रियाँ अनंत दुःख पाती हैं, क्योंकि वैधव्य स्त्रियों के लिए मात्र दुःख और सन्ताप का कारण होता है।'[10] इसी पुराण में एक स्थल पर किसी राजा की पुत्री मन्दोदरी द्वारा वैधव्यता के भय से 'कौमार व्रत' धारण करने की इच्छा का उल्लेख है।[11] नागानन्द में विवृत है कि, 'तुम्हारी जैसी सुन्दर आकृति वैधव्य का दुःख अनुभव नहीं कर सकती।'[12] महावीरचरित में शूर्पणखा कहती है कि, 'चिरकाल से विधवा हो जाने के कारण हमारा सांसारिक सुख खो गया है।'[13] अलबीरूनी ने विधवाओं की शोचनीय दशा का उल्लेख किया है।[14] विधवा अशुभ और अभिशप्त के रूप में देखी जाती थी और उसे सती होने के लिए उकसाया जाता था।[15]

धर्मशास्त्रकारों ने वैधव्य के नियमों को अत्यधिक कठोर बना दिया। विष्णु और ब्रह्मवैवर्त पुराण को उद्धृत करते हुए निर्णयसिन्धु का कथन है कि विधवा के लिए आजीवन ब्रह्मचर्य अथवा अन्वारोहण का विकल्प होना चाहिए। वह आगे कहता है कि, 'कलियुग में स्त्रियों के लिए सहगमन के अतिरिक्त अन्य कोई विकल्प नहीं है क्योंकि वह ब्रह्मचर्य को धारण करने में शक्तिहीन हैं।'[16] मदनरत्न में उल्लिखित स्कन्दपुराण के अनुसार विधवा के लिए पलंग पर शयन, उबटन, सुगन्धित द्रव्य का प्रयोग, प्राणों के कण्ठ तक आ जाने पर भी बैलगाड़ी पर चढ़ना, कंचुकी धारण करना, विकार उत्पन्न करने वाले वस्त्रों को धारण करना, ताम्बूल-पान, काजल, कांसे के पात्र में भोजन आदि करना निषिद्ध है।'[17]

स्पष्ट है कि विधवा स्त्री सामाजिक और धार्मिक दृष्टि से हेय समझी जाती थी। विधवा माता से इतर अन्य विधवाओं का आशीर्वाद भी विषयुक्त कहा गया है।[18] देवीभागवतपुराण में विधवा से उत्पन्न कन्या को पूजनादि के अनुपयुक्त माना गया है।[19] वह अमंगलसूचक थी और किसी भी उत्सव में (यथा विवाह में) वह किसी भी प्रकार भाग नहीं ले सकती थी। बचपन में विधवा होने के बावजूद भी उसे पूर्ण रूप से साध्वी रहना पड़ता था और संन्यासी की भांति जीवन-निर्वाह करना पड़ता था।[20] धर्मशास्त्रकारों ने विधवा विवाह पर पूर्ण प्रतिबन्ध लगा दिया था। यही नहीं बल्कि विवेच्यकाल के उत्तरार्द्ध में बाल-विधवाओं, यहाँ तक कि वाग्दत्ता-अक्षत योनि कन्या का पुनर्विवाह भी अमान्य और आगे चलकर कलिवर्ज्य घोषित कर दिया गया। इस प्रकार असामयिक वैधव्य से स्त्री-समाज का त्रस्त और

विघटनोन्मुख होना स्वाभाविक था। छठी शताब्दी से नियोग की प्रथा एक प्राचीन परम्परा मात्र रह गई।[21] इस युग में हरदत्त, धारेश्वर भोज आदि ने इसका अनुमोदन किया। धारेश्वर भोज का उक्त अनुमोदन दाय भाग के सन्दर्भ में प्रस्तुत किया गया है, परन्तु युगानुरूप परिस्थितियों में विज्ञानेश्वर, विश्वरूप, देवन्नभट्ट आदि ने इसका खण्डन किया।[22] सम्बन्ध विच्छेद और पुनर्विवाह के अधिकार से भी वह वंचित कर दी गई।[23] उसका पुनर्भू होना निषिद्ध कर दिया गया।[24] सातवीं सदी में ही चीनी यात्री ह्वेनसांग ने विधवा के पुनर्विवाह को अप्रचलित बताया।[25]

पूर्वमध्यकाल के अन्तिम चरणों और मध्यकाल के प्रारम्भ में कुछ धर्मशास्त्रकारों द्वारा 'विधवा' के लिए 'मुण्डन' की निन्दनीय प्रथा का आरोपण किया गया। अल्तेकर ने इस प्रथा का प्रारम्भिक स्वरूप वेदव्यास स्मृति के इस कथन पर स्वीकार किया है कि, 'यदि विधवा जीवित रहती है (सती नहीं होती) तो उसे त्यक्तकेश होकर तप से अपने शरीर को सुखा देना चाहिए।[26] अल्तेकर ने 'त्यक्तकेश' का अर्थ 'मुण्डन' से माना है। परन्तु काणे ने 'त्यक्तकेश' शब्द का तीन अर्थ लिया है–केश शृंगार का त्याग करना, स्मृतियों के निर्देशानुसार केश के दो अंगुल बाल काटे हों, तथा केश का 'मुण्डन' कर दिया गया हो।[27] स्कन्दपुराण में भी विधवा के मुण्डन की चर्चा की गई है।[28] इस सन्दर्भ में मदनरत्न में उद्धृत स्कन्दपुराण को निर्णयसिन्धु और धर्मसिन्धु ने उद्धृत किया है।[29] अल्तेकर ने इस प्रथा का प्रचलन बारहवीं सदी से प्रचलित होना बताया है।[30] यद्यपि 'राष्ट्रकूटाज़ एण्ड देयर टाइम्स' में अल्तेकर ने लिखा कि कोई मुस्लिम यात्री इस युग में विधवा के मुण्डन की चर्चा नहीं करता, टेवर्नियर की सूचना के आधार पर उन्होंने इस प्रथा का प्रचलन सत्रहवीं सदी के कुछ पूर्व से बताया है।[31]

विधवा के सम्पत्ति विषयक अधिकार में परिवर्तन

सम्पत्ति के उत्तराधिकार के सन्दर्भ में नारी के स्तर को लेकर इस युग में एक उदार परिवर्तन आया। पूर्ववर्ती धर्मशास्त्रों में विधवा स्त्री को सम्पत्ति के उत्तराधिकार के उपयुक्त नहीं समझा जाता था। यद्यपि गौतम ने निःसन्तान व्यक्ति की सम्पत्ति का अधिकार सपिण्ड, सगोत्र और उसकी पत्नी को प्रदान किया तथा विष्णु ने पहला अधिकार पत्नी को प्रदान किया है।[32]

मिताक्षरा में पुत्रहीन पुरुष की सम्पत्ति में विधवा स्त्री के उत्तराधिकार की पुष्टि की गई है तथा तत्सम्बन्धी अनेक व्यवस्थाकारों को उद्धृत किया गया है यथा वृद्ध मनु, वृद्ध विष्णु, कात्यायन, बृहस्पति आदि। इन सभी धर्मशास्त्रकारों ने पुत्रहीन व्यक्ति की विधवा को उसकी सम्पत्ति की उत्तराधिकारिणी माना है।[33] वृद्ध-मनु ने विधवा स्त्री के उत्तराधिकार को उसी स्थिति में स्वीकार किया है जब वह मन और शरीर से पवित्र हो, उसने मृत व्यक्ति की कई पत्नियों के होने पर वर्ण क्रम के

अनुसार सम्पत्ति में अधिकार बताया।[34] शंख ने पुत्रहीन व्यक्ति की मृत्यु पर उसकी सम्पत्ति का उत्तराधिकारी क्रमशः भाई, अभिभावक, और ज्येष्ठ पत्नी को माना।[35] तत्कालीन अधिकांश व्यवस्थाकारों ने मृत पति की सम्पत्ति में विधवा के अधिकार का अनुमोदन किया।[36]

मनु, नारद, हारीत[37] आदि धर्मशास्त्रकारों ने मृत पति की सम्पत्ति में विधवा के पूर्ण अधिकार का विरोध किया है। विधवा को केवल अपने भरण-पोषण के लिए धन देने की बात नारद, हारीत जैसे धर्मशास्त्रकारों ने की है। नारद ने विधवा स्त्री को वर्ष में एक बार चौबीस आधुका (अनाज की मात्रा, 192 प्रस्थ) तथा चालीस पण देने का विधान प्रस्तुत किया है।[38] इस विषय में मनु का अनुकरण करते हुए मेधातिथि ने विधवा को सम्पत्ति की उत्तराधिकारिणी नहीं माना है। उसके दृष्टिकोण का उल्लेख कुल्लूक ने भी किया है।[39] यद्यपि कुल्लूक स्वयं पुत्रहीन विधवा के प्रथम उत्तराधिकार से सहमत हैं।[40] कुल्लूक ने विधवा के लिए भरण-पोषण मात्र का विधान उसके दुःशील, व्यभिचारिणी और अधार्मिक होने के सन्दर्भ में माना है।[41]

कात्यायन और नारद की यह व्यवस्था रही है कि धर्मपरायण राजा उत्तराधिकारियों से रहित मूल व्यक्ति की स्त्रियों (अवरूद्धास्त्री-विषयम्) को भरण-पोषण के लिए केवल खाद्यान्न देकर और मृतक व्यक्ति के संस्कार आदि के व्यय को स्वीकार करके शेष सम्पत्ति (ब्राह्मण की सम्पत्ति के अतिरिक्त) राज्य के अधीन कर ले।[42] अवरुद्धास्त्री से तात्पर्य मिताक्षरा ने 'अन्तःपुर' की स्त्री से माना है, न कि 'पत्नी' से।[43] उसकी यह व्यवस्था है कि, 'वह व्यक्ति जो पृथक् है (सह-उत्तराधिकारियों से) और पुनः एक नहीं होता, यदि पुत्रहीन मरता है तो उसकी ब्याहता पत्नी ही समस्त सम्पत्ति ग्रहण करती है।[44]

पुत्रहीन व्यक्ति की सम्पत्ति में विधवा स्त्री को अधिकार प्रदान करने के सम्बन्ध में नकारात्मक और सकारात्मक पक्ष के बाद एक तीसरा पक्ष भी प्रस्तुत किया गया है जो उस विधवा स्त्री को, यदि वह नियोग द्वारा पुत्र उत्पन्न करती है, सम्पत्ति का अधिकार प्रदान करता है। इसमें धारेश्वर का प्रधान स्थान है।[45] परन्तु उक्त मत का देवन्न भट्ट, विज्ञानेश्वर, और अपरार्क ने खण्डन किया है।[46]

व्यवहार मयूख का यह विधान है कि एक से अधिक पत्नी होने पर उन्हें सम्पत्ति का समान भाग प्रदान किया जाय।[47] मिताक्षरा ने पुत्र के रहने पर भी विधवा माता को पति की सम्पत्ति में समान हिस्सा प्राप्त करने का अधिकारी बताया है।[48] लेख पद्धति में भी इसका समर्थन किया गया है।[49] जीमूतवाहन ने भी मिताक्षरा और स्मृतिचन्द्रिका के दृष्टिकोण का समर्थन किया है तथा पवित्र जीवनयापन की शर्त के साथ विधवा स्त्री को सम्पत्ति का उत्तराधिकारी माना है। यद्यपि उसे सम्पत्ति का विक्रयाधिकार नहीं दिया है।[50]

यद्यपि नारी के सम्पत्तिविषयक उत्तराधिकार के सम्बन्ध में पूर्वमध्यकालीन व्यवस्थाकारों का उदार दृष्टिकोण था, परन्तु यह विडम्बना ही थी कि उन्हीं व्यवस्थाकारों ने सती प्रथा का भी विकल्प प्रस्तुत किया। इस दृष्टि से देवन्नभट्ट का मत उल्लेखनीय है जिसने सती प्रथा का विरोध किया है। पुत्रहीन विधवा पत्नी के साथ ही पुत्री का सम्पत्तिविषयक अधिकार धर्मशास्त्रकारों द्वारा माना गया है। इस सम्बन्ध में अपरार्क, विज्ञानेश्वर, कुल्लूक और देवन्न भट्ट का दृष्टिकोण उदार रहा है।[51] देवन्न भट्ट ने बृहस्पति के उस विचार को प्रस्तुत किया है जिसमें पुत्रहीन व्यक्ति की विधवा के अभाव में पुत्री के उत्तराधिकार को स्वीकार किया गया है। धारेश्वर, देवस्वामी, देवरात के इस मत का कि जो पिता के और्ध्वदैहिक कर्मों अथवा पिता के लिए पुत्रिका-पुत्र पैदा करे उसी पुत्री को पिता की सम्पत्ति प्राप्त हो, उसने विरोध किया है।[52] इस युग के कतिपय साहित्यिक और अभिलेखीय साक्ष्य मिलते हैं जिनमें निःसन्तान विधवा के सम्पत्तिविषयक अधिकारों की पुष्टि होती है।[53] अंजनेरी पत्र (लगभग 710-11 ई.) में उल्लिखित है कि सामगिरि पट्टन निवासी निःसन्तान व्यक्ति की सम्पत्ति मरणोपरान्त राजगत् नहीं की जाती है।[54] 1178 ई. के मंगोली (बीजापुर जिले) से प्राप्त एक अभिलेख से मंगलावती ग्राम में पुत्रहीन विधवा के सम्पत्ति विषयक अधिकार की पुष्टि होती है।[55] बारहवीं सदी के एक अभिलेख में कन्या द्वारा भूमि-विक्रय का उल्लेख है।[56] प्रतिपाल भाटिया के अनुसार परमार राज्य में निसन्तान व्यक्ति की विधवा को सम्पत्ति का अधिकार नहीं था, बल्कि उक्त सम्पत्ति को राज्य हस्तगत कर लेता था।[57] यही मत दशरथ शर्मा ने चाहमान साम्राज्य के सन्दर्भ में व्यक्त किया है।[58] ऐसा प्रतीत होता है कि विधवा का सम्पत्तिविषयक अधिकार आंशिक रूप से ही व्यवहार में था।

सतीप्रथा का परिवर्तित स्वरूप

पूर्वमध्यकाल में पूर्वापेक्षा अत्यल्पविकसित, सतीप्रथा का परिवर्तित स्वरूप उल्लेखनीय है जो क्षत्रिय और राजपरिवारों की सीमाओं को तोड़ता हुआ अधिक व्यापक हुआ, और यहाँ तक कि कतिपय धर्मशास्त्रकारों द्वारा विधवा के लिए एकमात्र विकल्प के रूप में अनुदेशित किया गया। यद्यपि प्रारम्भ में इसका विरोध भी हुआ। कादम्बरी में चन्द्रापीड़ के माध्यम से बाण ने इसे अविवेकपूर्ण, अन्धविश्वास और आत्मघात की संज्ञा दी है।[59] चन्द्रापीड़ रति, कुन्ती, उत्तरा, दुःशला आदि का उल्लेख करता है जो सती नहीं हुई थीं।[60]

बाण द्वारा इसकी कटु भर्त्सना ही इस बात का प्रमाण है कि गुप्तोत्तर काल से यह प्रथा समाज में तीव्रता से बढ़ रही थी। अतः बाण ने इसका एक प्रबुद्ध समाज चिन्तक के रूप में विरोध किया। मेधातिथि ने भी इसे आत्मघात बताया है और

इसकी तुलना 'श्येनयाग' से की है।[61] देवन्नभट्ट ने भी स्मृतिचन्द्रिका में 'मृतभर्तृका स्त्रियोधर्म' के अन्तर्गत लिखा है कि, 'अन्य कार्य (अन्वारोहण या नियोग) ब्रह्मचर्य की अपेक्षा निकृष्ट है; क्योंकि इसका फल निकृष्ट होता है।[62] महानिर्वाण तन्त्र में कहा गया कि मोहवश पति की चिता पर चढ़ने वाली स्त्री नरकगामिनी होती है।[63] परन्तु विज्ञानेश्वर,[64] अपरार्क, लक्ष्मीधर, पराशरस्मृति के टीकाकार माधव आदि ने इस प्रथा की पुष्टि की है। अपरार्क के अनुसार,[65] 'अन्वारोहण के प्रति आशंका व्यक्त करने वाली स्मृतियों का यह वचन कि 'स्वर्ग की कामना से व्यक्ति आयु का क्षय न करे'—भिन्न विषय है। सामान्य रूप से श्रुति अपनी इच्छा से मरण का निषेध करती है। किन्तु स्मृतियाँ मरे हुए पति के पश्चात् अग्नि में प्रवेश रूप मरण का विधान बतलाती हैं। अतः भिन्न विषय होने के कारण यहाँ विरोध नहीं है। स्वर्ग की कामना से यज्ञ करना चाहिए, आजीवन अग्निहोम करना चाहिए, इस प्रकार श्रुतियों से सामान्य विषय होने के कारण इसका भी विरोध नहीं है।'

विरोधों के बाद भी तत्कालीन समाज में सतीप्रथा का निरन्तर प्रसार होता रहा। कतिपय धर्मशास्त्रकारों ने इसे अधिकाधिक आध्यात्मिक महत्त्व प्रदान करना प्रारम्भ किया, तथा न केवल विधवा और उसके पति बल्कि उनके कुलों के उद्धार हेतु इसे आवश्यक माना है।[66]

कृत्यकल्पतरु (व्यवहारकाण्ड) के 'अथमृतभर्तुकायाः' शीर्षक के अन्तर्गत लक्ष्मीधर ने कई व्यवस्थाकारों को उद्धृत करते हुए इसकी प्रशंसा की है, यथा, 'पति के मर जाने पर जो स्त्री अग्नि में चढ़ जाती है, वह अरुन्धती के अनुसार आचरण वाली समझी जाती है और स्वर्ग में महत्त्व प्राप्त करती है।'[67] 'साढ़े तीस करोड़ वर्ष अथवा मानव शरीर में जितने रोम होते हैं उतने वर्षों तक सती होने वाली स्त्री स्वर्ग में निवास करती है।"[68] 'यदि पति नर्क में पड़ गया हो, भीषण बन्धनों से युक्त हो, यातना स्थल पर ले जाया गया हो, अपने कर्मों से बँधा यमराज के सेवकों द्वारा आबद्ध और विवश हो तो वह पतिव्रता स्त्री अपने तपोबल से अपने पति को स्वर्ग में पहुँचा देती है, जैसे निःशंक भाव से बलपूर्वक सपेरा साँप को पकड़कर अभीष्ट स्थान पर ले जाता है।'[69] 'वह पतिव्रता स्वर्ग की अप्सराओं द्वारा स्तुत्य होती है और चौदह इन्द्रों के काल तक स्वर्ग में निवास करती है।'[70] 'वह नारी ब्रह्म हत्यारे, मित्रघ्न और कृतघ्न पति का भी उद्धार करती है।'[71] बृहस्पति ने पत्नी के अन्वारोहण को पति के हित के लिए ही माना है। विष्णु दो विकल्प बताते हैं—अन्वारोहण या ब्रह्मचर्य।[72] अन्वारोहण की प्रशंसा में विज्ञानेश्वर एक कपोति का उदाहरण देते हैं जो अन्वारोहण कर अपने पति के साथ स्वर्ग में रमण करती है।[73]

यह प्रथा राजपरिवारों और क्षत्रिय कुलों तक सीमित न रहकर सर्ववर्णव्यापी

और विधवा के लिए 'एक मात्र विकल्प' बनने की ओर उन्मुख थी। विज्ञानेश्वर ने इसे 'चाण्डाल पर्यन्त सामान्य धर्म' बताया।[74] लक्ष्मीधर ने इसकी अनिवार्यता और विकल्पहीनता की पुष्टि के लिए अंगिरा को उद्धृत किया है।[75] ब्रह्मपुराण भी अन्वारोहण को एक मात्र विकल्प मानता है, 'दूसरे देश में पति की मृत्यु होने पर पतिव्रता स्त्री उसकी पादुका हृदय पर रखकर पवित्र भाव से अग्नि में प्रवेश करे।'[76] अन्त में लक्ष्मीधर का भी यह निष्कर्ष है कि, '...इस प्रकार सभी उक्तियों का पर्यालोचन करने से स्पष्ट है कि ब्राह्मण आदि सभी की पत्नियाँ जिन्हें अपने तथा अपने पति के फलों की विशेष आकांक्षा है, यदि वे गर्भवती नहीं हैं, उनके बच्चे बहुत छोटे नहीं हैं तो पति के साथ अथवा पति के पश्चात् अन्वारोहण की अधिकारिणी हैं।'[77] गरुड़पुराण ने तो गर्भवती को प्रसव हो जाने तथा बालक के पालन-पोषण के बाद सती होने का निर्देश दिया है।[78] लक्ष्मीधर की भाँति अपरार्क ने भी सतीप्रथा को विकल्पहीन बताया है।[79]

यद्यपि पैठीनसि, विराट,, अंगिरा और व्याघ्रपात ने ब्राह्मणी के सती होने को आत्मघात बताया है।[80] परन्तु इसका खण्डन अपरार्क ने होशना को उद्धृत करते हुए किया है कि ब्राह्मण का अनुगमन-निषेध 'पृथक चिता' विषयक है।[81] यही दृष्टिकोण मिताक्षरा का भी है।[82] वेदव्यास ने स्पष्ट रूप से ब्राह्मणी के लिए अन्वारोहण का विधान प्रस्तुत किया है।[83]

पूर्वमध्ययुगीन साहित्य में सतीप्रथा सम्बन्धी उल्लेखों की बाहुल्यता इसके 'विकसित और परिमाणात्मक-परिवर्तित स्वरूप' का प्रमाण है। समयमातृका में उच्च कुलों में किसी स्त्री का वैधव्य धारण करना महा-अमंगल एवं अनर्थकारी कहा गया है। क्योंकि वैधव्य की दशा में शीलभंग की आशंका बनी रहती है।[84] साहित्यिक उदाहरणों से प्रतीत होता है कि कहीं-कहीं प्रशासन विधवा से सती न होने का आग्रह करता था।[85]

इस युग के कतिपय साहित्यिक ग्रन्थों में सतीप्रथा को नारी का धर्म बताते हुए इसका आध्यात्मिक महत्त्व प्रतिपादित किया गया है।[86] कथासरित्सागर के विभिन्न उद्धरणों से यह स्पष्ट होता है कि सतीप्रथा ऊपर के तीन वर्णों में व्याप्त थी।[87] कल्हण कृत राजतरंगिणी में भी सती प्रथा तथा दासियों व सेवकों द्वारा अन्वारोहण के अनेक उदाहरण हैं।[88] कलश की मृत्यु पर उसकी प्रेमिका कम्मा के सती न होने पर कल्हण ने टिप्पणी करते हुए लिखा है कि 'उसने सारी स्त्री जाति को कलंकित कर दिया।'[89] चम्पू रामायण में दर्शित है कि कौशल्या और मन्दोदरी सती होने के लिए तत्पर थीं।[90] पृथ्वीराजरासो में विवृत है कि पृथ्वीराज के मन्त्री कयमास की पत्नी उसके साथ सती हो गई थी।[91] उसमें कहा गया है कि, 'वे दम्पति अग्नि स्नान कर स्वर्ग में एक-दूसरे से मिल गए।'[92] इसी ग्रन्थ में सती प्रथा की चरमलोकप्रियता वर्णित की गई है, जब हुस्सैन की हिन्दू प्रेमिका चित्ररेखा

नाम्नी वेश्या उसकी मृत्यु पर उसके साथ कब्र में दफन हो गई।[93] अन्य साहित्यिक ग्रन्थों यथा, यशस्तिलक (पूर्वार्द्ध पृ. 322) चौर पंचाशिका (पृ. 277) में तत्सम्बन्धी सूचना मिलती है।

कई मुस्लिम इतिहासकार सती प्रथा का उल्लेख करते हैं। सुलेमान ने इस प्रथा को ऐच्छिक बताया है।[94] वह एक विचित्र प्रथा का उल्लेख करता है जिसके अन्तर्गत राजा के कुछ साथी भी राजा की मृत्यु पर उसके साथ प्राणोत्सर्ग के लिए प्रतिबद्ध हो जाते थे।[95] परन्तु किसी अन्य भारतीय साक्ष्य से इस प्रथा की पुष्टि नहीं होती, यद्यपि राजतरंगिणी में राजा के साथ उसके अनुचरों के अनुगमन की सूचना दी गई है। बिलादुरी ने दाहिर की रानी और उसकी दासियों के जौहर का उल्लेख किया है।[96]

इस सन्दर्भ में अलबीरूनी का कथन निश्चय ही परिवर्तित दशा की ओर संकेत करता है। अलबीरूनी दो विकल्पों, आजीवन वैधव्य धारण अथवा अन्वारोहण की बात करता है, परन्तु साथ ही अन्वारोहण को अधिक स्वीकार्य बताता है, क्योंकि 'विधवा के रूप में उसके साथ आजीवन बुरा व्यवहार किया जाता है।' सुलेमान के विपरीत राजकुलों में प्रौढ़ा अथवा बच्चों वाली स्त्रियों के अतिरिक्त विधवा स्त्रियों के लिए वह सती होना अनिवार्य बताता है।[97]

अभिलेखीय साक्ष्य भी इसके स्वरूप को उद्‌घाटित करते हैं। गुप्तकाल में जबकि इसका केवल एक उदाहरण मिलता है,[98] गुप्तोत्तर काल में यह संख्या उत्तरोत्तर बढ़ती जाती है। उदाहरण के लिए—उन्स्तरा देवली अभिलेख (1192 ई.) में गुहिलोत राजा मोतीश्वर की पत्नी राज़ी के सती होने का उल्लेख है।[99] धौलपुर राजपूताना अभिलेख (842 ई.) में चण्डेश्वर की माता कनहुला के अन्वारोहण की सूचना दी गई है।[100] ग्यारहवीं-बारहवीं सदी के कई अभिलेख इस प्रथा की ओर संकेत करते हैं।[101] राठौर सल्खा की मृत्यु पर उसकी रानियों के अनुगमन की सूचना मंडोर प्रशस्ति (1156 ई.) देती है।[102] 1181 ई. के उन्स्तरां के देवली लेख में गोहिल वंशीय राणा तिहुणपाल की मृत्यु पर उसके साथ उसकी रानियों के सती होने का उल्लेख है।[103] हुंडेरा—जोगियान का सती स्मारक लेख (1252 ई.) में राठौड़ नरहरिदास की स्त्री पोहड़ (भरी राजपूतों की एक शाखा) किसना के सती होने की सूचना है।[104] जैन अभिलेखों में भी इस प्रथा के उदाहरण हैं।[105]

सती प्रथा के निरन्तर प्रसारणशील स्वरूप के कारण धर्मशास्त्रों में सती होने वाली स्त्री के और्ध्वदैहिक कर्मों पर भी विचार की आवश्यकता समझी गई।[106] आगे चलकर शुद्धितत्त्व, निर्णयसिन्धु, धर्मसिन्धु आदि निबन्ध ग्रन्थों में भी सहगमन का विस्तृत वर्णन हुआ है। गरुड़पुराण में सती होने की इच्छुक नारी को अन्वारोहण से पूर्व पूर्ण साज-सज्जा के साथ वस्त्राभूषण से अलंकृत होने, ब्राह्मणों को दान देने ओर मन्दिर में जाकर वस्त्राभूषण भगवान विष्णु को अर्पित करने का निर्देश दिया

गया है।[107] लक्ष्मीधर ने अंगिरा को उद्धृत किया है कि सती न होने वाली नारी की मुक्ति संभव नहीं है।[108]

दूषित नारी का समाज में पुनः समायोजन का अधिकार

पीड़ित नारी के प्रति प्रारम्भिक व्यवस्थाकारों का दृष्टिकोण उदार रहा है। अग्नि पुराण और देवीभागवत पुराण ने स्त्री को पर-पुरुष से गर्भवती होने पर गर्भ-त्याग और रजस्त्रावोपरान्त शुद्ध माना है।[109] देवल ने म्लेच्छों द्वारा अपहृत स्त्री-पुरुषों को पुनः हिन्दू धर्म में प्रविष्ट होने का अधिकार प्रदान किया है। उसने पर-पुरुष, यहाँ तक कि म्लेच्छ द्वारा गर्भवती स्त्रियों के शुद्धिकरण का विधान प्रस्तुत किया है। उसके अनुसार गर्भ रह जाने पर वह अशुद्ध अथवा अभिच्युत नहीं होती और सन्तानोत्पत्ति अथवा मासिक धर्म के पश्चात् स्वर्ण की भाँति शुद्ध हो जाती है।[110] उपरोक्त विधान को अत्रि ने भी प्रस्तुत किया है तथा इस प्रकार से अशुद्ध नारियों को न त्यागने का निर्देश दिया है।[111] लगता है कि देवल जैसे उदार मनीषियों का यह दृष्टिकोण सर्वव्यापक नहीं था। अलबीरूनी का यह कथन कि व्यभिचारिणी स्त्री को घर से निकाल दिया जाता है और दासों को हिन्दू धर्म में पुनः प्रविष्ट नहीं किया जाता,[112] तत्कालीन समाज की कठोर व्यवस्था को व्यक्त करता है।

देवल का उदार दृष्टिकोण अलबीरूनी के काल के बाद के धर्मग्रन्थों में भी वर्णित है,[113] जो अपहृत अथवा बलात्कार की गई नारी से सम्बन्धित है। ब्रह्मवैवर्त्त पुराण में इच्छा के विरुद्ध बलात्कार की गई नारी को जाति-बहिष्कृत न कर पुनः समाज में समायोजित करने का समर्थन किया गया है।[114] इस विषय में बुद्धप्रकाश और हबीब दो विरोधी विचार के अनुयायी हैं।[115] हबीब ने इस युग में हिन्दुओं की जाति-प्रथा को कठोर और गतिहीन मानते हुए अलबीरूनी के आधार पर पुनः धर्मपरिवर्तन की संभावना को अस्वीकार किया है और बुद्ध प्रकाश ने देवल, अत्रि तथा मिताक्षरा के कथनों के आधार पर हबीब का खण्डन किया है। परन्तु 'बलात्कार आदि से दूषित नारी का शास्त्रोक्त विधि से संग्रह परवर्ती धर्मशास्त्रकारों द्वारा कलिवर्ज्य घोषित कर दिया गया था।[116]

प्रशासनिक क्षेत्र में नारी का स्थान

इस युग में नारी प्रशासनिक क्षेत्र से प्रायः अलग-थलग थी। साधारण नारी समाज में अपने गार्हस्थिक उत्तरदायित्व से दबी हुई थी। स्वतन्त्रता और शैक्षणिक अधिकारों से वह वंचित कर दी गई थी और उसका कर्मक्षेत्र गृहस्थाश्रम तक ही सीमित हो गया था। तथापि राजपरिवारों में स्त्रियाँ प्रशासनिक कार्यों से यदाकदा सम्बद्ध थीं। राजतरंगिणी से विदित होता है कि शंकर वर्मन के मरणोपरान्त उसकी पत्नी रानी

सुगन्धा ने प्रशासनिक कार्य सँभाला था।[117] रट्टा को कल्हण ने दक्षिणापथ पर शासन करने वाली उल्लिखित किया है।[118] राजतरंगिणी में ही प्रशासिका के रूप में रानी दिद्दा का उल्लेख है। चन्द्रादित्य की रानी विजयभट्टारिका चालुक्य शासिका थी।[119] प्रबन्धचिन्तामणि में मूलराज द्वितीय की माता नैका देवी का उल्लेख किया गया है जिसने सम्भवतः मुइजुद्दीन बिन साम की तुर्क-अफगान सेना को गडरघट्टा के युद्ध में परास्त किया था।[120] इसी प्रकार राजपूत रानी करम देवी का उल्लेख मिलता है जिसने कुतबुद्दीन ऐबक का मुकाबला किया था।[121] भोर स्टेट संग्रहालय के 1079 ई. के एक पत्र में श्रीदेवी और महल देवी नामक दो स्त्री मन्त्रियों का उल्लेख है जो चालुक्य सामन्त की रानी थीं।[122] राजतरंगिणी में डामरी या नारी सामन्त का उल्लेख है जो जयसिंह के काल में नीलाश्व पर शासन करती थी।[123]

आर्थिक क्षेत्र में नारी का स्थान

उच्चवर्ग की स्त्रियां पुरुष के साथ आर्थिक-कार्यक्रम में घर के बाहर सम्मिलित नहीं हो पाती थीं। केवल निम्न जाति की स्त्रियां कुटीर उद्योगों में अपने पति की सहायिका होती थीं। जैसा कि विष्णु के कथन से प्रतीत होता है कि—चरवाहे, सुराकार, नटकार, धोबी, आखेटक की पत्नियों द्वारा लिया गया ऋण उनके पति को देना पड़ता है क्योंकि उनकी पत्नियाँ उनके उद्योग में सहायिका होती हैं।[124] याज्ञवल्क्य द्वारा दिए गए इसी प्रकार के निर्देश (2.48, पृ. 206) का समर्थन अपरार्क और मिताक्षरा में भी किया गया है। नारियों द्वारा दुकान चलाने[125] और कृषि कार्य में सहयोग देने[126] का उल्लेख साहित्य में भी मिलता है। कादम्बरी में प्रतिहारी, ताम्बूलकरंक वाहिनी और चंवर डुलाने वाली सेविकाओं का उल्लेख मिलता है।[127] कामन्दकीय नीतिसार में स्त्रियों को निवास में कर्मचारिणी नियुक्त करने का निर्देश दिया गया है।[128] कथासरित्सागर में एक स्थल पर स्त्री-गुप्तचर का भी उल्लेख किया गया है।[129] साहित्य में यदा-कदा वणिकों द्वारा लाभार्थ अपनी पत्नी के दुरुपयोग का भी उल्लेख मिलता है, जो पतनोन्मुख समाज का निम्न चित्र उद्घाटित करता है। सोमदेव अर्थलोम नामक व्यापारी के बारे में लिखता है कि, 'उसकी पत्नी मानपरा उसके निर्देश पर अपनी इच्छा के प्रतिकूल विवश होकर अपने मधुर रूप, भाषण, व्यवहार से मनुष्यों को आकृष्ट कर व्यापार चलाया करती थी।'[130]

इन उल्लेखों से नारी का आर्थिक जीवन में कोई स्वस्थ योगदान या सक्रियता की स्पष्ट झलक नहीं मिलती। वस्तुतः इस काल में कुछ निम्न वर्ग की महिलाओं को छोड़कर सामान्यतः नारी इस क्षेत्र में पूर्णतः विलग थी। वह आर्थिक-सामाजिक दृष्टि से पुरुष पर पूर्णतः निर्भर थीं, इस पराश्रितावस्था से व्यावहारिक रूप से उसके दासत्व की अवधारणा की पुष्टि होती है।

नारी का धार्मिक क्षेत्र में स्थान

नारी के धार्मिक अधिकारों को लेकर इस युग में परस्पर दो विरोधी धारणाएँ दिखाई पड़ती हैं। एक ओर परम्परागत हिन्दू सामाजिक विचारकों ने नारी को धर्म सम्बन्धी अधिकारो से वंचित कर दिया था। इस विचारधारा का मेधातिथि[131] तथा कुल्लूक[132] ने समर्थन किया है। स्मृतिचन्द्रिका[133] और कृत्यकल्पतरु[134] ने विष्णु को उद्धृत करते हुए लिखा है कि, 'पति की जीवितावस्था में व्रतोपवास करने वाली नारी पति की आयु का क्षय करती है और नरकगामी होती है।' प्रायः सभी परवर्ती स्मृतियों ने नारी के लिए व्रत, उपवास, तपादि को निषिद्ध कर दिया और पति सेवा को ही उसकी परमगति का साधन और नारी-धर्म बताया।[135] देवन्न भट्ट ने भी इस सन्दर्भ में शंख और पैठीनसि को उद्धृत किया है।[136] पराशरमाधवीय ने भी इसी धारा का समर्थन और अनुमोदन किया है। इस सन्दर्भ में उसने मार्कण्डेयपुराण, शंखलिखित, कात्यायन आदि का उद्धरण देते हुए नारी के सधवावस्था में अलग से किए जाने वाले धर्म कार्यों को निष्फल माना है।[137] साहित्य में भी ऐसे उदाहरण उपलब्ध हैं।[138]

उपरोक्त दृष्टिकोण के सर्वथा विपरीत दृष्टिकोण तंत्रवाद से प्रभावित वाममार्गी और सहजीया विचारधारा के अन्तर्गत विभिन्न धर्म सम्प्रदायों से सम्बद्ध शाखाओं में विकसित हुआ है, जिसने खुलकर स्त्रियों को दीक्षा देने और ग्रहण करने तथा सन्यस्त होने का अधिकार प्रदान किया। समयमातृका में विवृत है कि मृगवती नामक वेश्या पहले शाक्त मठ में प्रवेश करती है, और भैरव सोम से दीक्षा लेकर शिखा नाम धारण करती है।[139] मालतीमाधवम् में लाल परिधान युक्त कामन्दीकी और उसकी शिष्या अवलोकिता का बौद्ध भिक्षुणियों के रूप में उल्लेख है।[140] इसी ग्रन्थ में कपाल कुण्डला और उसके गुरु अधोरघंट द्वारा मालती को बलि देने का विवरण है।[141] उक्त ग्रन्थ में बौद्ध भिक्षुणी कामन्दीकी मन्त्री भूरिवसु को सहपाठी बताते हुए कहती है कि, विद्याध्ययन के लिए हम लोगों का अनेक दिगन्तों में वास और साहचर्य था।'[142] कर्पूरमंजरी में भैरवानन्द का कथन है कि 'रण्डा अर्थात् विधवा, चण्डा अर्थात् क्रूरा और तान्त्रिक शिक्षा में दीक्षित स्त्रियाँ ही हमारी पत्नियाँ हैं।'[143] इसी ग्रन्थ में राजकुल की रानी द्वारा दीक्षा ग्रहण किए जाने का उल्लेख है।[144] दशकुमारचरित में बौद्ध संन्यासिनी द्वारा कुटनी-कार्य करने का भी विवरण है।[145] कथासरित्सागर में कालरात्रि नामक ब्राह्मणी की चर्चा की गई है जो भैरव की पुजारिन है और सिद्धि प्राप्त करने की दीक्षा देती है।[146] देवीभागवत पुराण में नारियों के लिए आजीवन कौमार व्रत की चर्चा की गई है।[147] कथासरित्सागर में भी इस प्रकार की ब्रह्मचारिणी नारियों का उल्लेख है।[148]

सामाजिक-संरचना के प्रति सचेत विचारकों ने गृहस्थ-नारी को इस प्रकार की भिक्षुणी और सन्यासिनियों के सम्पर्क से दूर रहने का निर्देश दिया है। विज्ञानेश्वर

ने शंख को उद्धृत किया है कि, 'स्त्री-गणिका, धूर्ता, अभिचारिणी (अभिचार नामक तांत्रिक क्रिया की ज्ञाता) संन्यासिनी, भिक्षुणी और गुप्त विधियां करने वाली स्त्रियों के साथ नहीं रहना चाहिए।'[149]

दूसरी ओर वाममार्गियों ने नारी की स्वतन्त्रता का आग्रह और अनुमोदन किया है।[150] तंत्रवादियों ने नारी को कर्मकाण्ड में सक्षम और अधिकार सम्पन्न स्वीकार किया है।[151]

नारी का स्वातंत्र्यापहरण

विवेच्य-युग में नैतिक शिथिलता और वाममार्गी विचारधारा के क्रमिक प्रभाव के कारण इस युग के व्यवस्थाकारों ने नारी की स्वाधीनता पर कड़ा अंकुश लगाया है। मेधातिथि ने स्त्रियों को स्वतन्त्रता का अधिकारी नहीं बताया है।[152] नवें अध्याय में उसने इस प्रश्न को पुनः उठाया है। इस स्थल पर यद्यपि उसने 'सुरक्षा के लिए अधीन रखना' और 'परतन्त्रता' में भेद की चर्चा की है। परन्तु उसका यह भी कहना है कि, 'स्त्री स्वतन्त्र नहीं रह सकती'।[153] यह कहा गया है कि 'स्त्री को सदैव सुरक्षित रखा जाय, यह केवल इसलिए नहीं कि 'धर्म ग्रन्थों में ऐसा कहा गया है',, बल्कि ऐसा करना अनेक प्रकार से उद्देश्यपूर्ण है।' मेधातिथि ने उदाहरण देते हुए कहा है कि, 'यदि परिवार की एक भी स्त्री चारित्रिक पतन को प्राप्त होती है तो वह पूरा परिवार कुख्यात अर्थात् दुश्चरित्र हो जाता है और लोगों के मध्य कहा जाता है कि, 'उक्त परिवार की स्त्रियाँ सच्चरित्र नहीं हैं।'[154] उसने एक अन्य कारण भी दिया है, 'यह जगतप्रसिद्ध है कि कई पति अपनी पत्नियों के जार द्वारा वध कर दिए गए अथवा उनकी पत्नियों ने उन्हें विष दे डाला।'[155] स्त्री-स्वातंत्र्य के विरोध में प्रकट किए गए मेधातिथि के उक्त विचार तद्‌युगीन समाज के चारित्रिक ह्रास को व्यक्त करते हैं। कुल्लूक भट्ट ने भी नारी स्वातन्त्र्य का विरोध किया है। उसका कहना है कि पिता, पुत्र, पति के नियन्त्रण से मुक्त स्त्री, पति और पिता के वंश को निन्दित करती है।[156] मिताक्षरा में विज्ञानेश्वर ने नारी पर अनेक नियन्त्रण लगाए हैं। शंख को उद्धृत करते हुए उनका कहना है कि स्त्री घर से बिना आज्ञा लिए, बिना उत्तरीय ओढ़े बाहर न जाए, शीघ्रतापूर्वक न चले, बनिये, सन्यासी, वृद्ध वैद्य के अतिरिक्त किसी पर-पुरुष से बात न करे, अपनी नाभि खुली न रखे, एड़ी तक वस्त्र धारण करे, स्तनों पर से वस्त्र न हटाए, मुँह ढके बिना न हँसे, पति या सम्बन्धियों से घृणा न करे। वह धूर्त, वेश्या अभिचारिणी, संन्यासिनी, भाग्यवेत्ता, गुप्तविधियाँ करने वाली दुःशील स्त्री के साथ न रहे। इनकी संगति से कुलीन स्त्रियों का चारित्रिक ह्रास होता है।[157] पराशरमाधवीय में माधवाचार्य ने स्त्रियों के लिए मनु का साक्ष्य देते हुए स्वतन्त्रता का विरोध किया है।[158] देवन्न भट्ट द्वारा उद्धृत स्मृतियों के उद्धरण तद्‌युगीन नैतिक शैथिल्य का

प्रमाण हैं, जिनकी पृष्ठभूमि में वे नारी की स्वाधीनता पर प्रतिबन्ध लगाते हैं।[159] नारद ने नारी के पतन का कारण परतन्त्रता का न होना बताया। बृहस्पति ने पति की अनुपस्थिति में परिवार के अन्य सदस्यों द्वारा स्त्री की गतिविधियों पर नियन्त्रण का निर्देश दिया है। दक्ष ने स्त्रियों के चरित्र की संदिग्धता पर टिप्पणी करते हुए लिखा है कि, 'मनुष्य को उसे समस्त प्रयत्नों द्वारा सुरक्षित और नियंत्रित रखना चाहिए। नारद के अनुसार यदि पिता और पति के कुलों में कोई पुरुष न रह जाए तो राजा को उसकी (उक्त नारी की) रक्षा करनी चाहिए, उसे जीविका देनी चाहिए और कुमार्ग से वंचित रखना चाहिए।[160] सोमदेव का कथन है कि गृहस्थी के दैनिक क्रियाकलापों के अतिरिक्त अन्य किसी क्षेत्र में नारी को स्वतन्त्रता नहीं प्रदान करनी चाहिए,[161] अन्यथा उनसे पति का विनाश होता है।[162] नैषधीयचरित में 'कलि' नारी की स्वतन्त्रता का आग्रह करता है।[163] देवीभागवतपुराण के अनुसार 'पिता जिसको चयन करते हैं, कन्या उसी का वरण करती है, कन्या सर्वदा पराधीन है, वह कभी भी स्वतन्त्रता नहीं प्राप्त कर सकती।'[164]

यद्यपि वाममार्गी विचारकों ने नारी की स्वतन्त्रता का आग्रह किया है परन्तु परम्परावादियों ने नारी की स्वाधीनता पर नियंत्रण लगाया है।[165]

पर्दाप्रथा

प्राचीन भारत में प्रायः यह प्रथा अस्तित्व में नहीं थी। यह प्रथा सम्भवतः मध्यकाल में प्रारम्भ हुई। ऐसा लगता है कि पूर्व मध्यकाल का उत्तरार्द्ध इसकी पृष्ठभूमि थी।

नागानन्द नाटक से प्रतीत होता है कि विवाहित स्त्रियों के अतिरिक्त कन्याओं को देखने में दोष नहीं था।[166] इससे यही प्रतीत होता है कि कन्याओं की अपेक्षा विवाहित स्त्री का जीवन अधिक प्रतिबन्धित था। महावीरचरित में परशुराम के आमगम पर सीता की सखियां कहती हैं, 'प्रिये ये गुरुजन हैं, छिपकर पर्दा कर लो।'[167] राजस्थान में पर्दाप्रथा के अस्तित्व का उल्लेख दशरथ शर्मा ने किया है और प्रमाण स्वरूप माघ कृत शिशुपालवध तथा विक्रमांकदेव चरित आदि को उद्धृत किया है।[168] परन्तु यह प्रथा जनसामान्य में प्रचलित नहीं थी।[169] विक्रमांकदेवचरित में बिल्हण का कथन है कि, 'उन झूला झूलने वाली नगर की स्त्रियों को देखने के लिए एकत्र कामीजन कामासक्त हो गए।'[170]

'शिशुपाल वध' से प्रकट होता है कि, 'सेवकादि का रानियों के मुख की ओर देखना दण्डनीय' था।[171] शंख ने महिलाओं को बिना उत्तरीय ओढ़े बाहर न जाने तथा पर-पुरुष से वार्तालाप न करने का निर्देश दिया है।[172] उपर्युक्त विवरण इस बात के प्रमाण हैं कि तेरहवीं शताब्दी से पूर्व पर्दाप्रथा का अस्तित्व यदाकदा राज परिवारों तक सीमित था। अबूजैद के कथनानुसार रानियों को राजाओं के साथ

दरबार में बैठने की आज्ञा प्राप्त थी। इस कथन का वैद्या ने विरोध किया है और उन औरतों को बाण द्वारा वर्णित परिचारिकाओं से समीकृत किया है।[173] परन्तु राजतरंगिणी आदि ग्रन्थों में राजा-रानी और मंत्री आदि एक साथ मदिरापान करते हुए कई स्थलों पर चित्रित किये गये हैं।[174] वात्स्यायन के कामसूत्र और धोयी के पवनदूतम् से भी पर्दा-प्रथा के बहुत प्रचलन की पुष्टि नहीं होती।[175] यद्यपि कामसूत्र में अन्तःपुर की स्त्रियों का बाहरी लोगों से पर्दे की आड़ में वार्तालाप करने का उल्लेख है।[176]

कुछ अंशों में पर्दा-प्रथा पूर्व मध्यकाल में हुए बाह्य आक्रमण और विघटित सामाजिक जीवन का प्रतिफल था। पूर्वमध्ययुग में नारी की गतिविधियों पर अधिकाधिक नियन्त्रण आरोपित किया जा चुका था।[177] वस्तुतः पर्दाप्रथा का तात्कालिक कारण मुस्लिम आक्रमण का प्रभाव था। पर्दा-प्रथा मुस्लिम सभ्यता में भी विद्यमान थी जिसका अनुकरण भारतीयों ने भी किया।[178]

प्रोषितभर्तृका

नियोग, पुनर्विवाह और सम्बन्ध-विच्छेद सम्बन्धी सामाजिक अधिकारों से वंचित होकर प्रोषितभर्तृका की स्थिति समाज में दयनीय थी। इस काल में प्रोषितभर्तृका पर कई नियन्त्रण लगाए गए थे।[179] यद्यपि अपरार्क का कथन है कि पति को पत्नी के जीविकोपार्जन की व्यवस्था करके जाना चाहिए और पत्नी उसी वृत्ति से थोड़ा आहार ग्रहण कर अपना जीवन व्यतीत करे। यदि ऐसा न हो तो शिल्पादि कर्म के द्वारा जीवन-निर्वाह करे। कुल्लूक के अनुसार, 'प्रोषितभर्तृका को जीविका न रह जाने पर सूत्र निर्माण कताई-बुनाई आदि अनिन्दित शिल्पों से जीवन निर्वाह करना चाहिए।'[180] वेदव्यास, हारीत, बृहस्पति आदि ने भी प्रोषितभर्तृका के लिए अनेक निषिद्ध कर्मों का उल्लेख किया है।'[181]

समसामयिक समाज और नारी का नैतिक स्तर

राजनीतिक अस्थिरता और विघटन, सामन्तवाद के प्रश्रय में पलती विलासिता और शृंगारिकता व तन्त्रवाद के विकास के फलस्वरूप पूर्वमध्यकाल में सामाजिक मूल्यों और नैतिकता का ह्रास हुआ।[182] णायकुमारचरिऊ में उल्लेख है कि 'वे वेश्याओं की गलियों में विचरते जहाँ वे इन सुसंस्कृत स्त्रियों की गानविद्या, वाक्पटुता तथा अठखेलियों का आस्वादन करते थे।[183] सामन्तगण सुन्दरियों के साथ अपने महलों, उद्यानों, सरोवरों में किल्लोल करते थे। उनके भव्य भवन की दीवारें, स्तम्भ तथा चौखटें कामोद्दीपक शिल्पों से अलंकृत होती थीं।[184] यही नहीं स्कन्धावार में भी स्त्रियां साथ रहती थीं।[185] प्रबन्धचिन्तामणि में परमर्दि के दरबार में नग्नप्राय स्त्री नृत्यरत् उल्लिखित की गई है।[186] नारी पर आरोपित कठोर नियन्त्रणों के

समानान्तर तद्युगीन स्रोतों से नैतिक शैथिल्य की पुष्टि होती है।[187] सामन्तवाद के साथ-साथ तन्त्रवाद भी यौन सदाचार को शिथिल बनाने में उत्तरदायी था।[188] कल्हण की राजतरंगिणी में यौन विकृतियों का वर्णन मिलता है। किसी तन्त्र गुरु प्रमद कण्ठ के विषय में उल्लिखित है कि उसने निःशंक भाव से अपनी पुत्री के साथ भी सुरत सुख का अनुभव किया।[189] राजा कलश ने चमक नामक तान्त्रिक के प्रभाव में आकर अपने पिता की बहन कल्लना और उसकी पुत्री नागा के साथ यौनाचार किया था।[190] कर्पूरमंजरी में तान्त्रिक भैरवानन्द का कथन है कि, 'कुल परम्परा के मार्ग का पालन करने वाले हम कोई मन्त्र नहीं जानते न कोई ज्ञान अर्थात् शास्त्रज्ञान ही जानते, गुरु की कृपा के अनुसार न कोई ध्यान या योग करना ही जानते हैं। मदिरा पीते हैं, पर-स्त्रियों के साथ रमण करते हैं और मोक्ष प्राप्त करते हैं। यही हमारी कुल-परम्परा का व्यवहार है।'[191] उसी पुस्तक में उल्लिखित है कि 'रण्डा अर्थात् विधवा, चण्डा अर्थात् क्रूरा और तान्त्रिक शिक्षा में दीक्षित स्त्रियाँ ही हमारी धर्म पत्नियाँ हैं।'[192] इसी ग्रन्थ में महारानी द्वारा तान्त्रिकों से दीक्षा ग्रहण करने का भी सन्दर्भ है।[193] राजतरंगिणी में उल्लिखित है कि राजा हरिराज अपनी माता का दुराचार देखकर कुपित हो गया था। इससे उसकी माता ने उसे अभिचार क्रिया द्वारा जहर देकर मरवा डाला।[194] मत्तविलास प्रहसन में भगवान शिव को एक कापालिक स्त्री सुरा और स्त्री समागम जैसे मोक्ष मार्ग को प्रदान करने वाला कहती है।[195] प्रबोधचन्द्रोदय नामक नाटक में स्त्री-सम्भोग को ही निर्वाण प्राप्ति का मार्ग बताया गया है।

इस काल में विभिन्न साहित्यिक ग्रन्थों में वेश्याओं की खलनीति तथा चारित्रिक ह्रास का उल्लेख है। इनमें दामोदरगुप्त कृत कुट्टनीमतम काव्य, क्षेमेन्द्र कृत समयमातृका, विल्हणकृत चौरपंचाशिका, अमरुकृत अमरूशतक, तथा इनके अतिरिक्त, दशकुमारचरित, आर्यासप्तशती, गाथासप्तशती, राजतरंगिणी, कथासरित्सागर जैसी कृतियाँ उल्लेखनीय हैं। श्रृंगारमंजरी कथा में भी गणिकाओं का उल्लेख है।[197] इन ग्रन्थों में तत्कालीन समाज के नैतिक पतन का स्पष्ट चित्रण है। दशकुमारचरित् में राजा के विलासी स्वभाव का अनुसरण करते हुए समस्त भृत्समुदाय के दुर्व्यवसनी और सुरा-सौन्दर्य प्रेमी हो जाने का उल्लेख है।[198] काव्यकल्पलता वृत्ति से पता चलता है कि दरबार में गणिकाएँ उपस्थित रहती थीं। चौहान हरिराज के पतन में उसका अत्यधिक गणिकासक्त होना भी एक कारण था।[199] अनेक ऐसे उत्सव समाज में प्रचलित थे जो नैतिक और यौन सदाचार में शैथिल्य के लिए उत्तरदायी थे; जैसे पानगोष्ठी, उदकसेवा महोत्सव, मदनोत्सव आदि।[200] सम्भ्रान्त कुलों की नारियाँ सार्वजनिक और व्यक्तिगत रूप से मद्यपान करती थीं।[201] कल्हणकृत राजतरंगिणी में राजा और राज्याधिकारियों के भ्रष्टाचार का जीवन्त प्रस्तुत किया गया है। उक्त ग्रन्थ में उल्लिखित है कि राजा यशस्कर की राजवधू अन्तःपुर के

चण्डाल प्रहरी पर आसक्त थी। इस पर टिप्पणी करते हुए कल्हण का कथन है कि 'या तो वह पुत्र वधू चण्डाल कुलोत्पन्न थी अथवा वह चण्डाल प्रहरी तन्त्रविद्याविद् था, अन्यथा तथाविध असम्भाव्य संगम क्यों होता?[202] प्रभाकर देव नामक मन्त्री विधवा रानी सुगंधा का जार था जिसने राजा गोपाल वर्मा का अभिचार क्रिया द्वारा वध करवा डाला था।[203] उक्त राजा गोपाल वर्मा सुगन्धा का पुत्र था। इस भ्रष्टाचार में तान्त्रिकों का योगदान भी समान रूप से दिखाई देता है जिनकी सहायता से सुगन्धा दो वर्ष तक राज्य करती है। और तदुपरान्त किसी योग्य व्यक्ति को राज्य देने की मन्त्रणा के लिए वह मन्त्री सामन्तों के साथ तान्त्रिकों को भी बुलाती है।[204] स्पष्ट है कि इस प्रकार की गर्हित राजनीति में तान्त्रिक भी सम्मिलित रहा करते थे। राजा पर्वगुप्त जो पहले यशस्कर का मन्त्री था, यशस्कर की पत्नी से अवैध प्रेम करता था, और उसके समागम का अभ्यर्थी था।[205] कश्मीर के राजा क्षेमगुप्त (950-958 ई.) के काल में व्यक्ति का स्तर इस सीमा तक गिर गया था कि राज्यसभा के लोग राजा को अपनी गृह-वधुएँ भेजकर धन या पद अर्जित किया करते थे।[206] राजतरंगिणी से एक ओर राजकीय जीवन में व्याप्त भ्रष्टाचार और नैतिक शैथिल्य अभिव्यक्त होता है'[207] और दूसरी ओर कथासरित्सागर से समाज में व्याप्त भ्रष्टाचार की सूचना मिलती है। कतिपय प्रारम्भिक लम्बकों को छोड़कर कथासरित्सागर से अनेक अवैध यौन सम्बन्धों और समाज के चारित्रिक ह्रास का पता चलता है।[208]

सामाजिक तथा राजनीतिक जीवन के साथ ही आर्थिक जीवन भी इसी प्रकार यौनापराधों से ग्रस्त था। कथासरितसागर से विदित होता है कि अर्थलोम नामक बनिया अपनी रूपसी पत्नी मानपरा को व्यापारिक कार्यों का माध्यम बनाता था।[209] प्रोषितभर्तृकाओं तथा अन्यान्य नारियों द्वारा पति की अनुपस्थिति में पर-पुरुष के साथ सम्भोग का उल्लेख कथासरित्सागर में यत्र-तत्र मिलता है।[210] सोमदेव लिखता है कि, "स्त्रियों का हृदय भयानक घने अन्धकार से भरा, अन्धे कुएं के समान अगाध और गिरने के लिए बड़ा गहरा होता है।'[211] एक अन्य स्थल पर उल्लेख है कि 'निन्दित तो स्त्रियाँ ही होती हैं। पुरुष शायद ही कभी कोई वैसा दुराचारी होता है, लेकिन स्त्रियाँ प्रायः सर्वत्र सदा वैसी ही होती हैं।'[212] तत्कालीन सामाजिक जीवन में व्याप्त यह यौन सम्मोहन तद्‌युगीन स्थापत्य में भी दृष्टिगत होता है।[213]

वेश्या प्रथा

वेश्या वृत्ति पर इस काल के अनेक साहित्यिक ग्रन्थ प्रकाश डालते हैं।[214] कुटनीमतम् और समयमातृका जैसे ग्रन्थ पूर्णतः वेश्या जीवन पर आधारित हैं। उल्लेखनीय है कि दामोदर गुप्त अपने ग्रन्थ का उद्देश्य पाठकों को वेश्याओं की

कूट चालों से भिज्ञ कराना और उनके बाह्याकर्षण के अधीन होने से स्वयं को सुरक्षित रखना बताता है।[215] कुट्टनीमत में 'जनसमाज' का चित्रण है जिसमें धनिक, वणिक, विट (कामतन्त्र, कलाविद और सन्देशवाहक) कितव (धूर्त या जुआरी) आदि सभी रहते हैं।[216] कुट्टनीमत तथा अन्य ग्रन्थों में ऐसे व्यापारियों का उल्लेख है जो वेश्याओं द्वारा निर्धन बना दिए गए और इसके बाद भी उनके सामीप्य में उन्हें सुखानभूति होती थी।[217] नीतिवाक्यमृत में सोमदेव राजा को वेश्या सेवन चित्त की चंचलता मात्र दूर करने के लिए सीमित रूप से करने का निर्देश देते हैं।[218] नीतिवाक्यामृत के राजरक्षामुद्देश नामक अध्याय से गणिकाओं के राजनीतिक जीवन में हस्तक्षेप का पता चलता है। सोमदेव राजा को कामिनियों (गणिकाओं) के संग्रह का निर्देश देने के साथ-साथ इसे अमंगलकारी और अनर्थकारी भी बताता है। जो वेश्याएँ प्रायः नित्य निमित्त राजद्वार पर आती थीं और जिनकी माता के विषय में ज्ञात था वे वेश्याएँ ही राजा के उपभोग के योग्य बताई गई थीं।[219] नीतिवाक्य के अनुसार राजा का इस प्रकार की स्त्रियों के मध्य प्रवेश मेढ़क का सर्पगृह में प्रवेश के समान था। स्त्री गृह से आया कोई भी भोज्य पदार्थ राजा को स्वयं न खाने का निर्देश था। राजनैतिक जीवन में वेश्याओं द्वारा षड्यन्त्रकारी भूमिका के अनेक उदाहरण सोमदेव ने प्रस्तुत किए हैं।[220] इस युग में प्रशासनिक-राजनीतिक जीवन वेश्या प्रथा से दुष्प्रभावित था। मोहराजपराजय में विवृत है कि कुमारपाल चालुक्य ने वेश्या प्रथा को समाप्त करना अनौचित्यपूर्ण कहा है।[221] जिनपाल सूरि कृत 'खरतरगच्छपट्टावली' से विदित होता है कि पृथ्वीराज तृतीय के दरबार से गणिकाएँ भी सम्बद्ध थीं।[222] कृत्यकल्पतरु के राजधर्मकाण्ड से प्रमाणित होता है कि इन्द्रध्वज उत्सव के समय गणिका-निगम को भी आमन्त्रित किया जाता था। कल्हण की राजतरंगिणी में ऐसे कई स्थल हैं जिनसे गणिकाओं द्वारा राजनीतिक जीवन में हस्तक्षेप किए जाने का पता चलता है। ललितादित्य के बारे में कल्हण लिखता है कि "राजकार्य न देखने वाले, रागी के राज्य में दुर्नय (कुनीति) दूषित राज्य वारांगनाओं का भोग बन गया।"[223] 'वेश्याओं के वधू होने के कारण विट् आदि ने राजगृह में आश्रय प्राप्त कर उसे पौरचलीय विद्या (कुलटा वेश्याओं में प्रवीण बनाने वाली विद्या) में मर्मज्ञ कर दिया।"[224] यही नहीं राजा ललितादित्य ने एक कलवार जयादेवी नाम्नी वेश्या से विवाह भी किया और उसी से उत्पन्न ललितादित्य का पुत्र त्रिप्पट जयापीड़ (बृहस्पति) पैदा हुआ जिसने सन् 802 से 813 ई. तक कश्मीर में राज्य किया।[225] इसी प्रकार यशस्करदेव नामक काश्मीर के शासक ने लल्ला नामक वेश्या को "अन्तःपुर की कान्ताओं के ऊपर प्रतिष्ठित किया, जिसके वश में वह विशेष रूप से हो गया।"[226] इसी प्रकार भिक्षाचर नामक राजा के बारे में कल्हण का कथन है कि, "उस राजा के पास वेश्याओं के दलाल और लफंगों का मेला लगा रहता था।

वे नीच जैसी सलाह देते थे राजा वैसा ही करता था।[227] कथासरितसागर में उल्लिखित है कि राजा विक्रमसिंह के शत्रुओं द्वारा आक्रान्त होने पर उसकी प्रेयसी—वेश्या कुमुन्दिनी ने उस राजा को अपनी सेना और धन को शत्रुओं के दमन के निमित्त अर्पित किया।[228] कुछ वेश्याओं के रहन-सहन का स्तर सामन्तों से कम नहीं था।[229] इसी प्रकार 'बोधिसत्वावदान- कल्पलता' में भी वेश्याओं की सम्पन्नता का उल्लेख है।[230] वेश्याएँ प्रायः नगरों में निवास करती थीं। अग्निपुराण के अनुसार वेश्याएँ तथा नृत्यगीत करने वाले नगर के दक्षिण दिशा में निवास करते थे।[231] धोयी के अनुसार लक्ष्मणसेन की राजधानी विजयपुर में अनेक वेश्याओं का निवास था।[232] क्षेमेन्द्र ने समयमातृका में लिखा है कि, धनिकों के इकलौते पुत्र, ऐसे नवयुवक जिनके पिता की मृत्यु हो चुकी थी, राजाओं के अमात्य, वणिक-पुत्र, वैद्य, कामुक, तपस्वी और राजकुमार, संगीतज्ञ, विद्वान और शराबी भी वेश्याओं के पास जाते थे।'[233] सुबन्धु कृत वासवदत्ता से पता चलता है कि कुसुमपुर नामक नगर में वेश्याएँ रहा करती थीं।[234] कुट्टनीमत काव्य के अनुसार वेश्याएँ नगर के एक पृथक् भाग में रहकर अपना व्यापार करती थीं।[235]

वेश्याओं का व्यवसायोनुरूप व्यक्तित्व-विकास

दशकुमारचरित में वेश्या काममंजरी की माता और ऋषि मरीचि के मध्य वार्तालाप से वेश्याओं के व्यवसायोनुरूप व्यक्तित्व के विकास हेतु प्रारम्भिक जीवन-वृत्त और शिक्षा-दीक्षादि पर प्रकाश पड़ता है। बाल्यकाल से ही वेश्या-कल्या का उसकी माता द्वारा उसके स्वास्थ्य पर ध्यान रखा जाता था, और उसे मांगलिक कार्यों और उत्सवों में भाग लेने के लिए कहा जाता था। उन्हें सभी अंगों समेत अनंग विद्या (कामशास्त्र), नृत्य, गीत, वाद्य, नाट्य, चित्रकला, भोज्यपदार्थ, गन्ध पुष्प आदि की कलाओं तथा पठन-पाठन और वाक्पटुता, व्याकरण, तर्क, और सिद्धान्त (ज्योतिष) विद्या, द्यूतकला, मुर्गे आदि की लड़ाई, पासा एवं रतिक्रिया की शिक्षा दी जाती थी।[236] कुट्टनीमत में भी उन्हें अनेक कलाओं में निपुण बताया गया है।[237] वेश्या कन्या के विक्रय और प्रथम समागम के विशेष मूल्य का उल्लेख भी मिलता है।[238]

वेश्यावृत्ति के अन्यान्य उपकरण : कुटनी, विट आदि

वेश्या की माता, नानी अथवा प्रौढ़ संरक्षिका प्रायः कुटनी का कार्य करती थीं। इससे वे अपनी वेश्यावृत्ति को बढ़ाती थीं और जिसके बिना वेश्याएँ असहाय होती थीं।[239] वेश्याएँ वेतनभोगी कृत्रिम जननी (कुटनी) भी रखती थीं।[240] वासवदत्ता में भी कुटनीयों का उल्लेख है।[241] कुट्टनीमत काव्य इन्हीं कुटनीयों की कूटचालों से परिपूर्ण है।

विट या दलाल आदि का कार्य कामुक जनों को वेश्या-गृह तक लाना था।[242]

वेश्या का पहली बार लोगों के समक्ष आने पर कुटनी द्वारा दिए गए धन के प्रभाववश कुछ विट्गण कामीजनों में ही बैठकर वेश्या का गुणगान किया करते थे।[243] ये विट्गण राजा को भी अपने प्रभाव में रखते थे।[244]

वृद्ध विटों की पंचायत होती थी जो वेश्या और वेश्यागामी के मध्य विवाद को सुलझाती थी।[245]

पूर्वमध्यकालीन धर्मशास्त्रों में भी गणिकाओं से सम्बन्धित कतिपय नियमों का उल्लेख किया गया है। स्मृतिचन्द्रिका के व्यवहारकाण्ड में–पण्यस्त्री तद्भोक्तृवश्यानी' एक पृथक् अध्याय है जिसमें नारद को उद्धृत करते हुए कहा गया है, 'मूल्य लेने के बाद भी जो वेश्या उक्त मनुष्य को नकार देती है, वह उसे दुगुना धन वापस करती है, यदि धन देकर मनुष्य स्वयं अनिच्छुक हो जाय तो वह अर्थदण्ड का भागी होगा।' परन्तु कुछ विशेष परिस्थितियों में वेश्या द्वारा दुगुना धन लौटाया जाना, अन्य स्मृतियों में अपवाद बताया गया है, जैसे–रोगयुक्त, भ्रमित, राज-कार्य में व्यस्त मनुष्य अथवा वह व्यक्ति जो आमन्त्रित होकर भी सही समय पर नहीं पहुँचता, इन परिस्थितियों में वेश्या के दास (विट्) पर आरोप नहीं लगाया जा सकता।[246] नारद का कहना है कि '...अप्राकृतिक संभोग करने पर, नख और दंत से वेश्या को क्षति पहुँचाने पर इस प्रकार की हानि के लिए भोगी पर रति मूल्य आठ गुना अधिक लगाया जाय और इतनी ही धन राशि वह अर्थदण्ड स्वरूप भी दे।'[247] मत्स्यपुराण में उल्लिखित है कि, 'पारिश्रमिक ग्रहण करने के बाद यदि कोई वेश्या किसी अन्य के साथ जाती थी तो उसे अर्थदण्ड लगता था और वह उक्त मनुष्य को पारिश्रमिक देती थी।'[248] इस प्रकार का विवाद सुलझाने के लिए वे लोग निर्णायक होते थे जो वेश्याओं के मध्य चर्चित होते थे, या कामीजन अथवा वे लोग होते थे जो वेश्याओं के गृह में निवास करते थे।[249] इन विवादों के निर्णय का उत्तरदायित्व विज्ञानेश्वर ने वेश्या प्रधानों अथवा कामीजनों को दिया है।[250] धर्मशास्त्रों और साहित्यिक ग्रन्थों में वेश्या गमन करने पर प्रायश्चित का विधान प्रस्तावित किया गया है।[251]

देवदासी प्रथा

इस युग में देववासी प्रथा का भी प्रचलन था, जिसके अन्तर्गत देवमन्दिरों में स्त्रियाँ, नृत्य, गान और वाद्य में सम्मिलित रहा करती थीं। देवदासी प्रथा का उल्लेख न जातक साहित्य में मिलता है और न यूनानी इतिहासकारों के विवरण में। कौटिल्य-अर्थशास्त्र में भी तत्सम्बन्धी सूचना नहीं मिलती।[252] गुप्तकालीन साहित्य में यद्यपि इसके साहित्यिक साक्ष्य उपलब्ध हैं।[253] परन्तु गुप्तों के अभिलेख और फाह्यान के विवरण से इस प्रथा के विषय में कोई सूचना नहीं मिलती। अल्तेकर के अनुसार इस प्रथा का प्रचलन प्रायः छठी शताब्दी में हुआ।[254]

सम्भवतः 9वीं-10वीं शताब्दी में मन्दिरों में नट-मण्डप का निर्माण प्रारम्भ हुआ।[255] भुवनेश्वर के राजधानी मन्दिर, परसरामेश्वर मन्दिर, लिंगराज मन्दिर, खजुराहो तथा कोणार्क के मन्दिरों में उत्कीर्ण नर्तकियों और वादकों के चित्र इस प्रथा के परिचायक हैं।[256]

अनेक परवर्ती पुराणों में भी इस प्रथा का संदर्भ मिलता है। भविष्यपुराण में कहा गया है कि सूर्यलोक की प्राप्ति का उत्तम मार्ग वेश्याओं को सूर्य मन्दिर में अर्पित करना है।[257] पद्मपुराण में कन्याओं को क्रय करके मन्दिरों में दान देने का उल्लेख किया गया है।[258] मेधातिथि ने कन्याओं के तीन प्रकार बताए हैं जिनमें एक प्रकार वह है जो किसी मन्दिर को अर्पित कर दी गई हो।[259] जैन और बौद्ध धर्म भी इस प्रथा से अप्रभावित न रह सके। कुमारपाल प्रतिबोध और उपदेश रसायनरास के उद्धरण जैन मन्दिरों में देवदासी प्रथा के अस्तित्व का प्रमाण प्रस्तुत करते हैं। जिनदत्त सूरि के अनुसार ये मन्दिर धर्माध्यवसाय के स्थान पर कामाध्यवसाय के केन्द्र बन गए थे।[260] 1207 ई. के एक जैन अभिलेख के अनुसार एक कुमारी जैन मन्दिर को दान की गई थी।[261] बौद्ध स्रोतों से भी विदित होता है कि मन्दिरों में देवदासियाँ रहा करती थीं। [262]धोयी कृत पवनदूतम काव्य में देवदासी को मन्दिर में अर्पित किए जाने का उल्लेख है। उसने कृष्ण मन्दिर स्थित देवदासियों की तुलना लक्ष्मी से की है जो कन्याओं के रूप में कृष्ण की सेवा के लिए अवतीर्ण हुईं थीं।[263] हर्षनाथ प्रशस्ति (वि.सं. 1030) में भी कई कन्याओं को मन्दिरों को प्रदान किए जाने का उल्लेख है।[264] चाहमान राज्य में कोई भी मन्दिर इस प्रथा से मुक्त नहीं था।[265] मोहराज-पराजय में कुमारपाल इस प्रथा को समाप्त करने में अपनी असमर्थता व्यक्त करता है।[266] विक्रमांकदेव चरित में राजा क्षेमगुप्त द्वारा निर्मित क्षेमगौरीश्वर महादेव के मन्दिर के नट-मण्डप में सुन्दरियों द्वारा नाट्याभिनय की चर्चा है।[267] राजतरंगिणी में अनेक स्थलों पर देवदासियों का तथा इस प्रथा की आड़ में राजा द्वारा किए गए व्यभिचार का उल्लेख मिलता है। कार्तिकेय मन्दिर में नर्तकियाँ नृत्यगान किया करती थीं।[268] देवदासी प्रथा के अन्तर्गत न केवल कन्या बल्कि विवाहिता पत्नी को भी मन्दिर में अर्पित किया जाता था। कल्हण ने लिखा है कि प्रतापादित्य नामक राजा के एक वणिक् नोण की पत्नी पर आसक्त होने पर नोण अपनी पत्नी को नर्तकी के रूप में देवमन्दिर में अर्पित कर राजा को उसे वहाँ से ग्रहण करने का परामर्श देता है।[269] इसी प्रकार का एक दृष्टांत कथासरित्सागर में भी मिलता है।[270] लगता है यह प्रथा पूर्वमध्ययुगीन समाज में प्रसारित होती जा रही थी। राजतरंगिणी में राजा जयापीड़ का कार्तिकेय मन्दिर में कमला नामक देवदासी पर आसक्त होने, उसे साथ लेकर अपने देश प्रस्थान करने, उसे महाप्रतीहार पीडा नामक पद प्रदान किए जाने तथा उसके नाम पर कमलापुर नगर बसाए जाने का उल्लेख है।[271] राजाओं द्वारा देवदासियों को रानी बनाए जाने का भी उल्लेख है।[272]

इस काल के अनेक अभिलेख इस प्रथा के प्रचलन को प्रमाणित करते हैं।[273] सेन-शासक विजयसेन की देवधाराप्रशस्ति में राजा द्वारा मन्दिर को 100 सुन्दर कन्याएँ प्रदान करने का उल्लेख है।[274] देवदासियों व वेश्याओं को भूमि दान किए जाने का भी उल्लेख मिलता है।[275] इस काल के कतिपय अभिलेखों में देवदासियों और वेश्याओं पर करारोपण का संकेत भी है।[276] बारहवी शदी के एक चाहमान अभिलेख में उल्लिखित है कि किसी राणक-ब्राह्मण ने एक देवदासी को देशबन्ध नामक कर से मुक्त किया।[277]

विदेशी इतिहासकारों ने भी देवदासी प्रथा का उल्लेख किया है। ह्वेनसांग ने मुल्तान के सूर्य मन्दिर में देवदासियों की सूचना दी है।[278] इत्सिंग के अनुसार बौद्ध मन्दिरों में भी देवदासियाँ रहा करती थीं।[279] अरबी लेखक जकरिया अल कजबीनी के अनुसार सोमनाथ के मन्दिर के द्वार पर 500 सुन्दर युवतियाँ गाती और नृत्य करती थीं।[280] एक अन्य लेखक अब्दुल्ला वस्साफ ने मन्दिरों से सम्बद्ध वेश्याओं पर करारोपण को इंगित किया है उसके अनुसार ईरान आदि से घोड़े भारत को निर्यात किए जाते थे जिनका मूल्य जागीरों से और हिन्दू मन्दिरों की आय से तथा मन्दिरों से सम्बन्धित वेश्याओं पर कर लगा दिया जाता था।[281] अबू जैद ने इस प्रथा पर विस्तृत प्रकाश डाला है। वह लिखता है, भारत में सार्वजनिक स्त्रियाँ होती हैं जो देवदासी कहलाती हैं। जिनकी संस्था का उद्भव इस प्रकार हुआ—जब कोई स्त्री कोई सन्तान के लिए मनौती मानती है, और उसे एक सुन्दर कन्या होती है तो वह उस कन्या को बोद नामक देवमूर्ति के पास ले जाती है और वहीं छोड़ देती है। जब कन्या समुचित आयु प्राप्त कर लेती है तो उस सार्वजनिक स्थल पर वह एक भवन प्राप्त करती है और उसके द्वार पर पर्दा लटका देती है, तथा आगन्तुकों की प्रतीक्षा करती है। इन आगन्तुकों में भारतीय तथा अन्य सम्प्रदायों के लोग रहते हैं जिनके लिए यह विलासिता विधि विहित मानी जाती है। वह एक निश्चित दर पर वेश्यावृत्ति स्वीकार करती है और अर्जित वृत्ति को देवमूर्ति के पुरोहित को सौंप देती है ताकि उससे मन्दिर का भरण-पोषण हो सके।[282]

हुदहुदअलआलम (सन् 929-983) में यह उल्लेख है कि रमियान के मन्दिर में तीस देवदासियाँ थीं जिनका कार्य मूर्ति के सम्मुख नृत्य करना था।[283] चौ-जु-कुआ के अनुसार गुजरात में चार हजार मन्दिर थे जिनमें बीस हजार से अधिक देवदासियाँ थीं जिनका कार्य दिन में दो बार नृत्यगान करना था, जब देवताओं को पुष्प और प्रसाद अर्पित किया जाता था।[284] अलबीरूनी भी देवदासी प्रथा का उल्लेख करता है। उसने वेश्या और देवदासी प्रथा के लिए शासक वर्ग को उत्तरदायी बताया है। उसका कहना है कि "इसमें दोष राजा का है कौम का नहीं। यदि ऐसा न हो तो कोई भी ब्राह्मण या पुरोहित अपने मूर्ति-मन्दिरों में उन स्त्रियों को सहन न करे जो नृत्य-गीत और क्रीड़ा करती हैं। राजा उनको आर्थिक कारणों

से अपने नगरों के लिए आकर्षण और प्रजा के लिए आमोद का प्रलोभन बनाते हैं। वे इससे अर्थदण्ड और राजस्व दोनों के रूप में आय प्राप्त करते हैं, उससे वे इन व्ययों को पूरा करना चाहते हैं जो उनके कोष को सेना पर व्यय करने पड़ते हैं।'[285] अलबीरूनी का उल्लेख सत्यता से अधिक दूर नहीं है। अभिलेखों से वेश्या और देवदासियों पर कर की पुष्टि होती है। कुट्टनीमत में शूलापाल (वेश्याध्यक्ष) का उल्लेख है।[286] जोज्जल देव के राजस्थान के सादड़ी और नाडौल के अभिलेख (1090 ई.) में देवताओं के यात्रा उत्सव में सभी राजकर्मचारियों, चाहे वे किसी भी धर्म के अनुयायी हों और साथ में नृत्यांगनाओं आदि को भी सम्मिलित होने का निर्देश दिया गया है और इस परम्परा का साधु, वृद्ध या किसी विद्वान् द्वारा उल्लंघन वर्जित कहा गया है।[287]

सन्दर्भ

1. स्मृ. च., व्यव. का., पृ. 506 पर उद्धृत हारीत।
2. दक्षस्मृति, 4.1, पृ. 79 तथा व्यव. का, पृ. 522 पर उद्धृत दक्ष।
3. स्मृ. च., व्यव. का., पृ. 523
4. बृहस्पति, 24.6
5. स्मृ. च., व्यव. का., पृ. 524
6. वही, पृ. 523
7. बृहस्पति, 24.4; कृत्य. व्यव. का., पृ. 608 पर भी उद्धृत।
8. बृहस्पति, 24.2,5, पृ. 367-8 तथा स्मृ. च. व्यव. का., पृ. 525 पर उद्धृत।
9. पराशरमाधवीय, 4.16 तथा वेदव्यास स्मृति, 2.27, पृ. 360
   'दासीवा दिष्ट कार्येषु भार्या भर्तुः सदा भवेत् ॥'
10. देवीभागवतपुराण, 5.17.15
11. वही, 5.17.25
12. नागानन्द, पृ. 191
13. महावीरचरित, अंक 4, पृ. 177
14. सखाऊ, जि.2, पृ. 155
15. बृहद्धर्मपुराण, 2.8.3-10, हिस्ट्री आफ बंगाल, जि. 1, पृ. 611
16. नि. सि., पृ. 1288
17. वही, पृ. 1288-9 तथा ध. सि., पृ. 975
18. काणे, धर्मशास्त्र का इतिहास, प्रथम भाग, पृ. 331
19. दे. भा. पु., 3.27.3.
20. काणे, पूर्वोद्धृत, पृ. 323
21. जे. ऑबंयर, डेली लाइफ इन एन्शियन्ट इण्डिया, पृ. 212
22. मिताक्षरा, 2.137-6; स्मृ. च., व्यव. का. पृ. 641 तथा विस्तार से देखें विवाह के अध्याय में 'नियोग के अन्तर्गत।

23. कृत्य, व्यव. का, पृ. 627; व्यव. का., पृ. 528 पर उद्धृत शंख लिखित।
24. कुल्लूक, 5.162, 'एवं सति पुन-र्भूत्वमपि प्रतिषिद्धम्'।
25. मुकर्जी, हर्ष, पृ. 177
26. अल्तेकर, द पोजीशन आफ वीमन इन हिन्दू सिविलाइजेशन. पृ. 160
27. काणे, पूर्वोद्धृत, पृ. 333
28. स्कन्दपुराण, काशीखण्ड, 4.74; अल्तेकर, पूर्वोद्धृत, पृ. 160
29. नि. सि., पृ. 1288; ध. सि., पृ. 974
30. अल्तेकर, पूर्वोद्धृत, पृ. 160-1
31. अल्तेकर, राष्ट्रकूटाज एण्ड देयर टाइम्स, पृ. 344-45
32. गौ. ध. सू., 3.10.19, पृ. 280; विष्णु, 17.4; याज्ञवल्क्य, 2.135-8
33. याज्ञ.स्मृति विद द कमेन्ट्रीज आफ मिताक्षरा बाई विज्ञा., जि. 2, चतुर्थ भाग, पृ. 1067-8; मनु पर कुल्लूक का भाष्य, 9.187 पर उद्धृत याज्ञवल्क्य, वृहस्पति व वृद्ध मनु; याज्ञ. पर अपरार्क का भाष्य 2.135-6 पर उद्धृत बृहस्पति, विष्णु व वृद्ध; मनु।
34. वही, पृ. 1066-7
35. वही, पृ. 1069 पर उद्धृत शंख।
36. स्मृ. च. व्यव. का, पृ. 633 पर उद्धृत प्रजापति; देवन्न भट्ट ने पुत्रहीन विधवा को सम्पत्ति में अधिकारिणी मानने के सन्दर्भ में वृद्ध मनु (पृ. 634) बृहस्पति (पृ.635-6) और कात्यायन (पृ. 637) को उद्धृत किया है।
37. स्मृ. च., व्यव. का, पृ. 631 पर उद्धृत मनु; याज्ञ. स्मृति विद द कमेन्ट्रीज़ आफ मिताक्षरा बाई विज्ञानेश्वर, पृ. 1068 पर उद्धृत नारद तथा हारीत स्मृ. च., व्यव. का, पृ.640 पर उद्धृत हारीत।
38. याज्ञ. स्मृति विदद. पृ. 638
39. कुल्लूक, 9.187। 'अतोमन्मेद्यातिथिना पलोनमंशभागित्वं निषिद्ध मुक्तमं तद्संबद्धम्।'
40. वही, 9.185, 187
41. वही, 9.187
42. याज्ञ. स्मृति विदद, पृ. 1080 पर उद्धृत कात्यायन।
43. वही, पृ. 1080
44. याज्ञ स्मृति विदद. 1081, 1087
45. वही, पृ. 1069-70 पर उद्धृत धारेश्वर तथा स्मृ.च., व्यव. का.,पृ. 641 पर उद्धृत संग्रहकार।
46. वही, पृ. 1075-76; अपरार्क, 2.135-6 तथा स्मृ. च., व्यव. का, पृ. 641
47. स्मृ. च., व्यब. का,पृ. 641 की पादटिप्पणी में उद्धृत।
48. याज्ञवल्क्य स्मृति विदद., पृ. 1081
49. ए. के. मजुमदार, चालुक्याज़ आफ गुजरात, पृ. 334-6
50. हिस्ट्री आफ बंगाल, जि. 1, पृ. 610
51. याज्ञ. स्मृति विदद. पूर्वोद्धृत, पृ. 1088; अपरार्क, 2.135-6, पृ. 643-44; स्मृ. च., व्यव. का, पृ. 645; कुल्लूक, 9.185, 187
52. स्मृ. च., व्यव. का, पृ. 645-6

53. मोहराज पराजय, अंक 4 तथा 5; त्रि. श. पु., दसवाँ पर्व, ग्रन्थ की प्रस्तावना, पृ. 59 पर उद्धृत।
54. सी. आई. आई, जि. 4, भाग 1, पृ. 158, 'यं समस्तराज्ये नास्ति। अपरं च अपुत्रधनं न्नास्ति...'
55. एपि. इ., जि. 5, पृ. 28; अल्तेकर, राष्ट्रकूटाज़ एण्ड देयर टाइम्स,पृ. 340-1
56. एपि. इ., जि. 3, पृ. 216, वही, पृ. 342
57. प्रतिपाल भाटिया, द परमाराज, पृ. 287
58. दशरथ शर्मा, अ. चौ. डा., पृ. 294
59. कादम्बरी, पृ. 50-57
60. वही, पृ. 507
61. मेधातिथि, 5.155, पृ. 559
62. स्मृ. च. व्यव. का. पृ. 534
63. महानिर्वाणतंत्र, 10.79
64. मिताक्षरा, 1.86, पृ. 37
65. अपरार्क, 1.87, पृ. 11, '...स्मृतितस्तु मृते भर्तरि वह्निप्रवेशमरण विशेषं विधते। अतोभिन्नविषयत्वाद विरोधः।...'
66. कृत्य., व्यव. का., पृ. 633 पर उद्धृत अंगिरा; अपरार्क, पृ. 110 तथा मिताक्षरा, 1086, पृ. 37 पर उद्धृत हारीत और देखें—गरुड़पुराण, प्रेतकल्प, श्लो 50
67. कृत्य., व्यव. का, पृ. 632 तथा मिताक्षरा 1.76, पृ. 36 पर उद्धृत अंगिरा और गरुड़पुराण, प्रेतकल्प, श्लो. 48
68. कृत्य, व्यव. का, पृ. 632 तथा मिताक्षरा 1.86 पर उद्धृत शंख अंगिरस; अपरार्क 1. 87 पर उद्धृत हारीत; गरुड़पुराण, प्रेतकल्प, श्लो 51; पराशरस्मृति, 4.30 आदि। चतुर्विंशमत, पृ. 163-164
69. वही, पृ. 633-34 पर उद्धृत व्यास व अंगिरा; अपरार्क 1.87 पर उद्धृत हारीत; मिताक्षरा, 1.86 पर उद्धृत शंख-अंगिरस।
70. वही, पृ. 634 पर उद्धृत व्यास; अपरार्क 1.87 तथा गरुड़पुराण, प्रेतकल्प, श्लो 49
71. वही, पृ. 633 में उद्धृत अंगिरा; अपरार्क 1.87 तथा मिताक्षरा 1.86 में यही कथन व्यास का उद्धृत है।
72. वही, पृ. 635 और अपरार्क, पृ. 110 पर उद्धृत बृहस्पति और विष्णु।
73. मिताक्षरा, 1.86, सती प्रथा के आध्यात्मिक महत्त्व के सन्दर्भ में और भी देखें, गरुड़पुराण, प्रेतकल्प, श्लो 42-47, 52-55 तथा दक्षस्मृति 18; वेदव्यास स्मृति, 53
74. मिताक्षरा, 1.86, 'अयं च सकल एव सर्वासां स्त्रीणामगर्भिणीनाम वालापत्यानाम चण्डालं साधारणो धर्म...'।
75. कृत्य, व्यव. का., पृ. 633 में उद्धृत अंगिरा।
76. वही, पृ. 634 पर उद्धृत ब्रह्मपुराण।
77. वही पृ. 65, 'एवं च सकल वचन पर्यालोचनया ब्राह्माणादिसर्वभायर्याणां... सहमरणानुमरणयोरधिकार इति'।
78. गरुड़पुराण, प्रेतकल्प, श्लो. 41

79. अपरार्क, 1.87, पृ. 109
80. वही, 1.87 में उद्धृत
81. वही, उद्धृत होशना। इस सन्दर्भ में चतुर्विंशमत, पृ. 164 पर स्मृत्यर्थसार, मिताक्षरा, भारद्वाज, पारिजात आदि उद्धृत हैं।
82. मिताक्षरा, 1.86, पृ. 37
83. वेदव्यास, 53
84. समयमातृका, 2.34
85. वही, 2.36 तथा दशकुमारचरित, पृ. 232-4
86. नैषधीयचरित, 4.46, 79; दशकुमारचरित अध्याय 4, पृ. 327; वेणीसंहार, अंक 6, पृ. 206; शिशुपालवध, 6.13, पृ. 332
87. कथासरित्सागर, खण्ड 1, पृ. 425; खण्ड 2, पृ, 407, 725-29; खण्ड 3, पृ, 425, 539, 897, 1169 आदि।
88. राजतरंगिणी, 2.56, 4.98, 5.226-7, 6.107, 195, 196; 7.103, 478, 481, 859, 1486, 1494; 8.369, 1441-42, 2335 आदि।
89. वही, 7.725
90. चम्पू रामायण, अयोध्याकाण्ड, पृ. 182 युद्धकाण्ड, पृ. 477
91. पृथ्वीराजरासो, 55.60
92. वही, 56.65
93. वही, 11.71
94. इलियट, जि. 1, पृ. 5
95. वही, पृ. 7
96. वही, पृ. 86
97. सखाऊ, जि. 2, पृ. 155
98. फ्लीट, भारतीय अभिलेख संग्रह, खण्ड 3, पृ. 114
99. एपेन्डिक्स, इन्सक्रिप्सन आफ नार्दन इडिया, सं. 423, पृ. 61
100. वही, संख्या 27, पृ. 6
101. वही, 410, पृ. 60, सं. 413, पृ. 60, सं. 136, पृ. 22
102. राजस्थान, पृ. 89
103. वही, पृ. 99
104. वही, पृ. 106
105. जैन शिलालेख संग्रह, खण्ड 3, अभि. संख्या 559, 575, 605
106. देखिए—गरुड़पुराण, प्रेतकल्प।
107. गरुड़पुराण, प्रेतकल्प, श्लो. 35-40
108. कृत्य. व्यव. का., पृ. 633 पर उद्धृत
109. अग्निपुराण, 156, 20-21; दे. भा.पु., 1.11.22
110. देवलस्मृति, 50-53, पृ. 87
111. अत्रिस्मृति, 5.2-3 व 6-7, पृ. 30-31 तथा कृत्य शु. का., पृ. 179
112. सखाऊ, जि. 2, पृ. 162-63

113. कृत्य., शु. का. पृ. 180-1
114. ब्रह्मवैवर्तपुराण, 61.79, हिस्ट्री आफ बंगाल, पृ. 610
115. बुद्धप्रकाश, सम आस्पेक्ट्स, पृ. 37
116. प. मा., 1.34; चतुर्विंशमत, पृ. 52
117. राजतरंगिणी, 5.243
118. वही, 4.152
119. अल्तेकर,, द पोजीशन आफ वीमन इन हिन्दू सिविलाइज़ेशन, पृ. 189
120. प्र. चि., पृ. 154; बी. पी. मजुमदार, सो. इ. हि. आफ ना. इ., पृ. 138-9 पर उद्धृत।
121. टाड, जि. 1, पृ. 242, वही, पृ. 139
122. एपि. इ., जि. 22, पृ. 188, वही. पृ. 139
123. राजतरंगिणी, 8.3115
124. विष्णुस्मृति, 6.37
125. समयमातृका, 2.45
126. विक्रमांकदेवचरित, 14.29, पृ. 19
127. कादम्बरी, पृ. 45
128. का. नी., 7.44
129. कथासरित्सागर, खण्ड 1, पृ. 35
130. वही, पृ. 199-200
131. मेधातिथि, 5.153, पृ. 558
132. कुल्लूक, 5.155
133. स्मृ. च., व्यव. का., पृ. 529
134. कृत्य, व्यव. का. पृ, 628
135. वही, पृ. 627 पर उद्धृत शंख-लिखित पैठीनसि तथा पृ. 620 पर उद्धृत देवल।
136. स्मृ. च., व्यव. का, पृ. 530 पर उद्धृत शंख-लिखित व पैठीनसि।
137. प. मा. 4.12-19, पृ. 31-32
138. यशस्तिलक, उत्तरखण्ड, 4.189-191, पृ. 85-6
139. समयमातृका, 2.43 व 58
140. मालतीमाधवम्, प्रथम अंक, पृ. 18
141. वही, पाँचवाँ अंक, पृ. 237
142. वही, प्रथम अंक, पृ. 22
143. कर्पूरमंजरी, पृ. 47
144. वही, चतुर्थ अंक, पृ. 229
145. दशकुमारचरित, अंक 6, पृ. 443
146. कथासरित्सागर, खण्ड 1, पृ. 389
147. देवीभागवत्पुराण, 5.17.15
148. कथासरित्सागर, खण्ड 3, पृ. 989 तथा पृ. 991
149. मिताक्षरा, 1.87
150. नैषधीयचरित, 15.42

151. महानिर्वाणतन्त्र, 14.187; मातृकाभेदतन्त्र, 3.36; तन्त्रलोक, पृ. 295; यादव पूर्वोद्धत, पृ. 72 पर उद्धृत।
152. मेधातिथि. 5.145
153. वही, 9.3
154. वही, 9.7
155. वही
156. कुल्लूक, 5.147
157. मिताक्षरा, 1.87
158. प. मा., प्रायश्चितकाण्ड, पृ. 31-32
159. स्मृ. च., व्यव. का., पृ. 505
160. वही, पृ. 506-508 पर उद्धृत।
161. नीतिवाक्य, 24.39, अपत्यपोषणे, गृहकर्मणि, शरीर संस्कारे, शयनावसरे स्त्रीणां स्वातन्त्र्यं नान्यत्र।
162. वही, 24.40
163. नैषधीयचरित, 15.42
164. दे. भा. पु., 6.22.33
165. यादव, पूर्वोद्धत, पृ. 72
166. नागानन्द, पृ. 38, 'को दोषः? निर्दोष दर्शनाः कन्यका भवति'।
167. महावीरचरित, द्वितीय अंक, पृ. 84
168. दशरथ शर्मा, अ. चौ. डा., पृ. 291
169. वही
170. विक्र. चरित, 7.11
171. शिशुपालवध, 7.17, द हिस्ट्री आफ चाहमान, पृ. 350 पर उद्धृत।
172. मिताक्षरा, 1.87 में उद्धृत शंख।
173. वैद्या : हिस्ट्री आफ मिडिवल हिन्दू इण्डिया, जि. 2, पृ. 188
174. राजतरंगिणी, 4.310
175. हिस्ट्री आफ बंगाल, पृ. 609
176. वही, पृ. 609
177. देखें 'नारी का स्वातन्त्र्यापहरण' के अन्तर्गत।
178. अल्तेकर, पूर्वोद्धृत, पृ. 175
179. अपरार्क, 1.84, पृ. 108; कृत्य, व्यव. का. पृ. 632 तथा स्मृ. च., व्यव. का, पृ. 531
180. वही, 1.84, पृ. 108 तथा कुल्लूक, 9.75
181. वेदव्यासस्मृति, 2.52; कृत्य., व्यव. का. पृ. 632 तथा, स्मृ. च., व्यव. का., पृ. 532 पर उद्धृत बृहस्पति।
182. बुद्धप्रकाश, भारतीय धर्म एवं संस्कृति, पृ. 123
183. णायकुमारचरिऊ, पृ. 48-49; आदि पुराण, पृ. 407, संपा. हीरालाल जैन।
184. विल्हण, विक्रमांकदेवचरित, 12.50-78
185. द्वाश्रयकाव्य, 3.159; बुद्धप्रकाश, सम आस्पेक्ट्स, पृ. 8 पर उद्धृत।

186. प्रबन्धचिन्तामणि, अध्याय 5, पृ. 186
187. हिस्ट्री आफ बंगाल, पृ. 610
188. कापड़िया, भारतवर्ष में विवाह एवं परिवार, पृ. 149
189. राजतरंगिणी, 7-278
190. वही, 7.293
191. कर्पूरमंजरी, अंक 1, पृ. 46,
'भज्जै पिआओ मट्टिलं रमायो
मोक्ख च जायो कुलमग्गलग्गा ॥22॥
192. वही, पृ. 47
193. वही. अंक 4, पृ. 229
194. राजतरंगिणी, 7.133
195. मत्तविलास प्रहसन, 7.2, पृ. 8
196. प्रबोधचन्द्रोदय, अंक 3
197. प्र.भाटिया, द परमाराज़, पृ. 284
198. दशकुमारचरित, अंक 8, पृ. 28
199. दशरथ शर्मा, अ. चौ. डा., पृ. 293
200. वही, कृत्य, नियतकालकाण्ड, पृ. 311, 419; रत्नावली, पृ. 7-25; यशस्तिलक, 6. 167, पृ. 228
201. कथासरित्सागर, खण्ड 3, पृ. 853 तथा चौरपंचाशिका, श्लो 9; राजतरंगिणी, 4. 310
202. राजतरंगिणी, 6.78-79
203. वही, 5.239-40
204. वही, 5.249-50
205. वही, 5.139
206. वही, 6.163, 164, 165
207. वही, 7.125; 8.890, 1955, 2456
208. कथासरित्सागर, खण्ड 2, पृ. 33-34, 521-23, पृ. 731,पृ. 765।
209. वही, खण्ड 2, पृ. 199-200
210. वही, खण्ड 3, पृ. 7,61, 305, 535 आदि।
211. वही, पृ. 309
212. वही, पृ. 311
213. कापड़िया, भारतवर्ष में विवाह एवं परिवार, पृ. 150
214. दण्डी, दशकुमारचरित; दामोदर गुप्त, कुट्टनीमतम् काव्य; क्षेमेन्द्र, समयमातृका; देशोपदेश के तीन अध्याय (तृतीय, चतुर्थ व पंचम) क्रमशः वेश्यावर्णन, कुट्टनी-वर्णन, विटवर्णन हैं।
215. कुट्टनीमतम्, श्लो. 1059
216. वही, 68, पृ. 15
217. वही, 35-38

218. नी. वा., 24.51, अचित्तविभ्रान्तेर्वेश्यापरिग्रहः श्रेयान॥
219. वही, 24.29-30
220. नी. वा., 24.31-36
221. मोहराज पराजय, पृ. 83, दशरथ शर्मा, अ. चौ. डा. पृ. 293 पर उद्धृत।
222. वही, पृ. 293
223. राजतरंगिणी, 5.661
224. वही, 663
225. वही, 677, 'रागग्रहगृहीतस्य ललितापीडमूयतेः।
वेश्यायां कल्यपाल्यां यो जयादेव्यायजायत ॥'
226. राजतरंगिणी, तरंग 6. 74
227. वही, 8.870
228. कथा. खण्ड, 2, पृ. 727
229. वही, खण्ड 2, पृ. 81
230. यादव, पूर्वोद्धृत, पृ. 331
231. अग्निपुराण, षड्धिकशततमोऽध्याय, श्लो 7
232. बी. पी. मजुमदार, पूर्वोद्धृत, पृ. 370
233. समयमातृका, 5.63,67
234. वासवदत्ता–'वेश्याजनेनाधिष्ठितं कुसुमपुरं नाम नगरम्।
235. कुट्टनीमतम्, 331-367, पृ. 65
236. दशकुमारचरित, अध्याय 2, पृ. 158-159
237. कुट्टनीमतम, 123-25; 346, 355
238. दशकुमारचरित, अध्याय 2, पृ. 158-59 तथा कुट्टनीमतम्, 350, पृ. 68
239. समयमातृका, 1.32
240. वही, 1.40, 'कृत्रिमः क्रियतां गेहे रक्षायै जननी जनः'।
241. वासवदत्ता, पृ. 157
242. कुट्टनीमतम् 340, पृ. 66
243. दशकुमारचरित, अध्याय 2, पृ. 158-9
244. राजतरंगिणी, 8.870
245. कुट्टनीमतम्, 342, पृ. 67
246. स्मृ. च, व्यव. का., पृ. 395
247. वही
248. वही, पृ. 396 पर उद्धृत। इस सन्दर्भ में देखें ताक्षरा, 2.292
249. वही
250. मिताक्षरा, 2.292
251. कुट्टनीमतम्, श्लो 653; मिताक्षरा, 2.290; तथा कुट्टनीमतम् श्लो. 653
252. अल्तेकर, द पोजीशन आफ वीमन इन हिन्दू सिविलाइजेशन, पृ. 182
253. मेघदूत, 1.35
254. अल्तेकर, पूर्वोद्धृत, पृ. 183

255. वासुदेव उपाध्याय, द सोसियो रिलिजस कण्डीशन ऑफ नार्थ इण्डिया, पृ. 297
256. वही, पृ. 296
257. भविष्यपुराण, 1.93.67, वेश्याकदंबकं यस्तु दद्यात्सूर्याय भक्तितः।
स गच्छेत्परमं स्थानं यत्र तिष्ठिति मानुमान् ॥
258. पद्मपुराण, सृष्टिकाण्ड, 52.97,
क्रीता देवाय दातव्या धीरेणाक्लिष्टकर्मणा।
कल्पकालं भवेत्स्वर्गा नृपो वासौ महाधनी ॥
259. मेधातिथि, 9.135, पृ. 926
260. यादव, सो. क. ना. इ., पृ. 30-31
261. जै. शि. सं., अभिलेख संख्या 455
262. एपि. इ., जि. 35, पृ. 97
263. पवनदूतम् 5.28
264. दशरथ शर्मा, अ. चौ. डा., पृ. 292
265. वही
266. वही, पृ. 293
267. विक्रमांकदेवचरित, 18.23
268. राजतरंगिणी, 4.423
269. वही, 4.36
270. कथासरित्सागर, खण्ड 3 पृ. 475
271. राजतरंगिणी, 4.422, 470
272. वही, 7.858
273. एपि. इ. जि. 9, पृ. 27
274. वही, जि. 1, पृ. 310-324
275. वही, जि. 7, पृ. 10
276. दशरथ शर्मा, अ. चौ. डा., पृ. 292 पर उद्धृत इन्सक्रिप्शन आफ नार्दन इण्डिया, संख्या 159-60
277. वासुदेव उपाध्याय, पूर्वोद्धृत, पृ. 155
278. वाटर्स, जि. 2, पृ. 254
279. ताकाकुसु, पृ. 147
280. इलियट. जि, 1, पृ. 67
281. वही, पृ. 22
282. अशोक श्रीवास्तव, इण्डिया ऐज डिस्क्राइव्ड बाई द अरब ट्रेवलर्स, पृ. 53
283. वही
284. द स्ट्रगल फार इम्पायर, पृ. 495-496
285. सखाऊ, जि. 2, पृ. 157
286. कुट्टनीमतम्, श्लो. 68, पृ. 15
287. राजस्थान, पृ. 76

9

शिक्षा

इस युग में शिक्षा के प्रमुख केन्द्र के रूप में मठ, मन्दिर, अग्रहार और राज्य-संरक्षित विश्वविद्यालयों का विकास हुआ।[1] महाकाव्यों में वर्णित प्राचीन विशाल आश्रमों का जो विशद् उल्लेख मिलता है,[2] इस युग में वे सिमटकर छोटे गुरुकुलों के रूप में रह गए। कादम्बरी में एक स्थल पर गुरुकुल में ब्रह्मचर्याश्रम के अन्तर्गत पारम्परिक शैक्षणिक जीवन का उल्लेख मिलता है।[3] हर्षचरित में बाण गुरु के कुल में शिक्षा प्राप्त करने का उल्लेख करता है।[4]

इस युग के अनेक धर्मशास्त्रकारों ने आश्रम में रहने वाले ब्रह्मचारी के परम्परागत् शैक्षणिक जीवन का विस्तृत उल्लेख किया है, परन्तु इस सन्दर्भ में मजुमदार का यह कथन अधिक सही है कि, 'धर्मशास्त्रों और निबन्ध ग्रन्थों में वर्णित शिक्षा प्रणाली ग्यारहवीं-बारहवीं शताब्दी में शैक्षणिक संस्थाओं और विभिन्न श्रेणियों के छात्रों को दी जाने वाली शिक्षा-प्रणाली का सही स्वरूप प्रस्तुत करने में असफल है।'[5] कतिपय साहित्यिक ग्रन्थों में राजकुमारों की शिक्षा-प्राप्ति का उल्लेख है परन्तु उनके गुरुकुल जाने का नहीं।[6]

इस युग में आकर वैदिक शिक्षा का ह्रास प्रारम्भ हो गया। मनु के इस कथन पर कि ब्रह्मचारी तीन, दो अथवा एक वेद का अध्ययन करे। विज्ञानेश्वर ने टिप्पणी की कि—'यदि विवाह सम्भव न हो'।[7] लक्ष्मीधर ने बारह वर्ष के ब्रह्मचर्य काल में मात्र एक वेद का अध्ययन पर्याप्त बताया है।[8] परन्तु देवन्न भट्ट ने इस सन्दर्भ में लघुव्यास का कथन उद्धृत करते हुए ऋग्वेद के चौथाई भाग के अध्ययन और व्रतों को पूर्ण करने के बाद भी 'समावर्तन' सम्भव बताया है।[9] कुल्लूक ने मनु प्रणीत 'वेदाध्ययन न करने वाले ब्राह्मण के शूद्र हो जाने' की आशंका पर टीका की है कि, 'वेद का अध्ययन न करके भी यदि द्विज स्मृति और वेदांगों का ही अध्ययन करता है तो भी विरोध नहीं माना जाएगा।'[10] इस प्रकार उन्होंने स्मृतियों और वेदांगों का अध्ययन ही पर्याप्त माना है। इसी प्रकार अपरार्क ने शिव दीक्षा विहीन चारों वेद के ज्ञाता ब्राह्मण को भी शूद्र-सम और दीक्षा या प्रवचन का

अनधिकारी बताया है।[11] मत्स्यपुराण कलियुग में वेदों के विलोपन की बात करता है।[12] कल्किपुराण के कतिपय उद्धरण वेदों की शिक्षा में ह्रास के परिचायक हैं।[13] अलबीरूनी ने वेदों की शिक्षा के बारे में लिखा है कि, 'ब्राह्मण लोग बिना समझे ही इसका पाठ करते हैं।...ब्राह्मणों में वेद का अर्थ जानने वाले बहुत कम हैं, और ऐसे लोगों की संख्या तो और भी कम है जो पाण्डित्यपूर्ण ढंग से वेद के विषयों का पूर्ण ज्ञान प्राप्त कर उसकी व्याख्या पर धार्मिक विवाद कर सकें।'[14] व्यास के कथन के आधार पर अपरार्क ने मात्र वेद कंठस्थ करने की रीति की आलोचना की है।[15] मेधातिथि ने भी स्मरण के आधार पर वेदाध्ययन त्रुटिपूर्ण बताया है।[16] अलबीरूनी की सूचना के अनुसार, वसुक्र नामक ब्राह्मण ने इस आशंका से वेद को लिपिबद्ध करने और उसकी व्याख्या करने का उत्तरदायित्व स्वीकार किया कि कहीं वेद विलुप्त न हो जाएँ। क्योंकि वह देखता था कि लोगों का चरित्र गिरता जा रहा है और वे धर्म और कर्त्तव्यों से च्युत होते जा रहे हैं।[17] हलायुध ने वेदाध्ययन को सरलीकृत करते हुए चार सौ मन्त्रों को सम्पादित कर ब्राह्मण-सर्वस्व की रचना की और उसके अध्ययन का निर्देश दिया।[18]

अल्पावस्था में विवाह की प्रथा के कारण भी परम्परागत् शैक्षणिक जीवन में परिवर्तन आया। हारीत ने तीन प्रकार के स्नातक बताए, व्रत स्नातक, विद्यास्नातक और विद्याव्रत स्नातक, अर्थात् जिसने केवल व्रत पूर्ण किए हों, वेदाध्ययन नहीं व्रत स्नातक, जिसने केवल अध्ययन पूर्ण किया हो, विद्यास्नातक और जिसने दोनों पूर्ण कर लिए हों, वह विद्या-व्रतस्नातक कहा जाता था।[19] स्नातकों की इन तीन श्रेणियों का निर्धारण इस बात की ओर संकेत करता है कि केवल व्रत करने वाला भी स्नातक हो सकता था। मेधातिथि ने परिवर्तित परिस्थितियों में यह व्यवस्था दी कि, 'अध्ययन अपूर्ण छोड़कर व्रत से निवृत्त व्रत स्नातक कहा गया है। ऐसी परिस्थिति के लिए वह विशेष विधान बताता है कि तीन वर्ष व्यतीत किए बिना व्रत स्नातक नहीं हो सकता।'[20] इस प्रकार ब्रह्मचर्यावस्था की न्यूनतम अवधि तीन वर्ष मानी गई। उसने प्राचीन परम्परान्तर्गत किसी-किसी द्वारा वेद समाप्ति के बाद ही स्नान संस्कार के नियम की अवहेलना कर समावर्तन के निमित्त जो व्रत (गोदान) है, उसे पर्याप्त माना।[21] आगे वह स्पष्ट करता है कि, 'यदि वेदों का अध्ययन न किया हो तो उसकी निवृत्ति कैसे हो सकती है? इसलिए व्रतस्नातक, वेद-स्नातक ऐसा भेद किया गया है।'[22] अन्यत्र मेधातिथि ने समावर्तन और विवाह के पश्चात् भी अध्ययन और विशेषकर नवीन शास्त्रों का अध्ययन स्वीकार किया।[23] देवन्न भट्ट ने केवल एक व्रत को पूर्ण करके भी, स्नान संस्कार सम्भव बताया।[24] देवन्न ने हारीत को उद्धृत करते हुए स्नातकों की तीन श्रेणियों को उल्लिखित किया तथा व्रत स्नातक से यह निष्कर्ष निकाला कि वेदाध्ययन विवाह के उपरान्त भी किया जा सकता है।[25] इन तथ्यों से प्रकट है कि ब्रह्मचर्यावस्था के

अन्तर्गत शैक्षणिक-अवधि में अल्पवय में विवाह की परम्परा के कारण परिवर्तन आया और ब्रह्मचर्यावस्था छात्र के शैक्षणिक जीवन की अनिवार्यता नहीं रह गई थी। पूर्वमध्ययुगीन शैक्षणिक जीवन में यह महत्त्वपूर्ण परिवर्तन था।

इस युग में आयुर्वेद, अर्थशास्त्र एवं व्यावसायिक शिक्षा का भी ह्रास हुआ। चिकित्सक का कर्म ब्राह्मण के लिए गर्हित था, अर्थशास्त्र का अध्ययन शनैः-शनैः अप्रचलित होता गया और व्यवसायिक शिक्षा वंशानुगत होकर निम्नवर्ग में संकुचित होकर रह गई। दूसरी ओर साहित्य, दर्शन और ज्योतिष आदि विषयों को अधिक लोकप्रियता प्राप्त हुई।

शैक्षणिक जीवन से सम्बन्धित संस्कारों के अन्तर्गत भी कतिपय परिवर्तन हुए। बालकों को गणित और वर्णमाला की शिक्षा देने के निमित्त 'विद्यारंभ' नामक संस्कार की परम्परा इस युग में विकसित हुई। वेदारंभ संस्कार की चर्चा वेदव्यास स्मृति में मिलती है। वेद व्रतों के अप्रचलित हो जाने पर प्राचीन परम्परा को आदर देने के लिए और उच्च शिक्षा की प्रारम्भिकता के सूचक के रूप में परवर्ती संस्कार का प्रतिपादन किया गया। वैदिक शिक्षा में ह्रास के कारण उपनयन संस्कार औपचारिक मात्र रह गया था और उसका स्वरूप शैक्षणिक से अधिक धार्मिक व शारीरिक ही रह गया।

अल्पावस्था में विवाह के प्रचलन के कारण गोदान संस्कार जो चार वेदव्रतों में से एक था, ब्रह्मचर्यावस्था की पूर्णता का सूचक बन गया, जबकि प्रारम्भ में यह संस्कार ब्रह्मचर्य जीवन के मध्य में पड़ता था।

प्राचीन आश्रमों और गुरुकुल के अभाव के कारण समावर्तन संस्कार (जिसका तात्पर्य गुरु गृह से लौट आना था) परम्परा का निर्वाह मात्र था। मेधातिथि ने समावर्तन को विवाह का अंग न मानकर समावर्तन के बिना भी विवाह संभव बताया।[26]

बौद्ध शिक्षा प्रणाली के अन्तर्गत विभिन्न विषयों के अतिरिक्त तन्त्रवाद और उससे प्रभावित 'वज्रयान' का इस युग में विकास हुआ।[27] तारानाथ ने विक्रमशिला के बारह तान्त्रिक आचार्यों का उल्लेख किया है।[28] मुस्लिम आक्रमण से बौद्ध शिक्षा जगत को गहरा आघात पहुँचा। तारानाथ ने ओडन्तपुरी और विक्रमशिला में कुछ किलों के निर्माण और रक्षार्थ सैनिकों को नियुक्त किए जाने की सूचना दी है। उसकी सूचना के अनुसार तुरुष्कों के आक्रमण के दौरान ओडन्तपुरी और विक्रमशिला दोनों विध्वस्त कर दिए गए। ओडन्तपुरी विहार के अवशेष पर फारसियों का किला बनाया गया। बौद्ध शिक्षा के तद्‌युगीन महान आचार्यों ने तिब्बत, नेपाल, भारत के दक्षिण-पश्चिमी और सुदूर दक्षिण के क्षेत्रों तथा कम्बोज इत्यादि देशों में शरण ली। तारानाथ के अनुसार 'मगध में बौद्ध शासन विलुप्त-सा हो चला।'[29]

मुस्लिम आगमन से सम्भवतः हिन्दू शैक्षणिक जीवन भी प्रभावित हुआ हो। दो संस्कृतियों के सांस्कृतिक सम्पर्क को अवरुद्ध करने के उद्देश्य से धर्मशास्त्रों में यह कहा गया कि, 'म्लेच्छ भाषा की शिक्षा नहीं लेनी चाहिए' और 'म्लेच्छ वेश धारण नहीं करना चाहिए।'[30] 'पृथ्वीराजरासो' में कवि का कथन है कि 'मैंने इस ग्रन्थ में सूक्ति, उच्चधर्म, राजनीति, नवरस, षड्भाषा, पुराण की शैली को लिये हुए कुरान अर्थात् यवन भाषा युक्त वर्णन किया है।'[31]

इस युग में हिन्दू शिक्षा प्रणाली के अन्तर्गत शिक्षा के केन्द्र के रूप में मठों का विकास एक नवीन परम्परा का द्योतक है। अनेक तद्‌युगीन साहित्यिक और अभिलेखीय साक्ष्यों से इस परम्परा की पुष्टि की गई है।[32] सामान्यतः इन मन्दिरों से सम्बद्ध मठों का निर्माण विभिन्न राजनीतिक शक्तियों के नाभिकीय केन्द्रों में हुआ जो एक ओर राजनीतिक-अभिलाषा, ब्राह्मणीकरण के प्रयासों और दूसरी ओर मध्यकालीन धर्म-सम्प्रदायों की लोकप्रियता को अभिव्यक्त करते थे। परन्तु शिक्षा केन्द्र के रूप में कोई हिन्दू मन्दिर बौद्ध-मठों के स्तर तक नहीं पहुँच सका।[33] राज्य संरक्षित मठों, अग्रहारों में प्रदत्त शिक्षा का प्रमुख प्रयोजन संस्कृतीकरण की प्रक्रिया को त्वरितता प्रदान करना था, अतः उसका स्वरूप अधिकाधिक धर्म-दर्शन परक हो जाना स्वाभाविक था।

अमरकोष और वैजयन्ती में मठ से तात्पर्य उस स्थान से लिया गया है जहाँ विद्यार्थी निवास करते थे।[34] हलायुधकोश में 'मठ' का आशय व्रतिस्थान, यतियों का स्थान, छात्रादि-निलय और छात्रशाला से किया गया है।[35] अभिधानचिन्तामणि में भी इसका अर्थ सन्यासियों और छात्रों के निवासस्थल से है।[36] हेमचन्द्र ने द्वाश्रयकाव्य में विद्यामठों का उल्लेख किया, जहाँ शिक्षकों के रूप में सन्यासी रहते थे।[37] टीकाकार अभयतिलकगणी के अनुसार इनका कार्य अध्ययन, अध्यापन और यज्ञ करना था। इस प्रकार के विद्यामठ राजाओं द्वारा संरक्षित थे।[38] अभयतिलकगणी के अनुसार विद्यामठ एक प्रकार की संस्था थी जहाँ धनिक लोग पुण्य प्राप्ति की इच्छा से शिक्षकों और विद्यार्थियों को भोजन-वस्त्रादि प्रदान करते थे।[39] जीवन्धरचम्पू में विद्यालय के रूप में विद्या सदन का उल्लेख है।[40] राजतरंगिणी में यशस्कर द्वारा आर्यदेशीय छात्रों के लिए मठ स्थापित किए जाने की सूचना दी गई है।[41] इसके साथ ही यह भी विवृत है कि वहाँ के मठाधिपति को टंक (मुद्रालय, टंकशाल) एवं अन्तःपुर के अतिरिक्त छत्र और चामर से शोभित राज्यश्री प्राप्त थी।[42] राजा ही नहीं बल्कि धनिक वर्ग भी इस कार्य में रुचि लेता था। नोण नामक व्यापारी ने द्विजों के निवास के लिए नोण मठ की स्थापना की थी।[43]

1155 ई. के कलचुरि वंश के भेराघाट शिलालेख में आल्हण देवी द्वारा विद्यानाथ नामक शिव मंदिर तथा साथ में एक मठ के निर्माण की सूचना दी गई है। यह मठ एक व्याख्यानशाला तथा कक्षों की दो पंक्तियों से युक्त था। इस

मठयुक्त मन्दिर के निमित्त दो ग्राम प्रदान किए गए जिसकी आय से उसकी व्यवस्था होती थी। इस मठ के व्यवस्थापक पाशुपत आचार्य श्री रूद्रराशि थे।[44] इन मठों में निःशुल्क भोजनालय भी चला करते थे।[45]

मलकापुरम अभिलेख में विश्वेश्वर शम्भू द्वारा स्थापित अग्रहार-संस्था की व्यवस्था की विस्तृत चर्चा है। इस अग्रहार में एक मन्दिर एक मठ, एक विद्यालय, सत्र, प्रसवशाला, चिकित्सालय आदि व्यवस्थित थे। इस मठ में मठाध्यक्ष के पद पर आचार्य की नियुक्ति के लिए अर्हताएँ और उसे दिया जाने वाला पारिश्रमिक निर्धारित था। गाँव के समस्त शैव समुदाय को यह अधिकार था कि यदि निवर्तमान आचार्य अपने उत्तरदायित्वयों के प्रति असावधान है और दुर्व्यवहार करता है तो नवीन आचार्य नियुक्त कर लें।[46] इस संस्था के मन्दिर में दस देवदासियाँ थीं। शिक्षा केन्द्र में देवदासियों की उपस्थिति से शिक्षकों और छात्रों के चरित्र में विघटन की सम्भावना रही होगी।[47] क्षेमेन्द्र ने अपने काव्य देशोपदेश के छठें उपदेश में कश्मीर के मठ में रहने वाले गौड़ देशीय छात्रों की दुश्चरित्रता और अशिष्ट व्यवहार का वर्णन किया है–जो सत्र में भोजनासक्त रहते, दूध, घी, मोदक से वेश्याओं को संतुष्ट करते थे। और वेश्यागामी तथा घूतक्रीड़ा में सदा रत रहते थे। सम्भवतः वहाँ के शिक्षकों को वह वृद्धराक्षस की उपमा देता है।[48] संन्यासियों के लिए मठ व्यवस्था का विरोध किया गया है, क्योंकि उससे सम्पत्ति संचय की तृष्णा बढ़ती थी।[49] प्रबन्धचिन्तामणि में एक संन्यासी ने मूलराज के त्रिपुरुष मन्दिर में अधीक्षक बनाए जाने के प्रस्ताव को 'स्मृति' के इस कथन के आधार पर अस्वीकृत कर दिया कि 'तीन दिन तक मठाधीश रहने पर नरकगामी होना निश्चित है।'[50] ह्वेनसांग ने ऐसे देवमन्दिरों का अनेक स्थलों पर उल्लेख किया है।[51] कलिंग स्थित उसने दस बौद्ध मठों का उल्लेख किया है, जहाँ 500 महायान सम्प्रदाय के विद्यार्थी रहा करते थे। उसने सौ से ऊपर देव-मन्दिरों का भी उल्लेख किया है।[52] परन्तु उसने देव मन्दिरों में अध्ययन-अध्यापन का उल्लेख नहीं किया है। राजतरंगिणी में अवन्तिवर्मन द्वारा रामत् उपाध्याय को एक वैष्णव मन्दिर में व्याकरण का आचार्य नियुक्त किए जाने का उल्लेख है।[53] विग्रहपाल चतुर्थ द्वारा स्थापित सरस्वती मन्दिर में सम्भवतः चाहमान साम्राज्य के सभी हिस्सों से विद्यार्थी शिक्षा ग्रहण करने के लिए आते थे।[54] परमार शासक भोज द्वारा निर्मित 'भोजशाला' मन्दिर शिक्षा का प्रधान केन्द्र था। वह भोजशाला देवी सरस्वती की प्रतिमा से युक्त था।[55] इसके भवन से प्राप्त पत्थर की पट्टियों पर कूर्मशतक और पारिजातमंजरी की पंक्तियाँ उत्कीर्ण थीं। इसके साथ ही संस्कृत वर्णमाला और व्याकरण के नियमों से युक्त व्याकरण की तालिका भी टंकित है जो उदयादित्य और नरवर्मन के काल की है।[56] व्याकरण की तालिका प्राथमिक शिक्षा की ओर संकेत करती है।

अल्तेकर के अनुसार 'उच्च शिक्षा के केन्द्रों के रूप में हिन्दू-देवालयों का विकास 10वीं शताब्दी से ही प्रारम्भ हो गया था।[57] मन्दिरों में खोले गए विद्यालय बौद्ध विश्वविद्यालयों की प्रतिक्रिया में ही स्थापित किए गए थे।'[58] दक्षिण भारत के देवालयों में मध्यकाल में (900 ई. से 1400 ई.) ऐसे अनेक विद्यापीठ चलते थे। उत्तर भारत में यद्यपि ऐसी शिक्षण-संस्थाओं के विवरण नहीं मिलते तथापि अल्तेकर ने उनके अस्तित्व की सम्भावना व्यक्त की है। उनके अनुसार, 'उत्तर भारत के अधिकांश देवालय मुस्लिम आक्रमण से नष्ट हो चुके हैं और उनसे सम्बद्ध लेखादि भी।'[59] प्रबन्ध चिन्तामणि में 'वासहिका' के निर्माण का उल्लेख है, जिसका तात्पर्य बूह्लर ने 'मंदिर और मठ युक्त भवनों का समूह' बताया है।[60] अभिलेखों में भी दीवारों से घिरे अनेक मठ-मन्दिर समन्वित उद्यान के निर्माण का उल्लेख मिलता है।[61]

ब्राह्मणों को किसी गाँव में बसाकर उनके निर्वाह के लिए गाँव की समस्त आय उन्हें दान कर दी जाती थी। ऐसे गाँव को अग्रहार कहा जाता था जो प्रकृत्या उच्च उच्च शिक्षा का केन्द्र होता था।[62] इस काल के अभिलेखों में राजकीय या अन्यान्य लोगों द्वारा दान देने का उल्लेख मिलता है।[63] इस प्रकार के दान कभी-कभी किसी संस्था को भी दिए जाते थे। पाँचवीं सदी के एक अभिलेख में कल्याण नामक बौद्ध बिहार को उद्रंग और उपरिकर के साथ बुद्ध की पूजा के निमित्त गन्ध, धूप, माला आदि अर्पित किए गए थे। साथ ही, सत्र की व्यवस्था, बिहार के जीर्ण अंशों के उद्धार तथा चारों दिशाओं से आने वाले भिक्षुओं के वस्त्र, भोजन, औषधि, शयन, आसन के प्रबन्ध के लिए अग्रहार के रूप में गाँव दान में दिए जाने की सूचना अभिलेख में मिलती है।[64] अग्रहार के रूप में इस प्रकार के दान किसी एक ब्राह्मण[65] अथवा ब्राह्मण समूह को भी दिए जाते थे।[66] इन दोनों का उद्देश्य कहीं-कहीं पंच महायज्ञों (बलि, चरु, वैश्वदेव, अग्निहोत्र और हवन) का सम्पादन भी कहा गया है। साथ ही यह भी कहा गया कि उक्त भूमि पर ब्राह्मण ग्रहीता स्वयं कृषि कर सकता था अथवा करवा सकता था।[67] शिक्षा के प्रयोजन के लिए किये जाने वाले भूमिदानों का उल्लेख कई अभिलेखों में मिलता है। जयसिंह के अभिलेख में 'अमरेश्वर पाठशाला' को भूमिदान किए जाने का उल्लेख है।[68] इस प्रकार की सूचना साहित्यिक ग्रन्थों से भी मिलती है। राजतरंगिणी में लिखित है कि गोपादित्य नामक राजा ने कई अग्रहारों का दान किया था।[69] उसे इस बात का श्रेय दिया गया है कि उसने पुण्य देशों से पवित्र ब्राह्मणों को लाकर वश्चिक आदि अग्रहारों में बसाया था।[70] ब्राह्मणों को अग्रहार प्रदान करने के अनेक सन्दर्भ राजतरंगिणी में भी मिलते हैं।[71] यशस्कर द्वारा विप्रों को प्रदत्त पचपन अग्रहार विविध उपकरणों से समन्वित' थे।[72] कथासरित्सागर और विक्रमांकदेवचरित में भी अग्रहारों का वर्णन है।[73]

परवर्ती गुप्तकाल से बौद्ध शिक्षा प्रणाली के अन्तर्गत बिहारों के रूप में विश्वविद्यालयों की परम्परा का प्रादुर्भाव हुआ। इसमें विद्या के प्रमुख केन्द्र नालन्दा, वलभी, विक्रमशिला और ओदन्तपुरी थे।

नालन्दा

नालन्दा बिहार अनेक मठों से समन्वित विशाल शिक्षा केन्द्र था। ह्वेनसांग के अनुसार नालन्दाबिहार का पहला मठ बुद्ध के निर्वाण के कुछ समय बाद शकरादित्य नाम के राजा द्वारा बनवाया गया था। उसके बेटे बुद्धगुप्त ने पहले मठ के दक्षिण में दूसरा मठ बनवाया। इस मठ के पूर्व में तथागुप्त ने तीसरा, उत्तर-पूरब में सम्राट बालादित्य ने चौथा मठ बनवाया। बालादित्य बौद्ध धर्मान्तर्गत सन्यस्त जीवन ग्रहण कर अपने मठ में ही निवास करने लगा। उसने नालन्दा में बुद्ध का तीन सौ फीट ऊँचा मन्दिर बनवाया। चौथे मठ के पूर्व में बालादित्य के पुत्र वज्र ने पाँचवाँ मठ बनवाया। इस मठ के उत्तर में मध्यभारत के एक राजा ने विशाल मठ बनवाया इन सब मठों को घेरती हुई ईंटों की एक ऊँची दीवार थी, जहाँ से प्रविष्ट होने के लिए तोरण द्वार थे।[74] चीनी यात्री ने यहाँ मध्य स्थापत्य, विशाल कक्ष और ऊँची अलंकृत मीनारों तथा भिक्षुओं के निवास के लिए चार मंजिलें विशालभवन का उल्लेख किया है।[75] फाहियान ने नाल ग्राम को सारिपुत्र की जन्मस्थली के रूप में माना है, परन्तु नालन्दा बिहार का, जिसने एशिया के बौद्ध देशों के विद्यार्थियों को आकर्षित किया था, अभी निर्माण नहीं हुआ था।[76] हर्ष के द्वारा पीतल की चादर से मंडित एक सौ फीट ऊँचे बिहार की सूचना ह्वेनसांग ने दी है।[77] पाल शासक महीपाल ने भी नालन्दा में कुछ धार्मिक संस्थाएँ स्थापित की थीं।[78] पालों के समय यद्यपि नालन्दा को राजकीय संरक्षण प्राप्त था परन्तु विक्रमशिला से इसकी स्थिति गौण थी।

ह्वेनसांग के अनुसार आचार्यों और शिक्षार्थी भिक्षुओं की कुल संख्या लगभग दस हजार थी[79] तथा आचार्यों की कुल संख्या दस सौ थी। वैसे इत्सिंग के समय आकर आचार्यों की संख्या तीन हजार हो गई थी।[80] यहाँ के प्रख्यात विद्वान् आचार्यों में धर्मपाल, चन्द्रपाल, गुणमति और स्थिरमति, प्रभामित्र, जिनमित्र, ज्ञानचन्द्र तथा शीलभद्र आदि आचार्यों का उल्लेख ह्वेनसांग ने किया है, जो प्रख्यात विद्वान् और सुप्रसिद्ध ग्रन्थ लेखक थे।

प्रवेशार्थियों से प्रवेश द्वार का रक्षक अनेक प्रश्न पूछता था। केवल वे ही शिक्षार्थी प्रवेश प्राप्त कर पाते थे जो पुरातन और नवीन दोनों प्रकार की विद्या में प्रवीण होते थे। केवल दस में से दो या तीन विद्यार्थी सफल हो पाते थे। कुछ ऐसे लोग भी थे जो झूठ ही अपने को नालन्दा का स्नातक कहकर गौरवान्वित हुआ करते थे। वहाँ के भिक्षु समस्त भारत में आदर्श माने जाते थे।[81]

यद्यपि नालन्दा में महायानियों का प्राधान्य था फिर भी वहाँ वेदों के अतिरिक्त हेतु विद्या, शब्द विद्या, चिकित्सा विद्या, तन्त्र और सांख्य की शिक्षा दी जाती थी।[82] शिक्षण में ज्येष्ठ विद्यार्थी कनिष्ठ की सहायता करता था।[83] अनुशासन और दण्ड का कठोरता से पालन किया जाता था।[84] लाइफ के अनुसार इसकी स्थापना के सात सौ वर्ष के भीतर किसी ने भी बिहार के नियमों का उल्लंघन या अतिक्रमण नहीं किया था।[85] वहाँ दूर-दूर से जिज्ञासु अपनी शास्त्रीय शंकाओं के समाधान के लिए आते थे।[86] त्रिपिटिक के रहस्यों को न समझ पाने वाले भिक्षु निरादृत होते थे।[87] परन्तु ख्याति प्राप्त विद्वान जो वहाँ आते थे उनका संघ की ओर से स्वागत किया जाता था।[88]

नालन्दा को राजकीय संरक्षण प्राप्त था। हर्ष के समय इसे सौ गाँवों और इत्सिंग के अनुसार दो सौ गाँवों की आय प्राप्त होती थी।[89]

बलभी

नालन्दा की भाँति बलभी भी शिक्षा का प्रमुख केन्द्र था। बौद्धों की शिक्षा की पूर्णता इन विश्वविद्यालयों में दो-तीन वर्ष के अध्ययनोपरान्त होती थी।[90] ह्वेनसांग के अनुसार यहाँ सौ से अधिक संघाराम थे, जहाँ 6000 हीनयान सम्प्रदाय के भिक्षु निवास करते थे। स्थिरमति ने यहाँ अपने निवास के समय अनेक महत्त्वपूर्ण ग्रन्थों की रचना की थी।[91] बलभी के स्नातक उच्च प्रशासनिक पदों पर नियुक्त किए जाते थे अथवा जीविका प्रारम्भ करने के लिए उन्हें पर्याप्त आर्थिक सहायता दी जाती थी।[92] गंगा की घाटी से ब्राह्मणों के पुत्र भी अध्ययनार्थ यहाँ आते थे।[93]

अन्य प्रमुख शिक्षा केन्द्रों में ह्वेनसांग ने वाराणसी का उल्लेख किया, जहाँ के लोग विद्याध्ययन में बहुत अनुराग रखते थे।[94] कश्मीर में जयेन्द्र बिहार के वृद्ध आचार्य से ह्वेनसांग ने न्यायशास्त्र, हेतु विद्या शास्त्र का अध्ययन किया था।[95] जालंधर के नगरघन-मठ के आचार्य से ह्वेनसांग ने त्रिपिटक का अध्ययन किया। मतिपुर में भी उसने त्रिपिटक तथा अन्य शास्त्रों का अध्ययन किया। कन्नौज के भद्रबिहार में उसने तीन महीने ठहरकर वहाँ के त्रिपिटकाचार्य वीर्यसेन से विभाषा आदि ग्रन्थों का अध्ययन किया।[96] इसी प्रकार ह्वेनसांग ने प्रसिद्ध मठों में वैशाली के श्वेतपुर मठ, गया के महाबोध मठ, कर्ण-सुवर्ण के रक्तामृत मठ[97] का उल्लेख किया है। उस समय मुंगेर भी शिक्षा का एक प्रमुख केन्द्र था, जहाँ उसने आचार्य तथागत गुप्त और शान्ति सिंह से शास्त्रों का अध्ययन किया था।[98]

विक्रमशिला

तारानाथ के अनुसार धर्मपाल ने श्री विक्रमशिला बिहार (769-809 ई.) का निर्माण करवाया था। यह बिहार मगध के उत्तरी भाग में, गंगा नदी के तट पर,

एक छोटी-सी पहाड़ी पर स्थित था। इसके केन्द्र में महाबोधि का एक मन्दिर और चारों ओर 53 छोटे-छोटे मन्दिर तथा 54 साधारण मन्दिरों की स्थापना कराई गई थी, जिनके चारों ओर परिखा थी। विभिन्न आचार्य और कर्मचारियों को मिलाकर प्रारम्भ में 114 व्यक्तियों के लिए भोजन-वस्त्र की व्यवस्था वहाँ की जाती थी।[99] पाल शासक धर्मपाल के समय राजगुरु बुद्धज्ञानपाद को ब्रजाचार्य के पद पर नियुक्त किया गया था।[100] तारानाथ के अनुसार राजा मेयपाल के समय मठाधीश पद के लिए स्वामी श्रीमत् अतिश के नाम से प्रसिद्ध दीपंकर श्रीज्ञान आमन्त्रित किया गया था उसने तिब्बत की यात्रा भी की थी।[101] राजा रामपाल के समय (1057-1102 ई.) 'महान आचार्य अभयाकर गुप्त को व्रजासन के मठाधीश के रूप में आमन्त्रित किया गया था। कुछ वर्षों बाद उसे विक्रमशिला और नालन्दा के मठाधीश पद के लिए स्वीकार किया गया था।'[102] तारानाथ की सूचना से प्रतीत होता है कि विक्रमशिला के आचार्य नालन्दा की भी व्यवस्था देखते थे। वह लिखता है कि, 'उस बिहार का अधिपति नालन्दा का भी संरक्षण करता था।'[103] सम्भवतः 11वीं सदी से विक्रमशिला की प्रधानता स्थापित हो चुकी थी और उसे पाल राजाओं का अधिक आश्रय प्राप्त था।[104] बाद के मठाधीशों में तारानाथ ने कमलकुलिश, नरेन्द्र श्रीज्ञान, दानरक्षित, अभयाकर, शुमाकर गुप्त, नायक श्री, धर्माकर शान्ति और काश्मीरी महापंडित शाक्य श्री (1127-1225 ई.) का उल्लेख किया है। वह कहता है कि 'तत्पश्चात् विक्रमशिला का लोप हुआ।'[106]

राजा रामपाल (1057-1102 ई.) के समय तक विक्रमशिला ने काफी उन्नति की थी। तारानाथ की सूचना के अनुसार 'उस समय मठों की व्यवस्था पहले से भिन्न हो गई थी। विक्रमशिला में 160 पण्डित और स्थायी रूप से रहने वाले 1000 भिक्षु थे।'[106] बारहवीं शताब्दी में यहाँ के बिहार में 3000 भिक्षु रहते थे।[107] सामान्य प्रबन्ध के नियामक महास्थविर, उपसम्पदा, प्रवज्जादान, भृत्य, निरीक्षण तथा नियुक्ति, भोजन-आच्छादान का समविभाग तथा अन्य कार्यों के उत्तरदायित्व के लिए परिषद थी जिसके विभिन्न सदस्यों को यह कार्य दे दिया जाता था।[108]

बिहार में छः द्वार पण्डित थे जिनका कार्य प्रवेशार्थी विद्यार्थियों की योग्यता की परीक्षा करना था। राजा चणक[109] के समय पूर्वी द्वार का 'पण्डित आचार्य रत्नाकर शान्ति था, दक्षिणद्वार का पण्डित प्रज्ञाकरमति, पश्चिमी द्वार का पण्डित वाराणसी का आचार्य वागीश्वर कीर्ति था और उत्तर का द्वार पण्डित नाडपाद था। ये सभी अत्यन्त विख्यात् विद्वान थे। केन्द्रवर्ती प्रथम महास्तम्भ (प्रथम मध्य द्वार) का पण्डित रत्नवज्र था, जिसे राजा ने विक्रमशिला के प्रमाणपत्र से विभूषित किया था। मध्यवर्ती द्वितीय महास्तम्भ का पण्डित ज्ञान श्रीमित्र था।[110] तारानाथ ने एक अन्य स्थल पर विक्रमशिला के बारह तान्त्रिक आचार्यों का उल्लेख किया है—(1) ज्ञानपाद, (2) दीपंकर भद्र, (3) लंकाजयभद्र, (4) श्रीधर, (5) भवभद्र, (6) भव्यकीर्ति,

(7) लीलावज्र, (8) दुर्जयचन्द्र, (9) समयवज्र, (10) तथागत रक्षित, (11) बोधिभद्र और (12) कमलरक्षित।[111]

राजा महीपाल (975-1206 ई.) के समकालीन आचार्य आनन्दगर्भ ने विक्रमशिला में पाँच विधाओं का अध्ययन किया था।[112] पंच विद्या में शिल्प विद्या, चिकित्साविद्या, शब्द विद्या, हेतुविद्या और आध्यात्मविद्या सन्निहित थीं।[113] विक्रमशिला मुख्य रूप से व्याकरण, न्याय, तत्त्वज्ञान, तन्त्र तथा कर्मकाण्ड के अध्ययन के लिए प्रसिद्ध था।[114]

ओदन्तपुरी

पालों के काल में विक्रमशिला के अतिरिक्त विद्या का एक अन्य केन्द्र ओदन्तपुरी था, जिसका उल्लेख तारानाथ ने भी किया है। तारानाथ के अनुसार, 'राजा महीपाल ओदन्तपुरी बिहार के पाँच सौ भिक्षुओं और पचास धर्म कथिकों की जीविका का प्रबन्ध करता था। इसने इस बिहार की शाखा के रूप में उरुवास नामक बिहार बनवाया था। वहाँ वह पाँच सौ सैन्धव श्रावकों के भोजन की भी व्यवस्था करता था।'[115] रामपाल के समय ओदन्तपुरी में 1000 भिक्षु स्थायी रूप से रहते थे। वहाँ महायान और हीनयान दोनों सम्प्रदायों का विकास हुआ था।[116]

जगत्तला

पालों के समय शिक्षा का एक अन्य केन्द्र जगत्तला था। तुर्कों के आक्रमण से ओदन्तपुरी और विक्रमशिला दोनों शिक्षा केन्द्रों का विध्वंस हो चुका था। तारानाथ के अनुसार उस समय पंडित शाक्तश्री पूर्व दिशा ओडिविश के देश जगत्तला चला गया।[117] जगत्तला विद्यालय की स्थापना रामपाल ने शासन के सातवें वर्ष (1064 ई.) में की थी।[118]

विक्रमशिला और जगत्तला में निपुण स्नातकों को 'पण्डित' की उपाधि से विभूषित किया जाता था तथा महापण्डित, उपाध्याय और आचार्य की उपाधि से श्रेष्ठतर विद्वानों को।[119] दस हजार विद्यार्थियों के प्रधान को 'कुलपति' कहा जाता था और बिहार के अध्यक्ष को 'पण्डित'।[120]

शिक्षा के विषय

इस काल के साहित्यिक और धर्मशास्त्रीय ग्रन्थों से उच्च शिक्षा के परम्परागत विषयों में 'चतुर्दश विद्या' का उल्लेख मिलता है, जो इस प्रकार है, चार वेद, छः अंग—शिक्षा, कल्प, व्याकरण, निरुक्त, ज्योतिष, छन्द, मीमांसा, न्याय, धर्मशास्त्र और पुराण।[121] अपरार्क, लक्ष्मीधर तथा अग्निपुराण ने इन विद्याओं में आयुर्वेद, धनुर्वेद, गान्धर्ववेद और अर्थशास्त्र को भी जोड़ दिया है।[122] इन चारों विषयों को

अपरा विद्या कहा गया है,[123] जिसका तात्पर्य केवल विद्या स्थान से है, धर्म से नहीं।[124] ब्रह्मपुराण द्वारा बताए गए वेदान्त और विद्या को मात्र मोक्ष साधन मानते हुए अपरार्क ने उसे अनुपयोगी बताया है।[125] राजशेखर ने वार्ता, कामसूत्र, शिल्पशास्त्र, और दण्डनीति को भी विद्याओं के अन्तर्गत किया है।[126] दण्डनीति तथा वार्ता को कामन्दक और सोमदेव ने भी स्वीकार किया है। कृषि, पशुपालन और व्यापार की उन्नति के लिए 'वार्ता' विद्या और न्याय व्यवस्था के लिए दण्डनीति अत्यन्त उपयोगी विषय थे।[127]

विद्या और कला का उल्लेख तत्कालीन ग्रन्थों में विस्तार से किया गया है। दशकुमारचरित में दण्डी ने राजवाहन की शिक्षा के बारे में लिखा है कि राजवाहन ने क्रमशः चौल एवं उपनयनादि संस्कारों के पश्चात् सकल लिपियों (सकल लिपि ज्ञानं) सब देश की भाषाओं का पाण्डित्य, छः अंगों के साथ वेदराशि की विद्या, काव्य, नाटक, आख्यायिका, इतिहास, चित्रकला एवं पुराण, आदि के नैपुण्य, धर्म शब्द (व्याकरण) ज्योतिष, तर्क, मीमांसदि शास्त्र समूह का चातुर्य, कौटिल्य और कामंदकीय नीति का कौशल, वीणादि अशेष वाद्यों में दक्षता, संगीत और साहित्य, मणिमन्त्र और औषधादि से माया प्रपंच में प्रसिद्धि, हाथी एवं घोड़े की सवारियों में पटुता, नाना प्रकार के आयुधों में प्रसिद्धि, चोरी एवं जुआ आदि छलमयी कलाओं में प्रौढ़ता को उन आचार्यो से अच्छी तरह प्राप्त किया।[128] इस ग्रन्थ में दण्डनीति को राजाओं के लिए 'कुलविद्या' की संज्ञा दी गई और नृत्य गीत, चित्र और काव्यकला की अपेक्षा इस पर अधिक जोर दिया गया।[129] उपरोक्त दण्डनीति जिसे अर्थशास्त्र भी कहा गया है, बिहार भद्र उक्त विद्या को आचार्य विष्णुगुप्त द्वारा अपने शिष्य चन्द्रगुप्त के लिए 6000 श्लोकों में रचित बताता है।[130] माघ ने 'शिशुपालवध' में राजनीति विज्ञान का उल्लेख किया है यथा, तन्त्र (अपने राज्य का चिन्तन और अपनी शक्ति उत्पन्न करना) अवाप (दूसरे के राज्य का चिन्तन और उसकी शक्ति का अपने में अध्यारोप) तथा गुप्तचरादि से अपने और दूसरे के राज्य को वशीभूत करना।[131] उसका कथन है कि "मन्दबुद्धि व्यक्ति भी ग्रन्थों को पढ़कर छः गुण (सन्धि, विग्रह, यान, आसन, संश्रय और द्वैघी भाव) तीन शक्ति (प्रभुशक्ति, मन्त्रशक्ति, उत्साह शक्ति) तीन सिद्धि (प्रभु, मन्त्र और उत्साह) तथा तीन उदय (वृद्धि, क्षय और स्थान) इसका व्याख्यान करने में सफल होता है।[132] ये कथन राजनीति और अर्थशास्त्र के अध्ययन-अध्यापन पर प्रकाश डालते हैं। बाण (सातवीं शताब्दी) ने भी शिक्षा के विषयान्तर्गत राजनीति का उल्लेख किया है।[133] भवभूति कृत उत्तररामचरित में चूड़ाकरण के बाद लवकुश को बाल्मिकी त्रयी (ॠक, यजु और सामवेद) के अतिरिक्त शेष तीनविद्या (आन्वीक्षिकी, वार्ता, दण्डनीति– 'आन्विक्षिकी त्रयी वार्ता दण्डनीतिश्च शाश्वती। विद्याश्चतस्त्र श्वेता लोक संस्थिति हेतवः' का. नी.) की शिक्षा देते हैं।[134] जैनशाखा के कतिपय साहित्यिक ग्रन्थों में

भी विषयों के अन्तर्गत अर्थशास्त्र का उल्लेख मिलता है।[135] इसी प्रकार खरोड शिलालेख में बलदेव तृतीय के प्रधानमन्त्री गंगाधर को चाणक्य विद्या में तथा एक अन्य अभिलेख में ब्राह्मण पुरुषोत्तम के चार पुत्र शासन कला में निपुण (नय-विद) कहे गए हैं।[136] परन्तु पूर्व मध्यकाल के उत्तरार्द्ध और मध्यकाल के प्रारम्भिक चरणों में अर्थशास्त्र तथा राजनीति शास्त्र के अध्ययन में अवनति हुई।[137] विज्ञानेश्वर ने धर्मशास्त्र के सम्मुख अर्थशास्त्र की पूर्णतः अवहेलना की।[138] ब्रह्मचारीकाण्ड में यद्यपि लक्ष्मीधर ने भविष्यपुराण को उद्धृत कर अर्थशास्त्र का उल्लेख किया है, परन्तु 'अर्थशास्त्र' की व्याख्या करते हुए उसे मात्र मनु आदि स्मृतियों में प्रणीत 'राजनीति' बताया।[139] राजधर्म काण्ड के राजपुत्र रक्षा प्रकरण में धर्म, अर्थ, काम से सम्बन्धित सूत्रों, चतुर्वेद, व्यायाम, शिल्प की शिक्षा का राजकुमार के लिए निर्देश है परन्तु अर्थशास्त्र का पृथक् उल्लेख नहीं है।[140]राजशेखर कृत प्रबन्ध कोश (1270 ई.) में शैक्षणिक विषयों में अर्थशास्त्र और कामन्दकीय का उल्लेख नहीं है।[141] नल-चम्पू में नल की शिक्षा का विस्तृत उल्लेख है परन्तु उसमें अर्थशास्त्र, दण्डनीति अथवा कामन्दकीय का उल्लेख नहीं है।[142] पृथ्वीराजरासो में पृथ्वीराज की शिक्षा के अन्तर्गत उसे चौदह विद्याओं में दक्ष, बहत्तर कलाओं में कुशल और चौरासी प्रकार के विज्ञान का दाता कहा गया है परन्तु अर्थशास्त्र का उल्लेख नहीं है।[143] अपरार्क एक ओर चौदह विद्याओं के साथ ब्रह्मपुराण द्वारा जोड़े गए वेदान्त और विद्या को 'मोक्ष साधन विद्या' मानकर अनुपयोगी कहते हैं और दूसरी ओर आयुर्वेद इत्यादि में 'धर्मस्थान का अभाव' बताकर उन्हें चौदह विघाओं में संगृहीत नहीं करते।[144] नल-चम्पू में नल के शिक्षान्तर्गत इन विषयों का उल्लेख है, बौद्धदर्शन, वैशेषिक दर्शन, सांख्यदर्शन, चार्वाकदर्शन, प्रभाकर (मीमांसा), छन्दशास्त्र, कल्पशास्त्र, शिक्षा शास्त्र (इसका अर्थ टीकाकार चण्डपाल ने वर्णों की उत्पत्ति विषयक ज्ञान देने वाली विद्या बताया है), व्याकरण शास्त्र, ज्योतिषशास्त्रः, वेदान्त, सिद्धान्त ज्ञान, वीणावादन, नगाड़ावादन, झाल, पण व वेणुवादन, चित्रविद्या, कामशास्त्र, काष्ठ कला,रंजन कला, अश्वविद्या, धनुर्विद्या, द्यूत खेलने में प्रवीणता, गणित विज्ञा, बाहुयुद्ध, द्यूत-क्रीड़ा, विभिन्न देशों की भाषा और लोक ज्ञान में व्यावहारिकता और रस तथा रसायन।[145] उपरोक्त उद्धरणों के आधार पर शिक्षा के क्षेत्र में अल्तेकर का यह मत सही प्रतीत होता है कि इस युग में लौकिक (अर्थ-काम) और धार्मिक (धर्म-मोक्ष) के बीच का सन्तुलन बिगड़ गया था।[146]

दार्शनिक मत-मतान्तरों के विकास और शास्त्रार्थ की प्रवृत्ति के साथ व्याकरण और छन्दशास्त्र का ऊँचा स्थान था। अलबीरूनी ने इन दोनों में व्याकरण का स्थान सर्वप्रथम बताया है जिसके द्वारा हिन्दू लेखन और पठन की अर्थपूर्ण और शास्त्रीय पद्धति प्राप्त करते थे।[147] अलबीरूनी ने व्याकरण शास्त्र के कई ग्रन्थों या ग्रन्थकारों का उल्लेख किया है, ऐन्द्र, चान्द्र, शाकट, पाणिनी का तन्त्र,

शशिदेववृत्तिशशिदेव द्वारा लिखित, दुर्गाविवृत्ति और शिष्यहितावृत्ति (उग्रभूति द्वारा लिखित)[148] 1053 ई. के मूलगुण्ड शिलालेख में चान्द्र, कातन्त्र, जैनेन्द्र शब्दानुशासन तथा ऐन्द्र व्याकरण और पाणिनी का उल्लेख है।[149] तेरहवीं सदी में बोपदेव ने कविकल्पद्रुम में आठ वैयाकरणों का उल्लेख किया है।[150] सत्रहवीं सदी के कल्पसूत्र के टीकाकार समय-सुन्दरगणि ने अठारह वैयाकरणों का उल्लेख किया है।[151]

अल्तेकर के अनुसार इस काल की रचनात्मक प्रतिभा की सूचना काव्यों, कुछ साहित्य और ज्योतिष से भी मिलती है।[152] दशकुमारचरित, नलचम्पू आदि में राजकुमारों को इसकी शिक्षा दिए जाने का उल्लेख है। गहड़वाल दान पत्रों में एक नये अधिकारी 'नैमित्तिक' का नामोल्लेख है जो फलित-ज्योतिष का ज्ञाता होता था।[153] बंगाल से प्राप्त अभिलेख में दामोदर श्रमण को ज्योतिष के पाँच सिद्धान्तों—पौलिश, रोमक, वशिष्ठ, सौर, पितामह का ज्ञाता कहा गया है।[154] अमोद अभिलेख में पण्डित राघव को ज्योतिषविद् कहा गया है।[155] एक अभिलेख में पद्मनाम नामक ब्राह्मण को ज्योतिष विद्या और होरा शास्त्र का ज्ञाता कहा गया है।[156] इस युग और विशेषकर मध्ययुग में सामाजिक जीवन के विभिन्न अवसरों—संस्कारादि में शुभ-अशुभ काल और मुहूर्त का प्रश्न विशेष चर्चित था।

मीमांसा, न्याय, धर्मशास्त्र तथा पुराण

चतुर्दश विद्याओं के अन्तर्गत मीमांसा, न्याय, धर्मशास्त्र और पुराणों की गणना की गई है। अलबीरूनी ने न्याय, मीमांसा, वेदान्त, सांख्य, योग और वैशेषिक का उल्लेख 'षड्दर्शन' के नाम से किया है।[157] ये मूलतः दार्शनिक विषय हैं। अलबीरूनी ने इसे ब्रह्मविद्या, तप, ब्रह्म के समकक्ष होने और मोक्ष प्राप्त करने की विधि से सम्बन्धित विषय बताया है।[158] न्याय पद्धति का मूल ग्रन्थ गौतम लिखित न्याय सूत्र है। इसके पश्चात् विशेषकर विवेच्यकाल में इस पर अनेक ग्रन्थों की रचना हुई, उद्योतकर (लगभग 620 ई.) का न्यायवार्तिक तात्पर्य टीका और उदयन (दसवीं सदी) ने न्याय-वार्तिक तात्पर्य परिशुद्धि की रचना की। जयंत (नवीं सदी) ने न्यायमंजरी और गणेश ने (लगभग 1200 ई.) तत्त्वचिन्तामणि की रचना कर नव्य-न्याय का प्रारम्भ किया।[159]

नलचम्पू में वैशेषिक दर्शन का उल्लेख है।[160] सांख्य का मूल ग्रन्थ कपिल कृत सांख्यसूत्र है। अलबीरूनी इस विषय की सूचना देता है।[161] वाचस्पति मिश्र ने (लगभग 850 ई.) सांख्यतत्त्वकौमुदी की रचना की थी।[162] योगदर्शन पतंजलि के योग-सूत्र से प्रारम्भ हुआ है।[163] अलबीरूनी ने पतंजलि की पुस्तक का उल्लेख करते हुए उसे मोक्षोपाय और आत्मा का लक्ष्य के साथ संयोग के उद्देश्य से रचित ग्रन्थ बताया।[164] मीमांसादर्शन का मूल ग्रन्थ जैमिनी का पूर्वमीमांसा सूत्र है। अलबीरूनी ने भी इसका उल्लेख किया है।[165] इस विषय पर शबर स्वामी की टीका

(लगभग 200 ई.) लिखी गई और शबर-भाष्य पर कुमारिल भट्ट ने सातवीं सदी में 'श्लोकवार्तिक', 'तंन्त्रवार्तिक' आदि टीकाएँ लिखीं, तथा 850 ई. में वाचस्पति मिश्र ने इस विषय पर तत्त्वबिन्दु लिखा।[166] बादरायण ने वेदान्त-सूत्र या ब्रह्मसूत्र की रचना की जिसमें उपनिषदों के तत्त्वज्ञान को व्यवस्थित किया गया।[167] इस काल में शंकराचार्य ने वेदान्त दर्शन को चरमोत्कर्ष पर पहुँचा दिया। वासुदेव उपाध्याय के अनुसार षड्दर्शन के अन्तर्गत इस युग में न्याय, मीमांसा, और वेदान्त अधिक प्रचलित था।[168] नलचम्पू में वैशेषिक, सांख्य, चार्वाक, प्रभाकर मीमांसा, वेदान्त और दशकुमारचरित में मींमांसादि शास्त्र समूह का उल्लेख है। अभिलेखों में षड्दर्शन का उल्लेख मिलता है।[169] कलचुरि-चेदि अभिलेखों में देल्हुक नामक ब्राह्मण को वेदान्त तत्त्व, सोमराज को पूर्वमीमांसा व उत्तरमीमांसा, काश्यप के वैशेषिक दर्शन, अक्षपाद के न्यायदर्शन, सत्यसाधार नामक ब्राह्मण को न्यायदर्शन तथा श्रीवास्तव वंश के कायस्थ रत्नसिंह को काश्यप के सिद्धान्त और अक्षपाद के न्यायदर्शन का ज्ञाता कहा गया है।[170]

अलबीरूनी ने परवर्ती स्मृतियों का उल्लेख किया है, पराशर, शातातप, संवर्त, दक्ष, वसिष्ठ, अंगिरस, यम, विष्णु, अग्नि, हारीत,लिखित, शंख, बृहस्पति, व्यास, उशनस आदि स्मृतियाँ हैं जिन्हें उसने वेदों से निकली बताया है।[171] ये स्मृतियाँ इस युग के भाष्य और निबन्ध ग्रन्थों में विस्तार से उद्धृत की गई हैं। प्राचीन प्रमुख स्मृतियों की टीकाओं और निबन्ध ग्रन्थों का प्रणयन इस बात का परिचायक है कि परिवर्तित-सामाजिक पृष्ठभूमि में परम्परागत व्यवस्था पर पुनर्विचार और परिवर्तन आवश्यक हो गया था। स्मृतियों के अध्ययन के प्रमाण अभिलेखों में भी मिलते हैं।[172]

श्रौत और स्मार्त कर्म के प्रति समाज में उदासीनता व्याप्त हो चुकी थी। उनका स्थान इस युग में व्रत, तीर्थ, पूजा, दान ले रहे थे। इस परिवर्तित सामाजिक-धार्मिक मान्यताओं का नेतृत्व परवर्ती पुराण कर रहे थे। विभिन्न प्रकार के दान, दीक्षा, ग्रह और उसकी शान्ति, होम, मूर्ति-स्थापन, संध्या, ब्राह्मणों का गौरव वर्णन और आराधना, तीर्थों का माहात्म्य, तिथि, उत्सर्ग, व्रत, पूजा आदि का उल्लेख मनु और याज्ञवल्क्य स्मृतियों में तथा पुराणों में जिनकी रचना छठीं शताब्दी से पूर्व हुई है, नहीं मिलता।[173] पुराणों में प्राप्त कतिपय प्राचीन सामाजिक विधि-विधानों की कलिवर्ज्यता की विस्तृत सूची सामाजिक परिवर्तन की दिग्दर्शक है। इस प्रकार पूर्व मध्ययुगीन परिवर्तित परिस्थितियों के साथ सामंजस्य स्थापित करने में परवर्ती पुराणों का योगदान रहा है। अतः इस युग में उनका अध्ययन अधिक प्रचलित रहा होगा। अभिलेखों में अध्ययन के विषय के अन्तर्गत पुराणों का श्रुति और स्मृति के साथ उल्लेख मिलता है।[174] अपरार्क ने दान प्रकरण के अन्तर्गत विभिन्न पुराणों द्वारा वर्णित दान की चर्चा की है।[175]

अलबीरूनी भी पुराणों की सूची देता है।[176] अभिलेखों में शासकों द्वारा पुराणों, आगमों, शास्त्रों जैसे 'भारत' का श्रवण और रामायण पढ़ने की सूचना है।[177] आयुर्वेद, धनुर्वेद और गान्धर्व वेद का उल्लेख लक्ष्मीधर और अपरार्क ने भी किया है। इत्सिंग ने चिकित्सा पद्धति के आठ अंगों–शल्य, शालाक्य, काय, चिकित्सा, भूत विद्या, बाल-चिकित्सा, कुमार, भृत्य, आगद् तन्त्र, रसायन और बाजीकरण का उल्लेख किया है।[178] शिक्षा के विषयों के अन्तर्गत रस तथा रसायन का उल्लेख नलचम्पू में भी हुआ है।[179] दशकुमारचरित में मणिमन्त्र और औषधादि का वर्णन है।[180]

अलबीरूनी ने रस विद्या का उल्लेख करते हुए रस का अर्थ स्वर्ण बताया है। वह यह भी लिखता है कि हिन्दू इस विद्या पर अधिक ध्यान नहीं देते हैं। रसायन विद्या का उल्लेख भी अलबीरूनी ने किया है।[181] नैषधीयचरित में पारे की सहायता से लोहे को स्वर्ण में बदलने का उल्लेख है।[182]

गहड़वाल और चन्देल अभिलेखों से विदित होता है कि राज्य के एक अधिकारी के रूप में वैद्य अथवा भिषग सम्मानित थे।[189] ह्वेनसांग लिखता है कि ब्राह्मण आयुर्वेद के ज्ञाता होते थे।[184] परन्तु सामान्यतः इस काल के धर्मशास्त्रों में ऐसे ब्राह्मण गर्हित बताए गए हैं जो चिकित्सा का कार्य करते थे।[185]

उशनस स्मृति में ब्राह्मण और क्षत्रिय की अवैध सन्तान के लिए भिषग, वैद्यक, आयुर्वेद, तन्त्र, ज्योतिष, गणित एवं कायिकी का पेशा निर्दिष्ट किया गया है। कृत्यकल्पतरु के व्यवहारकाण्ड में उद्धृत शंखलिखित द्वारा यह पेशा अम्बष्ठ के लिए निर्दिष्ट है।[186] अपरार्क ने आयुर्वेद, धनुर्वेद, गान्धर्ववेद और अर्थशास्त्र में धर्मस्थान का अभाव होने के कारण उन्हें विद्याओं में स्थान नहीं दिया है।[187]

नलचम्पू में राजकुमारों की शिक्षा के विषयान्तर्गत कामशास्त्र का उल्लेख है।[188] कोनी शिलालेख में रलदेव द्वितीय को छत्तीस प्रकार की शास्त्रों की कला से पूर्ण परिचित कहा गया है।[189]

यह युग साहित्यिक गतिविधि की दृष्टि से उल्लेखनीय रहा है।[190] कई साहित्यकारों को राजाओं द्वारा प्रश्रय प्राप्त था।[191] उत्कीर्ण प्रशस्तियों के रचयिता काव्य के अच्छे मर्मज्ञ होते थे। पुजारीपाली शिलालेख के प्रशस्तिकार नारायण को रामाभ्युदय काव्य का रचयिता कहा गया है।[192] शैक्षणिक विषयों के अन्तर्गत काव्यशास्त्र का भी उल्लेख मिलता है। दशकुमारचरित में राजवाहन को काव्य, नाटक, आख्यानक, आख्यायिका तथा संगीत और साहित्य तथा अनन्त वर्मा को काव्य कला में निपुण कहा गया है।[193] प्रभावकचरित और कादम्बरी में भी विषयों के अन्तर्गत काव्यकला का उल्लेख है।[194] राजघरानों की नारियाँ भी काव्यकला में प्रवीण होती थीं।[195] कादम्बरी में राजा शूद्रक का वर्णन है जो विद्वानों की सभा बुलाकर काव्य प्रबन्ध रचना, शास्त्रों के वाद-विवाद और आख्यानक-आख्यायिका, इतिहासपुराण सुनने में लगा रहता था।[196]

व्यावसायिक शिक्षा

याज्ञवल्क्य ने व्यावसायिक शिक्षा के बारे में यह निर्देश दिया है कि 'ब्रह्मचारी पहले शिल्प की शिक्षा लेने की अवधि निश्चित करके गुरु गृह में निवास करे...।'[197] नारद ने भी इसी प्रकार का निर्देश दिया है कि, "यदि कोई अपने शिल्प की शिक्षा प्राप्त करने का इच्छुक हो (स्वशिल्पमिच्छन्नाहर्तु...) तो स्व-बान्धवों की आज्ञा लेकर, शैक्षणिक अवधि नियत करके गुरु गृह में रहे। ऐसी स्थिति में आचार्य उसे अपने घर पर शिक्षा देगा तथा भोजनादि की व्यवस्था करेगा।"[198] इस स्थल पर असहाय का कथन है कि, "यदि कोई युवा व्यक्ति स्व-शिल्प में दीक्षित होना चाहे..."।[199] मिताक्षरा में आयुर्वेद और शिल्प शिक्षा की अवधि चार वर्ष बताई गई है।[200]

अल्तेकर ने इस ओर संकेत किया है कि वैश्यों और शूद्रों के सम्मान में ह्रास होने के कारण उनके कर्मों के प्रति भी समाज का दृष्टिकोण परिवर्तित होता गया। हस्तकला के कर्म अब समाज में हेय दृष्टि से देखे जाने लगे। यह सब ब्राह्मण और क्षत्रियों द्वारा हस्तकला के सामान्य बहिष्कार के कारण हुआ। चूँकि आठवीं शताब्दी के बाद से समाज के सर्वोत्तम मस्तिष्कों का द्वार इन ललित कलाओं के लिए सर्वदा के लिए बन्द हो गया, अतः इनका ह्रास भी अवश्यम्भावी था।[201] इस युग के ग्रन्थों में प्रायः सभी पेशेवर जातियों को शूद्र वर्ण के अन्तर्गत स्थान दिया गया है।

इसके साथ ही इनके ह्रास का दूसरा कारण व्यापारिक गतिहीनता और ग्रामीण अर्थव्यवस्था के कारण इन शिल्पों का अधिकाधिक वंशानुगत हो जाना था। नारद ने शिल्प के शिक्षार्थी के लिए सम्बन्धियों की आज्ञा प्राप्त कर स्व-शिल्प सीखने की आज्ञा दी है। मिताक्षरा की टीका सुबोधिनी ने स्पष्टतः 'स्वशिल्पमिच्छन्नीति' से आशय 'अपनी जाति के लिए निर्धारित शिल्प' बताया है।[202] इससे स्पष्ट है कि विभिन्न शिल्प कलाएँ व्यवसाय के आधार पर गठित जातियों के दायरे में जकड़ी जा चुकी थीं। व्यवसाय के आधार पर जातियों का गठन ही इस बात का प्रमाण है कि शिल्प अधिकाधिक वंशानुगत होते जा रहे थे।

नारी शिक्षा

पूर्वमध्यकाल में कन्याओं के बाल्यकाल में विवाह की प्रथा के चरम विकास तथा नारी के ऊपर अधिकाधिक सामाजिक नियन्त्रण से नारी शिक्षा अतीत का विषय मात्र बन चुकी थी। मनु और याज्ञवल्क्य के समय से ही उन्हें उपनयन के अधिकार से वंचित किया जा चुका था। इन स्मृतियों के भाष्यकारों ने उपनयन स्त्रियों के लिए निषिद्ध बताया।[203] इसके साथ ही उन्हें शूद्रों की भाँति वेदोच्चारण और यज्ञादि कर्मों के लिए भी अयोग्य घोषित किया।[204] देवन्न भट्ट ने मनु का

कथन उद्धृत किया है कि "पुराकल्प में कन्याओं के लिए यज्ञोपवीत धारण करने तथा वेदाध्ययन और सावित्रि का अधिकार था।"[205] उल्लेखनीय है कि मनुस्मृति के प्राप्त संस्करणों में यह श्लोक नहीं मिलता।[206] देवन्न भट्ट द्वारा उद्धृत तथाकथित मनु के कथन में यह भी कहा गया है कि, "पिता, पिता का भाई, अथवा भाई कन्या को पढ़ावे परन्तु कोई आगन्तुक कभी न पढ़ाए।"[207] इसी प्रकार का कथन संस्कारप्रकाश में यम के नाम से उद्धृत किया गया है।[208] निर्णयसिन्धु में शातातप उद्धृत है कि 'स्त्रियों का पति ही गुरु है।'[209] हारीत ने कन्याओं का उल्लेख किया है, 'ब्रह्मवादिनी जो अध्ययनरत हों और सद्योवधू जो विवाह के लिए प्रस्तुत हों। उसने ब्रह्मवादिनी के लिए उपनयन, वेदाध्ययन तथा घर में भिक्षाटन का विधान तथा सद्योवधू के लिए विवाह के ठीक पूर्व उपनयन निर्दिष्ट किया है। परन्तु देवन्न भट्ट ने इसे दूसरे कल्प का विधान बताया है।[210] नीतिवाक्यामृत में सोमदेव का कथन है, स्त्रियों को शास्त्र की अधिक शिक्षा नहीं देनी चाहिए, स्वभावतः मनोरम शास्त्रोपदेश भी स्त्रियों को उसी प्रकार विनष्ट कर देता है जिस प्रकार तलवार पर पड़ी जल की बूँदें भी उस पर मोर्चा लगाकर उसे नष्ट कर देती हैं।[211] नारद के इस कथन पर कि "स्वतन्त्रता से नारियाँ विनष्ट हो जाती हैं" असहाय ने टीका की कि 'वे नहीं जानतीं कि उन लोगों के लिए क्या वैधानिक है, जो धर्मशास्त्रों के विधानों के अनुकूल रहते हैं, और चूंकि उन्हें इसकी शिक्षा नहीं दी जा सकती इसलिए वे अपने कर्तव्यों की अवहेलना कर सकती हैं।"[212]

मेधातिथि ने संस्कृत भाषा के प्रति नारियों की अनभिज्ञता का उल्लेख किया है।[213] यद्यपि सामान्यतः नारी के शैक्षणिक अधिकार समाप्त हो चुके थे, फिर भी साहित्यिक ग्रन्थों से विदित होता है कि राजपरिवारों और उच्चवर्ग में नारियों को शिक्षा दी जाती थी।[214] नलचम्पू में दमयन्ती की शिक्षा के अन्तर्गत—वीणावादन, द्यूतविधान, काव्य और उसकी आलोचना, नृत्य, चित्रकला, वाद्यकला, शल्य, चिकित्सा, गीत और काम-कथा का उल्लेख है। मालतीमाधवम में एक उदाहरण सह शिक्षा का भी है।[215] चौर पंचाशिका में कवि द्वारा राजकुमारी को साहित्य विद्या, अलंकार, नवरस, ज्योतिष, काव्य, नाटक, कामशास्त्र, छन्दशास्त्र तथा प्राकृत और संस्कृत भाषा के शास्त्रों की शिक्षा दिए जाने का उल्लेख है।[216] यद्यपि राजकुमारी को शिक्षा प्रदान करते समय उसके और कवि के मध्य पर्दे की व्यवस्था की जाती थी।[217] नलचम्पू में उल्लिखित है कि दमयन्ती गुरुओं और साधुओं की संगति में विद्या प्राप्त करती थी।[218] इसके साथ ही अन्तःपुरों में शिक्षा देने के लिए ब्राह्मणी या अध्यापिकाएँ भी हुआ करती थीं।[219]

गुरु-शिष्य सम्बन्ध

लक्ष्मीधर ने आपस्तम्ब का उद्धरण देते हुए लिखा है कि शिष्य को सम्पूर्ण दिन

अध्ययन और गुरु-सेवा में व्यतीत करना चाहिए। अनध्याय के दिनों में भी उसे मन से गुरु सेवा में संलग्न रहना चाहिए।

अध्यापन कार्य के लिए शिष्य गुरु पर दबाव नहीं डाल सकता था, गुरु के बुलाने पर ही वह अध्ययन कर सकता था।

रात्रि में गुरु के बैठने पर उनके पैरों को प्रक्षालन करके दबाना, आज्ञा मिलने पर ही बैठना और गुरु के अनुकूल व्यवहार करना शिष्य का धर्म था। गुरु-पुत्र चाहे बालक हो या समवयस्क, अथवा गुरु के अभाव में अध्यापन करने वाला हो, उसे गुरुवत् ही सम्मान देना चाहिए। परन्तु मनु ने गुरु-पुत्र के शरीर को दबाने, मालिश करने, नहलाने, उच्छिष्ट (जूठा) भोजन करने और पाद-प्रक्षालन करने की स्वीकृति नहीं दी।

मनु के अनुसार गुरु-पत्नी सवर्ण हो या असवर्ण, वह गुरुवत् ही पूज्य होती है। असवर्ण गुरु-पत्नी को केवल प्रातःकाल अभिवादन (नमस्कार) करने का ही विधान था। शिष्य गुरु-पत्नी के अंग-प्रत्यंगों की मालिश, स्नान, केश प्रसाधन का कार्य नहीं कर सकता था, क्योंकि इससे व्यभिचार बढ़ने की सम्भावना रहती थी।[220]

लक्ष्मीधर ने ब्रह्मचारीकाण्ड में आपस्तम्ब का उद्धरण देते हुए लिखा है कि गुरु को अपने शिष्य के प्रति स्व-पुत्रवत् प्रेम रखना चाहिए और उसकी आवश्यकताओं का सम्यक् ध्यान रखना चाहिए। गुरु को शिष्य से अपने ज्ञान को छिपाने का अधिकार नहीं था, क्योंकि विद्या गुरु की सम्पत्ति नहीं थी अपितु छात्रों की सम्पत्ति मानी जाती थी। गुरु के ज्ञान को शिष्य की धरोहर माना जाता था, क्योंकि शिष्य गुरु के परिवार का एक सदस्य था। अपने ज्ञान को छिपाने वाले गुरु की लक्ष्मीधर ने कटु आलोचना की और ऐसे अनैतिक गुरु से विद्या न ग्रहण करने की राय दी है।[221] लक्ष्मीधर ने राज्यविरोधी आचार्यों से विद्यार्थियों का सम्पर्क उचित नहीं माना है।[222] शिक्षा प्राप्त करने के उपरान्त गुरु-दक्षिणा की परम्परागत विधि को कलिवर्ज्य घोषित कर दिया गया।[223] सम्भवतः इसका कारण इस युग में गुरुकुल प्रणाली और ब्रह्मचर्याश्रम व्यवस्था में परिवर्तन अथवा उनकी अव्यावहारिकता रही हो।

सन्दर्भ

1. यादव, सो. क. ना. इ., पृ. 403; वा. उपाध्याय, द सोशियो रिलिजस कन्डीशन आफ ना. ई., पृ. 116
2. द एज़ आफ इम्पीरियल यूनिटी, पृ. 589-90
3. कादम्बरी (कथामुखम), पृ. 13-15
4. हर्षचरित, अध्याय 1, पृ. 32-33
5. बी.पी. मजुमदार, द सो. इ. हि. आफ ना. ई, पृ. 145

6. विक्रमांकदेवचरित, 3.17; नैषधीयचरित, 1.4; त्रिशष्टिशलाकापुरुषचरित, पर्व 2, सर्ग 3, पृ. 597; पृथ्वीराजरासो, 1.60 में पृथ्वीराज के गुरु राम पुरोहित से शिक्षा प्राप्त करने का उल्लेख है।
7. मिताक्षरा, 1.36
8. कृत्यकल्पतरु, ब्रह्मचारीकाड, पृ. 263
9. स्मृ. च., आ. का. पृ. 113
10. मनुस्मृति पर कुल्लूक का भाष्य, 2.168
11. याज्ञवल्क्य पर अपरार्क का भाष्य, पृ. 18
12. बृजनारायण शर्मा, सो. ला. इन ना. इ., पृ. 111
13. कल्किपुराण, 1.22-24
14. सखाऊ, जि. 1, पृ. 125
15. अपरार्क, पृ. 74
16. मेधातिथि, 3.19
17. सखाऊ, जि. 1, पृ. 126-27
18. ज. शं. मिश्र, प्रा. भा. सा. इ., पृ. 456
19. देखें, संस्कार के अध्याय में समावर्त्तन के अन्तर्गत।
20. मेधातिथि, 3.1, पृ. 230-1, 'त्रिभिर्वर्षैः बिना न व्रतस्नातको भवति'।
21. मेधातिथि, 3.1, पृ. 230-1
22. वही
23. वही, 9.76
24. स्मृ. च. आ. का., पृ. 113
25. वही, पृ. 114
26. मेधातिथि, 3.4, पृ. 234
27. तारानाथ, भारत में बौद्ध धर्म का इतिहास, (अनु. रिज़िन लुण्डुपलामा) पृ. 115
28. वही, पृ. 3
29. तारानाथ, पृ. 133-34
30. अपरार्क, पृ. 233 पर उद्धृत वशिष्ठ व मार्कण्डेय।
31. पृथ्वीराजरासो, 1.26,
उक्ति धर्म विशालस्व राजनीति नवं रसः ।
षट् भाषा पुराणं च, कुराणों कथितं मया ॥
32. देखिए–'आश्रम व्यवस्था' के अन्तर्गत 'संन्यास आश्रम' में मठों के विकास का विस्तार से वर्णन किया गया है।
33. कौसम्बी, द कल्चर एण्ड सिविलाइज़ेशन आफ एन्शियन्ट इण्डिया इन हिस्टारिकल आउट लाइन, पृ. 196
34. वैजयन्ती, 4.3.27
35. हलायुधकोश, पृ. 506
36. अभिधानचिन्तामणि, 4.60, पृ. 245
37. द्वाश्रयकाव्य, 1.7

38. सत्यपाल नारंग, हेमचन्द्राज़ द्वाश्रयकाव्य : ए लिटरेरी एण्ड कल्चरल स्टडी, पृ. 206
39. द. शर्मा, अ. चौ. डा., पृ. 324
40. जीवन्धरचम्पू, द्वितीय लम्भ, पृ. 39
41. राजतरंगिणी, 6.87
42. वही, 6.88
43. वही, 4.92
44. सी. आई. आई., जि. 4, भाग 1, पृ. 320
45. वही, भूमिका, पृ. 158
46. वही, भूमिका, पृ. 159
47. बी. पी. मजुमदार, सो. इ. हिस्ट्री आफ ना. इ., पृ. 159
48. लघु काव्य संग्रह, देशोपदेश, पृ. 292-93
49. देखिए, आश्रम व्यवस्था के अध्याय में 'संन्यास आश्रम' के अन्तर्गत।
50. प्र. चि., प्रथम अध्याय, पृ. 26
51. वाटर्स, जि. 2,पृ. 178, 186
52. वही, पृ. 198
53. राजतरंगिणी, 5.29
54. द. शर्मा, अ. चौ. डा., पृ. 324
55. प्र. भाटिया, द परमाराज़ पृ. 95
56. एपि. इ., जि. 31, पृ. 25-30; वही, पृ. 341 पर उद्धृत।
57. अल्तेकर, प्रा. भा. शि. प., पृ. 101
58. वही, पृ. 58
59. वही, पृ. 101-107
60. प्रबन्धचिन्तामणि, प्रथम अध्याय, पृ. 25, पा. टि.।
61. सी. आई. आई, जि. 4, भाग 2, पृ. 501
62. अल्तेकर, प्रा. भा. शि. प., पृ. 107
63. द स्ट्रगल फार इम्पायर, पृ. 510
64. सी. आई. आई., जि. 4, भाग, 1, पृ. 21
65. वही, पृ. 28
66. वही, पृ. 36-37
67. वही, पृ. 37 तथा 144 (ये अभिलेख 541 ई. तथा 739 ई. के हैं)।
68. वासुदेव उपाध्याय, पृ. 306 पर उद्धृत, एपि. ई. जि. 3, पृ. 49, सर्वादाय समेतश्च श्री अमरेश्वरे पाठशाला ब्राह्मणेभ्यः–भोजनादि निमितम्।
69. राजतरंगिणी, 1.340
70. वही, 1.343
71. वही, 3.481 ; 4.9; 7.185
72. वही, 6.89
73. विक्रमांक., 18.24, पृ. 196
74. वाटर्स, जि. 2, पृ. 164-165 तथा पृ. 170

75. लाइफ, पृ. 111-112
76. सुरेन्द्रनाथ सेन, इण्डिया थ्रू चाइनीज़ आइज़ पृ. 138 पर उद्धृत, पृ. 81
77. वाटर्स, जि. 2, पृ. 171
78. तारानाथ, पृ. 122
79. लाइफ, पृ. 112
80. सुरेन्द्रनाथ सेन, पूर्वोद्धृत, पृ. 140
81. वाटर्स, जि. 2, पृ. 165
82. ताकाकुसु, पृ. 186-187; सुरेन्द्रनाथ सेन, पूर्वोद्धृत, पृ. 130 पर उद्धृत।
83. वाटर्स, जि. 2, पृ. 165
84. वही, तथा तारानाथ, पृ. 66
85. लाइफ, पृ. 112-113
86. वाटर्स, जि. 2, पृ., 165
87. वही
88. तारानाथ, पृ. 83
89. ताकाकुसु, पृ. 65, 154; सुरेन्द्रनाथ सेन, पूर्वोद्धृत, पृ. 140 पर उद्धृत तथा लाइफ, पृ. 112
90. सुरेन्द्रनाथ सेन, पूर्वोद्धृत, पृ. 130
91. वाटर्स, जि. 2, पृ. 246
92. इत्सिग, पृ. 177; अल्तेकर, प्रा. भा. शि. प., पृ. 97 पर उद्धृत।
93. वही, पृ. 90 पर उद्धृत, क. स. सा., 32, 42-43
94. वाटर्स, जि. 2, पृ. 47
95. लाइफ, पृ. 69-70
96. वही, पृ 77-84
97. वाटर्स, जि. 2, पृ. 79, 136, 191-192
98. वही, पृ. 179-180
99. तारानाथ, पृ. 116
100. वही, पृ. 117
101. वही, पृ. 129
102. वही, पृ. 151
103. वही, पृ. 116
104. अल्तेकर, प्रा. भा. शि. प., पृ. 96
105. तारानाथ, पृ. 137
106. वही, पृ. 131
107. अल्तेकर, प्रा. भा. शि.प., पृ. 99 में उद्धृत बसु कृत भारतीय आचार्य, पृ. 84
108. वही, पृ. 99
109. इसके बारे में तारानाथ का कहना है कि 'वह सात पालों में नहीं गिना जाता।' देखिए, पृ. 124
110. वही, पृ. 124-127

111. वही, पृ. 3
112. वही, पृ. 121
113. वही, पादटिप्पणी में।
114. अल्तेकर, प्रा. भा. शि. प., पृ. 99
115. वही, पृ. 122
116. वही, पृ. 131
117. वही, पृ. 134
118. वही, पादटिप्पणी।
119. यादव, सो. क. ना. इ., पृ. 421 पर उद्धृत बोस, इण्डियन टीचर्स आफ बुद्धिस्ट यूनिवर्सिटीज़, पृ. 150
120. वही, पृ. 421 पर उद्धृत विद्याभूषण, हिस्ट्री आफ द मिडिवल स्कूल आफ इण्डियन लाजिक, पृ. 79
121. नीतिवाक्य 7.1; कामन्दकीय नीतिसार, 2.13; नैषधीयचरित, 1.4 व पृथ्वीराजरासो, 1.60 में चौदह विद्याओं का उल्लेख है, यशस्तिलक, 4.102, पृ. 63; अभिलेखों में 6 वेदांगों का उल्लेख मिलता है; सी. आई. आई., जि., 4, भाग 2, पृ. 423 तथा 626
122. याज्ञवल्क्य पर अपरार्क का भाष्य 1.3 (इसी स्थल पर ब्रह्मपुराण को उद्धृत कर अपरार्क वेदान्त और विद्या को भी स्थान देते हैं), कृत्य. ब्रह्म. पृ. 22 में उद्धृत विष्णुपुराण, अग्निपुराण, 1.17
123. अपरार्क, 1.3, पृ. 6, अग्निपुराण, 1.17
124. वही
125. वही
126. काव्यमीमांसा, पृ. 4, बी. एन. शर्मा, सोशल एण्ड कल्चरल. आफ नार्दन इण्डिया, पृ. 42 पर उद्धृत।
127. कामन्दक नी. सा., 2.2; नी. वा. 5.60
128. दशकुमारचरित, पूर्वपीठिका, पृ. 47
129. वही, अंक 8, पृ. 6
130. वही, पृ. 10
131. शिशुपालवध, 2.88, पृ. 92
132. वही, 2.26, पृ. 61
133. कादम्बरी, पृ. 168-169, यादव, सो. क. ना. इ., पृ. 400 पर उद्धृत।
134. उ. रा. च. द्वितीय अंक, पृ. 154
135. त्रिशष्टिशलाकापुरुषचरित, पर्व 2, सर्ग 3, पृ. 597; प्रबन्धचिन्तामणि, द्वितीय अध्याय, पृ. 63
136. सी. आई. आई. जि. 4, भाग 2, पृ. 472
137. यादव, पूर्वोद्धृत पृ. 400
138. मिताक्षरा, 2.21
139. कृत्य, ब्रह्म. पृ. 43-44, 'अर्थशास्त्रस्य' मन्वादिप्रणीतस्यैव राजनीत्यादेः।

140. कृत्य., राज. का., पृ. 99-100
141. यादव, पूर्वोद्धृत, पृ. 407
142. नलचम्पू, चतुर्थ उच्छ्वास, पृ. 199
143. पृथ्वीराजरासो, 1.60-64
144. अपरार्क, 1.3, पृ. 6
145. नलचम्पू, चतुर्थ उच्छ्वास, पृ. 199;
146. अल्तेकर, एजूकेशन इन एन्शियन्ट इण्डिया, पृ. 251, यादव, पूर्वोद्धृत, पृ. 407 पर उद्धृत।
147. सखाऊ, जि. 1, पृ. 135
148. वही
149. गो. च. जैन, यशस्तिलक का सांस्कृतिक अध्ययन, पृ. 162 पर उद्धृत।
150. वही
151. वही
152. अल्तेकर प्रा. भा. शि. प, पृ. 181
153. वासुदेव उपाध्याय, पूर्वोद्धृत, पृ. 127 पर उद्धृत, एपि. इ. जि. 4, पृ. 122-131, जि. 8, पृ. 90
154. वही, पृ. 127 पर उद्धृत, एपि.इ. जि. 8, पृ. 156
155. सी. आई. आई, जि. 4, भाग 2, पृ. 533
156. वही, पृ. 429
157. सखाऊ, जि. 1, पृ. 130-4
158. वही, पृ. 131-32
159. बुद्धप्रकाश, भारतीय धर्म एवं संस्कृति, पृ. 89
160. नलचम्पू, चतुर्थ उच्छ्वास, पृ. 199
161. सखाऊ, जि. 1, पृ. 132
162. बुद्धप्रकाश, पूर्वोद्धृत पृ. 93
163. वही, पृ. 96
164. सखाऊ. जि. 1, पृ. 132
165. वही, पृ. 132
166. बुद्धप्रकाश, भारतीय धर्म एवं संस्कृति, पृ. 99
167. वही, पृ. 103
168. वासुदेव उपाध्याय, पूर्वोद्धृत, पृ. 129
169. सी. आई. आई, जि. 4, भाग 2, पृ. 429
170. वही, पृ. 462, 517, 549, 518
171. सखाऊ, जि.1, पृ. 131
172. सी. आई. आई, जि. 4, भाग 2, पृ. 462, 626
173. हाजरा, स्टडीज़ इन द पुराणिक रिकार्ड्स आन हिन्दू राइट्स एण्ड कस्टम्स, पृ. 189
174. सी. आई. आई., जि. 4, भाग 2, पृ. 483, 626, 'श्रुतिस्मृति पुराणज्ञ'।
175. अपरार्क, पृ. 392

176. सखाऊ, जि.1, पृ. 130-132
177. सी. आई. आई, जि. 4, भाग 2, पृ. 457
178. सुरेन्द्रनाथ सेन, इण्डिया थ्रू चाइनीज आइज़, पृ. 131
179. नलचम्पू, चतुर्थ उच्छ्वास, पृ. 199
180. दशकुमारचरित, पूर्वपीठिका, पृ. 47
181. सखाऊ, जि. 1, पृ. 187-188
182. नैषधीयचरित, 4.82
183. वासुदेव उपाध्याय, पूर्वोद्धृत, पृ. 132; गुहिलवंशी मेवाड़ के राजा अल्लट के सारणेश्वर प्रशस्ति (953 ई.) में भी प्रमुख प्रशासनाधिकारियों के साथ भिषगाधिराज रुद्रादित्य का भी उल्लेख है–दे. राजस्थान के इतिहास के स्रोत पृ. 62
184. वाटर्स, जि. 1, पृ. 159
185. अत्रिसंहिता, 387,
अविकाश्चित्रकारश्च वैद्यौ नक्षत्र पाठकः
चतुर्विप्रा न पूज्यन्ते बृहस्पतिसमा यदि ॥ तथा अपरार्क, 3.290, पृ. 1155
186. कृत्य. व्यव. का. पृ. 830
187. अपरार्क, 1.3, पृ. 6
188. नलचम्पू, चतुर्थ उच्छ्वास, पृ. 199; नीतिवाक्यामृत, 11.4
189. सी. आई. आई, जि. 4, भाग 2, पृ. 471
190. यादव, पूर्वोद्धृत, पृ. 411 से आगे
191. वृजनारायण शर्मा, सो. ला. इन ना. इ., पृ. 92 से आगे।
192. सी. आई. आई, जि. 4, भाग 2, पृ. 594
193. दशकुमारचरित, अंक 1, पृ. 47, आठवाँ अंक, पृ. 6
194. यादव, पूर्वोद्धृत, पृ. 400-401
195. नलचम्पू, तृतीय उच्छ्वास, पृ. 175-6
196. कादम्बरी, कथामुखम् पृ. 42
197. याज्ञवल्क्यस्मृति, 1.184, पृ. 331
198. नारद, 5.16-17, पृ. 133 तथा मिताक्षरा में भी उद्धृत, 1.184
199. वही
200. मिताक्षरा, 1.184
201. अल्तेकर, प्रा. भा. शि. प., पृ. 150
202. सुबोधिनी, 1.184, पृ. 216
203. मेधातिथि, कुल्लूक, 2.67; मिताक्षरा, 1.15
204. अल्तेकर, प्रा. भा. शि. प. पृ. 161
205. स्मृतिचंद्रिका, आ.का, पृ. 41
206. वही पादटिप्पणी
207. वही, पृ. 41
208. संस्कारप्रकाश, पृ. 402-3, ज. शं. मिश्र, प्रा. भा. सा. इ., पृ. 347 पर उद्धृत
209. नि.सि., पृ. 1057

210. पूर्वोद्धृत, पृ. 40-41
211. नी. वा., राजरक्षा समुद्देश, श्लो 43
212. नारद, 13.30, पृ. 197 पादटिप्पणी।
213. मेधातिथि, 2.49
214. कर्पूरमंजरी, 1.11; नैषधीयचरित, 2.49; कथासरित्सागर, भाग 3, पृ. 107; यशस्तिलक चम्पू, सप्तम आश्वास, पृ. 338-9; उत्तररामचरित, द्वितीय अंक,पृ. 149; चौरपंचाशिका, पूर्वपीठिका, श्लो 8; नलचम्पू, तृतीय उच्छ्वास, पृ 175; पृथ्वीरारासो, 43.17; प्र. चि. , द्वितीय अध्याय, पृ. 63
215. मालतीमाधवम्,प्रथम अंक, पृ. 22
216. चौरपंचाशिका, दक्षिणात्यपाठानुसारेण, श्लो. 5 व 38 तथा पूर्वपीठिका, श्लो 31
217. वही, दक्षिणात्यपाठानुसारेण, श्लो. 28
218. पूर्वोद्धृत।
219. पृथ्वीराजरासो, 43.17; यशस्तिलक चम्पू, आश्वास 7, पृ. 338
220. कृत्य, ब्रह्म., पृ. 211 तथा पृ. 227-228
221. कृत्य, ब्रह्म., पृ. 240
222. भ. प्र. मजुमदार, सो. इ. हि. आफ ना. इ., पृ. 152
223. बी. भट्टाचार्य, द कलिवर्ज्याज़, पृ. 52

10
धर्म

इस युग की समसामयिक परिस्थितियों का धर्म पर यथेष्ट प्रभाव पड़ा। प्रशासक, पुरोहित और सम्पन्नवर्ग के प्रश्रय में हिन्दू धर्म के अतिरिक्त जैन और बौद्ध धर्म का प्रसार हुआ। 500 ई. के बाद से मन्दिरों के निर्माण में तेजी आई।[1] मन्दिरों के नाम के साथ उनके निर्माता का नाम भी प्रायः संलग्न रहता था। राजसत्ता के केन्द्रों में स्थापित ये मन्दिर दरबारी आकाँक्षा के साथ-साथ मध्ययुगीन प्रवृत्ति को भी अभिव्यक्त करते हैं।[2] मठों और मन्दिरों अथवा उनसे संलग्न ब्राह्मणों को भूमिदान और राजकीय संरक्षण एवं प्रश्रय इय युग की विशिष्टता थी। ये मठ-मन्दिर संस्कृतीकरण के प्रबल माध्यम थे। यह प्रश्न राजनीतिक स्थायित्व से संलग्न था। दूसरी ओर समाज के निम्न वर्ग में परस्पर-विरोधी वाममार्गी आन्दोलन प्रबल हो रहा था, जो विभिन्न धर्म सम्प्रदायों की प्रशाखा के रूप में प्रतिफलित हुआ। जनजातियों के आत्मसातूकरण और निम्नवर्ग के सामाजिक असन्तोष की इसमें स्पष्ट झलक दिखती है। वाममार्गी तांत्रिक-दर्शन का उत्कर्ष और विभिन्न धर्म-सम्प्रदायों से उसकी संलग्नता, इस युग के धार्मिक परिवर्तन को स्पष्ट करती है। इन परिस्थितियों में जैन-धर्न 'ब्राह्मणीकरण' की ओर प्रवृत्त हुआ। सोमदेव कृत नीतिवाक्यामृत जैन धर्म पर ब्राह्मणीय व्यवस्था के प्रभाव का प्रमाण है, जबकि बौद्ध धर्म ने इस दिशा में कोई प्रयास नहीं किया बल्कि वाममार्ग से जुड़कर उसका वेद-विरोधी स्वरूप और प्रबल हुआ।

पूर्वमध्ययुग में जनजातियों के आत्मसात्करण के समानान्तर ब्राह्मणीय संस्कृति अथवा बृहद् परम्परा और जनजातीय संस्कृतियों अथवा लघु परम्पराओं के मध्य निरन्तर पारस्परिक प्रभाव की अन्तःक्रिया चलती रही, जो टकराव, सम्पर्क, प्रतिरोध और समन्वय के चरणों से होते हुए सामान्य संस्कृति के निर्माण की ओर उन्मुख थी। फलतः लघु संस्कृतियों से सम्बद्ध अनेक धार्मिक तत्त्व बृहद् परम्परा में स्वीकृत और आत्मसात् कर लिए गए। पूर्वमध्ययुगीन धार्मिक क्षेत्र में इस प्रक्रिया से महत्वपूर्ण परिवर्तन हुए। इस दिशा में गणेश, हनुमान आदि देवताओं की हिन्दू

देवमंडल में प्रतिष्ठा और शाक्त सम्प्रदाय के स्वतन्त्र अस्तित्व का विकास उल्लेखनीय है। धार्मिक क्षेत्र में तन्त्रवाद का प्रभाव बढ़ रहा था और प्रायः आठवीं सदी के अन्त या नवीं शताब्दी के प्रारम्भ से पौराणिक साहित्य में तन्त्रवाद को धर्म के एक प्रवक्ता के रूप में स्वीकृत किया जाने लगा था। (हाजरा, पौराणिक राइट्स एण्ड कस्टम्स, पाँचवाँ अध्याय, ॲब्सार्पसन आफ तान्त्रिसिज्म, बाई द पौराणिक राइट्स एण्ड कस्टम्स, पृ. 260 और आगे।)

शैव धर्म

इस युग में शैवधर्म का विकास तीव्रता से हुआ जिसकी पुष्टि पुरातात्विक साक्ष्यों से होती है।[3] इस युग में गुप्तयुगीन वैष्णव धर्म का प्रमुख स्थान शैवधर्म ने ग्रहण कर लिया था। गुहिलोत, चाहमान, परमार, चन्देल सभी राजपूत राजवंश शैव धर्म को मानने वाले थे। वैद्या का यह विचार है कि शिव की पूजा स्वतन्त्रता के लिए अपेक्षित थी तथा वीरता और शक्ति के लिए भी अनुकूल थी।[4] मिराशी के अनुसार शैव धर्म समान रूप से अधिक लोकप्रिय था जिसे जनजातियों और विदेशियों ने अंगीकार किया।[5] परमार, चन्देल, चेदि, प्रतिहार, गहड़वाल और सेनों के साथ परममाहेश्वर उपाधि का संलग्न होना उनके शैवमतावलम्बी होने का प्रमाण है।[6] यद्यपि प्रतिहार वंश के शासक कहीं-कहीं परमवैष्णव और परमभागवत के रूप में उल्लिखित हैं।[7]

राजस्थान से प्राप्त अभिलेखों से यह स्पष्ट है कि प्रतिहारों के समय में शैव और वैष्णव दोनों ही सम्प्रदायों की प्रमुखता थी। बाउक के ग्वालियर अभिलेख से सिद्धेश्वर महादेव के मन्दिर की स्थापना का संकेत मिलता है।[8] परवर्ती प्रतिहारों के 1133 ई. के इगनौड़ा के शिलालेख में श्री गोहड़ेश्वर महादेव के मन्दिर के लिए अगासिया गाँव को हिरण्य, भाग और भोग आदि करों के साथ दान किए जाने का उल्लेख है।[9] 946 ई. के प्रतापगढ़ शिलालेख में शिव, दुर्गा, सूर्य आदि की स्तुति की गई है तथा इसमें हरिरीश्वर मन्दिर के साथ लगे अनेक मन्दिरों के लिए अनेक अनुदानों का उल्लेख है। दूसरे अनुदान में प्रतिहार महेन्द्र द्वितीय के अधीनस्थ सेनापति और प्रान्तीय अधिकारी द्वारा उज्जयिनी में महाकाल की अर्चना करने के उपरान्त संक्राति पर गाँव दान करने का संकेत किया गया है।[10]

1155 ई. के प्रतिहार सूर्यपाल के थकराडा अभिलेख से विदित होता है कि महाराज के पुत्र अनंगपाल देव ने सिद्धेश्वर के मन्दिर के लिए भूमिदान किया था।[11] नरवाहन के समय की 971 ई. की नाथ प्रशस्ति एकलिंगजी में पाशुपत योगसाधना करने वाले कुशिक योगियों तथा उस सम्प्रदाय के अन्य साधुओं का उल्लेख है जो एकलिंगजी के पूजक और भगवान लकुलीश के मन्दिर के निर्माता कहे गए हैं।[12]

चाहमानों के समय सर्वप्रमुख धर्म शैव धर्म ही था।[13] 756 ई. के हन्सोट पत्र में भृगुकच्छ के चाहमान सामन्त भतृवढूढ को परममाहेश्वर कहा गया है।[14] 973 ई. की हर्षनाथ मन्दिर की प्रशस्ति में अल्लट द्वारा हर्षनाथ मन्दिर की स्थापना का उल्लेख है।[15] वाक्पति और सिंहराज ने पुष्कर झील के तट पर अनेक शिव मन्दिरों का निर्माण करवाया था।[16] पृथ्वीराज विजय में पृथ्वीराज प्रथम द्वारा सोमनाथ के मार्ग पर सत्रागार स्थापित करने का उल्लेख किया गया है।[17] अजयराज शैव था अतः उसके पुत्र अर्णोराज ने उसके नाम से शिवमन्दिर स्थापित किया।[18] पृथ्वीराज रासो में सोमेश्वर को मात्र शिव और पार्वती का उपासक कहा गया है।[19] 1172 ई. के दोहद शिलालेख में अन्य क्षेत्रों से आने वाले कापालिक साधुओं के लिए पृथ्वी राज के एक प्रभावशाली भट्टारक द्वारा नित्यपरमोदित्यदेव के मन्दिर के समीप मठ निर्माण का उल्लेख है।[20] यह मन्दिर पृथ्वीराज के एक सामन्त द्वारा 1169 ई. में स्थापित किया गया था।[21]

परमार साम्राज्य में भी सर्वाधिक प्रधान धर्म शैव धर्म ही था। शिव परमारों के अधिष्ठाता देव प्रतीत होते हैं और परमारों के अभिलेख सदैव 'ओम नमः शिवाय' से ही प्रारम्भ होते हैं।[22] वाक्पति द्वितीय के उज्जैन अभिलेख में भूमिदान के अवसर पर उसके द्वारा भवानी पति की पूजा करने व शिव झील के निर्माण का उल्लेख है।[23] नवसाहसांकचरित में सिन्धुराज भी शैव धर्मावलम्बी के रूप में उल्लिखित है।[24] परमार भोज ने शैव दर्शन पर 'तत्वप्रकाश' नामक ग्रन्थ की रचना की थी।[25] उदयपुर प्रशस्ति में भोज के द्वारा अनेक शिव मन्दिरों से भूमि को आच्छादित कर सुन्दर बनाने का उल्लेख किया गया है।[26]

जयसिंह प्रथम ने अर्थूणा में मण्डलेश्वर मन्दिर को कुछ अनुदान दिया था। उदयादित्य ने उदयपुर नगर का निर्माण किया जहाँ उदयेश्वर या नीलकण्ठेश्वर महादेव का मन्दिर उसके आदेश से 1059-80 ई. के बीच निर्मित हुआ था। उदयदित्य के काल में अनेक शैव मन्दिरों के निर्माण का प्रमाण उसका उणा अभिलेख है। इसी काल में डोंगरगढ़ में श्रीनिवास नामक ब्राह्मण ने डोंगर गाँव में शिव मन्दिर का निर्माण करवाया था।[27] मालवा की भाँति आबू के परमार भी शैव धर्मावलम्बी थे।[28] परमार शासकों का अनुकरण समाज ने भी किया, उदयादित्य के काल में 1086 ई. के झालरपाटन लेख में तेली द्वारा एक शिव मन्दिर और वापी के निर्माण का उल्लेख है।[29] हर्सोद अभिलेख (1210 ई.) में एक व्यापारी द्वारा शम्भु के मन्दिर व एक तालाब बनवाने का उल्लेख है।[30] बागड़ के परमार चामुण्डराज ने अर्थूणा (बाँसवाड़ा) में शिव मन्दिर का निर्माण करवाया था।[31] इस मन्दिर में स्थापित प्रशस्ति (1079 ई.) से ज्ञात होता है कि मंडियों में क्रय-विक्रय की जाने वाली व्यापारिक वस्तुओं पर निश्चित कर था जो मन्दिरों के प्रबन्ध के निमित्त प्रदान किया गया था।[32] किराडू के परमार सोमेश्वर और सिन्धुराज ने भी

सोमेश्वर और सिन्धुराजेश्वर नाम से शिवमन्दिरों का निर्माण करवाया था।[33]

चालुक्यों के काल में गुजरात में शैव और जैन दोनों ही धर्मों का प्राबल्य था, परन्तु शैव धर्म प्रधान था। द्वाश्रय काव्य में मूलराज से जयसिंह सिद्धराज तक के वर्णन में जैन धर्म का कहीं उल्लेख नहीं मिलता।[34] सिद्धराज जयसिंह ने सहस्रलिंग झील का निर्माण करवाकर उसके चतुर्दिक मन्दिरों में एक सहस्त्र शिवलिंग तथा अन्य देवी-देवताओं की मूर्तियाँ प्रतिष्ठापित करवाई थीं।[35] सिद्धराज ने गंगानाथ मन्दिर का भी निर्माण करवाया।[36] प्रबन्धचिन्तामणि में भीम द्वारा त्रिपुरुष प्रासाद और पाटन में भीमेश्वरदेव तथा देवी भैरवाणी मन्दिरों और उसकी रानी उदयामती द्वारा जलाशय के निर्माण का उल्लेख है। महाराज कर्ण ने कर्णेश्वर मन्दिर और कर्णसागर झील का निर्माण करवाया था। सिद्धराज ने अपनी माता मयणल्लदेवी के आग्रह पर सोमनाथ की तीर्थयात्रा पर लगे यात्री-कर को हटाकर शैव धर्म के प्रति अपनी श्रद्धा व्यक्त की थी। सिद्धराज द्वारा सिद्धपुर में रुद्रमहाकाल के मन्दिर की स्थापना की गई थी। मेरुतुंग के अनुसार इस मन्दिर में पताका लगाए जाने के अवसर पर सिद्धराज ने जैन मन्दिरों की पताकाओं को नीचा करवाने का आदेश प्रसारित किया था, जैसा कि मालवा में प्रचलन था कि जब महाकाल के मन्दिर में पताका फहरायी जाती थी तो उस समय जैन मन्दिरों को ध्वजारोहण का आदेश नहीं होता था। प्रबन्धचिन्तामणि से विदित होता है कि जयसिंह ने गुजरात में जैन मन्दिरों पर ध्वजारोहण निषिद्ध कर दिया था। यद्यपि मेरुतुंग के अनुसार बाद में जैन धर्म से प्रभावित होकर सिद्धराज ने जैन मन्दिरों में ध्वजारोहण की आज्ञा पुनः प्रदान कर दी थी। कुमारपाल को मेरुतुंग जैन धर्मावलम्बी कहता है।[37] यद्यपि अधिकांश शिलालेख में उसे उमापतिवरलब्ध कहा गया है।[38] मेरुतुंग के अनुसार कुमारपाल ने अपने यश को कल्प के अन्त तक अक्षुण्ण रखने के लिए जब हेमचन्द्र से उपाय पूछा तो उसने कुमारपाल को यह सम्मति दी कि वह समुद्र की लहरों से ध्वस्त सोमनाथ के काष्ठ के मन्दिर का पुनर्निमाण करवाएँ।[39] प्रबन्धचिन्तामणि के उल्लेखानुसार प्रारम्भ में कुमारपाल शैव मतावलम्बी था परन्तु बाद में हेमचन्द्र के प्रभाव में आने के पश्चात् वह जैन धर्मावलम्बी हो गया।[40] कुमार पाल के चित्तौड़ शिलालेख (1150 ई.) में उसके द्वारा शाकंभरी विजय और समिधेश्वर मन्दिर में शिव की अर्चना और मन्दिर के लिए एक ग्रामदान करने का उल्लेख है, उसका दण्डनायक सज्जन भी मन्दिर के लिए एक घाणक तेल देने की व्यवस्था करता है।[41] जूनागढ़ अभिलेख (1169 ई.) से उसके एक सामन्त और उसके मन्त्री धवल द्वारा जूनागढ़ में एक शिव मन्दिर के निर्माण का उल्लेख है।[42] कुमारपाल के समय के मंगरोल अभिलेख में महेश्वर की मूर्ति स्थापना और भूमिदान का उल्लेख है। इसका लेखक परमपाशुपताचार्य महापण्डित प्रसरवदन्य कहा गया है। वेरावल प्रशस्ति में वाराणसी से प्रव्रजित पाशुपताचार्य भाव बृहस्पति

का उल्लेख है जिसे सोमनाथ के मन्दिर के वंशानुगत प्रधान पुरोहित का पद और ग्रामदान का उल्लेख है।[43]

गहड़वालों की राजकीय उपाधि, परममाहेश्वर थी।[44] 1190 ई. के एक अभिलेख से विदित होता है कि वाराणसी में अनेक शैव मन्दिर और मठ थे।[45] चन्देलों के काल में शैव धर्म सर्वप्रमुख था। धंग के खजुराहो शिलालेख (1020 ई.) में धंग द्वारा निर्मित भगवान शम्भू के मन्दिर, स्वर्णदान तथा मन्दिर के निकट ब्राह्मणों को आवासीय सुविधा और उन्हें धन, गोदान आदि दिए जाने की चर्चा है।[46] धंग के काल के गहपति वंशीय कोकल्ल ने वैद्यनाथ मन्दिर और ब्राह्मणों के लिए निवास का निर्माण करवाया था।[47] महोबा के विघटित शैव मन्दिर को कनिंघम ने चन्देल कीर्त्तिवर्मन के शासनकाल में निर्मित माना है।[48] मदनवर्मनकालीन कालिंजर अभिलेख (1131 ई.) में तीन व्यक्तियों द्वारा नीलकण्ठ भगवान की मूर्तिस्थापना का उल्लेख है।[49] 1195 ई. के सेमरा दानलेख में परमर्दिदेव के मुख्यमन्त्री पुरुषोत्तम के पिता द्वारा शिव और विष्णु के मन्दिरों के निर्माण की चर्चा है।[50] शैवधर्म की प्रमुखता होते हुए भी चन्देल शासक धार्मिक दृष्टि से सहिष्णु थे। इस युग में निर्मित शैव मन्दिरों में खजुराहो का कन्दरिया महादेव, महादेव का दूसरा मन्दिर, विश्वनाथ मन्दिर, एक अन्य विश्वनाथ मन्दिर, मृतंग या मृत्युंजय महादेव मन्दिर, महोबा का नीलकण्ठ मन्दिर, कुंवर मठ, खजुराहो से डेढ़ किलोमीटर दूर जलतकरी का शिव मन्दिर, महोबा का ककरा मठया मन्दिर, दौनी का शिव मन्दिर आदि प्रमुख हैं।[51] प्रारम्भिक चन्देल नरेश विष्णु तथा शिव दोनों की आराधना करते थे, किन्तु परवर्ती चन्देल नरेश शैव थे। त्रैलोक्यवर्मन (1204-1242 ई.) को चन्देल अभिलेख में बामदेव (परम शिवभक्त) कहा गया है।[52]

कलचुरि-चेदि राज्य में पौराणिक हिन्दू धर्म का अत्यधिक विकास हुआ। इस युग में शैवधर्म को सर्वाधिक राजकीय संरक्षण प्राप्त था। प्रारम्भिक कलचुरि शासक कृष्णराज, शंकरगण, बुद्धराज आदि अभिलेखों में परममाहेश्वर कहे गए हैं।[53] शंकरगण के अभोना पत्र में कृष्णराज को आजन्म पाशुपत धर्म अथवा भगवान पशुपति का भक्त कहा गया है।[54] बुद्धराज की रानी अनन्तमहायी भी पाशुपत धर्म को मानने वाली थी।[55] ये तथ्य प्रारम्भिक कलचुरि युग में पाशुपत धर्म के प्रसार के प्रमाण हैं। मिराशी ने एलीफेन्टा की गुफाओं को छठी शताब्दी के उत्तरार्द्ध में कलचुरि काल में निर्मित हुआ बताया है।[56]

परवर्ती कलचुरि युग में यद्यपि वैष्णव धर्म को भी राजकीय संरक्षण प्राप्त रहा, परन्तु श्रेष्ठता शैवधर्म की ही रही जो इस वंश के कुलदेवता के रूप में प्रतिष्ठित रहे। इस वंश के संस्थापक वामराज को उसके वंशजों के अभिलेख में परममाहेश्वर कहा गया है।[57] 8वीं से 12वीं शताब्दी तक कलचुरि साम्राज्य में शैवधर्म सर्वप्रथम रहा। युवराज देव प्रथम के शासनकाल में उसकी रानी नोहला के संरक्षण में शैवधर्म

को अधिक प्रोत्साहन मिला। इस युग में शैवधर्म की मत्तमयूर शाखा के आचार्यों को चेदि देश में आमन्त्रित किया गया और अनेक शैव मन्दिरों तथा मठों का निर्माण किया गया। इन आचार्यों ने चेदिराज्य के राजनीतिक और धार्मिक जीवन को प्रभावित किया।[58] शैव आचार्य विमल शिव द्वारा स्थापित भगवान शिव के मन्दिर के संचालन के निमित्त जयसिंह ने कुछ गाँव दान में दिए थे।[59] बिल्हरी और गुर्गी अभिलेखों में शैव मन्दिरों और मठों की व्यवस्था के लिए कलचुरि शासकों द्वारा ग्रामदान का उल्लेख है। बिल्हरी अभिलेख में इन धार्मिक संस्थाओं के निर्वाह के लिए स्थानीय बाजार में क्रय-विक्रय की जाने वाली व्यापारिक वस्तुओं पर अनेक प्रकार के कर-आरोपण की आज्ञा दी गई थी।[60] उसी अभिलेख में लक्ष्मणराज द्वितीय द्वारा सोमनाथ की तीर्थयात्रा का भी सन्दर्भ है। लक्ष्मणराज और उसके पुत्र युवराज देव द्वितीय ने स्वयं शिवस्तुति की रचना की थी। गुर्गी अभिलेख में साधु प्रशान्त शिव द्वारा हर-गौरी के मन्दिर और इसके पार्श्व में युवराज देव प्रथम द्वारा एक अन्य मन्दिर के निर्माण का उल्लेख है। कर्ण ने वाराणसी में कर्णमेरु मन्दिर स्थापित किया जो सम्भवतः शिव मन्दिर ही था। अन्य शिव मन्दिरों में सोहागपुर का किरातेश्वर, बैजनाथ का वैद्यनाथ मन्दिर प्रमुख हैं।[61]

अनेक कलचुरि मन्त्रियों, सेनापतियों और सामान्य जनों ने भी धर्म के क्षेत्र में शासकों का अनुसरण करत हुए शिव मन्दिरों का निर्माण करवाया। युवराजदेव प्रथम के कायस्थ अमात्य के वंशजों ने अपना धर्म त्यागकर शैवधर्म स्वीकार कर लिया था। दक्षिण कोसल के कलचुरियों के काल में शैवधर्म की प्रधानता थी। वे शासक अपने राज्य प्राप्ति को भगवान वंकेश्वर (शिव) की कृपा मानते थे। कलचुरि की प्राचीन राजधानी तम्मन में एक वंकेश्वर का पुराना मन्दिर भी था। सम्भवतः शिव की मूर्तिपूजा का वहाँ प्रचलन था, जैसा कि अमोद पत्र में उल्लिखित है कि पृथ्वीदेव प्रथम ने एक ब्राह्मण को दान देने से पूर्व भगवान के देदीप्यमान चरणों का प्रक्षालन किया था। रतनपुर को राजधानी बनाने के पश्चात् कलचुरि शासकों और मन्त्रियों ने वहाँ अनेक शिव मन्दिरों का निर्माण करवाया था। जाज्जलदेव प्रथम ने जाज्जलपुर नगर की स्थापना कर वहाँ एक शिव मन्दिर और सन्यासियों के लिए एक मठ का निर्माण करवाया था। उसने पाली के पुराने शिव मन्दिर का जीर्णोद्वार भी करवाया। कलचुरि युवराजों, सामन्तों और मन्त्रियों तथा अनेक सामान्य जनों ने भी शिव मन्दिरों का निर्माण करवाया था।[62] जाज्जलदेव द्वितीय के मल्लार शिलालेख (1167-68) में सोमराज नामक ब्राह्मण द्वारा केदार के नाम से शिव मन्दिर के निर्माण का उल्लेख है।[63]

भागलपुर अभिलेख में पाल शासक नारायण पाल को परम सौगत होते हुए भी शिव भट्टारक और पाशुपतों को ग्रामदान करने और एक हजार शिव मन्दिर का निर्माणकर्त्ता कहा गया है।[64] विग्रहपाल तृतीय के उत्तराधिकारी को भी एक शिव

मन्दिर का निर्माण करवाने वाला कहा गया है।[65] सेन शासक लक्ष्मणसेन जिसे परमनृसिंह कहा गया है उसे और पूर्ववर्ती सेन शासकों को शिव मन्दिर तथा मूर्तियों का निर्माता कहा गया है।[66] विजयसेन की देवपारा प्रशस्ति में प्रद्युम्नेश्वर के मन्दिर के निर्माण का उल्लेख है। लक्ष्मणसेन के मघईनगर ताम्रपत्र में उमा-माहेश्वर, हरिहर, अघोर शिव की गजासुर संहार मूर्त्ति का उल्लेख है। बल्लासेन को नेहरी ताम्रपत्र में परममाहेश्वर कहा गया है और शिव के अर्द्धनारीश्वर रूप की स्तुति की गई है। इस युग में उड़ीसा और आसाम में भी अनेक शिव मन्दिरों के निर्माण का उल्लेख मिलता है। भुवनेश्वर के लिंगराज मन्दिर का निर्माण 1000 ई. के लगभग हुआ था।[67]

कल्हण कृत राजतरंगिणी से स्पष्ट है कि काश्मीर में शैवधर्म की प्रधानता थी। इस युग में शैव मन्दिर और मठों के निर्माण का कल्हण ने उल्लेख किया है। बालादित्य नामक शासक की प्रिया बिम्बा द्वारा विश्वेश्वर शिव की स्थापना और तीन मन्त्रियों द्वारा मठ, देवालय एवं सेतु निर्माण और रणादित्य द्वारा पाशुपतों के लिए मठ निर्माण का उल्लेख है।[68] राजा प्रतापादित्य की पत्नी नरेन्द्रमहिषी द्वारा नरेन्द्रेश्वर शिव, ललितादित्य द्वारा रुद्र का प्रासाद, जयापीड़ के क्षत्ता (द्वारपाल-प्रतिहार) आच द्वारा अचेश्वर हर, अवन्तिवर्मा के मन्त्री शूर द्वारा अर्द्धनारीश्वर के प्रासाद, शूर की वधू काव्यदेवी द्वारा सदाशिव काव्यदेवीश्वर, राजा अवन्ति द्वारा त्रिपुरेश्वर, भूतेश तथा विजयेश में रौप्यमयी स्नानद्रोणी के साथ तीन पीठों, उत्पलवंशीय राजा शंकरवर्मा द्वारा शंकर गौरीश एवं सुगन्धेश, इसके मन्त्री द्वारा सदाशिव, क्षेमगुप्त द्वारा बाजारमार्ग (आपणबीथीं) में क्षेमागौरीश्वर आदि मन्दिरों एवं मूर्तियों की स्थापना का उल्लेख कल्हण ने किया है।[69] इनके अतिरिक्त कलश राजा द्वारा विजयेश्वर में शिवालय, राजा जयंसिंह के मन्त्री रिल्हण द्वारा शिवमन्दिर, मखंक नामक मन्त्री द्वारा श्रीकण्ठ शिव मन्दिर और मठ, उसके छोटे भाई सुमुना द्वारा मठ और शिव मन्दिर की स्थापना का उल्लेख कल्हण ने किया है।[70] कलश ने विजयेश्वर में विद्यमान त्रिपुरेश्वर के मन्दिर में पूजादि के व्यय का स्थायी प्रबन्ध भी किया। कल्हण के अनुसार राजा जयसिंह तत्वज्ञानियों के साथ शिवपूजन में व्यस्त रहता था।[71] जोनराज की राजतरंगिणी से भी कश्मीर में शैवधर्म की प्राधान्यता परिलक्षित होती है। भोट्ट राजा जो मूलतः बौद्ध था वह शैवधर्म में दीक्षित होना चाहता था। देवस्वामी ने उसे अपात्र समझते हुए अस्वीकार कर दिया।[72]

शैवधर्म के अन्तर्गत मठों की स्थापना और राज्य संरक्षित मठों के विद्वान् आचार्यों द्वारा शैक्षणिक, सामाजिक और धार्मिक क्षेत्रों में गतिविधि इस युग की विशिष्टता है।

मूर्तिकला के क्षेत्र में शिव के अर्द्धनारीश्वर स्वरूप का आविर्भाव कुषाण काल

में मथुरा कला के अन्तर्गत हो चुका था, परन्तु गुप्तों के समय इसका पूर्ण विकास हुआ।[73] पूर्वमध्यकाल में शिव के इस देवरूप की पूजा का विशेष प्रचार हुआ। लगभग आठवीं शताब्दी की एक अर्द्धनारीश्वर मूर्ति अवनेरी (जयपुर) के एक मन्दिर में पाई गई।[74] बल्लाल सेन के नैहरी ताम्रपत्र में अर्द्धनारीश्वर की स्तुति की गई है।[75] साहित्यिक ग्रन्थों में भी शिव के अर्द्धनारीश्वर स्वरूप का उल्लेख मिलता है। कल्हण ने अवन्तिवर्मा के मन्त्री शूर द्वारा सुरेश्वरी क्षेत्र में अर्द्धनारीश्वर के सुदृढ़ प्रासाद के निर्माण का उल्लेख किया है।[76] अर्द्धनारीश्वर के भाव से कल्हण इतना प्रभावित था कि उसने राजतरंगिणी में अर्द्धनारीश्वर स्वरूप की ही स्तुति प्रत्येक तरंगों के मंगलाचरण में की है।77

शैव सम्प्रदाय : प्रारम्भ में शैवधर्म के अन्तर्गत केवल पाशुपत सम्प्रदाय था। महाभारत के नारायणीय खण्ड में धर्म शाखाओं के अन्तर्गत, सांख्ययोग पांचरात्र, वेदों और पाशुपत का उल्लेख मिलता है।[78] रामानुज ने (ब्रह्मसूत्र 2.2.36) पर अपने श्रीभाष्य में पशुपति (शिद) के भक्तों के चार सम्प्रदाय बताए हैं—कापाल, कालमुख या कालानाथ, पाशुपत और शैव। यमुनाचार्य ने आगम प्रामाण्य में भी इन्हीं का उल्लेख किया है।[79] शैव, शैव सिद्धान्त सम्प्रदाय और कालमुख, कालानाथ को कारूक भी कहा जाता है और कापालिक सोम सम्प्रदाय (सोम सिद्धान्त) से सम्बद्ध कहा गया है।[80] इस प्रकार सोम सिद्धान्त एक पृथक् सम्प्रदाय के रूप में भी रहा।

राजस्थान के कतिपय अभिलेखों में पाशुपत सम्प्रदाय का उल्लेख है। चाहमान शासक विग्रहपति द्वितीय के हर्षनाथ मन्दिर की प्रशस्ति (973 ई.) में शैव आचार्य अल्लट और उसके शिष्य पाशुपत धर्मावलम्बी भावद्योत का उल्लेख है।[81] इस अभिलेख में अल्लट राणपल्लिका (शेखावटी, जिला जयपुर) में सांसारिक कुल नामक सम्प्रदाय का संस्थापक कहा गया है जो पंचार्थिक शाखा पाशुपत के आचार्य विश्वरूप का शिष्य था।[82] नाथ प्रशस्ति एकलिंगजी (971 ई.) में पाशुपत योग साधना करने वाले कुशिक योगियों तथा उस सम्प्रदाय का परिचय मिलता है जो एकलिंगजी की पूजा करने वाले और लकुलीश के मन्दिर के निर्माता कहे गए हैं। इसी सम्प्रदाय के वेदांग मुनि का उल्लेख भी उक्त अभिलेख में है जिसने स्याद्वाद (जैन) तथा सौगत (बौद्ध) विचारकों को विवाद में परास्त किया था।[83] चीरवे के शिलालेख (1283 ई.) में भी एकलिंगजी के अधिष्ठाता पाशुपत योगियों के अग्रणी शिवराशि का उल्लेख मिलता है।[84] 1153 ई. के एक अभिलेख में पाशुपत आचार्य विश्वेश्वर का उल्लेख है।[85] कुमारपाल के समय के मंगरोल और वेरावल अभिलेखों में पाशुपत आचार्यों का उल्लेख है।[86] गुजरात में इसके अस्तित्व का उल्लेख मिलता है।[87] प्रारम्भिक कलचुरि शासक कृष्णराय शंकरगण और बुद्धराज परमाहेश्वर कहे गए हैं। वे पाशुपत सम्प्रदाय से सम्बद्ध थे। शंकरगण के अभोना पत्र

(597 ई.) में कृष्णराय को जन्म से ही भगवान पशुपति का भक्त कहा गया है।[88] बुद्धराज के 610 ई. के एक अभिलेख में बुद्धराज की पत्नी अनन्तमहायी पाशुपत या भगवान पशुपति की भक्त कही गई है।[89] कोक्कलदेव द्वितीय (दसवीं शताब्दी के चतुर्थांश) के गुर्गी शिलालेख में शैव आचार्य प्रशान्त शिव का उल्लेख है जो पांचार्थिक तत्त्व अर्थात् पाशुपत दर्शन में निपुण ज्ञानी लोगों के बीच अपने दिन व्यतीत करते थे।[90] कलचुरि राज्य में अनेक पाशुपत आचार्य निवास करते थे जिनमें रुद्रराशि प्रमुख हैं, जो भेराघाट शिलालेख (1155 ई.) के अनुसार लाट से आए थे। और कलचुरि रानी आल्हणदेवी द्वारा भेराघाट में निर्मित मठ, व्याख्यानशाला, उपवन आदि से समन्वित वैद्यनाथ मन्दिर के संरक्षक पद पर नियुक्त किए गए थे।[91] लाट से प्रव्रजित भाव ब्राह्मण नामक एक अन्य पाशुपत आचार्य का उल्लेख मिलता है जिसने त्रिपुरी में भगवान शिव का एक मन्दिर निर्मित करवाया था।[92] इसी अभिलेख में पाशुपत सिद्धान्तों के अनुकूल उसकी जीवन पद्धति का उल्लेख मिला है, साथ ही यह कहा गया है कि इस कलियुग में भाव ब्राह्मण के समान पांचार्थ (पाशुपत) सिद्धान्त का कोई अनुयायी नहीं है।[93] हेमावती (मैसूर) से प्राप्त 943 ई. के एक अभिलेख में कहा गया है कि लकुलीश यह सोचकर कि उनका नाम एवं उनके सिद्धान्त कहीं विस्मृत न कर दिए जाएँ, मुनिनाथ चिल्लुक के रूप में अवतरित हुए।[94] एक अन्य परवर्ती लेख (13वीं शताब्दी के अन्तिम चतुर्थांश) चित्रा प्रशस्ति में कुशिक, गार्ग्य, कौरूश और मैत्रेय को पाशुपत योग के पालनार्थ अवतरित हुआ बताया गया है। त्रिपुरान्तकराशि जिसके सम्मान में यह प्रशस्ति रची गई है, वह चालुक्य राजा श्रीरंगदेव का आध्यात्मिक गुरु था।[95] पाल शासक नारायणपाल के अभिलेख में एक हजार शिव मन्दिरों के निर्माण और वहाँ पाशुपत आचार्यों की परिषद् को निवास, औषधि आदि की सुविधा प्रदान करने का उल्लेख है।[96] ह्वेनसांग और बाण ने भी पाशुपत सम्प्रदाय का उल्लेख किया है।[97]

कापालिक और कालमुख शैव धर्म के दो भिन्न सम्प्रदाय हैं, तथापि इनमें कोई स्पष्ट भिन्नता नहीं है।[98] इन्हें पाशुपति सम्प्रदाय की प्रशाखा कहा जा सकता है।[99] फर्कुहर ने कापालिक सम्प्रदाय को पाशुपत सम्प्रदाय का ही एक अन्य विशिष्टीकरण माना है।[100] सम्प्रदाय के रूप में यह छठीं शताब्दी के उत्तरार्द्ध के प्रारम्भिक चरणों में ही संगठित हुआ था। इसके अस्तित्व का अभिलेखीय साक्ष्य छठी-सातवीं शताब्दी के उत्तर भारत के निरमण्ड (कांगड़ा-कुल्लू क्षेत्र) के महाराजा महासामन्त समुद्रसेन के ताम्रपत्र में मिलता है, जिसमें भगवान कपालेश्वर का उल्लेख है।[101] चालुक्य पुलकेशिन द्वितीय के भतीजे नागवर्धन के सातवीं शती के अभिलेख से कापालिक सम्प्रदाय का महाराष्ट्र में अस्तित्व प्रमाणित होता है। इस अभिलेख में भगवान कपालेश्वर के मन्दिर में पूजा और महाव्रतियों के जीवनयापनार्थ एक ग्रामदान का उल्लेख है।[102] कापालिक व्रत महाव्रत कहा जाता है, और उसका

निर्वाह करने वाले को महाव्रती।[103] भोज के तिलकवाड़ा ताम्रपत्र (वि. सं. 1130) में दिनकर नामक साधु का महाव्रतधर के रूप में उल्लेख हुआ है।[104] वी. एस. पाठक ने गाण्डोफर्स के सिक्कों पर देवव्रत की उपाधि को महाव्रत से समीकृत किया है। इस आधार पर उन्होंने कपालिक सम्प्रदाय का अस्तित्व प्रथम शताब्दी से माना है।[105] शंकर दिग्विजय में उनका उल्लेख इस युग मे उनकी गतिविधियो का परिचायक है।[108] यह सिद्धान्त और व्यवहार में वाममार्गी शाक्त सम्प्रदाय के अधिक निकट है।[107] राजपूताना के दो अभिलेखों में कापालिक सम्प्रदाय का सन्दर्भ है, इनमें एक वि. सं. 1229 का है जिसमें नित्यपरमोदित्यदेव के मन्दिर के समीप कापालिक साधुओं के निवास के लिए मठ निर्माण का उल्लेख है।[108] विवेच्ययुगीन अनेक साहित्यिक ग्रन्थों यथा–मालतीमाधवम्, कथासरित्सागर, कर्पूरमंजरी, प्रबोधचन्द्रोदय, मत्तविलासप्रहसन, यशस्तिलक चम्पू में[109] कापालिक जैसे अभिमार्गिक सम्प्रदायों के वाममार्गी कृत्यों का उल्लेख मिलता है।[110]

मालतीमाधवम में भवभूति ने श्रीशैल को कापालिकों का प्रधान पीठ बताया है।[111] नलचम्पू में भी भगवान शिव के निवास कावेरी के तट पर स्थित श्रीशैल नामक तीर्थ का उल्लेख है।[112] उत्तर भारत के विवेच्ययुगीन अभिलेखों में कालमुख सम्प्रदाय का संकेत नहीं मिलता।[113] इसका प्रमख क्षेत्र दक्षिण भारत था।[114]

दसवीं शताब्दी के ग्रन्थ यशस्तिलक चम्पू में सोमदेव ने धर्म की वाममार्गी प्रवृत्तियों पर विस्तार से प्रकाश डाला है। इस ग्रन्थ में हरप्रबोध नामक तपस्वी शैव धर्म की दो मुख्य शाखाएँ–दक्षिण मार्ग और वाममार्ग का उल्लेख करता है।[115] दक्षिण मार्ग को वह लोक व्यवहार संचालन के लिए बतलाता है और वाममार्ग को विषयभोग और मुक्ति देने वाला कहता है।[116] और शक्ति-विनाश (माया के बिना) से शिव (सदाशिव) की प्राप्ति के प्रयत्न की तुलना भूमि रहित केवल धान्य बीज से धान्य की उत्पत्ति से करते हुए उन्हें (दक्षिण मार्गियों को) नराधम कहता है।[117] उसका कथन है कि इसी वाममार्ग का आश्रय लेकर महाकवि भास ने कहा है कि–मद्य पीना चाहिए और प्रियतमा का मुख देखना चाहिए, एवं स्वाभाविक, सुन्दर विकार वेष धारण करना चाहिए। वह भगवान शिव चिरंजीवी हों, जिन्होंने ऐसा मोक्षमार्ग प्रदर्शित किया।[118] इसी स्थल पर सम्भवतः सोमदेव ने नीलपट सम्प्रदाय का भी उल्लेख किया है जो वेद को प्रमाण और किसी सृष्टिकर्ता को न मानने वाले, स्नानधर्म और जाति गर्व के खण्डनकर्ता, और रमणियों को छोड़कर, दूसरे मोक्ष सुख की अभिलाषा करने वालों को पाखण्डी की संज्ञा देते हैं।[119] तेरहवीं शती के ग्रन्थ पुरातन प्रबन्ध संग्रह में नीलपट सम्प्रदाय का उल्लेख है जो स्त्रियों से आलिंगित और संभोगरत रहते थे, वे अर्द्धनारीश्वर की भाँति व्यवहार का दावा करते थे और आक्षेप किए जाने पर प्रत्युत्तर में कहते थे कि नीलपट तब तक कैसे सुखी रह सकता है जब तक कि विश्व नारीमय, नदियाँ मद्यमय न हो जाएँ और

पर्वत माँस में परिणित न हो जाए। भोज द्वारा इन्हें राज्य से निर्वासित करने और मृत्यु दण्ड दिए जाने का उल्लेख इस ग्रन्थ में किया गया है।[120] यशस्तिलक के छठें आश्वास में सोमदेव विस्तार से पाशुपत और कौलमार्गियों का उल्लेख करता है। कौलमार्गियों को वह भक्ष्य-अभक्ष्य में निःशक चित्तवृत्तिपूर्वक प्रवृत्ति करने से मुक्ति प्राप्त करने वाला कहता है।[121]

शैव धर्म की एक अन्य शाखा 'शैव सिद्धान्त' थी जिसके धार्मिक आचार निःसन्देह पाशुपत सम्प्रदाय की अपेक्षा अधिक संयत एवं युक्तियुक्त थे।[122] इस शाखा के संस्थापक गुहावासी या कदम्बगुहाधिवासी थे जिनका उल्लेख कलचुरि-चेदि अभिलेखों में मिलता है।[123] लिंग, वायु और कूर्मपुराण के अनुसार गुहावासी शिव के अट्ठाईस अवतारों में से एक थे और शैव सिद्धान्त के प्रवर्त्तनार्थ अवतरित हुए थे। दूसरी ओर काश्मीर के 11वीं शताब्दी के दार्शनिक अभिनवगुप्त ने अपने ग्रन्थ तन्त्रलोक (1.28) में शैव सिद्धान्त का प्रवर्तक दुर्वासा को माना है।[124] काकतीय शासक रुद्र देव के मलकापुरम अभिलेख में विश्वेश्वर गोलकीमठ के विश्वेश्वर शम्भू (काकतीय गणपति, 1213-49 ई. के समकालीन) को शबधावशम्भु (युवराज देव प्रथम के समकालीन) की परम्परा और दुर्वासा की परम्परा से सम्बद्ध बताया गया है। परन्तु कुछ कलचुरि अभिलेखों में जहाँ मत्तमयूर शाखा की शिष्य परम्परा है, शबधावशम्भु को कदम्बगुहाधिवासी से सम्बद्ध माना गया है, और दुर्वासा का कोई उल्लेख नहीं मिलता।[125] इससे यह प्रतीत होता है कि शैव सिद्धान्त सम्प्रदाय की कई प्रशाखाएँ थीं, तथा ये प्रशाखाएँ पाशुपत और इसकी अन्य प्रशाखाओं से अधिक संयत थीं।

दसवीं-ग्यारहवीं तथा उसके कुछ बाद के मध्यप्रदेश के विभिन्न क्षेत्रों—रानोड, चन्दरेहे, गुर्गी, बिल्हरी आदि से प्राप्त अभिलेखों से शैवधर्म की एक नवीन प्रशाखा मत्तमयूर का अस्तित्व प्रमाणित होता है जो दार्शनिक और कर्मकाण्डीय दृष्टि से 'शैव' से सम्बद्ध और पाशुपत से भिन्न थी। मत्तमयूर नामक एक लड़ाकू जनजाति का उल्लेख महाभारत में (शान्तिपर्व, 32, 4) में हुआ है जो रोहितक (आधुनिक, रोहतक, पंजाब) में निवास करती थी, जिसका जनजातीय सम्बन्ध यौधेयों से प्रतीत होता है, परन्तु मध्य भारतीय अभिलेखों में मत्तमयूरों का उल्लेख शैव आचार्यों की परम्परा के रूप में किया गया है।[126] मत्तमयूर शाखा का प्रारम्भिक संकेत रानोड अभिलेख (मध्यप्रदेश) में मिलता है, जिसमें मत्तमयूर के शासक अवन्तिवर्मन द्वारा शैव धर्म में दीक्षा लेने के लिए उपेन्द्रपुर में तपरत् शैवाचार्य पुरन्दर को अपनी राजधानी आमंत्रित करने का उल्लेख है। इस आचार्य के द्वारा राजधानी मत्तमयूर में पहला और रानोड में दूसरा मठ स्थापित करने का उल्लेख है। किलहार्न ने रानोड अभिलेख का समय दसवीं शताब्दी का अन्तिम या ग्यारहवीं शताब्दी का प्रारम्भिक काल माना है।[127] मिराशी का अनुमान है कि मत्तमयूर तैरही, रानोड और महुआ

से अधिक दूर नहीं होना चाहिए, इसे रानोड के 15 मील दक्षिण कदवाहा से समीकृत किया जा सकता है जहाँ से एक हिन्दू मठ और चौदह मन्दिरों के अवशेष प्राप्त हुए हैं, जो दसवीं-ग्यारहवीं शताब्दी से सम्बन्धित हैं।[128] अवन्तिवर्मन और शैव आचार्य पुरन्दर को बनर्जी ने 9वीं शताब्दी का माना है, जिसके बाद से ही मत्तमयूर शाखा बहुत प्रचलित हुई।[129] कलचुरि शासक युवराज देव प्रथम ने अपनी रानी नोहला के प्रभाव में कई मत्तमयूर शाखा के आचार्यों को चेदि देश में आमन्त्रित किया। इन आचार्यों की इस युग के राजनीतिक-धार्मिक क्षेत्र में महत्त्वपूर्ण भूमिका थी।[130] मत्तमयूर की एक शाखा भेरा घाट में स्थापित हुई थी। इस स्थल पर स्थापित मठ गोलकी मठ के नाम से जाना गया। मलकापुरम अभिलेख में गोलकी मठ को भागीरथी और नर्मदा के बीच डाहल मण्डल में अवस्थित कहा गया है। डाहल कलचुरियों का गृहप्रान्त था।[131] यद्यपि मत्तमयूर शाखा के आचार्य शैव शाखा के अनुयायी थे, परन्तु वे कट्टर नहीं थे। वे शास्त्रसम्मत और शास्त्रविरोधी दोनों सिद्धान्तों का अध्ययन करते थे। कलचुरि शासक जाज्जलदेव प्रथम का रुद्रशिव अपने सिद्धान्त ही नहीं बल्कि अन्य सम्प्रदायों के सिद्धान्तों में भी प्रवीण था। इसी प्रकार शैव आचार्य प्रशान्तशिव का उल्लेख है जो पाशुपत धर्मावलम्बी पंचार्थिक तत्त्व के कुछ विद्वानों के साथ समय व्यतीत करता था।[132]

कुछ विद्वान् मत्तमयूर आचार्यों का निकट सम्बन्ध कौलकापालिक सम्प्रदाय से बताते हैं। उन्होंने यह सिद्ध करने का प्रयास किया है कि खजुराहो के कामोद्दीपक चित्रण के लिए मत्तमयूर आचार्य ही उत्तरदायी थे जिन्हें कलचुरि शासकों युवराज देव प्रथम और इसके अन्य उत्तराधिकारियों द्वारा राजनीतिक उद्देश्य से चन्देल शासक—धंग, गण्ड और विद्याधर के दरबार में तान्त्रिक दीक्षा देकर उनका मनोबल गिराने के लिए भेजा गया था।[133] परन्तु इस तथ्य का कोई साहित्यिक साक्ष्य नहीं है। मत्तमयूर शाखा के अध्ययन से स्पष्ट है कि वह अतिमार्गी शैव सम्प्रदाय कौल, कापालिक से भिन्न था।[134]

अद्वैतवाद पर आधारित काश्मीर शैव मत का प्रादुर्भाव पूर्व मध्ययुग में ही हुआ था। इस शैव सम्प्रदाय के प्रमुख ग्रन्थ शिवसूत्र को स्वयं भगवान द्वारा उद्घाटित और बसुगुप्त को प्रदत्त बताया जाता है। वसुगुप्त का काल आठवीं शताब्दी के अन्तिम अथवा नवीं शताब्दी के प्रारम्भिक चरणों में था। एक अन्य परम्परा यह है कि कल्लट ने इस मत का ज्ञान वसुगुप्त से प्राप्त किया तथा साथ ही शिष्यों के शिक्षार्थ स्यन्दकारिकायों की रचना की। कल्लट अवन्तिवर्मन (854 ई.) के शासनकाल में हुआ था। काश्मीर शैव दर्शन के अन्य आचार्यों में प्रत्यभिक्षा दर्शन के संस्थापक सोमानन्द का नाम है जिसकी कृति शिवदृष्टि है जिस पर उसके प्रशिष्य अभिनवगुप्त की विस्तृत टीका है। अभिनवगुप्त की लेखन गतिविधि का काल 991 ई. से 1015 ई. के मध्य है। उसकी प्रमुख कृति प्रत्यभिज्ञा दर्शन है।[135]

प्रायः नवीं शताब्दी के उत्तरार्द्ध में सोमदेव के समय से अद्वैतवादी शैव-दर्शन का काश्मीर में उत्थान हुआ।[136]

विद्वान अद्वैतवादी काश्मीर शैव दर्शन की पृष्ठभूमि में कुमारिल भट्ट (150 ई.) और शंकराचार्य के दार्शनिक विचारों का प्रभाव स्वीकार करते हैं। शंकराचार्य ने 9वीं शताब्दी के द्वितीय दशक के लगभग शेष भारत में बौद्धधर्म को अन्तिम आघात पहुँचाने के पश्चात् काश्मीर की यात्रा की, (शंकर, दिग्विजय, 16.54-80)। इसकी पुष्टि स्थानीय परम्परा से और साथ ही साथ शंकराचार्य के दक्षिणामूर्ति स्रोत के दार्शनिक विचारों और उनके शिष्य सुरेश्वराचार्य की उस पर टीका तथा प्रत्यभिज्ञा दर्शन की सादृश्यता से होती है। उनके द्वारा प्रयुक्त महत्त्वपूर्ण शास्त्रीय अभिव्यक्तियाँ उसी प्रकार हैं जिस प्रकार प्रत्यभिज्ञा में।[137] कश्मीर शैव दर्शन के विकास में शंकराचार्य का प्रभाव महत्त्वपूर्ण था जिस कारण कश्मीर में आव्रजित परिवारों द्वारा अंकुरित अद्वैतवादी दर्शन सशक्त हुआ।[138] राजतरंगिणी (5.66) में वसुगुप्त के शिष्य अल्लट को अवन्तिवर्मन (855-83 ई.) का समकालीन बताया गया है। इस प्रकार वसुगुप्त का समय प्रायः 825-850 ई. के लगभग होना चाहिए। शंकराचार्य ने काश्मीर की यात्रा 9वीं शताब्दी के द्वितीय दशक में की थी और इसके पश्चात् के दशक में वसुगुप्त ने शिव सूत्रों में अद्वैतवादी तन्त्र को क्रमबद्ध स्वरूप प्रदान किया।[139] फर्कुहर ने भी शंकराचार्य की काश्मीर यात्रा ऐतिहासिक मानी है, और उसकी पूर्ण सम्भावना व्यक्त की है कि शंकराचार्य ने यहाँ के शैव आचार्यों को गहराई से प्रभावित किया, जिससे शिव सूत्र और उससे प्रवर्तित धार्मिक गतिविधि को प्रेरणा मिली।[140] अन्य विद्वानों ने भी प्रत्यभिज्ञा दर्शन पर शंकराचार्य के अद्वैत दर्शन का प्रभाव स्वीकार किया है।[141]

अपनी विशिष्टताओं के साथ शैव सिद्धान्त और काश्मीर शैव दर्शन से बहुत कुछ सादृश्यता रखनेवाले शिवाद्वैत दर्शन का प्रवर्तन श्रीकण्ठ ने किया जो सम्भवतः रामानुज के समकालीन थे।[142]

इसी प्रकार दक्षिण में बारहवीं शताब्दी में कलचुरि शासक विज्जल (1157-1167 ई.) के मंत्री बसव ने वीरशैव या लिंगायत सम्प्रदाय का प्रवर्तन दक्षिण भारत में किया। वसव पुराण में इस सम्प्रदाय की विस्तृत चर्चा की गई है।[143]

शाक्त धर्म

इस युग में शक्तिपूजक भी थे जो शाक्त सम्प्रदाय के अन्तर्गत आते थे। उनका अलग दर्शन और साहित्य था जिसमें उनके ज्ञान तत्व का निरूपण किया गया था।[144] शाक्त दर्शन और तन्त्र की सादृश्यता के कारण शाक्त सम्प्रदाय के साहित्य के लिए तन्त्र शब्द प्रयुक्त किया गया, जिस प्रकार शैवों और वैष्णवों के साहित्य के लिए क्रमशः आगम और संहिता, काण्ड अथवा रात्र (ज्ञान) प्रयुक्त

हुए।[145] परन्तु तन्त्र स्वयं में एक पृथक् प्राचीन दर्शन या धार्मिक उपासना पद्धति रही है।[146] तन्त्र से आशय उस साहित्य से है जो विशेषतः गूढ़ विषयों को गुह्य यन्त्र और मन्त्र की सहायता से ज्ञान प्रदान करता है जो मोक्ष प्राप्ति में सहायक होता है।[147] पाँचवीं या छठी शताब्दी से पूर्व तन्त्र से आशय शाक्तों के साहित्य विशेष से नहीं था। अमरकोश और बाण के ग्रन्थों में यद्यपि देवियों का उल्लेख है परन्तु शक्ति के अनुयायियों का उल्लेख नहीं है।[148] तन्त्र, योग और मन्त्र तत्त्व से सम्बन्धित गुह्य विश्वास और आचार है।[149] कोन्जे ने तन्त्रवाद को बौद्ध इतिहास का एक अपरिहार्य पक्ष बताया है जिसे 500-600 ई. के बाद ही प्रकट रूप से गति प्राप्त हुई।[150] बी. भट्टाचार्य ने भी स्वयं बुद्ध को इसका प्रवर्तक माना है परन्तु दासगुप्ता ने इसका खण्डन किया है।[151] वस्तुतः ये यौगिक आचार अपने अन्य उपांगों के साथ शिव और शक्ति के दर्शन से जुड़कर हिन्दू तन्त्रवाद का केन्द्र बने और परवर्ती बौद्ध धर्म में प्रज्ञा और उपाय से जुड़कर उन्होंने तान्त्रिक बौद्ध धर्म को विकसित किया। गोपीनाथ कविराज ने भी तान्त्रिक प्रवृत्तियों को पृथक् स्वतन्त्र और प्रागैतिहासिक काल से चली आ रही प्रवृत्ति कहा है।[152]

शाक्त-तान्त्रिक दर्शन

उपरोक्त कथन से स्पष्ट है कि तन्त्रवाद एक दर्शन था जिसने बौद्ध और हिन्दू धर्म सम्प्रदायों को आच्छादित कर उन्हें तान्त्रिक स्वरूप प्रदान किया था। शक्ति से समन्वित आचार हिन्दू और बौद्ध तान्त्रिक दर्शन की आधारशिला था।[153] दोनों ही धर्म इस युग में शक्तिवाद के तान्त्रिक दर्शन से प्रभावित हुए। बौद्ध तान्त्रिक साहित्य में भी हिन्दुओं की भाँति दो प्रकार हैं—दक्षिणाचारी और वाममार्गी जो क्रमशः सृष्टि के मूल तत्त्व में पुरुष और स्त्री तत्त्व की प्रधानता मानते हैं। कोन्जे वाममार्ग को शक्तिवाद कहना अधिक उपयुक्त मानता है।[154] कुछ विद्वान्, प्रारम्भ में वामाचार से आशय वाम अथवा बायें से नहीं बल्कि वाम अर्थात् नारी से मानते हैं।[155] कोन्जे का यह मत है कि हिन्दू शाक्त दर्शन शैव धर्म से सम्बद्ध है और शैव सिद्धान्तों का बौद्ध शाक्त दर्शन पर व्यापक प्रभाव पड़ा है।[156] वाममार्गी बौद्ध शाक्त-तान्त्रिक दर्शन शक्ति या देवियों और उनसे शक्ति प्राप्त करने वाले, उनसे सम्बद्ध देवों-बुद्धों और बोधिसत्वों, और अन्याय विविध कृत्यों के साथ एक नवीन गुह्य सम्प्रदाय था जिसमें हिन्दुओं की चक्रपूजा के समान विधान थे।[157] इनके अतिरिक्त इसमें सम्भोग और अन्यान्य अनैतिक आचार भी मोक्ष में सहायक व्यवहार के साथ समाविष्ट थे।[158] बौद्ध तान्त्रिक ग्रन्थ दाकार्णव में तन्त्रवाद की वामाचार प्रणाली का उल्लेख है जिसमें अनेक तान्त्रिक क्रियाओं के साथ सिद्धि प्रदान करने वाले मन्त्रों तथा पंचमकार का उल्लेख मिलता है।[159]

गुप्तोत्तरकाल में तान्त्रिक प्रभाव से समन्वित तारा का प्रादुर्भाव एक उल्लेखनीय

तथ्य है। वह अवलोकितेश्वर की शक्ति के रूप में बौद्ध धर्म में मान्य हैं।[160] वज्रयान के अन्तर्गत तारा शक्ति का पर्याय बन गई। एच. एन. शास्त्री ने तारा की उपासना का प्रादुर्भाव लद्दाख की ओर हुआ बतलाया है जो नेपाल से भारत आई। के. के. दासगुप्ता इसका खण्डन करते हुए इसकी उत्पत्ति भारत में ही मानते हैं।[161] इस बात की भी संभावना है कि तारा की धारणा आदिवासी खोण्ड जनों की तारा देवी से हुई हो।[162] सिलविन लेवी ने देवी तारा की उपासना और तान्त्रिक वामाचार चीन से आव्रजित बताया है।[163] पी. सी. बागची ने बौद्ध और ब्राह्मण तान्त्रिक सम्प्रदायों को चीन और विशेषतः तिब्बत से प्रभावित माना है।[164] ताराहस्य, रुद्रयामल, महाचीनाचार कर्म और मेरुतन्त्र के आधार पर विद्वानों की यह धारणा है कि वामाचार तारा की उपासना से सम्बद्ध है और आचार चीन से आव्रजित हुआ।[165]

हिन्दू शाक्त दर्शन

शाक्त सिद्धान्त का विकास शैवधर्म से हुआ, जिसका मुख्य सम्प्रदाय शिव की पत्नी पर आधृत था, यद्यपि अन्यान्य देवियों से भी यह दर्शन सम्बद्ध रहा है। इस सिद्धान्त और सम्प्रदाय का उत्पत्ति-मूलक दर्शन यह है कि अनन्त, अचिन्त्य परम ब्रह्म शिव पूर्णरूपेण निष्क्रिय हैं, उनकी पत्नी शक्तिपूर्ण सक्रिय हैं। इस प्रकार वह शिव से अधिक महत्त्वपूर्ण हैं, बिना अपनी शक्ति के शिव शव की भाँति हैं।[166] शक्ति ब्रह्म के साथ एक है किन्तु वह सक्रिय पक्ष है और समस्त सृष्टि और जीवों में ब्रह्म से उच्च (श्रेष्ठ) हैं। दार्शनिक दृष्टि से यह सांख्य दर्शन का अनुकरण करता प्रतीत होता है, जिसमें प्रत्यक्ष या अप्रत्यक्ष रूप से शक्ति को मूल प्रकृति से समीकृत किया जा सकता है। समस्त सृष्टि शक्ति की अभिव्यक्ति मात्र है।[167] शाक्तों की दृष्टि में ब्रह्म कुछ नहीं, मात्र शक्ति है, जो समस्त सृष्टि की गतिविधि का स्रोत है।[168]

फर्कुहर के अनुसार कुब्जिका तन्त्र (सातवीं शताब्दी) के आधार पर यह निष्कर्ष निकाला जा सकता है कि शाक्त दर्शन और कर्मकाण्ड 600 ई. से अस्तित्व में आ चुके थे।[169] शाक्त सम्प्रदाय में चक्रपूजा भी प्रचलित थी जिसे वामाचार की संज्ञा दी गई है। 600 ई. में आविर्भूत नवीन शाक्त शिक्षाओं में प्राचीन कर्मकाण्डों के साथ गुह्य चक्रपूजा का समावेश हुआ। सभी जातियों और जातिच्युतों के स्त्री-पुरुष शाक्त धर्मानुयायी हो सकते थे। जाति के सामाजिक विधि-विधान से यह सम्प्रदाय मुक्त था। अन्यान्य सम्प्रदायों की भाँति शाक्तों में भी गुरु और दीक्षा उन्नति के लिए आवश्यक थी।[170] दसवीं या ग्यारहवीं शताब्दी में अनेक तन्त्रों की रचना हुई जिनमें ब्रह्मयामल (1052 ई.), शाक्तों के कुब्जिका सम्प्रदाय के दैनिक कर्म का उल्लेख करने वाला नित्याण्हिकतिलक (1197 ई.) हैं,

इसके अतिरिक्त काश्मीर के 1000 ई. के शैव आचार्य अभिनवगुप्त और उसके शिष्य क्षेमराज ने अपने ग्रन्थों में अपने तन्त्रों का उल्लेख किया है। तन्त्र-साहित्य में मांमल शब्द से अभिप्राय विभिन्न देवता ओर उनकी शक्तियों के आलिंगनबद्ध युग्म से है। इस मुद्रा को नेपाली बौद्धधर्म में सम्बर और तिब्बती बौद्धधर्म में याब युम कहा गया है।[171] फर्कुहर के अनुसार 13वीं शताब्दी से शाक्त सम्प्रदाय के अन्तर्गत दक्षिणाचारी वर्ग और साहित्य के प्रमाण मिलते हैं। तन्त्र साहित्य के लेखकों में उल्लेखनीय वारंगल का लक्ष्मीधर 13वीं शताब्दी के अन्तिम चरण में हुआ।[172] लक्ष्मीधर ने शंकराचार्य की सौन्दर्यलहरी की टीका में चौंसठ तन्त्रों का नाम दिया है जिसमें सभी वर्णों और संकर जातियों को मनन चिन्तन का समान अधिकार था। उसने प्रारम्भिक तीन वर्णों को सिद्धि प्राप्ति के लिए दक्षिणाचार और शूद्र और संकर जातियों को वाम आचार के माध्यम से साधना का निर्देश दिया है।[173]

शाक्त सम्प्रदाय का प्रबल स्वरूप कौलाचार है।[174] चक्रपूजा की दृष्टि से शाक्तों के दो वर्ग हैं कौलिक और समयिन।[175] प्रथम स्त्री रूप की पूजा करते हैं और दूसरे काल्पनिक रूप की। कौलमार्ग की क्रमबद्ध व्याख्या मत्स्येन्द्रनाथ के ग्रन्थ कौल ज्ञाननिर्णय (11वीं शताब्दी) में मिलती है।[176] भट्टाचार्य के अनुसार कौलाचार की उत्पत्ति बौद्धधर्म में हुई है।[177] रुद्रयामल में वशिष्ठ का बौद्धों के देश चीन जाने का और वहाँ कौलिक आचार को सीखने का निर्देश दिया गया है। जहाँ वह पंच मकार का स्वच्छन्द उपयोग कर पूर्ण योगी बना।[178]

विवेच्ययुगीन साहित्य में तन्त्रवादी प्रवृत्तियों का उल्लेख मिलता है। मालतीमाधवम् (8वीं सदी) में कापालिकी, कपालकुण्डला और गुरु अघोरघण्ट द्वारा बलिपात्र के अन्वेषण, पूजन और स्तुतिपाठ की समाप्ति पर भगवती कराला के मन्दिर के सम्मुख मालती को बलि देने का और मालती द्वारा अपने को छुटकारा दिलाने का प्रयास तथा माधव द्वारा मालती की रक्षा का उल्लेख है। इन तान्त्रिकों द्वारा मानव बलि की प्रथा का संकेत अन्य साहित्यिक ग्रन्थों में भी मिलता है।[179] वाममार्गी सम्प्रदायों में नारी को सिद्धि प्राप्त करने की दीक्षा देने और संन्यास ग्रहण करने के अधिकार की साहित्यिक ग्रन्थों से पुष्टि होती है।[180] कर्पूरमंजरी में महारानी द्वारा पार्वती की मूर्ति की स्थापना और भैरवानन्द से दीक्षामन्त्र ग्रहण करने का उल्लेख है।[181] देवीभागवतपुराण के कलियुग प्रकरण में कहा गया है कि कलियुग में नारी लोकसमाज को महाक्लेश देने वाली और धर्मभाषण में स्वयम् को परम् पण्डिता जानकर उपदेश देने में तत्पर होगी।[182] कथासरित्सागर में एक कापालिक का उल्लेख है जो किसी ब्राह्मणी का अपहरण कर उसका उपभोग करना चाहता था, परन्तु वह उसके पति द्वारा मार डाला गया। इस स्थल पर उसे एक मात्र पाप कर्म की सिद्धि पाकर शैव आगम को बदनाम करने वाला पाखण्डी कहा गया है।[183]

तान्त्रिक बौद्धधर्म से सम्बन्धित अनुयायियों द्वारा श्मशान भूमि में किए जाने वाले कर्मकाण्डों का उल्लेख भी कथासरित्सागर में मिलता है। इस स्थल पर उन्हें म्लेच्छ रूप में अवतीर्ण असुर की संज्ञा दी गई है।[184] इस प्रकार के कर्मकांडों का उल्लेख तारानाथ भी करता है।[185] कर्पूरमंजरी में भैरवानन्द कुल-परम्परा में मन्त्रज्ञान, योग से हीन केवल पर-स्त्री रमण और मदिरापान को मोक्ष-मार्ग बतलाता है। 'मत्तविलास प्रहसन' में कपाली द्वारा सुरापान और स्त्री समागम को मोक्षमार्ग निर्दिष्ट किया गया है। दोनों ही इसे भगवान शिव द्वारा प्रणीत मोक्षमार्ग कहते हैं। कल्हण ने शाक्त मतानुसार अर्द्धरात्रि में की जाने वाली महासमयपूजा और उस समय समस्त नैतिकता का त्याग कर मद्यपान की प्रथा का उल्लेख किया है।[186] तान्त्रिक प्रवृत्तियों से व्याप्त समाज में यौन विकृतियों[187] और राजनीतिक षड्यन्त्रों, उथल-पुथल तथा तन्त्रवादियों की उसमें भूमिका,[188] का उल्लेख कल्हण ने किया है। ह्वेनसांग ने काश्मीर में तन्त्रवादी प्रवृत्तियों के प्रचार का उल्लेख नहीं किया है। कल्हण के वर्णन से स्पष्ट है कि सातवीं शताब्दी के पश्चात् आठवीं शताब्दी के शाक्त-धर्म तन्त्र ने अंकुरित होकर दसवीं शताब्दी तक व्यापक रूप ग्रहण कर लिया था।[189] तान्त्रिक गुरु और अनुयायी समाज में किसी भी वर्ग के हो सकते थे। कल्हण ने विडाल वणिक नामक एक तान्त्रिक गुरु का उल्लेख किया है जो वैश्य था, और प्रारम्भ में समाज के निम्न वर्ग का गुरु था तथा बाद में वह विद्वत् तथा प्रतिष्ठित समाज में भी आदर का पात्र बन गया।[190]

शाक्त सम्प्रदाय सम्बन्धी स्थापत्य

प्रतिहार महेन्द्रपाल देव के अभिलेख में दुर्गा के मंदिर और उसकी स्तुति का उल्लेख है तथा उसके एक अन्य अभिलेख में दुर्गा का कांचन देवी, सर्वमंगला देवी और अम्बा के नाम से उल्लेख हुआ है।[191] राजस्थान के सकरा माता के मन्दिर के द्वारमण्डप का निर्माण विक्रमी संवत् 749 में स्थानीय गोष्ठियों द्वारा हुआ था। किन्सरिया अभिलेख में शाकम्बरी के दुर्लभराज द्वितीय के शासनकाल में शाक्त मन्दिर के निर्माण का संकेत है। सुन्धा अभिलेख (वि. सं. 1319) में अघटेश्वरी के मण्डप के निर्माण का उल्लेख है। मन्दौर और कीकिन्ड से अष्टमातृकाओं की मूर्तियाँ प्राप्त हुई हैं।[192] राजस्थान से प्राप्त सांभोली शिलालेख (676 ई.) में गुहिल वंशीय राजा शीलादित्य के समय अरण्यवासिनी माता के मन्दिर के निर्माण का विवरण है। इस अभिलेख से स्थानीय भीलों पर शीलादित्य के प्रभाव स्थापित करने, जनसमुदाय को सामान्य जीवन व्यतीत करने की सुविधा प्रदान करने, विभिन्न स्थानों से व्यापारियों के इस क्षेत्र में आकर बसने तथा मन्दिरों के निर्माण करने का संकेत मिलता है। राजस्थान से प्राप्त 1234 ई. के एक अन्य अभिलेख में वैजवा (विन्ध्वासिनी) माता के मन्दिर के पुनरुद्धार का तथा 1249 ई. के एक अभिलेख

में अम्बिका माता के मन्दिर का संकेत है। 1273 ई. के चीरवे शिलालेख (राजस्थान) में योगेश्वर शिव और योगेश्वरी देवी के मन्दिर के निर्माण, पुनः जीर्णोद्धार और नैवेद्यार्थ भूमिदान का उल्लेख है।[193] जैन सम्प्रदाय की सच्चिका देवी के मन्दिर और उसकी गोष्ठी का विवरण एक अन्य अभिलेख में है।[194] परमारों के अभिलेख में किसी देवी के मन्दिर निर्माण या तत्सम्बन्धी भूमिदान का उल्लेख नहीं मिलता। यद्यपि कुछ अभिलेखों में शिव के साथ उसका उल्लेख मिलता है। उदयादित्य के शासनकाल की पार्वती की एक प्रतिमा (1081 ई.) धारा में स्थापित की गई थी। अनेक परमार अभिलेखों में सरस्वती की स्तुति की गई है।[195]

कलचुरि राज्य (दक्षिण कोसल) में देवी का पूजन प्रचलित था। देवी और अन्याय शक्तियों की उपासना युद्ध में विजयाकांक्षा से की जाती थी।[196] तन्त्रवाद की ओर भी कलचुरि अभिलेख में संकेत मिलता है। पृथ्वीदेव द्वितीय के विलाईगढ़ पत्र (1144-45 ई.) में शाकम्बरी विद्या का उल्लेख है जिसके द्वारा युद्ध में विजय प्राप्त करने के लिए अलौकिक शक्ति प्राप्त की जा सकती थी।[197]

भेराघाट के समीप और खजुराहो में चौंसठ योगिनी मन्दिर इसी युग में निर्मित किए गए थे।[198] उत्तरप्रदेश और बंगाल में चतुर्भुजा और अष्टभुजा देवियों की अनेक प्रतिमाएँ मिलती हैं।[199] एक अभिलेख में नवदुर्गा के मन्दिर और उसे पूजा के निमित्त भूमिदान का उल्लेख है।[200] सप्तमातृकाओं की मूर्तियाँ भारत के विभिन्न क्षेत्रों से प्राप्त हुई हैं, परन्तु इनमें गुप्तकाल से पूर्व की कोई नहीं है।[201] खजुराहो के विश्वनाथ मन्दिर में नृत्य करती सप्तमातृकाओं की मूर्तियाँ हैं।[202] बंगाल से देवी चामुण्डा की अनेक स्वरूपों में मूर्तियाँ प्राप्त हुई हैं, यथा—रूपविद्या, सिद्ध योगेश्वरी, और दन्तुरा।[203] लक्ष्णसेन के शासन के तीसरे वर्ष के अभिलेख के साथ चण्डी की सिंह पर विराजमान, हाथों में अंकुश, पद्म, कमण्डल और वर लिये हुए एक मूर्ति ढाका से प्राप्त हुई।[204] इनके अतिरिक्त चतुर्भुजा, सर्वमंगला, षड्भुजा भुवनेश्वरी और बारह भुजाओं वाली महालक्ष्मी की तथा गजलक्ष्मी (राजशाही जिला) और सरस्वती की विवेच्ययुगीन प्रतिमाएँ तथा शीतला, षष्ठी, मनसा देवी की पूर्वमध्ययुगीन प्रतिमाएँ उत्तरभारत से प्राप्त हुई हैं।[205]

चन्देल राज्य के शाक्त मन्दिरों में खजुराहो का पार्वती मन्दिर, लक्ष्मी अथवा देवी मन्दिर, जगदम्बी मन्दिर (1000-1025 ई.) दुर्गा मन्दिर, चौंसठ योगिनी मन्दिर, मनिया देवी का मन्दिर, मैहर की शारदा देवी का मन्दिर, रसिन के चण्ड माहेश्वरी मन्दिर का उल्लेख मिलता है।[206]

वैष्णव धर्म

पूर्वमध्ययुग में शैव धर्म के पश्चात् महत्त्वपूर्ण धर्म-सम्प्रदायों में वैष्णव धर्म का

प्रमुख स्थान था, 661 ई. के राजस्थान से प्राप्त शिलालेख में भगवान कैटभरिपु (विष्णु) के मन्दिर निर्माण का उल्लेख है। 685 ई. के मण्डोर शिलालेख से भगवान शिव और विष्णु की पूजा पर प्रकाश पड़ता है। 813 ई. के चाटसू अभिलेख में प्रतिहारों के सामन्त चाटसू के गुहिलवंश के बालादित्य द्वारा मुरारि के मन्दिर निर्माण का संकेत है। मेवाड़ और चाटसू के गुहिल वंश की शैव और वैष्णव, दोनों धर्मों के प्रति श्रद्धा थी। प्रतिहारों के प्रतापगढ़ शिलालेख (946 ई.) में हरिरीश्वर मठ के साथ लगे अनेक मन्दिरों को दिए जाने वाले अनुदानों का उल्लेख है। प्रतिहारों के अधीनस्थ मेवाड़ के गुहिलवंशी राजा अल्लट के समय की सारणेश्वर प्रशस्ति (953 ई.) में वराह मन्दिर के निर्माण और मूर्ति स्थापना का उल्लेख है। मन्दिर की संचालन व्यवस्था के लिए गोष्ठिकों की नामावली भी दी गई है, साथ ही मन्दिर के निर्वाह के लिए विभिन्न करों की भी सूचना है। इस मन्दिर को उन व्यापारियों द्वारा भी दान दिए जाने का उल्लेख है जो कर्णाटक, मध्य प्रदेश, लाट और टक्क से आकर यहाँ बस गए थे।[207] 875 ई. के प्रतिहारों के ग्वालियर अभिलेख में प्रतिहार भोज के अल्ल नामक एक राजकीय अधिकारी द्वारा वैल्लभट्टस्वामी के नाम से विष्णु मन्दिर के निर्माण का उल्लेख है। प्रतिहार महीपाल के शासनकाल के बयाना से प्राप्त 1012 वि. सं. के एक अभिलेख में रानी चित्रलेखा द्वारा विष्णु मन्दिर के निर्माण का उल्लेख है।[208] प्रतिहार मिहिरभोज ने वराहावतार अंकित रजत सिक्के चलाए थे, जिन्हें आदि वराह द्रम्म कहा गया है।[209]

चालुक्य शासकों की वैष्णव धर्म के प्रति विशेष रुचि नहीं थी। जैन और शैव धर्म के प्रति ही उनकी विशेष अनुभूति थी। जयसिंह सिद्धराज ने सहस्त्रलिंग तालाब के तट पर दशावतार दृश्यांकित एक मन्दिर बनवाया था।[210] प्रबन्ध चिन्तामणि में कहीं विष्णु मन्दिर के निर्माण का उल्लेख नहीं मिलता। दोहद अभिलेख (1145-46 ई.) में जयसिंह द्वारा गोगनारायण के मन्दिर के निर्माणार्थ-दधिपद्र में एक मन्त्री नियुक्त करने और कुमारपाल के समय मन्दिर के संचालनार्थ भूमिदान का उल्लेख है।[211] 1150 ई. के कुमारपाल के एक अभिलेख में बराह की स्तुति और स्वयं चित्तौड़ आना तथा वहाँ के अधिकारी के रूप में वराह मन्दिर के निर्माण और मन्दिर में पूजा के निमित्त दूनाडा गाँव दान किया जाना अंकित है।[212]

पृथ्वीराज विजय में चामुण्डराज द्वारा नारवार में तथा सोमेश्वर द्वारा विष्णु के मन्दिर के निर्माण का उल्लेख है।[213] पृथ्वीराज द्वितीय के एक अभिलेख में भगवान मुरारि के प्रति उसकी श्रद्धा अभिव्यक्त होती है।[214] अर्णोराज और अजयराज ने वैष्णव आचार्य देवबोधि को आश्रय दिया था।[215] 12वीं शताब्दी के मण्डोर अभिलेख में विष्णु तथा लक्ष्मी की स्तुति की गई है तथा चौहान सहजपाल द्वारा भट्ट स्वामी नामक ब्राह्मण को ग्रामदान का संकेत है।[216] पृथ्वीराजरासो में

कवि स्वयं को विष्णु और शिव दोनों का भक्त कहता है।[217] राजस्थान संग्रहालय में विष्णु-मूर्ति की बाहुल्यता वैष्णव धर्म की लोकप्रियता का प्रमाण है।[218]

गहड़वाल शिलालेखों में लक्ष्मी की स्तुति मिलती है।[219] वि. सं. 1241 के एक अभिलेख में जयचन्द्र गहड़वाल द्वारा विष्णु मन्दिर के निर्माण का उल्लेख है।[220] चन्देलों के युग में खजुराहो में अनेक वैष्णव मन्दिरों का निर्माण दसवीं, ग्यारहवीं शताब्दी में हुआ। इसमें वराह मन्दिर (900-925 ई.), लक्ष्मण मन्दिर, वामन मन्दिर (1050-75 ई.), चतुर्भुज मन्दिर (1100 ई.), जवारी का मन्दिर (1075-1100 ई.) हैं।

कलचुरियों के कारीतलाई अभिलेख (840 ई.) में ब्रह्मा, विष्णु और शिव की स्तुति की गई है। युवराज देव प्रथम के अमात्य गोल्लक ने बान्धोगढ़ और उससे संलग्न गाँव गोपालपुर में विष्णु के अनेक अवतारों—मत्स्य, कूर्म, बराह, परशुराम, हलधर और शेषशायी भगवान विष्णु की मूर्तियाँ स्थापित करवाई थीं। कलचुरि द्वितीय लक्ष्मणराज के मन्त्री सोमेश्वर ने विष्णु के मन्दिर का निर्माण करवाया था। लक्ष्मणराज स्वयं शैव था, लेकिन उसने उक्त मन्दिर में भगवान की अर्चना के लिए आठ ब्राह्मणों को एक गाँव दान देकर वहाँ नियुक्त किया था। उसकी रानी राहड़ और पुत्र परमवैष्णव शंकरगण तृतीय ने भी भूमि दान किया था। शंकरगण ने भी विष्णु मन्दिर का निर्माण करवाया था। मकुन्दपुर शिलालेख (1019 ई.) कलचुरि राज्य में ही मकुन्दपुर (रेवा जिला) में श्रेष्ठि दामोदर द्वारा जलशयन के नाम से भगवान विष्णु के मन्दिर की स्थापना का उल्लेख करता है। विजयसिंह के गोपालपुर शिलालेख में किसी ब्राह्मण हरिगण द्वारा विष्णु मन्दिर की स्थापना का उल्लेख है।[221] कलचुरियों के राजीम शिलालेख में कलचुरि सामन्त जगपाल द्वारा आठवीं शताब्दी में किसी नल राजा के निर्मित विष्णु के एक प्राचीन मन्दिर के जीर्णोद्धार का उल्लेख है। मन्दिर में स्थापित भगवान को रामचन्द्र नाम दिया गया है और इनकी पूजा के लिए एक ग्रामदान की सूचना है।[222] 1415 ई. के एक अभिलेख में विवृत है कि देवपाल नामक मोची ने खलवाटिका (रायपुर जिले) में नारायण मन्दिर का निर्माण करवाया था।[223]

बौद्ध होते हुए भी पालों का दृष्टिकोण हिन्दू धर्म के प्रति सहिष्णुतापूर्ण था। धर्मपाल के खालिमपुर ताम्रपत्र में नन्नारायण के मन्दिर से संलग्न चार गाँव किसी लाट-ब्राह्मण और चार अन्य पुरोहितों को दान में दिए गए थे। नारायणपाल के गया शिलालेख में भगवान नृसिंह की स्तुति की गई है। नारायणपाल के बादाल स्तम्भ में भी वैष्णव धर्म की ओर संकेत मिलता है। महीपाल प्रथम के बाघौरा मूर्ति लेख में भगवान विष्णु का चित्र उत्कीर्ण है, तथा किसी व्यापारी लोकदत्त द्वारा मूर्ति स्थापना का उल्लेख है। अभिलेखीय साक्ष्यों से प्रकट होता है कि पालों के समय बंगाल में व्यापारी-समुदाय का झुकाव वैष्णव धर्म की ओर था। नयपाल के समय

के गया-कृष्ण द्वारिका मन्दिर-लेख, गया शीतला मन्दिर लेख में वैष्णव धर्म की ओर संकेत किया गया है।[224] ग्यारहवीं शताब्दी के उत्तरार्द्ध से पालों का पतन प्रारम्भ हो गया था और पूर्वी बंगाल का क्षेत्र पाल-सामन्त वर्मन और चन्द्र वंश द्वारा अधिकृत कर लिया गया था। वर्मन वैष्णव थे जिन्होंने बौद्ध धर्मावलम्बी चन्द्रवंश को उन्मूलित किया, इस समय ब्राह्मण संस्कृति के पुनरुत्थान के लिए तीव्र आन्दोलन चल रहा था। वर्मन शासकों की उपाधि परम-वैष्णव थी जिन्होंने भगवान विष्णु के सम्मान में ग्राम-दान किए थे। पाल शासक रामपाल के समय रचित रामचरित से प्रकट होता है कि कई हिन्दू देवताओं की भाँति विष्णु भी वारेन्द्री क्षेत्र में पूजित थे।

प्रारम्भिक सेन शासक विजयसेन और वल्लालसेन परमाहेश्वर या परमशैव थे। देवपारा प्रशस्ति में विजयसेन को प्रद्युम्नेश्वर के मन्दिर की स्थापना का श्रेय दिया गया है, इस मन्दिर को एन. जी. मजुमदार और वी. एस. पाठक प्रद्युम्न (वासुदेव का एक व्यूह) का मन्दिर मानते हैं। लक्ष्मणसेन के अभिलेखों में उसे परम-वैष्णव और परमनारीसिंहि कहा गया है। माघाईनगर और मोवाल ताम्रपत्र में लक्ष्मण सेन को कृष्ण-वासुदेव और उसके माता-पिता को देवकी और वसुदेव कहा गया है। मदनपाड़ा और मध्यपाड़ा अभिलेखों में वारुजीव (पान के पत्तों के व्यापारी) वैष्णव धर्म के अनुयायी कहे गए हैं।[225]

परमार अभिलेखों में विष्णु के अवतारों का विशद् उल्लेख है। सीयक द्वितीय और उसके पुत्र वाक्पति द्वितीय तथा नरवर्मन के अभिलेखों में क्रमशः भगवान नृसिंह, मुरारि तथा कृष्ण और विष्णु के विभिन्न अवतारों की स्तुति मिलती है।[226] देवपाल ने विष्णु मन्दिर के लिए दो उपवनों का दान किया था। आबू के परमार शासक भी वैष्णव धर्म के प्रति श्रद्धा रखते थे। परमार राज्य के प्रमुख वैष्णव मन्दिरों में दैत्यसूदन मन्दिर, चन्द्रावती का वराहावतार मन्दिर, शिरोहीराज्य का मधुसूदन मन्दिर, गिरवर का पटनारायण मन्दिर हैं।[227]

राजतरंगिणी में विभिन्न स्थलों पर वैष्णव मठ-मन्दिरों का तथा एक स्थल पर कृष्ण के मन्दिर का उल्लेख है।[228] आठवीं सदी से पांचरात्र में दो भेद हो गये थे—काश्मीरागम अथवा तन्त्रातर, आगम अथवा तन्त्र। काश्मीरागम के प्रमुख इष्टदेव बैकुण्ठ हैं। अतः पूर्वमध्ययुग में काश्मीर बैकुण्ठ पूजा का प्रमुख केन्द्र था।[229]

पाँचरात्र संहिताओं द्वारा पांचरात्र अथवा वैष्णव धर्म के अन्तर्गत परिवर्द्धित व्यूहवाद परवर्त्ती गुप्तकालीन और पूर्वमध्यकालीन विशिष्टता है। पाँचरात्र संहिताओं की आनुमानिक संख्या 108 है, और इनका सम्भावित रचनाकाल 600 ई. से 800 ई. के मध्य है।[230] व्यूहवाद पाँचरात्र का प्रमुख दर्शन है। पाँचरात्र अनुयायी भगवान की पूजा पाँच रूपों में करते हैं, पर, ब्यूह, विभव, अन्तर्यामी और अर्चा।

व्यूह पर वासुदेव के चार स्वरूप हैं—वासुदेव, संकर्षण, प्रद्युम्न और अनिरुद्ध। पर-वासुदेव की इच्छा को उनकी शक्ति 'श्री-लक्ष्मी' भूति और क्रिया के अपने दो रूपों में ग्रहण करती हैं, इन तीन शक्तियों—इच्छा शक्ति, भूतिशक्ति, और क्रियाशक्ति के गूढ़ संसर्ग से 6 गुण उत्पन्न होते हैं—ज्ञान, ऐश्वर्य, शक्ति, बल, वीर्य और तेज। इन 6 गुणों में से दो-दो गुणों की प्रधानता होने पर तीन व्यूहों की सृष्टि होती है—संकर्षण, प्रद्युम्न और अनिरुद्ध।[231] व्यूहवाद का स्पष्ट चित्रण प्रारम्भिक पांचरात्र संहिताओं से मिलता है। इनमें से कुछ का रचनाकाल गुप्तों अथवा उससे तनिक पूर्व का युग है। परन्तु गुप्त युग के पुरातात्विक अभिलेखीय साक्ष्यों में व्यूहवाद का उल्लेख नहीं है।[232] पांचरात्र संहिताओं में गुप्तकाल अथवा उसके परवर्ती काल तक इन चतुर्व्यूहों की संख्या बढ़कर चौबीस हो गई, बारह सहायक व्यूह और बारह विध्येश्वर।[232] परवर्ती-गुप्त युग से पूर्व व्यूहवाद से सम्बद्ध मूर्त्तियाँ नहीं मिली हैं। बादामी मन्दिर कला में पहली ऐसी मूर्त्ति (बैकुण्ठ-चतुर्मुत्ति) प्राप्त हुई है। ऐसी संयुक्त मूर्त्तियाँ पूर्वमध्यकाल की हैं, जो उत्तरी भारत और भारत के कई अन्य क्षेत्रों में पायी गई हैं।[233] परिवर्द्धित व्यूहवाद के अन्तर्गत चतुर्विंशति मूर्त्तियाँ खजुराहो में प्राप्त हुई हैं।[234]

बैकुण्ठ काश्मीरागम अथवा तन्त्रातर सम्प्रदाय के प्रमुख इष्टदेव बैकुण्ठ का महत्त्व पूर्वमध्ययुग में बहुत बढ़ गया था। विष्णु धर्मोत्तर पुराण में विष्णु के चार रूपों (ब्यूहों)—वासुदेव, संकर्षण, प्रद्युम्न और अनिरुद्ध की सम्मिलित मूर्ति को 'बैकुण्ठ' नाम दिया गया है।[235] यशोवर्मन के खजुराहो अभिलेख में भी बैकुण्ठ के चार मुखों का उल्लेख है। बैकुण्ठ मूर्त्तियों का निर्माण गुप्तकाल से प्रारम्भ हुआ था। खजुराहो के बैकुण्ठ मन्दिर में स्थापित बैकुण्ठ प्रतिमा का उल्लेख यशोवर्मन के अभिलेख में भी है। इसके अतिरिक्त खजुराहो से तीन और बैकुण्ठ मूर्तियाँ प्राप्त हुई हैं।

इस युग में वैष्णव धर्म के अन्तर्गत कई गहरे परिवर्तन हुए। इनमें प्रमुख था—कृष्ण के ग्वाल-बाल जीवन तथा गोपियों के साथ क्रीड़ा का उत्तरोत्तर विकास और आगे चलकर परकीया के रूप में साहित्यिक ग्रन्थों में राधा का आविर्भाव। यद्यपि कृष्ण के बाल-जीवन और गोपियों के साथ क्रीड़ा का उल्लेख पूर्ववर्ती साहित्य में भी मिलता है परन्तु इसका पूर्ण विकास इसी युग में हुआ।[237]

कृष्ण के बाल्य जीवन से सम्बद्ध वीर-गाथाओं को इस युग के स्थापत्य में चित्रित किया गया है।[238] परन्तु भक्ति मार्ग को अत्यधिक महत्त्व दिए जाने के कारण वैष्णव धर्म में ये वीर गाथाएँ धूमिल पड़ती गईं; और काव्यात्मक कथाओं का महत्व बढ़ता गया जिसने शृंगारिक या कामोद्दीपक धर्म का स्वरूप ग्रहण किया। यह प्रवृत्ति कुछ पुराणों विशेषकर भागवत पुराण में परिलक्षित हुई।[239]

राधा का आविर्भाव और कृष्ण के साथ उनकी उपासना इस युग के अन्तिम

चरणों की विशिष्टता है। निम्बार्क (13वीं शताब्दी) ने राधा-कृष्ण की उपासना को प्रतिष्ठित किया। फर्कुहर ने इस बात की सम्भावना व्यक्त की है कि राधा की कथा का विकास भागवत पुराण के उल्लेखों के आधार पर वृन्दावन में और वहाँ से बंगाल तथा अन्य क्षेत्रों में हुआ। इस प्रकार 1100 ई. तक वृन्दावन में राधा की उपासना प्रारम्भ हुई।[240] एस. सी. मुकर्जी राधा की उपासना का विकास कुछ पूर्व से मानते हैं। भागवत पुराण में राधा का उल्लेख नहीं मिलता। यद्यपि भागवत पुराण में एक गोपी का उल्लेख है जो कृष्ण की विशेष प्रेमिका के रूप में चित्रित है।[241] गाथा सप्तशती (8वीं शताब्दी तक संकलित) वाक्पतिराज कृत गउडवहो (8वीं सदी) महायानी ग्रन्थ ललितविस्तर (9वीं सदी), दशावताचरित (11वीं सदी), मुरारीमिश्र कृत अनर्घराघव (12वीं सदी) तथा गोवर्द्धनाचार्यकृत आर्या सप्तशती आदि में राधाकृष्ण की प्रेम-लीला का उल्लेख है।[242] इनके अतिरिक्त बिल्हणकृत विक्रमांकदेव चरित, पृथ्वीराज रासो में भी राधा का कृष्ण के साथ उल्लेख है।[243]

कुछ पुराण और उप-पुराण यथा—ब्रह्म वैवर्त्त, पद्मपुराण और देवी भागवत में तथा मध्यकालीन तन्त्रों में राधा-कृष्ण के प्रेम-सम्बन्धों का चित्रण है।[244] देवी भागवत पुराण में राधा देवी के रूप में प्रतिष्ठित हैं और समस्त जीव-जगत की धात्री मूल-कृति, और सृष्टि का आधार कही गयी हैं।[246]

जयदेवकृत गीत-गोविन्द राधा-कृष्ण के पूर्ण विकसित प्रेम-क्रीड़ा की प्रथम प्रस्तुति है। यह महान कामोद्दीपक-धार्मिक कृति शीघ्र ही समस्त उत्तर भारत में प्रचलित हो गई जिस पर चालीस से अधिक टीकाएँ और बारह से अधिक अनुकृतियाँ रची गईं।[246] गीतगोविन्द में कामोद्दीपक चित्रण की बहुलता देखते हुए उसे सहजीया माना गया। हरप्रसाद शास्त्री के अनुसार वैष्णव सहजीया जयदेव को अपना आदि गुरु और नौ रसिक पुरुषों में से एक मानते हैं।[247] जयदेव ने केवल स्थूल प्रेम का चित्रण नहीं किया। जयदेव की दृष्टि में कृष्ण परम-तत्त्व और राधा उनकी ह्लादिनी शक्ति हैं। राधा और कृष्ण का संयोग शक्ति और शक्तिवान के संयोग का संकेत करता है। इस प्रकार गीतगोविन्द में निहित कोमोद्दीपक तत्त्व वस्तुतः आध्यात्मिक दर्शन का लाक्षणिक या सांकेतिक प्रस्तुतीकरण हैं।[248] वैष्णवों की दार्शनिक व्याख्या के उपरान्त भी इनमें व्याप्त अश्लील तत्त्वों और उनका जनसामान्य पर दुष्प्रभाव उपेक्षित नहीं किया जा सकता। शीघ्र ही भविष्य में वैष्णव सम्प्रदाय के अन्तर्गत एक ऐसे वर्ग का विकास हुआ जो सहजीया प्रवृत्ति की ओर उन्मुख था।[249] वैष्णव सहजीया साधकों ने स्वच्छन्द आचार के लिए इन वैष्णव कवियों से औचित्य प्राप्त किया और प्रचार की भावना से प्रेरित होकर उन्हें सहजीया आचार का प्रवर्तक मान लिया। यद्यपि ऐतिहासिक दृष्टि से यह युक्तिसंगत नहीं है।[250]

ऐतिहासिक रूप से पालों के पतन के साथ बौद्ध-धर्म का भी पतन हुआ।

सेनों का काल हिन्दू प्रतिक्रिया का काल था। राधा-कृष्ण के प्रेम पर आधारित वैष्णव धर्म ने इस युग में विशेष लोकप्रियता प्राप्त की। 12वीं सदी के उत्तरार्द्ध के लक्ष्मण सेन के दरबारी कवि जयदेव और चौदहवीं शताब्दी के कवि चण्डीदास तथा मिथिला के विद्यापति के प्रेम-भक्ति काव्य ने समाज के निम्न वर्ग के लोगों को प्रभावित किया। इस प्रभाव के द्वारा पूर्ववर्ती बौद्ध सहजीया विचार शनैः-शनैः परिणत होने लगे।[251] दासगुप्ता के अनुसार वैष्णव सहजीया साहित्य के गहन अध्ययन से इसमें कोई सन्देह नहीं रह जाता कि यह बौद्ध और हिन्दू तन्त्रवादी सम्प्रदायों का ही स्पष्ट रूप से परिवर्तित रूप था।[252] बौद्ध सहजीया विचारधारा का पूर्वी भारत के वैष्णव सहजीया आन्दोलन पर गहरा प्रभाव पड़ा।[253]

तन्त्रवादी विचारधारा के प्रभाव से वैष्णव दर्शन भी अप्रभावित न रह सका। पांचरात्र संहिताओं का यह ऐतिहासिक महत्त्व है कि उनके द्वारा सर्वप्रथम वैष्णव सम्प्रदाय के अन्तर्गत शक्ति-सिद्धान्तों का आविर्भाव हुआ।[254] संहिता में उल्लिखित मन्त्र-यन्त्र के सिद्धान्तों से अप्रभेद्य है।[255] यद्यपि संहिताओं में चक्रपूजा जैसी किसी पद्धति का उल्लेख नहीं मिलता।[256] वैष्णव सम्प्रदाय के ग्रन्थ ब्रह्म संहिता (रचनाकाल 1195 ई.)[257] में, जो चैतन्य द्वारा दक्षिण भारत से लाया गया था, वैष्णव दर्शन में तान्त्रिक प्रभाव दृष्टिगोचर होता है।[258] वैष्णव तन्त्र के कतिपय ग्रन्थों की इस युग में रचना हुई, यथा—ब्रह्मयामल (1052 ई.) ब्रह्मसंहिता (1195 ई.), सारसंग्रह (1255 ई.) आदि।[259]

अवतारवाद

पूर्ववर्ती अवतारवाद की भावना इस युग में अत्यन्त प्रबल रूप में प्रकट हुई। श्रीमद्भागवत में एक स्थल पर 22 अवतारों की गणना है।[260] एक अन्य स्थल पर पुनः 22 अवतारों का उल्लेख है परन्तु इनके नाम भिन्न हैं।[261] एक अन्य स्थल पर अवतारों की संख्या असंख्य बताई गई है।[262] पद्मपुराण, देवीभागवत और अग्निपुराण में इन अवतारों का वर्णन है—मत्स्य, कूर्म, वराह, नरसिंह, वामन, परशुराम, राम, कृष्ण, बुद्ध और कल्कि।[263] देवी भागवत के एक अन्य स्थल पर कुछ भिन्न दस नामों का भी अवतार के रूप में उल्लेख है।[264] आगे चलकर प्रथम जैन तीर्थंकर ऋषभदेव भी विष्णु के अवतार मान लिए गए।[265] मध्यकाल में भक्ति मार्ग में एकान्तिक भक्ति (निष्काम भक्ति का मार्ग) की प्रबलता ने अवतारवाद की कल्पना को प्रोत्साहित किया।[266] इस युग में अवतारवाद के प्राबल्य के पीछे सामाजिक मूल्यों और मान्यताओं में विघटन अथवा विघटनकारी तत्त्वों पर नियन्त्रण और इनके उन्मूलन की आकाँक्षा भी अभिव्यक्त होती है। देवी भागवत पुराण में गीता के अवतारवाद के प्रयोजन की पुनरावृत्ति मिलती है, जहाँ देवी कहती हैं कि—'जब-जब धर्म की हानि होती है, तब-तब अधर्म के विनाश और धर्म के

उत्थान के लिए मैं वेश धारण करती हूँ।'[267] अवतारवाद का प्रयोजन साधुओं की रक्षा और दुष्टों का विनाश भी कहा गया है।[268] कथा सरित्सागर में एक स्थल पर म्लेच्छों के द्वारा भूलोक के आक्रान्त होने और उनके द्वारा ब्राह्मणों के वध, यज्ञों में अवरोध, मुनि कन्याओं के अपहरण से त्रस्त होने पर देवगण भगवान शिव से म्लेच्छों के उन्मूलनार्थ अवतार की याचना करते हैं। अवतारवाद के प्रचलन का प्रभाव शैव धर्म पर भी पड़ा और नकुलीश या लकुलीश शिव के अवतार माने जाने लगे।[269]

रामोपासना

भण्डारकर का अनुमान है कि भगवान श्रीराम की उपासना ग्यारहवीं शताब्दी के लगभग अस्तित्व में आई होगी।[270] 1014 ई. में अमितगति ने कहा है कि राम को सर्वज्ञ, सर्वव्यापी एवं समस्त जगत् का त्राता माना जाता था। हेमाद्रि और वृद्धहारीत ने कतिपय अवसरों पर अन्य अवतारों के साथ ईश्वर के रूप में उनके पूजन की विधियों का उल्लेख किया।[271] बृहत्संहिता (58:30), अग्निपुराण (49:6), विष्णुधर्मोत्तर पुराण (85:62-63), रुपमण्डन (3:27) में राम के प्रतिमा-लक्षण का उल्लेख मिलता है।[272] राम की सीता, लक्ष्मण तथा हनुमान के साथ एक पालयुगीन प्रतिमा गयासपुर (राजशाही जिला) से प्राप्त हुई है।[273] खजुराहो में राम की 6 स्वतन्त्र मूर्तियाँ प्राप्त हुई हैं जिनमें पाँच में राम अकेले और एक में सीता और हनुमान के साथ चित्रित हैं।[274] खजुराहो में खजुराहो मन्दिरों के समकालीन एक हनुमान की प्रतिमा भी प्राप्त हुई है, जिसके पाद-पीठ पर 922 ई. का एक लेख है।[275] चन्देल भोजवमर्न के समय के एक अभिलेख (1288 ई.) का प्रारम्भ मुरारि, हरि, माधव, राम आदि की स्तुति से होता है।[276] कलचुरि शासक पृथ्वीदेव द्वितीय के राजिम शिलालेख (1245 ई.) में सामन्त जगपाल द्वारा भगवान श्रीराम के मन्दिर के निर्माण और उनके नैवेद्यार्थ ग्रामदान का उल्लेख है।[277]

हनुमान

पूर्वमध्ययुग में धर्म के क्षेत्र में हिन्दू देवमण्डल में हनुमान की आवृत्ति एक महत्वपूर्ण घटना थी। कलचुरिशासक जाज्जल देव प्रथम के ताम्र सिक्कों पर दो भुजाओं वाले और पृथ्वी देव द्वितीय के ताम्र सिक्कों पर चार भुजा वाले हनुमान की आकृति अंकित है, जिनके ऊपर के बायें हाथ में गदा और दाहिने में सम्भवतः पर्वत है तथा दो हाथ उनके पाँव में दबे दो राक्षसों को पकड़ने में व्यस्त हैं। पृथ्वीदेव द्वितीय के कुछ अन्य ताम्र सिक्कों पर भी हनुमान की आकृति है (सी. आई. आई. जिल्द 4, प्रथम भाग, पृ. CLXXV-CLXXVII.)। यद्यपि किसी भी स्वर्ण मुद्रा में हनुमान की आकृति नहीं है (वही, पृ. Clxxv.)। चन्देलों के भी

अनेक ताम्र सिक्कों पर हनुमान अंकित हैं यथा—सलक्षण वर्मन् (लगभग 1100-1110 ई.), पृथ्वीवर्मन् (लगभग 1120-1128 ई.) के ताम्र सिक्कों पर छत्रधारी तथा मदनवर्मन देव (लगभग 1128-1164 ई.) के ताम्र सिक्के के पृष्ठ भाग में हनुमान अंकित हैं (अयोध्याप्रसाद पाण्डेय, चन्देलकालीन बुन्देलखण्ड का इतिहास, पृ. 157-159)।

खजुराहो में हनुमान की दो-तीन स्वतन्त्र मूर्तियाँ उपलब्ध हैं। इनमें से एक मूर्ति पर तिथि हर्ष संवत् 316 (922 ई.) है। इस मूर्ति में हनुमान के दो हाथ प्रदर्शित हैं, दाहिना सिर पर और बायाँ मुड़ा हाथ वक्ष पर है। शेष मूर्तियाँ पूर्ववत् है, (रामाश्रय अवस्थी, खजुराहो की देव प्रतिमाएँ, पृ. 113-114)। उक्त प्रतिमांकन आठवीं सदी के विष्णुधर्मोत्तर पुराण में हनुमान के प्रतिमांकन के अनुरूप है। परन्तु बाद के कलचुरि शासक पृथ्वीदेव द्वितीय (लगभग 1135-1165 ई.) के ताम्र सिक्कों पर चार भुजा वाले हनुमान का चित्र अंकित है। नौवीं से तेरहवीं शताब्दी के मध्य रचित ब्रह्मपुराण में गोदावरी के अन्तर्गत इसके उत्तरी तट पर हनुमत् तीर्थ का उल्लेख है। (ब्रह्मपुराण, 129.1, पी. वी काणे, धर्मशास्त्र का इतिहास, भाग-3, पृ. 1503 पर उद्धृत)। इसकी स्थिति के बारे में कहा गया है कि ब्रह्मगिरि पर्वत के समीप अंजन पर्वत है, जिसका तिरपन योजन लम्बा पूर्व का भाग मार्जार कहलाता है और उसके बाद का भाग हनुमान तीर्थ कहा जाता है (ब्रह्मपुराण 84:19-20, पृ. 472)। ब्रह्मगिरि वह पर्वत है जहाँ से गोदावरी निकलती है (काणे, पूर्वो., पृ. 1461)। ये तथ्य हनुमान के बृहद् परम्परा या हिन्दू देव मण्डल में आत्मसात्करण का प्रमाण हैं। डा. सम्पूर्णानन्द के अनुसार 'उनका समादर आर्य जाति की कृतज्ञता का उज्जवल उदाहरण है।' (सम्पूर्णानन्द, हिन्दू देव परिवार का विकास, पृ. 148)। इस सांस्कृतिक प्रक्रिया को संस्कृतीकरण या सार्वभौमीकरण कहा जा सकता है।

सौर-सम्प्रदाय

मगों 278 का हिन्दू समाज में विलीनीकरण प्राचीन भारतीय सौर-सम्प्रदाय के इतिहास में एक उल्लेखनीय परिवर्तन था। गुप्तयुग में घटित इस प्रक्रिया की परिणति पूर्वमध्यकाल में सौर-सम्प्रदाय के पूर्ण विकसित स्वरूप का आविर्भाव था। सातवीं से तेरहवीं शताब्दी का युग सौर-सम्प्रदाय के चरम विकास का युग था। धर्मशास्त्रों में पाँचवीं छठी शताब्दी से पूर्व सूर्य के मन्दिर का उल्लेख नहीं मिलता। पहली बार शाम्ब, भविष्य और अन्य परवर्ती पुराणों में शाम्ब द्वारा मूल स्थान (मुल्तान) में सूर्य मन्दिर की स्थापना का उल्लेख मिलता है।[279] यह सूर्य मन्दिर शक-कुषाण काल (द्वितीय शताब्दी ई. पू.—द्वितीय शताब्दी ई. सन्) का माना जाता है।[280] परवर्ती पुराणों यथा—भविष्य, ब्रह्म, स्कन्द, वराह, गरुड़, विष्णुधर्मोत्तर,

भविष्योत्तर, शाम्ब व कालिका से पूर्वमध्यकालीन सौर-सम्प्रदाय पर यथेष्ट प्रकाश पड़ता है। इस सम्प्रदाय से सम्बद्ध कुछ शास्त्र जैसे सूर्य पुराण, सौर-धर्म, सौर-धर्मोत्तर आदि इसी युग में लिखे गए।[281] मालती माधवम्, नैषधचरित, वेणीसंहार, आदि से सूर्य पूजा के प्रचलन का प्रमाण मिलता है।[282]

वृहत्सहिता में वराहमिहिर ने कहा कि सूर्य की मूर्तियों और मन्दिरों की प्रतिष्ठा मगों में करवानी चाहिए (60:19) उसके अनुसार सूर्य की मूर्ति उदीच्य वेश में बनाई जानी चाहिए, उनके पैर जानुपर्यन्त ढके रहने चाहिए और कमर में अव्यंग होना चाहिए (58:46:47)। जान्हू पर्यन्त उपानह और अव्यंग पारसी लक्षण हैं।[283] मगों के हिन्दू समाज में आत्मसात होने के बाद शीघ्र ही उनका प्रभाव उत्तर भारत, उड़ीसा, समीपवर्ती क्षेत्रों तथा बंगाल में फैल गया जिन्होंने सौर-सम्प्रदाय को प्रचलित किया।[284] गुप्तकाल तक सूर्य के साथ उनकी रानियो, राज्ञी, निक्षुभा आदि के चित्रण का प्रादुर्भाव नहीं हुआ था जो पूर्वमध्ययुग में प्रारम्भ हुआ।[285]

गुप्त अभिलेखों में सौर-सम्प्रदाय के अनुसरणकर्त्ता शासक नहीं बल्कि सामान्यतः प्रशासनाधिकारी, व्यापारी, विद्वान, बुनकर आदि हैं। पूर्वमध्यकाल से पूर्व कुछ मैत्रक शासक, मौखरी तथा वर्धन शासकों ने ही सूर्य-सम्प्रदाय को प्रश्रय दिया परन्तु पूर्वमध्यकालीन उत्तर-भारतीय राजवंशों ने सूर्य-सम्प्रदाय को अत्यधिक प्रश्रय दिया।[286] कैरा अभिलेखों में प्रारम्भिक गुर्जर शासकों दद्द प्रथम व द्वितीय को सूर्य का भक्त कहा गया है।[287] बाद के शैव मतावलम्बी गुर्जर शासक दद्द तृतीय तथा परवर्ती शासकों ने सूर्य सम्प्रदाय को भी दान दिए तथा पुरानी मुद्रा जिसमें सूर्य उपासना के प्रतीक रूप में अग्निकुण्ड उत्कीर्ण था, का निर्वाह किया।

प्रतिहार शासक रामभद्र और विनायकपाल की उपाधि परमादित्य भक्त थी।[288] गुजरात काठियावाड में सौर-सम्प्रदाय को राजकीय प्रश्रय प्राप्त रहा। चालुक्य बलवर्मन और अवन्तिवर्मन द्वितीय ने तरुणादित्य नामक सूर्य मन्दिर को 893, 899 ई. में दानादि दिये थे। भीम द्वितीय के गणेश्वर शिलालेख में जैन मन्त्री वस्तुपाल द्वारा सूर्य की पत्नियाँ रत्नादेवी और राजदेवी की मूर्तियों की स्थापना का उल्लेख है।[289]

परमारों के शासनान्तर्गत सूर्य सम्प्रदाय का उल्लेखनीय विकास हुआ। भिलसा में भिल्लस्वामी का 878 ई. का सूर्य मन्दिर, भीनमाल का जगतस्वामिन् सूर्य मन्दिर सौर-सम्प्रदाय की गतिविधियों का केन्द्र थे। जगद्देव के अभिलेख में जगद्देव के मन्त्री लोलार्क की पत्नी द्वारा निम्बादित्य के मन्दिर-निर्माण का उल्लेख है। किरादू से कई सूर्य प्रतिमाएँ प्राप्त हुई हैं।[290]

राजस्थान में सूर्य पूजा व्यापक रूप से प्रचलित थी। चौहान शासकों में चण्डमहासेन सूर्योपासक था। प्रतापगढ़ के इन्द्रराज ने इन्द्रादित्य देव नामक सूर्य मन्दिर की स्थापना करवाई थी और आल्हण तथा कीर्तिपाल शिव के साथ ही सूर्य

के भक्त थे। जालौर के संगरा चौहानों ने भीनमाल के जगतस्वामिन् मन्दिर को अनेक दान दिए थे।[291] गहडवाल शासक जयचन्द्र ने लोलार्क नामक सूर्य मन्दिर को अनेक ग्रामदान दिए थे।[292]

कलचुरियों के अनेक अभिलेखों में सूर्य की आकाश के सर्वप्रथम नक्षत्र और आदि-तत्त्व के रूप में अभ्यर्थना की गई है।[293] पृथ्वीदेव द्वितीय के रत्नपुर शिलालेख में वल्लभराज द्वारा विकर्णपुर के ब्राह्यांचल में सरोवर,दिवालों से घिरे अनेक मठ मन्दिर समन्वित उद्यान तथा रेवन्त के मन्दिर निर्माण का उल्लेख है।[294] सेन राजवंश में विश्वरूपसेन और केशवसेन को 'परमसौर' कहा गया है।[295] चन्देलयुगीन खजुराहो का चित्रगुप्त मन्दिर सौर सम्प्रदाय की मध्य भारत में लोकप्रियता का प्रमाण है। के. देव ने इसका निर्माणकाल 1000-1025 ई.[296] और एस. के. सरस्वती ने ग्यारहवीं सदी का उत्तरार्द्ध माना है।[297]

काश्मीर में भी सूर्य सम्बन्धी स्थापत्यों की सूचना मिलती है। कल्हण ने ललितादित्य मुक्तापीड़ द्वारा मार्तण्ड मन्दिर की स्थापना तथा राजाकलश द्वारा बौद्ध बिहारों की पीतल की मूर्तियों और ताम्रस्वामी की ताम्रमयी सूर्य प्रतिमा के विध्वंस और पुनः पश्चाताप होने पर भगवान मार्तण्ड की शरण में जाने का उल्लेख किया है।[298] मार्तण्ड मन्दिर का निर्माण आठवीं सदी के मध्य में हुआ था।[299] कुमारस्वामी, परसी ब्राउन आदि ने मार्तण्ड मन्दिर के स्थापत्य पर मेड़ों का प्रभाव माना है।[300] विद्वान यह मानते हैं कि जनजातियों के काश्मीर से काठियावाड़ के दक्षिणी भागों की ओर आव्रजन का सौर-सम्प्रदाय के प्रचलन पर प्रभाव पड़ा।[301]

सौर सम्प्रदाय से सम्बन्धित उत्तर भारत के विवेच्ययुगीन अभिलेखों के सर्वेक्षण से यह स्पष्ट है कि यह सम्प्रदाय उत्तर भारत में विशेषकर उत्तर-पश्चिम और पश्चिमी भारत में व्यापक रूप से प्रचलित था। पूर्वी-भारत में भी कोणार्क का मन्दिर (13वीं सदी) ईरानी परम्परा से सम्बद्धित सूर्य-सम्प्रदाय का प्रमुख केन्द्र था।302 गुप्तोत्तर युग में सौर सम्प्रदाय को राज्याश्रय प्राप्त होने का कारण सम्भवतः राजपूत राजवंशों की सूर्य से उत्पत्ति होने के कारण उनकी सौर-सम्प्रदाय से सहज अनुरक्ति और राजपूतों में विदेशी जातियों—शक, कुषाण आदि का सम्मिश्रण था जो सौर सम्प्रदाय को मानने वाले थे।[303]

गणेश

'गणपति' का उल्लेख पूर्ववर्ती साहित्य ऋग्वेद (2:23:1) शुक्ल यजुर्वेद (23:19) में मिलता है परन्तु ऐतरेय ब्राह्मण (4:5) स्पष्टतः गणपति से आशय ब्राह्मणस्पति अथवा बृहस्पति से बताता है।[304] मानवगृह सूत्र में विनायकों का वृतान्त है और उनकी संख्या चार कही गई है—शालकटकंट, कूष्माण्डराजपुत्र, उस्मित और देवयजन। याज्ञवल्क्य स्मृति में एक ही विनायक का उल्लेख है किन्तु उनके 6 नाम दिए गए

हैं—मित, सम्मित, शाल, कटकंट, कूष्माण्ड और राजपुत्र। यहाँ पर सर्वप्रथम विनायक अम्बिका के पुत्र के रूप में वर्णित हैं। उपरोक्त दो ग्रन्थों के बीच के काल में चार विनायक एक गणपति विनायक हो गए।[305] इस प्रकार विनायक ईसवी सम्वत् के पूर्व ही लोगों के उपास्य बन गए थे। किन्तु हिन्दू-देवमण्डल में अम्बिका पुत्र गणपति विनायक का प्रवेश बाद में हुआ।[306] गुप्त अभिलेखों में गणपति के नामोल्लेख और उनके सम्मान में किसी दान की सूचना के अभाव और आठवीं सदी के उत्तरार्द्ध की एलोरा की दो गुफाओं में गणपति के चित्रण तथा 862 ई. के घटियाला स्तम्भ अभिलेख में चार दिशाओं को मुख किए गणपति की चार मूर्तियाँ और उनकी स्तुति के आधार पर भण्डारकार गाणपत्य सम्प्रदाय का प्रचलन पाँचवीं से आठवीं शताब्दी के मध्य मानते हैं।[307] बी. पी. मजुमदार ने भी पार्वती के पुत्र के रूप में गणेश की पूजा का आविर्भाव छठी शताब्दी से पूर्व नहीं माना है।[308] फर्कूहर ने गाणपत्य सम्प्रदाय का विकास 550 ई. से 900 ई. के मध्य के प्रारम्भ में माना है।[309] विन्टरनित्स के अनुसार गज-मस्तक वाले भगवान गणेश प्राचीन हिन्दू देवों में अज्ञात थे, हिन्दू देवमण्डल में वे नये सदस्य हैं क्योंकि उनका उल्लेख केवल परवर्ती पुराणों, जैसे—वराह, वामन, ब्रह्म-वैवर्त्त आदि में मिलता है, प्रारम्भिक पुराणों में नहीं।[310] कुछ विद्वानों ने उन्हें अनार्यों का देवता माना है।[311]

आनन्दगिरि अथवा अनन्तानन्दगिरिकृत ग्रन्थ शंकर-दिग्विजय में गाणपत्य सम्प्रदाय के 6 उप-सम्प्रदाय बताए गए हैं—महा, हरिद्रा, उच्छिष्ट, नवनीत, स्वर्ण, सन्तान। इस ग्रन्थ का रचनाकाल सम्भवतः 900 ई. से 1350 ई. के मध्य का काल था।[312] इस अवधि में गाणपत्य सम्प्रदाय के अन्तर्गत गणेशपुराण और मुद्गल पुराण की रचना हुई।

तन्त्रवाद के बढ़ते प्रभाव से गाणपत्य-सम्प्रदाय भी मुक्त न रह सका। गाणपत्य सम्प्रदाय के अन्तर्गत 'उच्छिष्ट-गाणपत्य' के अनुयायी वाममार्गी थे। यह मार्ग सम्भवतः शक्ति-पूजा के कौलाचार के अनुकरण पर बना था। इस सम्प्रदाय के अनुयायियों में जाति-भेद नहीं माना जाता था।[313] गणपति-मूर्तियों के कुछ रूप जैसे शक्तिगणेश, अथवा उन्मत्त-उच्छिष्ट-गणपति, गणेश की वामाचार तान्त्रिक पूजा से सम्बद्ध प्रतीत होते हैं।[314]

बौद्धों की वज्रयान-शाखा में भी गणेश को पूज्यनीय स्थान प्राप्त हुआ। साधनमाला में बारह भुजाओं और एकमुख वाले मूषक पर सवार गणपति का उल्लेख है। इसके साथ ही उनकी शक्ति गणपतिग्हृदया का उल्लेख अमृतानन्द कृत धर्मकोश संग्रह में मिलता है।[315] जैनियों में भी विनायक के आराध्यदेव के रूप में मान्य होने के अभिलेखीय प्रमाण हैं।[316] गणपति की मूर्तियाँ चीन और तिब्बत में भी पाई गई हैं।[317]

इस युग के अनेक साहित्यिक साक्ष्यों में भगवान गणेश का उल्लेख है। यह

उल्लेखनीय है कि सातवीं सदी के ग्रन्थ हर्षचरित में बाणभट्ट ने उन्हें विघ्नों का देवता माना है जो सिद्धि और प्रत्येक विद्या की प्राप्ति के मार्ग में विघ्नों का निर्माण करते हैं।[318] वामनपुराण में भगवान शिव विनायक के लिए भविष्यवाणी करते हैं कि वह देवताओं के लिए हजारों कठिनाइयों का कारण होंगे।[319] यह भगवान गणेश का प्राचीन स्वरूप है परन्तु अन्याय ग्रन्थों में मंगलकारी और विघ्नों का अन्त करने वाले देवता के रूप में उनकी स्तुति की गई है।[320] 700-1200 ई. के अभिलेखों में विष्णु, शिव, सूर्य और शक्ति-दुर्गा के साथ गणेश की भी स्तुति की गई है।[321]

कार्तिकेय

गुप्तोत्तरकालीन उत्तर भारत में कार्तिकेय का शैव धर्म के साथ पूर्णरूपेण विलय हो गया, जिस कारण उनके पृथक मन्दिर बहुत कम मिलते हैं।[322] पूर्वी भारत में 8वीं से 11वीं शताब्दी के स्थापत्य में कार्तिकेय की उत्कीर्ण मूर्तियाँ स्थानक मुद्रा में प्राप्त हुई हैं।[223] राजस्थान में बुचकला में उनकी मूर्ति प्राप्त हुई है।[324] खजुराहो में गणेश और कार्तिकेय की अनेक मूर्तियाँ हैं।[325] समरांगण सूत्रधार में कार्तिकेय की प्रतिमा का उल्लख है।[326] वामनपुराण में कार्तिकेय की उत्पत्ति और उनके अनेक नाम मिलते हैं।[327] नलचम्पू में गन्धमादन पर्वत के निवासी भगवान कार्तिकेय का उल्लेख है।[328] कल्हण ने कार्तिकेय के मन्दिर का उल्लेख किया है।[329] कलचुरि-चेदि अभिलेखों में कार्तिकेय की स्तुति मिलती है, परन्तु पृथक् मन्दिर के निर्माण की सूचना नहीं मिलती।[330] ग्वालियर के एक अभिलेख में कार्तिकेय के एक मन्दिर और उसे प्रदत्त भूमिदान का उल्लेख है।[331] वज्रयान में हिन्दू देवताओं के अन्तर्गत कार्तिकेय को भी स्थान प्राप्त हुआ।[332]

ब्रह्मा

इस युग में ब्रह्मा की मूर्तियाँ और मन्दिर बहुत कम मिलते हैं। विष्णु, शिव, शक्ति, सूर्य और गणेश की पंचायतन पूजा के प्रादुर्भाव के कारण ब्रह्मा की पूजा का प्रचलन कम होता गया। कलचुरि राज्य में ब्रह्मा का कोई मन्दिर नहीं मिलता।[333] यद्यपि ब्रह्मा की कतिपय मूर्तियाँ कुछ मन्दिरों से प्राप्त हुई हैं।[334] चन्देलराज्य में खजुराहो और दुघई में ब्रह्मा के दो मन्दिर थे।[335] परमार राज्य से तीन स्थानों में ब्रह्मा के मन्दिर प्राप्त हुए हैं। परन्तु ब्रह्मा के मन्दिर के सन्दर्भ में किसी भूमिदान का उल्लेख नहीं मिलता है।[336] चाहमान साम्राज्य के अन्तर्गत राजस्थान में ब्रह्मा के कुछ मन्दिर पुष्कर, खेड़, में अवस्थित हैं। भीटू में ब्रह्मा और सावित्री का एक मन्दिर है। इसके अतिरिक्त विभिन्न स्थलों से ब्रह्मा की मूर्तियाँ प्राप्त हुई हैं। कान्हड़देप्रबन्ध से जालौर में ब्रह्मा के एक मन्दिर का ज्ञान होता

है।[337] प्रबन्ध चिन्तामणि में श्री नागरा में ब्रह्मा के मन्दिरों का संकेत मिलता है।[338]

नवग्रह

नवग्रहों का प्रतिमा लक्षण अग्निपुराण (अध्याय 51), मत्स्यपुराण (अध्याय 94), विष्णुधर्मोंतर पुराण (अध्याय 69), शिल्परत्न, अपराजित पृच्छा और रूपमण्डन आदि में मिलता है।[339] खजुराहो के अनेक मन्दिरों से नवग्रह की प्रतिमाएँ प्राप्त हुई हैं।[340] हिन्दू, बौद्ध और जैन तीनों सम्प्रदायों में ग्रहों को देवत्व प्राप्त है।341

बौद्धधर्म

विवेच्यकाल में बौद्धधर्म उत्तरोत्तर अवसान की ओर अग्रसर हो रहा था। ह्वेनसांग ने कतिपय नगरों और नगरों में स्थित बौद्ध बिहारों के उजड़ने का उल्लेख किया है। वैशाली के विषय में भी ह्वेनसांग ने लिखा है कि सौ संघाराम यहाँ पर थे, परन्तु सब खण्डहर हो गए थे। अपवादस्वरूप तीन चार शेष थे, उनमें भिक्षु बहुत थोड़े रहते थे। उसका कथन है कि इसके मुख्य नगर में बहुत थोड़े निवासी रहते थे।

तक्षशिला में बौद्धधर्म की अवनत् स्थिति की सूचना ह्वेनसांग ने दी है। तक्षशिला को उसने कश्मीर के अधीन बताया है। तक्षशिला के आगे सिंहपुर में भी यही स्थिति थी जहाँ एक उजाड़ संघाराम था जिसमें एक भी संन्यासी नहीं रहता था। एक अन्य संघाराम का वह वर्णन करता है जो जन-शून्य था। कश्मीर के विषय में उसने सूचना दी है कि उस समय वहाँ बौद्धधर्म का विशेष प्रचार नहीं था अपितु अन्य धर्मों का प्रभाव बढ़ गया था। यद्यपि उसने यहाँ के सौ संघारामों और 5000 संन्यासियों का उल्लेख किया है। श्रावस्ती के बारे में वह कहता है कि 'नगर उजाड़ और जन शून्य है' और 'कई सौ संघाराम हैं जो अधिकतर जीर्ण हैं।'[342] राजस्थान में बौद्ध धर्म से सम्बन्धित विवेच्ययुगीन अभिलेखों का अभाव है।[343] चौहानों के समय से राजस्थान में बौद्धधर्म पूर्णरूपेण समाप्त हो गया था।[344]

परमारों के काल में मालवा में बौद्धधर्म के अस्तित्व का संकेत नहीं मिलता।[345] कलचुरियों के अनेक अभिलेखों में कुछ अभिलेख ऐसे हैं जो बौद्धधर्म की ओर इंगित करते हैं। कसिया शिलालेख में शिव और विष्णु के साथ ही बुद्ध और तारा की भी स्तुति की गई है। अकलतरा और रामपुर शिलालेख में सौगत मत की प्रशंसा की गई है। पुजारीपाली शिलालेख में बौद्धधर्म से सम्बन्धित देवियों मरीचि, समया और तारा का उल्लेख हिन्दू धर्म से सम्बन्धित देवियों के साथ किया गया है। परन्तु दूसरी ओर 1167-68 के माल्लर शिलालेख में सोमराज नामक ब्राह्मण को बौद्ध, जैन और चार्वाक दर्शन का खण्डनकर्ता कहा गया है। कलचुरि शासक

कर्ण के सारनाथ शिलालेख (1058 ई.) में भामक नाम की एक महायान शाखा की उपासिका द्वारा अष्टसहस्त्रिकाप्रज्ञा को लिपिबद्ध करने और श्री सद्धर्मचक्रप्रवर्तन महाबोधि बिहार नामक मठ के निवासी बौद्ध भिक्षुओं को दान करने का उल्लेख है ताकि वे बुद्धों की पूजा और ग्रन्थ का पाठ कर सकें। इस अभिलेख में मठ के प्रधान के रूप में दो भिक्षुओं का उल्लेख भी है।[346] भेराघाट से 3 किलोमीटर दूर गोपालपुर में पाँच बौद्ध मूर्तियाँ प्राप्त हुई हैं जिनमें चार बोधिसत्व अवलोकितेश्वर की और पाँचवीं देवी तारा की है। इनमें से एक मूर्ति पर उत्कीर्ण अभिलेख से ज्ञात होता है कि ये मूर्तियाँ थेनुका नामक एक महायान शाखा की उपासिका द्वारा प्रदत्त की गई थीं। ये मूर्तियाँ बौद्ध कला के अन्तर्गत मगध कला की द्योतक हैं। इस अभिलेख से ज्ञात होता है कि कलचुरि राजधानी त्रिपुरी के समीप कुछ बौद्ध मतावलम्बी शान्ति और सम्पन्नतापूर्वक रहते थे। वज्रासन मुद्रा में एक बोधिसत्व की मूर्ति तेवार में प्राप्त हुई है। कोनी शिलालेख का रचयिता कासल स्वयं को त्रिरत्न (बुद्ध, धर्म, संघ) का ज्ञाता कहता है।[347] यद्यपि इन अभिलेखों में कहीं बौद्ध धर्म को राजकीय संरक्षण की सूचना नहीं मिलती, तथापि तिब्बती साक्ष्यों में लगाया गया कलचुरि कर्ण पर यह आरोप संदिग्ध हो जाता है कि उसने मगध में कई बौद्ध मन्दिर और मठों को नष्ट किया था।[348] गहड़वाल शासक गोविन्द चन्द्र ने भी बौद्ध धर्म के प्रति सहिष्णुता प्रदर्शित की। सारनाथ में धर्मचक्रजिन बिहार और देवी वसुधारा की मूर्ति की स्थापना उसकी बौद्ध मतावलम्बी पत्नी कुमारदेवी द्वारा की गई थी।[349] गोविन्दचन्द्र गहड़वाल ने जेटवन के निवासी बौद्ध भिक्षुओं को कुछ गाँवों का दान किया था। खजुराहो में 1085 ई. का एक अभिलेख प्राप्त हुआ है जिसके आधार पर कनिंघम ने यह अनुमान लगाया है कि गन्थरई भग्नावशेष प्राचीन बौद्ध मन्दिर था परन्तु ग्यारहवीं शताब्दी में जैनियों द्वारा अपने काम में लाया गया।[350] यद्यपि चन्देल शासकों द्वारा भी बौद्ध मन्दिर और बिहार को भूमि दान दिए जाने का अभिलेखीय प्रमाण उपलब्ध है[351] परन्तु खजुराहो में बौद्ध स्थापत्य का प्रायः अभाव है।

कल्हण कृत राजतरंगिणी की प्रारम्भिक तरंगों में काश्मीर में बौद्धधर्म के उत्कर्ष अपकर्ष की चर्चा है।[252] ललितादित्य मुक्तापीड़ धार्मिक दृष्टि से सहिष्णु शासक था जिसने वैष्णव, शैव, सौर तथा बौद्धधर्म से सम्बन्धित स्थापत्य का निर्माण करवाया था। उसके मन्त्री चंकुण ने दो बौद्धविहारों को निर्मित करवाया था और एक में बुद्ध प्रतिमा स्थापित की थी। जयापीड़ ने भी एक बौद्ध बिहार की स्थापना की थी।[353] परन्तु इसके बाद से काश्मीर में बौद्धधर्म की अवनति प्रारम्भ हो गई। काश्मीर का राजा यशस्कर देव (939-48 ई.) ब्राह्मणों की सहायता से राजा बना उसने वर्णों को मर्यादानुसार कार्य करने के लिए बाध्य किया।[354] राजा क्षेमगुप्त ने बौद्ध प्रतिमाओं का खण्डन किया और शैव मन्दिर के निर्माणार्थ जयेन्द्र

विहार के पत्थरों का उपयोग किया, तथा विहार के संचालनार्थ दान किए गए ग्रामदान को निरस्त किया।[355]

काश्मीर के राजा हर्ष द्वारा हिन्दू और बौद्ध मन्दिरों के विध्वंस की सूचना देते हुए कल्हण ने उसे म्लेच्छ कहा है।[356] राजा कलश द्वारा बौद्ध विहारों में पीतल की मूर्तियों और ताम्रमयी सूर्य प्रतिमाओं के विखण्डन और रोगग्रस्त होने पर सूर्य प्रतिमा के विखण्डन के पश्चात्ताप का उल्लेख कल्हण करता हे।[357] कल्हण ने श्रीनगर की उस आग की भी चर्चा की है जिसमें केवल एक बुद्ध प्रतिमा शेष रह सकी।[358] परवर्ती ग्रन्थ जोनराज कृत राजतरंगिणी में एक भोट्ट राजा रिंचन (प्रारम्भिक काल 1320-23 ई.) का उल्लेख है, जो मूलतः बौद्ध धर्मावलम्बी था और शैव धर्म में दीक्षित होना चाहता था परन्तु देव स्वामी ने भोट्ट होने के कारण अपात्रत्व की आशंका से उसे दीक्षित नही किया।[359]

पालों के समय पूर्वी भारत में तन्त्रवाद समन्वित बौद्धधर्म की शाखा वज्रयान का विकास हुआ। मगध कला के अन्तर्गत तन्त्र समन्वित देवी-देवताओं की मूर्तियाँ गढ़ी गईं। मगध कला की कृतियाँ, सारनाथ, नालन्दा, ओदन्तपुरी, कुर्कीहार, गया और प्राचीन बिहार के अन्यान्य स्थलों से प्राप्त हुई हैं। इससे पूर्व गान्धार और मथुरा कला में तन्त्रवाद का प्रभाव नहीं दिखता। मगध कला के प्रमुख उत्थान का काल पाल शासकों के समय से 13वीं शताब्दी के मुस्लिम आक्रमण तक रहा। तान्त्रिक बौद्ध धर्म से सम्बन्धित बंगाल कला मगध कला की समकालीन है जिसका विकास काल दसवीं शताब्दी से बंगाल पर मुस्लिम आक्रमण तक था।[360]

भट्टाचार्य के अनुसार वज्रयान बंगाल की ही उपज है जहाँ से यह ताम्रलिप्ति और चिटगाँव, उड़ीसा के बन्दरगाहों से समुद्र-मार्गों द्वारा जावा तथा इण्डोनेशिया पहुंचा। बौद्धधर्म के विघटन के बाद बंगाल और मगध के बौद्ध आचार्यों ने मुसलमानों से बचने के लिए नेपाल में शरण ली।[361] तारानाथ भी लिखता है कि तुरुष्क आक्रमण के कारण बौद्ध आचार्य तिब्बत, कम्बोज देशों में चले गए, और मगध में बौद्ध शासन विलुप्त-सा हो चला।[362]

इस प्रकार पालों के संरक्षण में और वज्रयान के विकास के साथ बौद्धधर्म पुनः उद्दीप्त हुआ परन्तु मुख्यतः वह उसी क्षेत्र तक सीमित रहा जहाँ से उसका उदय हुआ था।

पालवंश के विकास के साथ एक बार पुनः पूर्वी भारत में बौद्धधर्म की उन्नति हुई। तारानाथ ने गोपाल द्वारा मगध पर अधिकार और उदन्तपुरी (वर्तमान बिहार शरीफ के निकटस्थ पहाड़ी) के निकट नालन्दा नामक बिहार बनवाये जाने का उल्लेख किया है। महीपाल के शासन के ग्यारहवें वर्ष के एक अभिलेख से कौसाम्बी से आए बालादित्य नामक महायान शाखा के अनुयायी द्वारा अग्नि से क्षतिग्रस्त नालन्दा बिहार के जीर्णोद्धार की सूचना मिलती है।[363]

राजा गोपाल या देवपाल द्वारा उदन्तपुरी बिहार के निर्माण की सूचना भी तारानाथ ने दी है। तारानाथ के अनुसार देवपाल ने वारेन्द्र (पं बंगाल) को अधीनस्थ कर वहाँ सोमपुरी नामक बिहार का निर्माण करवाया। धर्मपाल को तारानाथ विक्रमशिला बिहार (मगध के उत्तर भाग में गंगा नदी के तट पर) लगभग 50 धार्मिक संस्थाओं की स्थापना का श्रेय देता है जिसमें 35 धार्मिक संस्थाओं में प्रज्ञापारमिता का व्याख्यान होता था। महीपाल ने ओदन्तपुरी बिहार की शाखा के रूप में उरुवाल नामक बिहार बनवाया। इसके जीवन के उत्तरार्द्ध में आचार्य पिन्टों ने कालचक्र तन्त्र लाकर इसका प्रचार किया।[364] महीपाल प्रथम के 1026 ई. के सारनाथ से प्राप्त अभिलेख में अनेक बौद्ध स्मारकों के जीर्णोद्धार की चर्चा हुई है।[365] इनके अतिरिक्त त्रैकूटक बिहार, उत्तरी बंगाल में देवीकोट नामक स्थान पर एक विहार का पालों के समय अस्तित्व था। पग-सम-जोन-जंग चिटगाँव में पंडित बिहार का उल्लेख करता है जो तान्त्रिक विद्या और संस्कृति का महान् केन्द्र था। इसी बिहार से तिलि-पा, तिलो-पा या तलपाद सम्बद्ध थे।[366]

बौद्धधर्म की स्थिति के उपरोक्त सर्वेक्षण से स्पष्ट है कि पूर्वमध्यकाल में इसकी निरन्तर अवनति हो रही थी और बारहवीं शताब्दी तक यह भारत से विलुप्त हो गया। राजकीय संरक्षण का अभाव इसका प्रत्यक्ष कारण था। प्रारम्भ में धनिक वर्ग का भी बौद्धधर्म को प्रश्रय प्राप्त था।[367] परन्तु वैश्य वर्ग की अवनत स्थिति और नगरों के ह्रास के कारण यह प्रश्रय अप्राप्य हो गया। हर्षोत्तरयुगीन नवीन राजपूत राजवंशों ने परम्परावादी हिन्दू धर्म को अधिक संरक्षण और समर्थन प्रदान किया जो समसामयिक परिस्थितियों में उनके लिए अनुकूल था। कहीं-कहीं तो ब्राह्मणीय व्यवस्था के पोषक शासकों का बौद्धधर्म के प्रति विद्वेष भाव भी साक्ष्यों से सिद्ध होता है। पुराणों ने भक्ति मार्ग को प्रात्साहन देकर शूद्रों के प्रति उदार दृष्टिकोण का परिचय दिया। बौद्ध धर्मावलम्बी शूद्रों को पुनः हिन्दू सामाजिक व्यवस्था में प्रतिष्ठित करने की समस्या का निराकरण पुराणों के नवीन संस्करणों द्वारा किया गया।[368] इस युग के व्यवस्थाकारों ने समाज की एक इकाई के रूप में शूद्रों को जो पूर्वापेक्षा व्यापक धार्मिक और आर्थिक अधिकार प्रदान किए वह उनकी समन्वयात्मक नीति का परिचायक है। देवीभागवत पुराण में कहा गया है कि स्त्री, शूद्र जिन्हें वेद का अध्ययन श्रवण का अधिकार नहीं था उनके हित के लिए पुराणों की रचना की गई।[369]

इस युग में शंकराचार्य और कुमारिल जैसे दार्शनिकों ने बौद्ध सिद्धान्तों का खण्डन किया। नवीं और दसवीं शताब्दियों में वाचस्पति मिश्र, उदयनाचार्य तथा जयन्त भट्ट ने बौद्ध मत की तीक्ष्ण आलोचना की।[370] शंकराचार्य और कुमारिल के प्रचारात्मक प्रयासों से बौद्धधर्म को आघात पहुँचा। तारानाथ ने भी शंकाराचार्य से बौद्ध पंडितों के शास्त्रार्थ और उनकी पराजय तथा परिणामस्वरूप धर्म संस्थाओं के

उजड़ने का उलेख किया है। यद्यपि आगे वह धर्मकीर्ति से शंकराचार्य की पराजय का भी उल्लेख करता है।[371] एक ओर जब कि पौराणिक धर्म के उत्थान और कुमारिल और शंकराचार्य के प्रयासों से हिन्दू धर्म का स्वरूप व्यापक होता जा रहा था वहीं बौद्धधर्म पारस्परिक सम्प्रदायगत् विभाजन से निर्बल और मठों में केन्द्रित होता गया। उन मठों का स्वरूप शिथिल और प्रभावहीन था और जन सामान्य से इसका सम्बन्ध टूट गया था।[372] सामान्य उपासकों के लिए बौद्धधर्म पृथक् और पर्याप्त नैतिक सामाजिक आचार एवं संस्थाएँ निर्मित करने और प्रदान करने में असमर्थ रहा। उपासकों का बौद्धधर्म मुख्यतया विहारों और चैत्यों को दान तथा तारा लोकेश्वर की प्रतिमा का अर्चन मात्र था।[373] मठों के भिक्षुओं का नैतिक पतन भी बौद्धधर्म की अवनति का कारण कहा गया। बु-स्तोन ने इस ओर संकेत किया कि तथागत् के निर्माण के तेरह सौ साल बाद (आठवीं शताब्दी से) मठों में भ्रष्टाचार बढ़ गया।374 आठवीं-नवीं शताब्दी के बाद से नैतिक ह्रास के बढ़ने के कारण बौद्धधर्म जनसामान्य को अधिक समय तक आकर्षित नहीं कर सका।[375] राजतरंगिणी में ऐसे बौद्ध मठों की परम्परा का उल्लेख है जिसके अर्द्धभाग में प्रव्रजित भिक्षु और शेष भाग में स्त्री, पशु, धन वाले गृहस्थ निवास करते थे।[376]

बौद्ध और हिन्दू विचारधारा के संघर्ष से भी बौद्धधर्म को कहीं-कहीं विध्वंस का सामना करना पड़ा। शून्य पुराण में धर्ममंगल सम्प्रदाय के ब्राह्मणों द्वारा प्रताड़ित होने और बोधिसत्वों के रक्षार्थ तुरुष्कों को बुलाये जाने का उल्लेख है।[377] कल्किपुराण में कल्कि अवतार का उद्देश्य बौद्ध पाखण्डियो और म्लेच्छों का दमन और वेद धर्म रूपी सेतु की रक्षा करना कहा गया है।[378] परशुराम भगवान कल्कि से दक्षिणा स्वरूप धर्मविहीन राजाओं तथा बौद्धों के संहार की मांग करते हैं।[379] कल्किपुराण में कल्कि द्वारा कीकटपुर पर आक्रमण का उल्लेख है जहाँ वैदिक धर्म, वेद पितर अर्चना, कुल, धर्म, जाति के न मानने वाले बौद्धों का निवास था।[380]

बौद्ध स्थापत्य में भी ब्राह्मण-बौद्ध संघर्ष का संकेत मिलता है। इंडियन म्यूजियम की मूर्तियों में गणेश को बौद्ध देवी अपराजिता द्वारा पददलित दिखाया गया है।[381] विघ्नान्तक की मूर्ति में उनके नीचे गणेश को चित्रित किया गया है।[382] बौद्ध देवी की मूर्ति में कमल के नीचे गणेश दिखाए गए हैं।[383] बौद्ध देवी-देवताओं का चित्रण इस विद्वेषभाव को प्रकट करता है। हिन्दू देवता ब्रह्मा, विष्णु, शिव और इन्द्र बौद्ध देवताओं से पदाक्रान्त चित्रित हैं तथा त्रैलोक्यविजय के सम्मुख शिव और गौरी साष्टांग दण्डवत् की मुद्रा में चित्रित हैं। बौद्ध स्थापत्य में इस प्रकार के चित्र बौद्धों द्वारा हिन्दू देवताओं पर अपने देवताओं की उच्चता आरोपित करने के प्रयास का परिचायक हैं, यद्यपि हिन्दुओं की ओर से ऐसा कोई प्रयास नहीं हुआ। यद्यपि दसवीं शताब्दी में कालचक्र तन्त्र ने कालचक्र देवता के सामान्य माध्यम से म्लेच्छों के सांस्कृतिक हस्तक्षेप के विरुद्ध बौद्धों और हिन्दुओं

में एकता का प्रयास किया, परन्तु यह प्रयास निरर्थक सिद्ध हुआ।[384] इस विरोध के बावजूद कतिपय हिन्दू देवी-देवता बौद्धधर्म में समाविष्ट भी किए गए जिनमें प्रमुख मकाहाल (शिव, महादेव) गणपति और सरस्वती हैं।[385] इस प्रकार विलीनीकरण की प्रक्रिया में तीव्रता आई। सामान्य तत्त्व के रूप में तन्त्रवाद ने इस प्रक्रिया में प्रबलता पैदा की। पुराणों में छठवीं शताब्दी से बुद्ध को विष्णु का अवतार माना जाने लगा।[386] कतिपय साहित्यिक ग्रन्थों ने भी इस परम्परा का अनुमोदन किया।[387]

अग्निपुराण में बुद्ध के अवतार की व्याख्या अत्यन्त चातुर्यपूर्ण शैली में की गई है। इसके अनुसार 'भगवान ने शुद्धोधन के पुत्र के रूप में अवतार लिया, और दैत्यों को मोह में डालकर उन्हें वैदिक धर्म से पृथक् कर दिया, वे बौद्ध हुए– ।'[388]

विलुप्त होते बौद्धधर्म पर तुर्कों के आक्रमण का निर्णायक प्रभाव पड़ा। उत्तर भारत में तुर्कों के आक्रमण से बौद्ध बिहार नष्ट और लुप्त हो गए। बिहारों के लोप से उपासकों की क्षीण बौद्धता का विलोप अनिवार्य था।[389]

तन्त्रवाद-समन्वित बौद्धधर्म का विकास

पालों के समय में गुह्यतावादी प्रवृत्तियाँ बढ़ती गईं जिनके परिणामस्वरूप बौद्धधर्म में महान् परिवर्तन हुआ। तन्त्रवाद समन्वित बौद्धधर्म की वज्रयान शाखा ने महायान को आच्छादित कर लिया। तान्त्रिक बौद्धधर्म महायान का आठवीं से बारहवीं शताब्दी के बीच विकसित स्वरूप था।[390]

बौद्धधर्म में तान्त्रिक प्रवृत्तियों के आविर्भाव को कुछ विद्वत्जन चौथी-पाँचवीं शताब्दी के आचार्य असंग से जोड़ते हैं। उनके ग्रन्थ महायान सूत्रालंकार में कामाचार प्रवृत्तियों की ओर संकेत करता हुआ शब्द 'मैथुनस्य प्रवृत्ति' का उल्लेख हुआ है जो 'परम पद की प्राप्ति का हेतु' कहा गया है। कुछ विद्वान्, यथा भट्टाचार्य बौद्धधर्म में तान्त्रिक तत्त्वों का प्रवर्तनकर्ता स्वयं बुद्ध को बताते हैं।[392] परन्तु इसका कोई निर्णायक प्रमाण नहीं मिलता।[393] कला, साहित्य और साहित्यिक साक्ष्यों से स्पष्ट होता है कि सातवीं शताब्दी से पूर्व भारत में बौद्धों के देवायतन का विशेष प्रचार नहीं हुआ था और न बौद्ध देवताओं के निर्माण के पीछे कोई दर्शन ही विकसित हुआ था। गुह्य समाज ने प्रथमतः पाँच ध्यानी बुद्धों और उनके परिवार का सिद्धान्त प्रतिपादित किया, लेकिन वह तीन सौ वर्षों तक तान्त्रिक रूप से गुह्य रहा, इसलिए गुह्य समाज तन्त्र, ध्यानी बुद्ध और वज्रयान के विविध देव परिवारों का व्यापक प्रचार नहीं हो पाया। असंग के साधन में ही केवल पाँच बुद्धों और उनके परिवार का निश्चित सन्दर्भ मिलता है। इसलिए प्रतीत होता है कि गुह्य तन्त्र की भूमिका में असंग का सम्बन्ध रहा होगा। लेकिन सातवीं शताब्दी के बाद गुह्यता आवश्यक नहीं रह गई थी क्योंकि तब तक वज्रयान के सिद्धान्त स्थापित और प्रचलित हो गए थे। इसमें सिद्धों और महासिद्धों के रहस्यवादी गीतों,

महान आचार्यों और कलाकारों द्वारा निर्मित मूर्तियों का श्रेय था। तन्त्र की शिक्षा के लिए नालन्दा, ओदन्तपुरी, विक्रमशिला और जगद्दल में महान् आचार्य नियुक्त किए गए थे। नालन्दा में तन्त्र के महान् आचार्य सन्तरक्षित थे।[394]

मूलतः तन्त्रवाद न हिन्दू है न बौद्ध। यह एक प्राचीन पद्धति थी जो कभी हिन्दू धर्म दर्शन से जुड़ी रही और कभी परवर्ती बौद्ध दर्शन से। अतः यह कहना उचित नहीं है कि हिन्दू तन्त्रवाद बौद्ध तन्त्र से प्रभावित है।[395]

गोविन्दचन्द्र पांडेय के अनुसार, महासांघिक सम्प्रदाय में ही तान्त्रिक बौद्ध धर्म का प्रथम उन्मेष मानना चाहिए।[396] परन्तु प्रारम्भिक तान्त्रिक बौद्धधर्म में सामान्यतया मन्त्र, मुद्रा, मण्डल, अभिषेक आदि को ही अधिक महत्त्व दिया जाता था। धीरे-धीरे मैथुन चर्या का भी सिद्धान्त उद्भूत होने लगा और इसे गुह्यतन्त्र के अन्तर्गत परम पद की प्राप्ति का महत्वपूर्ण तत्त्व माना जाने लगा, तथा अन्य प्रक्रियाएँ और आयोजन प्रारम्भिक तथा गौण और सहायक हो गए। अभिचार और पाँच सहायक तत्त्व मद्य, मांस, मत्स्य, मुद्रा, और मैथुन को बौद्ध धर्म में धीरे-धीरे स्थान प्राप्त हुआ। यद्यपि बौद्ध तन्त्र में प्रत्यक्षतः पंचमकारों का उल्लेख नहीं मिलता परन्तु पंच काम गुण का उल्लेख अवश्य मिलता है।[397]

इन तन्त्रवादी तत्त्वों से समन्वित बौद्ध धर्म को वज्रयान की संज्ञा दी गई। तांत्रिक बौद्ध धर्म को तीन भागों–वज्रयान, कालचक्रयान और सहजयान में विभक्त किया जाता है। यद्यपि दासगप्ता के अनुसार यह विभाजन अशुद्ध है क्योंकि शेष दो वज्रयान की ही शाखाएँ हैं।[398]

तन्त्रवाद के प्रभाव से महायान के मूलभूत विचारों में परिवर्तन हुए। माध्यमिकों के शून्यता के सिद्धान्त की वज्रयान के सिद्धान्त में परिणति से वज्रयान प्रवर्तित हुआ।

विश्व की शून्यता का स्वरूप दृढ़, सार, कभी जीर्ण न होने वाला, अच्छेद्य, अभेद्य, अदाही और अविनाशी होने के कारण वज्र कहलाता है।[399] वज्रयान में यह शून्यता ही वज्र है–'शून्यता वज्रम इति युक्तम्।' परन्तु शून्यवादी माध्यमिकों और वज्रयानियों के शून्यता के सिद्धान्त में मौलिक अन्तर यह है कि माध्यमिकों का शून्यवाद निषेधात्मक या अपवादात्मक है परन्तु वज्रयानियों ने इसे वज्र कहकर इसकी मूर्त्तता प्रतिपादित की। वज्रयान में देवता, उपासक, मन्त्र, प्रत्येक वस्तु वज्र है और बुद्ध वज्रासत्व हैं। वज्रासत्व अनन्त प्रज्ञा और करुणा का स्वरूप है, इसलिए वज्रासत्व को बहुधा बोधिचित्त से भी समीकृत किया जाता है।[400]

तान्त्रिक बौद्ध दर्शन में महायान के अन्तर्गत बोधिचित्त की अवधारणा में व्यापक परिवर्तन हुआ। मूलतः इसे एक ऐसी मानसिक दशा के रूप में कल्पित किया गया था जिसमें सार्वभौम करुणा की प्रबल भावना से युक्त पूर्ण बोधि या ज्ञान की उपलब्धि का दृढ़ संकल्प निहित है। इस प्रकार बोधिचित्त के अन्तर्गत

चित्त में दो तत्त्वों की पूर्वकल्पना की गई—शून्यता अर्थात् पूर्ण रिक्तता के रूप में पदार्थों की प्रकृति का ज्ञान, और करुणा वज्रयान, और विशेषकर सहजयान, में शून्यता और करुणा के संयोग से बोधिचित्त की प्राप्ति होती है, इन्हें प्रज्ञा और उपाय या स्त्री और पुरुष के रूप में स्वीकृत किया जाता है।[401] बोधिचित्त मस्तिष्क के परमसुख की स्थिति के रूप में कल्पित किया गया जिसकी उत्पत्ति का माध्यम ज्ञानयोगक्रिया बताई गई है।[402]

भगवान के रूप में वज्रासत्व के आविर्भाव ने वज्रयान के अन्तर्गत अनेक नवीन देवी-देवताओं को जन्म दिया। वज्रासत्व की पाँच प्रज्ञाओं पाँच ध्यानी, और ध्यानी बुद्धों यथा—वैरोचन, रत्नसम्भव, अमिताभ, अमोध सिद्धि और अक्षम्य तथा उनकी अलौकिक पत्नियाँ या शक्ति क्रमशः—वज्रधात्विसरी, लोचना, मामका, पाणढरा, और आर्यतारा हुई।[403]

वज्रयान के अन्तर्गत ही लगभग दसवीं शताब्दी में कालचक्रयान का उदय हुआ। यद्यपि यह वज्रयान से पृथक् नहीं था।[404] काल प्रज्ञा और चक्र उपाय का द्योतक है। इस तन्त्र में भगवान को श्री कालचक्र कहा गया है। वज्रयान और कालचक्रयान में अन्तर केवल इतना है कि इसमें योग पर अधिक जोर दिया गया, जिसके माध्यम से कालचक्र के प्रभाव से मुक्त रहा जा सकता है, जो समस्त क्षय और विनाश का मूल है।[405]

इसी युग में बंगाल में तान्त्रिक बौद्ध धर्म से सम्बद्ध एक समूह का आविर्भाव हुआ जो प्रत्येक रूढ़िवाद, कर्मकाण्ड, प्रतिमापूजन, मंत्रादि के विरुद्ध था। इन्होंने अपने विचारों का प्रतिपादन चर्यागीतों और दोहाकोश में किया। यद्यपि इन चर्यागीतों में निहित दार्शनिक अवधारणा सामान्यतः बौद्ध थी, परन्तु अपनी वैचारिक विशिष्टता के कारण थे एक पृथक् सम्प्रदाय के रूप में विकसित हुए, जिसे सहजयान की संज्ञा दी गई।

सहजयानियों का पूरा झुकाव जीवन और धर्म से सम्बद्ध आडम्बरों के विरुद्ध था। उनकी यह अवधारणा उन्हें वज्रयान से पृथक् करती है।[406] सहजयानी सत्यानुभूति के लिए मानव स्वभाव पर किसी प्रकार का अप्राकृतिक आरोपण न स्वीकार कर स्वयं मानव स्वभाव को इसके लिए सहायक मानते हैं। अन्यान्य सम्प्रदाय यदि कामावेग के पूर्ण दमन को आवश्यक मानते हैं तो सहजयान इसकी परिणति और परिष्कार अनुदेशित करते हैं क्योंकि उनकी दृष्टि में कामावेग का पूर्ण दमन अप्राकृतिक और असम्भव है। इसी सहजता के कारण यह सम्प्रदाय सहजयान कहलाया।[407] सम्पुटिका में कहा गया कि योग की प्रक्रिया कामावेग से उत्पन्न होती है, हमारा कामावेग हमारे स्वभाव का अंग है, जो कभी उल्लंघनीथ नहीं है। अतः इसे सत्यानुभूति के लिए यौगिक प्रक्रिया में परिणत करना उचित है।[408] शान्तिपाद ने बोधिचित्त की अनुभूति के लिए अपने पवित्र चित्त को अनुभूत करने

पर जोर दिया। उन्होंने कहा कि बोधि तुम्हारे समीप है इसके लिए लंका जाने की आवश्यकता नहीं है। अपने हाथों के कंगन को देखने के लिए दर्पण मत लो, इसके लिए मन्त्रोच्चारण, जप, तप, होम, मण्डल और उससे सम्बद्ध कर्मकाण्ड की आवश्यकता नहीं है, महासुख के रूप में सहज या बोधिचित्त मन्त्र, जप, तप, होम, मण्डल और तत्सम्बन्धित सब कुछ है।[409]

सहजयान के आचार्यों तिलोपाद, सरहपाद और कान्हपाद आदि ने धर्मग्रन्थों के अध्ययन और पाडित्य से मोक्ष प्राप्ति का खण्डन किया। आगम, वेद, पुराण के अध्ययनकर्त्ताओं की तुलना कान्ह ने पके फल के ऊपर मँडराने वाली मधुमक्खी से की जो उनकी सुगन्ध तो पा जाती है किन्तु उसका रसास्वादन नहीं कर पाती।[410] सहजयानियों ने धार्मिक विधि-विधान की कटु आलोचना की। दोहाकोश में सरहपाद ने ब्राह्मणों की वर्णव्यवस्था का खण्डन करते हुए उसे चालाक और धूर्त्तजनों की निर्मिति बताया। इसके साथ ही उन्होंने जैन, बौद्ध, तीर्थिक, स्थविर आदि के भी धार्मिक क्रियाकलापों—प्रव्रज्या, तीर्थयात्रा, मन्त्रतन्त्र, स्थान, ध्यान, का खण्डन करते हुए आत्मज्ञान पर जोर दिया। सरह के विचार से यही सत्य है, तन्त्र मन्त्र व्यर्थ हैं।[411] उसने कहा कि सब ध्यानादि से सम्मोहित हैं पर अपने को जानने की कोई परवाह नहीं करता।[412] स्पष्ट है कि सहजयान धर्म सम्प्रदायों के बढ़ते हुए आडम्बर और रूढ़िवादिता के विरुद्ध प्रतिक्रिया थी।

जैन धर्म

इस युग में जैन धर्म का उत्तरी भारत से प्रभाव क्षीणप्राय होता जा रहा था और यह विशेष रूप से मालवा, राजस्थान और गुजरात में केन्द्रित हो रहा था। नवोदित राजपूत राजवंशों का पौराणिक हिन्दू धर्म के प्रति अधिक लगाव, जनता में इसका प्रभाव ओर जैन धर्म के प्रमुख पृष्ठपोषक के रूप में वैश्यों की अनवत सामाजिक-आर्थिक स्थिति के कारण वैश्य वर्ग और साथ ही राज्य द्वारा संरक्षण और सहायता के अभाव के फलस्वरूप जैन धर्म के प्रभाव क्षेत्र की परिधि संकुचित होती जा रही थी। गुजरात और राजस्थान में व्यापारी वर्ग के विकास ने इसकी प्रगति में योगदान दिया। इस युग में उत्तरभारत में जबकि ब्राह्मण वर्णव्यवस्था के अन्तर्गत वैश्यों की स्थिति हीनतर हो रही थी जिनका जैनधर्म में महत्त्वपूर्ण स्थान था, ग्यारहवीं, बारहवीं, तेरहवीं शताब्दी के राजस्थान से प्राप्त अनेक अभिलेख वैश्यों की अपेक्षाकृत उन्नत आर्थिक-सामाजिक व राजनीतिक स्थिति और उनके द्वारा जैन धर्म के अवलम्बन तथा मन्दिर और मूर्तियों की स्थापना आदि का उल्लेख करते हैं। राजोगढ़ अभिलेख (923 ई.) में धर्कट वैश्य वंश के प्रमुख शिल्पकार सर्वदेव द्वारा राजा के आग्रह से शान्तिनाथ के मन्दिर-निर्माण का उल्लेख है। चित्तौड़ अभिलेख (971 ई.) में महावीर के प्रसाद निर्माण में धर्कट तथा खण्डेलवाल

जाति के श्रेष्ठियों के योगदान का वर्णन है जो राजकार्य में भी निपुण कहे गए हैं। जालौर में महावीर के मन्दिर के लेख (1236 ई.) में गोष्ठिक नामक स्थानीय नागरिकों की संस्था का उल्लेख है जो मन्दिर की व्यवस्था करती थी।[413] जूनागढ़ के आदिनाथ मन्दिर के लेख (1295 ई.) के अनुसार इसमें सभी महाजनों ने मन्दिर की व्यवस्था के लिए लाग (कर) देना स्वीकार किया। चित्तौड़ के जैन कीर्तिस्तम्भ लेख (13वींसदी) में बघेरवाल जाति के जीजाक द्वारा स्तम्भ निर्माण का उल्लेख है। पार्श्वनाथ मन्दिर प्रशस्ति, जैसलमेर (1416 ई.) में श्रेष्ठि जयसिंह नरसिंह द्वारा प्रासाद प्रतिष्ठा ओर उकेश वंशीय राका श्रेष्ठि परिवार के सदस्यों द्वारा किए गए धार्मिक कार्यों का विवरण है। इसी अभिलेख में इस परिवार के उपदेशकों के रूप में अनेक जैन आचार्यों का नामोल्लेख है। जावर की प्रशस्ति (1421 ई.) में प्राग्वाट वंश के परिवार द्वारा शान्तिनाथ के मन्दिर के निर्माण का उल्लेख है। नागदा के जैन मन्दिर के लेख (1430 ई.) में एक श्रेष्ठि परिवार की जैन धर्म के प्रति निष्ठा का उल्लेख है। बेलवाढ़ा के लेख (1436 ई.) में प्राग्वाट वंश के वैश्य परिवार का उल्लेख है जिसके कुछ सदस्य जैन श्रावक और गोष्ठिक के रूप में वर्णित हैं। देलवाड़ा के अन्य लेख (1437 ई.) में श्रेष्ठि बीसल को 'क्रियारत्न' समुच्चय की दस प्रतियाँ लिखवाने का श्रेय दिया गया है। आबू की शान्तिनाथ की मूर्ति के लेख (1462 ई.) के ओसवाल वैश्य परिवार की दो स्त्रियों द्वारा शान्तिनाथ की मूर्ति के निर्माण की सूचना है। आँतरी लेख (1469 ई.) में ओसवाल जाति के अमात्य सालराज द्वारा शान्तिनाथ के मन्दिर में मण्डप तथा देवकुलिकाओं के निर्माण की सूचना है।[114]

राजस्थान से प्राप्त अभिलेखों के क्रमिक अध्ययन से यह स्पष्ट होता है कि ग्यारहवीं-बारहवीं शताब्दी से राजस्थान में आन्तरिक व्यापार में प्रगति हो रही थी और आर्थिक दृष्टि से समुन्नत एक ऐसा वैश्य समुदाय इससे सम्बद्ध था जिसका प्रशासन में सम्मानपूर्ण स्थान था और जैन धर्म के स्थानीय उत्कर्ष में उसका महत्त्वपूर्ण योगदान था। जबकि मध्यभारत में हिन्दू वर्ण-व्यवस्था के अन्तर्गत वैश्यों की हीन स्थिति आभासित होती है। प्रबन्धचिन्तामणि में अनेक वैश्यों का उल्लेख है जो उच्च प्रशासनिक पदों पर प्रतिष्ठित थे और जैन धर्म के उत्कर्ष में सहयोगी थे। श्रीमाल वंश के वैश्य मन्त्री उदयन ने कर्णावती में उदयन नामक जैन मन्दिर का निर्माण करवाया था। जम्ब की ही जाति के सिद्धराज द्वारा नियुक्त सौराष्ट्र के अधीक्षक सज्जन ने उज्जयन्त पहाड़ी प्र नेमिनाथ का मन्दिर निर्मित करवाया था। इसी ग्रन्थ में वणिक धनद् द्वारा जैन मन्दिर के निर्माण का उल्लेख।[415] चापोत्कट वंश के शासक वनराज के वणिक मन्त्री निन्मय ने अन्हिलवाड़ में ऋषभदेव का मन्दिर बनवाया था।[416] वनराज ने स्वयम् जैनाचार्य शीलगुप्त सूर से प्रभावित होकर पंचासर चैतन्य का निर्माण करवाया था।[417]

प्रारम्भ में जैन धर्म की स्थिति राजस्थान में पतनोन्मुख थी जिसका कारण चैत्यवासिन अर्थात् मठों और चैत्यों के निवासी जैन साधुओं की बढ़ती हुई अनुशासनहीनता थी।[418] हरिभद्रसूरि (700-770 ई.) ने इसके विरुद्ध आवाज उठाई और जैन धर्म के सुधार का मार्ग प्रशस्त किया। कुमारपाल प्रतिबोध और उपदेश रसायन से पता चलता है कि देवदासियों की उपस्थिति जैन मन्दिरों में सामान्य बात थी।[419] 1207 ई. के एक जैन अभिलेख में जैन मन्दिर को कुमारी-दान का उल्लेख है।[420]

राजस्थान में सादड़ी और नाडौल से प्राप्त अभिलेख (1090 ई.) देवताओं के यात्रा महोत्सव में नर्तकियों, गणिकाओं आदि की उपस्थिति का संकेत करते हैं। इस सम्बन्ध में यह राजाज्ञा भी प्रसारित की गई कि इस परम्परा का साधु, वृद्ध, विद्वान आदि भी उल्लंघन न करे।[421] हरिभद्र सूरि के सुधारवादी कार्य को उद्योतन सूरि और सिद्धर्षी सूरि ने आगे बढ़ाया, खरतरगच्छ के आचार्यों ने इस प्रवृत्ति का प्रसार किया। जिनेश्वर सूरि के समय से उनके शिष्यों ने खरतरगच्छ विशेषण ग्रहण किया। दुर्लभराज चालुक्य के दरबार (1010-12 ई.) में उन्होंने चैत्यवासिनों को शास्त्रार्थ में परास्त किया। गुजरात में खरतरगच्छ के आचार्यों को सुधार में सफलता प्राप्त हुई और राजस्थान को प्रचार कार्य का केन्द्र बनाया गया। राजस्थान में चैत्यवासिनों से इनका संघर्ष चलता रहा। जिनदत्त सुरि कृत उपदेश रसायन से इस पर प्रकाश पड़ता है कि किस प्रकार चैत्यवासिनों ने स्थानीय शासकों की सहायता से सुधारवादी आचार्यों के प्रयासों को ध्वस्त किया। अन्ततः आचार्य जिनवल्लभ को सफलता प्राप्त हुई, उनके श्रावकों की संख्या राजस्थान और मालवा में बढ़ती गई। विधि चैत्य स्थापित किए गए। जिनवल्लभ के बाद भी विधिचैत्य आन्दोलन जिनदत्त सूरि के नेतृत्व में चलता रहा। चौहान शासक अर्णोराज और कुमारपाल का समर्थन उन्हें प्राप्त हुआ। चैत्यवासिनों की कुप्रवृत्तियों के विरुद्ध सुधारवादी विधि चैत्य परम्परा को सफलता मिली और अन्यान्य गच्छ के आचार्यों ने भी चैत्यवास का त्याग किया।

पृथ्वीराज प्रथम, अजयराज, अर्णोराज, विग्रहराज चतुर्थ, सोमेश्वर तथा पृथ्वीराज तृतीय ने भी जैनधर्म के उत्थान में राजकीय सहयोग प्रदान किया।[422] 996 ई. का हस्तिकुण्डी शिलालेख हस्तिकुण्डी चौहान शाखा के विदग्ध द्वारा गुरु वासुदेव की प्रेरणा से जैनदेवालय के निर्माण की सूचना देता है।[423] जैनधर्म के उत्कर्ष में परमार, चाहमान और चालुक्य शासकों का भी विशेष योगदान रहा। अनेक जैन आचार्यों को परमार शासकों का आश्रय प्राप्त हुआ। देवसेन ने धारा के पार्श्वनाथ के मन्दिर में रहते हुए दर्शनसार की रचना की। अमित गति, महासेन, और, धनेश्वर को द्वितीय वाक्पति का आश्रय प्राप्त था।[424] प्रबन्धचिन्तामणि में धनपाल का उल्लेख है जिसने भोज को आखेट से विमुख किया और बलि प्रथा का विरोध

कर उसे जैनधर्म की ओर प्रवृत्त किया। भोज के ही आश्रय में रहकर धनपाल ने तिलकमंजरी की रचना की।[425] भोज का उत्तराधिकारी जयसिंह प्रथम जैन कवि प्रभाचन्द्र का आश्रयदाता था।[426] 971 ई. के चित्तौड़ के एक लेख में भोज और उसके उत्तराधिकारियों का उल्लेख है। इसी वंश के नरवर्मा के समय चित्तौड़ में महावीर जिनालय का निर्माण हुआ था।[427] विधिचैत्य आन्दोलन के प्रचारक जिनदत्त सूरि ने उज्जयिनी और धारा को भी अपने प्रचार कार्य के लिए चुना था।[428] परमारों के शासनकाल में जैन तीर्थंकरों के अनेक मन्दिर आबू में बनाए गए।[429] आबू के नेमिनाथ मन्दिर की प्रशस्ति (1230 ई.) में परमार धारावर्ष के पुत्र सोमसिंह के समय मन्त्री वस्तुपाल के छोटे भाई तेजपाल द्वारा आबू में देलवाड़ा गाँव में नेमिनाथ का मन्दिर बनवाने का उल्लेख मिलता है।[430] 1198 के धारावर्ष के एक अभिलेख में उसकी रानी शृंगार देवी द्वारा शान्तिनाथ के मन्दिर को भूमिदान दिए जाने का उल्लेख है।[431]

गुजरात में जैन धर्म के उत्कर्ष में राज्याश्रय का बहुत बड़ा हाथ था। चापोत्कट वंश के बाद चालुक्यों का आश्रय भी जैन धर्म को प्राप्त हुआ। भीम के प्राग्वाट वंशी मन्त्री ने आबू के आदिनाथ के मन्दिर की स्थापना की जो 1031 ई. में तैयार हुआ।[432] सिद्धराज के समय में हेमचन्द्र के प्रभाव से जैन धर्म का गुजरात में प्रसार बढ़ता गया। सिद्धराज के आश्रय में सिद्ध हेम की रचना की गई। मेरुतुंग लिखता है कि राजाज्ञा से केवल यही व्याकरण सर्वत्र पढ़ाया जाने लगा, शेष उपेक्षित कर दिए गए।[433]

हेमचन्द्र से प्रभावित होकर कुमारपाल जैन धर्म में दीक्षित हो गया।[434] प्रबन्धचिन्तामणि में भी हेमचन्द्र, कुमारपाल को अभक्ष्य भक्षण के प्रायश्चित स्वरूप बत्तीस मन्दिरों के निर्माण का निर्देश देता है जिसे कुमारपाल पूर्ण करता है।[435] जयसिंह के अनुसार पशुहत्या कुमारपाल ने निषिद्ध करवा दी।[436] इसकी पुष्टि कुछ अभिलेखों से होती है। किराडू अभिलेख (1152 ई.) से विदित होता है कि कुमार पाल के सामन्त श्री आल्हण देव की आज्ञा से शिवरात्रि और मास के दोनों पक्षों, अष्टमी, एकादशी व चतुदर्शी को पशुवध निषिद्ध कर दिया गया।[437] मोहराज पराजय के अनुसार कुमारपाल ने मदिरापान ही नहीं अपितु मदिरा निर्माणशाला भी बन्द करवा दी थी।[438] मेरुतुंग ने अमरिकारिपंचकुल नामक अधिकारी का उल्लेख किया है जिसका कार्य जीव हिंसा पर नियन्त्रण रखना था।[439]

कुमारपाल के शासनकाल में अनेक जैन मन्दिरों का निर्माण हुआ। मेरुतुंग के अनुसार अपने पिता के नाम पर कुमारपाल ने त्रिभुवनपाल मन्दिर में पार्श्वनाथ की मूर्ति की स्थापना की। वागभर्तुपुर में, जहाँ यह मन्दिर था, उसने उद्यान निर्माण, तथा देवदासों के लिए भूमि और निवास स्थान प्रदान किए। हेमचन्द्र ने मूषक विहार का भी निर्माण करवाया था। कान्ह नामक वणिक द्वारा पाटन में अपने

मन्दिर में मूलनायक (आदिनाथ या ऋषभदेव) की मूर्ति स्थापित की गई। मेरुतुंग के अतिशयोक्तिपूर्ण विवरण के अनुसार जुँआ मारने के अभियोग में एक व्यापारी की हेमचन्द्र के निर्णयानुसार दण्डस्वरूप सम्पत्ति अपहृत कर ली गई और उससे युकबिहार का निर्माण करवाया गया। कुमारपाल-बिहार का उल्लेख भी मेरुतुंग करता है।[440]

1211 ई. के जालौर के एक अभिलेख से यह ज्ञात होता है कि कांचनगिरि पर कुमारपाल द्वारा विक्रम संवत् 1221 में बिहार का निर्माण हुआ।[441] प्रबन्धचिन्तामणि में कुमारपाल के उत्तराधिकारी अजयदेव को मेरुतुंग ने मन्दिर विध्वंसक के रूप में प्रस्तुत किया।[442] चालुक्य शासनकाल में आबू पर्वत पर आदिनाथ मन्दिर के निकट मन्त्री तेजपाल द्वारा नेमिनाथ का मन्दिर बनवाया गया।[443] प्रबन्धचिन्तामणि में भी प्राग्वाटवंशी मन्त्री तेजपाल द्वारा नेमिनाथ मन्दिर के निर्माण की सूचना है।[444] वस्तुपाल के द्वारा चन्द्रावती (आबू के दक्षिण) के शासक से आबू में विमल (तेरहवें तीर्थंकर) के वासहीक (मठ मन्दिर समन्वित भवन) के निकट भूमि माँग कर वहाँ मन्दिर का निर्माण तथा नेमिनाथ की प्रतिमा की स्थापना की गई।[445]

जालौर लेख (1211 ई.) में चाहमानवंशीय समरसिंह की आज्ञा से कांचनगिरि पर स्थित कुमारपाल द्वारा निर्मित बिहार का पुनर्निर्माण किया गया।[446] राजकीय करों के रूप में जैन मन्दिरों को अनुदान प्राप्ति के उदाहरण राजस्थान के अभिलेखों में मिलते हैं।[447]

गुजरात, राजस्थान और मालवा के अतिरिक्त शेष उत्तरी भारत में जैन धर्म का प्रभाव क्षीण हो रहा था। सातवीं शताब्दी में पुण्ड्रवर्धन और समतट में दिगम्बरों का प्रभाव था।[448] प्रतिहारों ने भी जैन धर्म को प्रश्रय दिया। प्रतिहार शासक वत्सराज ने कन्नौज के जैन मन्दिर का निर्माण करवाया था और वहाँ महावीर की एक स्वर्ण प्रतिमा स्थापित की थी। उसने ग्वालियर में भी महावीर की प्रतिमा स्थापित करवाई थी। उसने कन्नौज,मथुरा, अन्हिलवाड़ आदि में भी जैन मन्दिरों का निर्माण करवाया था। नागभट्ट और भोज भी जैन धर्म के प्रश्रयदाता कहे गए हैं।[449] 954 ई. के खजुराहो के जैन मन्दिर के लेख में पहिल नामक जैन भक्त द्वारा जिननाथ मन्दिर को अनेक उद्यान दान में दिए जाने का उल्लेख है।[450] 1085 ई. में खजुराहो से प्राप्त एक अभिलेख और जैन मूर्तियों की प्राप्ति से वहाँ जैन धर्म का अस्तित्व प्रकट होता है।[451] कलचुरि-चेदि अभिलेखों (सी. आई. आई., जिल्द 4) में जैन धर्म का प्रायः अभाव दिखलाई पड़ता है। गयाकर्ण के राज्यकाल में बहुरिबन्ध में सर्वधारा के पुत्र किसी महाभोज द्वारा जैन तीर्थकर शान्तिनाथ के मन्दिर निर्माण का उल्लेख है।[452] यह मूर्ति देशीगण के आचार्य सुभद्र द्वारा स्थापित की गई थी।[453] माल्लर शिलालेख में सोमराज नामक ब्राह्मण को चार्वाक, बौद्ध और जैन दर्शन का खण्डनकर्ता कहा गया है।[454]

इस समय बंगाल में जैन धर्म विलुप्तप्राय हो चुका था।[455] काश्मीर में जैन धर्म के अस्तित्व के सम्बनध में कल्हण तथा जोनराज की कृतियों में उल्लेख नहीं मिलता।

जैन धर्म के मुख्य सम्प्रदाय दिगम्बर और श्वेताम्बर कई उप-सम्प्रदायों, जैसे—गण, कुल, शाखा और गर्च्छ, में विभक्त हो गए थे, जिनका उद्‌भव उद्योतन सूरि के चौरासी अनुयायियों के साथ हुआ।[456] गण, गच्छ आदि के उल्लेख सन् 687 और उसके परवर्ती लेखों में उत्तरोत्तर बढ़ते हुए पाए जाते हैं।[457] विवेच्यकाल, विशेषतः उत्तरार्द्ध में अनेक गच्छों का विकास हुआ।[458] पूर्वमध्य और मध्यकालीन अभिलेखों में अनेक गच्छ उल्लिखित हैं, यथा--चैत्रगच्छ, श्री भतृपुरीय गच्छ, नन्दीतटगच्छ, संठगच्छ आदि।[459] खरतरगच्छ इस युग का एक प्रमुख सुधारवादी गच्छ था। अभिलेखीय प्रमाणों के आधार पर जैन सम्प्रदाय में मूलसंघ का विकास पाँचवीं शताब्दी से दिखाई पड़ता है जो नवीं-दसवीं शताब्दी के लेखों में प्रचुर मात्रा में निर्दिष्ट है। इसके बाद गणगच्छ, अन्वय आदि का निर्देश सातवीं शताब्दी के उत्तरार्द्ध से ही मिलता है।[460] दिगम्बर सम्प्रदाय के काष्ठासंघ का विकास इसी युग में हुआ। देवसेन कृत दर्शनसार में इसकी स्थापना वि. सं. 953 के बाद दक्षिण प्रान्त में बताई गई है।

जैन धर्म और तन्त्रवाद

जैन आचार्यों ने तन्त्रवाद के उत्तम तत्त्वों को जैन धर्म में स्थान दिया। पाहुड़ दोहा में इन्द्रिय संयम के लिए योग को महत्त्व प्रदान किया गया।[461] इस ग्रन्थ में शून्यवादी दर्शन तथा शब्द और नाद आदि के संकेत भी मिलते हैं।[462]

यह उल्लेखनीय है कि जैन अपभ्रंश दोहों के प्रणयन सहजयानी बौद्ध दोहों और गीतों के समकालीन और समान वैचारिक धरातल पर हुआ है। पाहुड़ दोहा के रचयिता मुनि रामसिंह नवीं शताब्दी के अन्तिम दशक में हुए थे।[463] पाहुड़ दोहा कोश की सामाजिक पृष्ठभूमि वही है जो सहजयानियों की। इसमें धर्मशास्त्रों के मात्र अध्ययन की अवहेलना करते हुए पूर्णता केवल हृदय की पवित्रता से प्राप्य बताई गई है। एक अन्य स्थल पर कहा गया है कि षड्‌दर्शन के जाल में फँसकर मस्तिष्क को भ्रम से मुक्ति का मार्ग नहीं मिल पाता है। एक ही ईश्वर 6 भागों में विभक्त हो जाता है और फिर भी उससे मुक्ति नहीं मिल पाती। ऐसी विद्या का क्या उपयोग जो शीघ्र कालकलवित हो जाय।

इसी प्रकार पाहुड़ दोहा में तीर्थयात्रा का भी विरोध करते हुए कहा गया है कि इस हाथी को विन्ध्यपर्वत पर जाने से रोको, यह शील के वन को कुचल डालेगा और पुनः सांसारिकता के गर्त में गिर जाएगा। मन्दिर की मूर्तियाँ, पवित्र स्थलों का जल और ग्रन्थों की कविताएँ—ये सभी विनाश की अग्नि में ईंधन का कार्य

करेंगी—तीर्थस्थलों की यात्रा निरर्थक है। शरीर तो स्वच्छ हो जाएगा परन्तु मस्तिष्क का क्या होगा? मस्तिष्क में तो पाप का कीचड़ भरा हुआ है, जो जल से नहीं धोया जा सकता। अपवित्रता के रहते तप व्यर्थ है—मोक्ष तभी प्राप्य है जब सांसारिकता में अभिरंजित मस्तिष्क निरंजन (निष्कलुष) की ओर उन्मुख किया जाएगा, मन्त्र और तन्त्र निरर्थक हैं। पूजा और पूजा परन्तु अपनी देह में निवासित 'स्व' का एक बार सही ज्ञान हो जाने पर किसी अन्य की पूजा की आवश्यकता नहीं रह जाती है। सर्प अपना केंचुल छोड़ता है परन्तु इससे विष नहीं नष्ट होता उसी प्रकार धार्मिक चोला पहनकर सांसारिक सुखों के लिए अंतस् की तृष्णा कभी नहीं हट सकती। सर मुँड़ाने से क्या लाभ जब हृदय सांसारिक तृष्णा से मुक्त नहीं? जिसने अपना हृदय मुँडवा लिया अर्थात् अपने हृदय को इच्छाओं से मुक्त कर लिया वह इस बन्धन के संसार से मुक्त हो गया।[464]

परम्परागत रूढ़िवादिता के खण्डन और शास्त्रविरोधी भाव से ओत-प्रोत इन बौद्ध और जैन गीत तथा दोहों को साहित्य की सहजीया अथवा मर्मिया शाखा के नाम से जाना जाता है। जैन धर्म के ही अन्तर्गत यह जैन धर्म के शनैः-शनैः ब्राह्मणीकरण और आडम्बरों के विरुद्ध प्रतिक्रिया थी।

सन्दर्भ

1. रोमिला थापर, पास्ट एण्ड प्रेजुडिस, पृ. 33
2. कोसम्बी, द कल्चर एण्ड सिविलाइजेशन आफ एंशिएंट इण्डिया, पृ. 196
3. वासुदेव उपाध्याय, द सोसियो रिलिजस कण्डीशन आफ नार्थ इण्डिया, पृ. 227
4. सी. वी. वैद्या, हिस्ट्री आफ हिन्दू मिडिवल इण्डिया, जि. 2, पृ. 204
5. सी. आई. आई, जि. 2, भाग 1, भूमिका, पृ. 147
6. वा. उपाध्याय, पूर्वोद्धृत, पृ. 229
7. सी. वी. वैद्या, पूर्वोद्धृत, पृ. 204
8. एपि. इ. जि. 18, पृ. 96
9. राजस्थान के इतिहास के स्रोत, पृ. 80
10. राजस्थान, पृ. 60-61
11. वही, पृ. 88
12. वही, पृ. 65
13. दशरथ शर्मा, अ. चौ. डा. पृ. 259
14. वही, पृ. 15
15. राजस्थान, पृ. 66
16. पृथ्वीराज विजय, 193, द. शर्मा, पूर्वोद्धृत, पृ. 259 पर उद्धृत।
17. वही, पृ. 44 पर उद्धृत।
18. वही, पृ. 259 पर उद्धृत।
19. पृथ्वीराजरासो, 6.1

20. रायचौधरी, डा. हि. ना. ई., जि. 2, पृ. 1082
21. वही, पृ. 1179-80
22. प्र. भाटिया, द परमाराज, पृ. 246-7
23. आई. ए. जि. 6, पृ. 51-52, वही, पृ. 247 पर उद्धृत।
24. वही, पृ. 248
25. वही
26. एपि. इ., जि. 1, पृ. 235-36, वही, पृ. 248 पर उद्धृत।
27. एपि. इ., जि. 31, पृ. 30, जि. 26, पृ. 184; वही पृ. 248-49 पर उद्धृत तथा देखें सोलहवाँ अध्याय।
28. वही, पृ. 249 से आगे।
29. राजस्थान, पृ. 74
30. रायचौधरी, डा. हि. ना. ई., जि. 2 पृ. 900
31. राजस्थान, पृ. 73
32. वही
33. आई. ए. जि. 100, पृ. 136; प्र. भाटिया, पूर्वोद्धृत, पृ. 250
34. लक्ष्मीशंकर व्यास, चौलुक्य कुमारपाल, पृ. 200
35. प्रबन्धचिन्तामणि, अध्याय 3 पृ. 90
36. रायचौधरी, पूर्वोद्धृत, जि. 2, पृ. 967
37. प्र. चि., अध्याय 3, पृ. 78, 80, 84, 90, 91, 92 तथा अध्याय 4, पृ. 116
38. लक्ष्मीशंकर व्यास, पूर्वोद्धृत, पृ. 203
39. प्र. चि., अध्याय 4, पृ. 126
40. वही, पृ. 130-33
41. राजस्थान, पृ. 85-86
42. रायचौधरी, पूर्वोद्धृत, जि. 2, पृ. 984
43. वही, पृ. 977, 983-84
44. इ. हि. क्वा. जि. 5, पृ. 26
45. यादव, पूर्वोद्धृत, पृ. 386
46. एपि. इ., जि. 1, पृ. 137-47, अ. प्र. पाण्डेय, चन्देलकालीन बुन्देलखण्ड का इतिहास में उद्धृत।
47. रायचौधरी, पूर्वोद्धृत, पृ. 686
48. आ. स. रि., पृ. 553, अ. प्र. पाण्डेय, पूर्वोद्धृत।
49. रायचौधरी, पूर्वोद्धृत, पृ. 706
50. वही, पृ. 718
51. अ. प्र. पाण्डेय, पूर्वोद्धृत, पृ. 193-196
52. वही, पृ. 117
53. सी. आई. आई. जि. 4, भाग 1, भूमिका पृ. 148
54. वही, पृ. 42-43
55. वही, पृ. 51

56. सी. आई. आई. जि. 4, भाग 1, भूमिका, पृ. 168
57. वही, पृ. 150
58. वही, पृ. 151
59. वही, जबलपुर शिलालेख, पृ. 339
60. वही, पृ. 223
61. वही, पृ. 160
62. वही, भूमिका पृ. 162; विस्तार से देखें, अभिलेख संख्या, 96, 97, 98, 100
63. वही, पृ. 512
64. आई. ए., जि. 15, पृ. 304 से आगे, बी. एन. शर्मा, सो. ला. ना. इ., पृ. 129 पर उद्धृत।
65. एम. ए. एस. बी. जि, 2, पृ. 80, वा. उपाध्याय, पूर्वोद्धृत, पृ. 230 पर उद्धृत।
66. जे. एन. बनर्जी, रिलिजन इन आर्ट एण्ड आर्कयोलॉजी, (वै. एण्ड शै.) पृ. 117
67. वा. उपाध्याय, पूर्वोद्धृत, पृ. 230
68. राजतरंगिणी, 3.460,482,483
69. वही, 4.38, 190, 513; 5.37,41, 46, 158, 163; 6.173
70. वही, 7.524, 526; 8.2409, 3354, 3359
71. वही, 7.526; 8.2391
72. जोनराजकृत राजतरंगिणी, 193
73. वासुदेवशरण अग्रवाल, मथुरा कला, पृ. 60,69,72
74. वही, पृ. 136
75. जे. एन. बनर्जी, पूर्वोद्धृत, पृ. 117
76. राजतरंगिणी, 5.37
77. वही, पृ. 336, पादटिप्पणी।
78. जे. एन. बनर्जी, पूर्वोद्धृत, पृ. 54
79. वही
80. वही, पृ. 55 तथा, बी. एस. पाठक, शैव कल्ट्स इन नार्दन इण्डिया, पृ. 23-25
81. दशरथ शर्मा, अ. चौ. डा. पृ., 261
82. जे. एन. बनर्जी, पूर्वोद्धृत, पृ. 57
83. राजस्थान, पृ. 65
84. वही, पृ. 111
85. वा. उपाध्याय, पूर्वोद्धृत, पृ. 242
86. रायचौधरी, पूर्वोद्धृत, पृ. 977, 983
87. कलेक्शन आफ प्राकृत एण्ड संस्कृत इन्सक्रीप्सन, पृ. 186, यादव, पूर्वोद्धृत, पृ. 354 पर उद्धृत।
88. सी. आई. आई., जि. 4, भाग 1, पृ. 38 तथा भूमिका, पृ. 167
89. वही, पृ. 51, 'पाशुपत राज्ञी राज्ञी अनन्तमहायी...'।
90. वही, पृ. 232, पांचार्थिक से तात्पर्य पाशुपत दर्शन के पंचतत्व--कार्य, कारण योग विधि और दुःखान्त से है—देखें, जे. एन. बनर्जी, पूर्वोद्धृत, पृ. 57 तथा भण्डारकर,

वैष्णव शैव और अन्य धार्मिक मत, पृ. 139-142

91. वही, पृ. 320
92. वही, पृ. 308
93. वही, पृ. 307, 'भाव व्र (ब्र) हमसमस्तपस्विषु कलौ दुष्टौ न (पांचार्थकः)
94. जे. एन. बनर्जी, पूर्वोद्धृत, पृ. 54 और भण्डारकर, पूर्वोद्धृत, पृ. 137
95. जे. एन. बनर्जी, पूर्वोद्धृत, पृ. 54
96. आई. ए. जि., 15, पृ. 306, वा. उपाध्याय, पूर्वोद्धृत, पृ. 243 पर उद्धृत।
97. फर्कुहर, एन आउट लाइन ऑफ द रिलिजस लिटरेचर आफ इण्डिया, पृ. 191
98. द स्ट्रगल फार इम्पायर पृ. 458
99. जे. एन. बनर्जी, पूर्वोद्धृत, पृ. 54
100. फर्कुहर, पूर्वोद्धृत, पृ. 192
101. वही, पृ. 192 तथा जे. एन. बनर्जी, पूर्वोद्धृत, पृ. 55
102. जे. एन. बनर्जी, पूर्वोद्धृत, पृ. 55
103. वही, पृ. 55-56
104. जे. एन. बनर्जी, पूर्वोद्धृत, पृ. 55-56 तथा प्र. भाटिया, पूर्वोद्धृत, पृ. 253
105. बी. एस. पाठक, पूर्वोद्धृत, पृ. 21
106. फर्कुहर, पूर्वोद्धृत, पृ. 252
107. वही, पृ. 192, 252 तथा देखें, भण्डारकर, पूर्वोद्धृत, पृ. 145-6
108. वा. उपाध्याय, पूर्वोद्धृत, पृ. 244
109. भण्डारकर, पूर्वोद्धृत, पृ. 144
110. देखें, शाक्त धर्म के अन्तर्गत
111. भण्डारकर, पूर्वोद्धृत, पृ. 146; फर्कुहर, पूर्वोद्धृत, पृ. 192
112. नलचम्पू, अंक 1, पृ. 75
113. वा. उपाध्याय, पूर्वोद्धृत, पृ. 244
114. जे. एन. बनर्जी, पूर्वोद्धृत, पृ. 56
115. यशस्तिलक चम्पू, उत्तरखण्डम, आश्वास 5, पृ.154
'द्विधागमस्य मार्गों दक्षिणो वामश्च।'
116. वही, 'तत्रलोकसंचारणार्थ दक्षिणोमार्गः।...मुक्तिमुक्ति प्रदस्तु वाममार्ग'॥
117. वही, 5.69, 'शिवं शक्ति विनाशेन ये वांछन्ति नराधमाः।
ते भूमिरहित्यद्वीजात्सन्तुनूनं फलोत्तमाः ॥'

118. वही, 5.71, पृ. 154-5, 'पेया सुरा प्रियतमामुखमीक्षणीयं ग्राह्यः स्वभावललितो विक्तश्च वेषः।' येनेदमीदृशमदृश्यत मोक्षवर्त्य दीर्घायुरस्तु भगवान्सपिनाकपाणिः।
119. वही, 5.75-77, पृ. 155-156
120. पुरातनप्रबन्ध संग्रह, पृ. 19; बुद्धप्रकाश,सम आसपेक्ट्स, पृ. 89-90पर उद्धृत।
121. यशस्तिलक, उत्तरखण्डम, आश्वास 6, पृ. 184, 'भक्ष्यादिषु निःशड.चित्ताद् वृत्तात्' इति कुलाचार्यकाः।
122. भण्डारकर, पूर्वोद्धृत, पृ. 144 तथा जे. एन. बनर्जी, पूर्वोद्धृत, पृ. 59

123. जे. एन. बनर्जी, पूर्वोद्धृत, पृ. 57 तथा देखें—सी. आई. आई., जि. 4, भाग 1, भूमिका, 151
124. वही, पृ. 58 तथा वही, भूमिका, पृ. 157
125. वही, पृ. 59
126. जे. एन. बनर्जी, पूर्वोद्धृत, पृ. 59
127. सी. आई. आई., जि. 4, भाग 1, भूमिका, पृ. 151
128. वही, भूमिका, पृ. 155
129. जे. एन. बनर्जी, पूर्वोद्धृत, पृ. 60
130. सी. आई. आई, जि. 4, भाग 1, भूमिका, पृ. 151
131. वही, पृ. 157
132. वही, पृ. 159
133. एच. गोएट्ज, द हिस्टारिकल बैक ग्राउण्ड आफ द ग्रेट टेम्पल आफ खजुराहो, जे. एन. बनर्जी, पूर्वोद्धृत, पृ. 63 पर उद्धृत।
134. वही
135. भण्डारकर, पूर्वोद्धृत, पृ. 147, 149; फर्कुहर, पूर्वोद्धृत, पृ. 198; द एज आफ इम्पीरियल कन्नौज, पृ. 300-301
136. के. सी. पाण्डेय, अभिनवगुप्त एन हिस्टारिकल एण्ड फिलासाफिकल स्टडी, पृ. 146
137. वही, पृ.151-52, इस सन्दर्भ में लेखक ने दक्षिणामूर्तिस्तोत्र और ईश्वर प्रत्यभिज्ञा विमर्शिनी के कतिपय श्लोकों को उद्धृत किया है।
138. वही, पृ. 153
139. वही, पृ. 154
140. फर्कुहर, पूर्वोद्धृत, पृ. 198
141. द एज़ आफ इम्पीरियल कन्नौज, पृ. 304, दामोदरन, भारतीय चिन्तन परम्परा, पृ. 286-87
142. द स्ट्रगल फार इम्पायर, पृ. 455
143. भण्डारकर, पूर्वोद्धृत, पृ. 150-51
144. फर्कुहर, पूर्वोद्धृत, पृ. 199
145. द एज़ आफ इम्पीरियल कन्नौज़, पृ. 316
146. वही, तथा एस. बी. दासगुप्ता, पूर्वोद्धृत, पृ. 20
147. वही, पृ. 315
148. वही, पृ. 316
149. भट्टाचार्य, मातृकाभेद तंत्रम, भूमिका, पृ. 3; उपेन्द्र ठाकुर, तांत्रिक कल्ट्स इन ईस्टर्न इण्डिया, रिलिजस लाइफ इन एन्शिएंट इण्डिया में संकलित लेख, पृ. 113
150. एडवर्ड कोन्जे, बुद्धिज्म, पृ. 176
151. देखिए, बौद्ध धर्म के अन्तर्गत। एस. बी. दासगुप्ता, पूर्वोद्धृत, पृ. 115-116
152. गोपीनाथ कविराज, आस्पेक्ट्स आफ इण्डियन थाट, पृ. 175; यादव, पूर्वोद्धृत, पृ. 360 से आगे।
153. एस. बी. दासगुप्ता, इवोल्यूशन आफ मदर वर्शिप इन इण्डिया, यादव पूर्वोद्धृत, पृ.

361 पर उद्धृत।
154. कोन्जे, पूर्वोद्धृत, पृ. 177
155. एन. एन. भट्टाचार्य, शक्तिज्म एण्ड मदर राइट्स, द शक्ति कल्ट एण्ड तारा में संकलित लेख, पृ. 71
156. कोन्जे, पूर्वोद्धृत, पृ. 177
157. फर्कुहर, पूर्वोद्धृत, पृ. 210 तथा आगे।
158. कोन्जे, पूर्वोद्धृत, पृ. 192
159. दाकार्णव, पृ. 16, यादव पूर्वोद्धृत, पृ. 362 पर उद्धृत।
160. आइकोनोग्राफी ऑव तारा, द शक्ति कल्ट एण्ड तारा में संकलित लेख,पृ. 116
161. द्रष्टव्य, उपरोक्त लेख।
162. यादव, पूर्वोद्धृत, पृ. 364
163. एन. एन. भट्टाचार्य, चाइनीज़ ओरिजन आफ द कल्ट आफ तारा, द शक्ति कल्ट एण्ड तारा में संकलित लेख, पृ. 144
164. बागची, स्टडीज इन द तंत्राज, पृ 46-55, उपरोक्त लेख में उद्धृत।
165. बी. भट्टाचार्य, बुद्धिस्ट इजोटेरिज़्म, पृ. 155-56
166. कुब्जिका तंत्र, अध्याय 1, फर्कुहर, पूर्वोद्धृत, पृ. 200 पर उद्धृत तथा कोन्जे, पूर्वोद्धृत, पृ. 177
167. फर्कुहर, पूर्वोद्धृत, पृ. 201
168. महानिर्वाण तन्त्र, द एज़ आफ इम्पीरियल कन्नौज़, पृ. 317-18
169. फर्कुहर,पूर्वोद्धृत, पृ. 199-200
170. फर्कुहर, पूर्वोद्धृत, पृ. 204; तांत्रिक बौद्ध धर्म में भी गुरु आवश्यक कहा गया है—कोन्जे, पूवोद्धृत, पृ. 180
171. वही, पृ. 265 तथा कोन्जे, पूर्वोद्धृत, पृ. 194
172. वही, पृ. 265-68
173. उपेन्द्र ठाकुर, तांत्रिक कल्टस इन इस्टर्न इण्डिया, रिलिजस लाइफ इन एन्शिएन्ट इण्डिया में संकलित लेख, पृ. 120
174. फर्कुहर, पूर्वोद्धृत, पृ. 266
175. भण्डारकर, पूर्वोद्धृत, पृ. 167
176. प्र. भाटिया, द परमाराज़, पृ. 260
177. साधनमाला, जि. 2, भूमिका, यादव, पूर्वोद्धृत, पृ. 363 में उद्धृत।
178. रुद्रयामल, 152, 155, के. सी. पाण्डेय, अभिनवगुप्त एन हिस्टारिकल एण्ड फिलासाफिकल स्टडी, पृ. 255 पर उद्धृत।
179. दशकुमारचरित, अंक 7, पृ. 460; कथा. खण्ड 3, पृ. 99
180. कथा., खण्ड 1, पृ. 389; कर्पूरमंजरी, अंक 1, पृ. 47, समयमातृका, 2.61 से आगे।
181. कर्पूरमंजरी, अंक 4, पृ. 229
182. दे. भा. पु., 6.11.49
183. कथा., खण्ड 3, पृ. 1179
184. वही, पृ. 563-567

185. कर्पूरमंजरी, अंक 1, पृ. 46-47, मत्तविलास प्रहसन, पृ. 8
186. राजतरंगिणी, 7.523
187. वही, 7.278,293
188. वही, 5.239, 240, 249, 250, 255-6, 287, 292, 295, 297, 304 तथा 7.13।
189. वही, 6.11, तथा पादटिप्पणी, पृ. 504
190. वही, 7.279-283
191. एपि. इ., जि. 14, प. 177-184 तथा जि., 9, पृ. 325; वा. उपाध्याय, पूर्वोद्धृत, पृ. 248 पर उद्धृत
192. दशरथ शर्मा, अ. चौ. डा. पृ. 263
193. राजस्थान, पृ. 48, 104, 110-11
194. वही, पृ. 68 तथा 'गोष्ठिकैः श्री सच्चिकादेवि... ।'
195. प्र. भाटिया, द परमाराज, पृ. 258, 259, 282
196. सी. आई. आई., जि. 4, भाग 1, भूमिका, पृ. 163
197. वही, भाग 2, पृ. 460
198. कनिंघम, आ. सर्वे रिपोर्ट, जि. 9, पृ. 72-74, वा. उपाध्याय, पूर्वोद्धृत, पृ. 248 पर उद्धृत।
199. वही पृ. 249
200. एपि. इ., जि. 1, पृ. 159; वही पृ. 150 पर उद्धृत।
201. द एज़ आफ इम्पीरियल कन्नौज, पृ 348
202. अवस्थी, खजुराहो की देव प्रतिमाएँ, पृ. 16
203. द एज़ आफ इम्पीरियल कन्नौज, पृ. 349
204. एपि. इ., जि. 17, पृ. 359; वा. उपाध्याय, पूर्वोद्धृत,पृ. 251 पर उद्धृत।
205. वही, पृ. 252-53
206. अ. प्र. पाण्डेय, चन्देलकालीन बुन्देलखण्ड का इतिहास, पृ. 200-203
207. राजस्थान, पृ. 49, 50.54, 60, 62-63
208. एपि. इ. जिल्द 1, पृ. 152
209. जे. एन. बनर्जी, रिलिजन इन आर्ट एण्ड आर्कियोलॉजी, पृ. 37
210. द्वाश्रय काव्य, 15.119
211. इण्डियन एण्टीक्वीटी, खण्ड 10, पृ. 159-60
212. राजस्थान, पृ. 86
213. पृथ्वीराज विजय, 5.68, 8.65, 68
214. आर. बी. सिंह, हिस्ट्री आफ द चाहमान्स, पृ. 375
215. द. शर्मा, अ. चौ. डा. पृ. 259
216. राजस्थान, पृ. 90
217. पृथ्वीराज रासो, 1.18
218. द. शर्मा, पूर्वोद्धृत, पृ. 259
219. एपि. इ. जिल्द 9, पृ. 124-26
220. यादव, सो. क. ना. इ., पृ. 387

221. सी. आई. आई., जिल्द 4, भाग 1, पृ. 182, 183-85, 193, 194, 197, 235, 653
222. वही, पृ. 451
223. वही, पृ. 576
224. एस. सी. मुकर्जी, ए स्टडी आफ वैष्णविज्म इन एन्शियन्ट एण्ड मिडिवल बंगाल, पृ. 35-38, 42-43
225. वही, पृ. 44-48, 70-73
226. एपि. ई., जिल्द 19, पृ. 241, प्र. भाटिया, द परमाराज़, पृ. 244 पर उद्धृत।
227. वही, पृ. 245
228. राजतरंगिणी, 4.6,78, 193, 201-2, 5.25, 30, 244, 178, 8.3368
229. जे. एन. बनर्जी, रिलिजन इन आर्ट एण्ड आर्कियोलॉजी, पृ. 33-34
230. जे. एन. फर्कुहर, आउट लाइन आफ द रिलिजस लिटरेचर आफ इण्डिया, पृ. 182
231. जे. एन. बनर्जी, पूर्वोद्धृत, पृ. 15
232. वही,पृ. 16, यद्यपि नानाघाट और नगरी अभिलेखों में भगवान के दो व्यूहों—संकर्षण और वासुदेव का उल्लेख हे। राय चौधरी गुप्तयुग में 'चतुर्व्यूह के उल्लेख का कारण विभव (अवतार) वाद का विकास मानते हैं परन्तु जे. एन. बनर्जी ने इसे स्वीकार नहीं किया है।' वही, पृ. 16-17
233. वही, पृ. 33
234. रा. अवस्थी, खजुराहो की देव प्रतिमाएँ, पृ. 86 आगे।
235. ज़े. एन. बनर्जी, पूर्वोद्धृत, पृ. 33-34
236. रा. अवस्थी, पूर्वोद्धृत, पृ. 133
237. द स्ट्रगल फार इम्पायर, पृ. 436
238. रा. अवस्थी, पूर्वोद्धृत, पृ. 114-124
239. ए. बार्थ, द रिलिजन्स आफ इण्डिया, पृ. 230
240. जे. एन. फर्कुहर, पूर्वोद्धृत, पृ. 238-39
241. वही, पृ. 237
242. एस. सी. मुकर्जी, पूर्वोद्धृत, पृ. 188
243. विक्रमांकदेवचरित, सर्ग 1, पृ. 5, नैषधचरित 21.83, पृथ्वीराजरासो 2.47
244. ए. सी. मुकर्जी, पूर्वोद्धृत, पृ. 188
245. दे. भा. पु. 9.1.43-46, 93-96
246. एस. सी. मुखर्जी, पूर्वोद्धृत, पृ. 99-100
247. वही, पृ. 100
248. वही, पृ. 101-2 तथा द स्ट्रगल फॉर इम्पायर, पृ. 436
249. वही
250. एस. बी. दासगुप्ता, आब्सक्योर रिलीजस कल्ट्स, पृ. 113-15
251. वही, पृ. 118-19
252. वही, पृ. 115-16
253. बुद्धप्रकाश, आस्पेक्ट्स आफ इण्डियन हिस्ट्री एण्ड सिविलाइजेशन, पृ. 306
254. फर्कुहर, पूर्वोद्धृत, पृ. 183-184

255. वही, पृ. 186
256. वही
257. एस. सी. मुकर्जी, पूर्वोद्धृत, पृ. 113
258. एस. बी. दासगुप्ता पूर्वोद्धृत, पृ. 128
259. एस. सी. मुकर्जी, पूर्वोद्धृत, पृ. 112-13
260. श्रीमद्भागवत, 1:3:5-25
261. वही, द्वितीय स्कन्ध, सातवाँ अध्याय।
262. वही, 1.3.26
263. पद्मपुराण, उत्तर. 257:40; दे. भा. पु. 10:5:15; अग्नि पु. 49:1-9
264. दे. भा. पु. 4:16:5-19
265. वैजयन्ती, 1:1:35
266. ह. प्र. द्विवेदी, पूर्वोद्धृत, पृ. 126-27
267. दे. भा. पु. 7:39:22-23
268. वही, 5:18:22-23
269. हजारीप्रसाद द्विवेदी, पूर्वोद्धृत, पृ. 127
270. भण्डारकर, पूर्वोद्धृत, पृ. 54
271. वही, पृ. 53-54
272. रा. अवस्थी, पूर्वोद्धृत, पृ. 111
273. एस. सी. मुकर्जी, पूर्वोद्धृत, पृ. 215-16
274. रा. अवस्थी, पूर्वोद्धृत, पृ. 111 (प्रतिमा संख्या 173-75, 279-1)
275. वही, पृ. 114
276. अ. प्र. पाण्डेय, चन्देलकालीन बुन्देलखण्ड का इतिहास, पृ. 124
277. सी. आई. आई., जिल्द 4, पृ. 451 (इसी मन्दिर के मण्डप की दिवाल पर 8वीं शताब्दी का एक अभिलेख है जिससे ज्ञात होता है कि मूलतः यह एक विष्णु-मन्दिर था और राम के मन्दिर के रूप में इसका पुनर्निर्माण हुआ।)
देखिए—पादटिप्पणी, पृ. 451
278. मगों के ब्राह्मणिक सामाजिक संरचना में विलिनीकरण के लिए देखें—वर्णव्यवस्था के अध्याय में 'मग ब्राह्मण'।
279. वी. सी. श्रीवास्तव, सन-वर्शिप इन एन्शिएन्ट इण्डिया, पृ. 354
280. जे. एन. बनर्जी, डेवलपमेन्ट आफ हिन्दू आइकोनोग्राफी, पृ. 105-6
281. वी.सी. श्रीवास्तव, पूर्वोद्धृत, पृ. 354 तथा 362
282. नागानन्द, पृ. 135; नैषधीयचरित; 21:18, मालतीमाधवम्, 1.3, वेणीसंहार, अंक 2, पृ. 68
283. भण्डारकर, पूर्वोद्धृत, पृ. 177-78
284. द एज आफ इम्पीरियल कन्नौज, पृ. 334
285. रा. अवस्थी, पूर्वोद्धृत, पृ. 169
286. वी. सी. श्रीवास्तव,पूर्वोद्धृत, पृ. 376
287. सी. आई. आई., जिल्द 4, भाग 1, पृ. 60

288. वी. सी. श्रीवास्तव, पूर्वोद्धृत, पृ. 380
289. वही, पृ. 378
290. प्र. भाटिया, द परमाराज, पृ. 256-57
291. द. शर्मा, अ. चौ. डा. पृ. 265
292. इ. आई. जिल्द 4, पृ. 129
293. वी. सी. श्रीवास्तव, पूर्वोद्धृत, पृ. 378-79
294. सी. आई. आई., जिल्द 4, भाग 2, पृ. 501
295. वी. सी. श्रीवास्तव, पूर्वोद्धृत, पृ. 380
296. रा. अवस्थी, पूर्वोद्धृत, पृ. 17
297. द स्ट्रगल फार इम्पायर, पृ. 564-65
298. राजतरंगिणी, 4:192 तथा 7.696, 709
299. द एज आफ इम्पीरियल कन्नौज, पृ. 333
300. वी. सी. श्रीवास्तव, पूर्वोद्धृत, पृ. 329
301. वही, पृ. 333
302. वही, पृ. 390-91
303. एस. सी. बनर्जी, लेक्चर्स आन राजपूत हिस्ट्री, वी. सी. श्रीवास्तव, पूर्वोद्धृत, पृ. 390-91 पर उद्धृत।
304. कालीकुमारदत्त, डेट आफ द गणेश वर्शिप, इण्डियन हिस्ट्री कान्फ्रेन्स, 1959, प्रोसीडिंग्स, पृ. 151 तथा जे. एन. फर्कुहर, पूर्वोद्धृत, पृ. 206
305. भण्डारकर, पूर्वोद्धृत, पृ. 169
306. वही
307. वही
308. कालीकुमारदत्त, पूर्वोद्धृत, लेख, पृ. 150
309. जे. एन. फर्कूहर, पूर्वोद्धृत, पृ. 206
310. विन्टरनित्स, हिस्ट्री आफ इण्डियन लिटरेचर, जिल्द 1, पृ. 566, 568, 573 आदि।
311. सम्पूर्णानन्द, हिन्दू देव परिवार का विकास, पृ. 147
312. जे. एन. फर्कुहर, पूर्वोद्धृत, पृ. 270
313. भण्डारकर, पूर्वोद्धृत, पृ. 171 तथा जे. एन फर्कूहर, पूर्वोद्धृत, पृ. 270-71
314. जे. एन. बनर्जी, द डेवलपमेन्ट आफ हिन्दू आइकोनोग्राफी, पृ. 358
315. बी. भट्टाचार्य, द इण्डियन बुद्धिस्ट आइकोनोग्राफी, पृ. 348-49
316. एपि. इ., जिल्द 9, पृ. 279
317. बी. भट्टाचार्य, पूर्वोद्धृत, पृ. 349
318. हर्षचरित, अध्याय 3, पृ. 104
319. वामनपुराण, 28:71-72
320. मालतीमाधवम्, 1:2; चम्पूरामायण, बालकाण्ड, श्लोक 1, कुन्दमाला 1:1, कथात्सरितसागर, खण्ड 3, पृ. 861; गौडवहो, 52:54
321. वा. उपाध्याय, पूर्वोद्धृत पृ. 269
322. जे. एन. बनर्जी., पृ. 364

323. वही, पृ. 366
324. द. शर्मा, अ. चौ. डा. पृ. 264
325. रा. अवस्थी, पूर्वोद्धृत, पृ. 24
326. समरांगणसूत्राधार, 2:77, प्र. भाटिया, द परमाराज, पृ. 262 पर उद्धृत।
327. वामनपुराण, अध्याय 31
328. नलचम्पू, अंक 1, पृ. 75
329. राजतरंगिणी, 4:422
330. सी. आई. आई, जिल्द 4, भाग 1, भूमिका, पृ. 151
331. वा. उपाध्याय, पूर्वोद्धृत, पृ. 272
332. वी. भट्टाचार्य,पूर्वोद्धृत, पृ. 364
333. सी. आई. आई. जिल्द, 4, भाग 1, भूमिका, पृ. 150
334. आर. डी. बनर्जी, हैहय आफ त्रिपुरी एण्ड देयर मान्यूमेन्ट्स, पृ. 52,63 वही, पृ. 150 पर उद्धृत
335. आ. स. रि., भाग 21, पृ. 57 तथा भाग 10, पृ. 93-94, अ.प्र. पाण्डेय,पूर्वोद्धृत, पृ. 164 पर उद्धृत।
336. प्र. भाटिया, पूर्वोद्धृत, पृ. 255
337. द. शर्मा, अ. चौ. डा., पृ. 258
338. प्र. चि., अध्याय 3, पृ. 91
339. रा. अवस्थी, पूर्वोद्धृत, पृ. 189-192
340. वही, पृ. 197-98
341. वी. भट्टाचार्य, पूर्वोद्धृत, पृ. 367 से आगे।
342. वाटर्स, जि. 2, पृ. 1, 63; जि. 1 पृ. 240, 248, 279, 261, 377
343. देखें, राजस्थान, नाथ प्रशस्ति (971 ई.) में वेदांग मुनि का उल्लेख है जिन्होंने बौद्ध व जैन आचार्यों को वाद-विवाद में परास्त किया था, पृ. 65
344. दशरथ शर्मा, पूर्वोद्धृत, पृ. 249
345. देखें, प्र. भाटिया, द परमाराज, अध्याय 14 'रिलिजन' में बौद्ध धर्म का उल्लेख नहीं है।
346. सी. आई. आई., जि. 4, भाग 2, पृ. 380, 436, 442, 593, 517 तथा वही, भाग 1, पृ. 277-78
347. सी. आई. आई. भूमिका, पृ. 161 तथा पृ. 164
348. एस. सी. दास, इण्डियन पंडित्स इन द लैण्ड आफ स्नो, पृ. 51
349. एपि. इ. जि, 11, पृ. 319
350. जै. शि. सं. भाग 2, अभि. सं. 225
351. वा. उपाध्याय, पूर्वोद्धृत, पृ. 351
352. राज., 1.177, 178, 179, 185, 200 तथा 2.5, 14; 3.465
353. वही, 4.193, 201, 202 तथा 4.38, 190, 192 तथा 4.188, 200, 204, 210, 215, 262, 507
354. वही, 6.9-12 पर पा. टि., पृ. 40

355. वही, 6.173 तथा हिस्ट्री आफ बुद्धिज्म इन काश्मीर, पृ. 50
356. वही, 7.1095, 1149; वही, पृ. 52 से उद्धृत।
357. राज, 7.696, 709
358. वही, 8.1184
359. जोराजकृत राजतरंगिणी, 193
360. बी. भट्टाचार्य, दी इण्डियन बुद्धिस्ट आइकोनोग्राफी, भूमिका, पृ.35-39
361. वही, पृ. 39
362. तारानाथ, पृ. 134
363. द स्ट्रगल फार इम्पायर, पृ. 401 तथा तारानाथ, पृ. 108
364. तारानाथ, पृ. 110, 111, 116, 123
365. द स्ट्रगल फार इम्पायर, पृ. 421
366. एस. बी. दासगुप्ता, पूर्वोद्धृत, पृ. 12
367. गो. च. पाण्डेय, बौद्ध धर्म के विकास का इतिहास, पृ. 21
368. काणे, धर्मशास्त्र का इतिहास, भाग 2, पृ. 924-34 तथा बलदेव उपाध्याय, पुराण विमर्श, पृ. 236
369. दे. भा. पु., 1.3.21
370. गो. च. पांडेय, पूर्वोद्धृत, पृ. 477 तथा 482-85; दामोदरन, भारतीय चिन्तन परम्परा, पृ. 248-9
371. तारानाथ, पृ. 93, 94, 97
372. आर. सी. मित्रा, डिक्लाइन आफ बुद्धिज्म, पृ. 143, 146-147; यादव, पूर्वोद्धृत, पृ. 383 में उद्धृत।
373. गो. च. पाण्डेय, पूर्वोद्धृत, पृ. 492
374. यादव, पूर्वोद्धृत, पृ. 383
375. राइस डेविस, बुद्धिज्म, पृ. 345-46
376. राजतरंगिणी, 3.12
377. यादव, पूर्वोद्धृत, पृ. 346
378. कल्किपुराण, द्वितीयांश, अध्याय 3.30
379. वही, 3.10
380. वही, 13.39-41
381. बी. भट्टाचार्य, पूर्वोद्धृत, पृ. 389 तथा देखें, फलक संख्या 140, पृ. 270; 189, 190, पृ. 291-92
382. वही, पृ. 267, फलक सं. 131
383. वही, पृ. 285, फलक संख्या 131
384. वही, पृ. 286, 389
385. वही, तेरहवाँ अध्याय, हिन्दू गाड्स इन वज्रयान, पृ. 344
386. अग्निपुराण, 49.8, कल्किपुराण, द्वितीयांश, 3.29
387. नलचम्पू, उच्छवास, 1, पृ. 41; नैषधीयचरित, 21.87,93
388. अग्निपुराण, 16.3

389. गो. च. पाण्डेय, पूर्वोद्धृत, पृ. 492
390. एस. बी. दासगुप्ता, पूर्वोद्ध, पृ. 11, 13, 14
391. वही, पृ. 18 पर उद्धृत, "मैथुनस्य परावृत्तौ विभुत्वं सभ्यते परम्।
बुद्ध सौख्य-विहारे च दारा संक्लेश दर्शने।"
392. बी. भट्टाचार्य, एन इण्ट्रो. टू बुद्धिस्ट एज़ोटेरिज़्म, पृ. 48 तथा बी. भट्टाचार्य, द इण्डियन बुद्धिस्ट आइकोनोग्राफी, पृ. 9
393. एस. बी. दासगुप्ता, पूर्वोद्धृत, पृ. 19
394. भट्टाचार्य, द इण्डियन बुद्धिस्ट आइकोनोग्राफी, पृ. 41
395. एस. बी. दासगुप्ता, पूर्वोद्धृत, पृ. 20
396. गो. च. पाण्डेय, पूर्वोद्धृत, पृ. 462 तथा एस. बी. दासगुप्ता, पूर्वोद्धृत, पृ. 20-22
397. एस. बी. दासगुप्ता, पूर्वोद्धृत, पृ. 23 तथा पाद-टिप्पणी।
398. वही, पृ. 24; श्री चक्र सभारतन्त्र की भूमिका में काज़ी दव सम्दुप ने वज्रयान को तीन भागों में विभक्त किया है–क्रियातन्त्रयान, चर्यातन्त्रयान और योगतन्त्र यान। योगतन्त्रयान दो उपभागों–तन्त्रयान और अनुत्तरयोग तन्त्रयान में पुनर्विभक्त किया गया है। सामान्यतः वज्रयान को क्रियातन्त्र,चर्यातन्त्र, योगतन्त्र, और अनुत्तर तन्त्र में विभाजित किया जाता है। वही, पृ. 23
399. अद्वयवज्रसंग्रह, पृ. 37, वही, पृ. 26 में उद्धृत।
400. द स्ट्रगल फार इम्पायर, पृ. 411
401. एस. बी. दासगुप्ता, पूर्वोद्धृत, पृ. 27
402. वही
403. द स्ट्रगल फार इम्पायर, पृ. 411
404. वही, पृ. 412 तथा एस. बी. दासगुप्ता, पूर्वोद्धृत, पृ. 24-25; महामहोपाध्याय हरप्रसाद शास्त्री ने इसका आशय विनाश के चक्र से रक्षार्थ 'यान' बताया है; वही, पृ. 25 पर उद्धृत।
405. वही, पृ. 413 तथा एस. बी. दासगुप्ता, पूर्वोद्धृत, पृ. 25-26
406. एस. बी. दासगुप्ता, पूर्वोद्धृत, पृ. 51 तथा बुद्धप्रकाश, सम आस्पेक्ट्स. पृ. 74 से आगे।
407. वही, पृ. 52
408. वही, पृ. 52 पर उद्धृत।
409. वही, पृ. 53 पर उद्धृत वेव्रज तन्त्र-न मन्त्र जापो न तपो न होमोन न च मण्डलने च। स मंत्र-जापः स होमः स मण्डलेयं तन मण्डलने च ॥
410. एस. बी. दासगुप्ता, पूर्वोद्धृत, पृ. 54
411. वही, पृ. 54-57
412. दोहाकोश–ज्ञान मोहि अ साल की लोअ। निअ स्वहाव नियु लक्खई को अ ॥ वही, पृ. 57 पर उद्धृत
413. राजस्थान, पृ. 58, 64, 107
414. राजस्थान, पृ. 119, 130, 136, 137, 151
415. प्र. चि. अध्याय 3 पृ. 96, अध्याय 5 पृ. 203

416. द एज़ आफ इम्पीरियल कन्नौज, पृ. 289
417. प्र. चि. अध्याय 1, पृ. 19
418. सम्बोध प्रकरण, 27, 34, 46-49, 61, 63 68 आदि, दशरथ शर्मा, अ. चौ. डा. पृ. 250 पर उद्धृत
419. यादव, पूर्वोद्धृत, पृ. 330
420. जै. शि. सं., पृ. 299
421. राजस्थान, पृ. 76
422. दशरथ शर्मा, अ. चौ. डा., पृ. 151-257
423. राजस्थान, पृ. 68
424. प्र. भाटिया, पूर्वोद्धृत, पृ. 267
425. प्र. चि., अध्याय 2, पृ. 55, 56-60
426. प्र. भाटिया, पूर्वोद्धृत, पृ. 268
427. राजस्थान, पृ. 64
428. द. शर्मा, अ. चौ. डा. पृ, 255
429. एपि. इ. जि. 9, पृ. 146-55; प्र. भाटिया, पूर्वोद्धृत, पृ. 271 पर उद्धृत।
430. राजस्थान, पृ. 103
431. प्र. भाटिया, पूर्वोद्धृत, पृ. 271
432. द स्ट्रगल फार इम्पायर, पृ. 428
433. प्र. चि., अध्याय 3, पृ. 89
434. द स्ट्रगल फार इम्पायर, पृ. 428
435. प्र. चि., अध्याय 4, पृ. 142
436. कुमारपाल चरित, अध्याय 7, पृ. 87
437. राजस्थान, पृ. 87
438. मोहराज पराजय, अंक 4, पृ. 83; ज. शं मिश्र, प्रा. भा. सा. इ., पृ. 400 पर उद्धृत
439. प्र. चि., अध्याय 4, पृ. 143
440. वही. पृ. 136, 142, 143, 145
441. राजस्थान, पृ. 101
442. प्र. चि., अध्याय4, पृ. 151
443. राजस्थान, नेमिनाथ (आबू) मंदिर की प्रशस्ति, पृ. 103
444. प्र. चि., अध्याय 4, पृ. 157
445. वही, पृ. 161
446. राजस्थान, पृ. 101
447. वही, हस्तिकुण्डी शिलालेख (996 ई.), पृ. 68-9 तथ नाडलाई लेख (1138 ई.), यह लेख चौहानों के अधीनस्थ गुहिल वंश का है, पृ. 81
448. वाटर्स, जि. 2, पृ. 63
449. द एज आफ इम्पीरियल कन्नौज, पृ. 290
450. अ. प्र. पाण्डेय, पूर्वोद्धृत, पृ. 170
451. जै. शि. सं., भाग 2, अ. सं. 225

452. सी. आई. आई., जि. 4, भाग 2, पृ. 311
453. वही, भूमिका, पृ. 162
454. वही, पृ. 517
455. उमाकान्त शाह, स्टडीज़ इन जैन आर्ट; बी. एन. शर्मा, सोसल लाइफ इन नार्दन इण्डिया, पृ. 210 पर उद्धृत।
456. एस. बी. देव, हिस्ट्री आफ जैन मोनासिज्म, पृ. 371-74, प्र. भाटिया, पूर्वोद्धृत, पृ. 267 पर उद्धृत।
457. जै. शि. सं., भाग 3, प्राक्कथन, डा. हीरालाल जैन. पृ. 3 तथा इस संदर्भ में देखें–जैन संघ का परिचय, पृ. 22 से आगे।
458. यादव, पूर्वोद्धृत, पृ. 349
459. राजस्थान, पृ. 111, 124, 129, 158
460. जै. शि. सं., भाग 3, पृ. 25
461. पाहुड़ दोहा, 120, 181, बी. एन. शर्मा, पूर्वोद्धृत, पृ. 214 पर उद्धृत।
462. पाहुड़ दोहा, 64, 168, वही, पृ. 214 पर उद्धृत।
463. एस. बी. दासगुप्ता, आब्सक्योर रिलिजस कल्ट्स, पृ. 58, द्रष्टव्य पा. टि. 8
464. पाहुड़ दोहा के उद्धरण, एस. बी. दासगुप्ता, आब्सक्योर रिलिजस कल्ट्स, पृ. 59-61 पर उद्धृत।

उपसंहार

पूर्वमध्ययुग में निरन्तर विकासोन्मुख सामन्तवाद अथवा नई भूमि-व्यवस्था के परिणामस्वरूप–विकेन्द्रीकरण, स्थानीयता, आर्थिक गत्यवरोध, कृषि प्रधान अर्थ व्यवस्था, वंशानुगत व्यवसाय की प्रवृत्तियाँ बढ़ीं। गुप्तकाल के उत्तरार्द्ध में होने वाले विदेशी आक्रमण ने भी आर्थिक ह्रास की स्थिति पैदा की। इन परिस्थितियों में समाज में अनेक संरचनात्मक परिवर्तन हुए। दूसरी ओर बृहद् पैमाने पर जनजातियों का आत्मसात्करण और वाममार्गी दर्शन की प्रबलता इस युग की महत्त्वपूर्ण घटनाएँ थीं। वाममार्गी विचारधारा ब्राह्मणीय-व्यवस्था के विरुद्ध एक चुनौती थी। सांस्कृतिक संत्रास की इस स्थिति में यदि एक ओर बृहद परम्परा की सांस्कृतिक-समायोजन और सार्वभौमीकरण की स्वाभाविक चेतना गतिशील थी, तो दूसरी ओर समाज की सोपानात्मक संरचना के स्थायित्व की चिन्ता से प्रतिरक्षात्मक और संकुचनशीलता की ओर प्रवृत्त भी। यह संकुचनशीलता की प्रवृत्ति उन संस्थाओं और विधि-विधानों के प्रति निरन्तर कठोर और रूढ़िग्रस्त होते दृष्टिकोण में प्रतिबिम्बित होती है, जिन पर जातिगत विषमता से युक्त समाज का ढाँचा अवलम्बित था।

इस युग में विभिन्न वर्णों के कर्तव्यों में व्यापक परिवर्तन हुए। राजपूत नामक प्रशासक वर्ग समाज और राजनीति में आरोपणार्थ 'क्षत्रियत्व' और एक भव्य परम्परा की प्राप्ति के लिए ब्राह्मणों का मुखापेक्षी था। साथ ही क्षेत्रीय विस्तार से आविर्भूत जनजातीय क्षेत्रों पर स्थायी अधिकार और जनजातियों के आत्मसात्करण के कार्य में ब्राह्मणों का सहयोग उसके लिए अपेक्षित था। इस दृष्टि से ब्राह्मणों के लिए यह युग अनुकूल था और इसे ब्राह्मणों के प्रव्रजन तथा भूमिदान के आलोक में देखा जा सकता है। परन्तु दूसरी ओर श्रौत कर्मकाण्डों के अप्रचलन, भक्तिमार्ग और वाममार्गी आन्दोलन से ब्राह्मणों की कर्मकाण्डीय श्रेष्ठता और सामाजिक-आर्थिक प्रस्थिति को आघात पहुँचा जिसे पुराणों और परवर्ती स्मृतियों ने तीर्थदान की प्रकिया को त्वरितता देकर सुदृढ़ करने का प्रयास किया। कृषि, वाणिज्य, शिल्प शनैः-शनैः सामान्य वर्ण धर्म का स्वरूप ग्रहण करते गए। राजपूत वर्ग का उद्‌भव यदि एक ओर नयी भूमि व्यवस्था से सम्बद्ध था तो दूसरी ओर स्थानीय रूप से

राजनीतिक अस्थिरता जनित सामाजिक गतिशीलता से। ऐसी कतिपय जातियों का उल्लेख मिलता है जो किसी स्रोत में राजपूतों और किसी स्रोत में शूद्र या अन्त्यजों की श्रेणी में थीं।

इस युग में वैश्यों की स्थिति में अवनति को आर्थिक गतिरुद्धता से जोड़ा जा सकता है। पुराण और परवर्ती स्मृतियों द्वारा शूद्र को प्रदत्त विकसित धार्मिक अधिकार उन्हें वाममार्गी आन्दोलनों से विमुख करने और एक विशाल यजमान समुदाय से वंचित न रह जाने के ब्राह्मणों के प्रयास परन्तु साथ ही बृहद् परम्परा की समायोजन की प्रवृत्ति का परिचायक हैं जबकि आर्थिक अधिकारों में वृद्धि का एक कारण उन जनजातियों का शूद्र वर्णान्तर्गत आत्मसात्करण था जो किसी न किसी पेशे से सम्बद्ध थीं। यद्यपि निम्न वर्ग के पूर्वापेक्षा व्यापक आर्थिक और धार्मिक अधिकारों को देखते हुए समाज की एक पृथक् इकाई के रूप उनकी स्थिति को बेहतर कहा जा सकता है; परन्तु अस्पृश्यता और अभोज्यान्नता की बढ़ती प्रवृत्ति ने सापेक्ष रूप से उनकी स्थिति को समाज में बदतर बनाया।

श्रेणियों की जाति के रूप में परिणति और जनजातियों के आत्मसत्करण से जातियों का प्रगुणन, विकास और धनीभूतीकरण इस युग की प्रमुख देन है। स्थानीयता, व्यापारिक गतिरुद्धता और वंशानुगत व्यवसाय की प्रवृत्ति को श्रेणियों के विघटन और उनके जातियों के रूप में घनीभूतीकरण के लिए उत्तरदायी माना जा सकता है। परन्तु आंतरविवाह, अस्पृश्यता और अभोज्यान्नता इस सोपानिक ढाँचे की स्थिरता और स्थायित्व के सह प्रेरक थे। आगे चलकर मुस्लिम आक्रमण के कारण संस्कृति-संक्रमण से सुरक्षार्थ अन्तर्जातीय विवाह और भोज पर और दृढ़ता से प्रतिबन्ध लगाए गए, जाति व्यवस्था कठोर और गतिहीन होती गई। अस्पृश्यता की प्रवृत्ति के व्यापक होने और शनैः-शनैः समस्त शूद्र समुदाय का इस प्रथा की परिधि में आने का मुख्य कारण वाममार्गी आन्दोलन, निम्न वर्ग की इससे सम्बद्धता और परम्परावादी वर्ग का विद्वेष था।

विवाह संस्था और शैक्षणिक क्षेत्र में हुए परिवर्तनों और मठों-विद्यालय की परम्परा से ब्रह्मचर्याश्रम का परम्परागत स्वरूप पुराकल्प की विषयवस्तु मात्र रह गया। भक्ति मार्ग और इसके अन्तर्गत दान-तीर्थ की प्रमुखता के कारण श्रौत-स्मार्त्त कर्म अव्यावहारिक और अप्रचलित होते गए। संन्यास आश्रम ब्राह्मण वर्ण की परिधि में संकुचित हो गया। भक्ति मार्ग प्रणीत मोक्ष की अवधारणा से इसकी संरचना को आघात पहुँचना स्वाभाविक था। यही कारण है कि अन्ततः वानप्रस्थ और संन्यास कलिवर्ज्य कर दिए गए। संक्षेप में इस युग के व्यवस्थाकारों का दृष्टिकोण वानप्रस्थ और संन्यास को निरुत्साहित करने का रहा है।

इस युग में सामाजिक निमन्त्रणकारी तत्त्व के रूप में धर्म क्षीण हो रहा था। धर्म, अर्थ और कामपरक बनने की दिशा में प्रवृत्त था। मठों मंदिरों में देवदासियों

की उपस्थिति और मन्दिरों पर उत्कीर्ण स्त्री-पुरुषों के सुखरत दृश्य इसका प्रमाण हैं। सामाजिक विघटन और परिवर्तन में सुख सम्बन्धी व्यवहार, पवित्र विचारों में ह्रास और अशान्तिमय घटनाक्रम महत्त्वपूर्ण कारक होते हैं और पूर्वमध्ययुगीन समाज में ये तीनों प्रवृत्तियाँ व्याप्त थीं। नैतिक सदाचार के शिथिलीकरण में तन्त्रवाद और सामन्तवादी वातावरण में पलती शृंगारिकता की भी प्रधान भूमिका थी।

विवाह संस्था और नारियों की दशा में होने वाले परिवर्तनों के लिए आन्तरिक विघटनकारी तत्त्वों के अतिरिक्त बाह्य तत्त्व के रूप में हूण आक्रमण से जनित राजनीतिक अस्थिरता और पुनः मुस्लिम आक्रमण उत्तरदायी थे। वाममार्ग के अन्तर्गत सभी स्त्री-पुरुषों को संन्यास और दीक्षा ग्रहण करने और दीक्षा देने का अधिकार प्राप्त था, जबकि ब्राह्मण व्यवस्था में संन्यास आश्रम ब्राह्मण वर्ण की परिधि में संकुचित हो चुका था। इन परिस्थितियों में योग्य वर के अभाव में भी, रजस्वला होने से पूर्व कन्या का विवाह धार्मिक और सामाजिक बाध्यता और अनिवार्यता बन चुकी थी। परिवर्तित परिस्थितियों में—विधवा विवाह, नियोग, सम्बंन्ध विच्छेद, पुनर्विवाह के अधिकारों से नारी पूर्णतः वंचित की जा चुकी थी। यद्यपि प्रारम्भ में देवल ने पीड़िता नारी के समाज में पुनर्समायोजन का समर्थन किया परन्तु आगे चलकर यह उदार दृष्टिकोण समाप्त हो गया। मुस्लिम आक्रमण के प्रारम्भिक सीमित चरण ओर पुनः इसकी विशदता—इन दो परिप्रेक्ष्यों में पुनर्समायोजन सम्बन्धी, क्रमिक उदार और कठोर विचारों को देखा जा सकता है। सजातीय विवाहों पर अधिकाधिक बल दिया गया। अन्तर-जाति विवाह की निषिद्धता और कलिवर्ज्यता भी समाज की सोपानिक संरचना के स्थायित्व, सामाजिक स्थिरता और संस्कृति संक्रमण से सुरक्षार्थ हिन्दू समाज की प्रतिरक्षात्मक नीति का परिणाम थी। एक ओर धर्मशास्त्रों में विधवा को सम्पत्ति-विषयक अधिकार प्राप्त हुए तो दूसरी ओर उन्हीं में से अधिकांश ने सती प्रथा को व्यापकता प्रदान की। शनैः-शनैः यह प्रथा अनिवार्य प्रथा और 'सामान्य धर्म' का स्वरूप ग्रहण करती गई। इन परिस्थितियों में विवाह संस्था का महत्त्व धार्मिक प्रयोजन से अधिक नियंत्रणकारी तत्त्व के रूप में था।

शिक्षा के केन्द्र के रूप में प्राचीन गुरुकुल और आश्रम प्रणाली का स्थान मठ, मन्दिर, अग्रहार तथा संरक्षित विश्वविद्यालय ग्रहण कर रहे थे। ये मठ-मन्दिर धार्मिक प्रवृत्ति के साथ ही राजनीतिक अभिलाषा के परिचायक थे। राज्याश्रय प्राप्त ये मठ-मन्दिर शिक्षा केन्द्रों के साथ-साथ ब्राह्मणीय व्यवस्था के विस्तार के महत्त्वपूर्ण माध्यम थे। धार्मिक प्रतिष्ठानों में शिक्षा का स्वरूप धर्मपरक हो जाना स्वाभाविक था। संकुचित राजनीतिक आदर्शों के परिप्रेक्ष्य में अर्थशास्त्र और निम्नवर्ग के प्रति अस्पृश्यता की भावना के विकास, पेशों की अनुवंशिकता और जाति-व्यवसाय के

बीच बद्ध-संगतता के कारण व्यावसायिक शिक्षा में अवनति स्वाभाविक थी। उच्च कुलों के अतिरिक्त नारी पूर्णतः शैक्षणिक अधिकारों से वंचित थी।

धर्म के क्षेत्र में इस युग की सर्वाधिक महत्त्वपूर्ण घटना वेद विरोधी वाममार्गी आन्दोलन था जिसमें जनजातियों के आत्मसात्मकरण से उद्भूत प्रभाव और निम्नवर्ग की बढ़ती सामाजिक आडम्बर, जातिगत वैषम्य के विरुद्ध क्षुब्धता की स्पष्ट भूमिका थी। यह आन्दोलन निम्न वर्ग के सामाजिक असन्तोष की धार्मिक परिणति था। इस युग का धार्मिक संघर्ष किन्हीं दो सम्प्रदायों के बीच का नहीं बल्कि समाज के दो वर्गों के मध्य था। एक वर्ग परम्परावादियों का था जो यथास्थितिवादी थे और सामाजिक संरचना के स्थायित्व के लिए सोपानिक क्रम में निहित जातिगत कठोरता और इस क्रम को दृढ़ रखने वाले तत्त्वों–अस्पृश्यता, अभोज्यान्नता, सजातीय विवाह और जाति-व्यवसाय की बद्ध संगतता को निरन्तर प्रश्रय दे रहे थे। दूसरा वर्ग समाज का वह निम्नवर्ग था जो इस सामाजिक-संरचना को लगातार चुनौती दे रहा था। इन परिस्थितियों में बृहद् परम्परा की समायोजन, और सार्वभौमीकरण की चेतना ने यदि लघु परम्परा के अनेक धार्मिक तत्त्वों को मान्यता प्रदान की तो दूसरी ओर सांस्कृतिक संत्रस्तता के कारण कहीं-कहीं सामाजिक संस्थाओं के स्थायित्व और अक्षुण्णता की चिन्ता से उसका दृष्टिकोण संकुचनशील और रूढ़िग्रस्त भी होता गया।

इस प्रकार बाह्य और आन्तरिक विघटनकारी तत्त्वों से सन्त्रस्त हिन्दू समाज की नीति अधिकाधिक संकुचित, कठोर, और प्रतिरक्षात्मक होती गई। पूर्वमध्ययुगीन समाज में वे परिवर्तन जो अधिक स्थायी सिद्ध हुए और जिससे हिन्दू समाज आने वाली कई शताब्दियों तक पीड़ित रहा, इसी सांस्कृतिक सन्त्रस्तता का परिणाम थे। मेधातिथि के बाद शायद ही कोई व्यवस्थाकार अगली शताब्दियों में हुआ हो जो एक सीमातक युगानुरूप आवश्यकताओं को प्राथमिकता देते हुए पुरातन पन्थ पर पुनर्विचार कर सकता और समीचीनता पर 'शास्त्रानुकरण' से अधिक जोर दे पाता। इसका परिणाम यह हुआ कि रूढ़िग्रस्त हिन्दू समाज आगे आने वाली अनेक शताब्दियों तक प्रसुप्तावस्था नें पड़ा रहा।

सहायक ग्रन्थ

मूल स्रोत

अभिधान चिन्तामणि, हेमचन्द्र, चौखम्बा विद्या भवन, वाराणसी, 1964।

अमरकोश

आपस्तम्ब धर्मसूत्र, चौखम्बा संस्कृत सीरीज, वाराणसी, 1969

अग्निपुराण, गुरुमण्डल सिरीज, कलकत्ता, 1957।

अपराजितपृच्छा, भुवनदेव, जी. ओ. एस., 1950।

उत्तर रामचरित, भवभूति, मोतीलाल बनारसीदास, 1963।

कृतकल्पतरु, लक्ष्मीधर, दानकाण्ड, (1941), राजधर्मकाण्ड (1943), गृहस्थकाण्ड (1944), मोक्षकाण्ड (1945), ब्रह्मचारीकाण्ड (1948), श्राद्धकाण्ड (1950), नियतकालकाण्ड (1950), शुद्धिकाण्ड (1950), व्यवहारकाण्ड (1953), व्रतकाण्ड (1953)–जी. ओ. एस., बड़ौदा।

कादम्बरी, बाणभट्ट, प्रकाशन केन्द्र लखनऊ।

कामन्दकीयनीतिसार, श्री वेंकटेश्वर स्टीम प्रेस, बम्बई।

कथासरित्सागर, सोमदेव, बिहार राष्ट्रभाषा परिषद्, खण्ड 1, 1974, खण्ड दो और तीन 1961।

कालिकापुराण, चौखम्बा संस्कृत सिरीज आफिस, वाराणसी, 1972।

कुन्दमाला, दिङ्नाग, भारतीय संस्कृतभवन, जालन्धर, 1955।

कर्पूरमंजरी, राजशेखर, मेरठ, 1973।

कुट्टनीमत्तम, दामोदरगुप्त, इण्डोलॉजिकल बुक हाउस, वाराण्सी, 1961।

कल्किपुराण, सं. अशोक चटर्जी शास्त्री, रिसर्च इन्स्टीट्यूट, वाराणसी, संस्कृत विश्वविद्यालय, 1972।

गौतमधर्मसूत्र, हरदत्त के भाष्य के साथ, चौखम्बा संस्कृत सिरीज आफिस, वाराणसी, 1966।

गीतगोविन्द काव्य, जयदेव, वाराणसी, वि. सं. 2009।

गरुड़पुराण

चतुर्विंशमतसंग्रह
चारुचर्या, क्षेमेन्द्र, चौखम्बा विद्याभवन, वाराणसी, 1961।
चौरपंचाशिका, बिल्हण, चौखम्बा संस्कृत सीरीज आफिस, वाराणसी, 1971।
चम्पूरामायण, भोज, विद्याभवन संस्कृत ग्रन्थमाला, वाराणसी, 1956।
क्षेमेन्द्रं लघु काव्यसंग्रह, संस्कृत अकादमी, उस्मानिया विश्वविद्यालय, हैदराबाद, 1961।
जीवन्धरचम्पू, हरिश्चन्द्र, भारतीय ज्ञानपीठ, काशी, 1944।
दशावतारचरित, क्षेमेन्द्र, प्रज्ञा प्रकाशन, कानपुर, 1967।
दशकुमारचरित, दण्डी, चौखम्बा संस्कृत सीरीज आफिस, वाराणसी, 1948।
देवीभागवतपुराण—
धर्मसिन्धु, काशीनाथ उपाध्याय, चौखम्बा संस्कृत सीरीज आफिस; वाराणसी 1968
निर्णयसिन्धु, कमलाकरभट्ट, वाराणसी, सं. 2027।
नीतिवाक्यामृत, सोमदेवसूरि, चौखम्बा विद्या भवन, वाराणसी, 1972।
नैषधीयचरित, महाकवि हर्ष, प्रकाशक श्री जे. एन. यादव, 1949।
नागानन्द नाटकम्, हर्ष, चौखम्बा संस्कृत सीरीज आफिस, वाराणसी, 1968।
नलचम्पू, त्रिविक्रमभट्ट, चौखम्बा संस्कृत सीरीज आफिस, वाराणसी, 1967।
पद्मपुराण, रविषेण, भारतीय ज्ञानपीठ, काशी, 1944।
पराशरस्मृति, चौखम्बा संस्कृत सिरीज आफिस, वाराणसी, सं. 2025।
पराशर माधव, माधवाचार्य, जिल्द, 1974 व जिल्द 2-3, 1973, द एशियाटिक सोसाइटी।
पृथ्वीराज रासो,चन्द्रबरदायी, राजस्थान, वि. सं. 2012।
बृहन्नारदीयपुराण, चौखम्बा अमर भारती प्रकाशन, वाराणसी, 1975।
बौधायन धर्मसूत्र, चौखम्बा संस्कृत सिरीज आफिस, वाराणसी, 1972।
ब्रह्मवैवर्तपुराण, आनन्द आश्रम संस्कृत ग्रन्थावली, 1935।
भागवतपुराण, गीताप्रेस गोरखपुर, वि. सं. 2011।
भोजचरित्र, राजवल्लभ, भारतीय ज्ञानपीठ, काशी, 1964।
मनुस्मृति और कुल्लूक का भाष्य, चौखम्बा संस्कृत सिरीज आफिस, वाराणसी, 1970।
मनुस्मृति और मेधातिथि का भाष्य, गुरुमण्डल ग्रन्थमाला, मनसुखरायमोर, कलकत्ता, 1971।
मानसोल्लास, सोमेश्वर, जिल्द 1, सी. ओ. जी. एस., 1967।
महावीरचरित, भवभूति, विद्याभवन संस्कृत ग्रन्थमाला, चौखम्बा विद्या भवन, वाराणसी, 1968।

मत्तविलासप्रहसन, श्री महेन्द्र विक्रम वर्म, चौखम्बा विद्याभवन, वाराणसी, विद्याभवन संस्कृत ग्रन्थमाला, 1966।

महाभारत, गीता प्रेस, गोरखपुर।

याज्ञवल्यस्मृति और विज्ञानेश्वर का भाष्य, चौखम्बा संस्कृत सीरीज, वाराणसी, 1967।

याज्ञवल्यस्मृति पर अपरार्क का भाष्य, आनन्दाश्रम संस्कृत ग्रन्थावली, 1904।

यशस्तिकलचम्पू महाकाव्य, सोमदेवसूरि, आनन्दप्रेस वाराणसी, 1971।

यात्रा विवरण, अनु. जगन्मोहन वर्मा, नागरी प्रचारिणी सभा, काशी, सं. 2019।

राजतरंगिणी, कल्हण; अनु.रघुनाथ सिंह, हिन्दी प्रचारक संस्थान, प्रथम एवं द्वितीय भाग, 1974।

राजतरंगिणी (सातवीं व आठवीं तरंग), अनु. पं. रामतेज शास्त्री

राजतरंगिणी, जोनराज, अनु. रघुनाथ सिंह

लिंगमहापुराण, श्री वेंकटेश्वर स्टीम यन्त्रणालय, बम्बई

वैजयन्ती, यादवप्रकाश, चौखम्बा संस्कृत सीरीज आफिस, वाराणसी, 1971।

वासवदत्त, सुबन्धु, विद्याभवन संस्कृत ग्रन्थमाला, चौखम्बा विद्याभवन, वाराणसी, 1967।

वामनपुराण, काशीराज ट्रस्ट, वाराणसी, 1967।

विष्णु पुराण, गीताप्रेस गोरखपुर सं. 2063।

विक्रमांकदेवचरित, बिल्हण, हिन्दू विश्वविद्यालय संस्कृत साहित्य रिसर्च कमेटी, 1958।

वेणीसंहार, भट्टनारायण, चौखम्बा संस्कृत सिरीज आफिस, वाराणसी, 1969।

शुकसप्तति, चौखम्बा, वाराणसी, 1966।

शिशुपालवध, माघ; चौखम्बा विद्याभवन, वाराणसी, 1955।

समयमातृका, क्षेमेन्द्र, चौखम्बा विद्याभवन, वाराणसी, 1967।

स्मृतिनांसमुच्चय, आनन्द आश्रम संस्कृत ग्रंथावली,—में संगृहीत स्मृतियां।

हरिवंशपुराण, भारतीय ज्ञानपीठ, काशी, 1962।

हलायुधकोश, हिन्दी समिति, लखनऊ, 1967।

हरिवंशपुराण, गीताप्रेस गोरखपुर, 1967।

त्रिषष्टिशलाकापुरुषचरित, हेमचन्द्र, बम्बई।

ऋग्वेदसंहिता, सातवलेकर पं. श्री दा, सं. स्वाध्यायमण्डल, पारडी।

आधुनिक ग्रन्थ

अवस्थी, रामाश्रय, खजुराहो की देव प्रतिमाएँ, आगरा, 1967।

अल्तेकर, ए. एस, प्राचीन भारतीय शिक्षण पद्धति, वाराणसी, 1968।

अल्तेकर, ए. एस., गुप्त कालीन मुद्राएं, 1954।

अल्तेकर, प्राचीन भारतीय शासन पद्धति, इलाहाबाद, सं. 2033।
अवस्थी, अवधबिहारी लाल, राजपूतराजवंश, लखनऊ, 1977।
अग्रवाल, वासुदेवशरण, मथुरा कला, अहमदाबाद, वि. सं. 2020।
इलियट एण्ड डाउसन, भारत का इतिहास, जिल्द 1, 1973, जिल्द 2-3, 1974, आगरा, (हिन्दी अनुवाद)।
उपाध्याय, रामजी, प्राचीन भारतीय साहित्य की सांस्कृतिक भूमिका, इलाहाबाद, 1966।
उपाध्याय, बलदेव, पुराण विमर्श, काशी।
उपाध्याय, रामजी, भारतीय धर्म और संस्कृति, इलाहाबाद, 1971।
उपाध्याय, वासुदेव प्राचीन भारतीय मुद्राएँ, 1997।
ओझा, गौरीशंकर, हीराचन्द्र, मध्यकालीन भारतीय संस्कृति (600-1200), इलाहाबाद, 1951।
कर्वे, इरावती, भारत में बन्धुत्व संगठन, चण्डीगढ़ 1973।
काणे, पी. वी. धर्मशास्त्र का इतिहास, भाग 1—1970, भाग 2—1973, भाग 3—1966, हिन्दी समिति, लखनऊ।
कापड़िया, के.एम., भारतवर्ष में विवाह एवं परिवार, दिल्ली, 1973।
कोसम्बी, दामोदर धर्मानन्द, प्राचीन भारत की संस्कृति और सभ्यता (हि. अनु.), दिल्ल्ली, 1977।
गुप्त, परमेश्वरीलाल, भारत के पूर्वकालिक सिक्के, 1996।
प्राचीन भारतीय मुद्राएँ, वाराणसी, 1989।
चौबे, नीता, पूर्वमध्यकालीन लोक जीवन एवं संस्कृति, 2009।
जैन, जगदीशचन्द्र, जैन आगम साहित्य में भारतीय समाज, वाराणसी, 1965।
जैन, गोकुलचन्द्र, यशस्तिलक का सांस्कृतिक अध्ययन, अमृतसर, 1967।
झा, द्विजेन्द्रनाथ, (सम्पा.) भारतीय सामन्तवाद, राज्य समाज और विचारधारा, (हिन्दी अनुवाद) दिल्ली, 2000।
टाड, राजस्थान का इतिहास, (अनु.) इलाहाबाद, 1962।
थापर, रोमिला, भारत का इतिहास, दिल्ली, 1975।
दामोदरन, के., भारतीय चिन्तन परम्परा, नई दिल्ली।
द्विवेदी, हजारीप्रसाद, नाथ सम्प्रदाय, वाराणसी।
द्विवदी, हजारीप्रसाद, मध्यकालीन धर्मसाधना, इलाहाबाद, 1970।
पाण्डेय, अयोध्याप्रसाद, चन्देलकालीन बुन्देलखण्ड का इतिहास, प्रयाग, 1968।
प्रकाश, बुद्ध, भारतीय धर्म एवं संस्कृति, मेरठ।
पान्थरी बी. पी., महागुप्त राजवंश, हिन्दी समिति, लखनऊ।
पाठक, विशुद्धानन्द, प्राचीन भारत की आर्थिक संस्कृति, लखनऊ, 2005।

प्रकाश ओम, प्राचीन भारत का सामाजिक इतिहास, मैकमिलन, 1975।
प्रसाद, नर्मदेश्वर, जाति व्यवस्था, दिल्ली, 1956।
पाण्डेय, गोविन्दचन्द्र, बौद्धधर्म के विकास का इतिहास, लखनऊ, 1963।
पाण्डेय, विमलचन्द्र, भारतवर्ष का सामाजिक इतिहास (600 ई. पू.–100 ई.), इलाहाबाद, 1960।
पाण्डेय, राजबली, हिन्दू धर्मकोश, लखनऊ, 1978।
बाजपेयी, कृष्णदत्त, प्राचीन भारत का विदेशों से सम्बन्ध, इन्दौर, 1963।
बाजपेयी, सन्तोषकुमार, ऐतिहासिक भारतीय सिक्के, 1997
भण्डारकर, आर. जी. वैष्णव, शैव और अन्य धार्मिक मत, वाराणसी।
भण्डारकर, दत्तात्रेय रामकृष्ण, प्राचीन हिन्दू राजनीति के कुछ पहलू, वाराणसी, 1974।
मिश्र, जयशंकर, प्राचीन भारत का सामाजिक इतिहास, पटना, 1974 और नवीन संस्करण, 1980।
मिश्र, जयशंकर, ग्यारहवीं सदी का भारत, वाराणसी, 1968।
मुखर्जी, राधाकुमुद, भारत की संस्कृति और कला, दिल्ली, 1958।
मोतीचन्द्र, सार्थवाह, पटना, 1966।
मुखिया, हरबंस (सं.) फ्यूडलिज्म और गैरयूरोपीय समाज, ग्रन्थ शिल्पि, नई दिल्ली, 1998।
राधाकृष्णनन्, धर्म और समाज, दिल्ली, 1975।
व्यास, लक्ष्मीशंकर, चौलुक्य कुमारपाल, वाराणसी, 1962।
विद्यालंकार, निरूपण, भारतीय धर्मशास्त्र में शूद्रों की स्थिति, मेरठ, 1971।
वेदालंकार, हरिदत्त, हिन्दू विवाह का संक्षिप्त इतिहास, लखनऊ, 1970।
वेदालंकार, हिन्दू परिवारमीमांसा, दिल्ली, 1973।
शास्त्री, कल्पनाथ, भारत और मुस्लिम आक्रमण (700-1200 ई.), वाराणसी, 1974।
शर्मा, गोपीनाथ, राजस्थान के इतिहास के स्रोत, जयपुर, 1973।
शर्मा, रामशरण, भारतीय सामन्तवाद, दिल्ली, 1973।
शर्मा, रामशरण, पूर्वमध्यकालीन भारत में सामाजिक परिवर्तन, दिल्ली, 1975।
शर्मा, रामशरण, पूर्वकालीन भारतीय समाज और अर्थव्यवस्था पर प्रकाश, दिल्ली, 1978।
शर्मा, रामशरण, भारत के प्राचीन नगरों का पतन, नयी दिल्ली, 1995
शर्मा, रामशरण, पूर्वमध्यकालीन भारत का सामन्तीय समाज और संस्कृति, नयी दिल्ली 1996।
शर्मा, रामशरण, शूद्रों का प्राचीन इतिहास, दिल्ली, 1979, मैकमिलन।
शास्त्री, नेमिचन्द्र, आचार्य हेमचन्द्र और उनका शब्दानुशासन, वाराणसी, 1963।

शर्मा, गोपीनाथ, राजस्थान का इतिहास, आगरा, 1980।
शर्मा दशरथ, चौहान सम्राट पृथ्वीराज तृतीय और उनका युग, जयपुर, 1972।
शर्मा, राणाप्रसाद, पौराणिक कोश, वाराणसी, सं. 2028।
श्रीनिवास, एम. एन., आधुनिक भारत में सामाजिक परिवर्तन, दिल्ली, 1967।
तारानाथ, भारत में बौद्ध धर्म का इतिहास (रिजिन लुण्ढपलामा)।
प्राचीन भारत : मैकमिलन।
पुराकल्प : वाराणसी, 1973।
A General Introduction with Special Reference to the yajnavalkya Smriti and the Mitakshara by J.R. Gharpure, Bombay, 1944
Daya-Vibhaga, I. S. Pawate, Karnatak University, 1975.
Gaudavaho, Vakpatiraja, Prakrit Text Society, Varanasi, 1975.
harsh Charita, bana Tr. E. B. Cowell & F. W. Thomas, Moti Lal Banarasi Das, Delhi, 1968.
Manu-Smrti with the Manubhasya of Madhatithi, Tr. By G. Jha, University of Calcutta, 1926.
Prabandha Chintamani, Merutung, Tr. C. H. Tawney, calcutta, The Asiatic Society, 1901.
Smriti Chandrika of Devenna Bhatta : Anhika Kanda, Vyavahar Kanda, Asauca Kanda, Sraddha kanda.
Trisasti Salaka Purusa charitra, G. O. S., 1931.
Subohini Tr. By J. R. gharpure, Bombay, 1930.
Vishnu, Tr. By J. Jolly, Delhi, 1977.
Narda, Brihaspati, Tr. by J. Jolly, Delhi, 1963.
Yagnavalkaya Smrti With the Commentaries of the Mitakshara by Vijnanesvara Bhikshu, The Viramtrodaya by Mitramisra and the Dipkalika by Sulpani—Tr. by J.R. Ghrpure, 1939.
Altekar, A. S. the Position of women in Hindu Civilization, Moti Lal Banarai Das, Delhi, 1956.
—Rashtrakutas and their times, Oriental Book Agency, Poona, 1967.
Achyuthan, Mavelikara, Educational Practices inManu, Panini, and Kautilya, Trivendrum, 1974.
Auboyer, Jeanuine, Daily Life in Ancient India (200 B. C. A. D. 700), Bombay, 1967.
Bhattacharya, B. The Indian Buddhist Iconography,Calcutta, 1958.

Bhattacharya, Batuknath, The Kalivarjyas or prohibitions in the Kali Age, Calcutta, 1943.
Bose, Nirmal Kumar, Cultural Anthropology, Bombay, 1961.
Bahadur K. P. Caste Tribe and Culture of India, Vol.VI, New Delhi, 1978.
Benerjia, J. N. Religion inArt and Archaeology (Vaishvanism and Savism), Lucknow, 1968.
—Development of Hindu Inconography,Cal. 1956.
Bhatiya Pratipal,The Paramaras, New Delhi, 1970.
Barth, A. The Religions of India, Varansi, 1963.
Bose Atindra nath, Social and Rural Economy of Northern India, Calcutta, 1967.
Bhattacharya, B. An Introduction to Buddhist Esoterism.
Crooke, Races of Northern India, Delhi, 1973.
Conze, Edward, Budhism, Oxford, 1957.
Chattopadhaya, K. P. TheAncient IndianCulture Contacts and Migrations, Calcutta, 1970.
Das, Gupta, Sahibhushan, Obscure Religious Cults, Calcutta, 1962.
Das, Ram, women in Manu and his Seven Commentators, Varanasi.
Das Shukla, Crime and Punishment inAncient India, (C. A. D. 300 to 1100 A. D.), New Delhi, 1977.
Dutt, Romesh Chandra, Later Hindu Civilization (A. D. 500 to A. D. 1200), Calcutta, 1965.
Dutt, Romesh Chandra, A. History of Civilization of Ancient India, London, 1873.
Das, S. C., Indian Pandit in theLand of snow.
Farquhar, J. N. An outline of the Religious Literature of India, Delhi, 1966
Fick, Richard, The Social Organization in North-East India in Buddha's Time, Calcutta, 1920.
Gopal,Lalanji, The Economic Life of Northrn India (C. A. D. 700-1200) Delhi, 1965.
Ghurye G.S.,Caste and Race inIndia, Bombay, 1969.
Ghoshal, U. N., Contributions to the History of the Hindu Revenue System, Calcutta, 1972.

Hopkins, Edward Washburn, the Religions of India, New Delhi, 1972.
Hazra, R. C., Studies in the Puranic Records on Hindu Rites and Customs, Delhi, 1975.
Hutton, J. H., Caste inIndia, Bombay, 1963.
Jolly, J., Hindu Law and Custom, Varanasi, 1975.
Jain, P. C., Labour inAncient India, New Delhi, 1971.
Jayal, S., The Status of Women in the Epics, Delhi, 1966.
Kosambi, D. D., The Culture and Civilization of Ancent India, An Historical Outline, Bombay, 1970.
—An Introduction to the study of Indian History, Bombay, 1975.
Kuppuswamy. B., social Change inIndia,Delhi, 1977.
Karve, Irawati, Kinship Organization in India, Bombay, 1968.
Khosla, S., History of Buddhism in Kashmir, Delhi, 1972.
Majumdar, R. C. (Ed.), The Age of Imperialkanauj, Vol. IV, 1966.
—The Struggle for Empire. Vol.V.
Majumdar, R.C., Ancient India, New Delhi, 1952.
—Corporate Life in Ancient India.
Majmdar, B. P., Socio-Economic History of Northrn India, (1030-1194 A. D., Calcutta, 1960.
Mukherji, S. C., study of Vaisvanism inAncient and Medieval Bengal, Calcutta, 1966.
Majumdar, D. N., Races and Cultures of India, Bombay, 1965.
Mukherji,R. K., Ancient Indian Education, Delhi-1974.
Maity, S. C., Economic Life inNorthern India (in the Gupta Period) (Cir. A. D. 330-550) Delhi, 1970.
Narang, Satyapal, Hemchandra's Dvyasrayakavya, New Delhi, 1972.
Nizami, K. A. (Ed.), Politics and Society During the early Medieval Period, New Delhi, 1974.
Prakash, B., Some Aspects ofIndian Culture on the Eve of Muslim Invasion, Chandigarh, 1962.
—Aspects of Indian History and civilization, Agra, 1965.
Panikkar, K. M., A Survey of Indian History, Bombay, 1947.
Pandey, K. C., Abhinavagupta : An Historical and Philosophical Study, Varanasi, 1963.
Pandey, R. B., Hindu Samaskaras,Delhi, 1976.

Ray, H. C., The Dynastic History of Northern India (Early Medieval Period), Vol. I-II, Delhi, 1973.

Sharma, D. Early Chauhan Dyansties, New Delhi, 1959.

—Lectures on Rajput Hirtory and Culture, New Delhi. 1970.

Sharma, B. N.,Social Life inNorthern India (A.D. 600-1000).

Sharma, R.S., (ed.) IndianSociety Historial Probings, New Delhi. 1977.

Sagar, L. L., Hindu Culture and Caste System In India, Delhi, 1975.

Sachau, E. C., Alberuni's India, New Delhi, 1964.

Srivastava, V.C., Sun Worship in Ancient India, Allahabad, 1972.

Sircar, D.C., (ed), The Sakti Cult and Tara, Calcutta, 1967.

—Religious life inAncient India, Culcutta, 1972.

Sen, S. N., India Through Chinese Eyes, Madras, 1956.

Senart, E., Caste inIndia, Delhi, 1977.

Sahu K. P., Some Aspects of North Indian Social Life (1000-1526 A. D.), Culcutta. 1973.

Singh, Y., Modernization of indian Tradition, Delhi, 1973.

Singh, M.V., India Rediscovered., N. Delhi, 2006.

Shastri, H. C., Studies inSome Aspect of Hindu Samskaras in Ancient India in theLight of Saınskaratattva of Raghunandan, Culcutta, 1967.

Sharma, R. N., Brahmins through the Ages, Delhi, 1977.

Sircar. D. C., Studies inthe Society andAdministration of Ancient and Medieval India, Vol. I, Calcutta, 1967.

Sircar,D.C. (Ed.),Social life inAncient India, Culcutta, 1971.

Sircar, D. C. (Ed.), Land System and Feudalism in Ancient India, Calcutta, 1976.

Shastri, A. M., India as seen in the Kuttni-Mata of Damodar Gupta, Delhi, 1975.

Saletore, R. N. Early Indian Economic History, Bombay, 1973. Sharma, B. N., Social and Cultural History of Northern India (C. 1000-1200 A. D.), Delhi, 1972.

Sircar, D. C. (Ed.), Religion and Culture of the Jains,Calcutta, 1973.

Sharma, R. S., Aspects of Political Ideas and Institutions in Ancient India, New Delhi, 1968.

Thapar, Romseh (Ed.), Tribe, Caste and Religion in India, Mc-Millian, 1977.
Takakusu, J. A.; A Recordof the Buddhist Religion, Delhi, 1966.
Thapar, Romila, The Past and Prejudice, New Delhi, 1975.
Thapar, Romila, (ed)., Recent Perspectives of early Indian History, Mumbai 1996.
Tripathi, R. S., India from A. D. 711 to 1206, Varanasi, 1962.
Tiwari, Chitra, Sudras in Manu, Delhi, 1963.
Upadhyaya, V., socio-Religous condition of north India, (700-1200 A. D.),Varanssi, 1964.
Vaidya, C. V., History of Medieval hindu India (Being A History of India from 600-1200 A.D.), Poona, 1924.
Watters, T., On YuanChwang's Travels in India, New Delhi, 1961.
Williams, M. Monier, Buddhism,Varanasi, 1964.
Yadava, B. N. S., Society and Culture in Northern India, Allahabad, 1973.

INSCRIPTION

C. I. I., Vol. IV, Part I & II.
Appendix, Incriptionsof northern India.
Pandey R. B., Historical andLiterary Inscription,Varanasi, 1952.
E. I. Vol. 2, 4, 10, 11, 14, 38.

PERIODICALS

Proceedings of Indian History Congress.
Journal of Indian History.
Journal of the Bihar & Orisa Research Society.